磯光雄
ANIMATION WORKS vol.2

STYLE

CONTENTS

MELOS

『走れメロス』

『走れメロス』は1992年に公開された劇場アニメーション。太宰治の同名小説を、おおすみ正秋の脚本・監督で映像化。キャラクターデザイン・作画監督は沖浦啓之。磯光雄は原画として参加し、森の中でメロスが刺客に襲われる場面の一部を担当した。

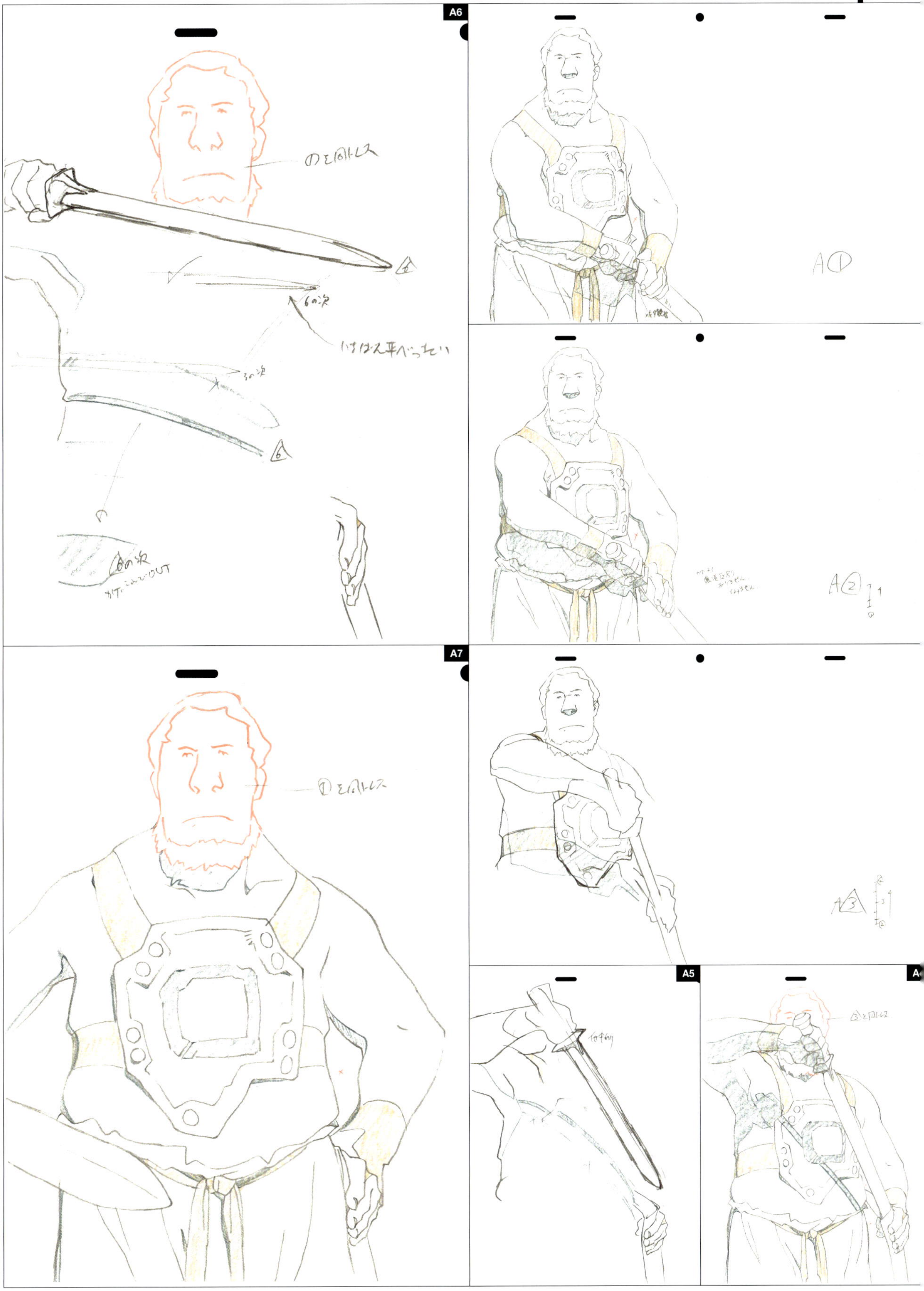
A6
①と同トレス
6の次
3の次
A①
A②
A7
①と同トレス
A③
A5

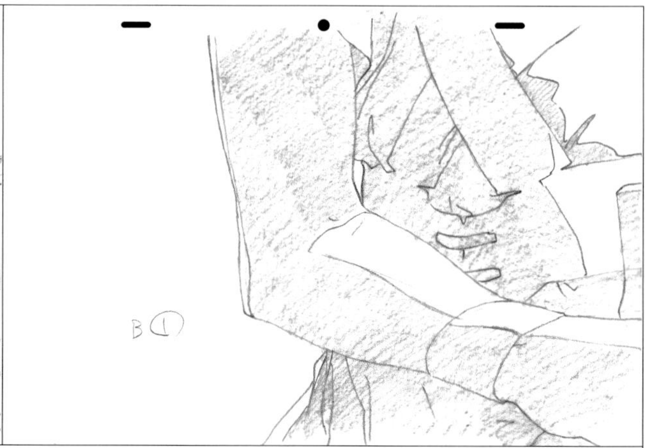
B①

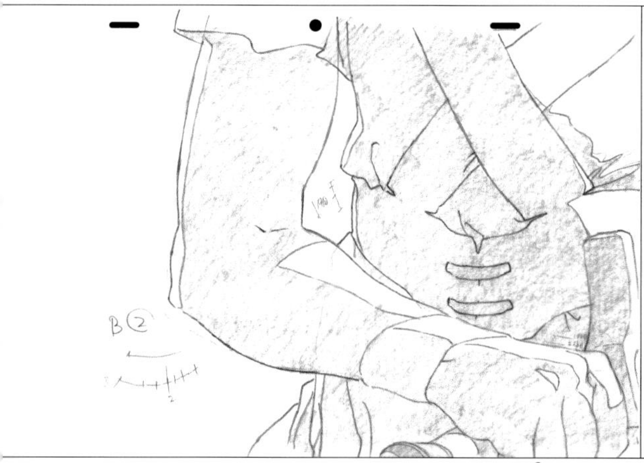
B②

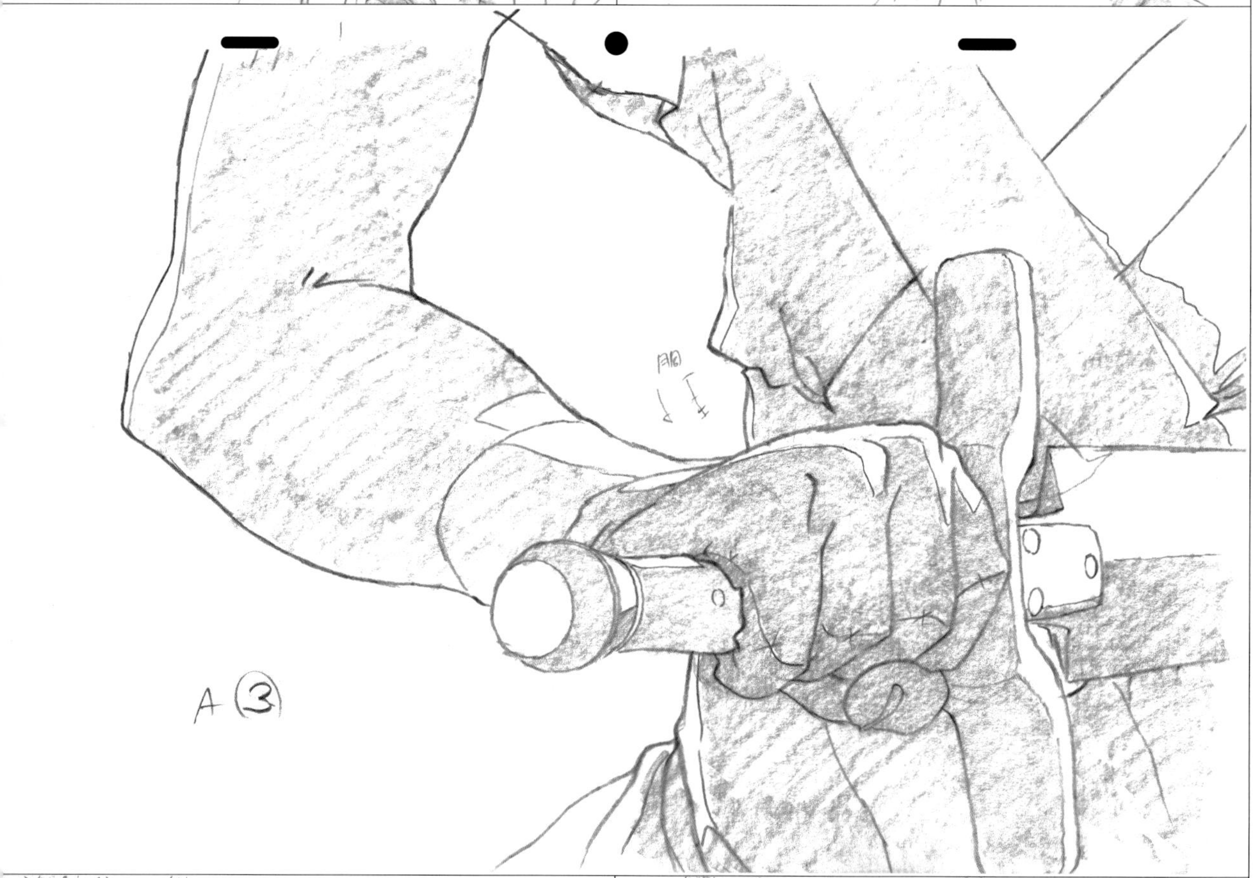
A③

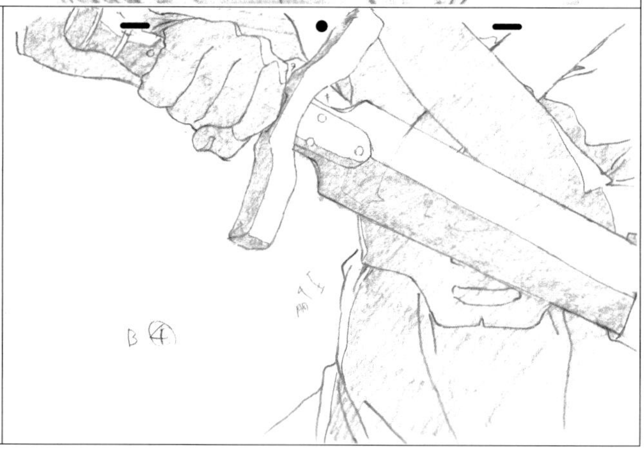
B④

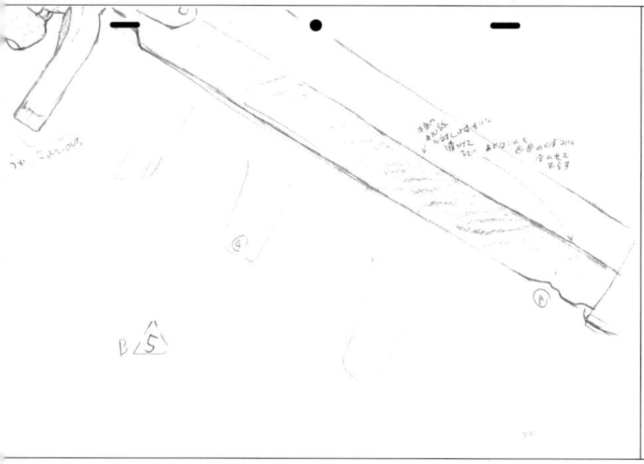
B⑤

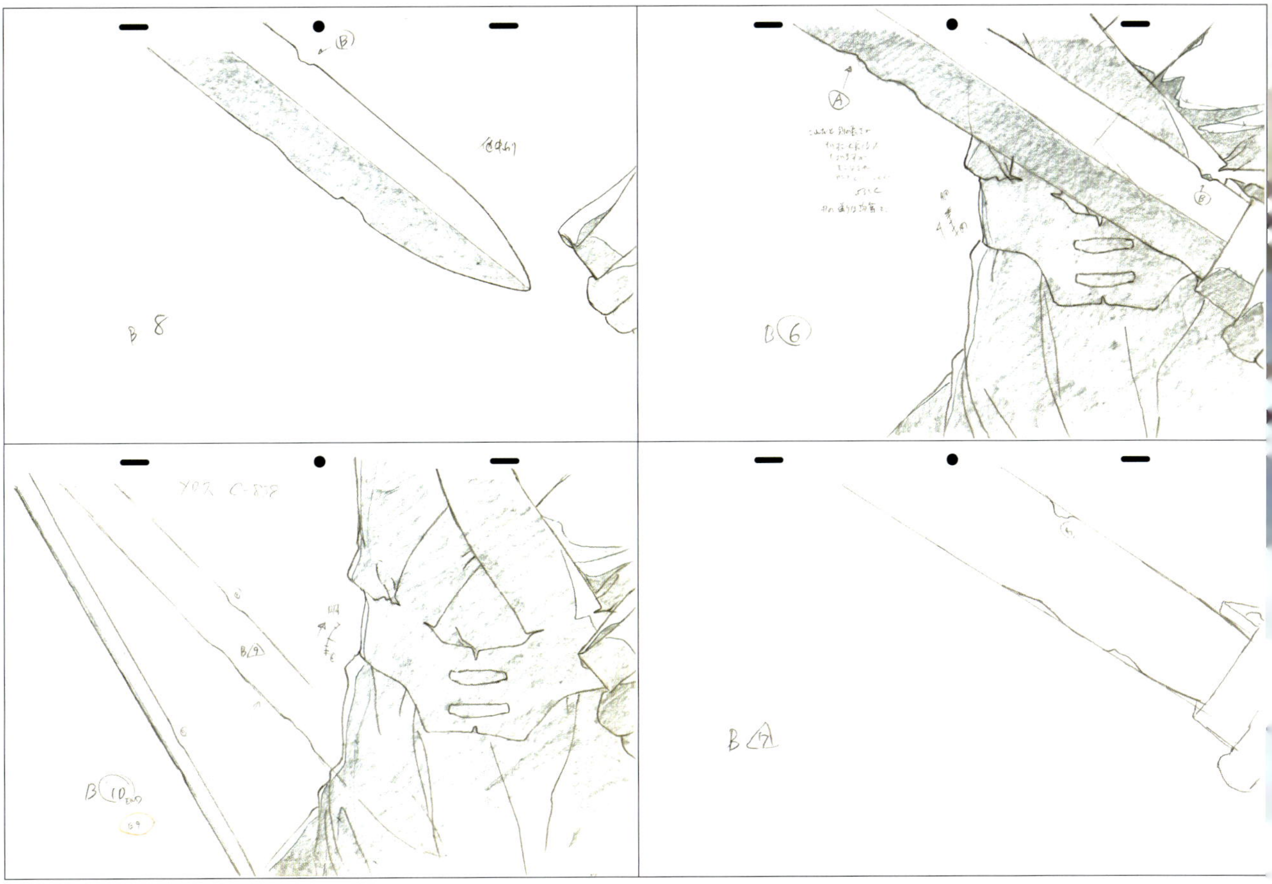

CUT 839

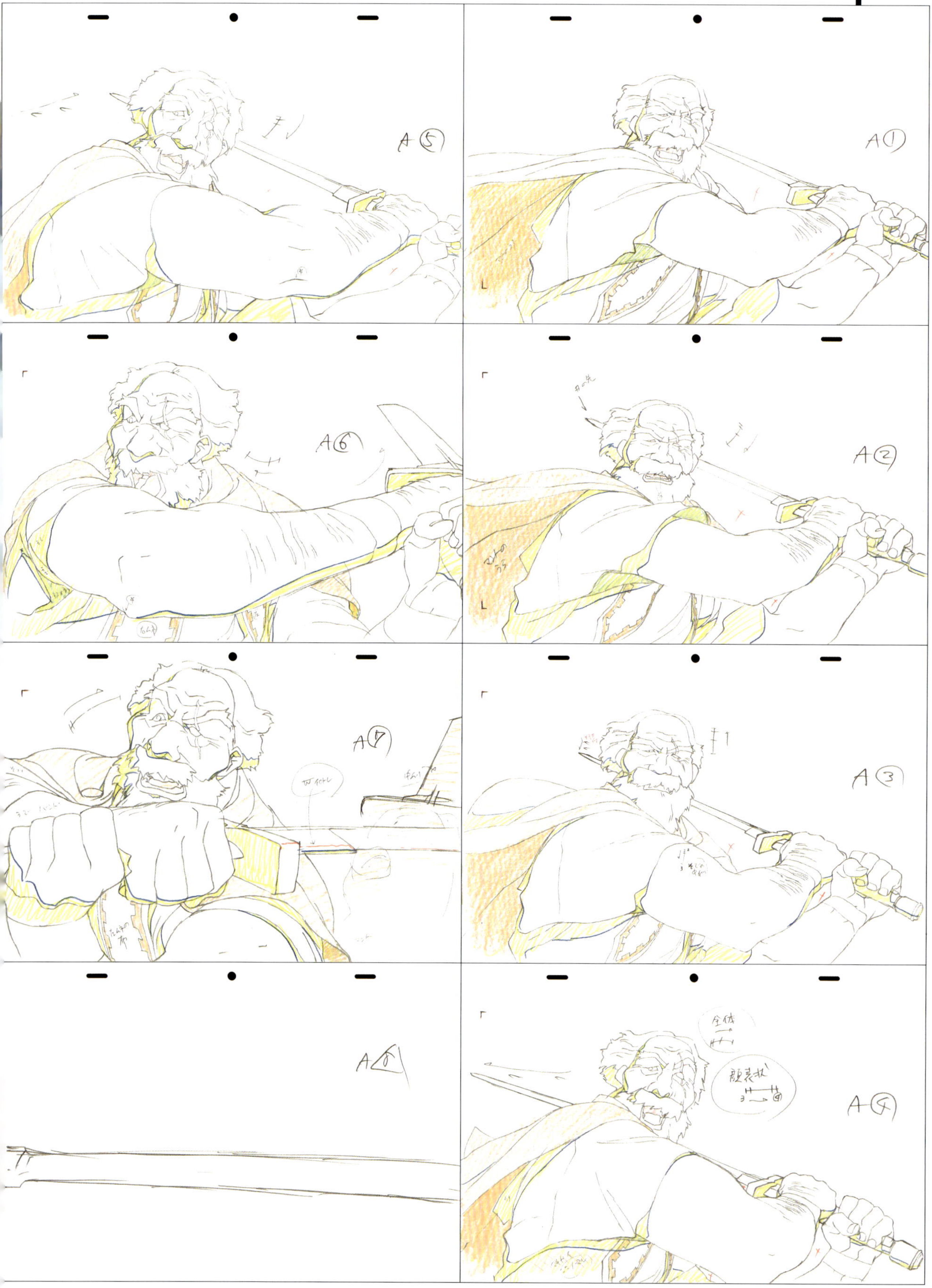
A⑤
A①
A⑥
A②
A⑦
A③
A⑧
A④
全体
顔表情

A⑨

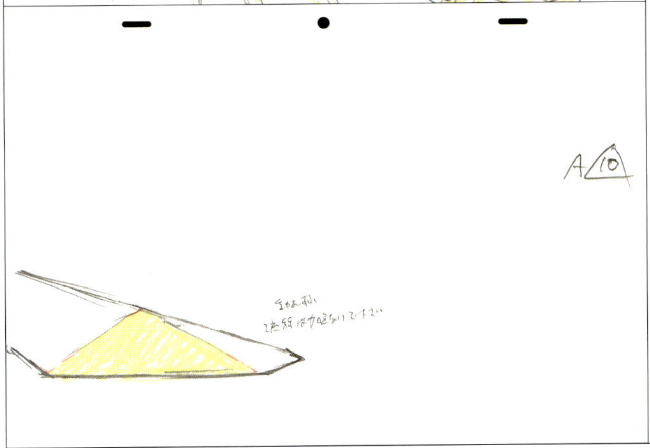
A⑩

うで毛は邪魔でしたらPASSして下さい
めもりFOLLOWと考えて下さい
A⑪

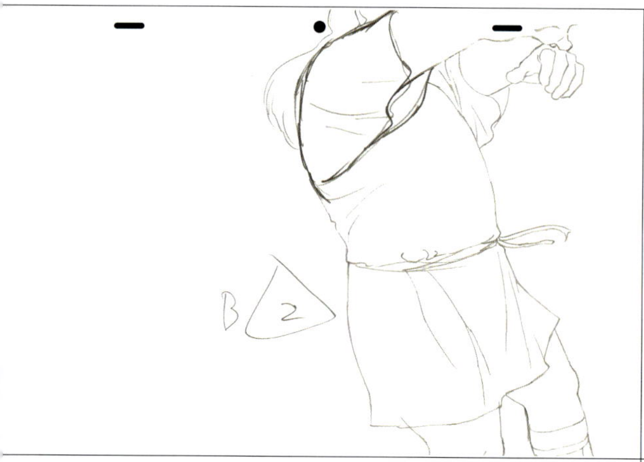
B 2

B③

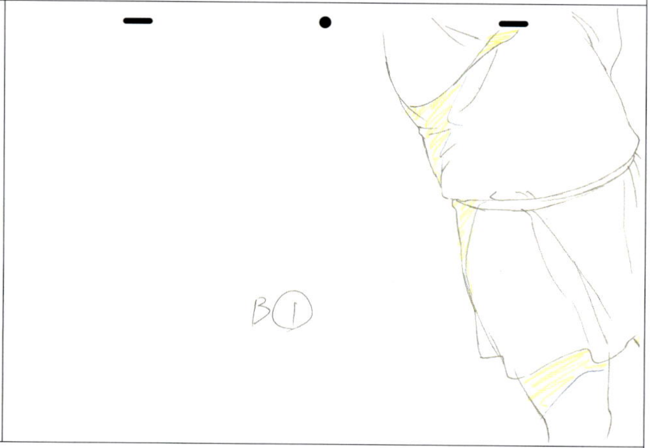
B①

B④
トレス不要

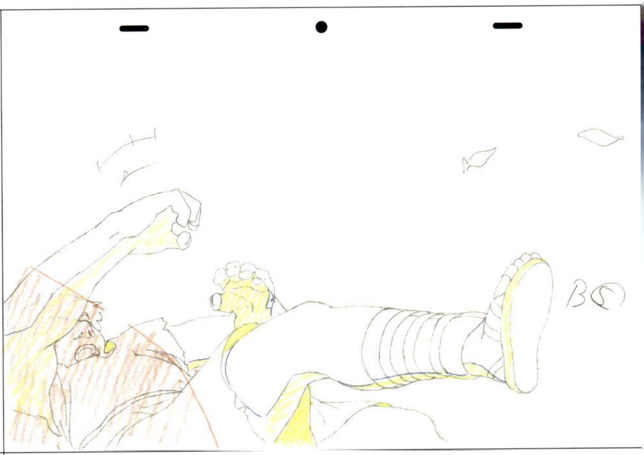
B⑤
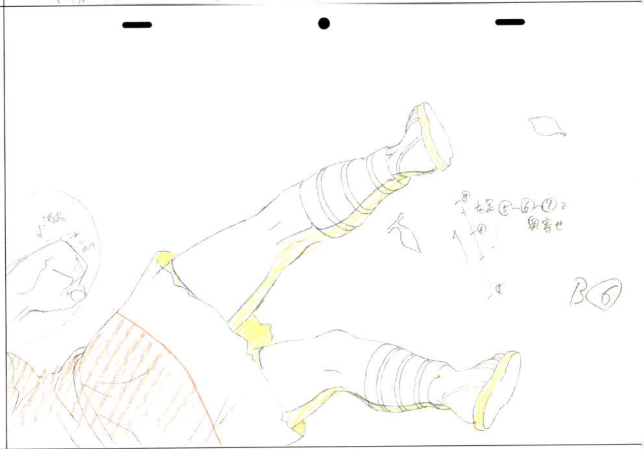
B⑥
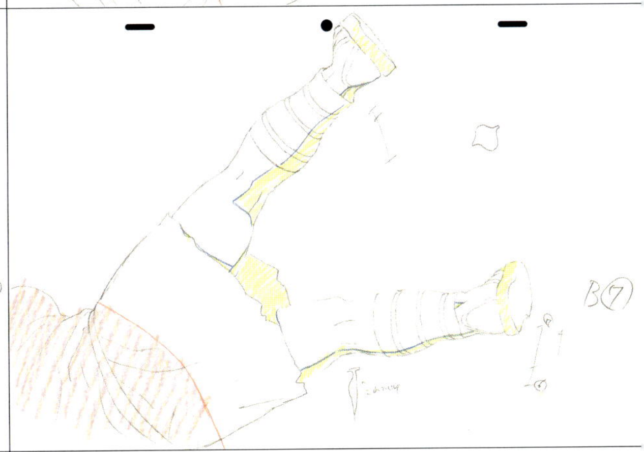
B⑦
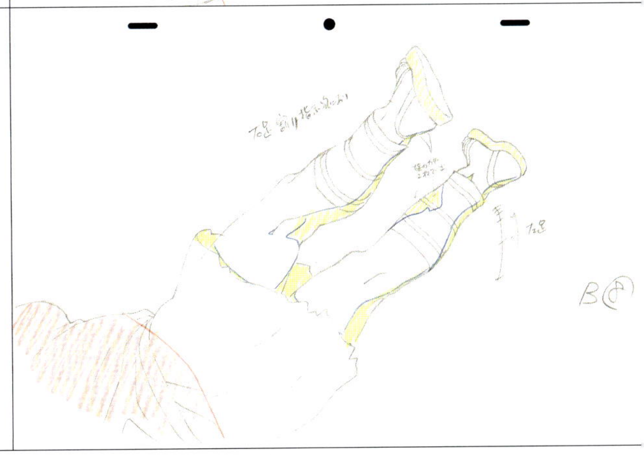
B⑧
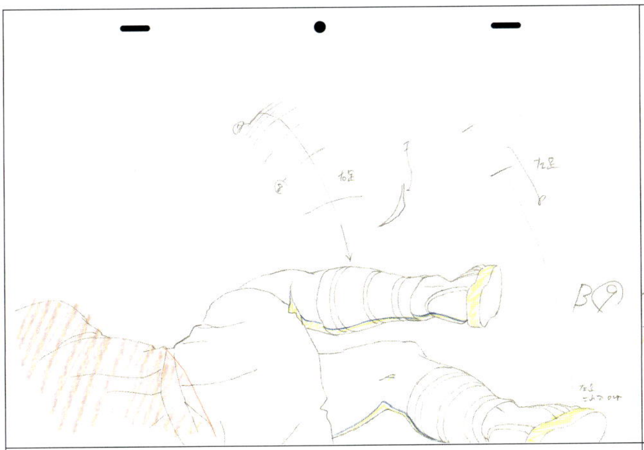
B⑨
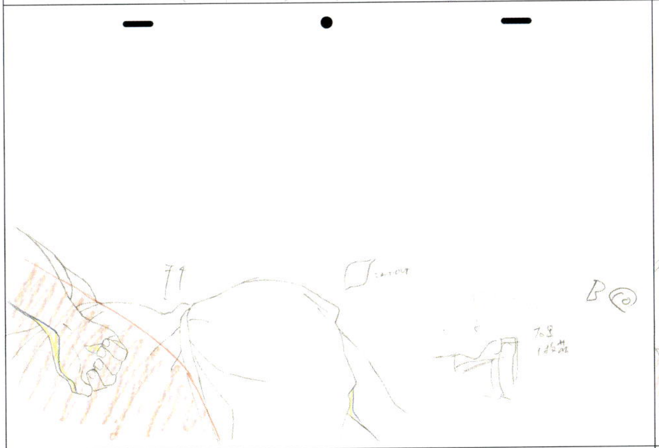
B⑩
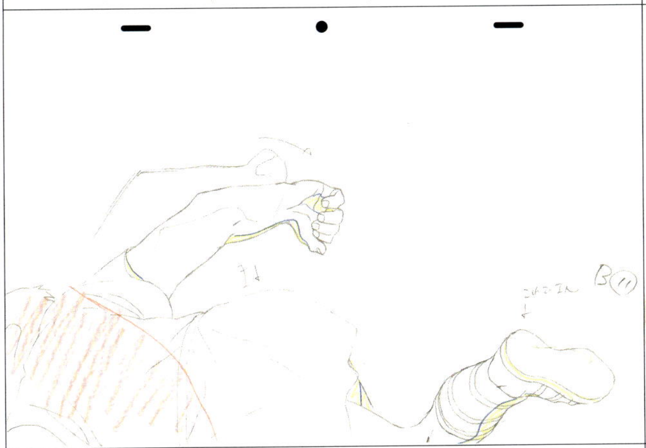
B⑪
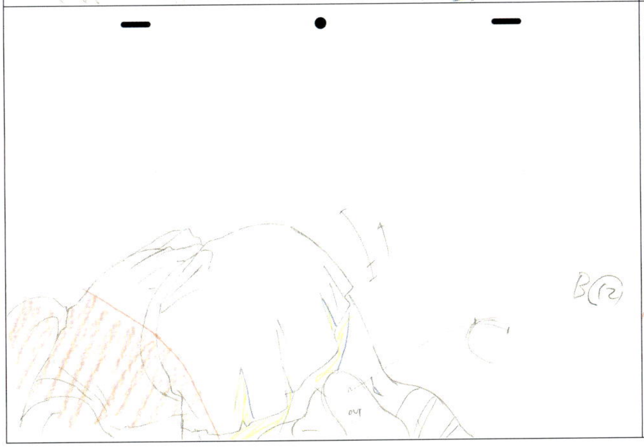
B⑫

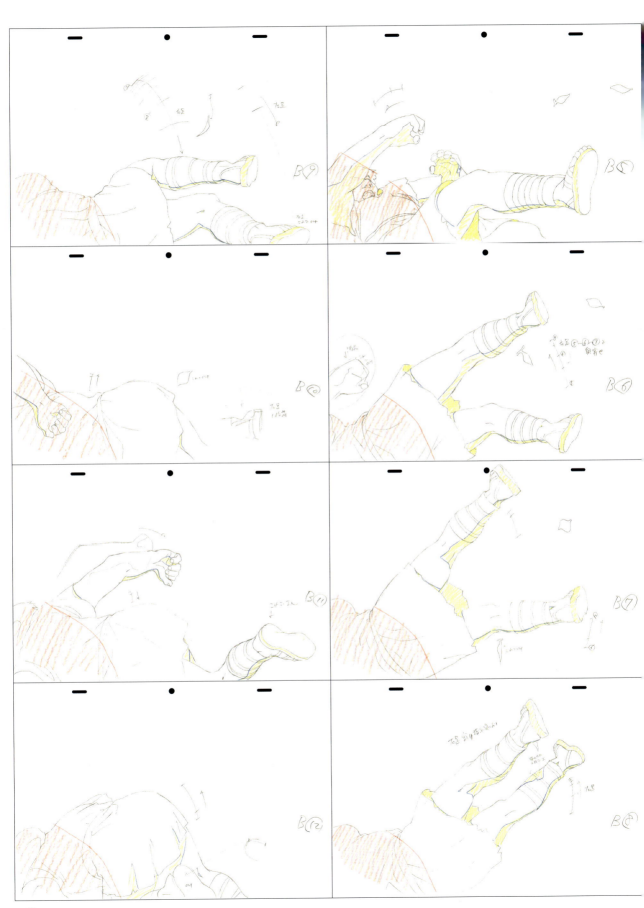

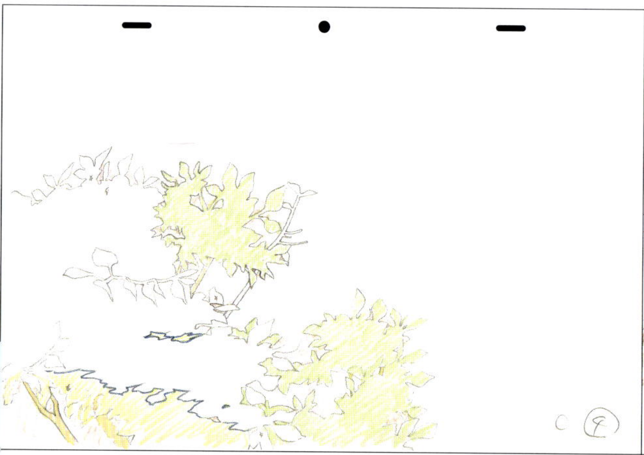
C④

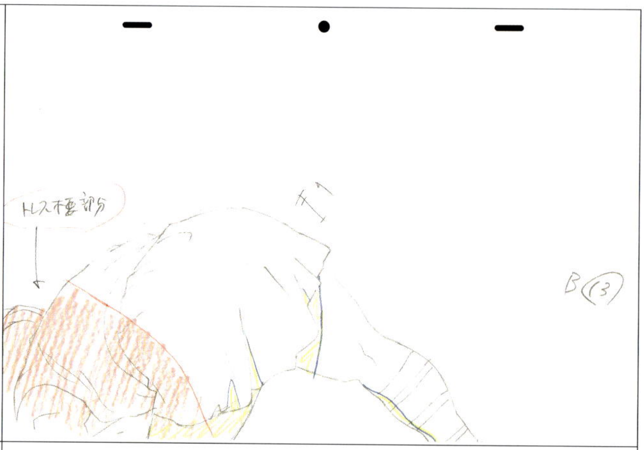
トレス不要部分
B⑬

C⑤

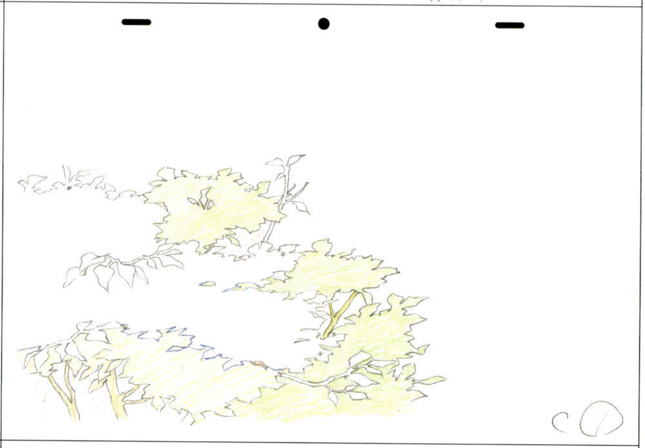
C①

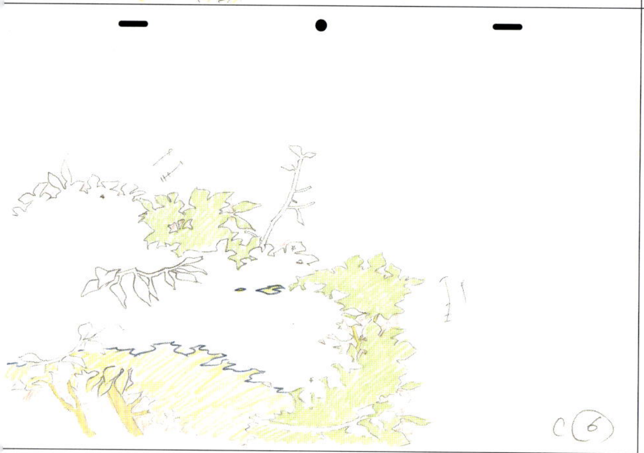
C⑥

C②

C⑦

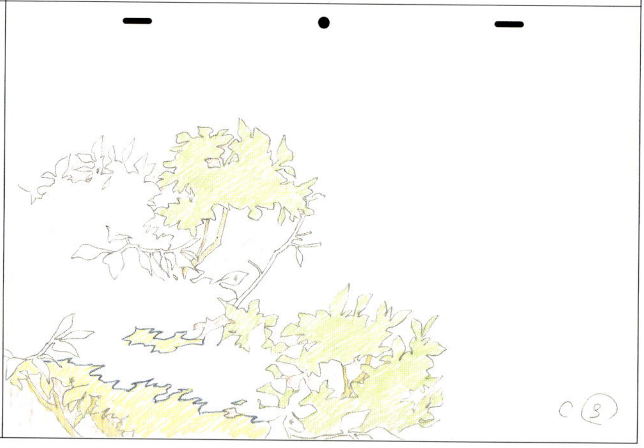
C③

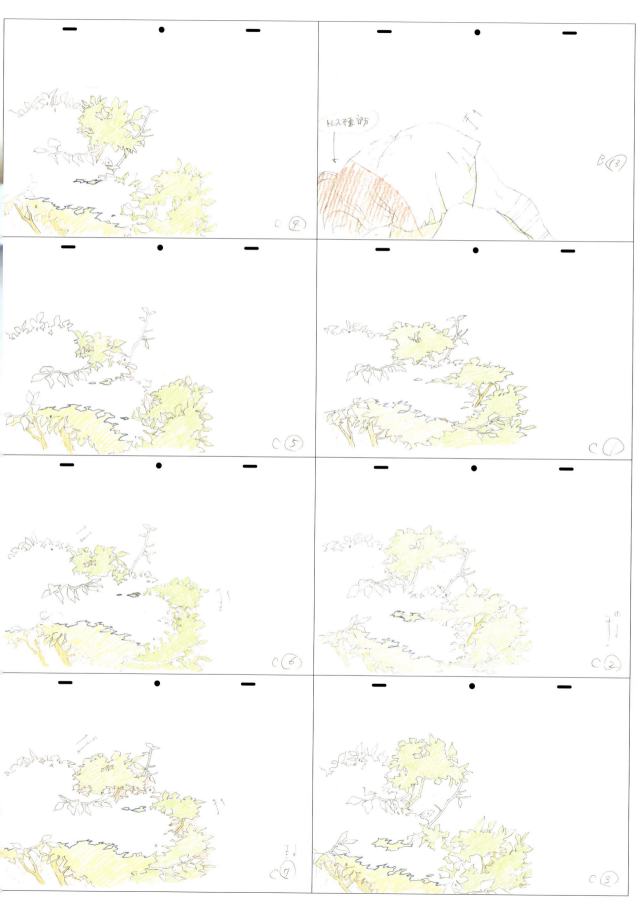

D⑤
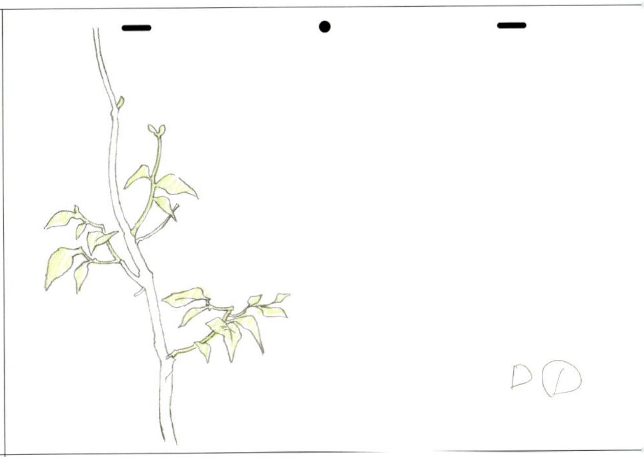
D①
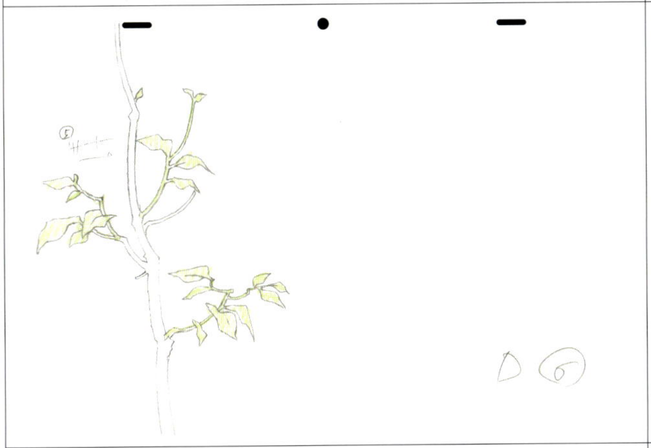
D⑥
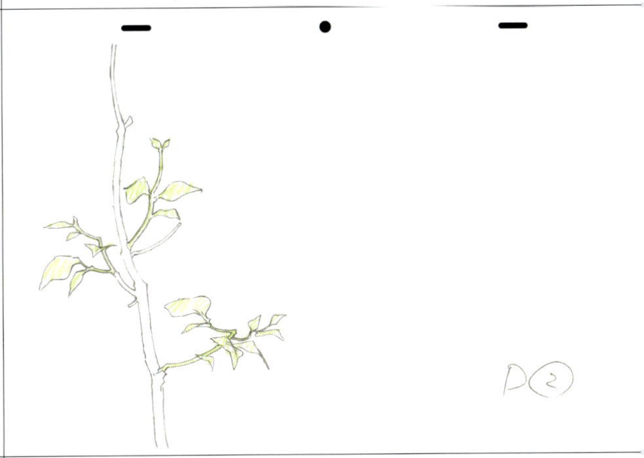
D②
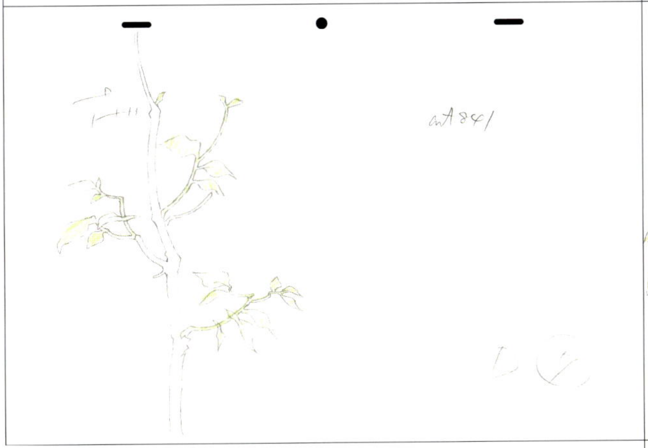
cutA841
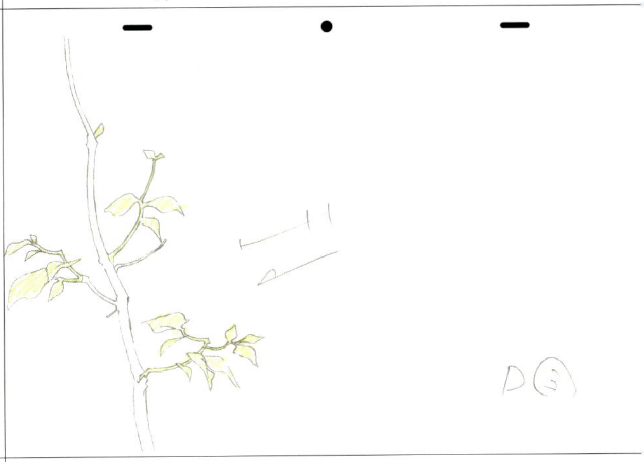
D③
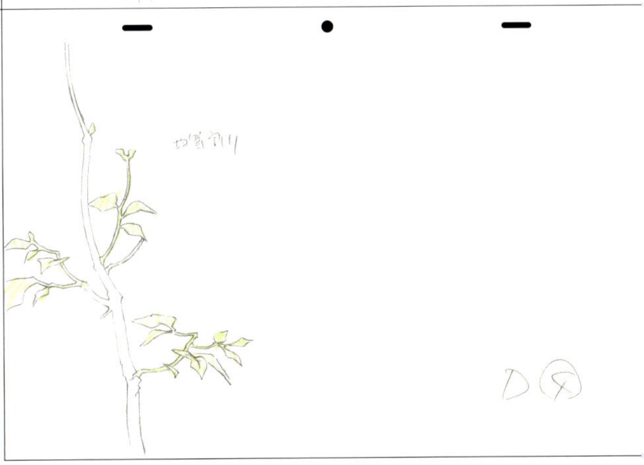

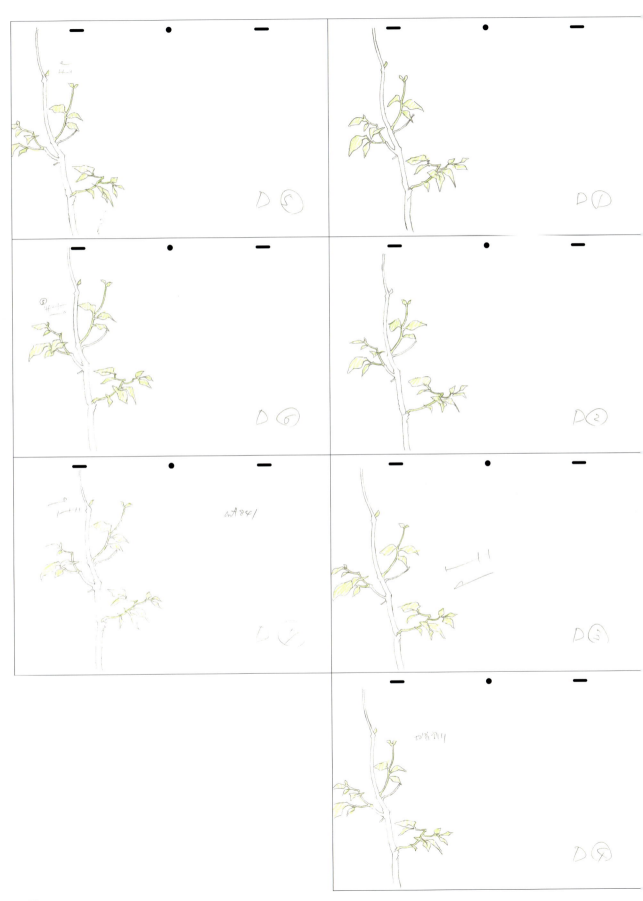

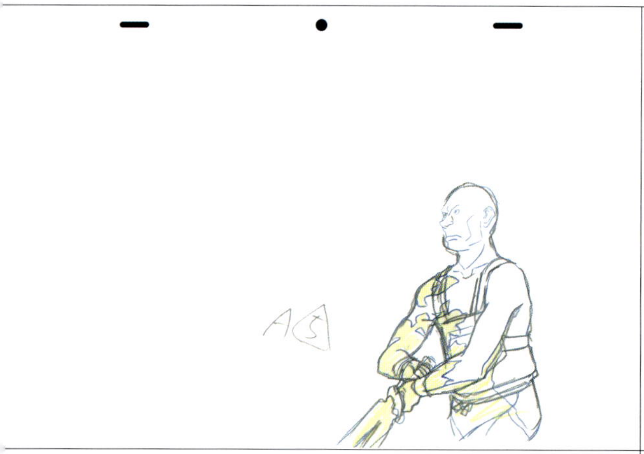
A5

A1

A6

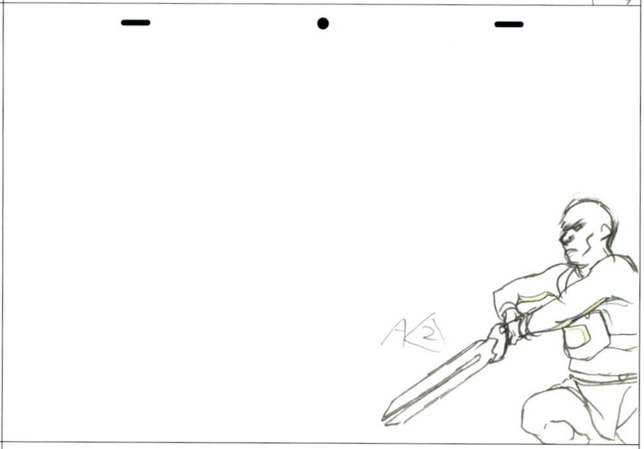
A2

A7

A3

A8

A4

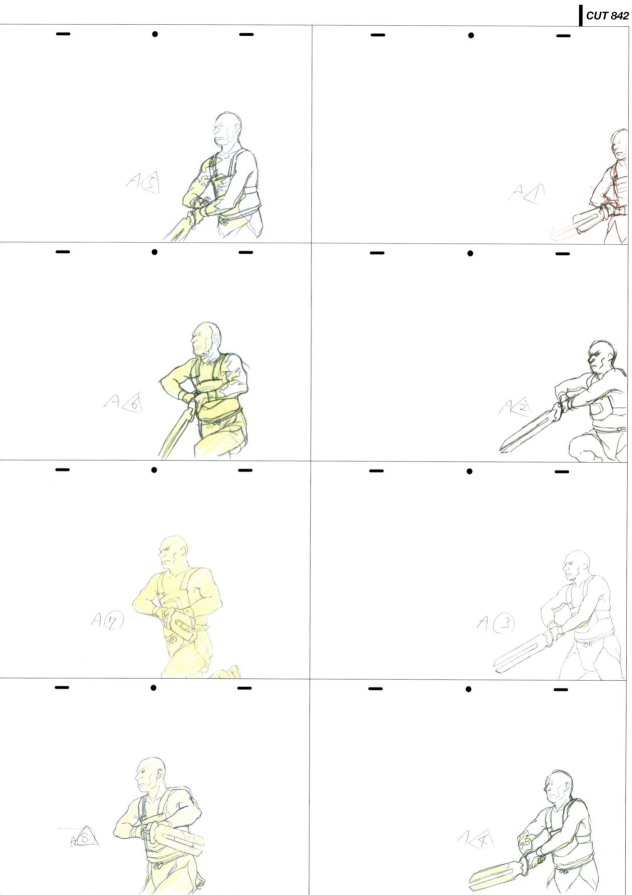

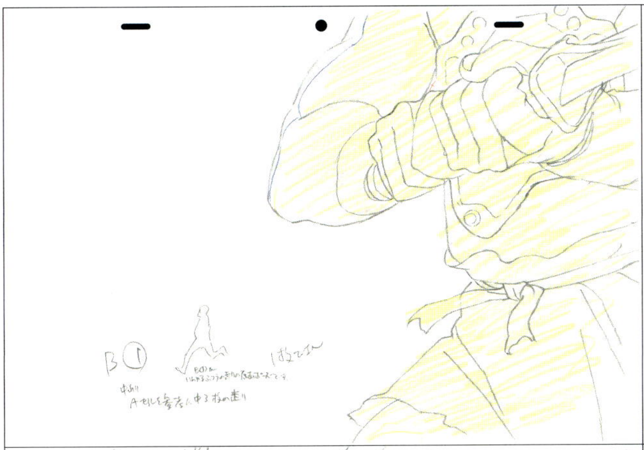
B①

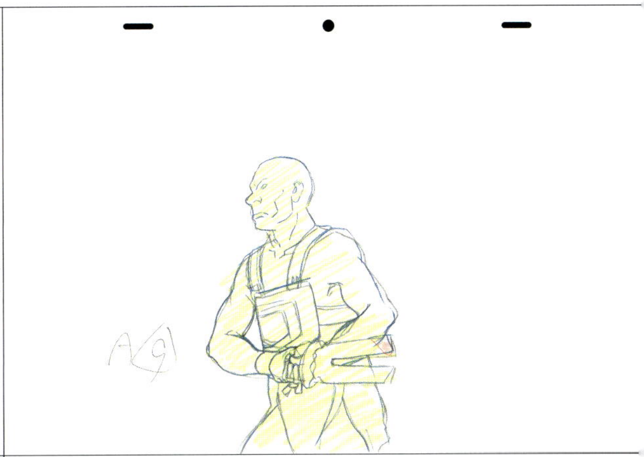
A⑨

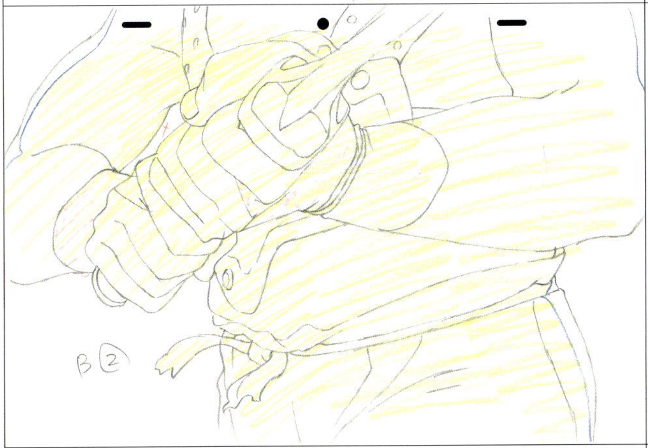
B②

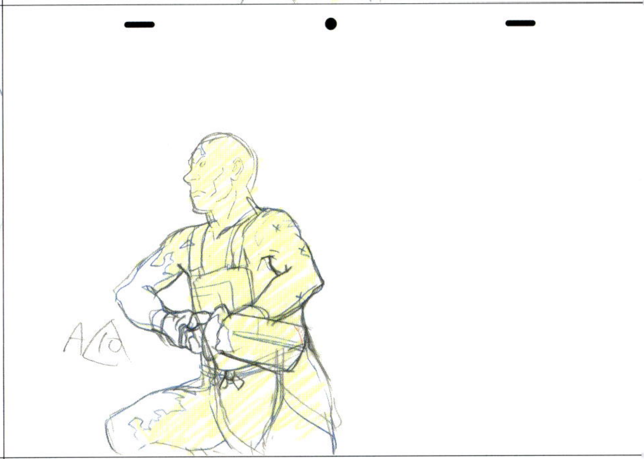
A⑩

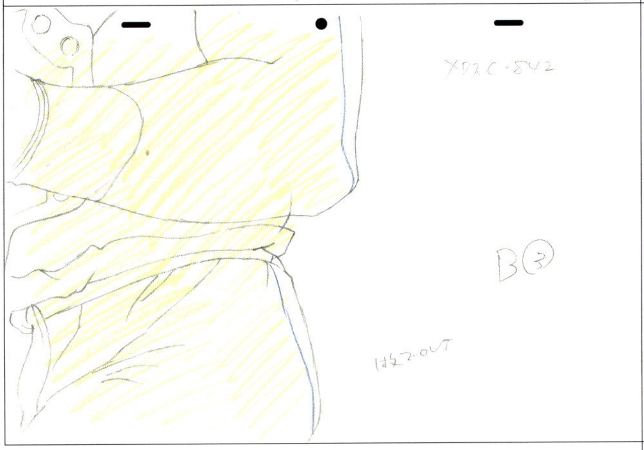
B③

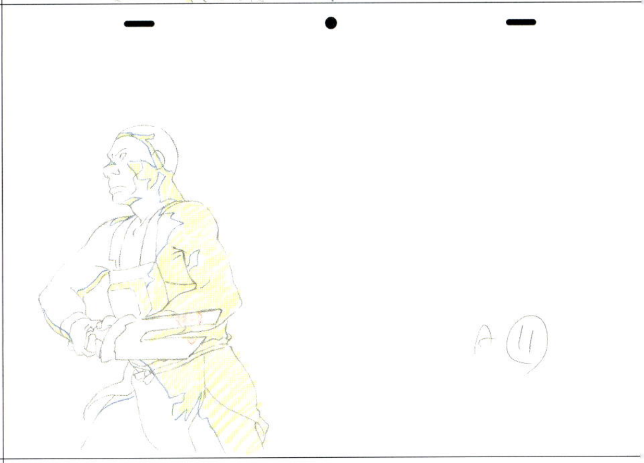
A⑪

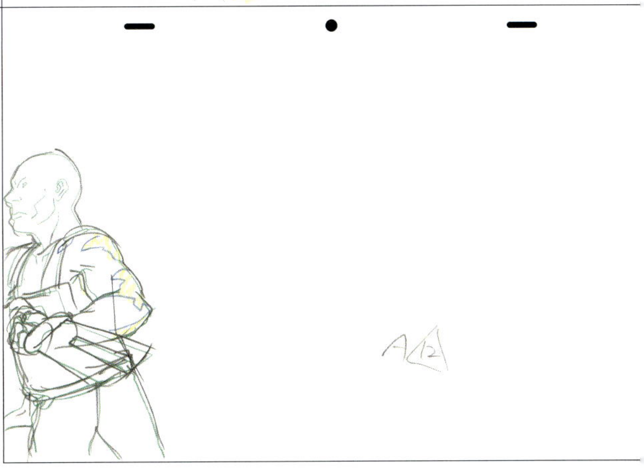
A⑫

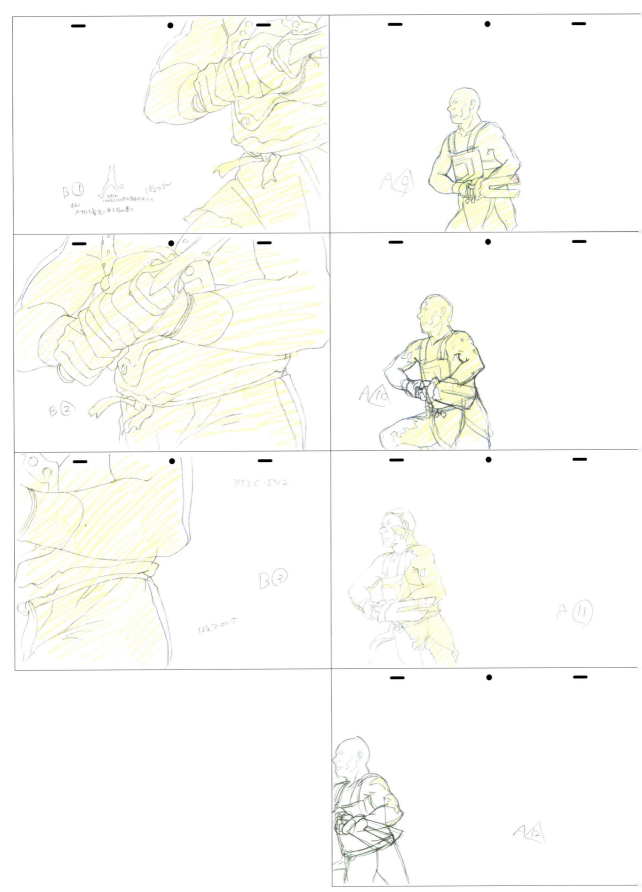

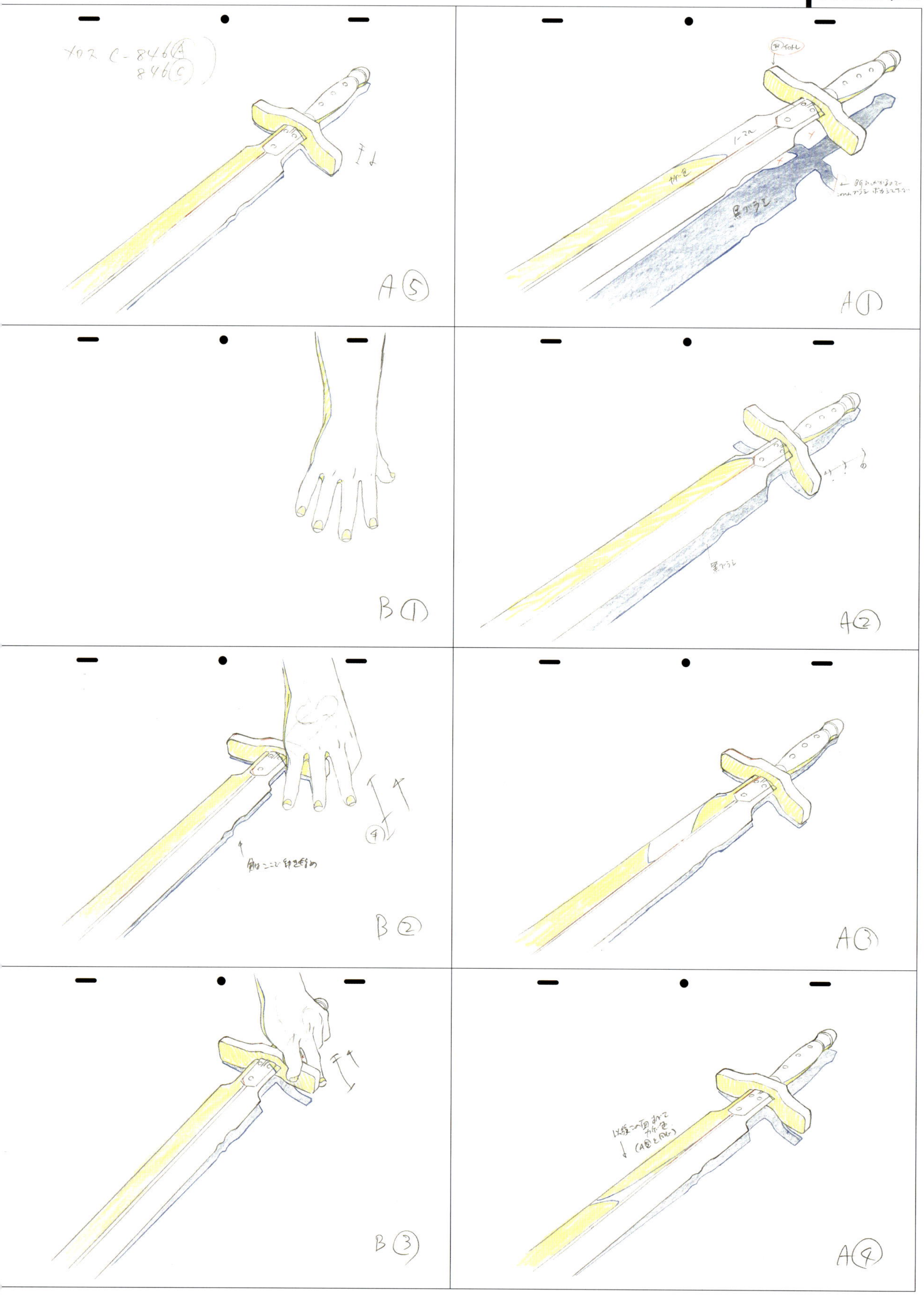
A⑤
A①
B①
A②
B②
A③
B③
A④

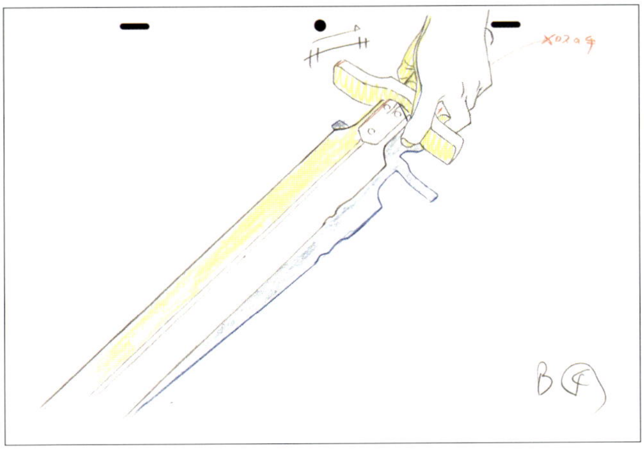

CUT 846

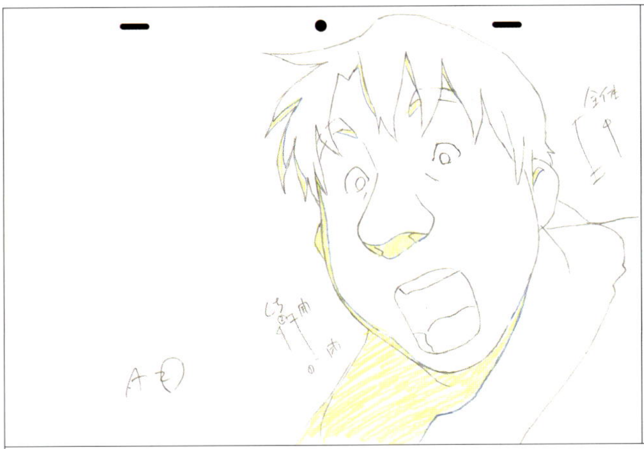

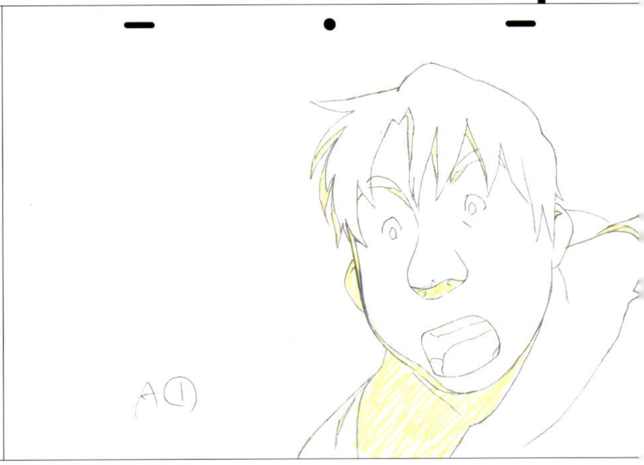

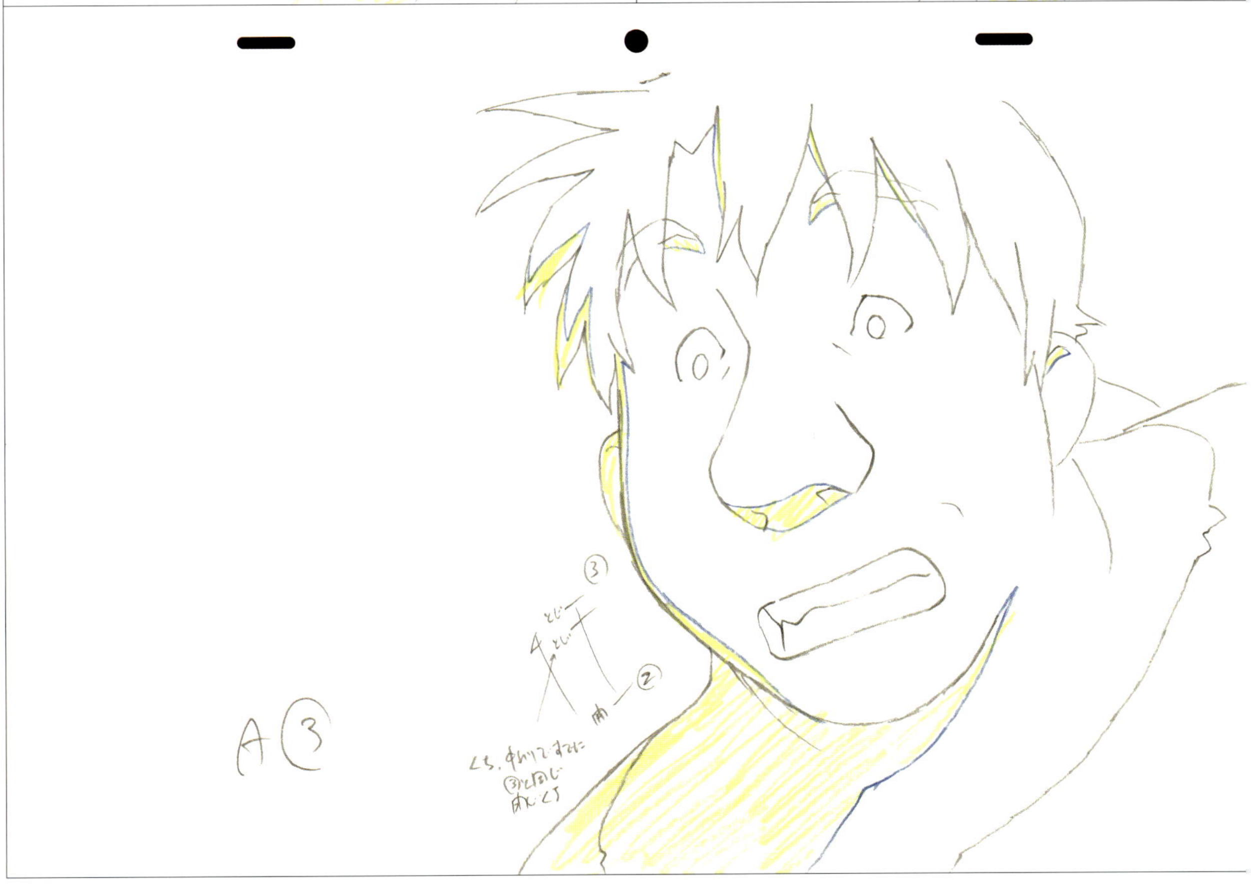

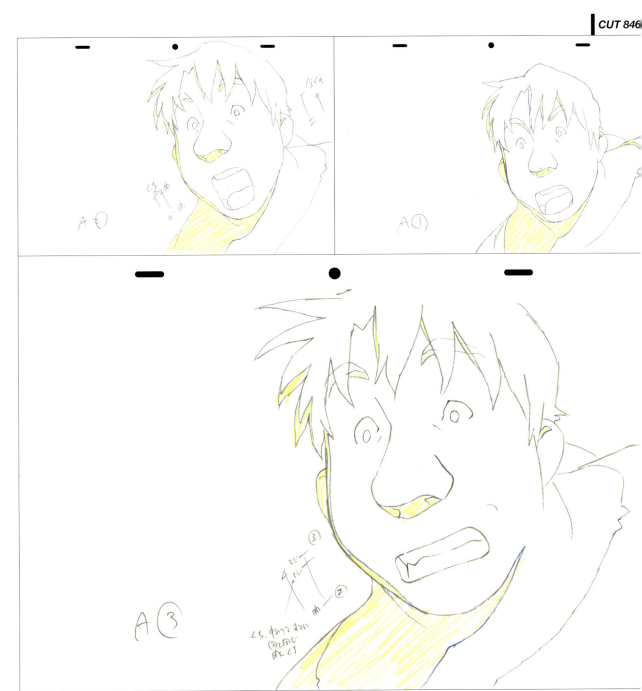

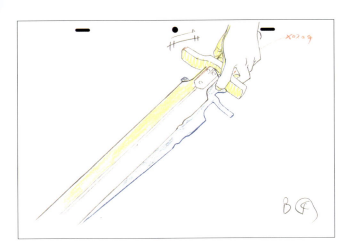

CUT 847

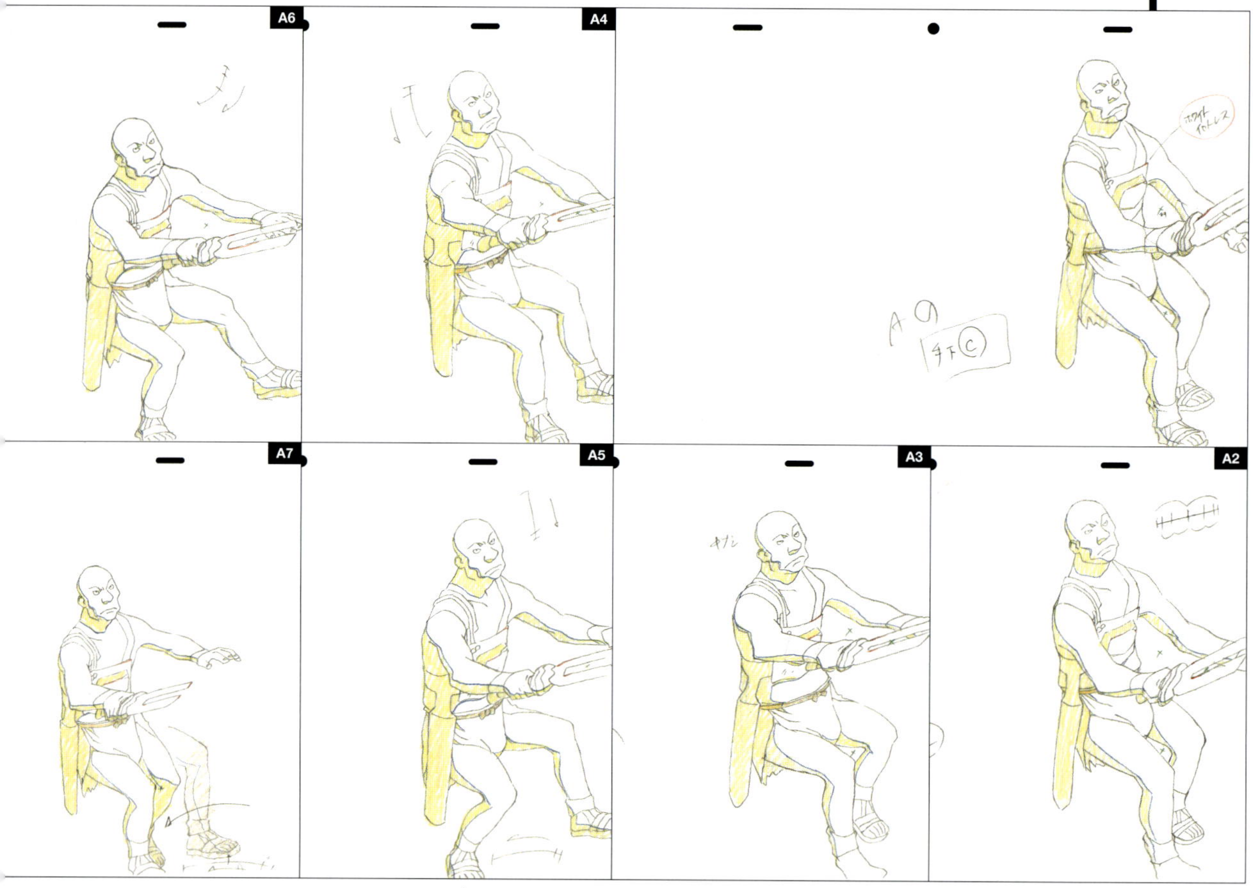

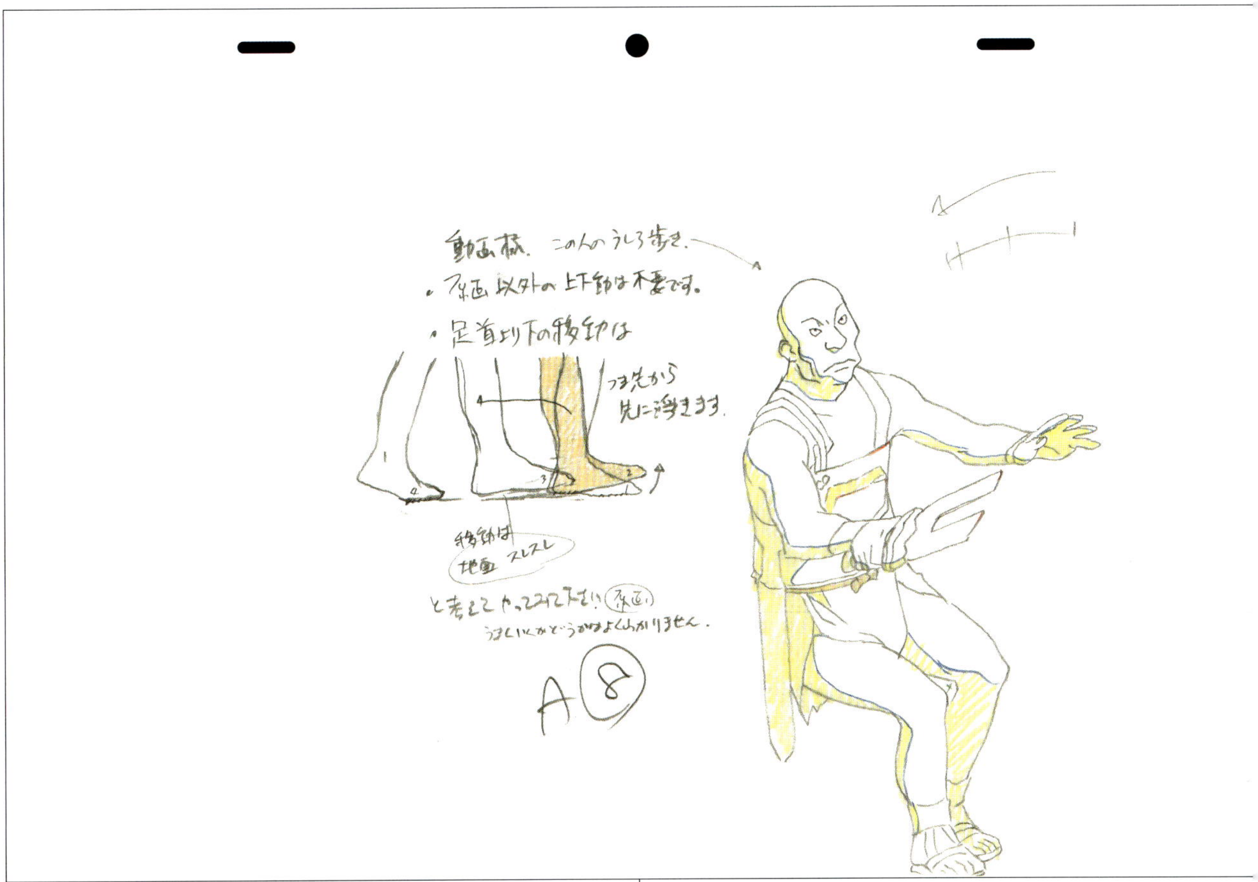
動画様。この人のうしろ歩き。
・原画以外の上下動は不要です。
・足首より下の移動は
つま先から先に浮きます。
移動は地面スレスレ
と考えてやってみて下さい！(原画)
うまくいくかどうかはよくわかりません。
A⑧

A
B②

A⑨ END

A③
B③

A
B①

A 4
B 4

A 7
B 7

A 5
B 5

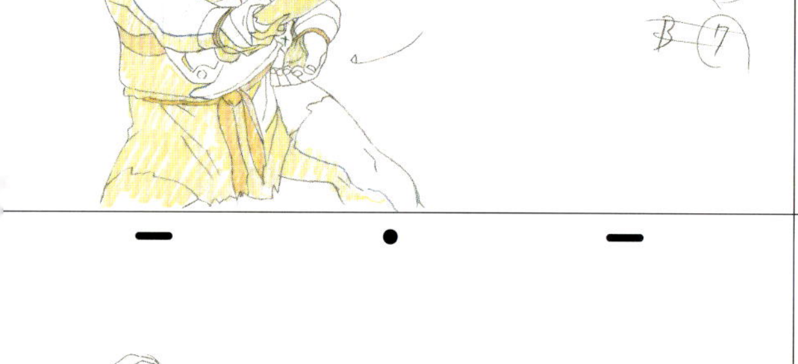
A 8
B 8

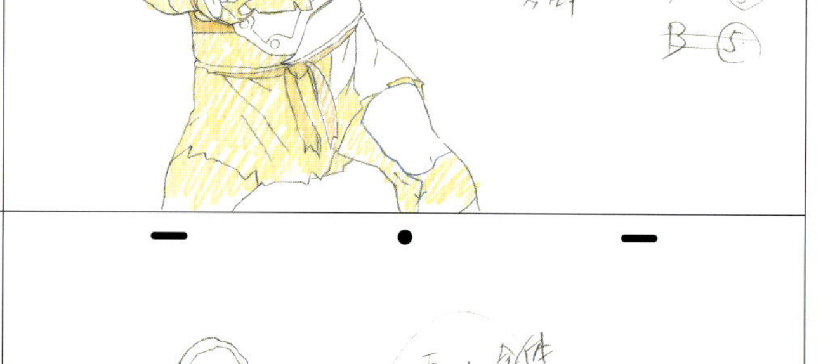
A 6
B 6

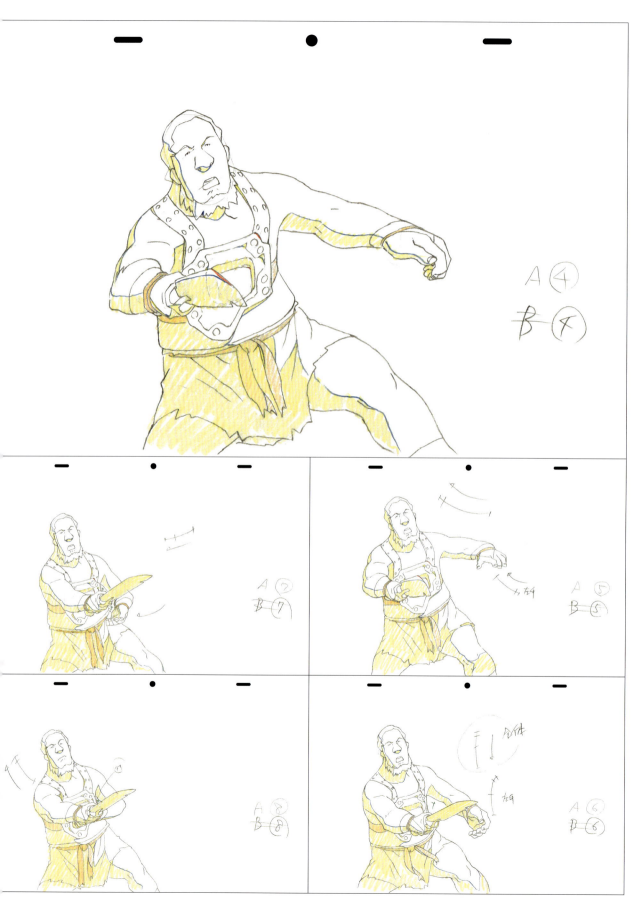

CUT 84

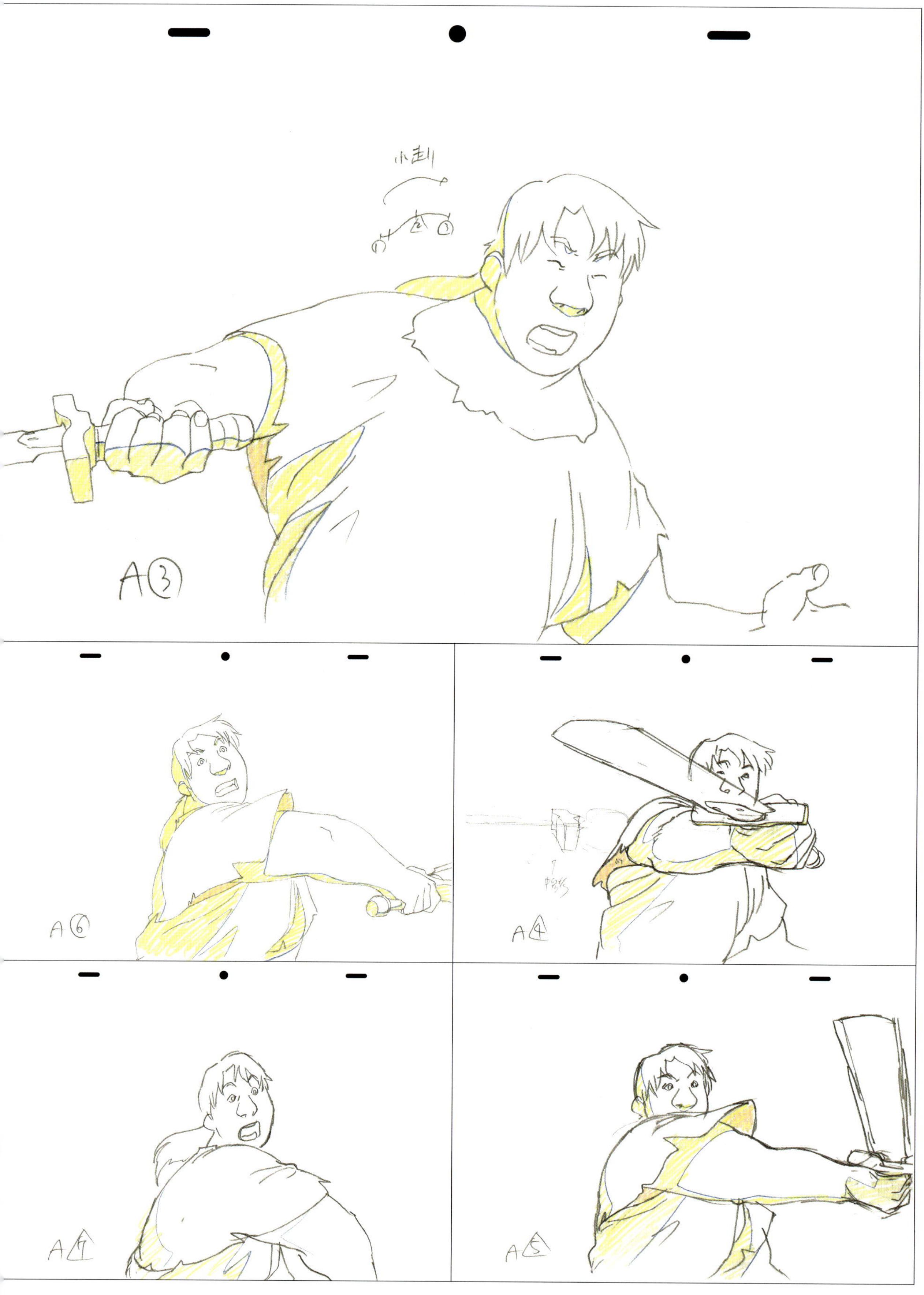
小走り
A3
A6
A4
A1
A5

A⑧
ハイライト一段明
服色に一段落
(服の反射)

A⑨

A⑩

A⑪

A⑫

A 15

A 13

A 16
16

A 14

A 17

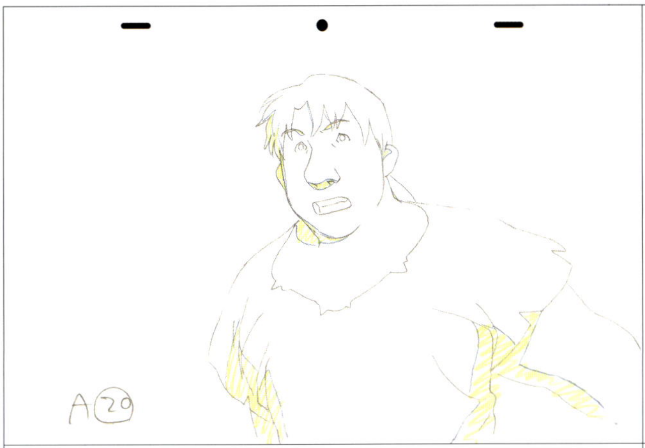
A 20
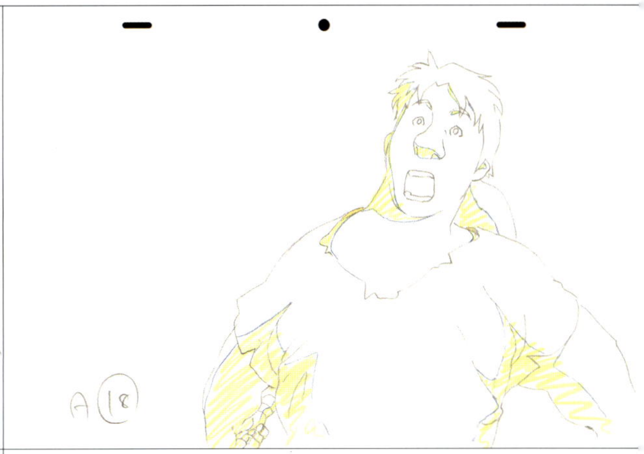
A 18
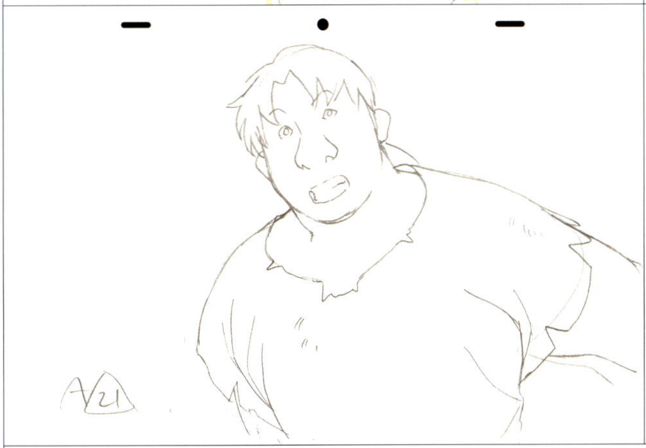
A 21
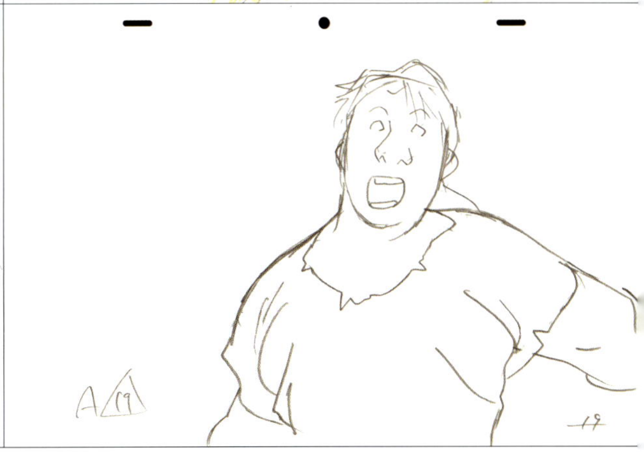
A 19
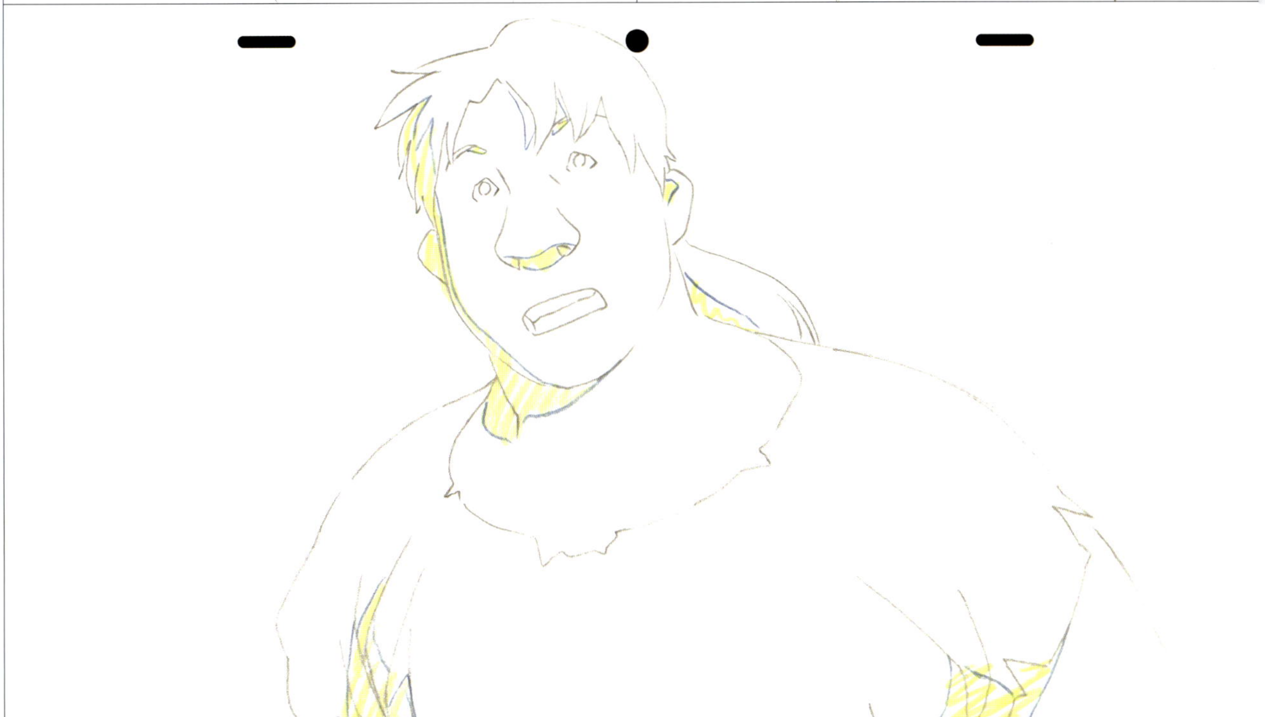
A 22

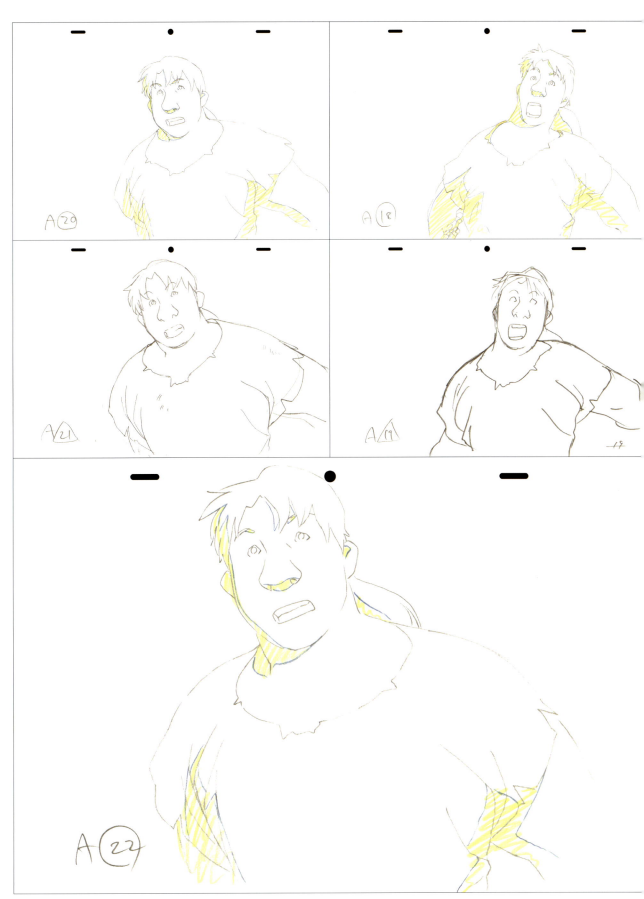

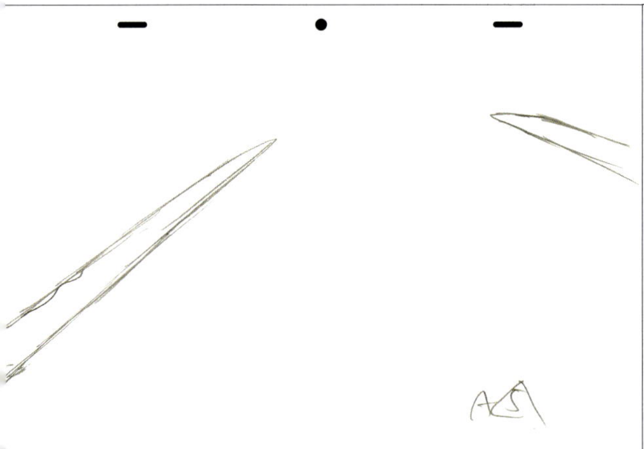
A⑤

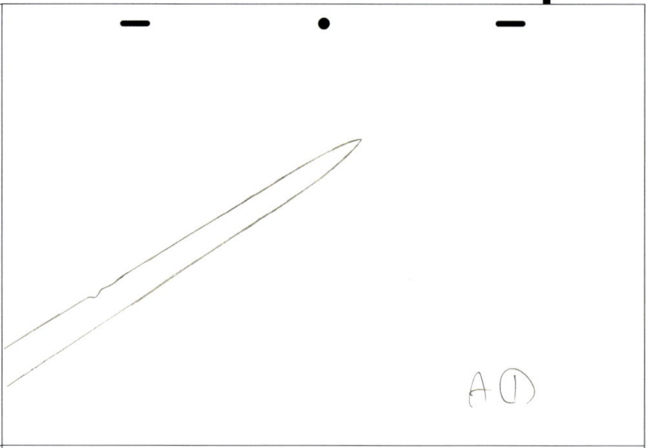
A①

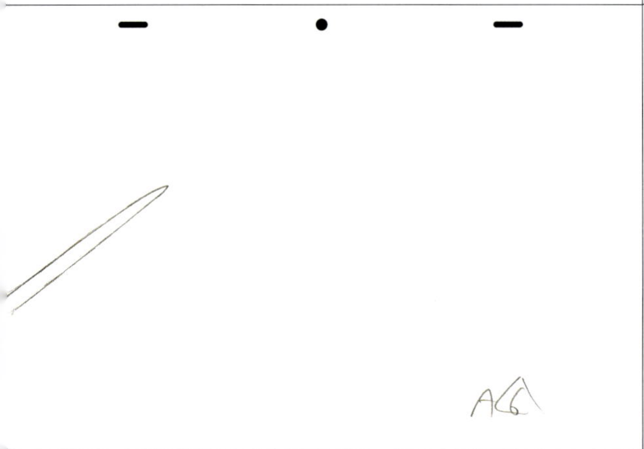
A⑥

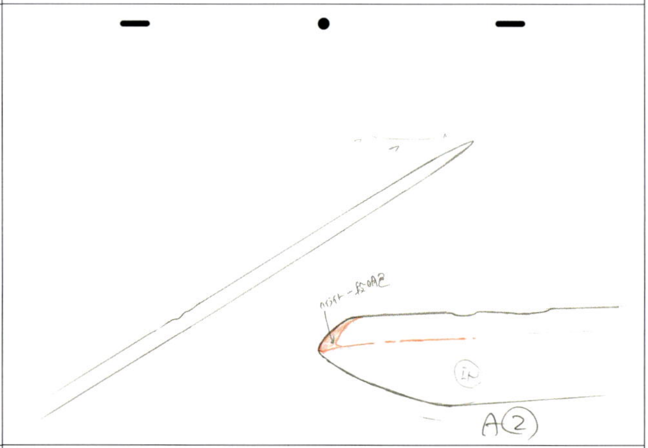
A②

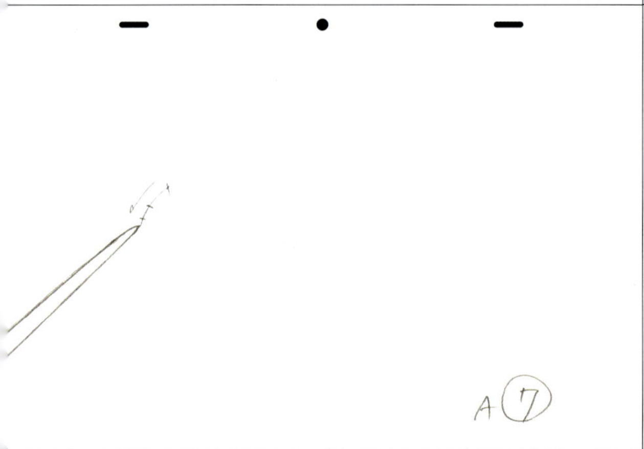
A⑦

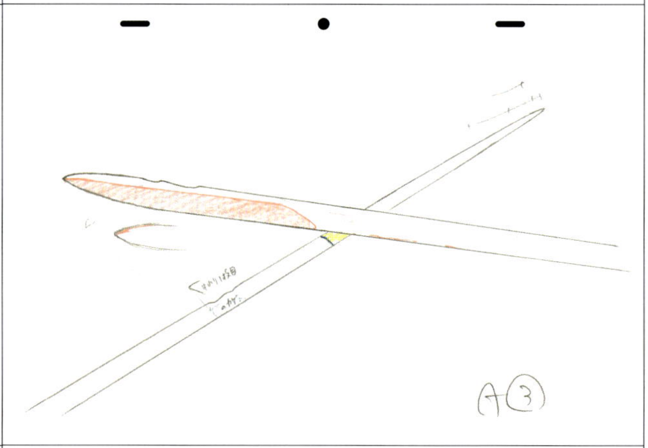
A③

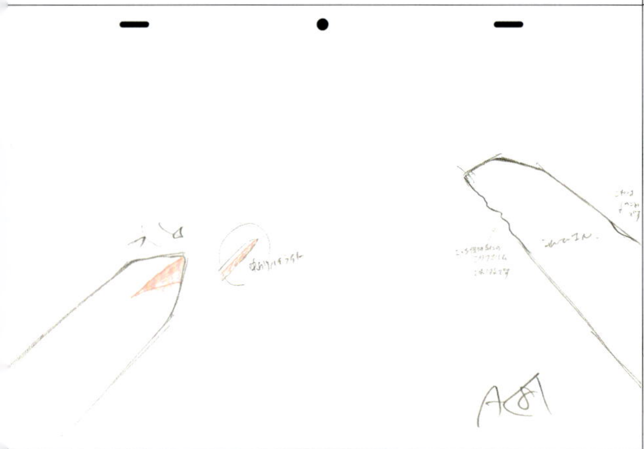
A⑧

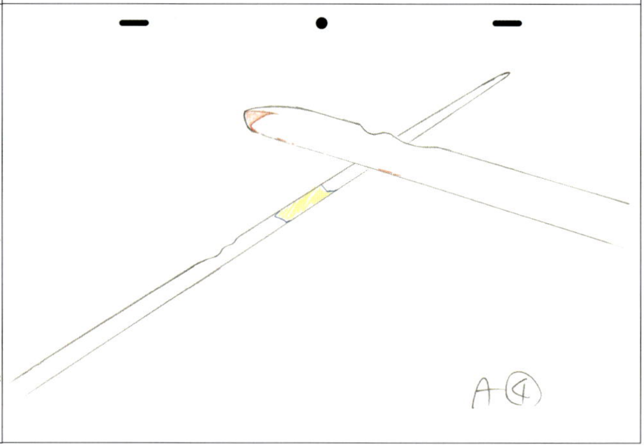
A④

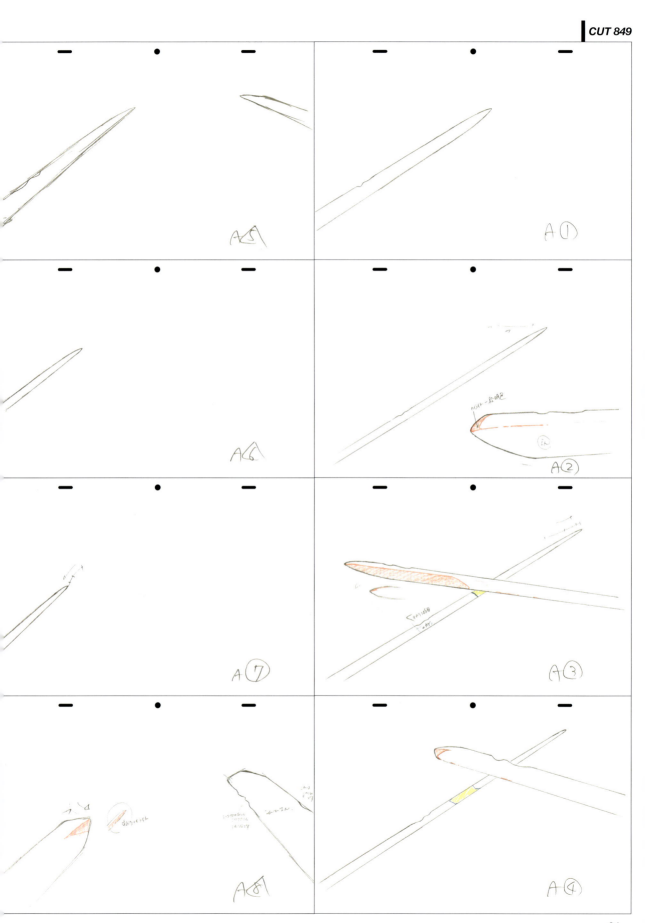

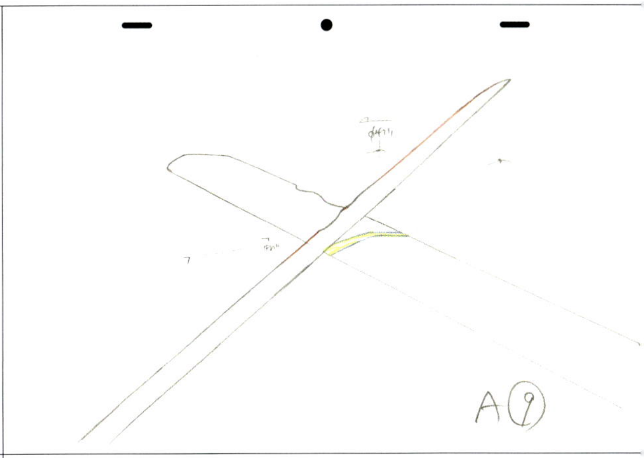
A 9

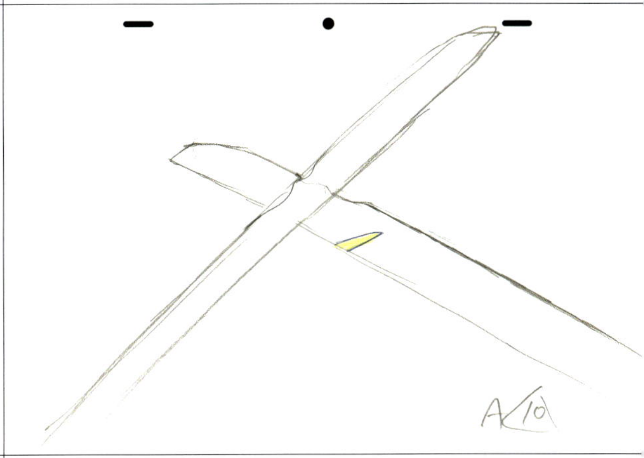
A 10

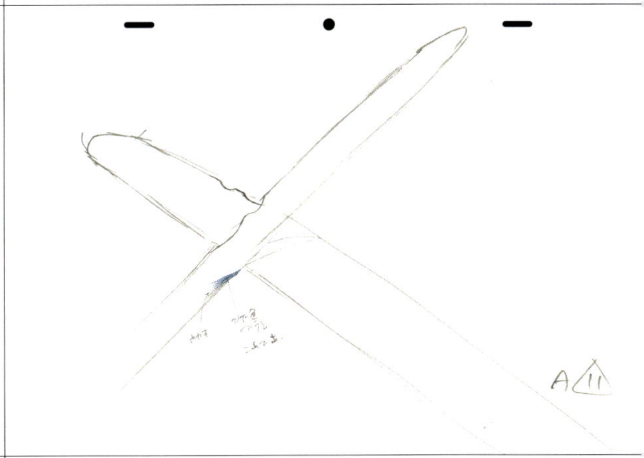
A 11

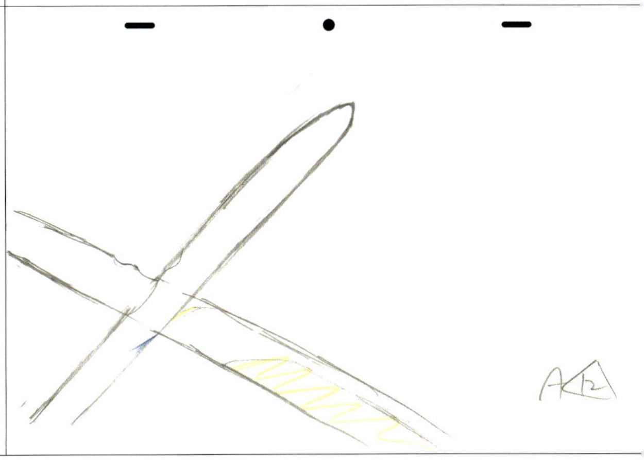
A 12

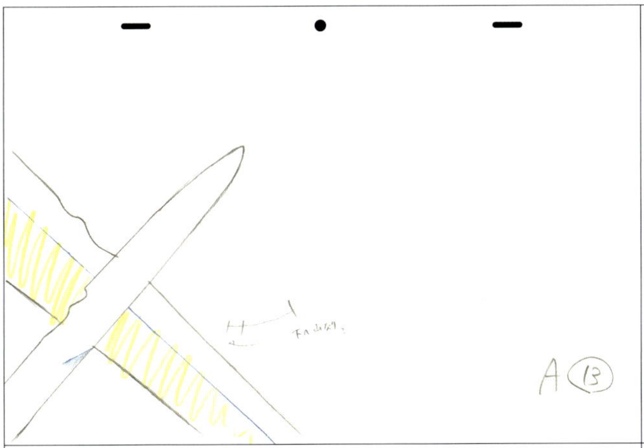
A 13

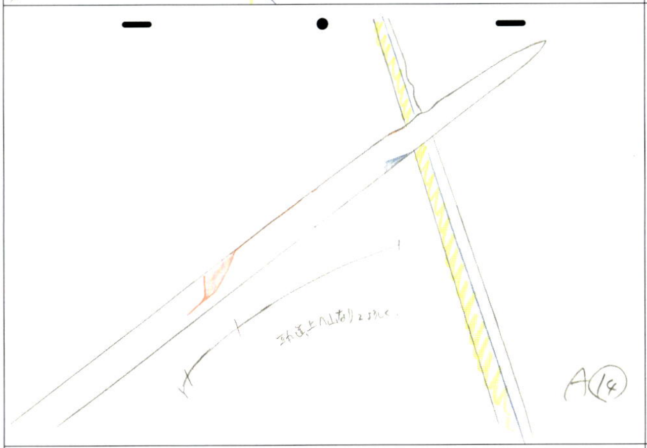
A 14

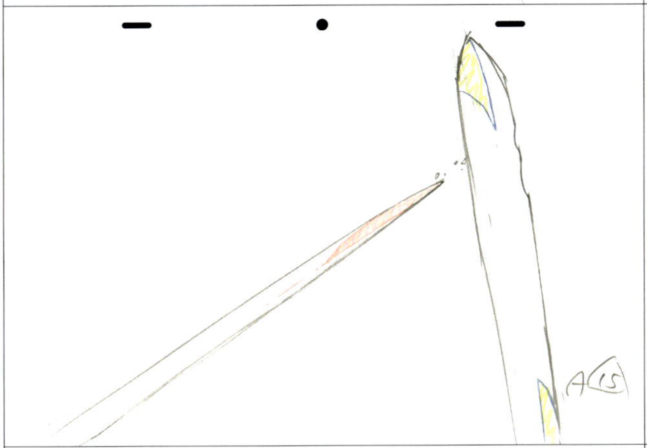
A 15

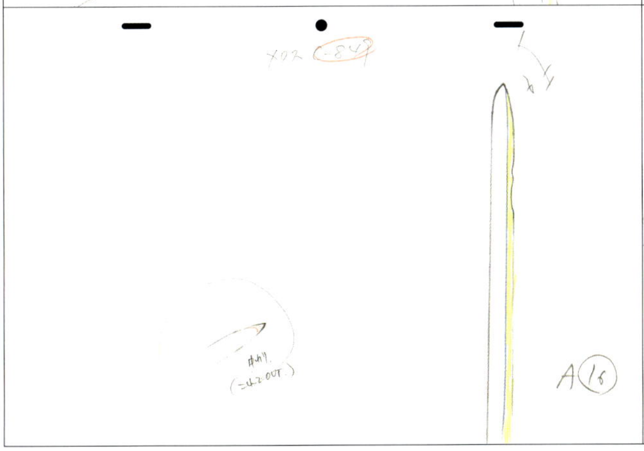
メロス
A 16

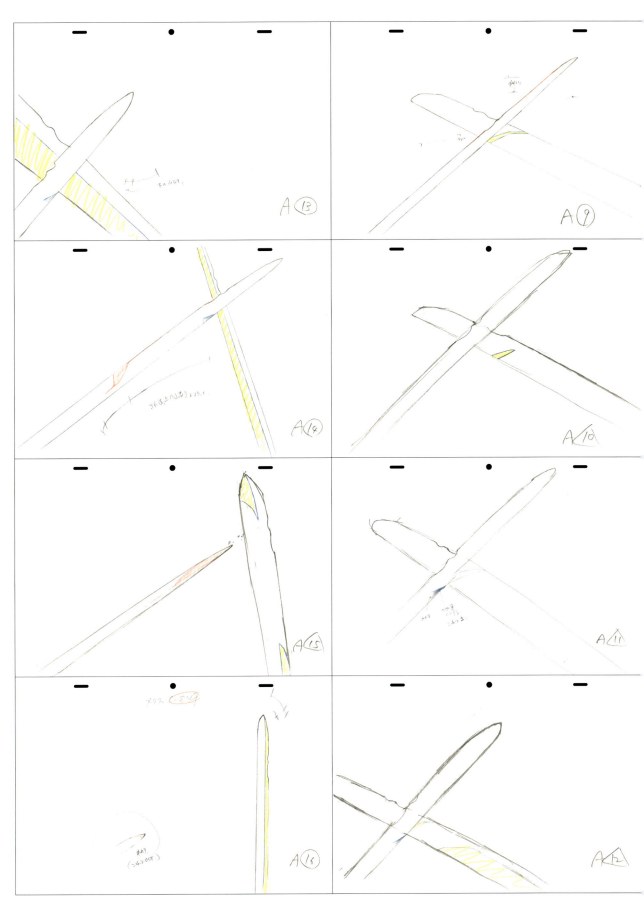

CUT 850

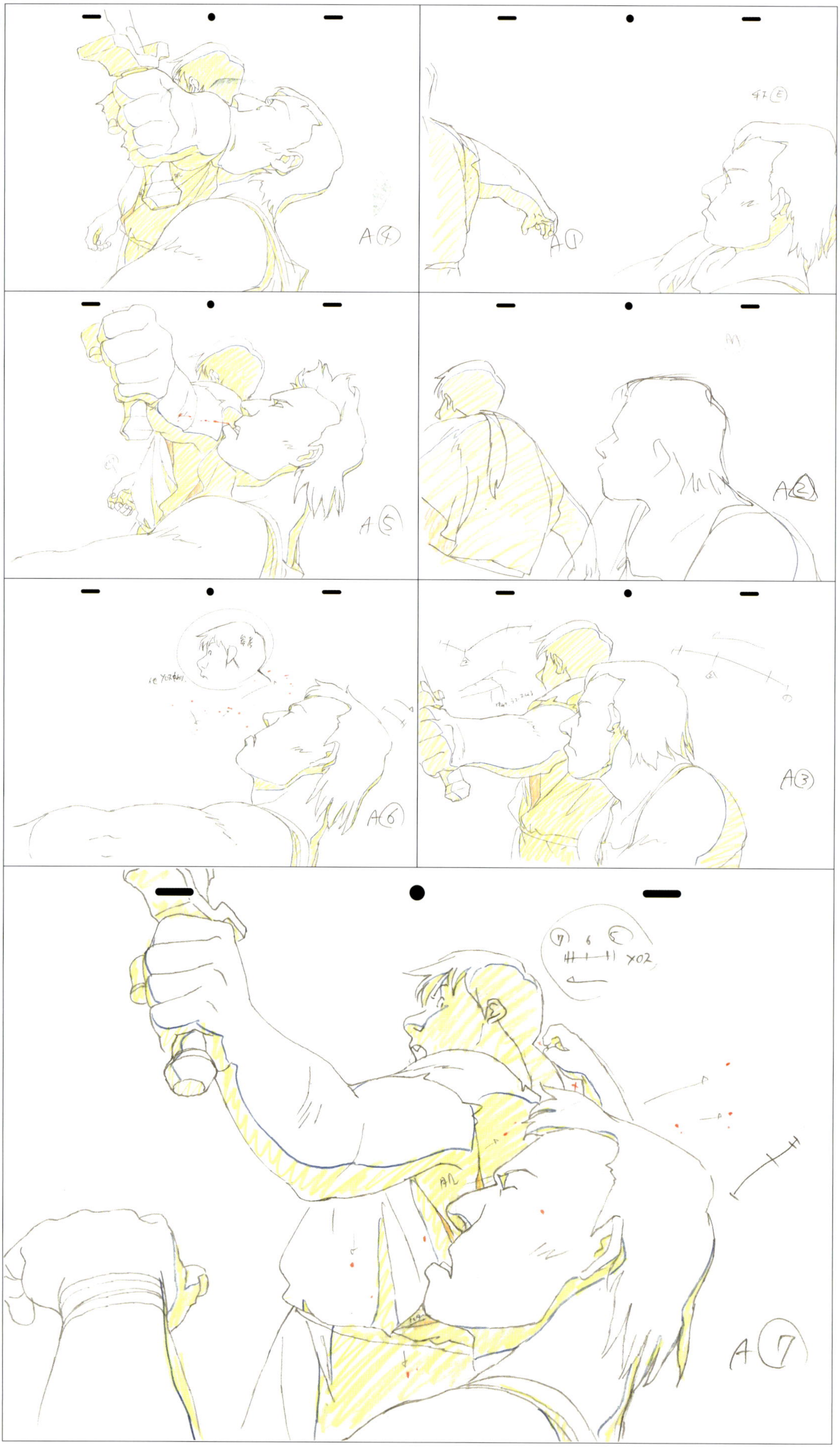

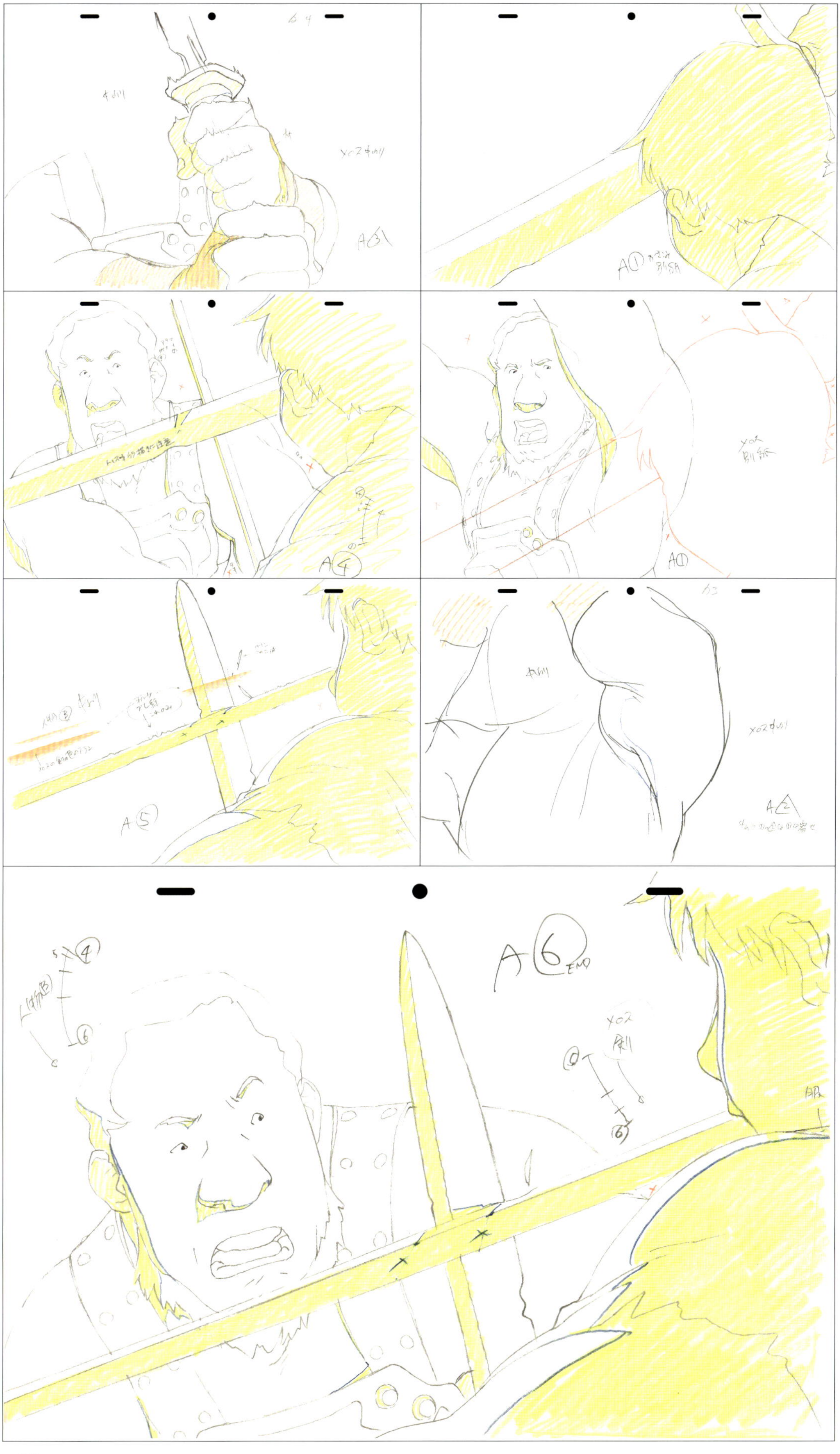
A③
A①
A④
A①
A⑤
A②
A⑥END

CUT 854

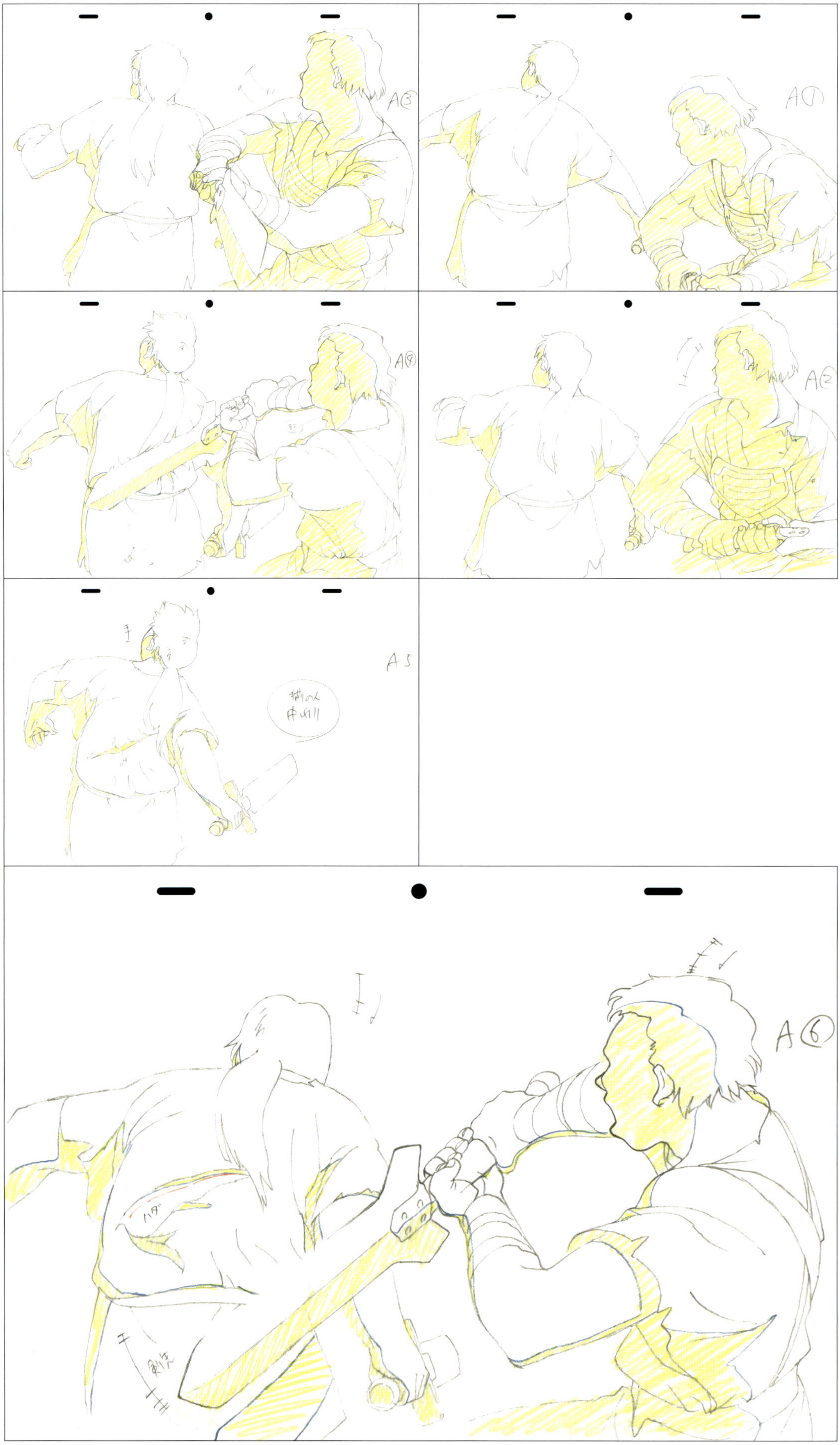

S. C. 855
TIME
VISUAL 80
決定稿

B5
Bア
B2
A
B6
B4
B3
B

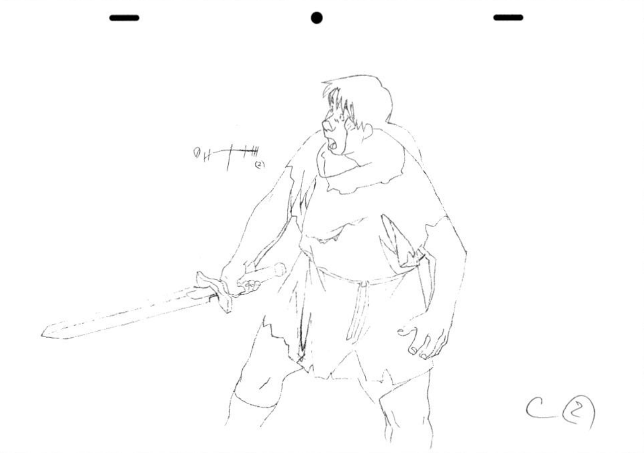
C ②

B ⑦

C ③

B ⑧

C ④

B ⑨
END

C ⑤

C ①

次このくらい
ノーマル
C 6

C 7

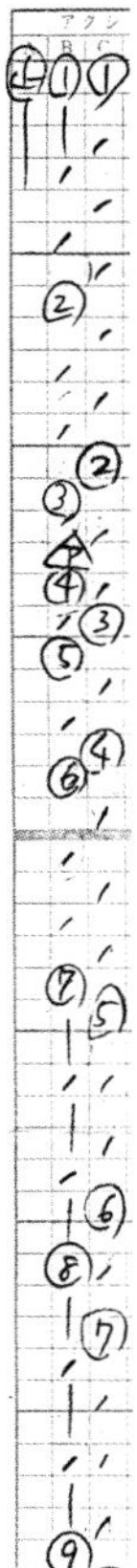

C 8
END

A①

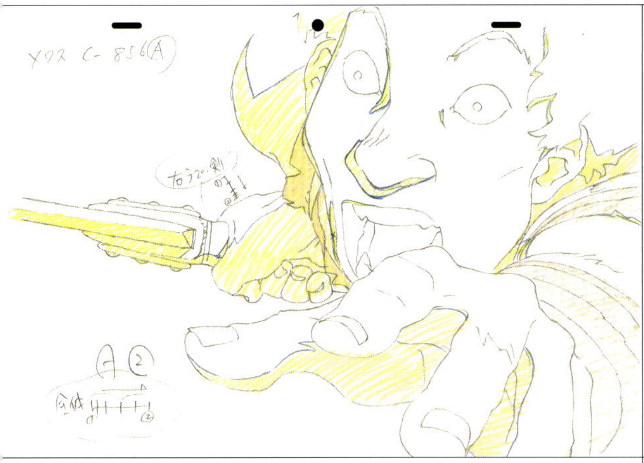

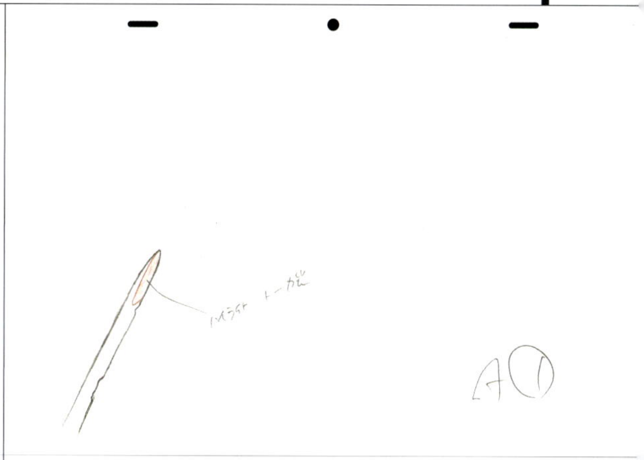
A①

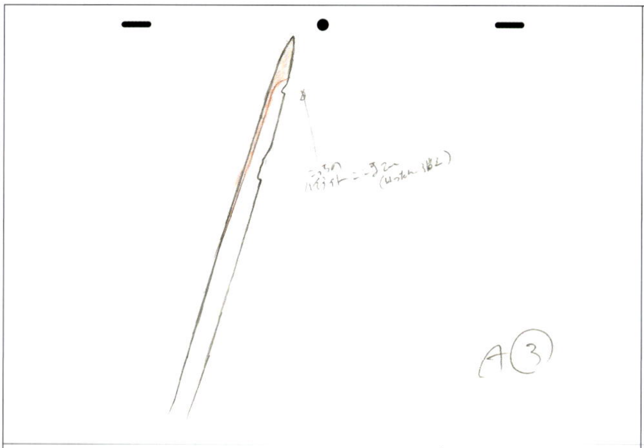
A③

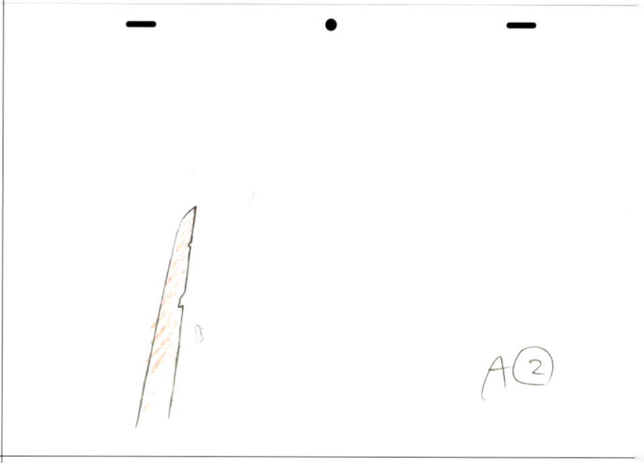
A②

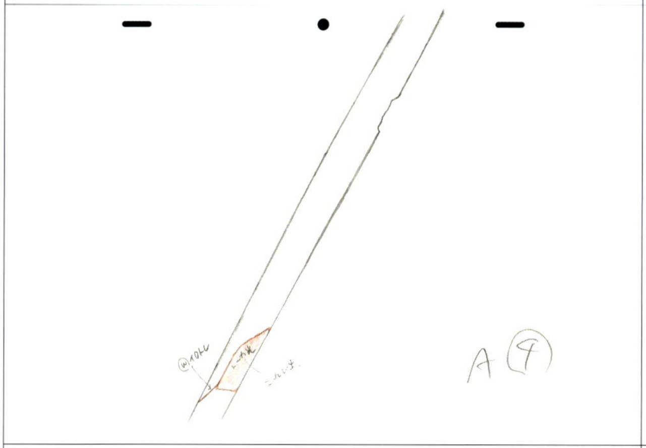
A④

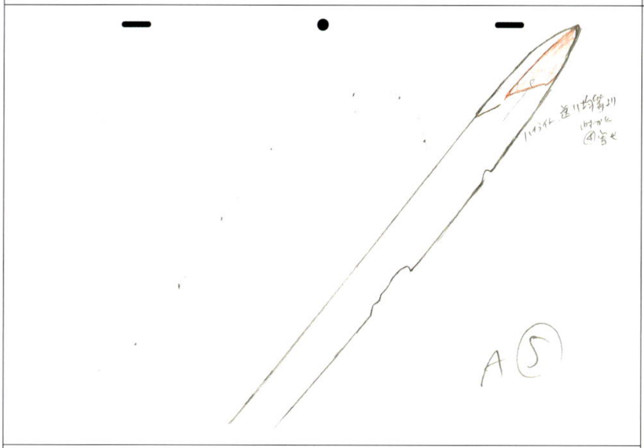
A⑤

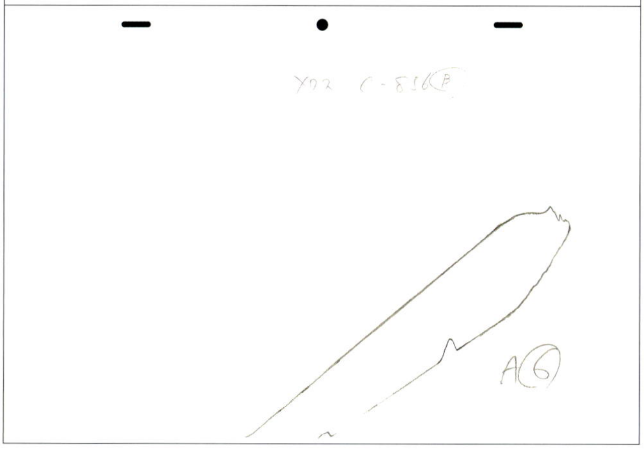
A⑥

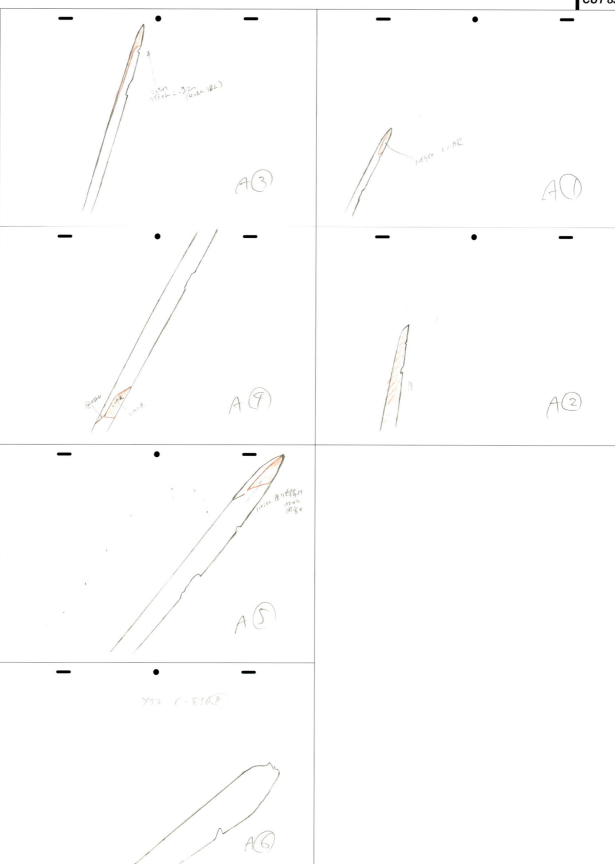

S.
C.
857
TIME (+)
VISUAL 80

A③

A①

A④

A②

CUT 85

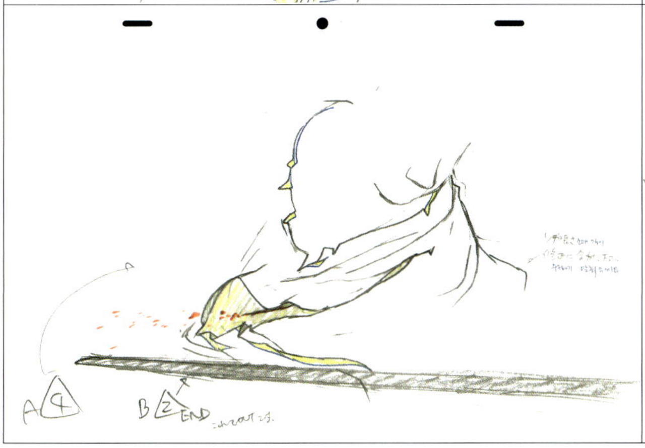

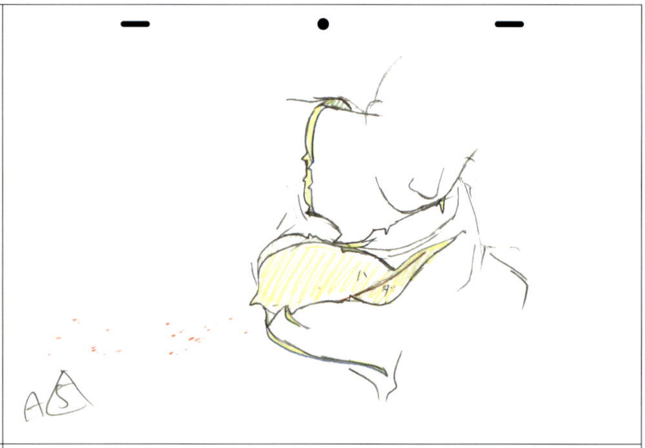
A 5

A 6

A 7

A 8

A 9

A 10

A 11

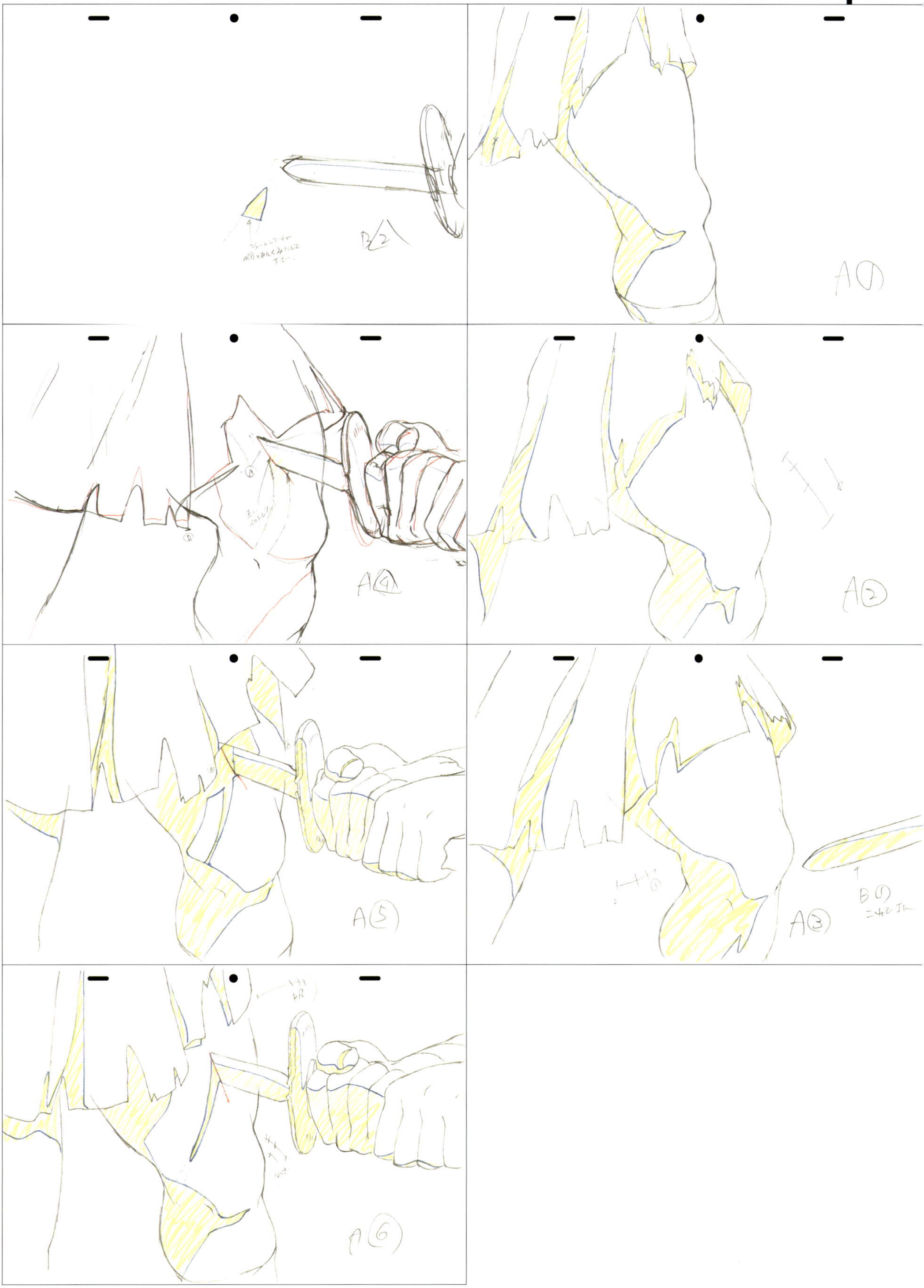
B②
A①
A④
A②
A⑤
A③
B①
A⑥

C①
B②
マント
+2cm
長めに

C③

B①

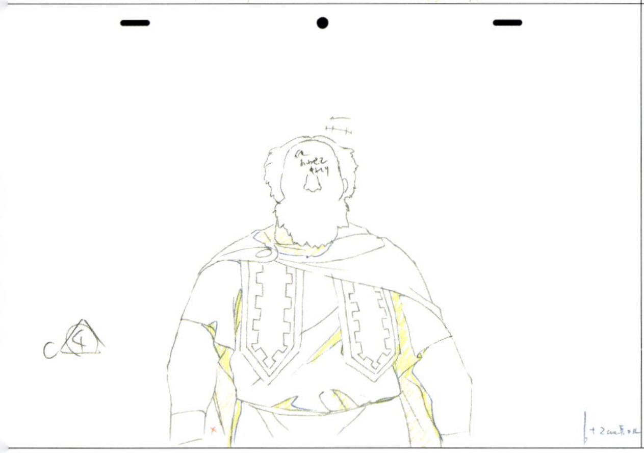
C④

C②

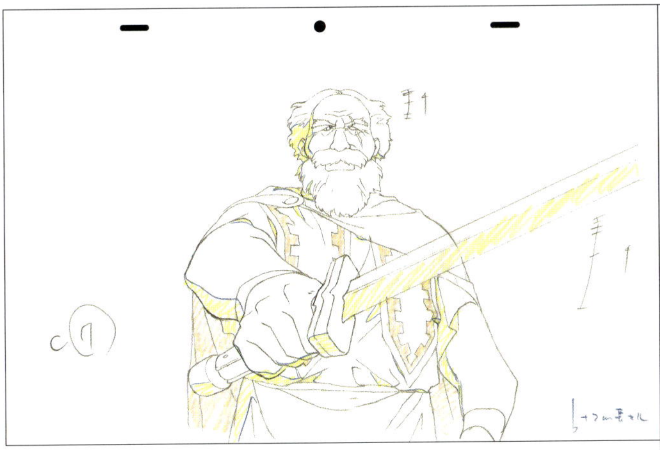

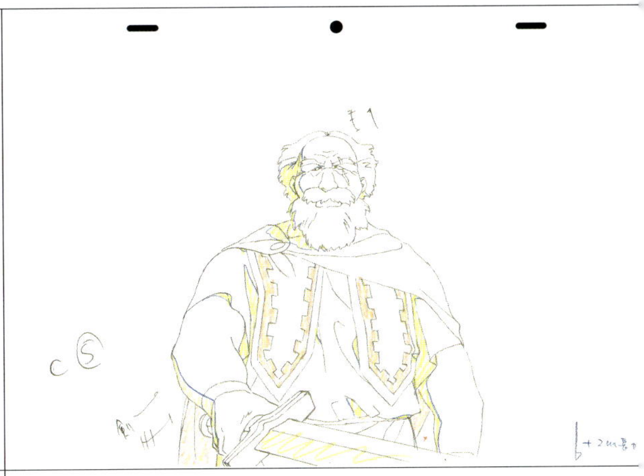

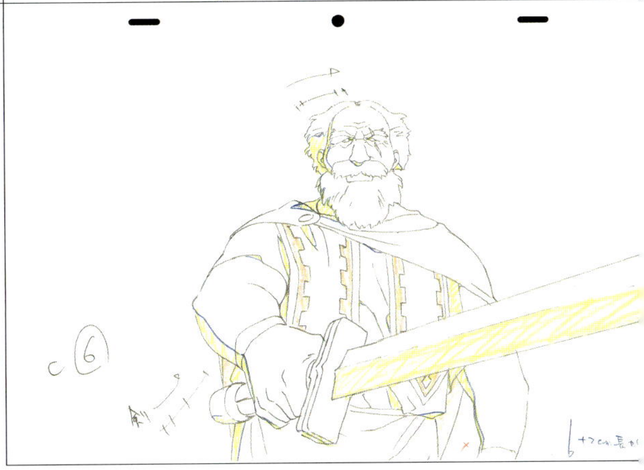

CUT 865

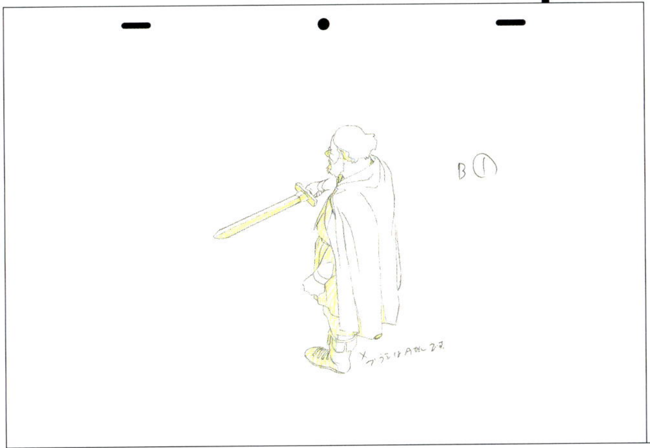

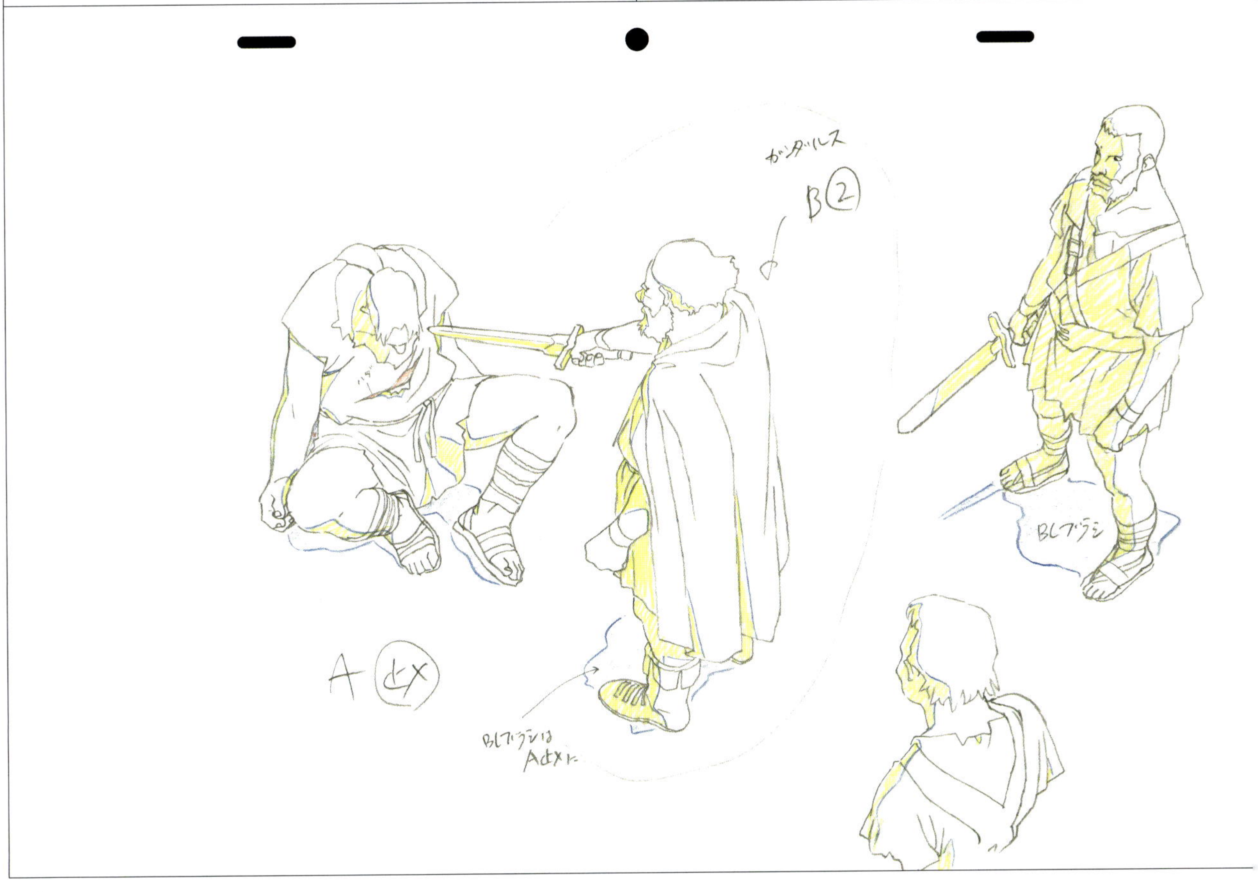

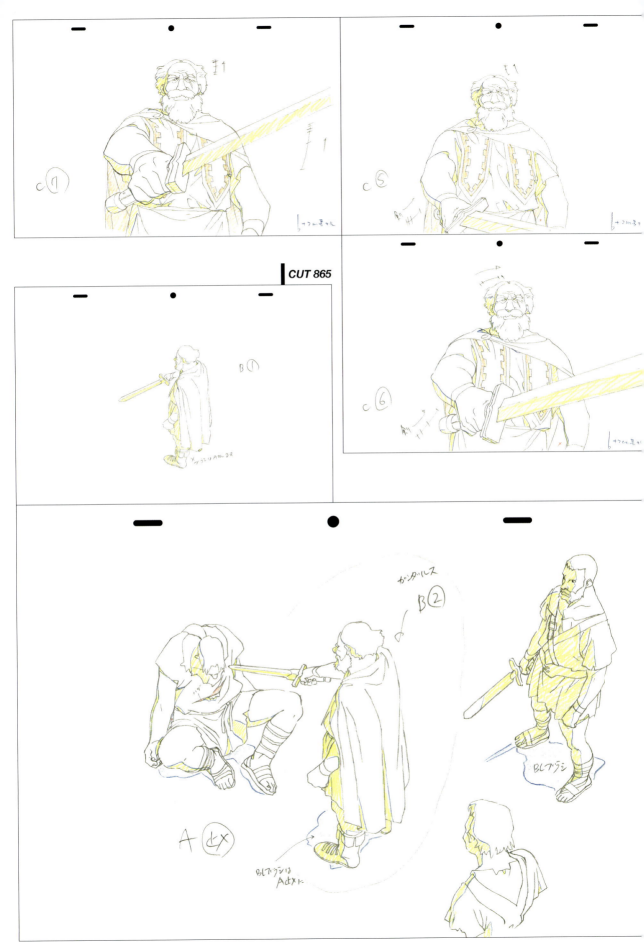

A①
C①
B,Cセル原画用のみ。
動画時はすべて同一セルに描きこみ。
B①

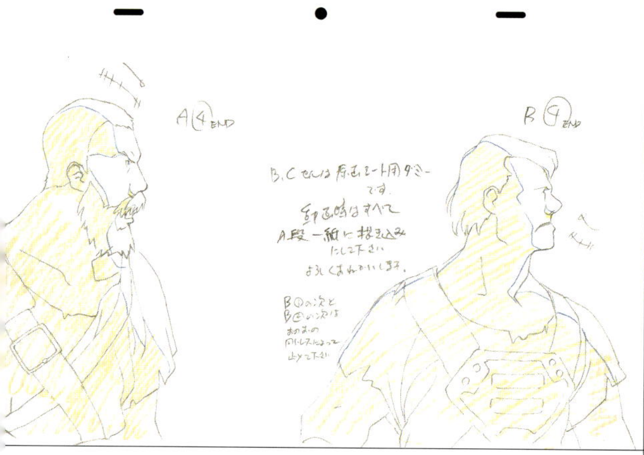
B,Cセルは原画モート用ダミーです。
動画時はすべて
A段一紙に描き込みにして下さい
よろしくおねがいします。
B①の次と
B②の次は
おのおの

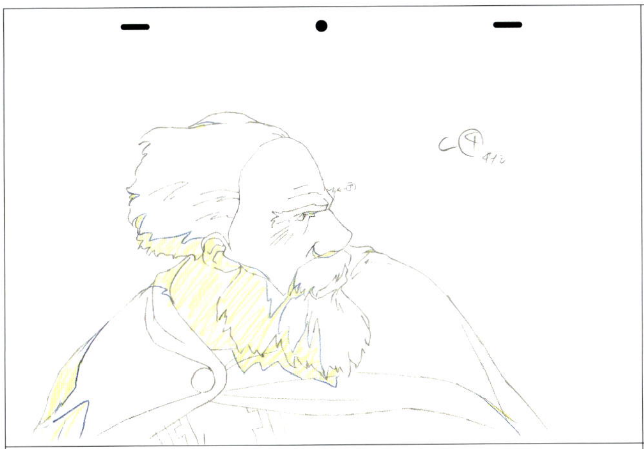
C④
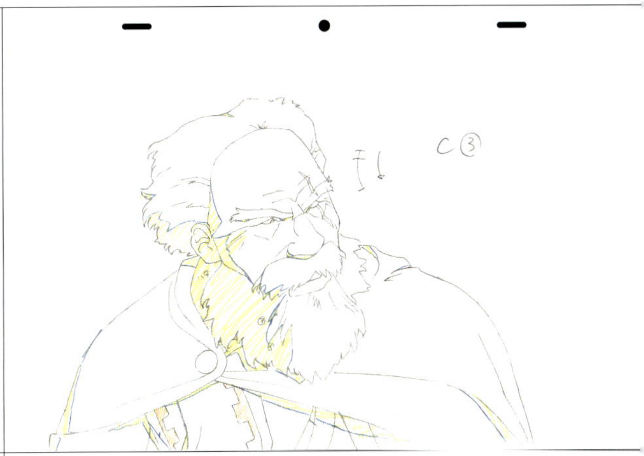
C③
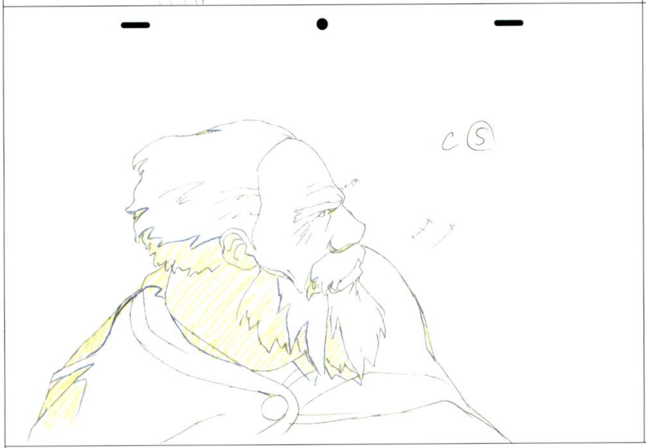
C⑤
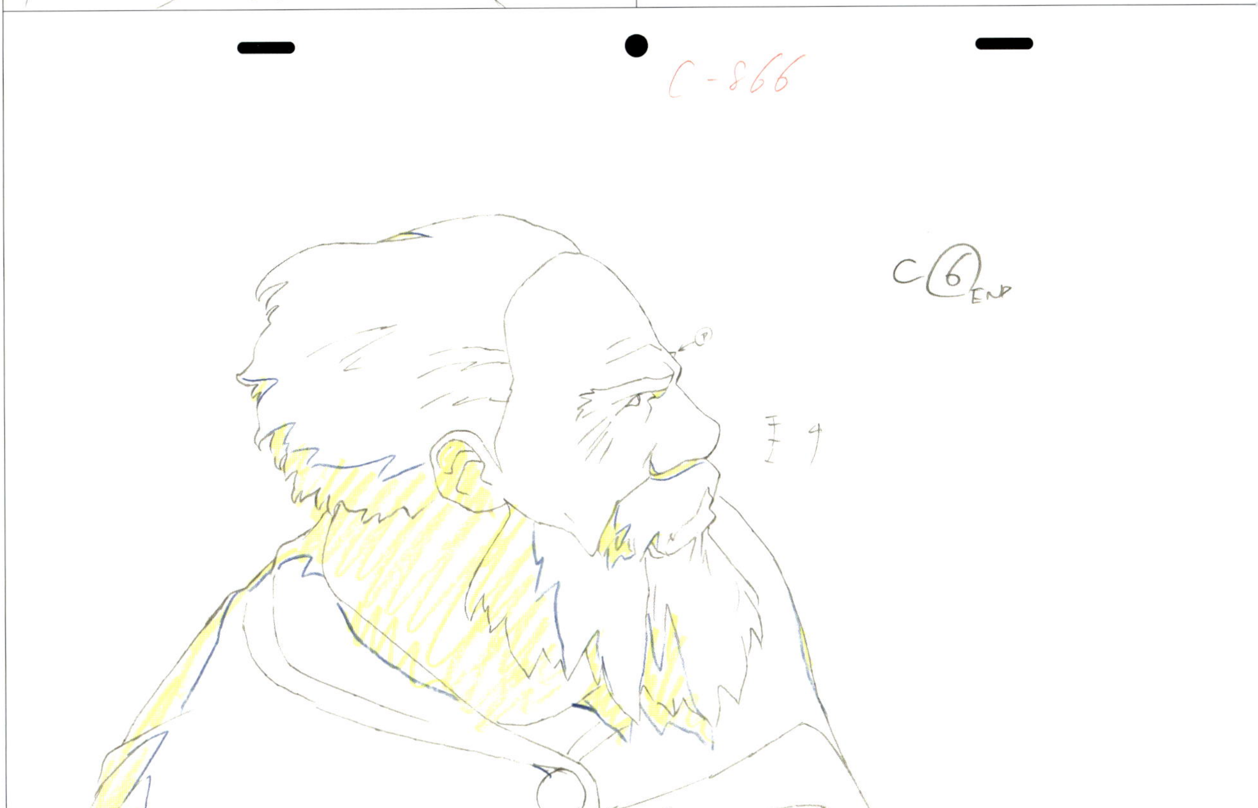
C-866
C⑥END

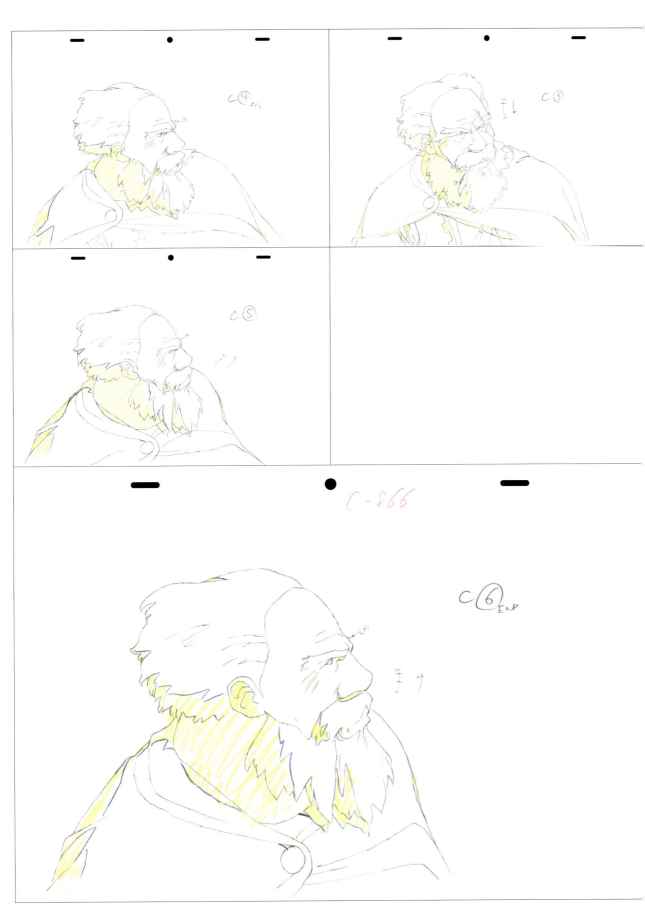

Neon Genesis EVANGELION

『新世紀エヴァンゲリオン』

『新世紀エヴァンゲリオン』は1995年から1996年に放映されたTVアニメーション。監督は庵野秀明。磯は原画としての参加の他に、第拾参話「使徒、侵入」において脚本と設定補を担当。また、シリーズの根幹に関わる設定に関して、多くのアイデアを出している。原画としては第壱話の使徒と国連軍との戦い、第拾伍話ラストの地下の巨人、第拾九話の使徒を捕食する初号機、第弐拾壱話ビデオフォーマット版のアバン部分を担当。なお、第拾伍話の巨人は設定を兼ねたかたちでレイアウトのみを作画した。

第壱話▸▸▸▸ CUT 36

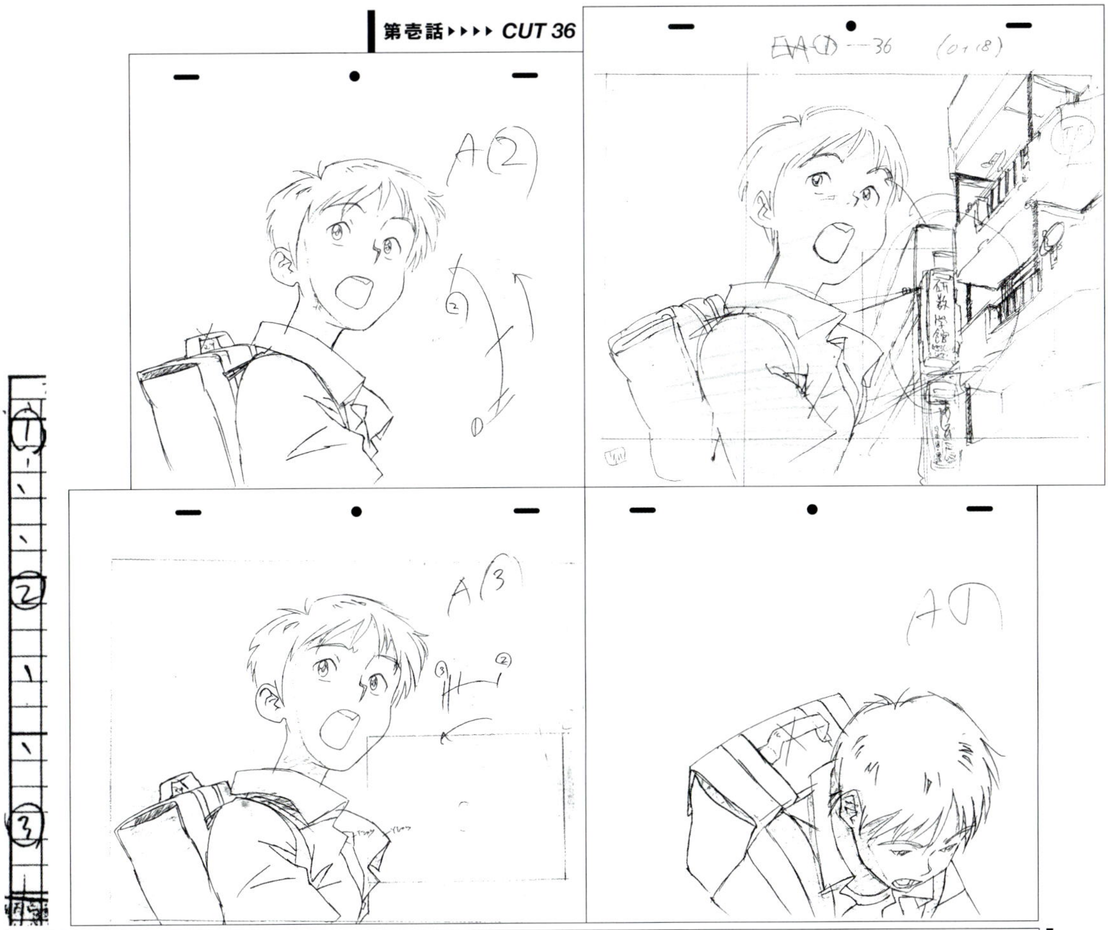

第壱話▸▸▸▸ CUT 38

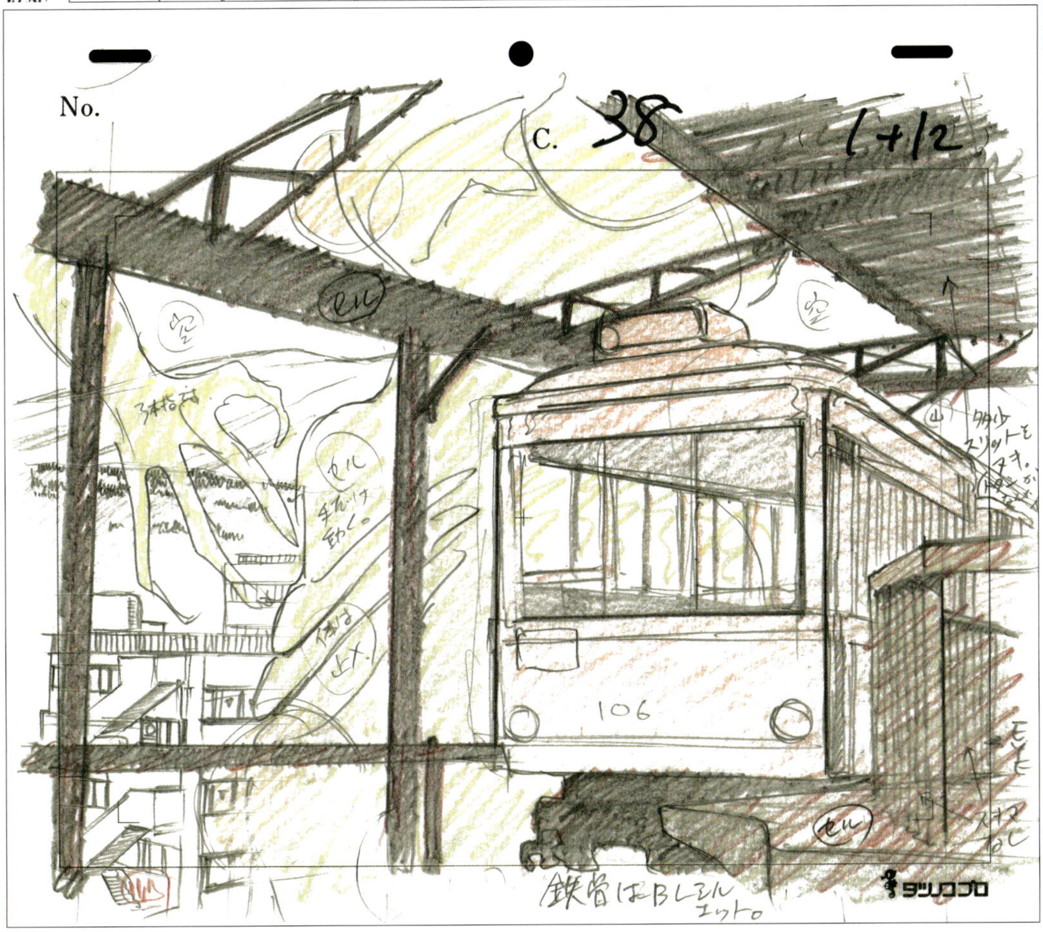

#1 C-38
BL
ヌキ
D①
ヌリ部分をすべてBLにしたものをD②
106
BL
BL
動画線は定規使って
ノーマル NORMAL
加算
2段め加算

D③

の鉄骨
D②

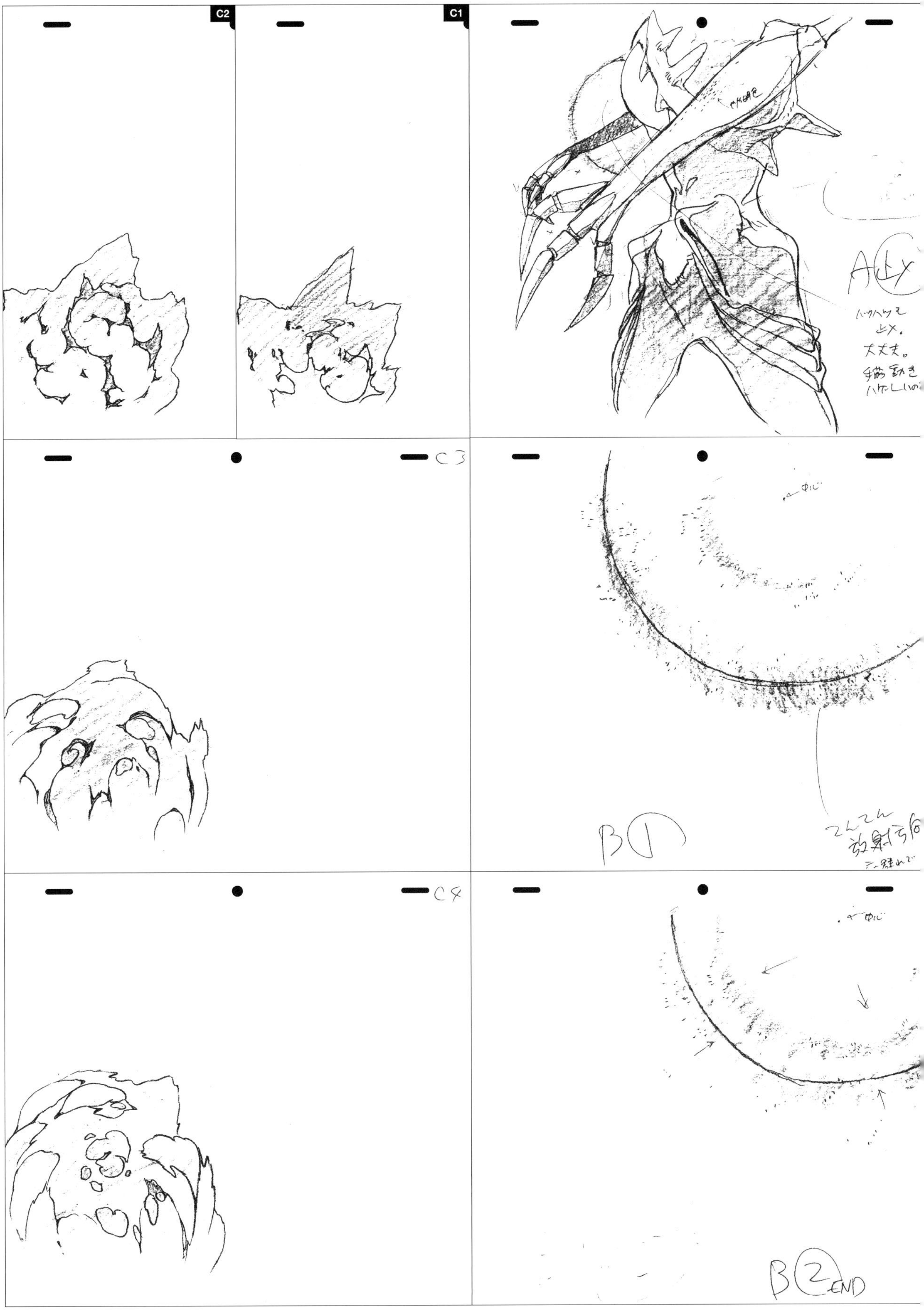
C2
C1
バクハツも
止メ。
大丈夫。
C3
中心
てんてん
放射方向
B①
C4
中心
B② END

C8
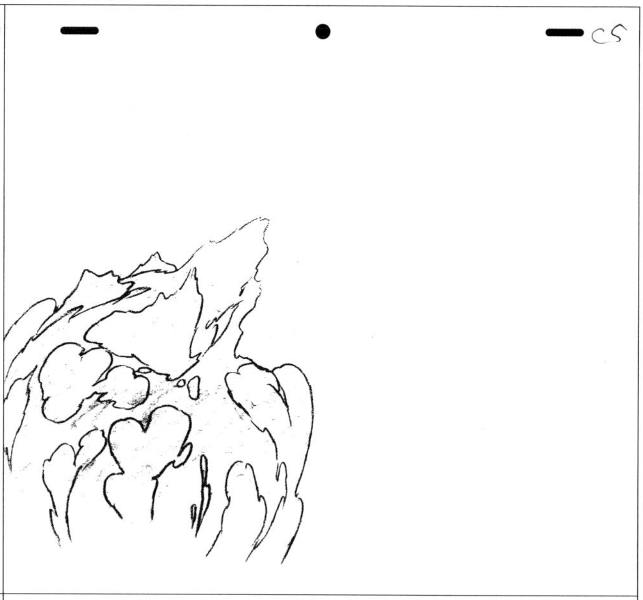
C5

C9

C6
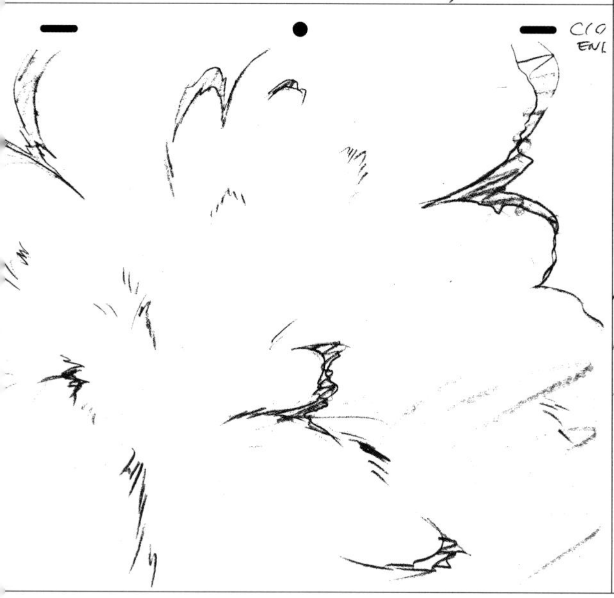
C10
END

C7

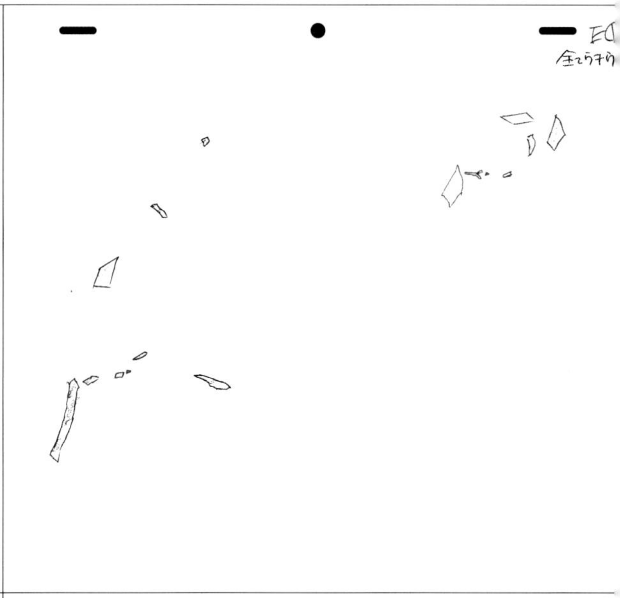
E
全てラチ

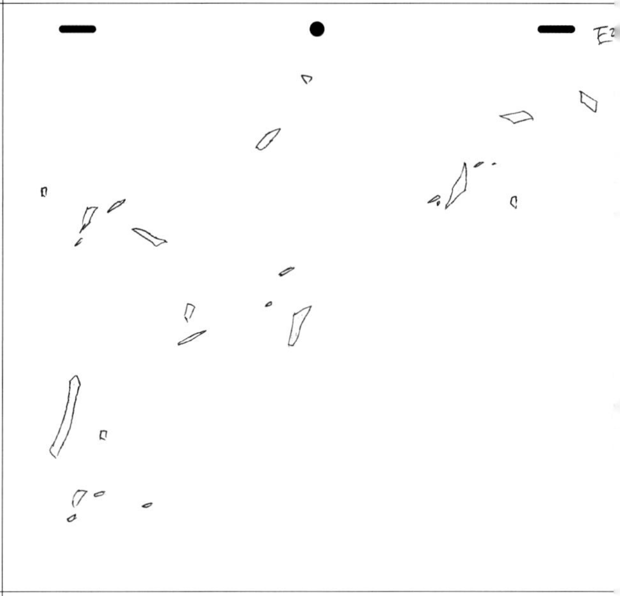
E

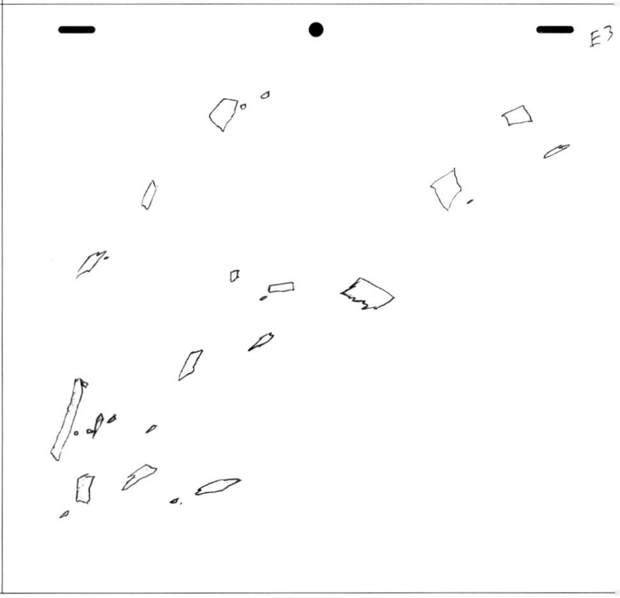
E3

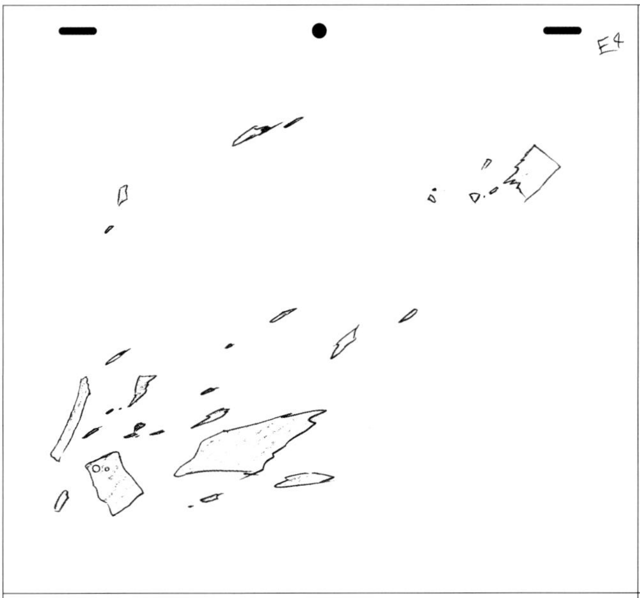
E4

E5

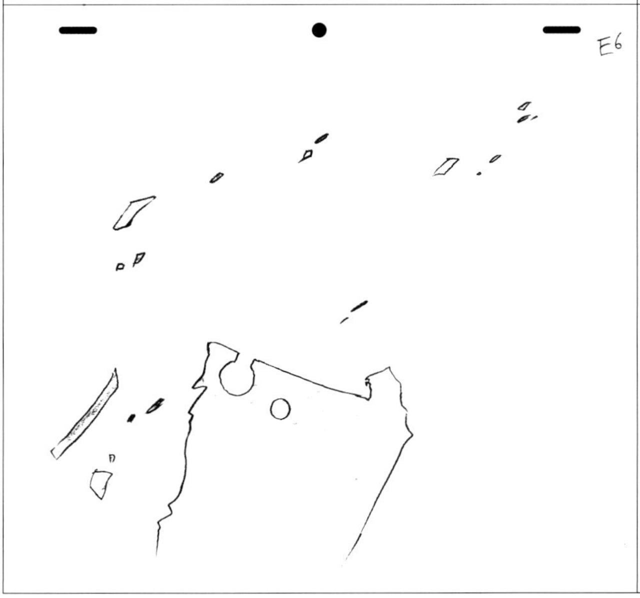
E6

イムシート裏に
描かれたメモ

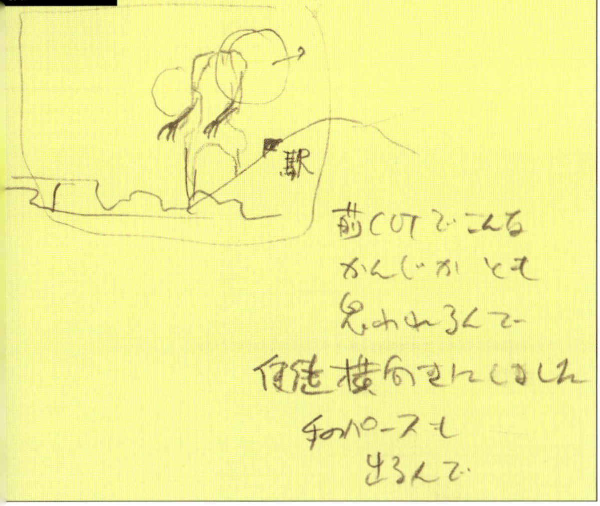

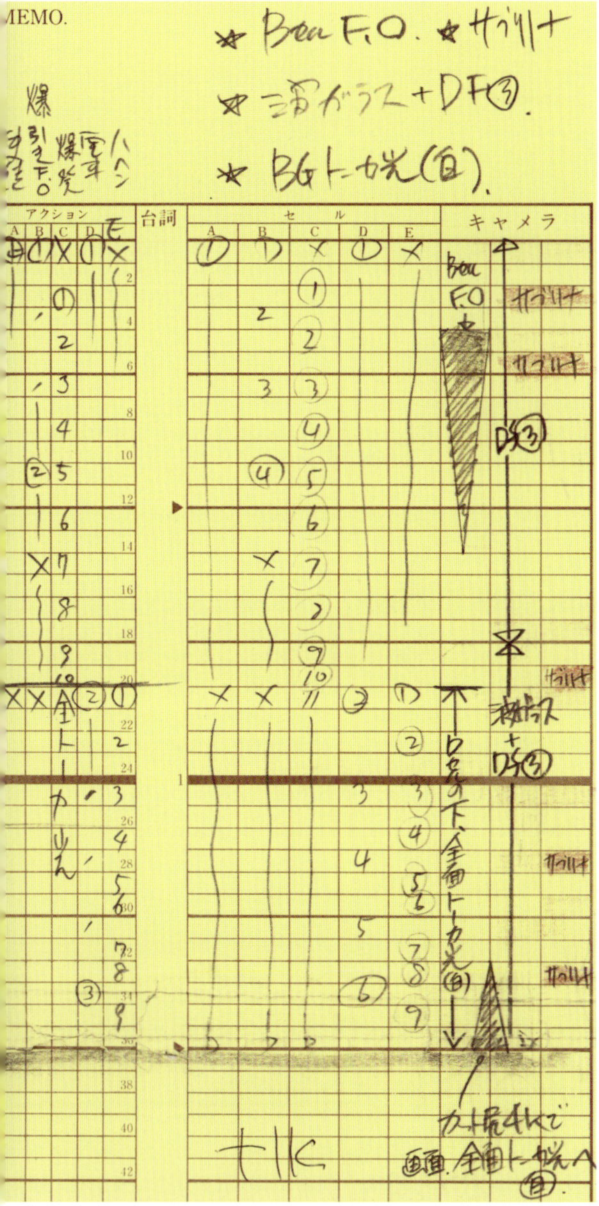

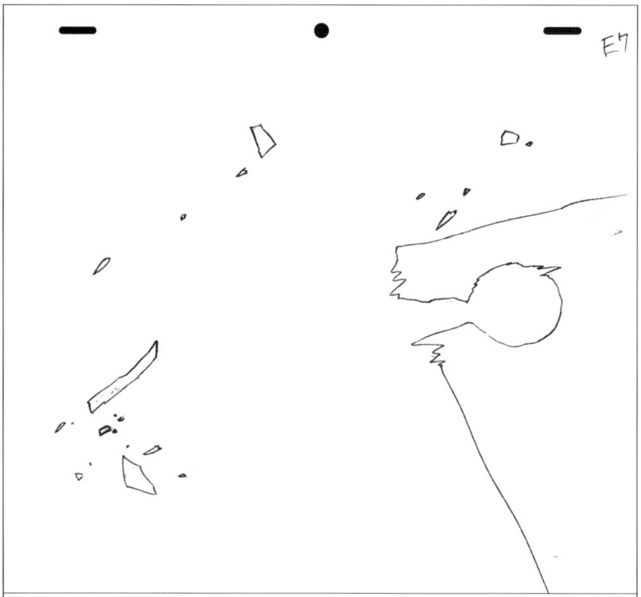

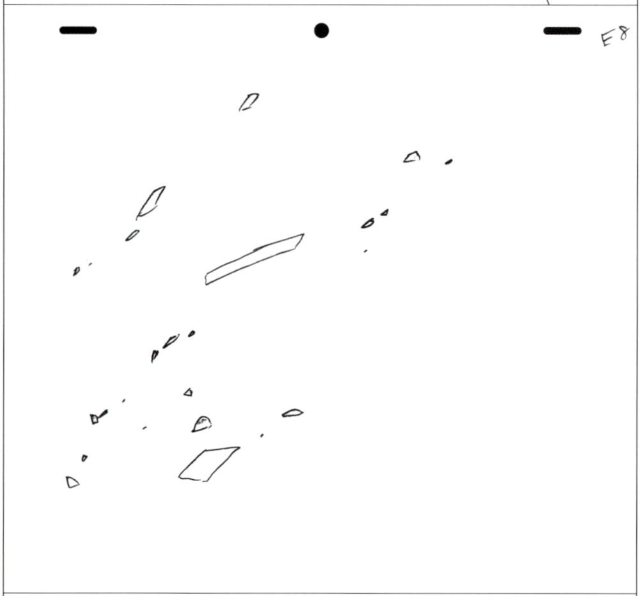

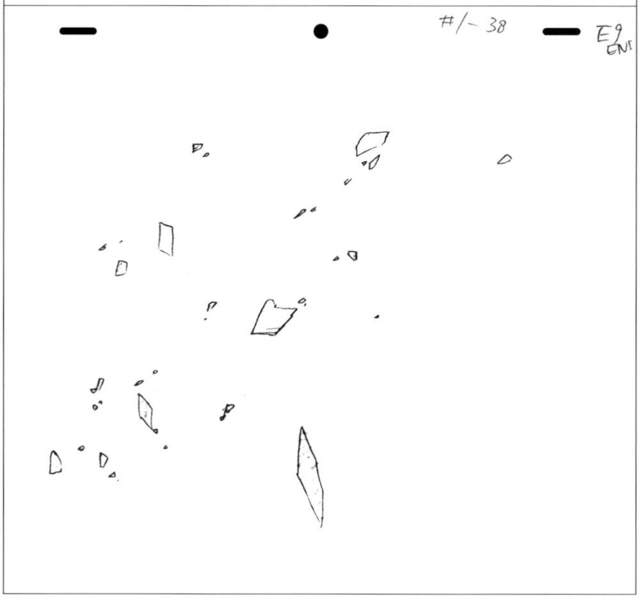

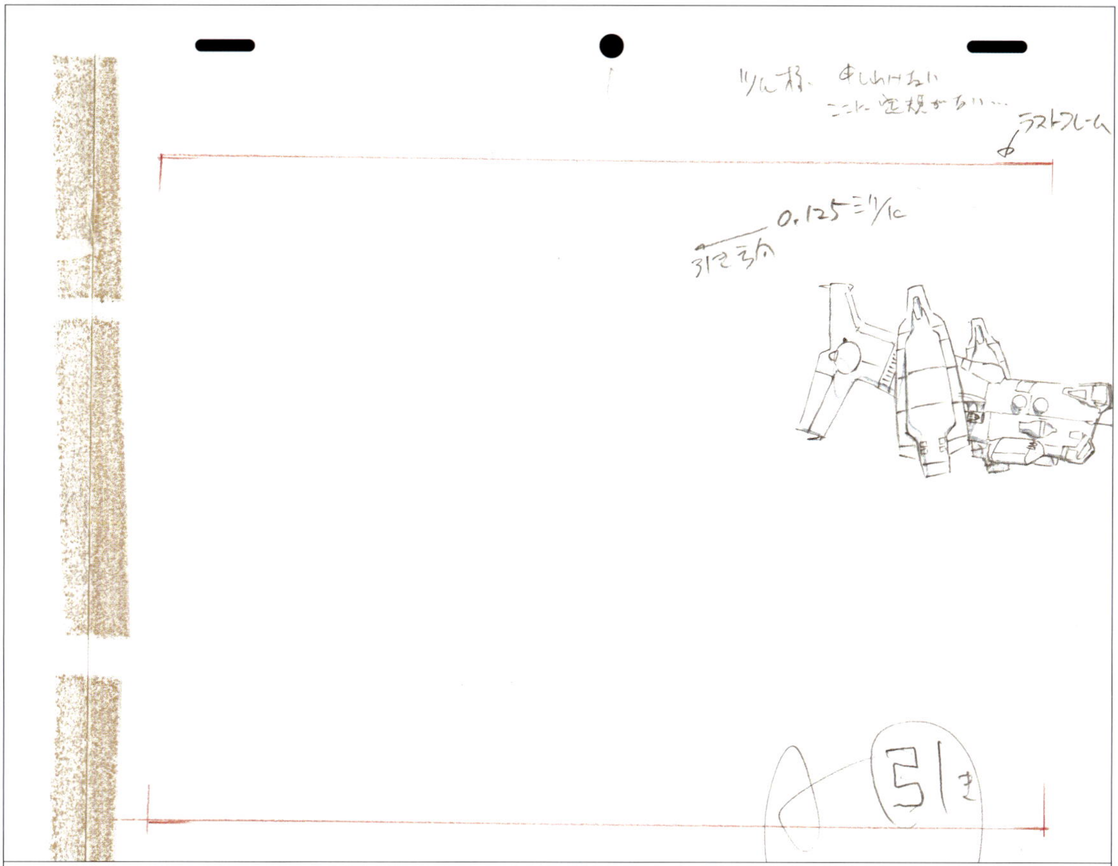
リん様、申しわけない
ここに定規がない…
ラストフレーム
0.125ミリ/1c
引き

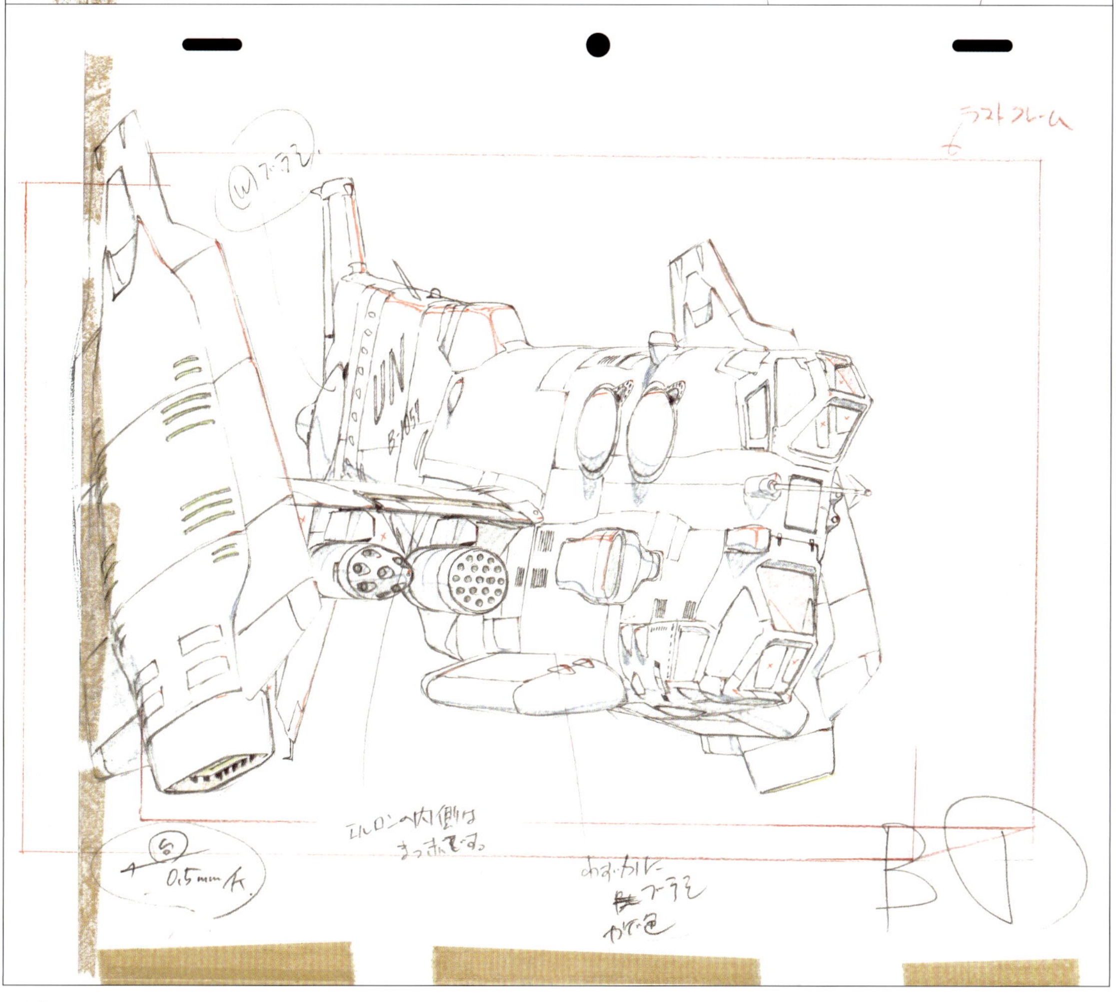
ラストフレーム
エルロンの内側は
まっ赤です。
0.5mm

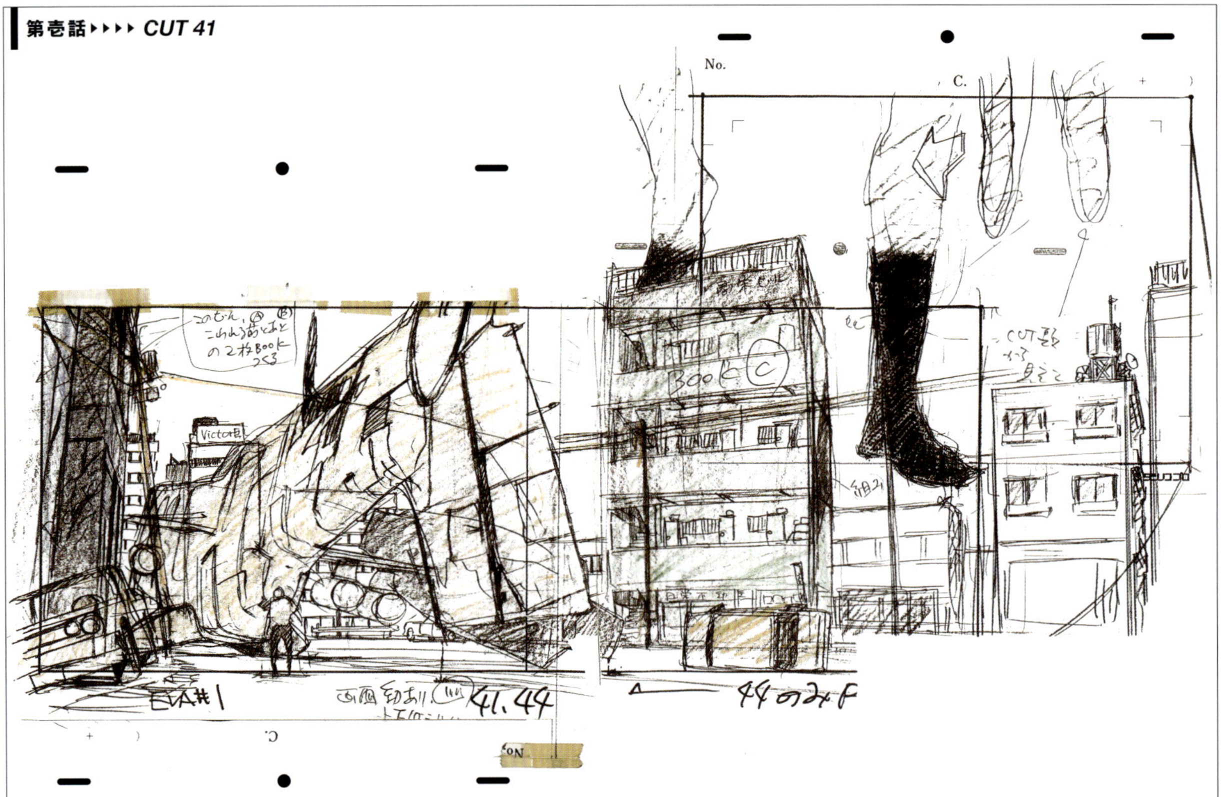
41, 44
44のみF

CUT 41

B7

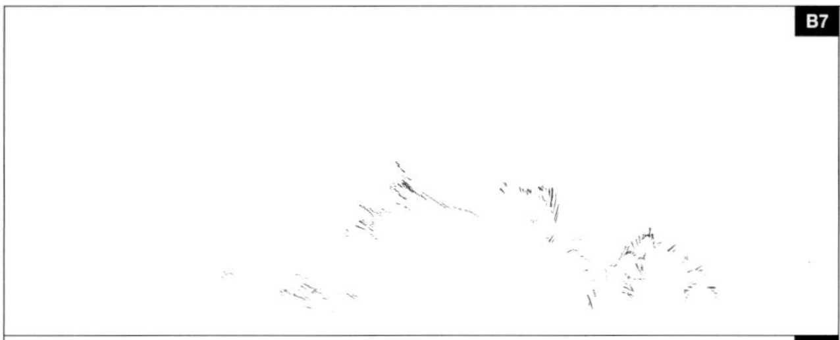

B8

B9

B10

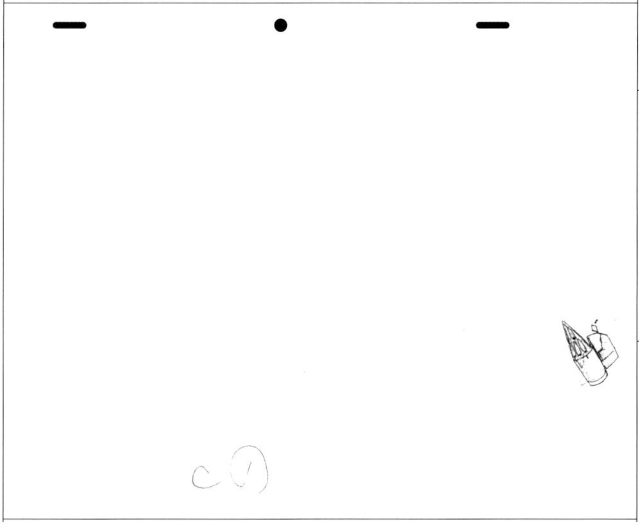

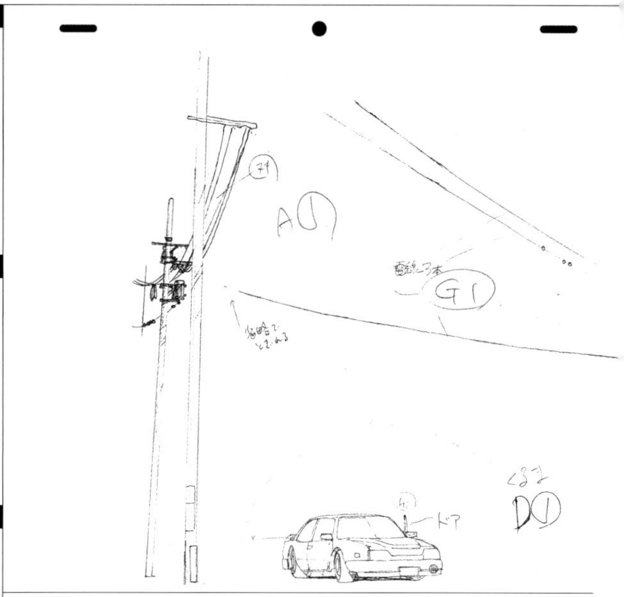

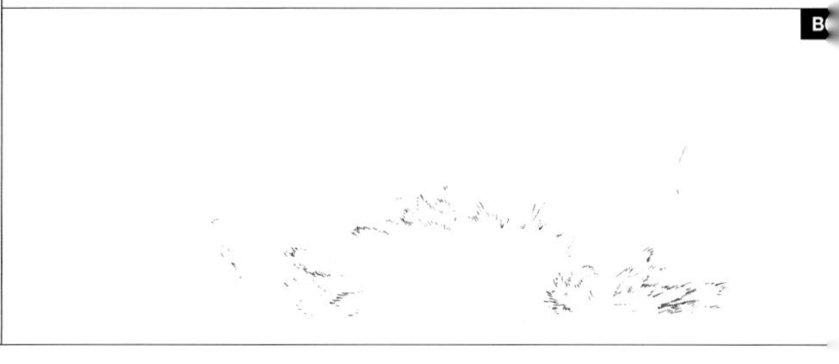

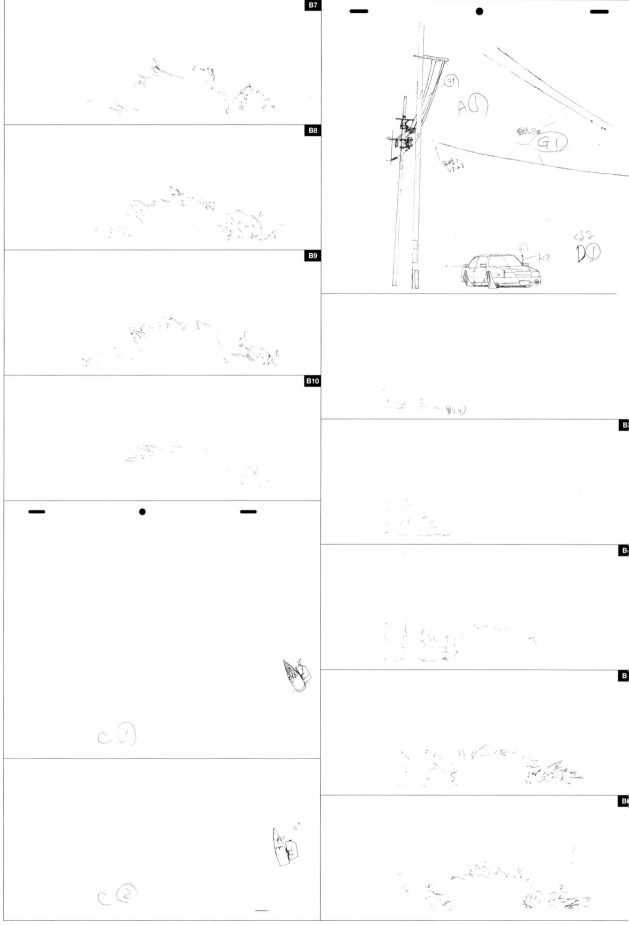

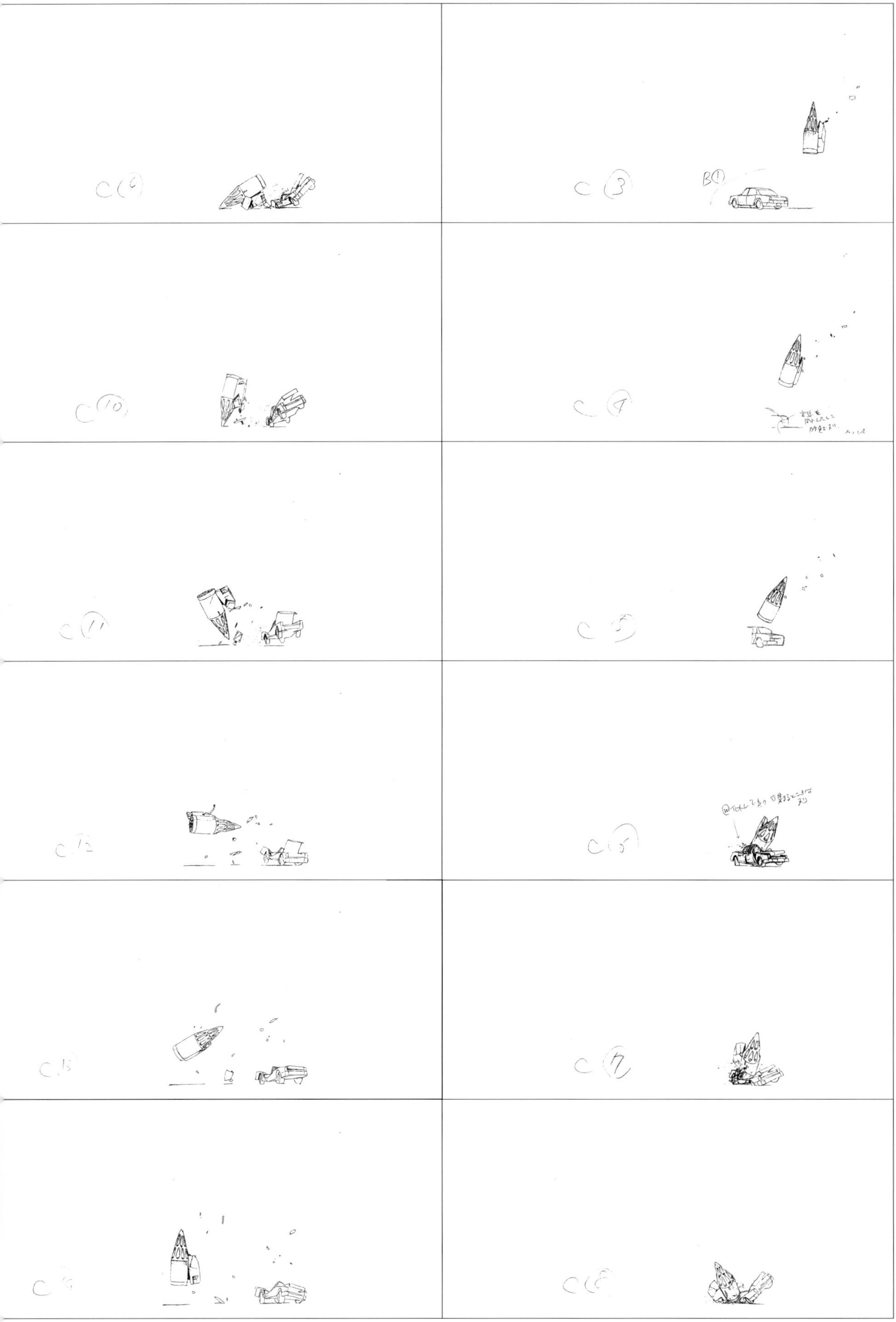
C③
B①
C④
C⑤
C⑥
C⑦
C⑧
C⑨
C⑩
C⑪
C12
C13

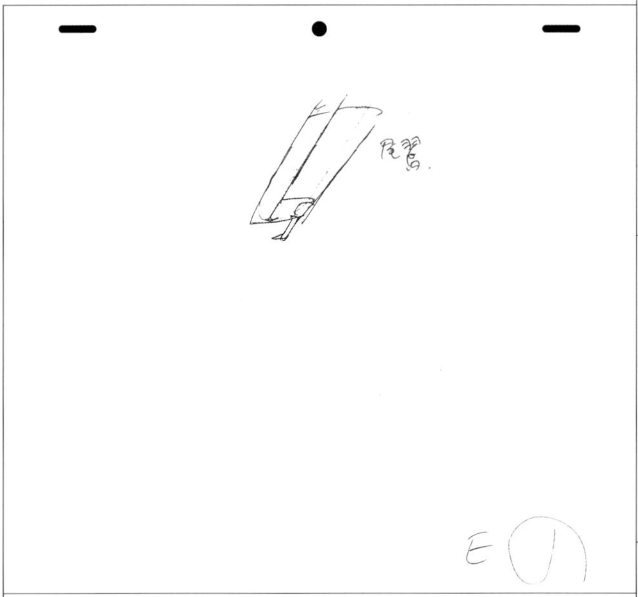
尾翼
E 1

E 2

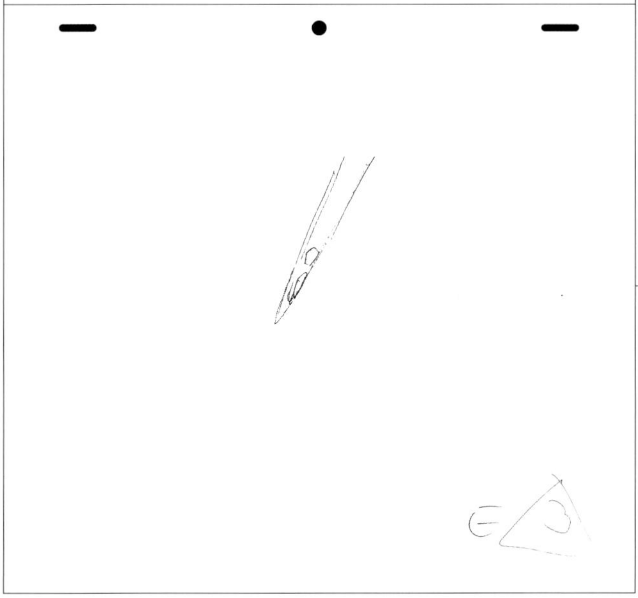
E 3

C

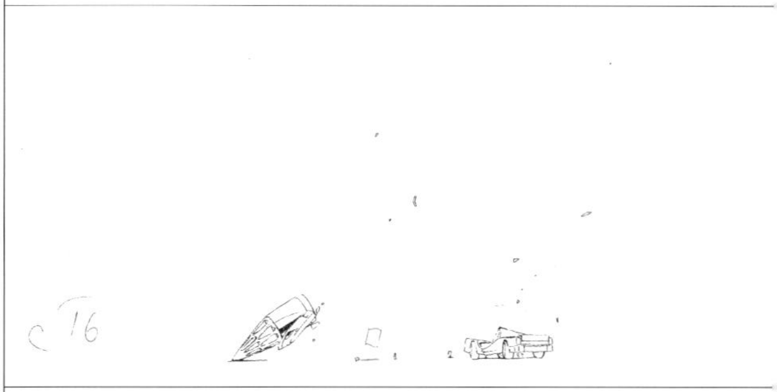
C 16

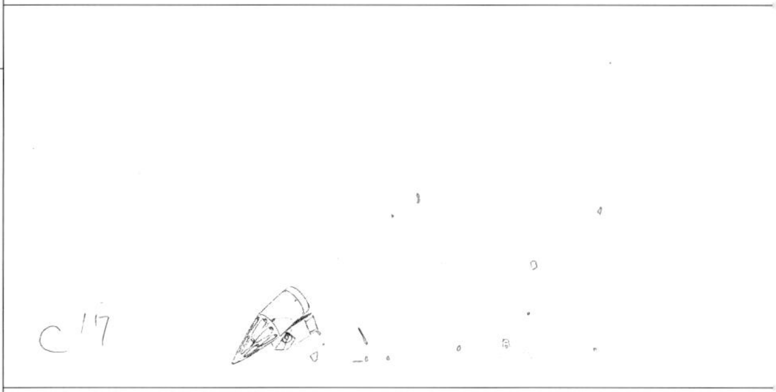
C 17

C 18

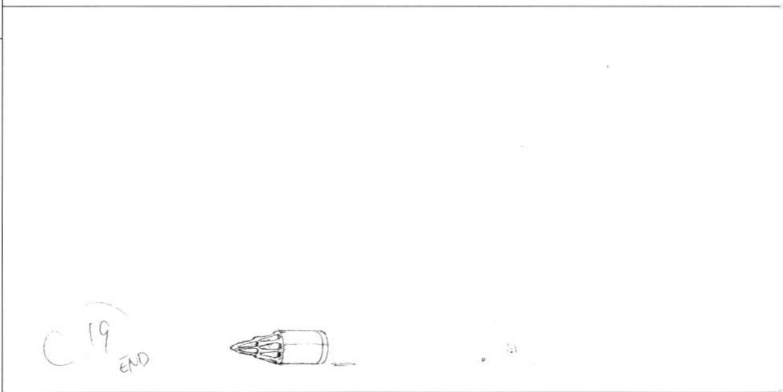
C 19
END

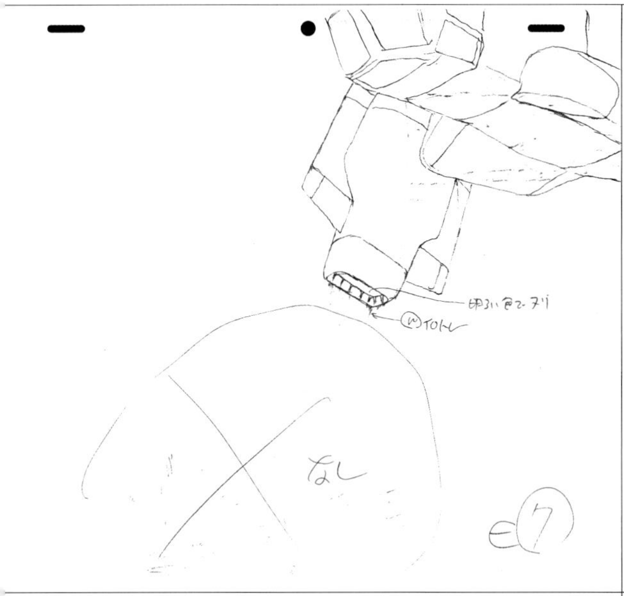
なし
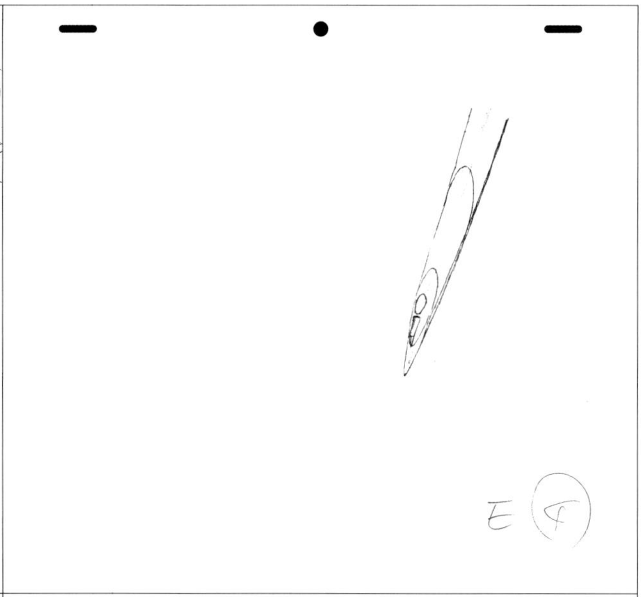
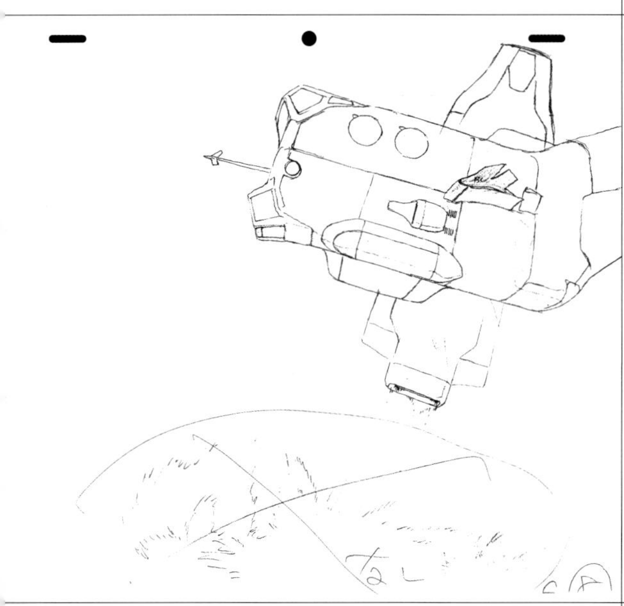
なし
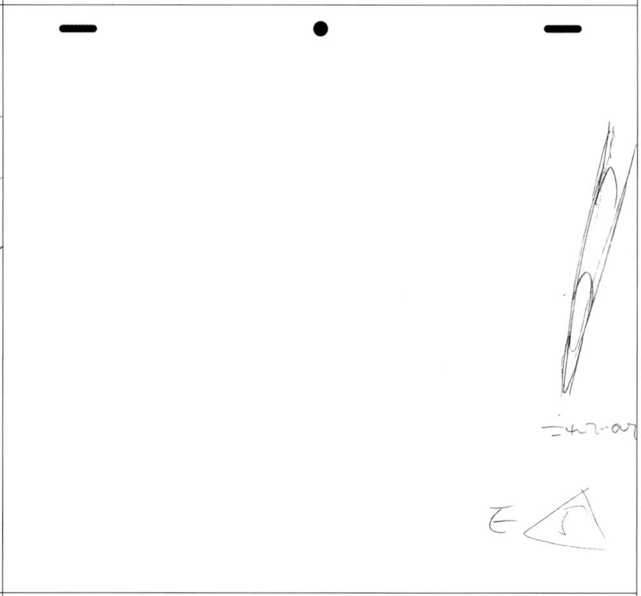
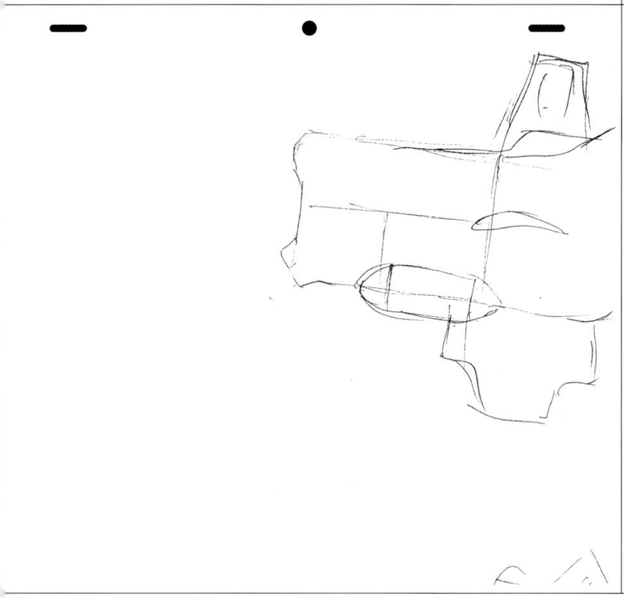
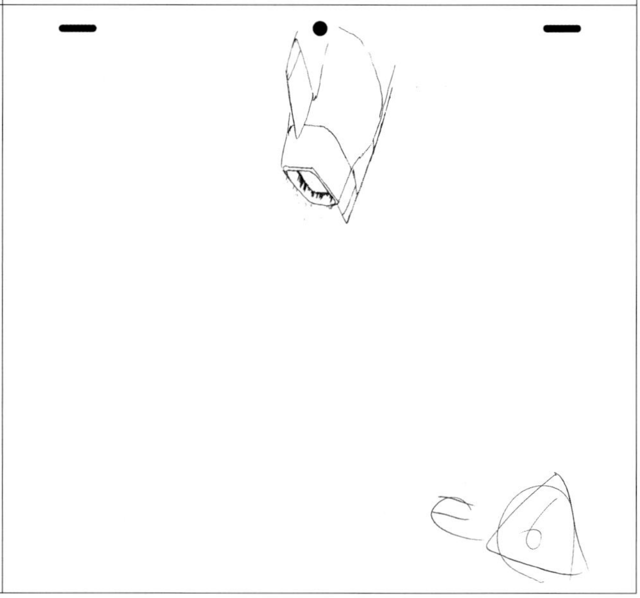

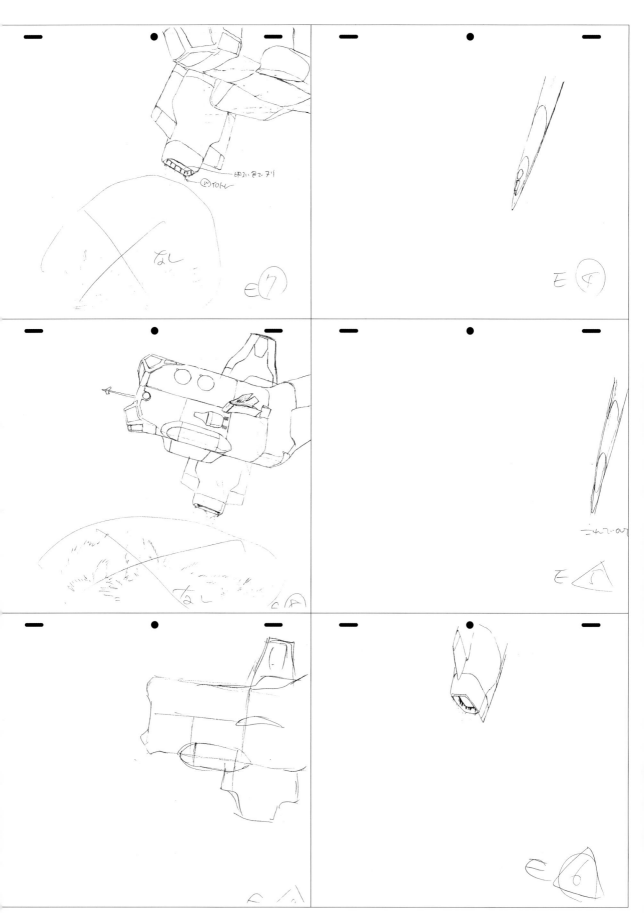

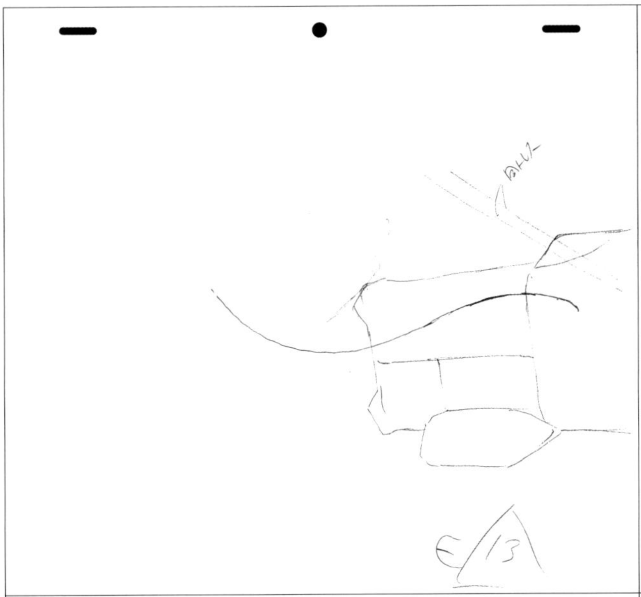
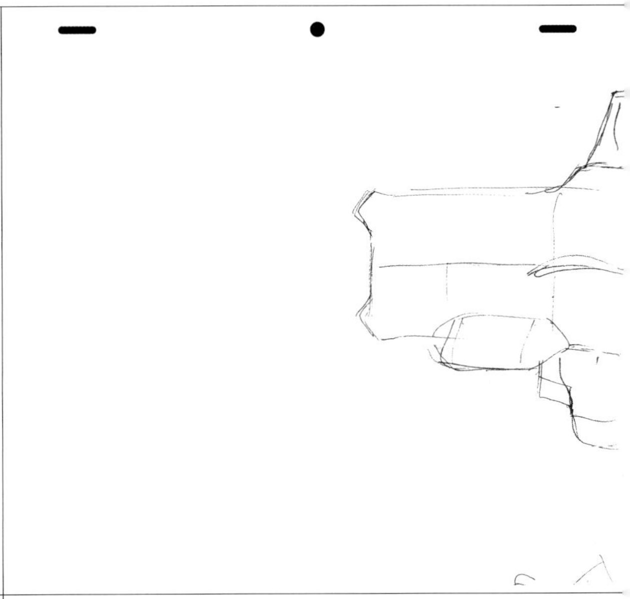
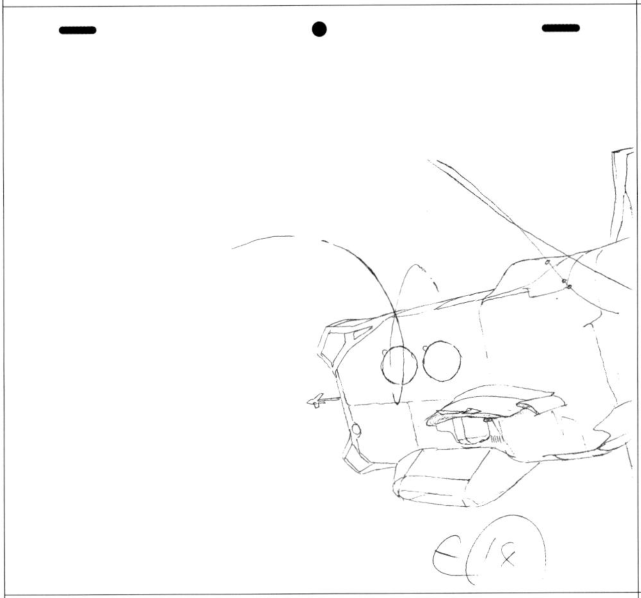

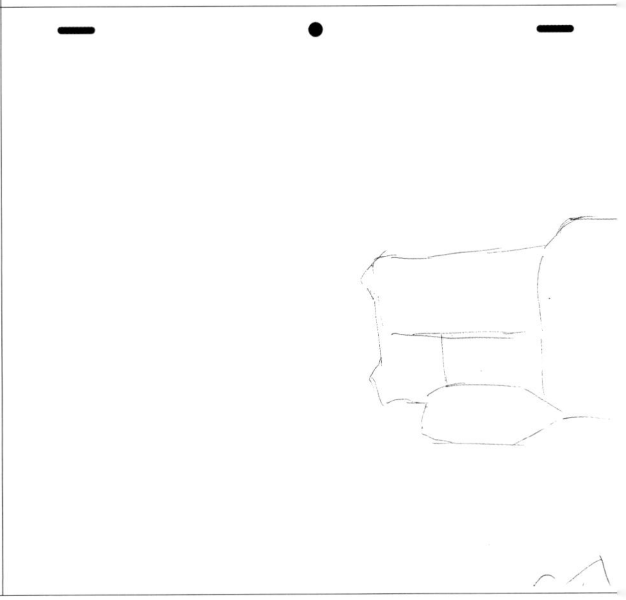

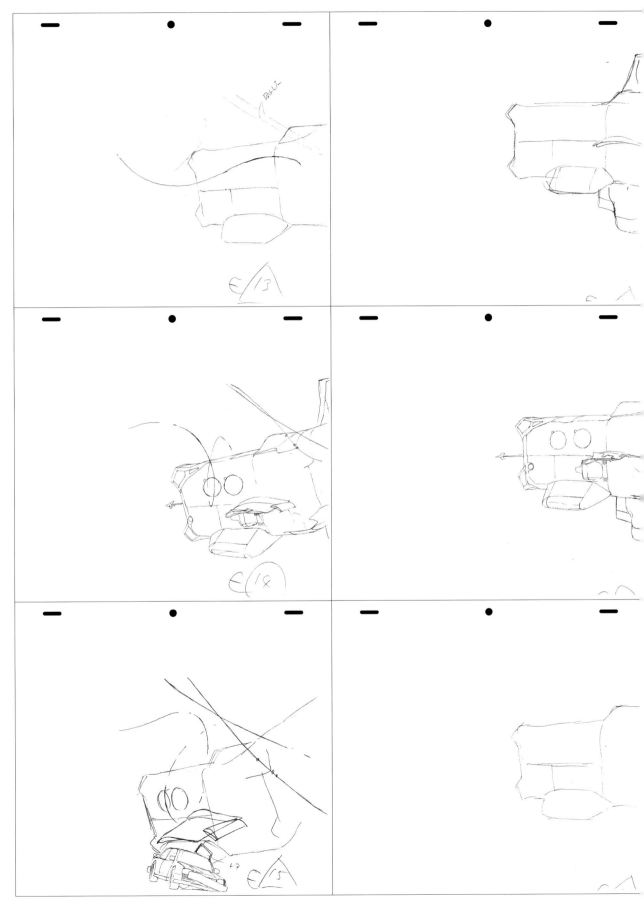

E 16

電線類は
E 17

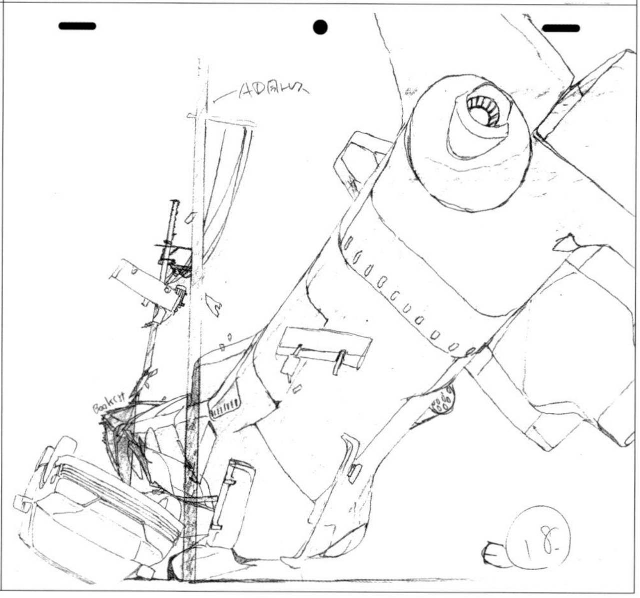
AD同トレス
E 18.

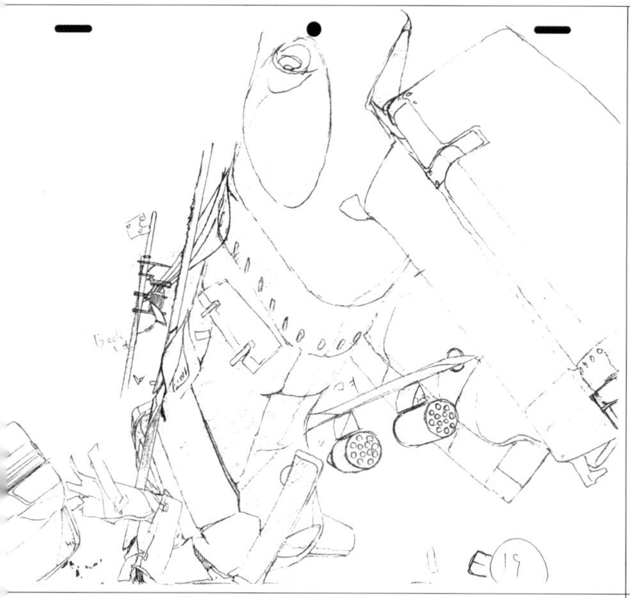
E 19

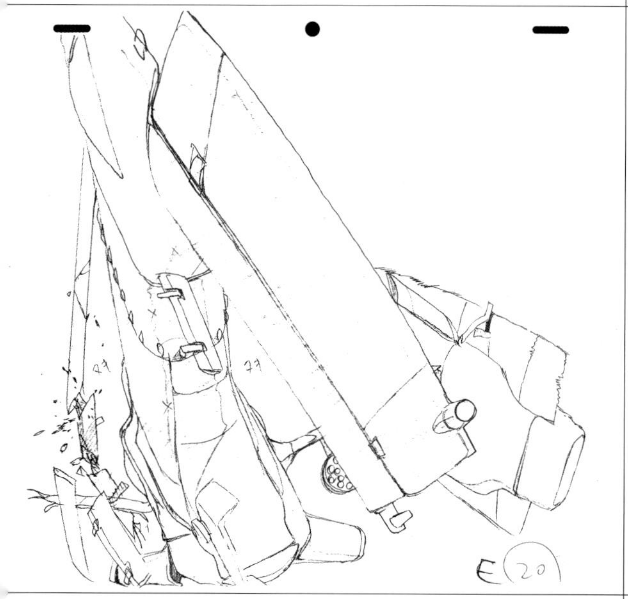
E 20

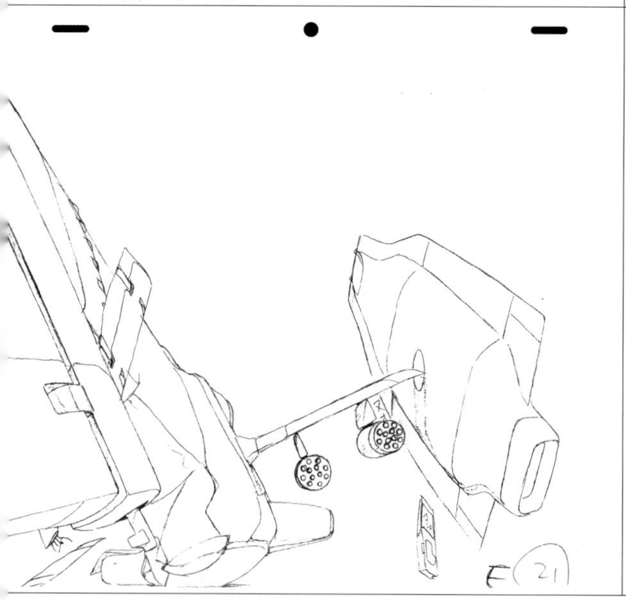
E 21

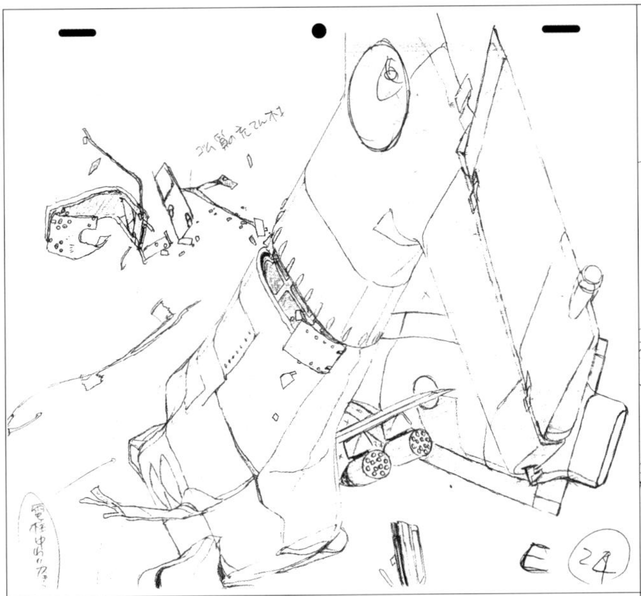
E 24

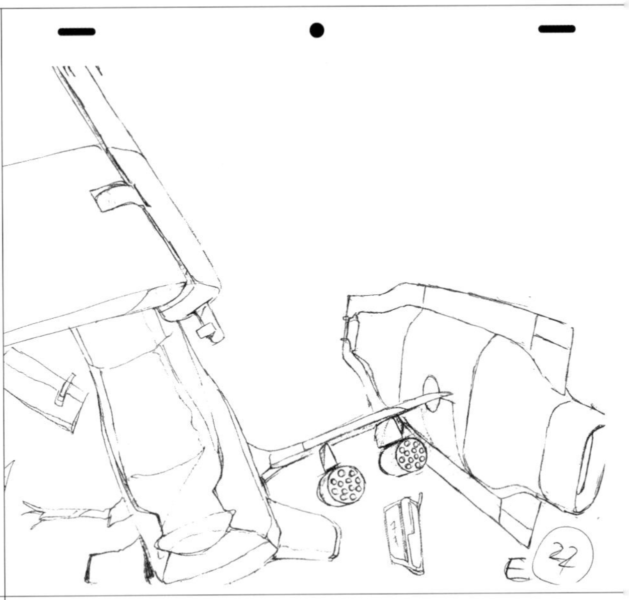
E 22

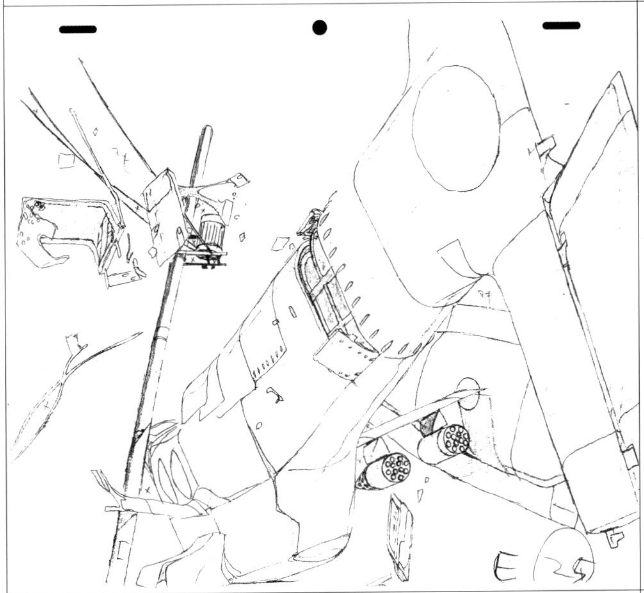
E 25

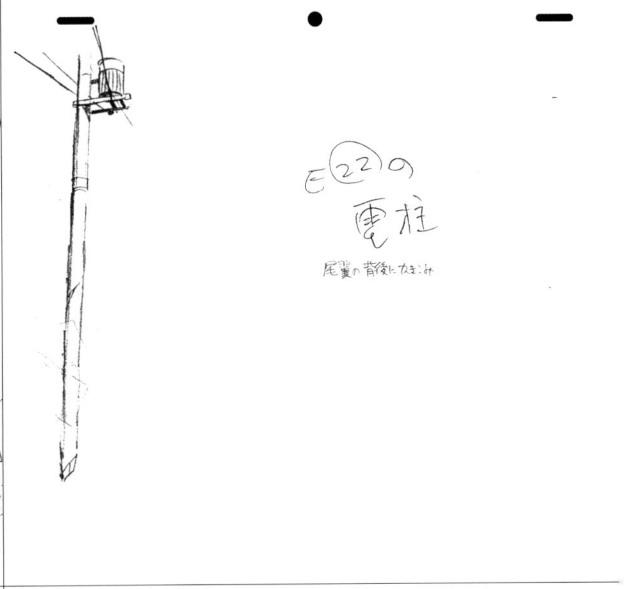
E 22の
電柱
尾翼の背後にたおこみ

電柱中心
26

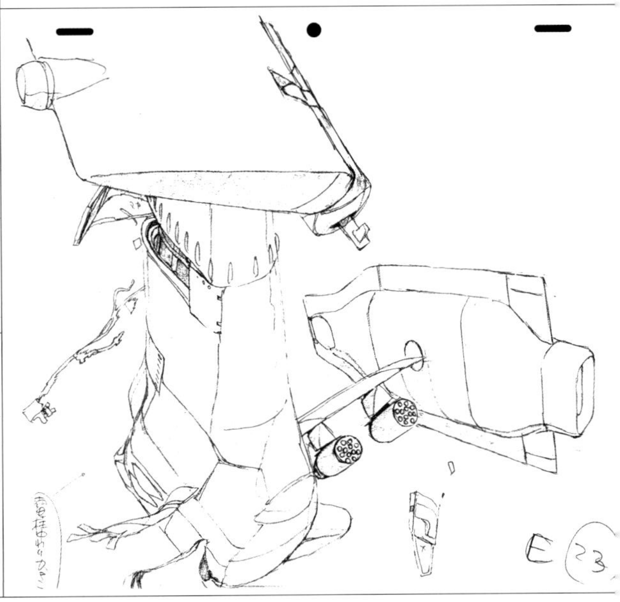
E 23

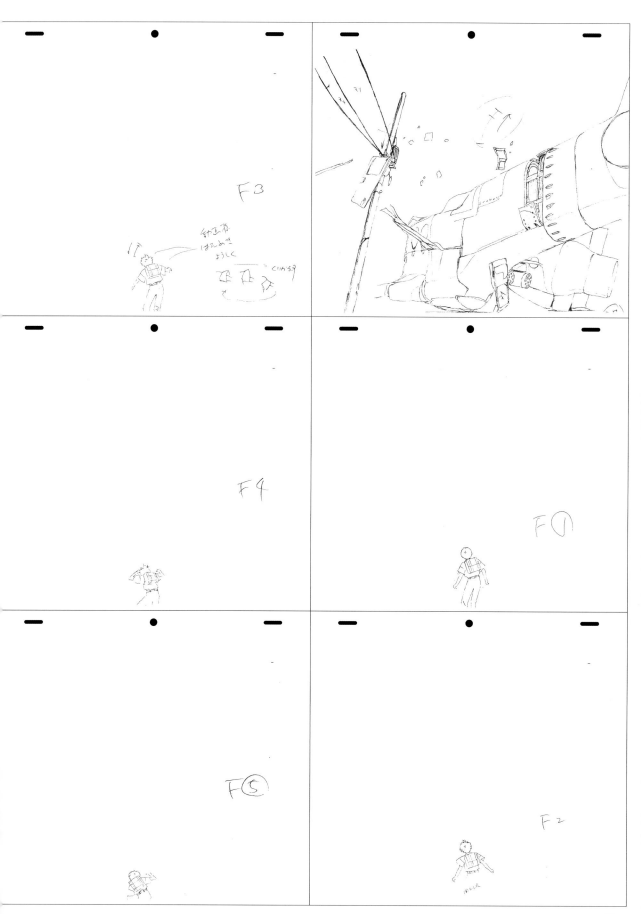

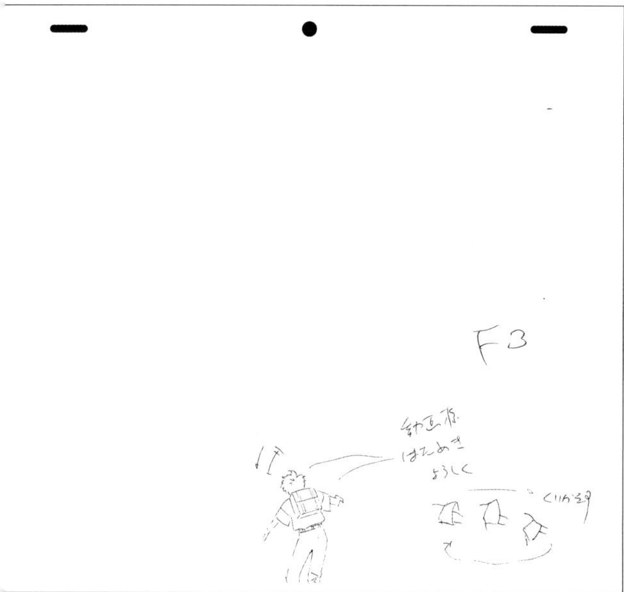
F3
動画様
はためき
よろしく
くりかえし
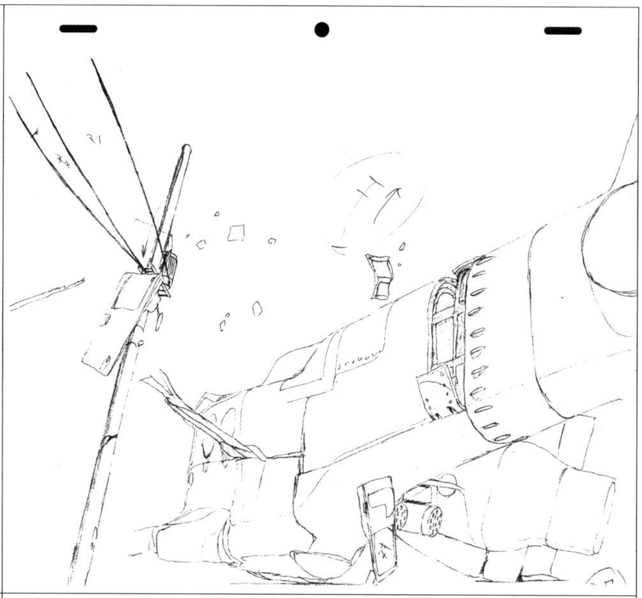

F4

F①

F⑤
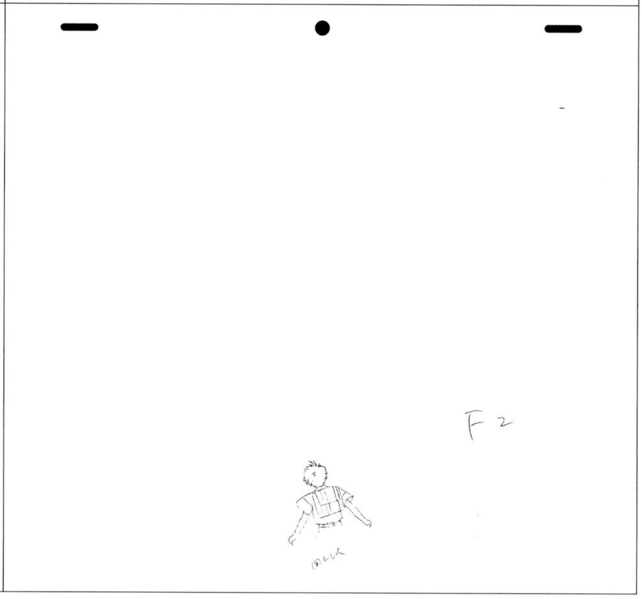
F2

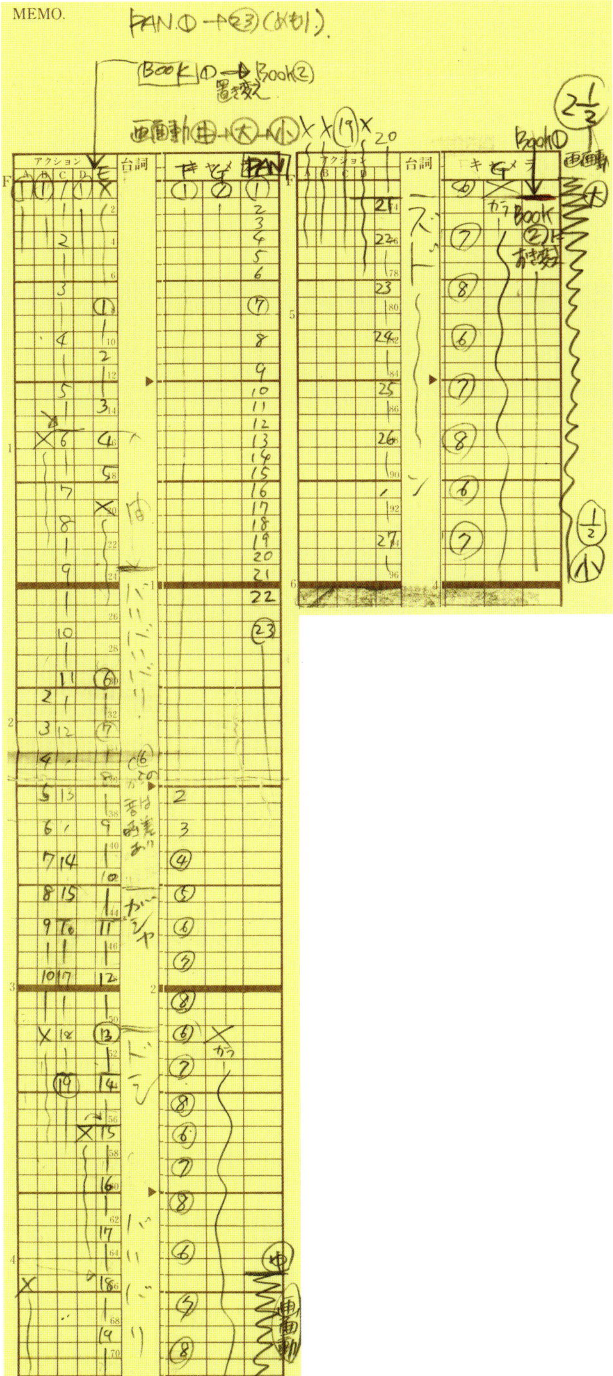
MEMO.
アクション
台詞
キャメラ
PAN
Book

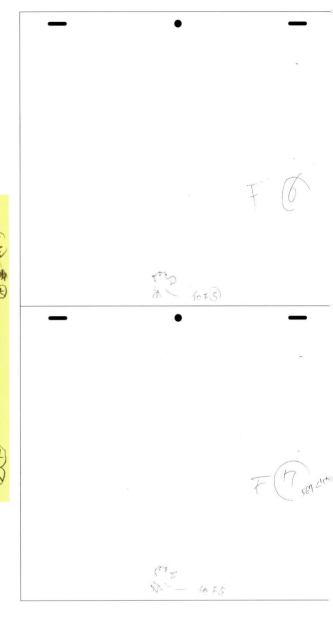

F⑥

F⑦

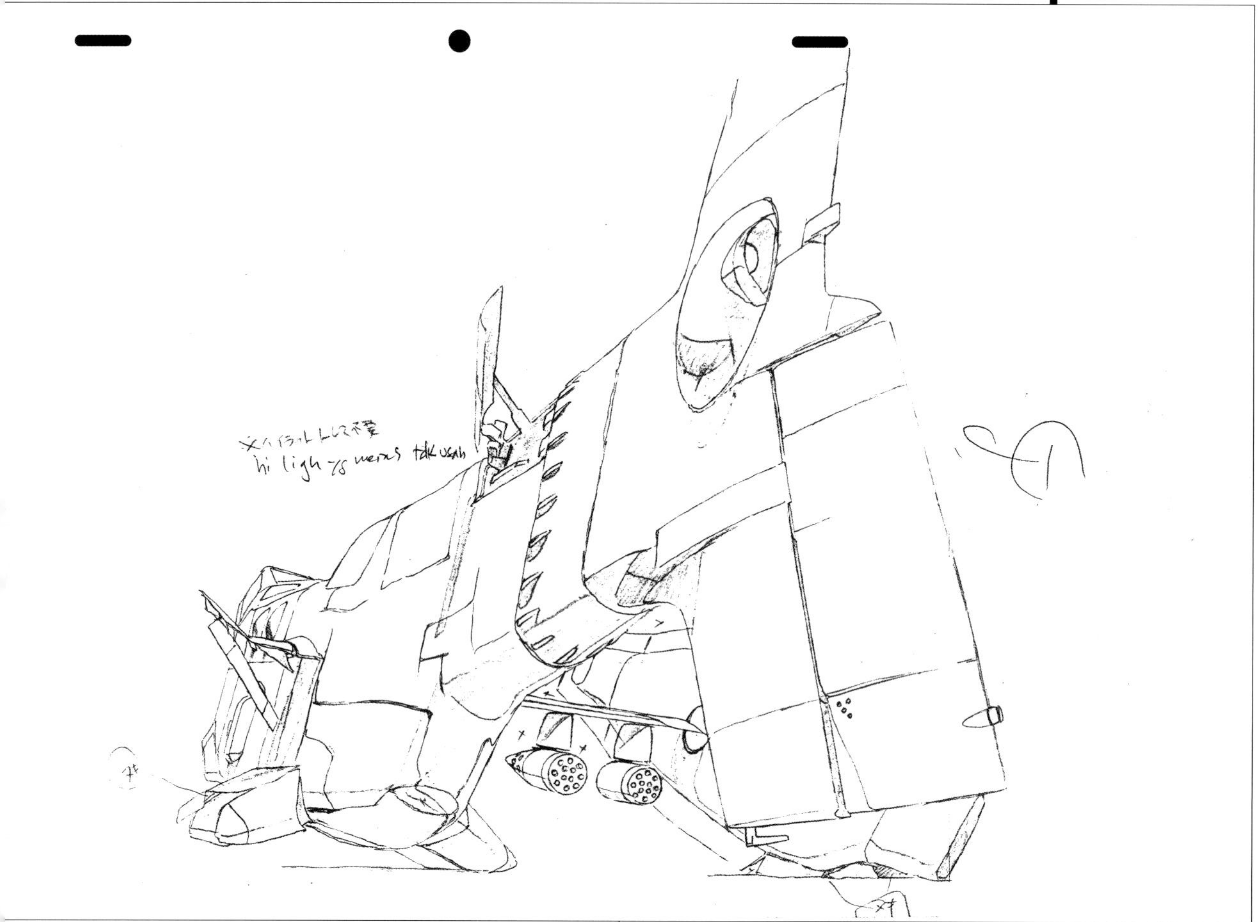
※ハイライトとして不要
tak usah
C①

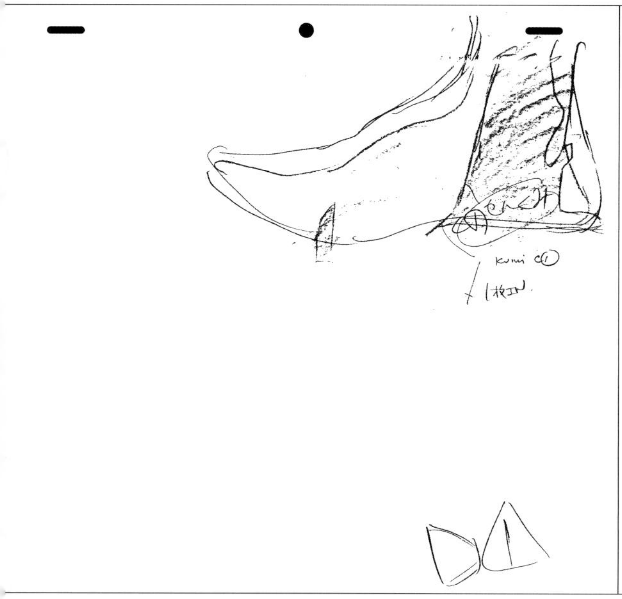
kumi C①
1枚IN.
D①

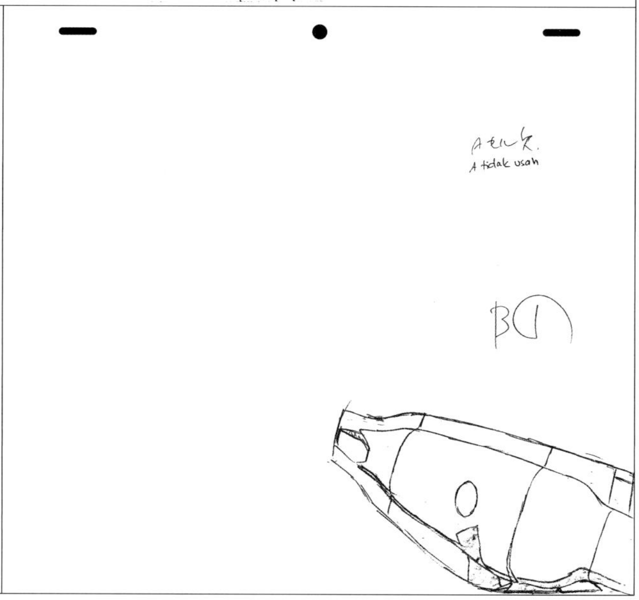
A tidak usah
B①

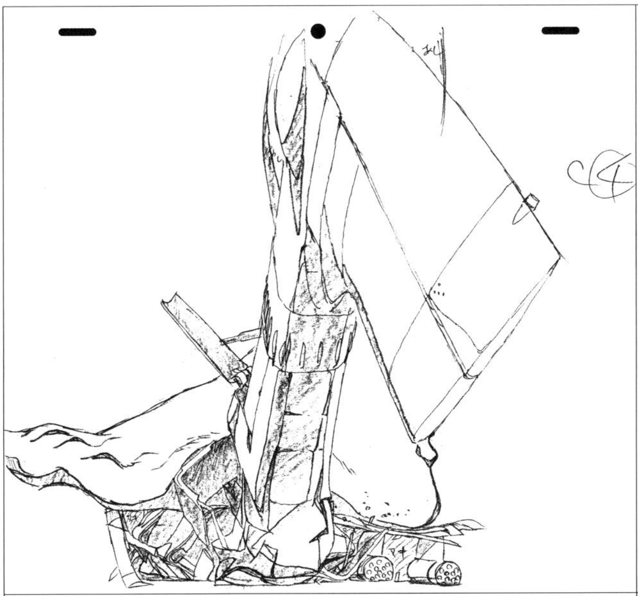
C④

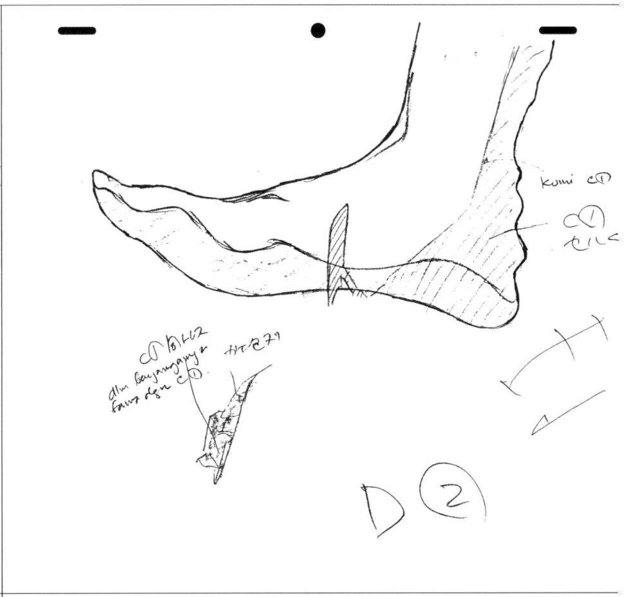
kumi C①
D②

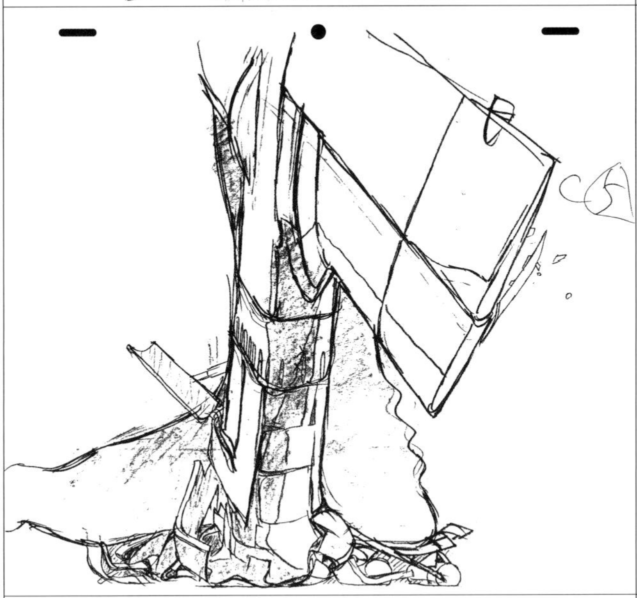
C⑤

あし

C⑥

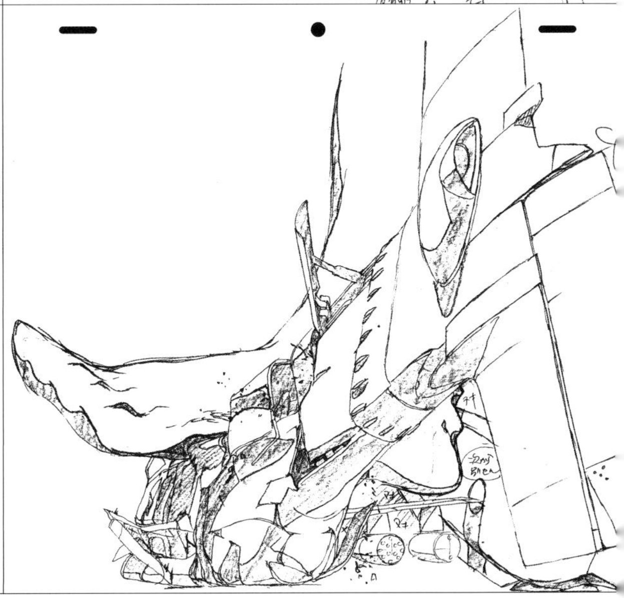

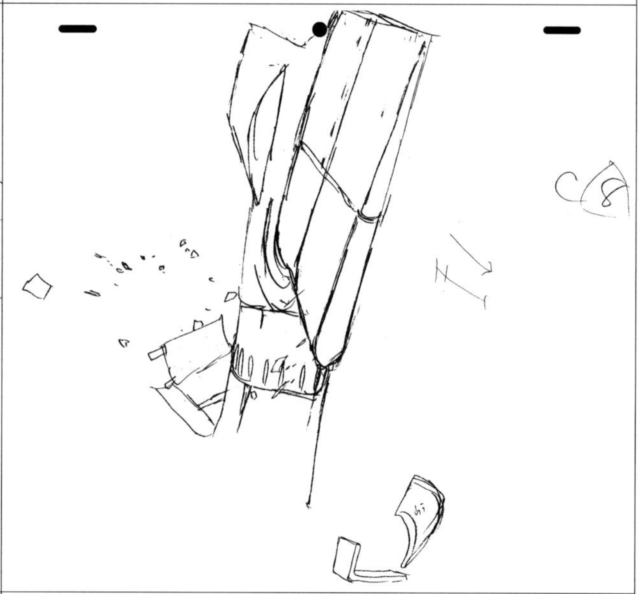
C 8

C 9

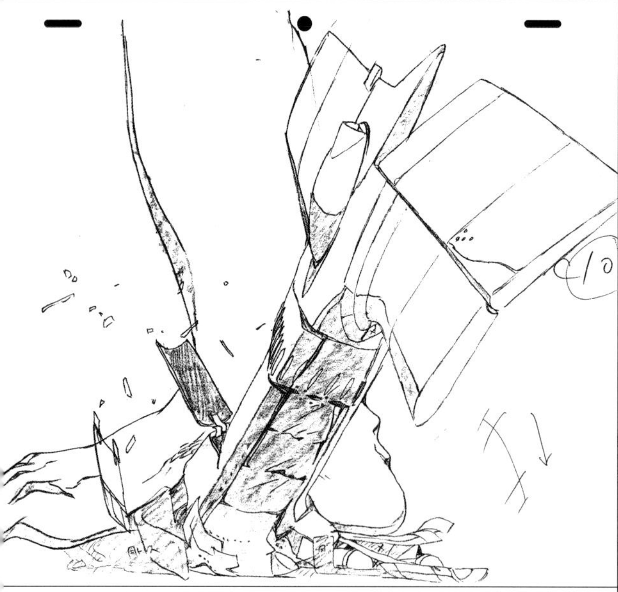
C 10

C 11
BL

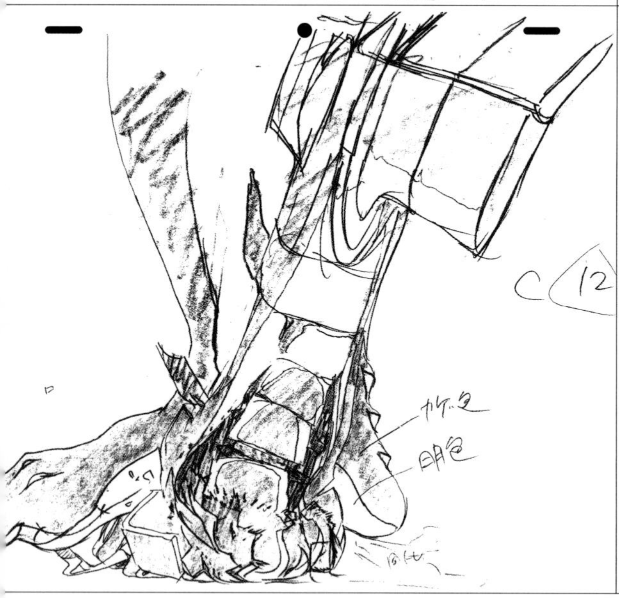
C 12
カゲ色
明色

E1
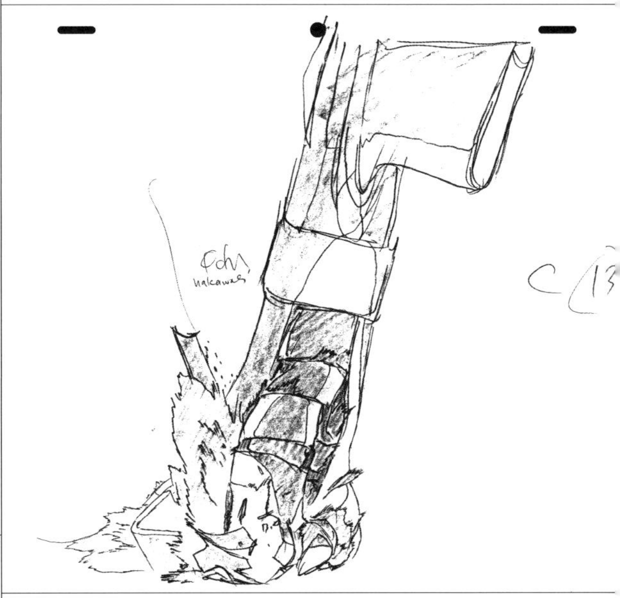
C13

E2

C14

E3

kaki
kaki
kaki
C15

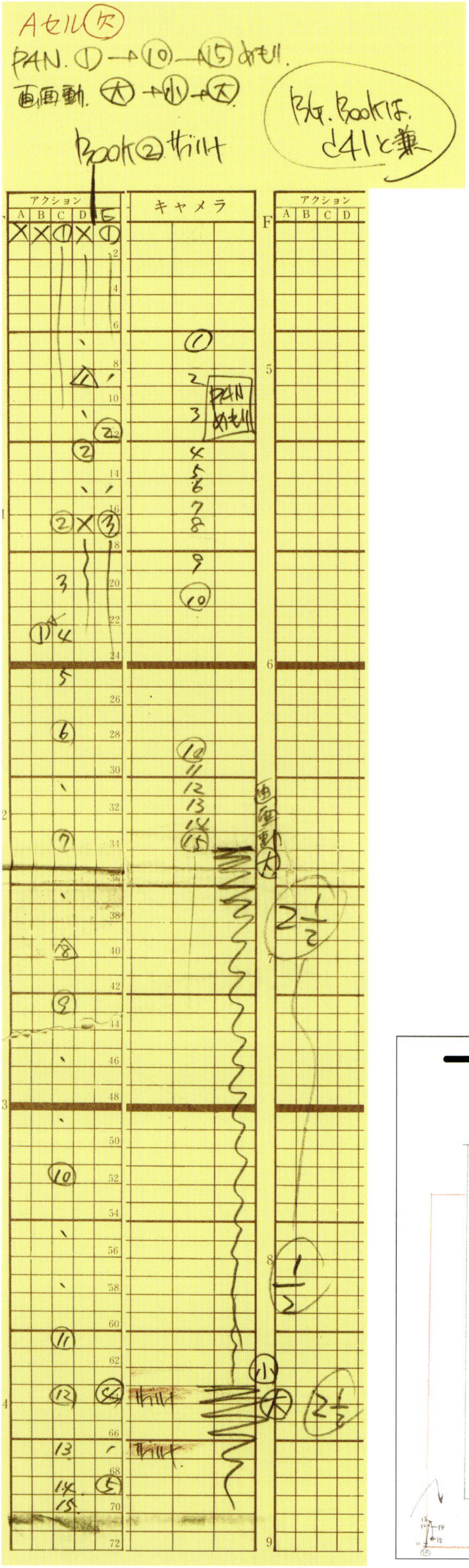
PAN. ①→⑩→⑮ めもり.
画面動. 大→小→大.
BG. Bookは C41と兼
アクション
A B C D E
キャメラ
アクション
A B C D
PAN めもり
画面動 大
小
大

E③ 同トレスに
カゲのみ
こちら
E⑤
①のフレーム
めもり
⑩のフレーム

C. 47
実車の写真あったらコピーください
タツノコプロ

ミサトD②

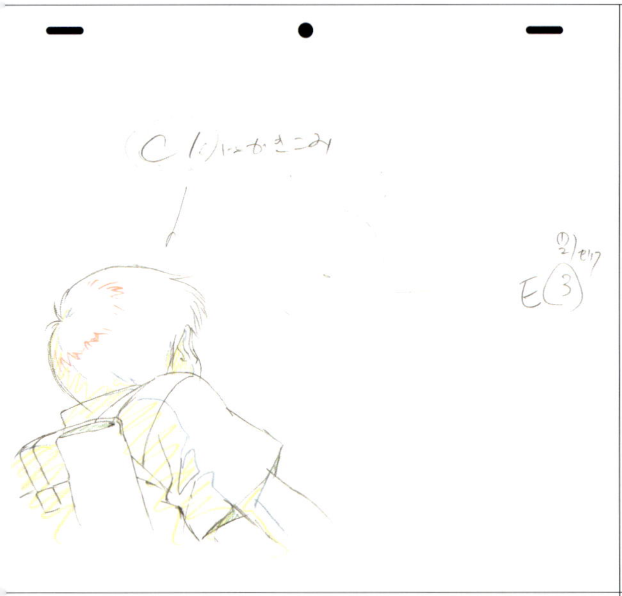

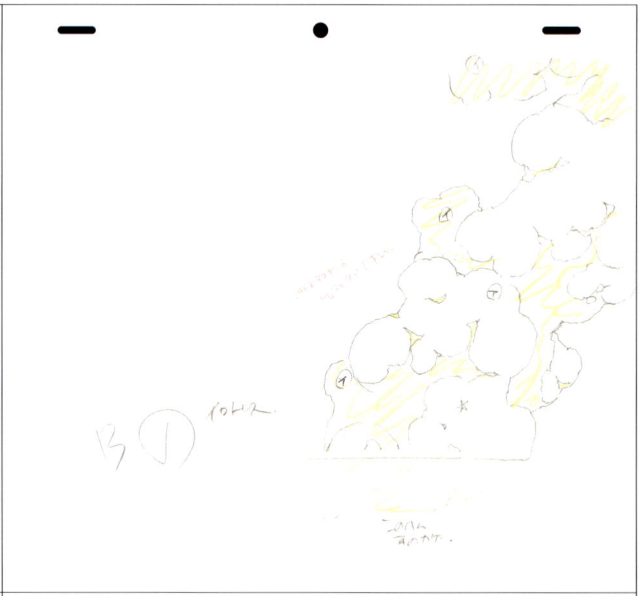

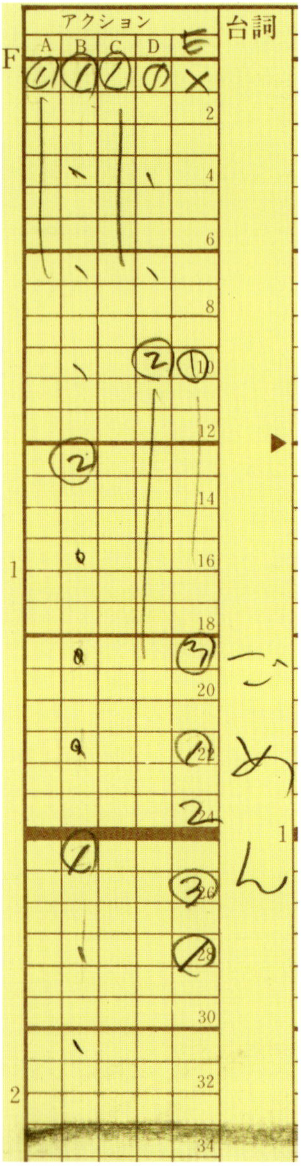

アクション
A
B
C
D
E
台詞
F
ごめん

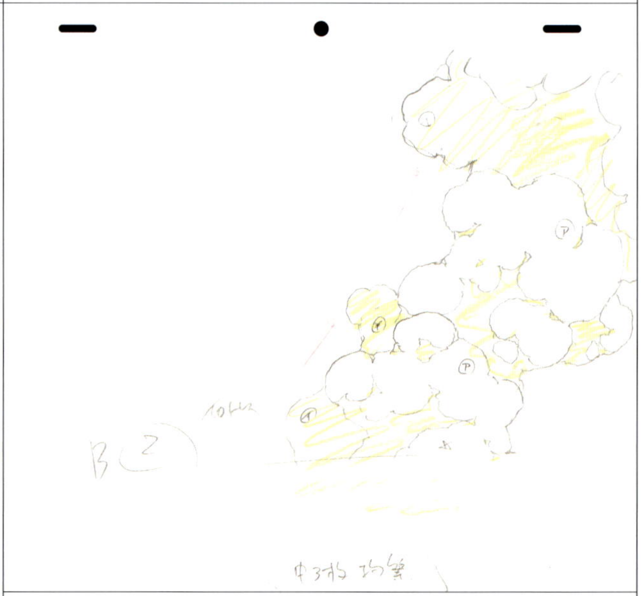

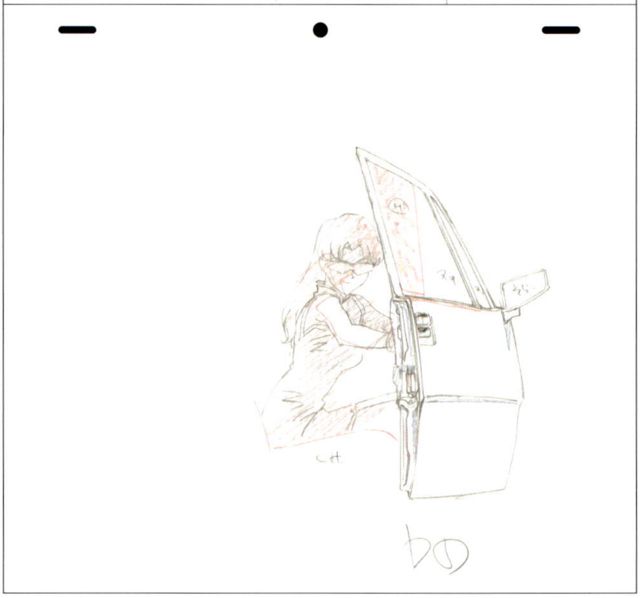

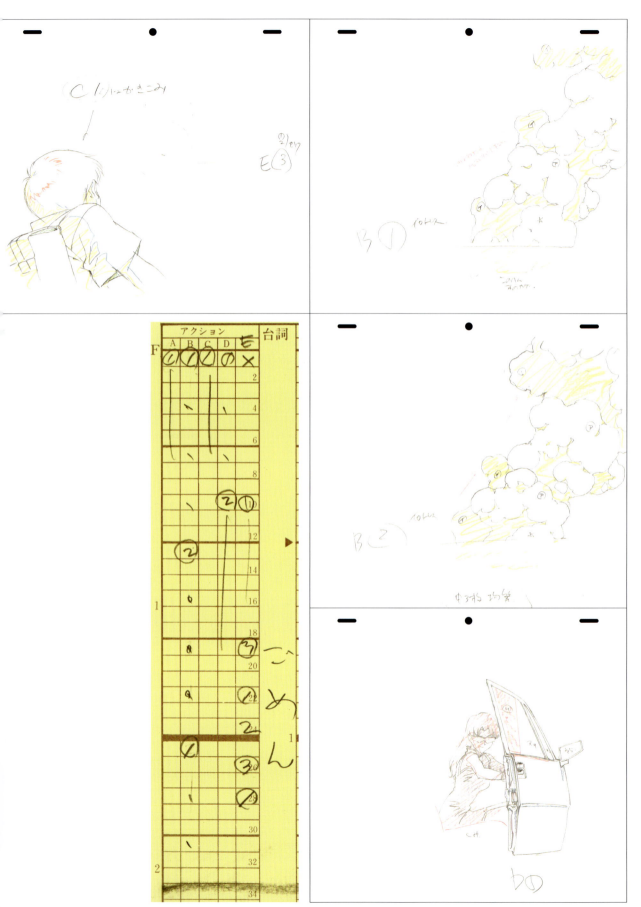

No.
49
C.
ごまかしても可。
セル
SL
タツノコプロ

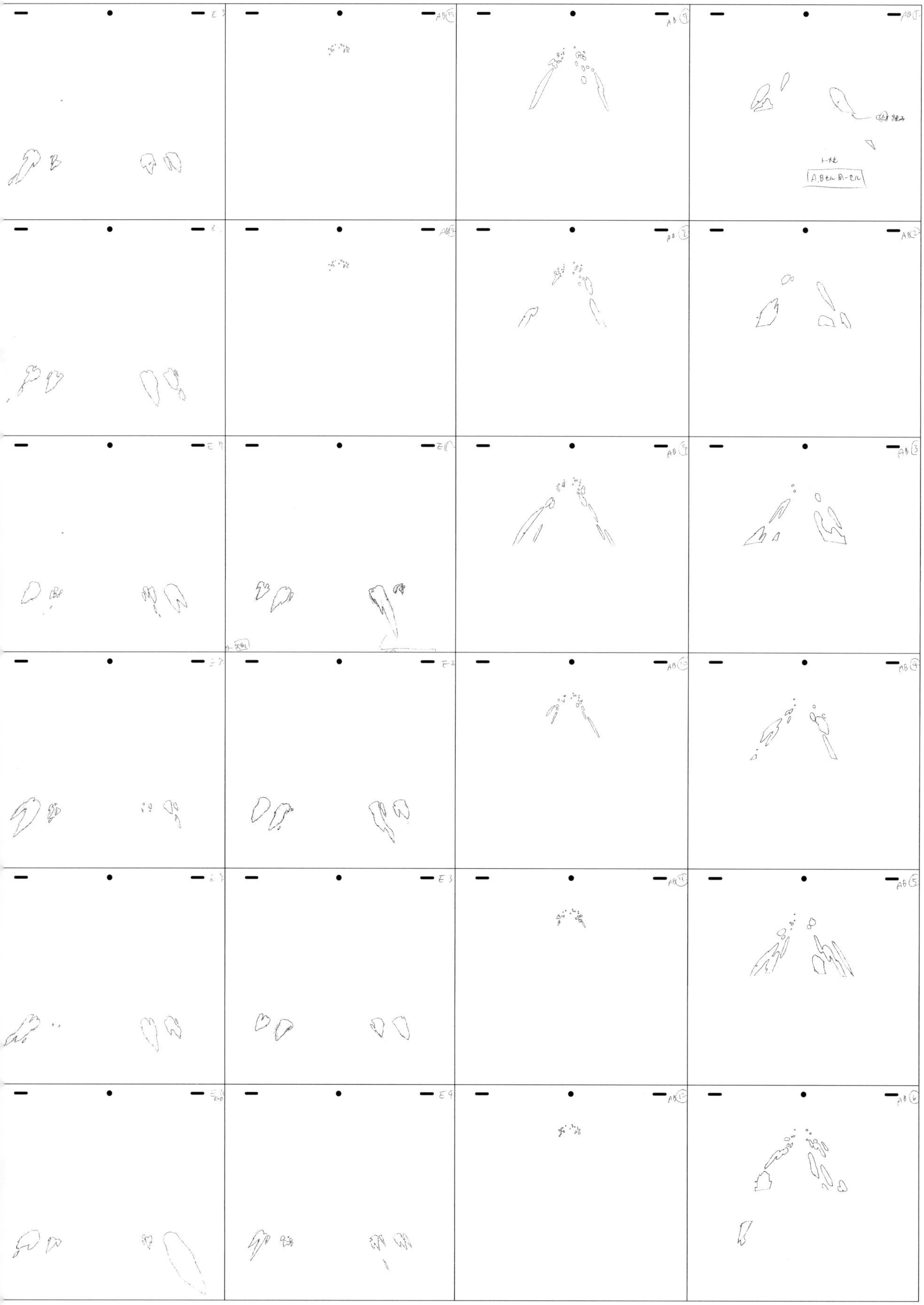

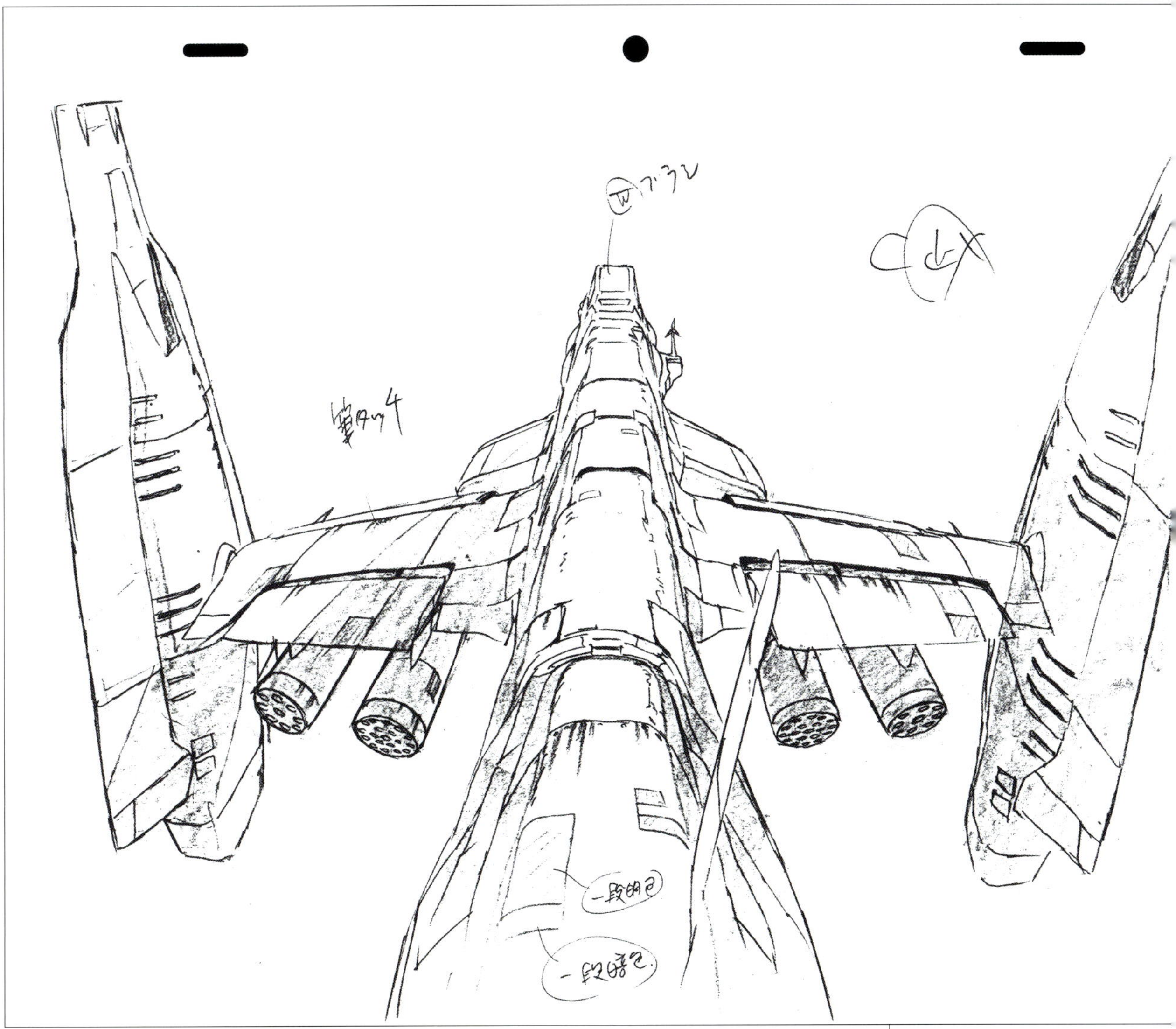

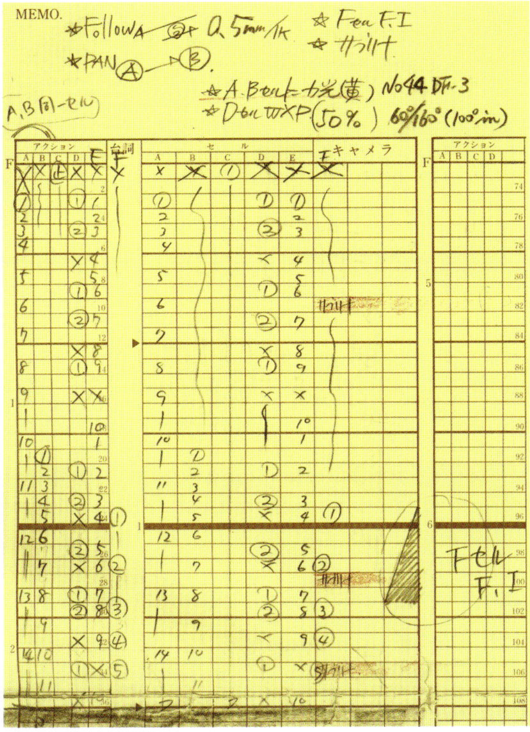
MEMO.
☆Follow A
☆PAN Ⓐ→Ⓑ
☆Fセル F.I
☆A.Bセル一力光(黄) No44 DH-3
☆Dセル ⓌXP(50%) 60°/160°(100°in)
A.B同一セル
アクション
台詞
セル
キャメラ
Fセル F.I

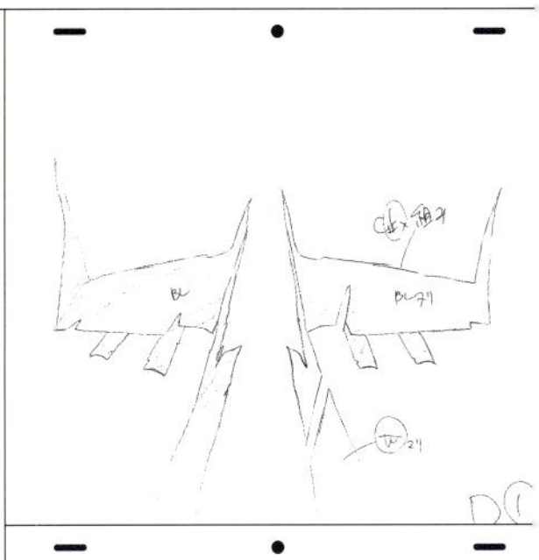

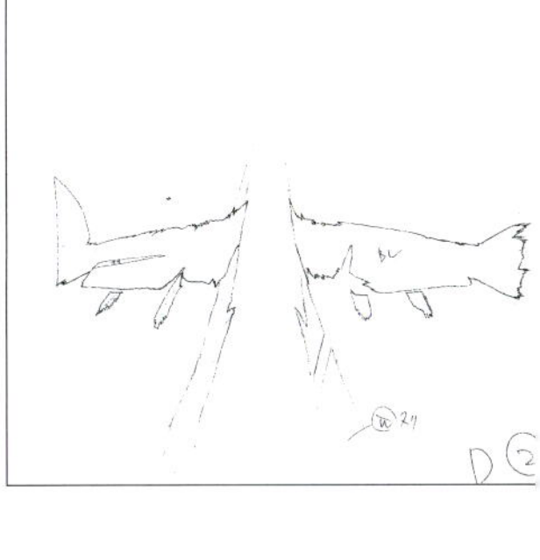

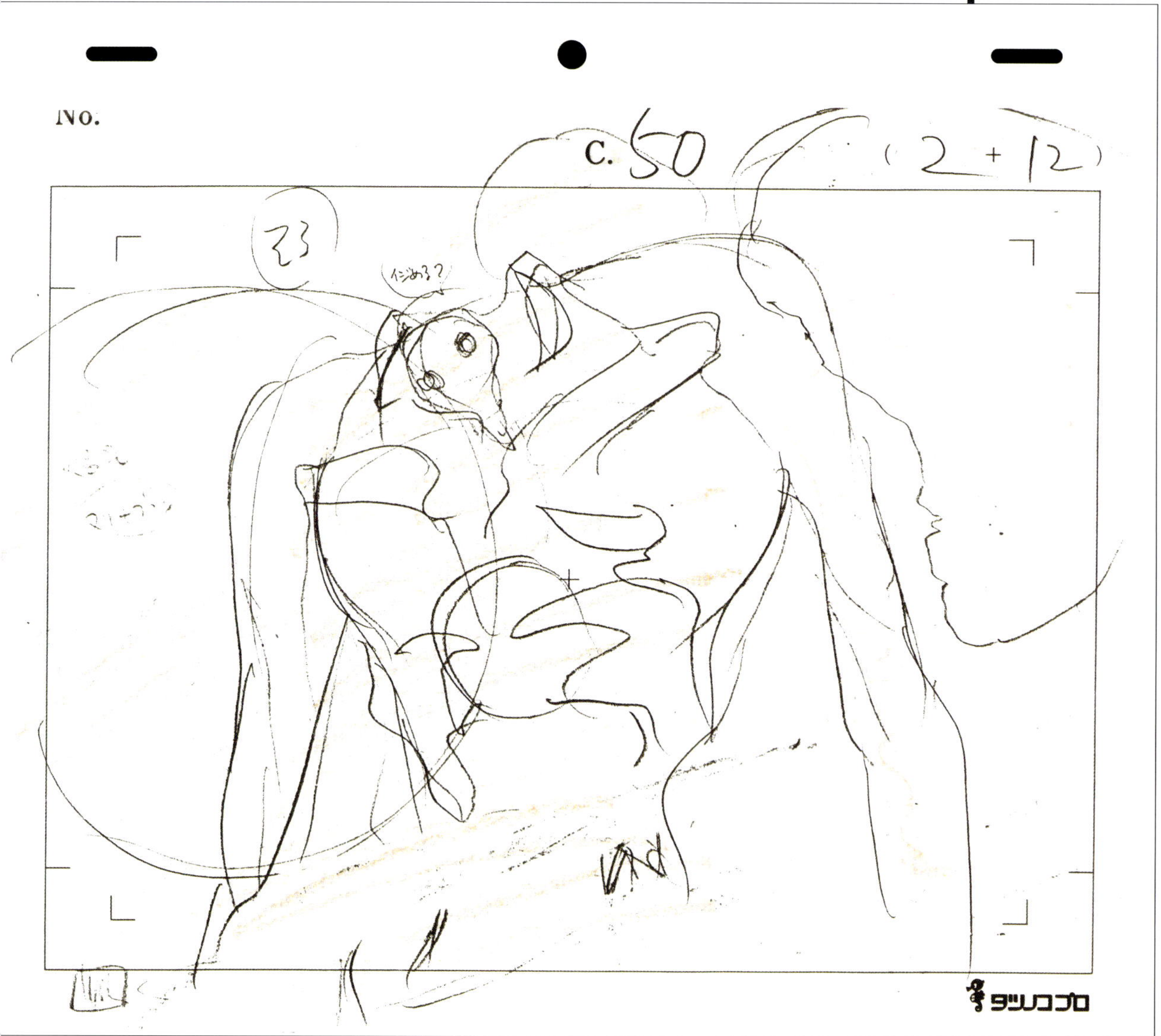
No.
C. 50
(2 + 12)
23
イジめる?
タツノコプロ

このあと
中1おいて
首ひねる
A②

A①

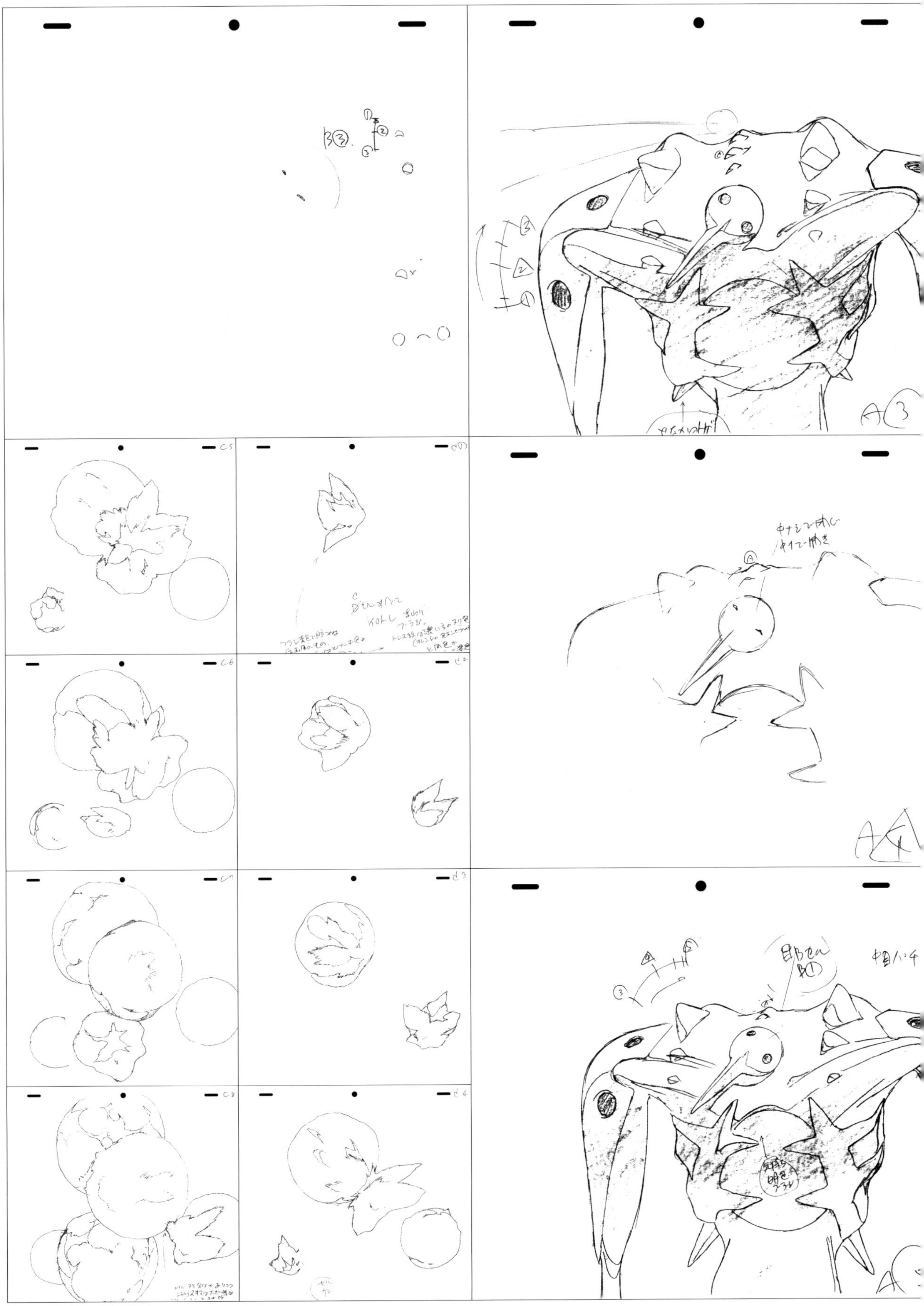

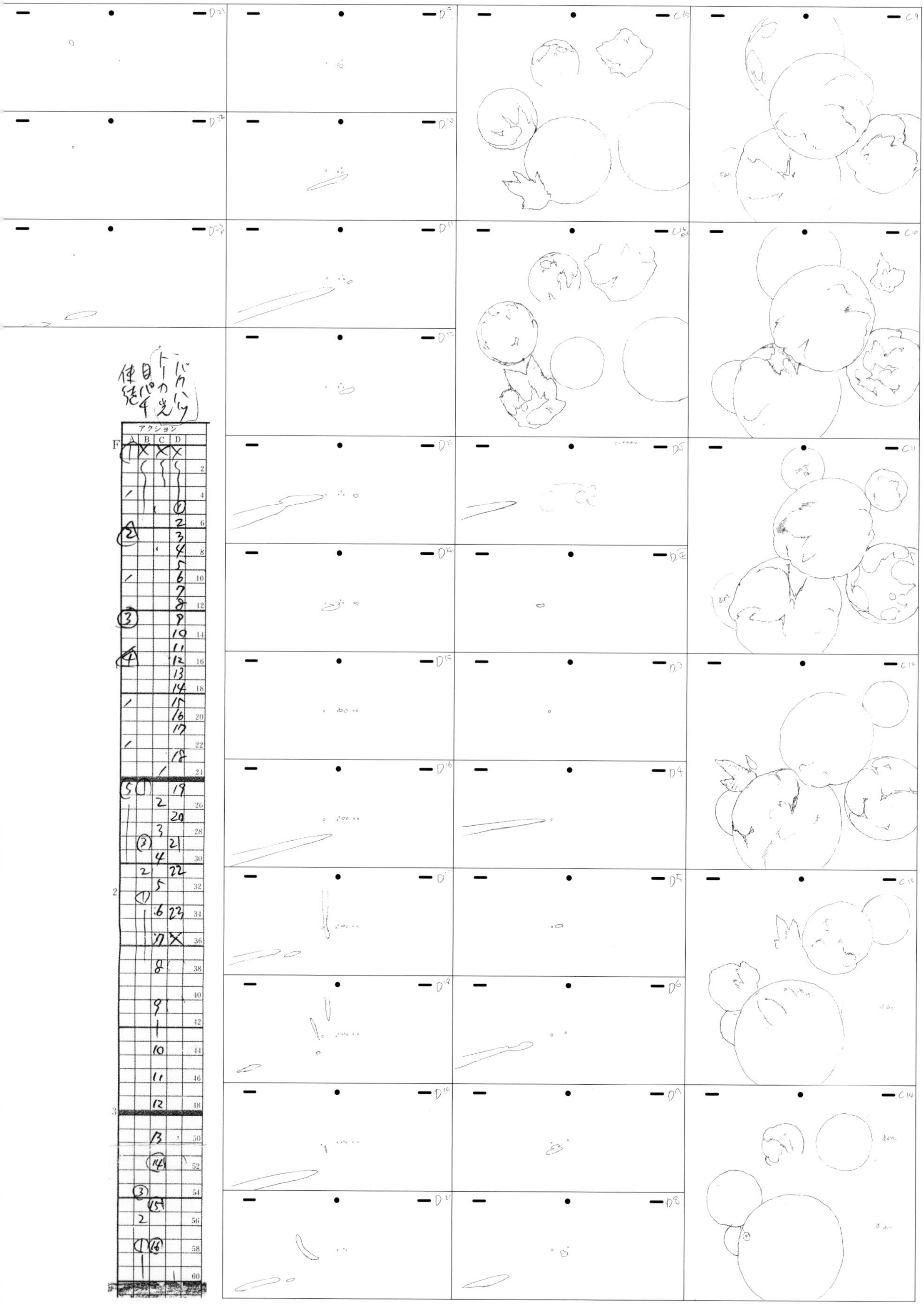
アクション
A B C D

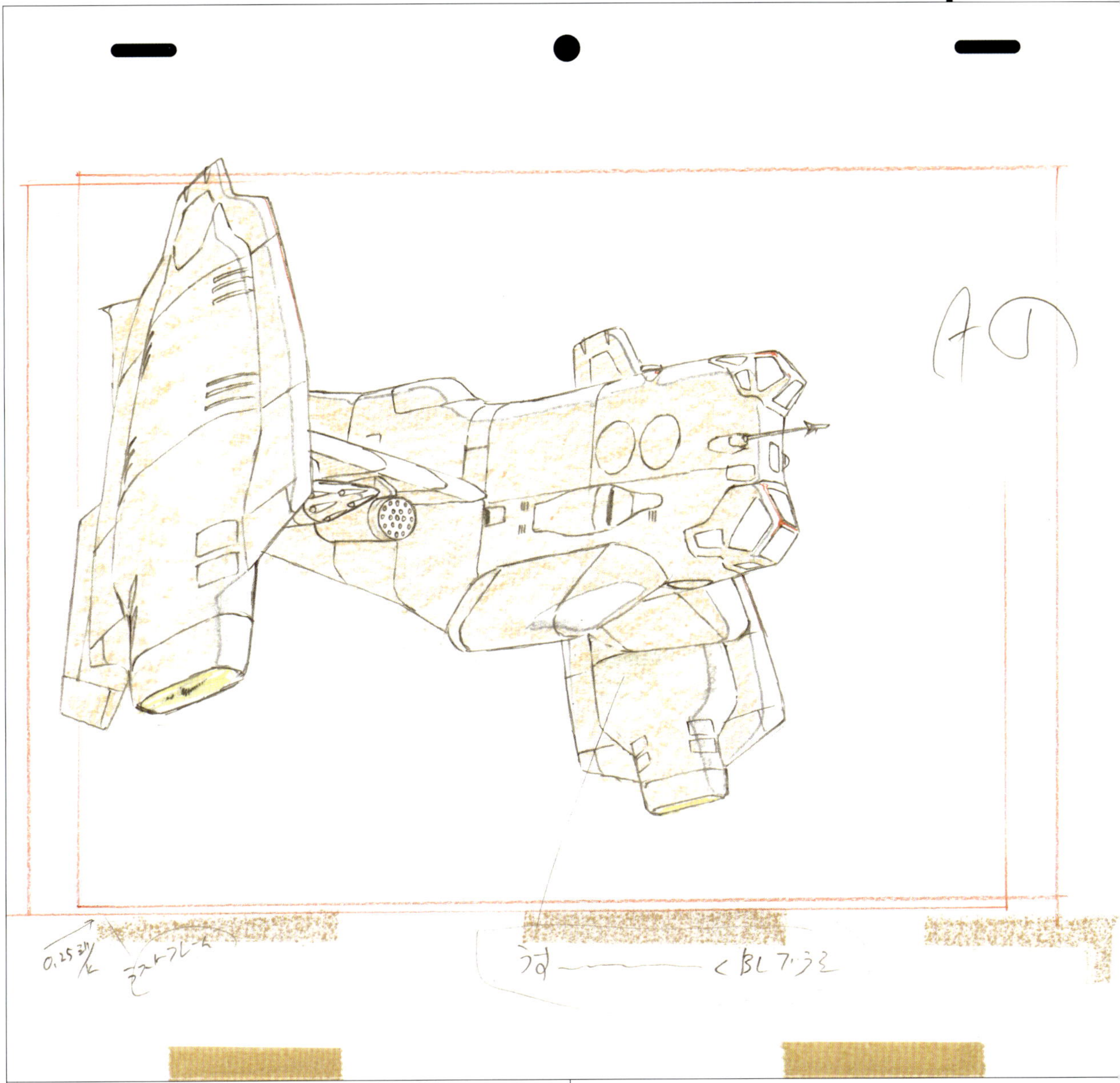
A①
ラストフレーム
うす——<BLブラシ

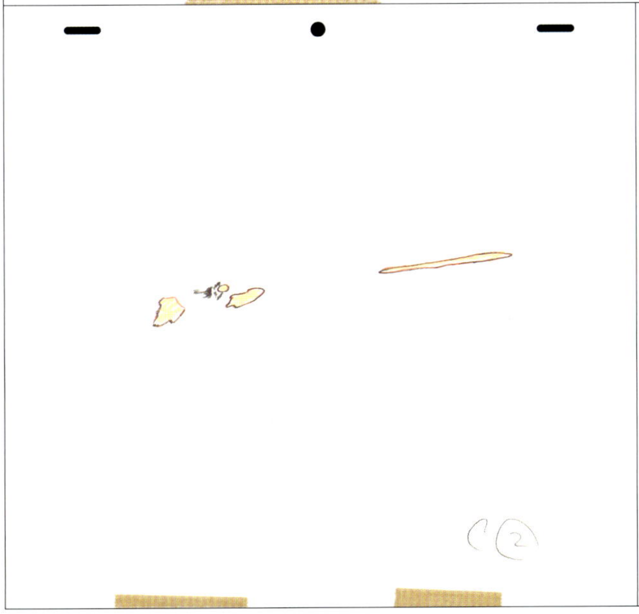
C②

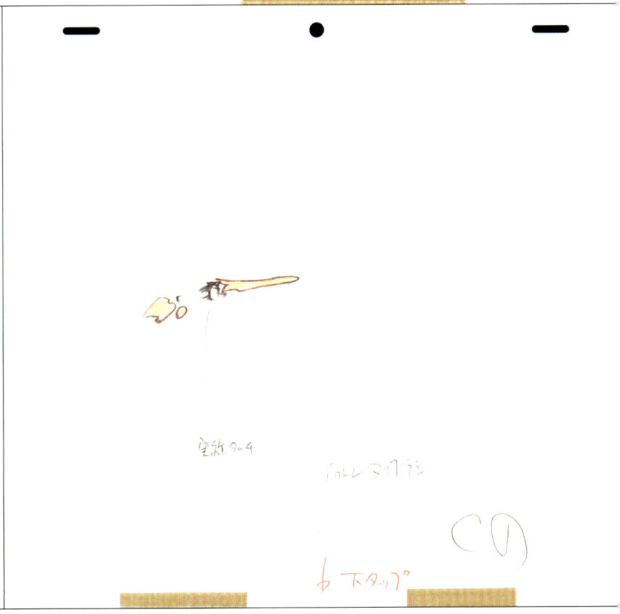
C①
下タップ

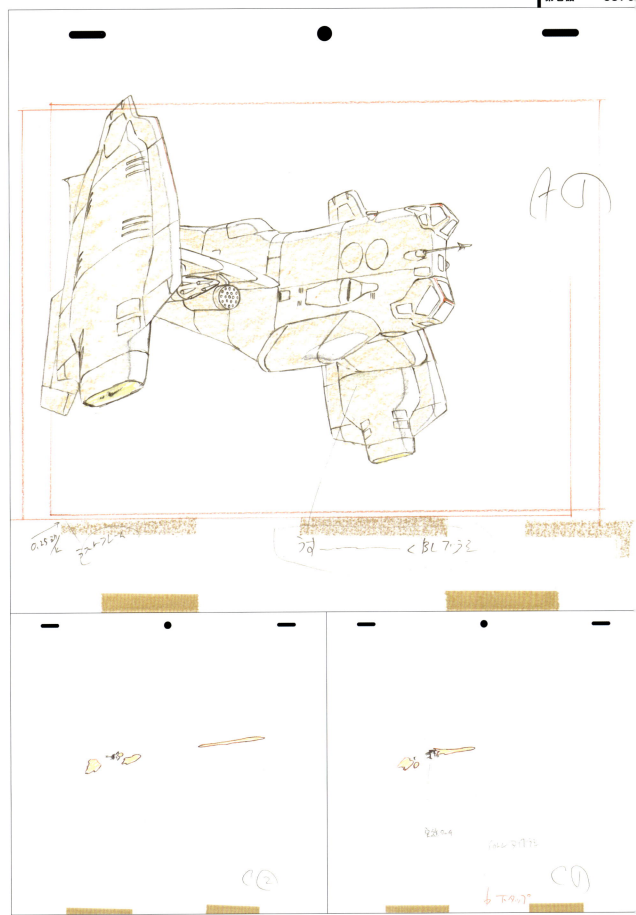

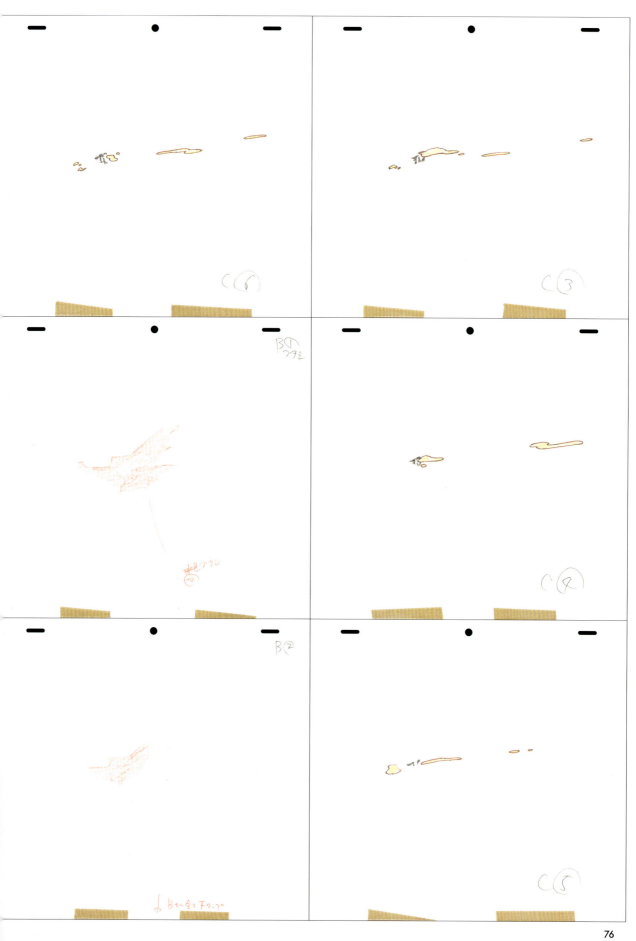

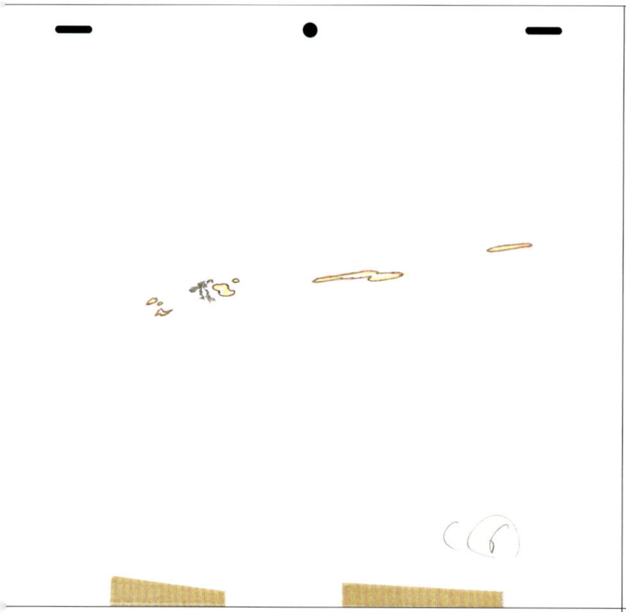
C⑥
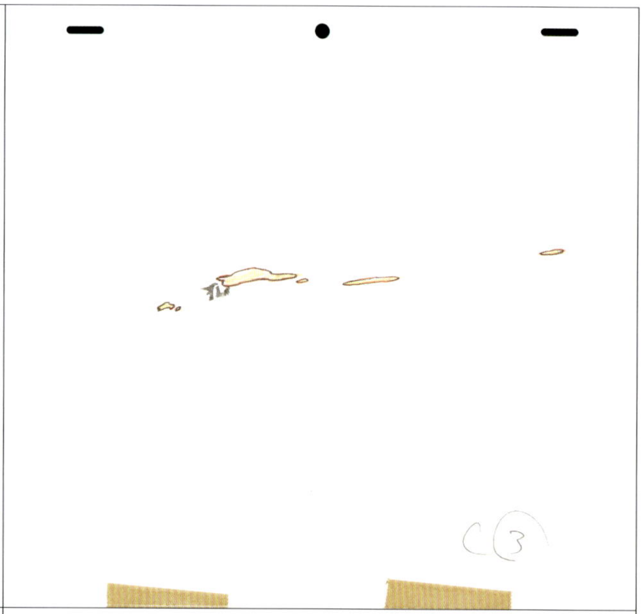
C③

B①
ブラシ
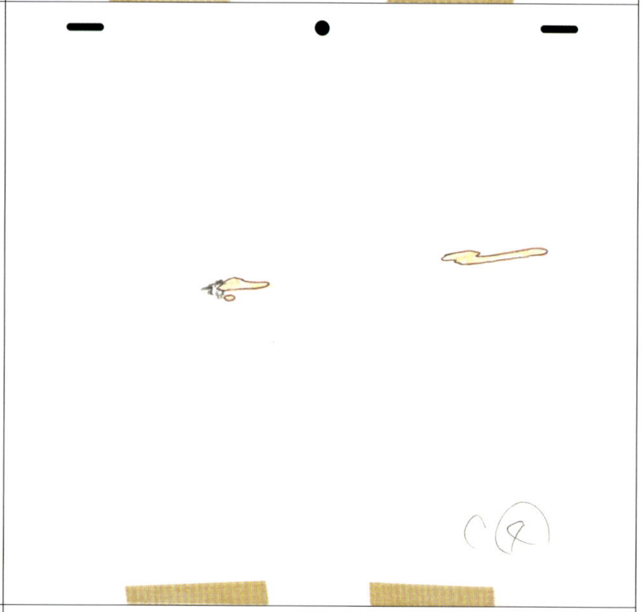
C④

B②
Bセル全て下タップ

C⑤

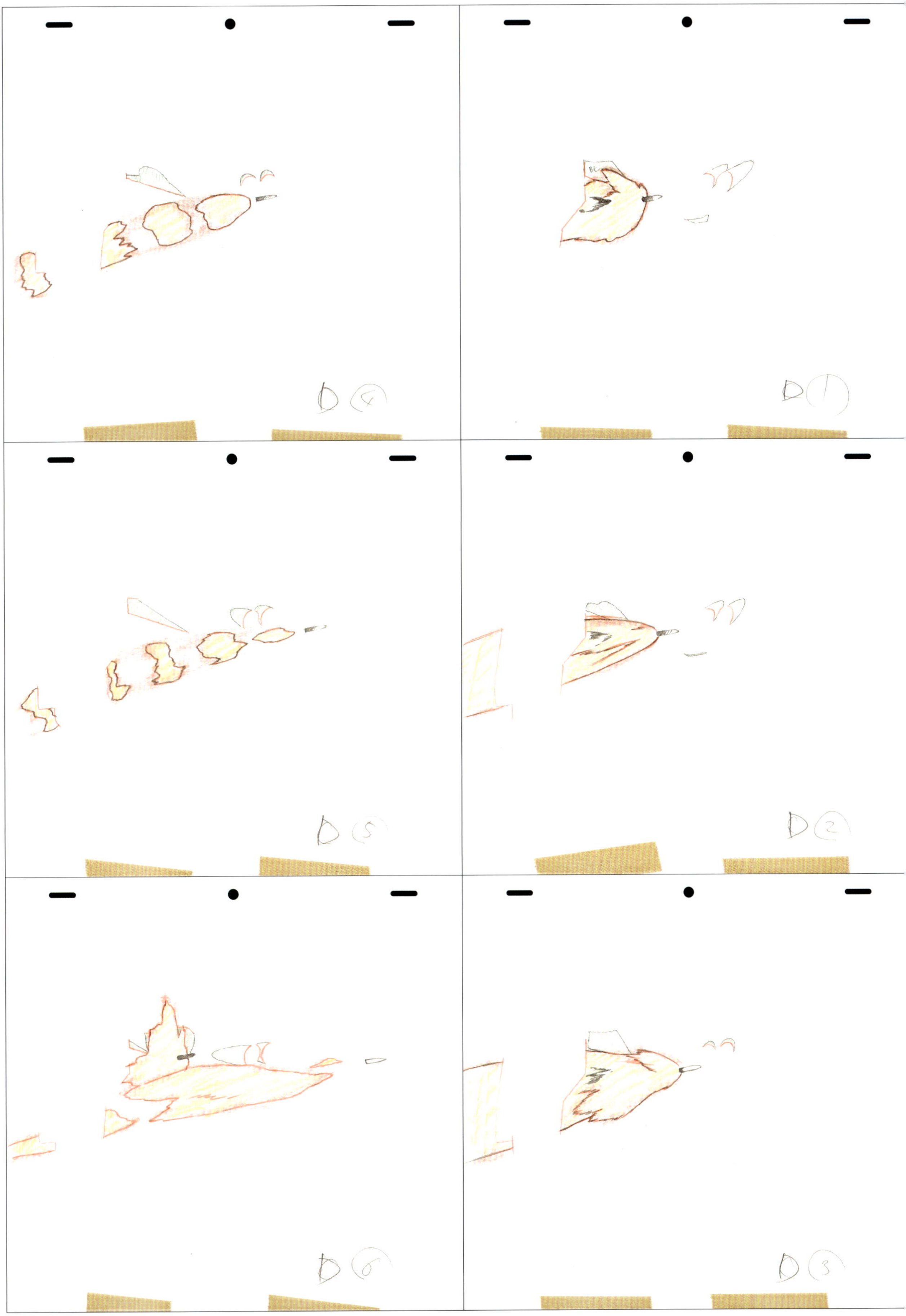
D 1
D 2
D 3
D 4
D 5
D 6

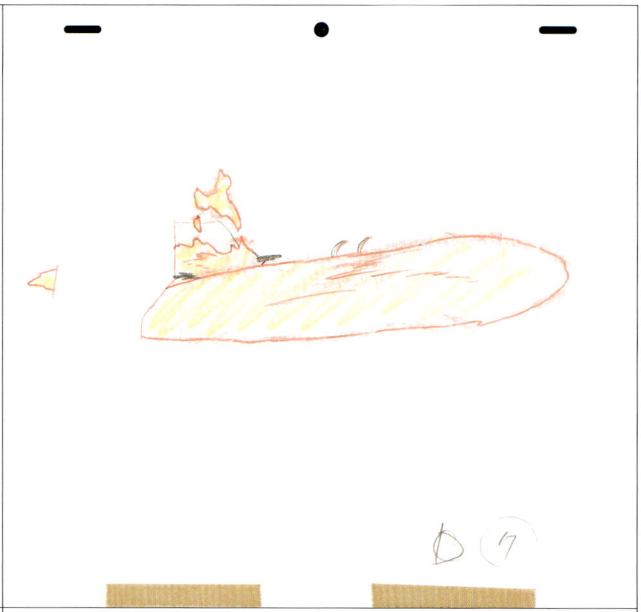
D 7

D 8

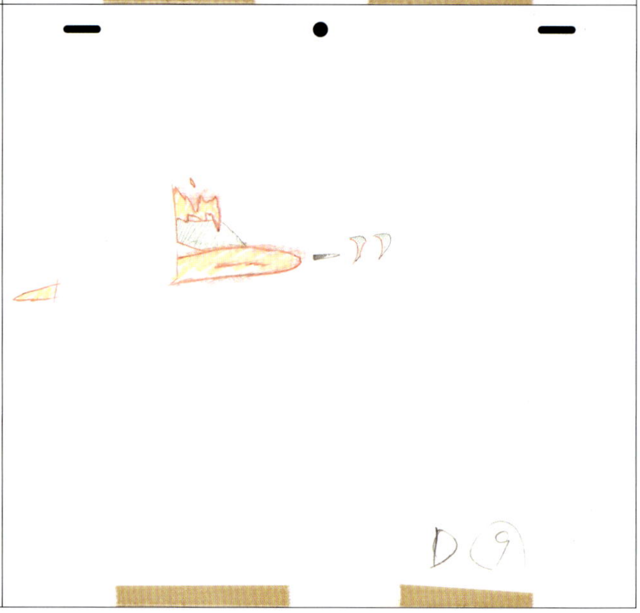
D 9

D 10

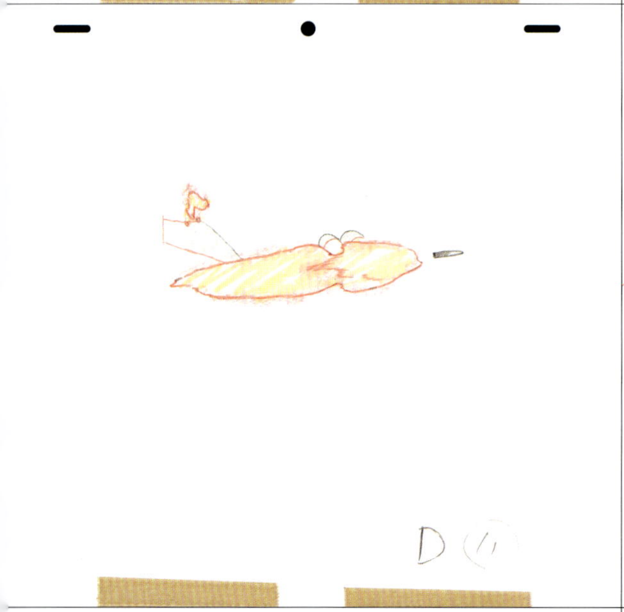
D 11

D 12

MEMO.

☆Follow ◁——⑤▷ BG引き 0.25mm/K

☆A.B.C.Dセル スライド ◁⑤— 0.25mm/K

Book ラスト12Kで IN ⑤▷ 30mm/K

	アクション A	アクション C	アクション B	アクション D	台詞	セル A	セル B	セル C	セル D	セル E	キャメラ
1	の	X	X			①	X	X	X		
2							カラ	カラ	カラ		
3											
4			①				①				
5	①		2				2	①			
6		2	①				①	2			
7		3	2				2	3			
8		4	①				①	4			A,B,C,Dセル スライド
9		5	X	①			X	5	①		
10		6	2				2	6			
11		①	X	2			X	①	2		
12		2	①				①	2			
13		X	X	3			X	X	3		
14		4	2				2	4			
15		X	①	4			①	X	4		
16		5	2				2	5			
17		6	①	5			①	6	5		
18		①	2				2	①			
19		X	X	6			X	X	6		
20		2						2			
21		X		7				X	7		ガブリ
22		5						5			
23		6	①	8			①	6	8		ガブリ
24		X	2				2	X			
25		3	①				①	3			
26		4	2	9			2	4	9		
27		5	X				X	5			
28		①	①	10			①	①	10		
29		X	X				X	X			
30		①	①	11			①	①	11		
31		2	X				X	2			
32		3	2	12			2	3	12		ガブリ
33		X	X				X	X			
34		4	①	13			①	4	13		
35		5	X				X	5			Book
36		6	2				2	6			
37		①	X	X			X	①	X		
38		2	①				①	2	カラ		⑤▷ 30mm/K
39		X	X				X	X			
40		3	2				2	3			
41		X	X				X	X			
42		①	①				①	①			
43		4	2				2	4			
44		5	X				X	5			
45		X	①	①			①	X	①		
46		6	X				X	6			
47		X	2	2			①	X	2		
48		2	①				2	2			

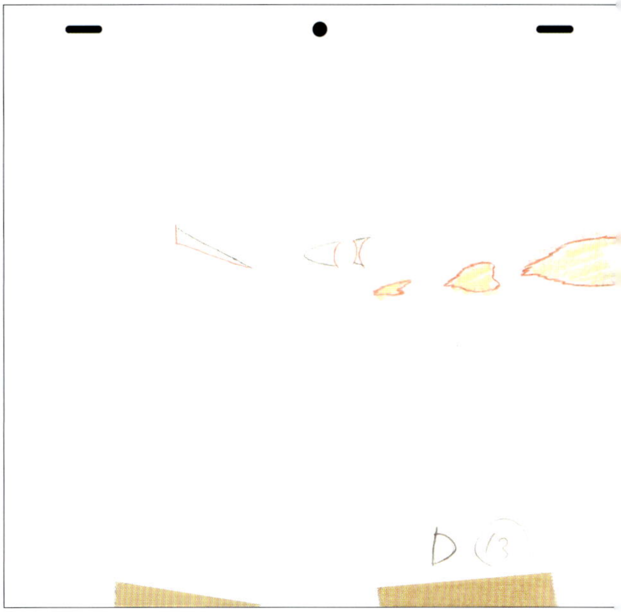

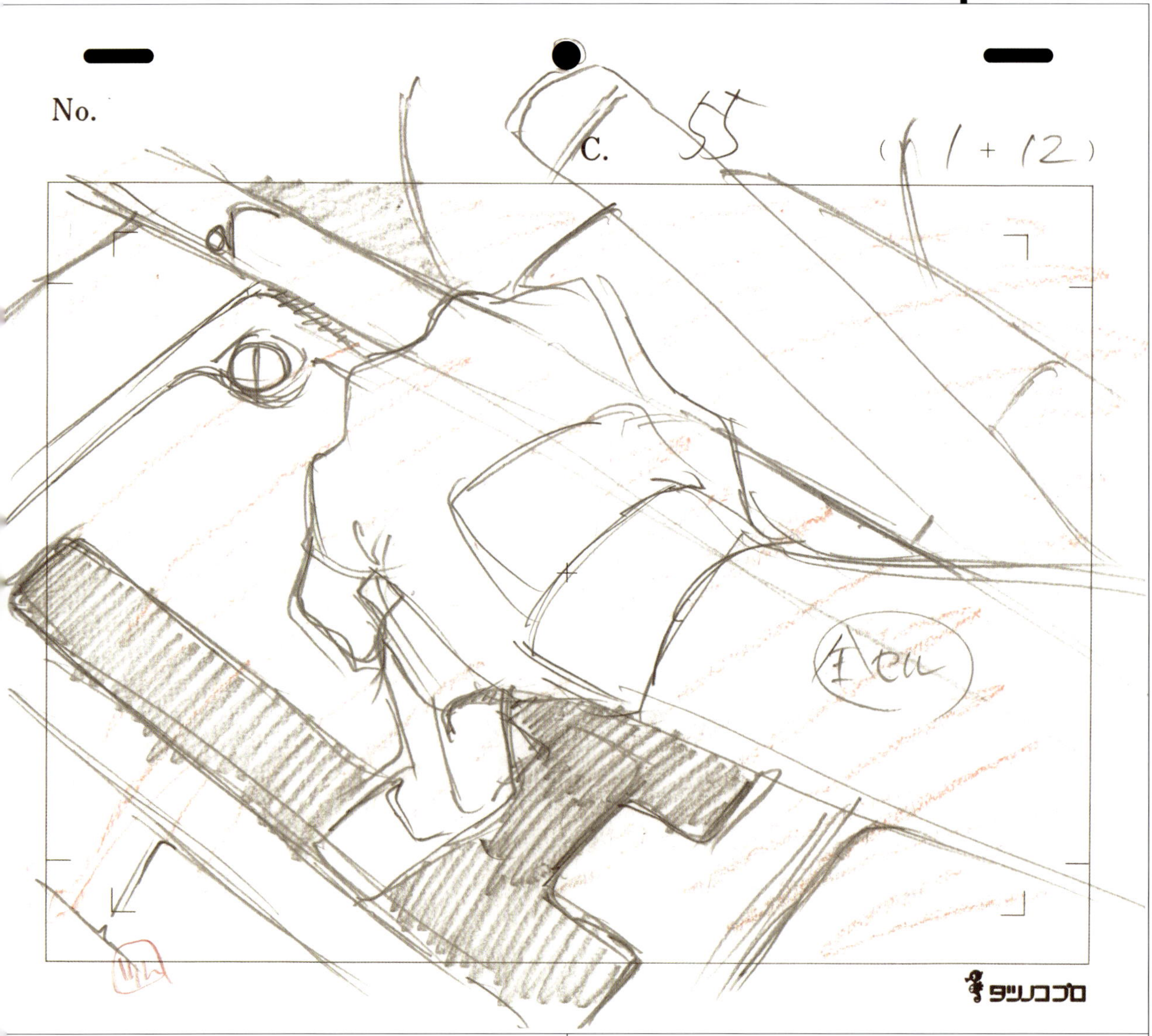
No.
C. 55
(1+12)
全セル
タツノコプロ

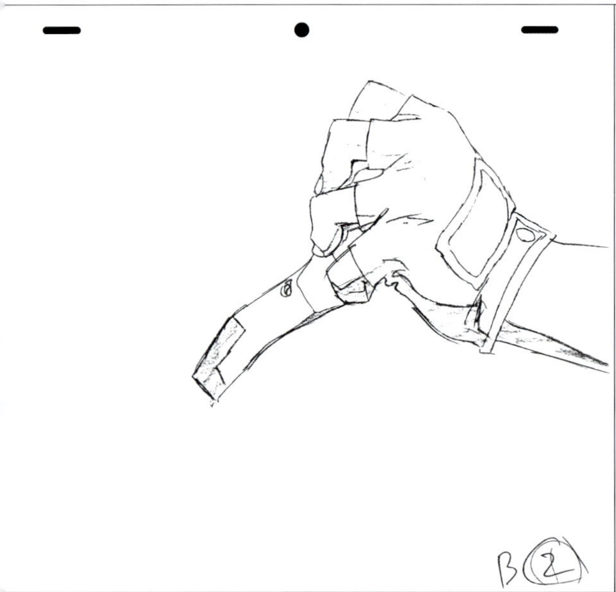
B②

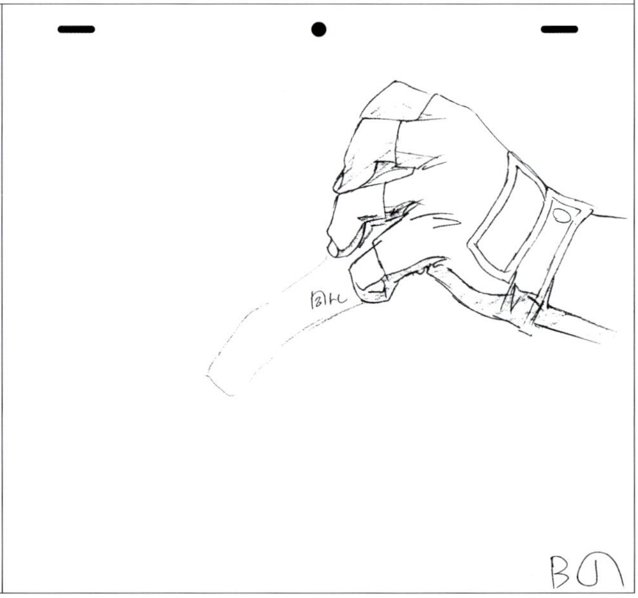
B①

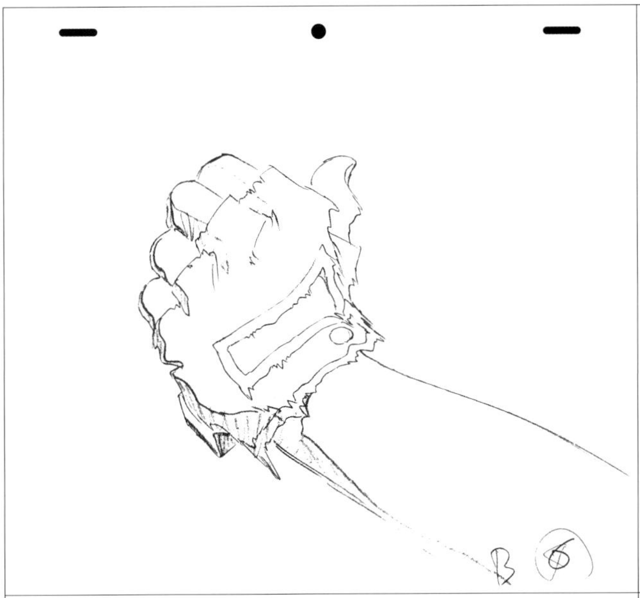

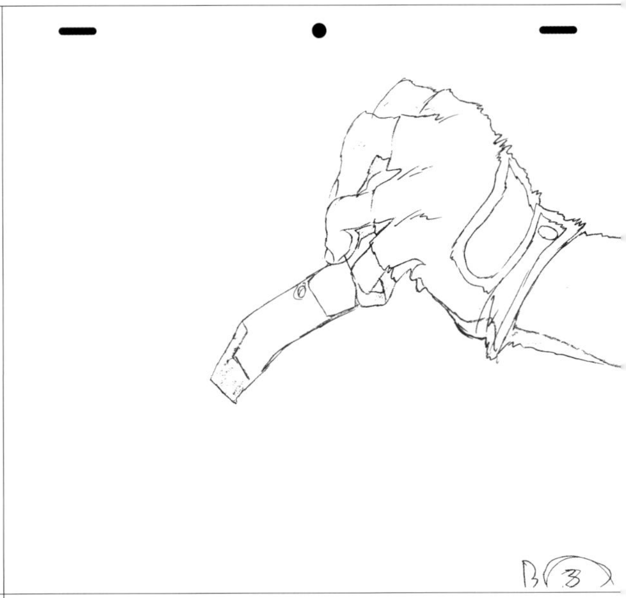
B③

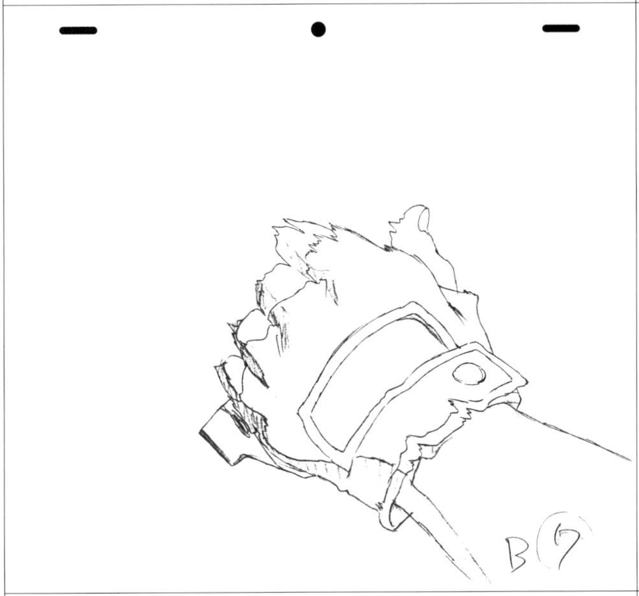
B⑦

B④

B⑧

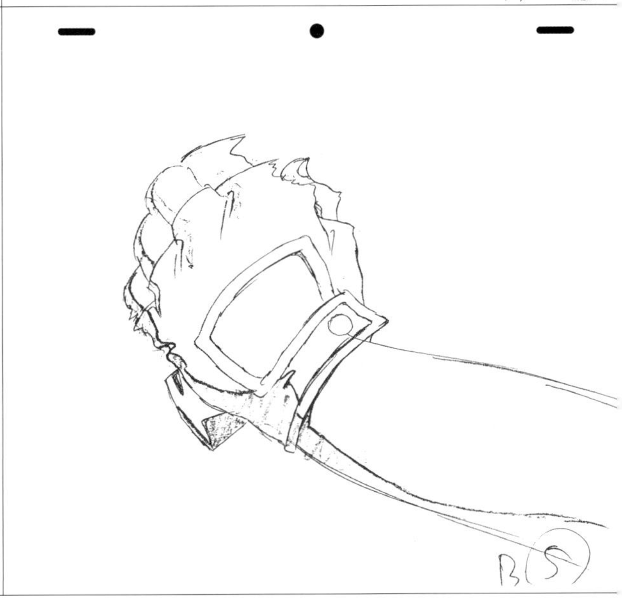
B⑤

#1- c55
B⑩

B⑨

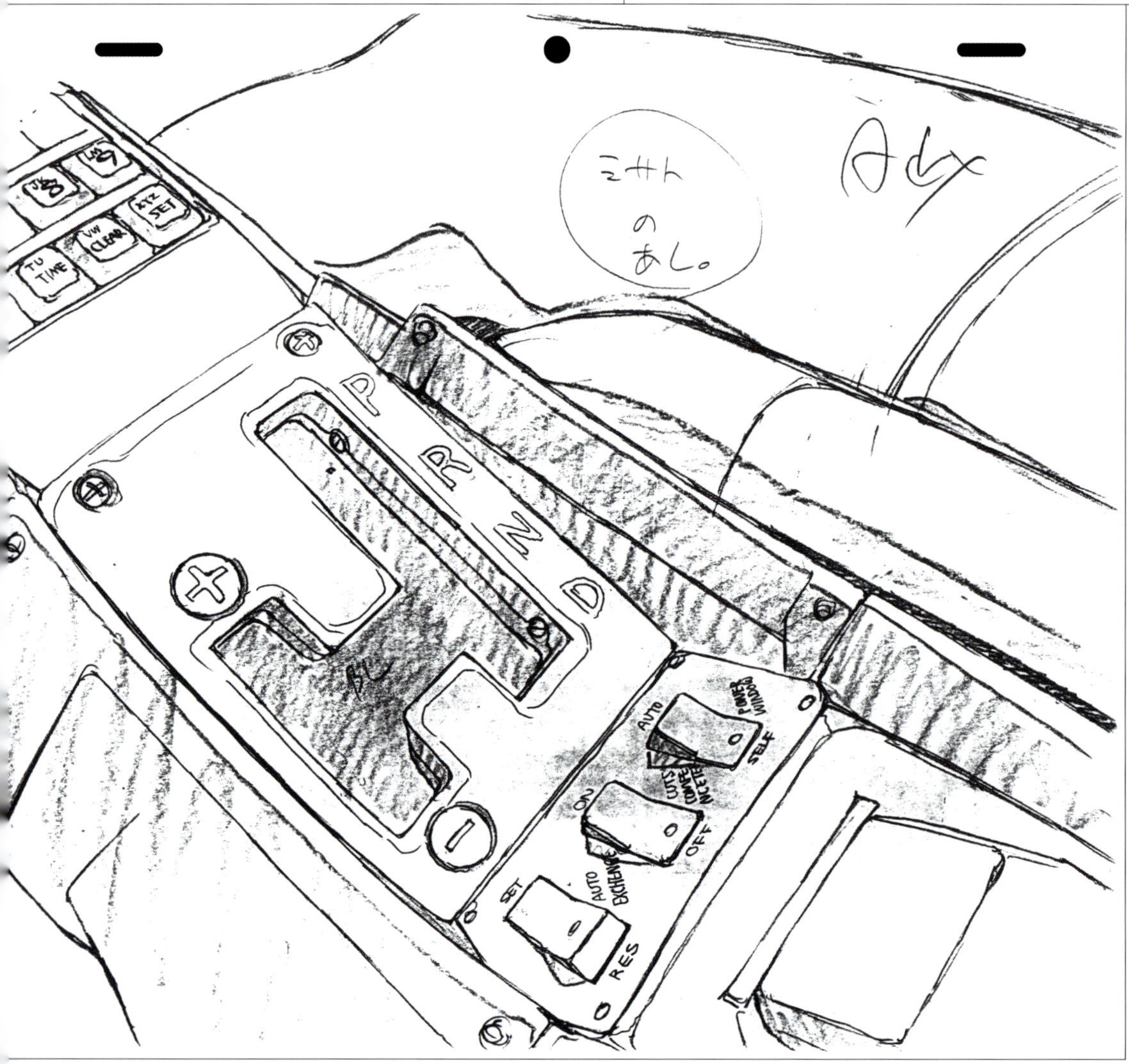
ミサトのあし。
P
R
N
D
TU TIME
VW CLEAR
XYZ SET
SET
AUTO EXCHANGE
RES
ON
OFF
AUTO
POWER WINDOW
SELF

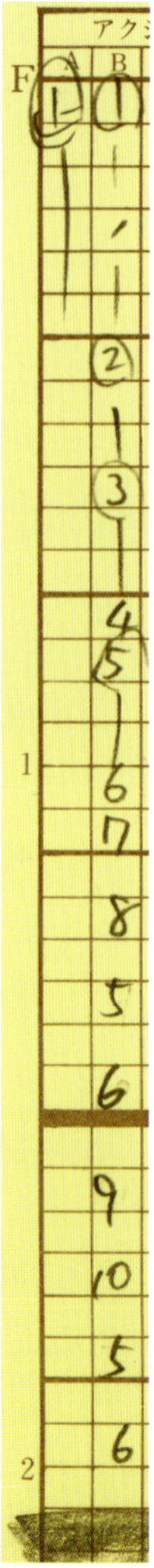
アクシ
A
B
F

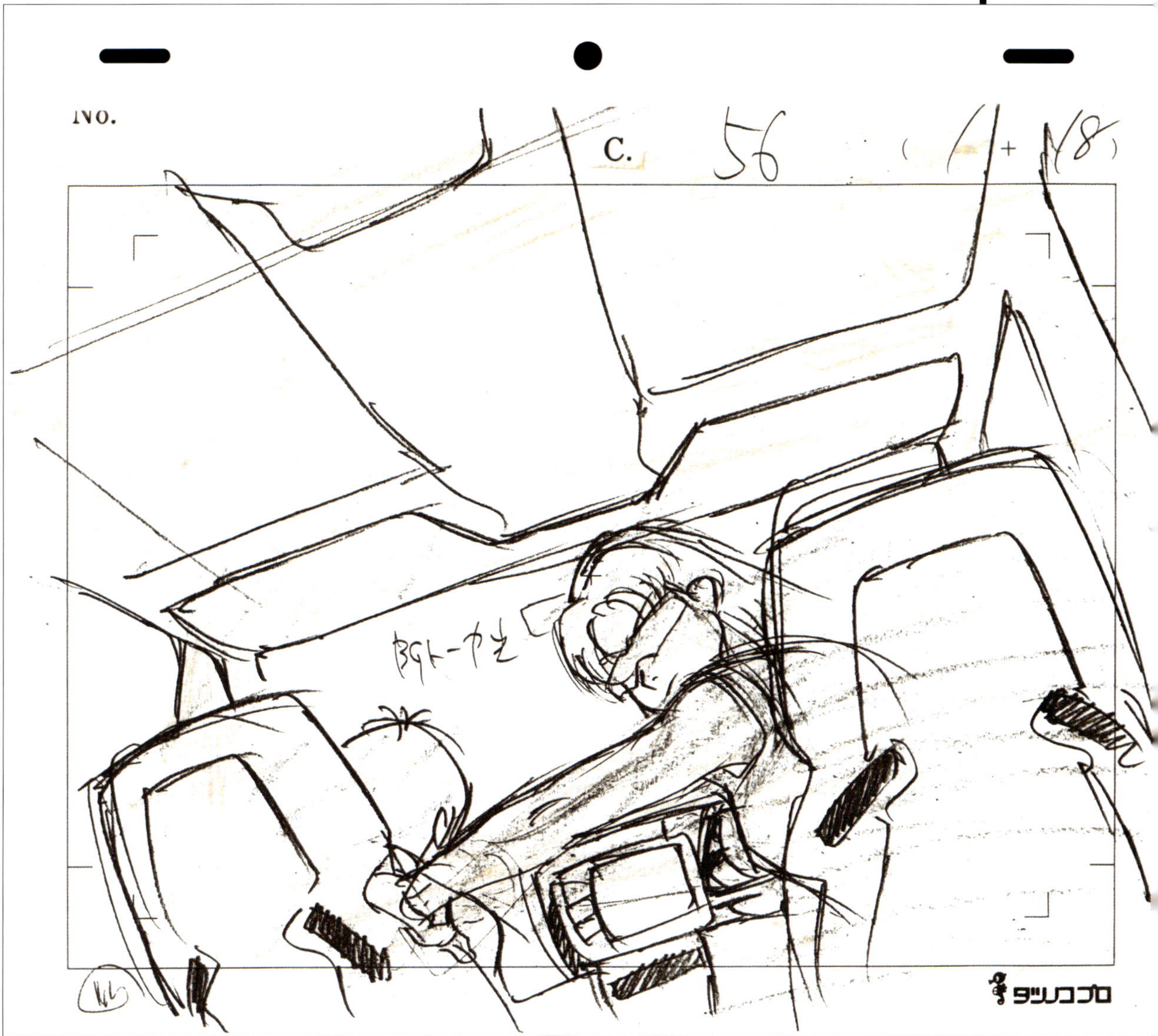
No.
C. 56

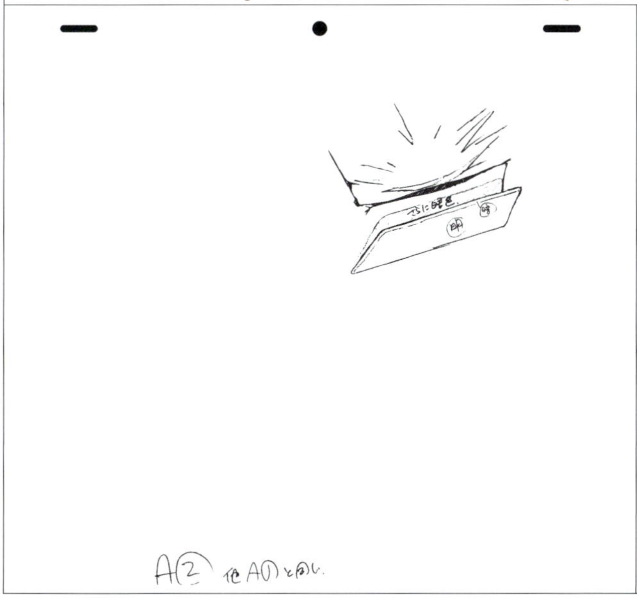
A② 他A①と同じ.

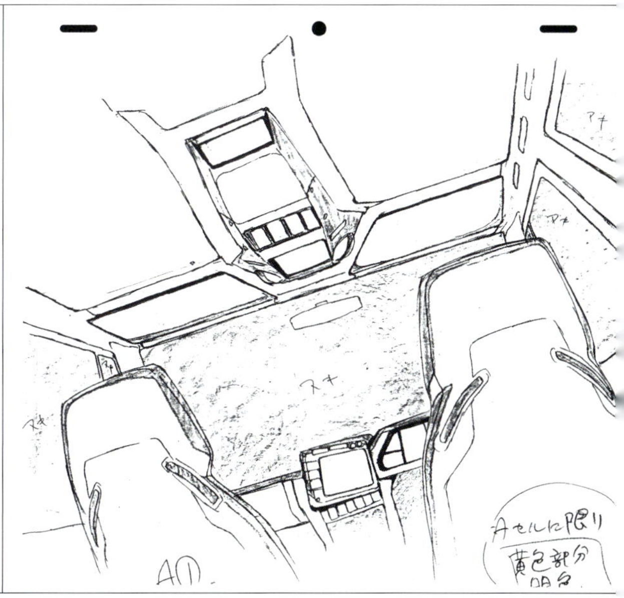
A①
Aセルに限り
黄色部分

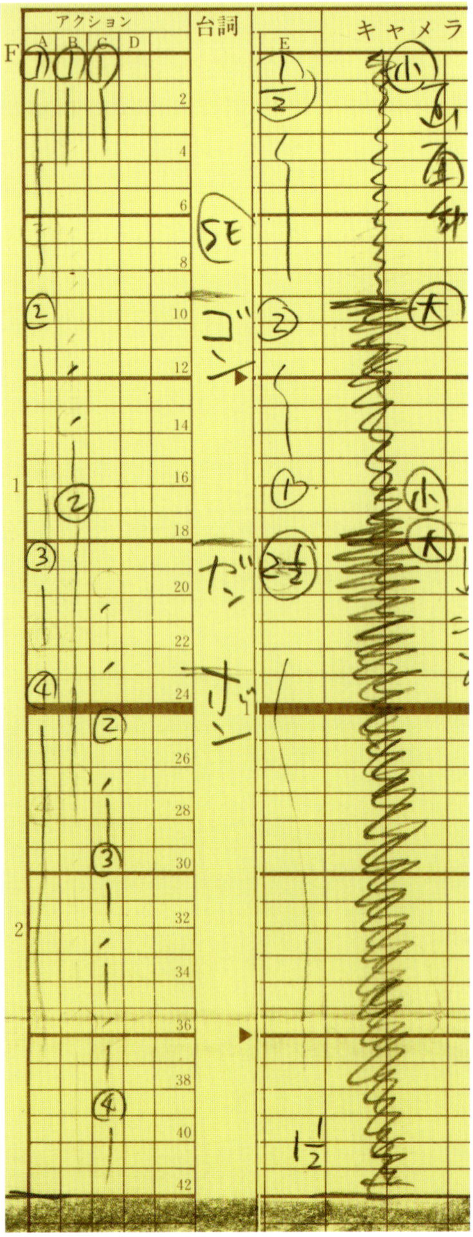
アクション
A B C D
台詞
E
キャメラ
SE
ゴン
ダン

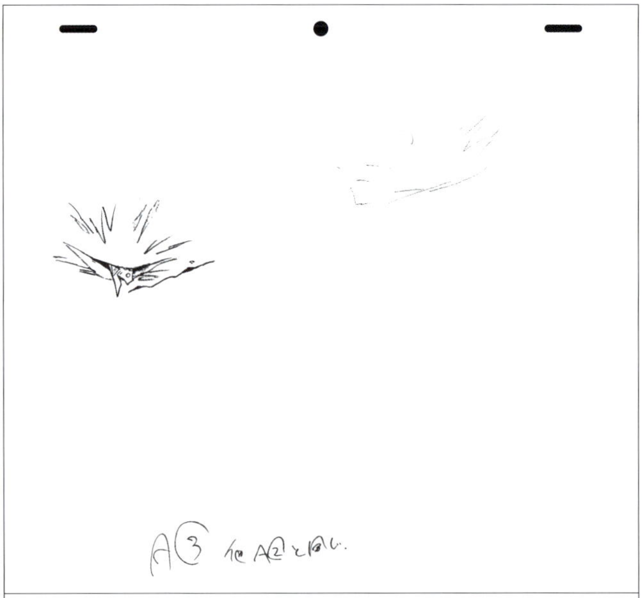
A③ 他 A② と同じ.

A④
BLは ヌリにして下さい.

B②

※ Aセル以外 黄部分はカゲです.
毎回すみません 統一して下さい
C①
B①

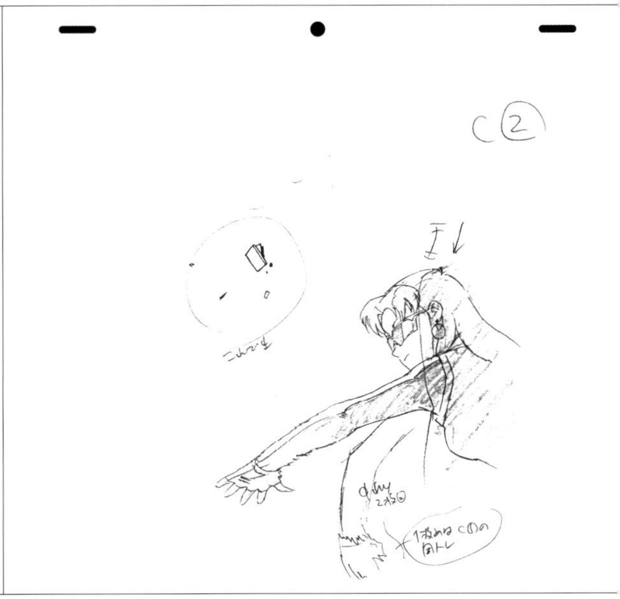
C②
1枚めは C①の
同トレ

OUT。
C③

C④
END
なし

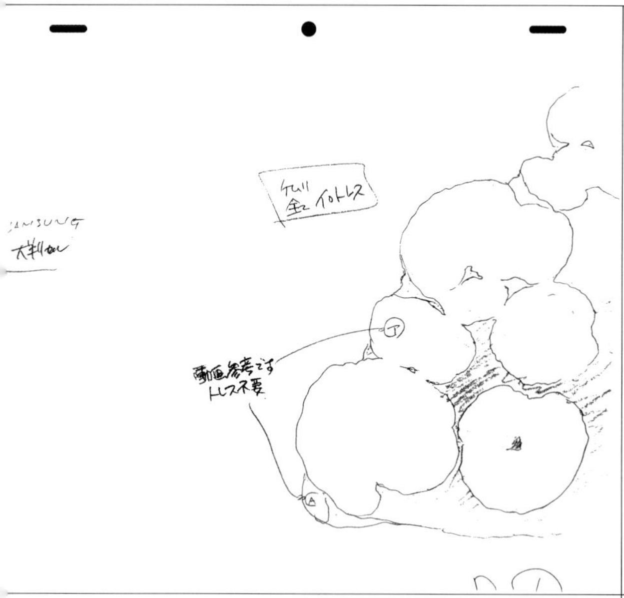
ケムリ
全てイロトレス
大判セル
動画参考です
トレス不要

土煙り
イロトレス

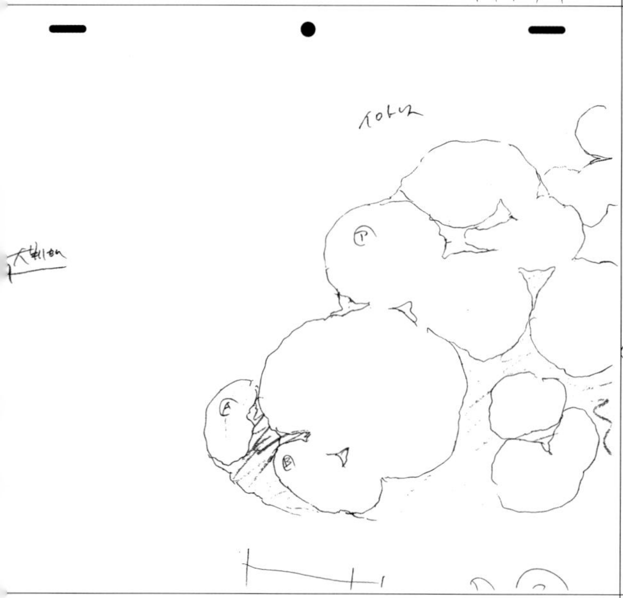
イロトレス
大判セル

大判セル
こちら向く.
A 2

イロトレス
大判セル
D 3

大判セル
A 3

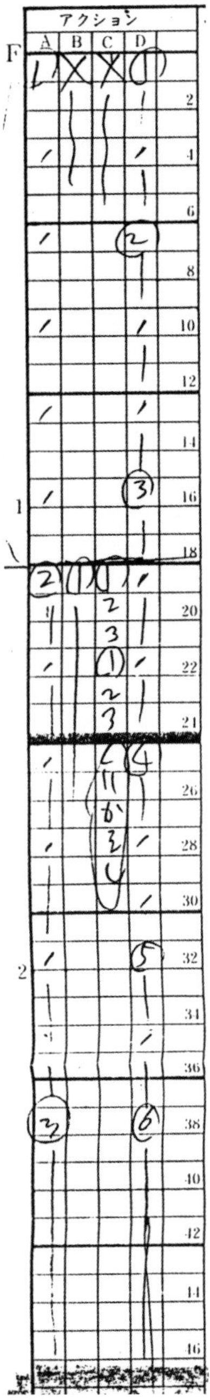
アクション
A
B
C
D
F

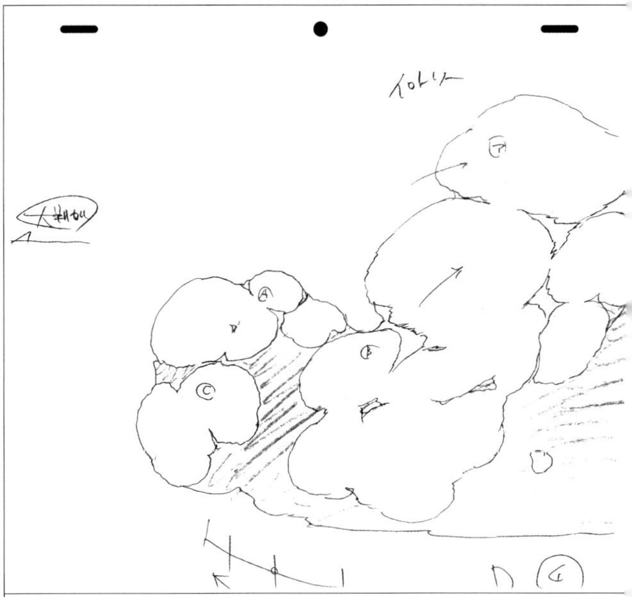
大判セル
D ④

イロトレス
大判セル
D ⑤

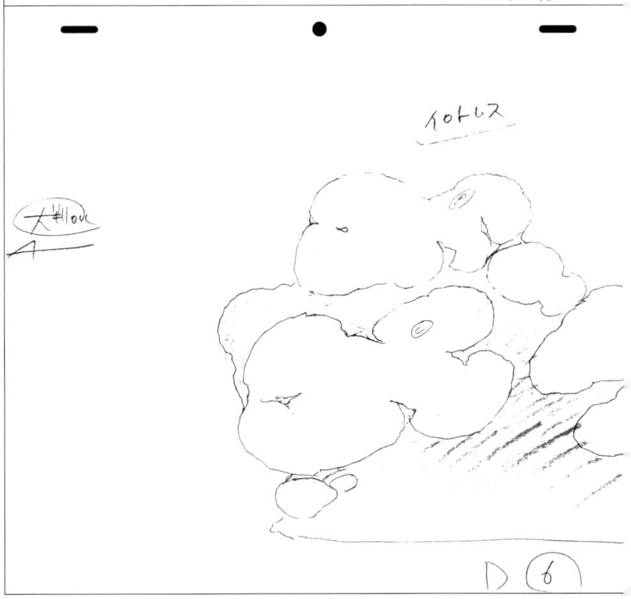
イロトレス
大判セル
D ⑥

B 2

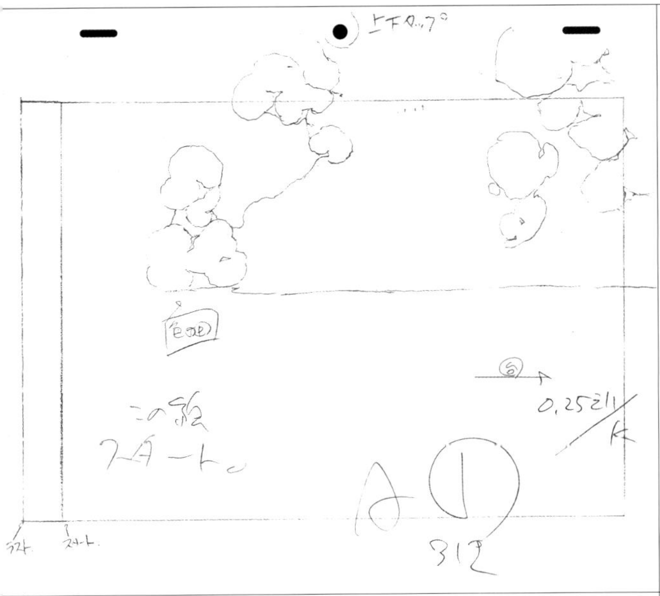
上下タップ
この絵
スタート。
0.25ミリ/K
C1
ラスト
スタート

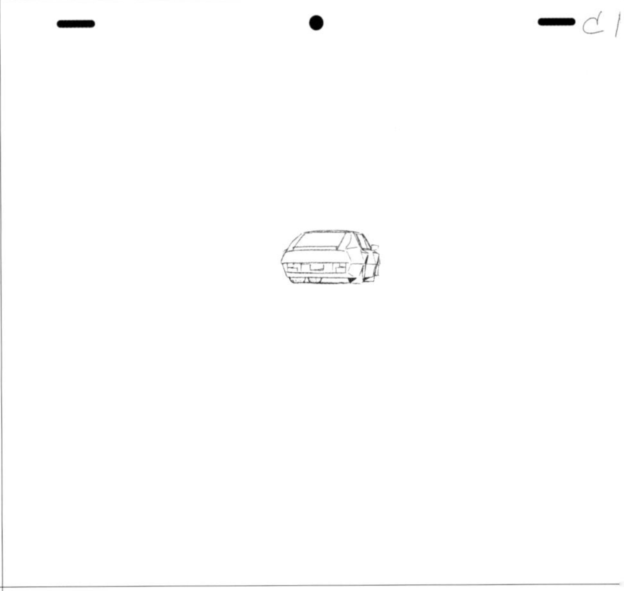
C1

C4

すみません
車のみ
C②
その向うのは
すべて C③に

C5

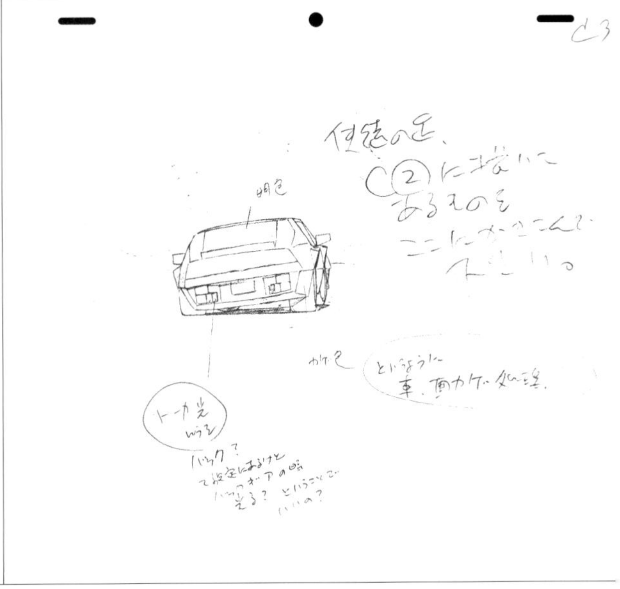
C3
付箋の上、
C②に描いてある
ものを
ここに描きこんで
下さい。
明色
カゲ色
とにかく車、面カゲ処理。
トーカ光
バック?

C9

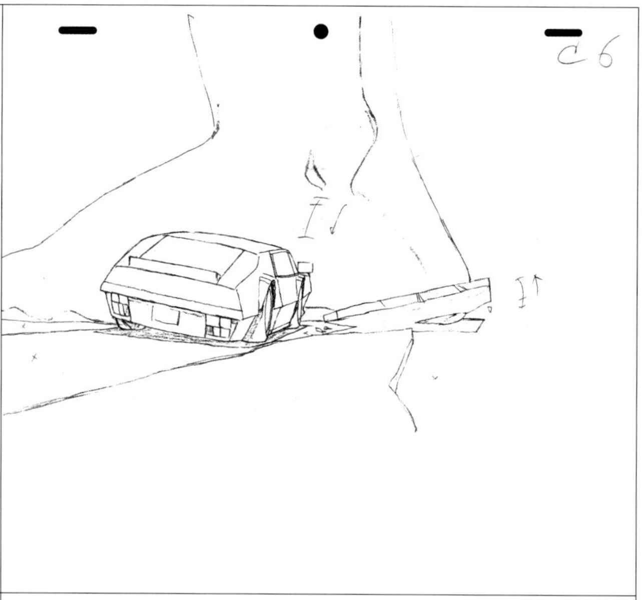
C6

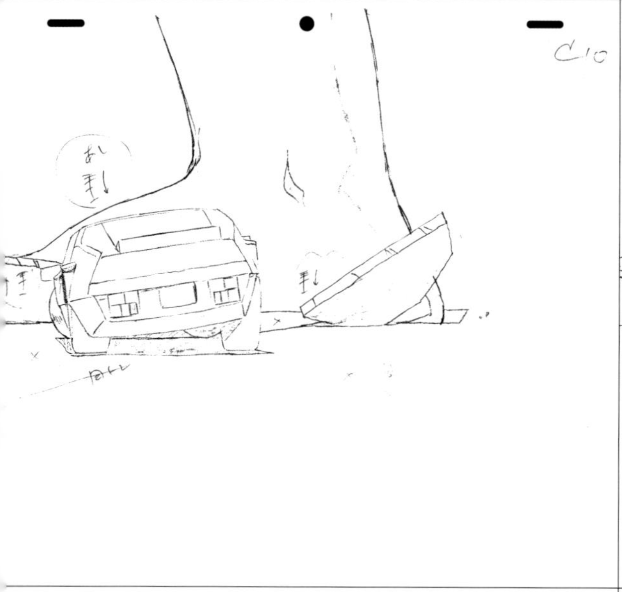
C10

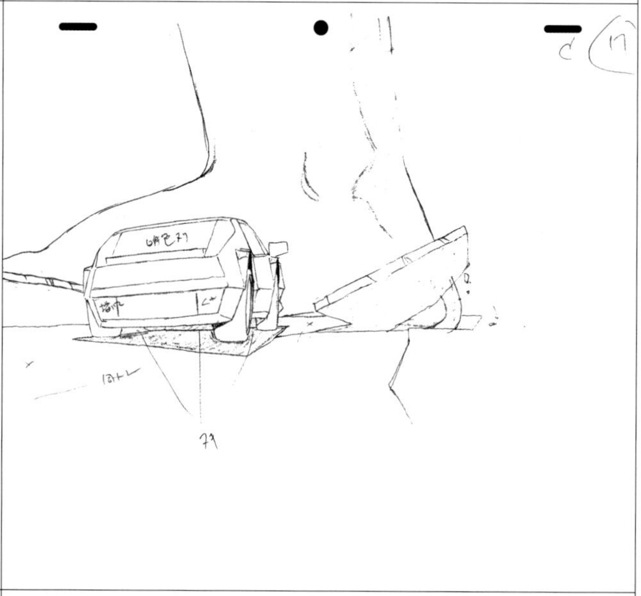
C17

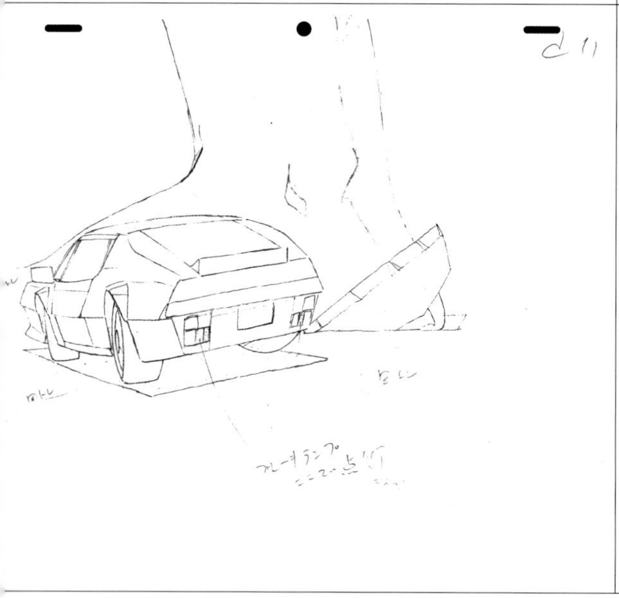
C11
ブレーキランプ
ここで点灯

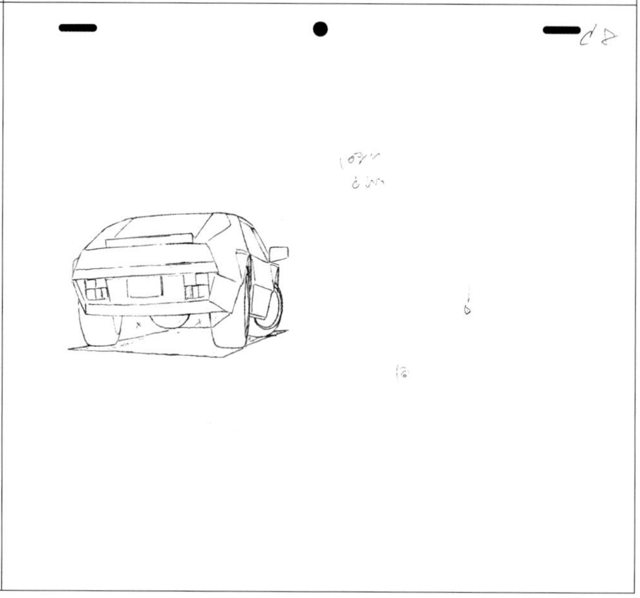
C8

13〜14

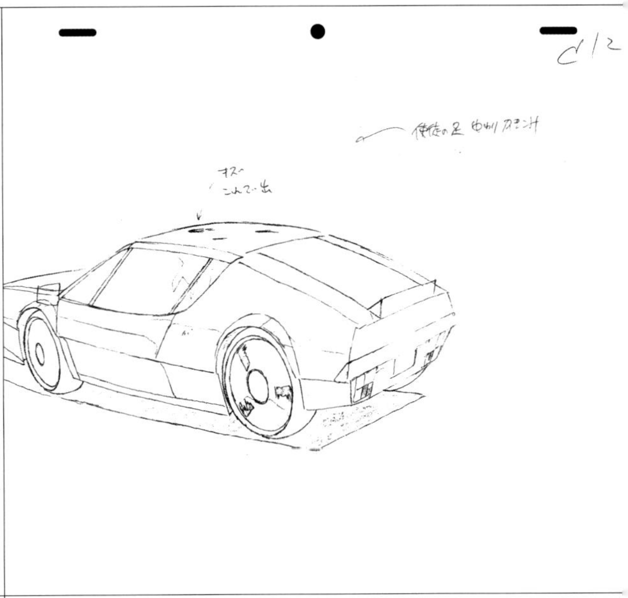
C12

C14

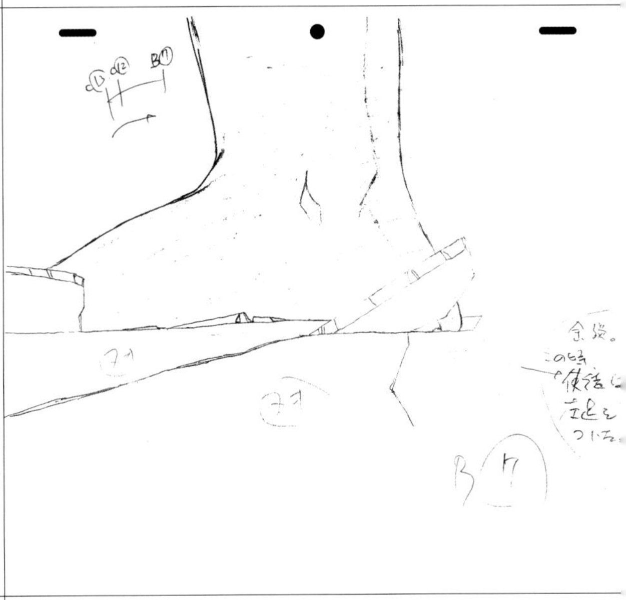
B17

14〜15

C13

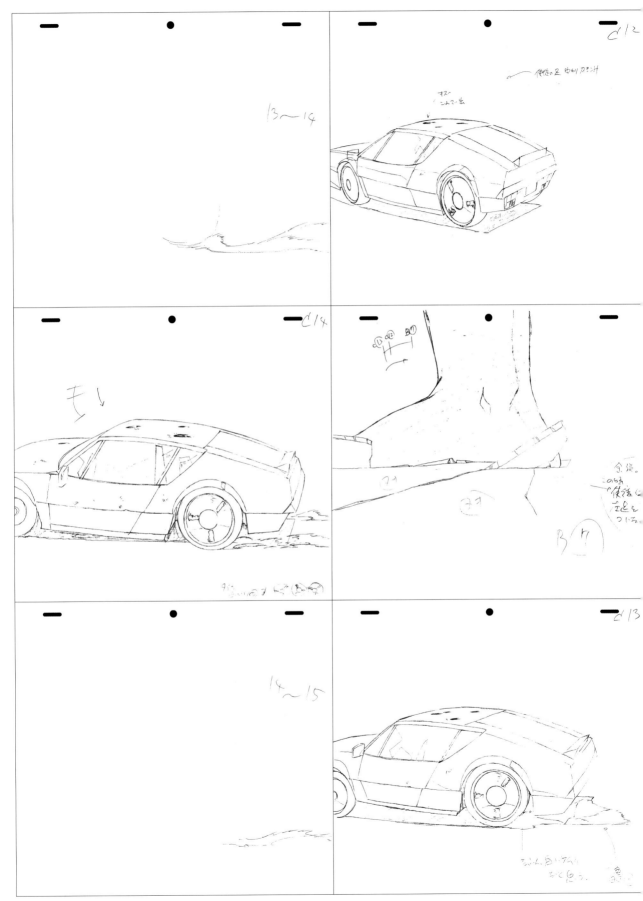

6~17

c15
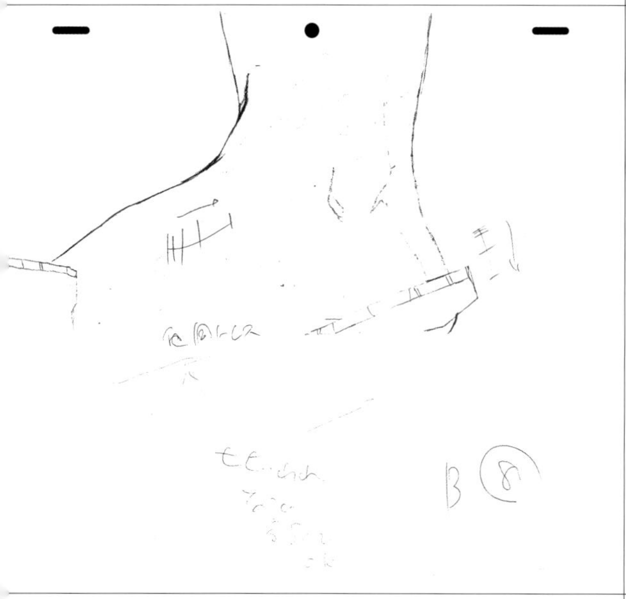

5~6

c17

c16

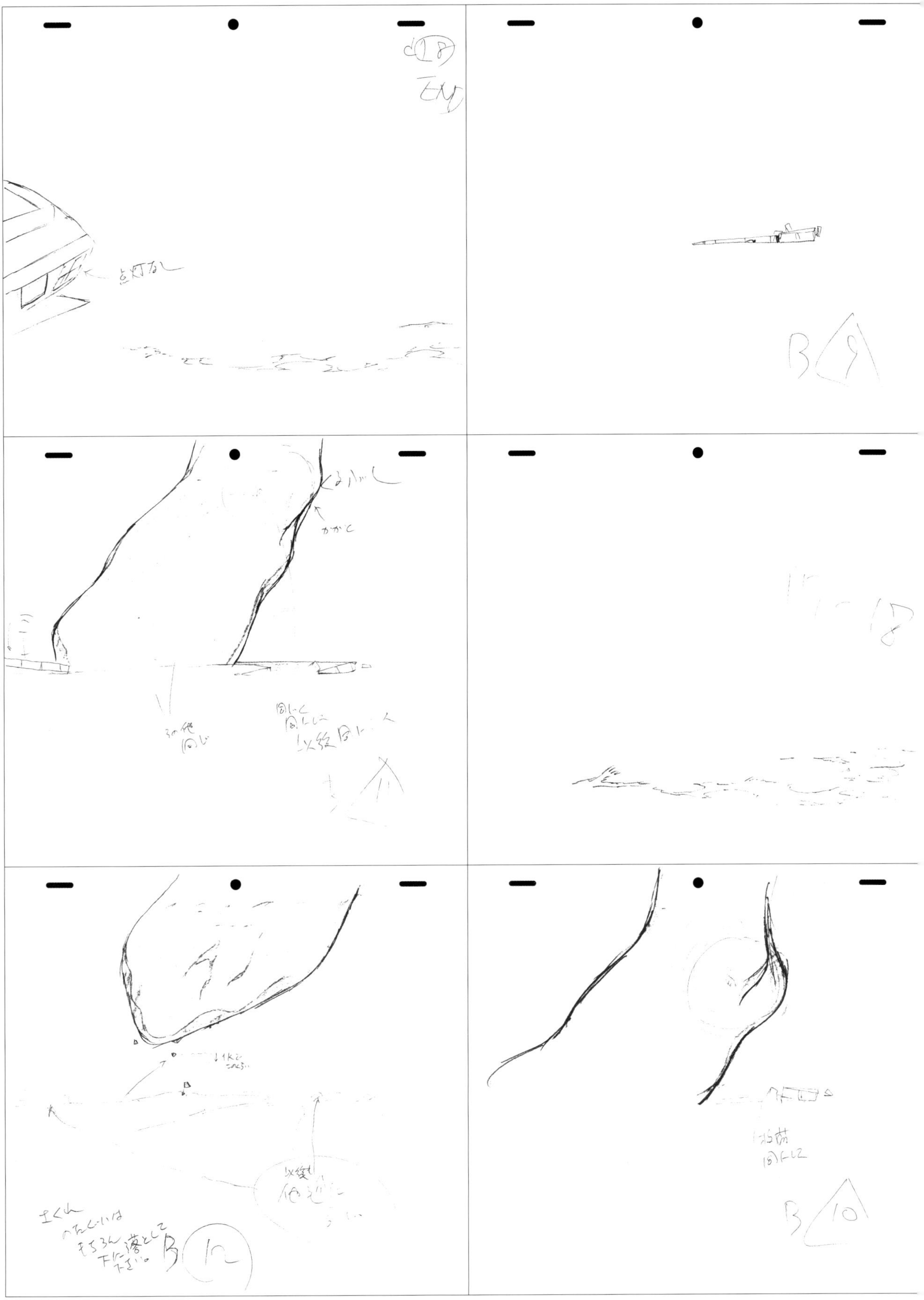
点灯なし
かかと
その他同じ
もちろん落として下さい。

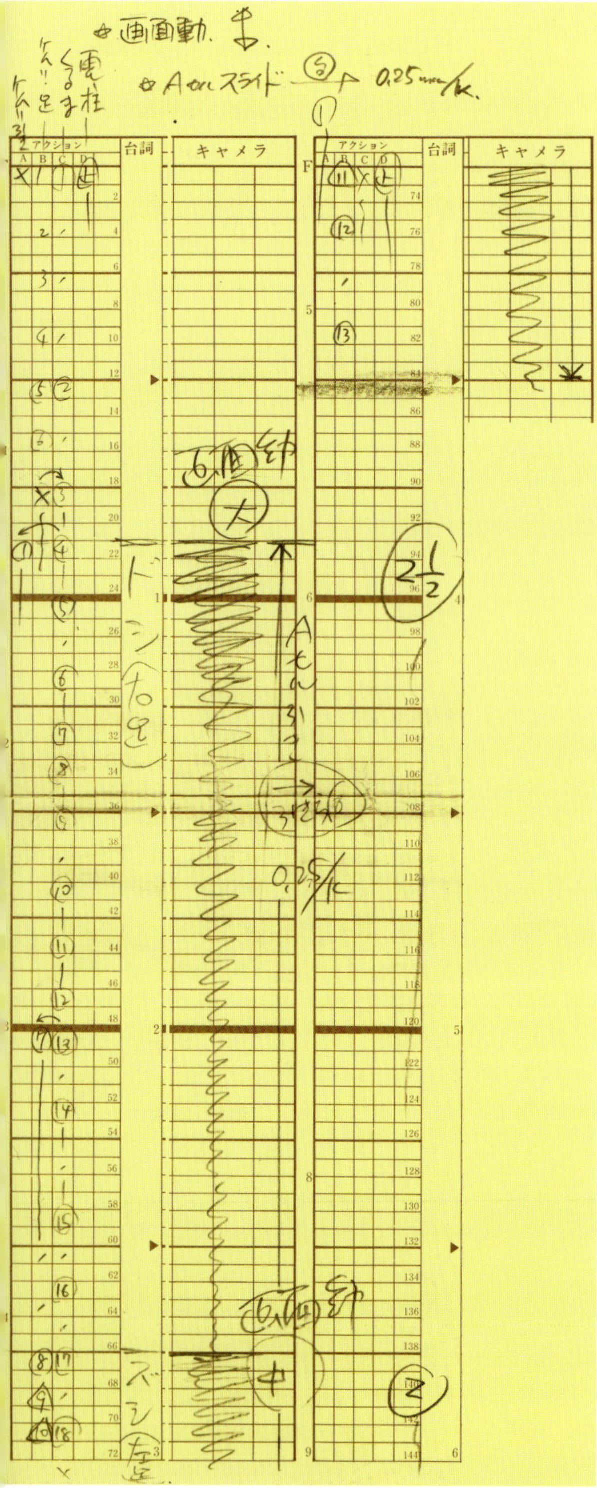

画面動
Aセルスライド
0.25mm/k
アクション
台詞
キャメラ

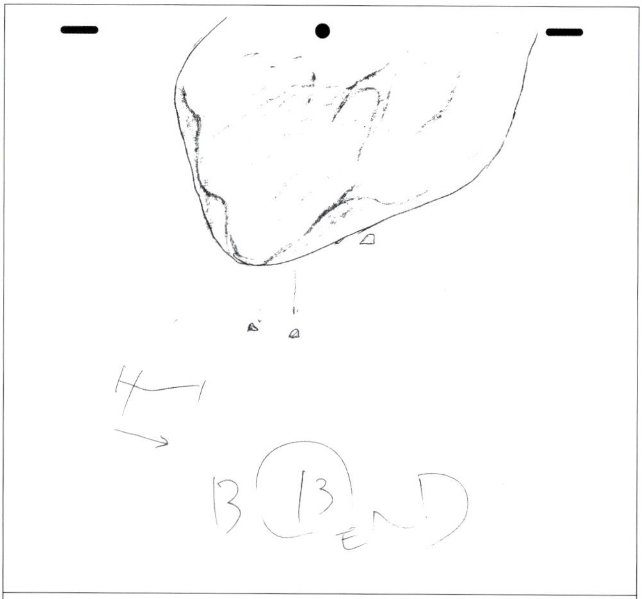

13
END

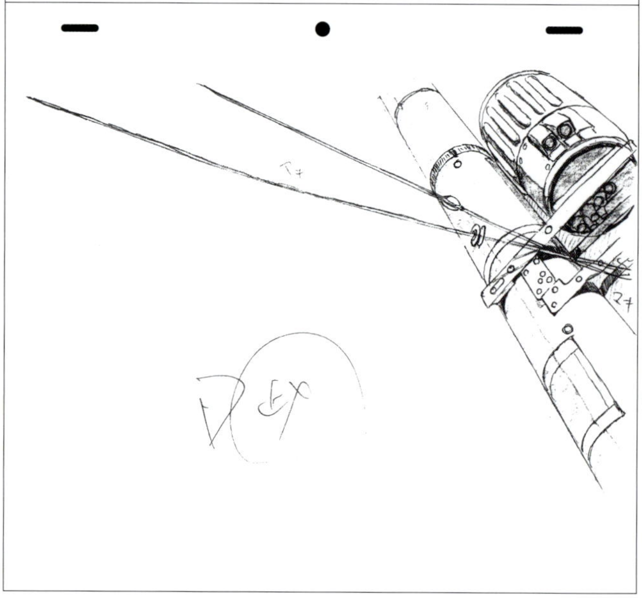

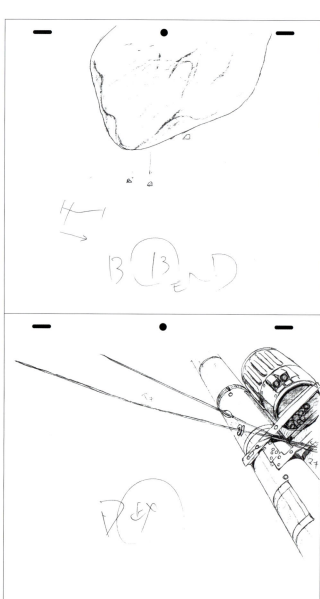

No.
C. 61 (2+12)
反射板
山ぞいの国道です。
BOOK
UN
タツノコプロ

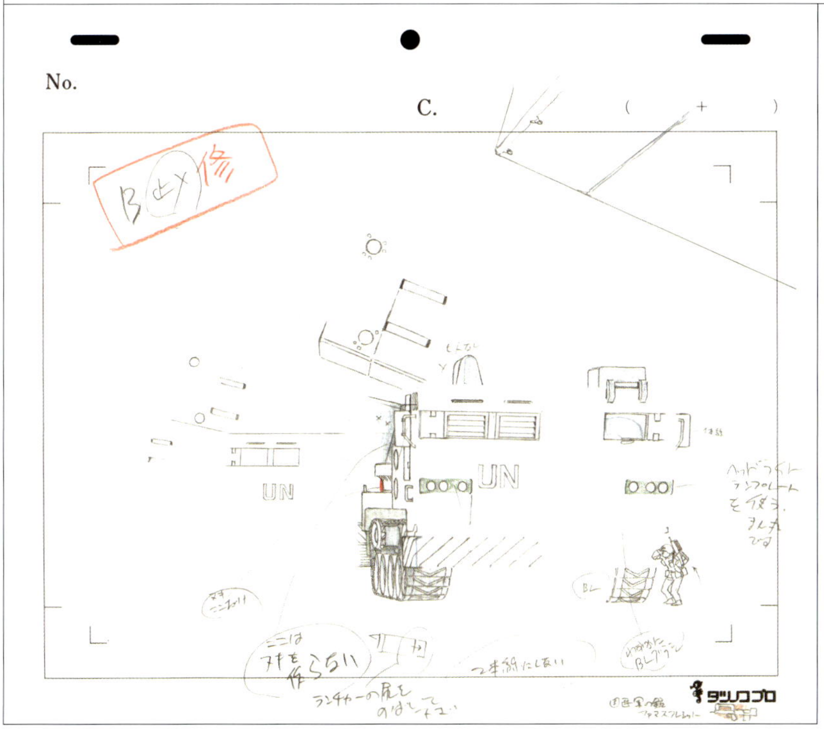
No.
C.
(+)
UN
BL
ここは
ランチャーの尾を
タツノコプロ

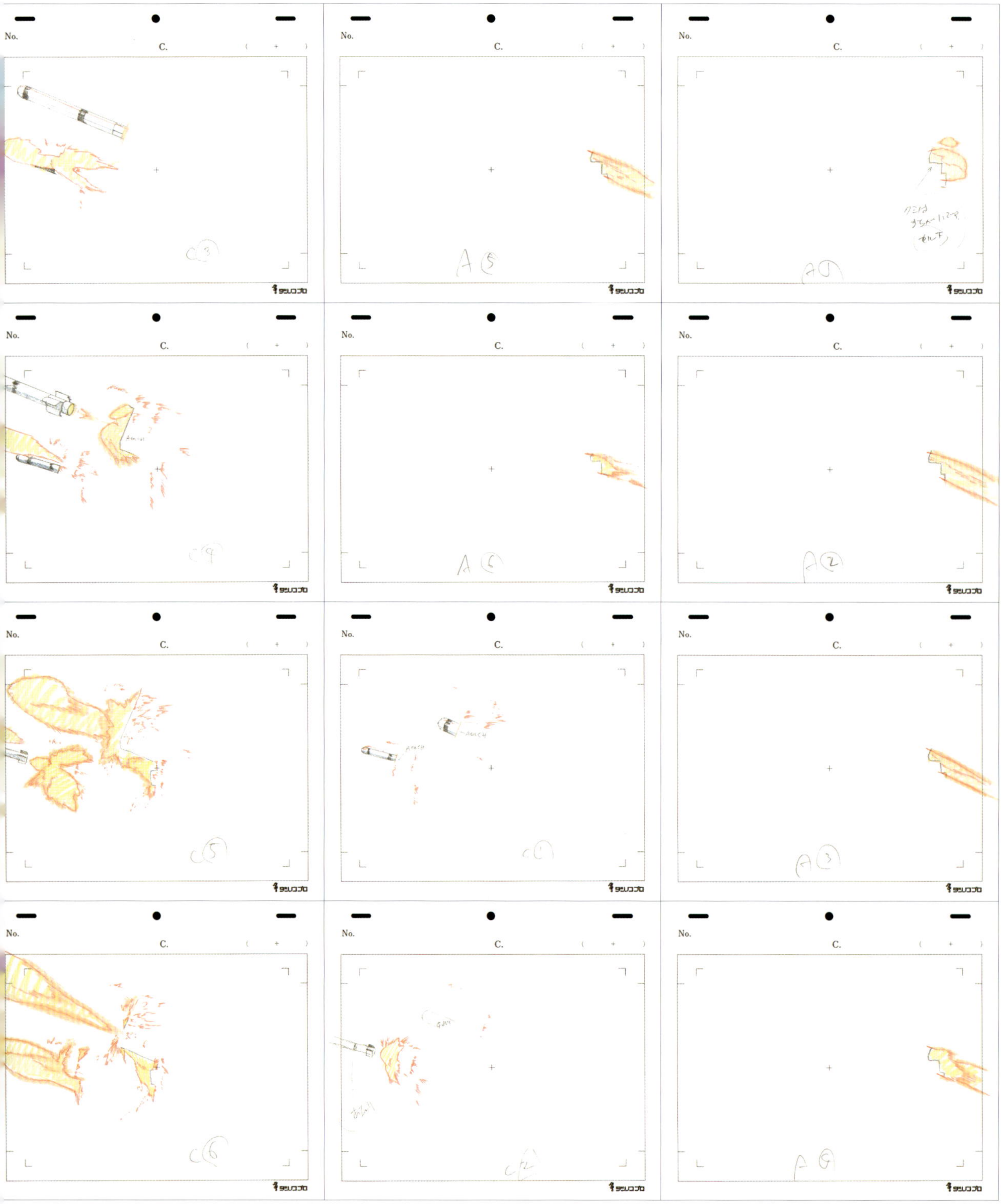

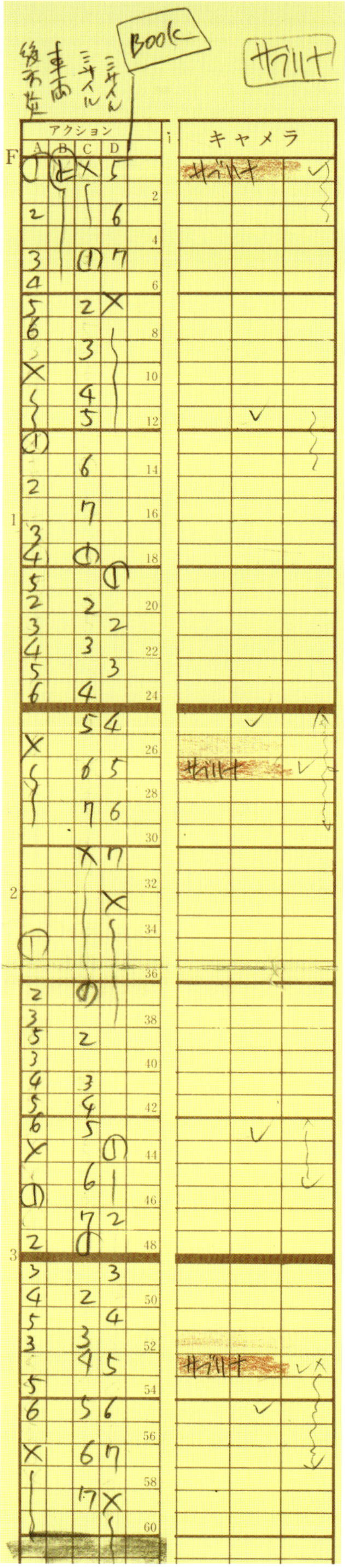
Book
サブリナ
アクション
A
B
C
D
キャメラ
サブリナ

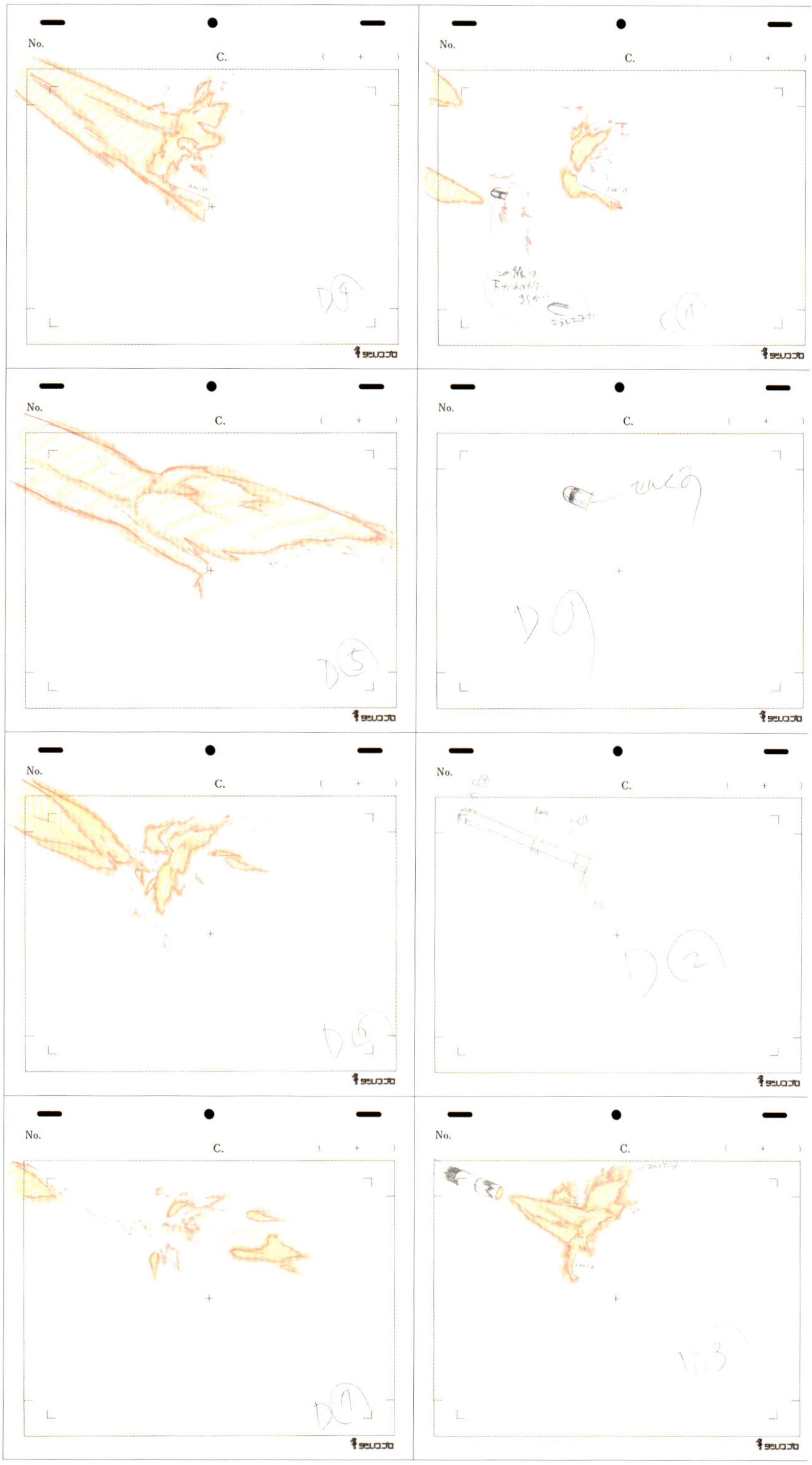
No.
C.

No.
C.
No.
C. 63
(0 + 20)
山の白地は
べつにハゲてる
わけでないと
思いますんで
よろしく
タツノコプロ

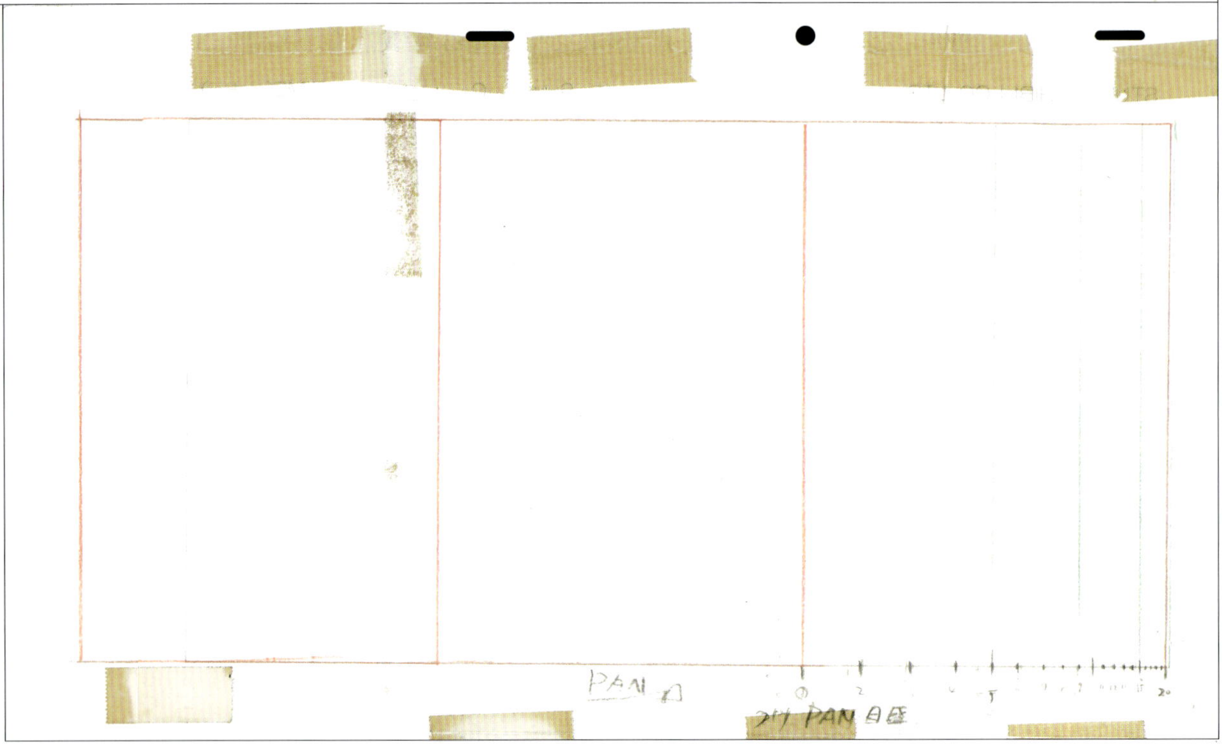
PAN

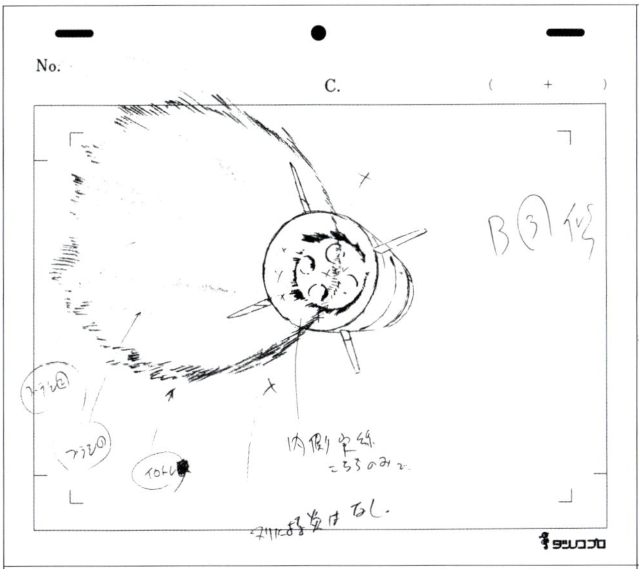
No.
C.
B③修
内側実線
こちらのみで
タツノコプロ

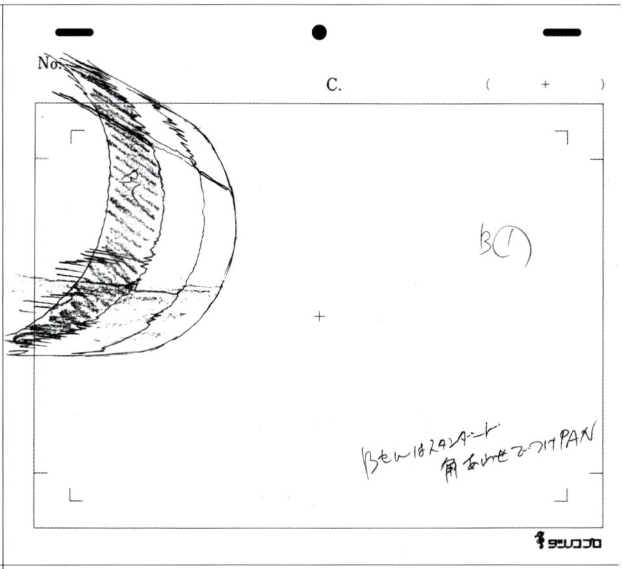
No.
C.
B①
Bセルはスタンダード
角合わせでつけPAN
タツノコプロ

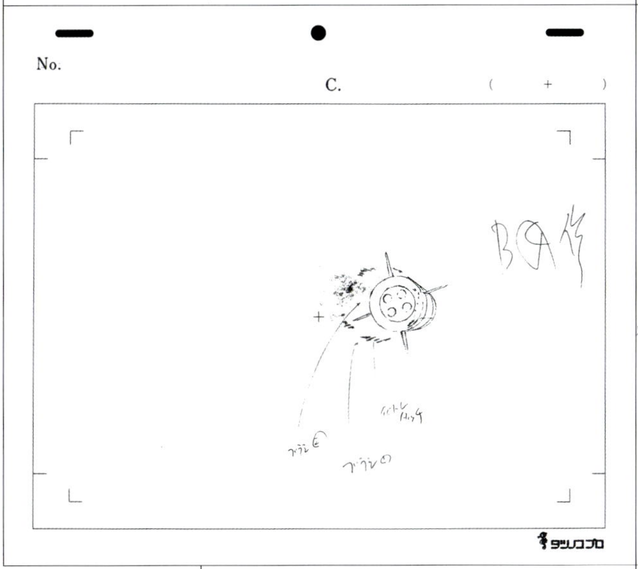
No.
C.
B④修
タツノコプロ

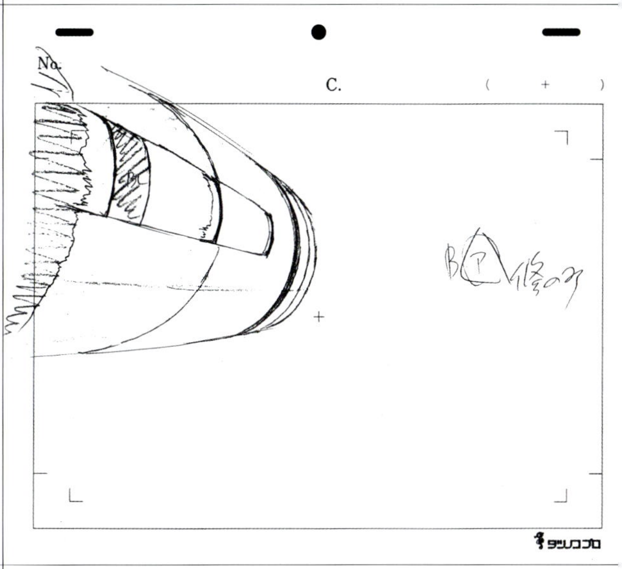
No.
C.
タツノコプロ

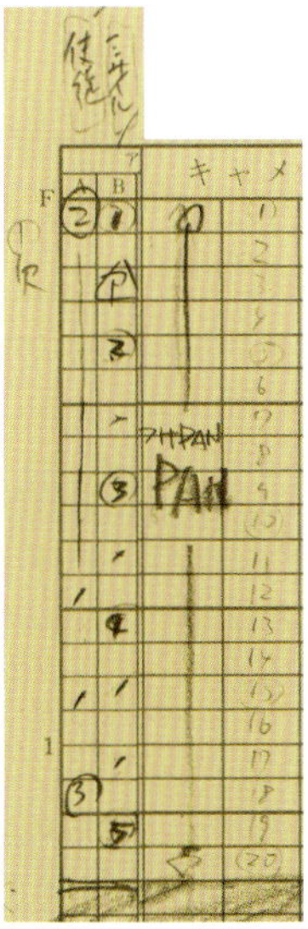
B
キャメ
PAN

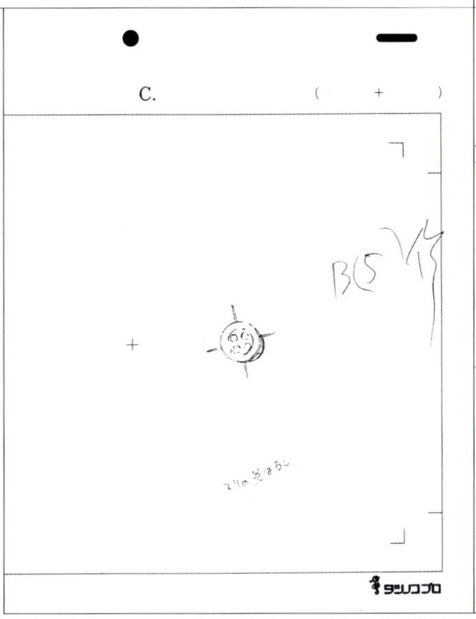
C.
B⑤修
タツノコプロ

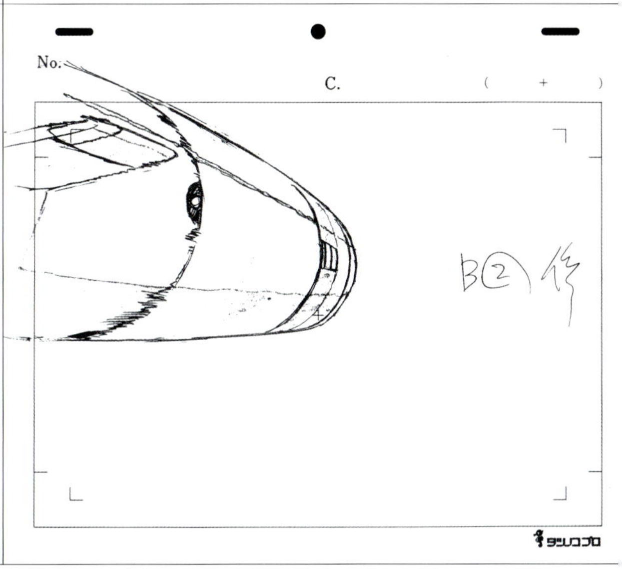
No.
C.
B②修
タツノコプロ

No.
C. 64 (5+①)
25
遠い山
ちかい山
枚数かかるんで
ためます
登山鉄道の
スイッチ
バック
④

A(23)

A(22)

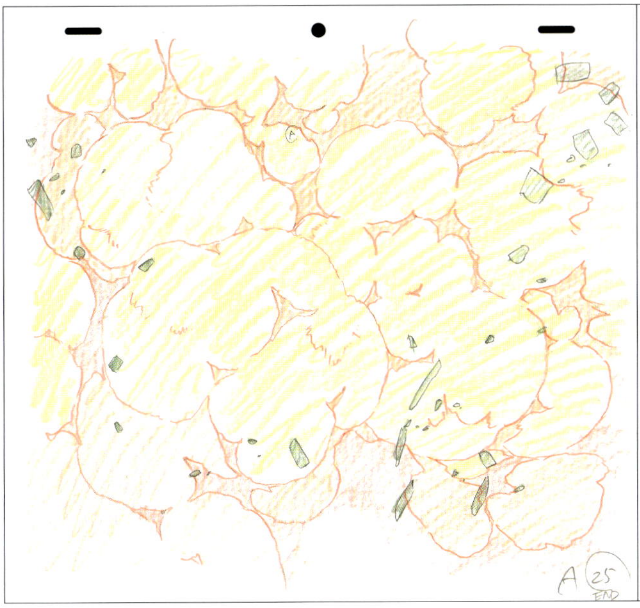
A 25
END

A 24

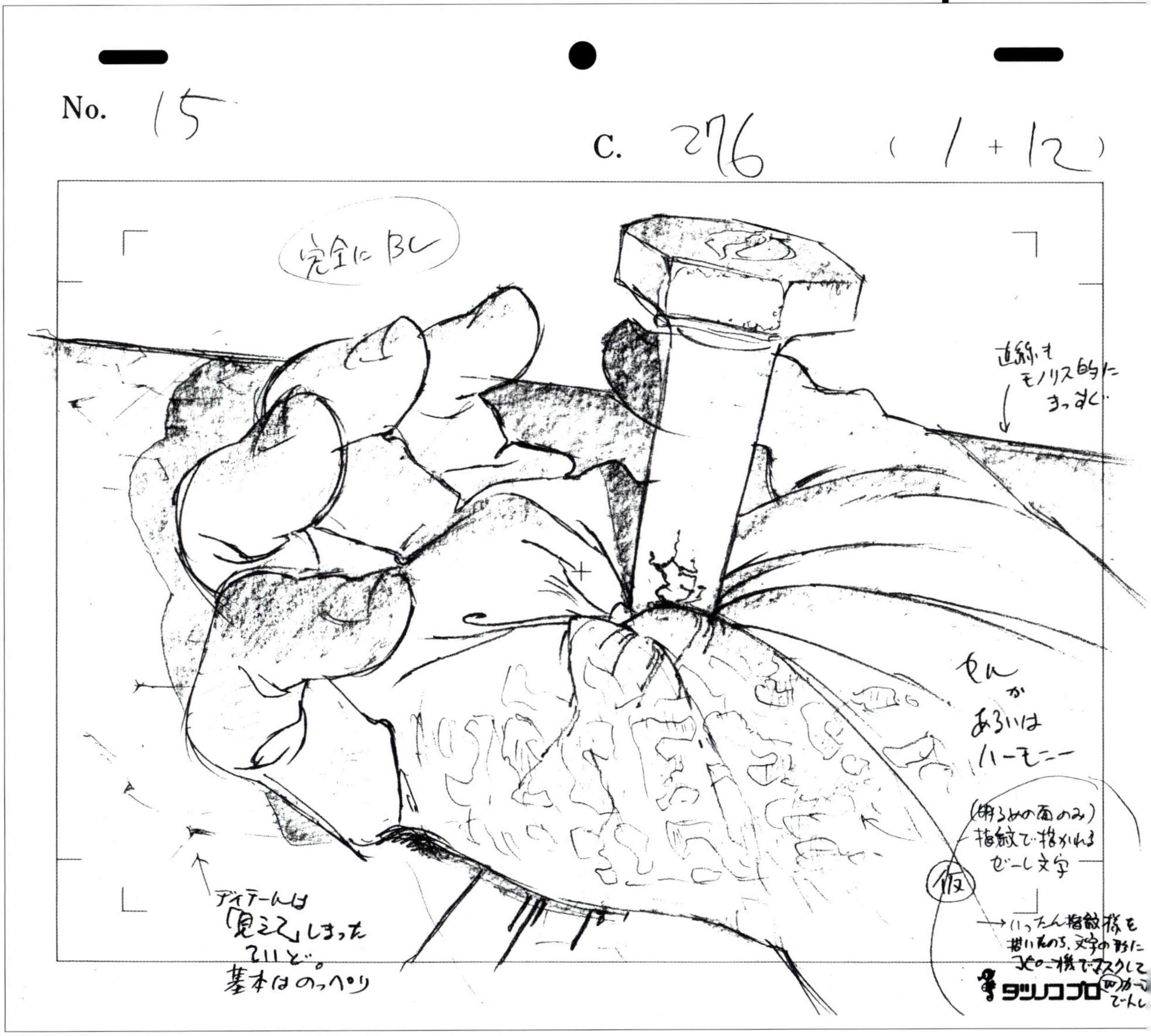
No. 15
C. 276 (1 + 12)
完全にBL
直線もモノリス的にまっすぐ
セルか あるいは ハーモニー
(明るめの面のみ)
指紋で描かれる
仮
いったん指紋様を描いたのち、文字の形にコピー機でマスクして
ディテールは「見えて」しまってていいど。基本はのっぺり
タツノコプロ

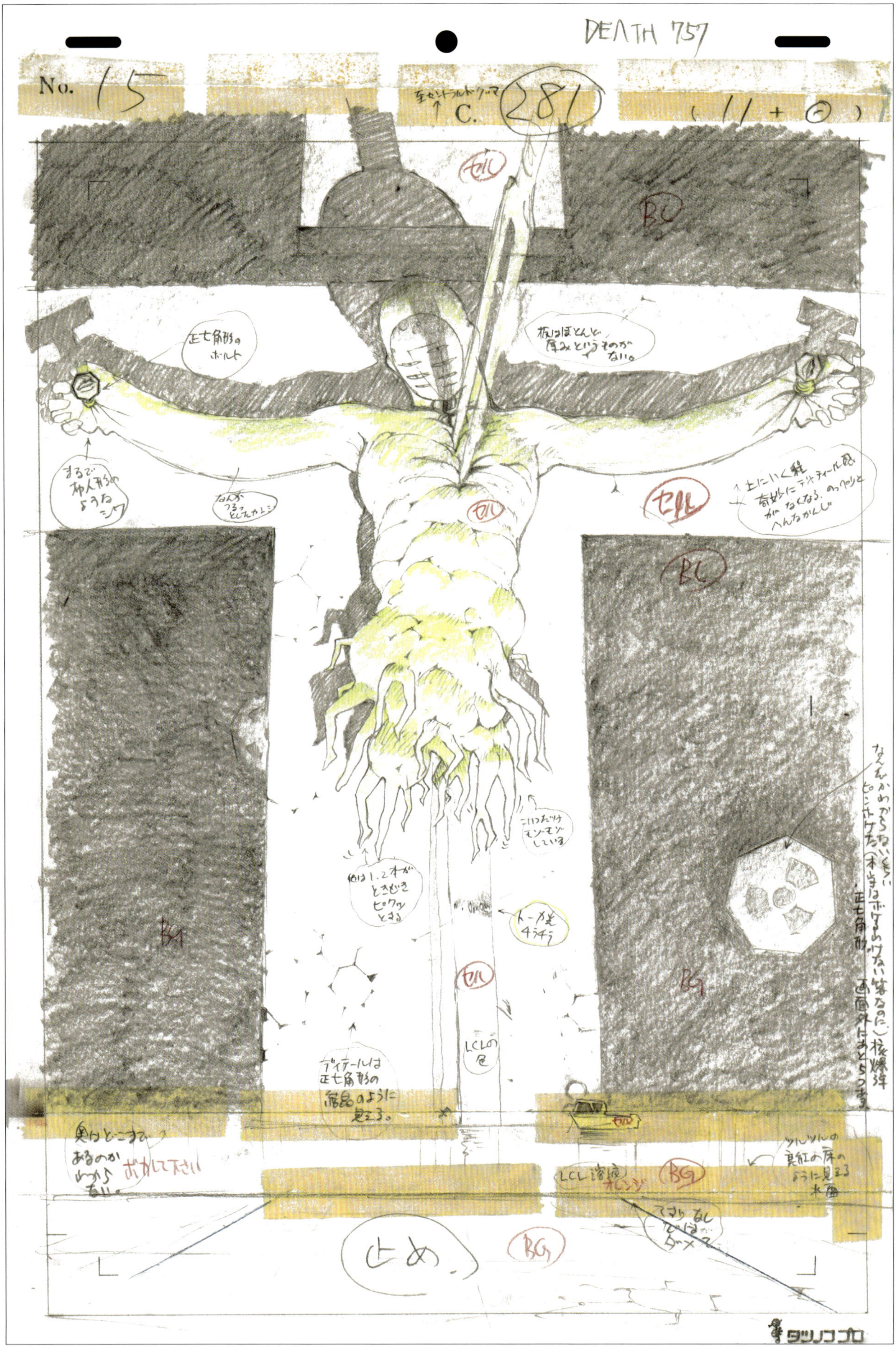

DEATH 757
No. 15
至セントラルドグマ
C. 281
セル
BG
正七角形のボルト
核はほとんど厚みというものがない。
まるで布人形のようなシワ
なんかつるっとしたカンじ
上にいく程奇妙にディティール感がなくなる。のっぺりとへんなかんじ
なんかわからないくらいピンボケた（本当はボケるわけない筈なのに）核爆弾
正七角形
画面外にあと5つ在る。
こいつだけモゾモゾしている
他は1.2本がときどきピクッとする
トーカ光チラチラ
ディテールは正七角形の諸島のように見える。
奥はどこまであるのかわからない。
ボカして下さい
ツルツルの真紅の床のように見える水面
LCL溶液 オレンジ
止め
タツノコプロ

ミチル
コスチ
変身
これ
マルチなど
カッコイイかも
しれない。
下ピン
マルチで
ピン下
タップは
スタート位置

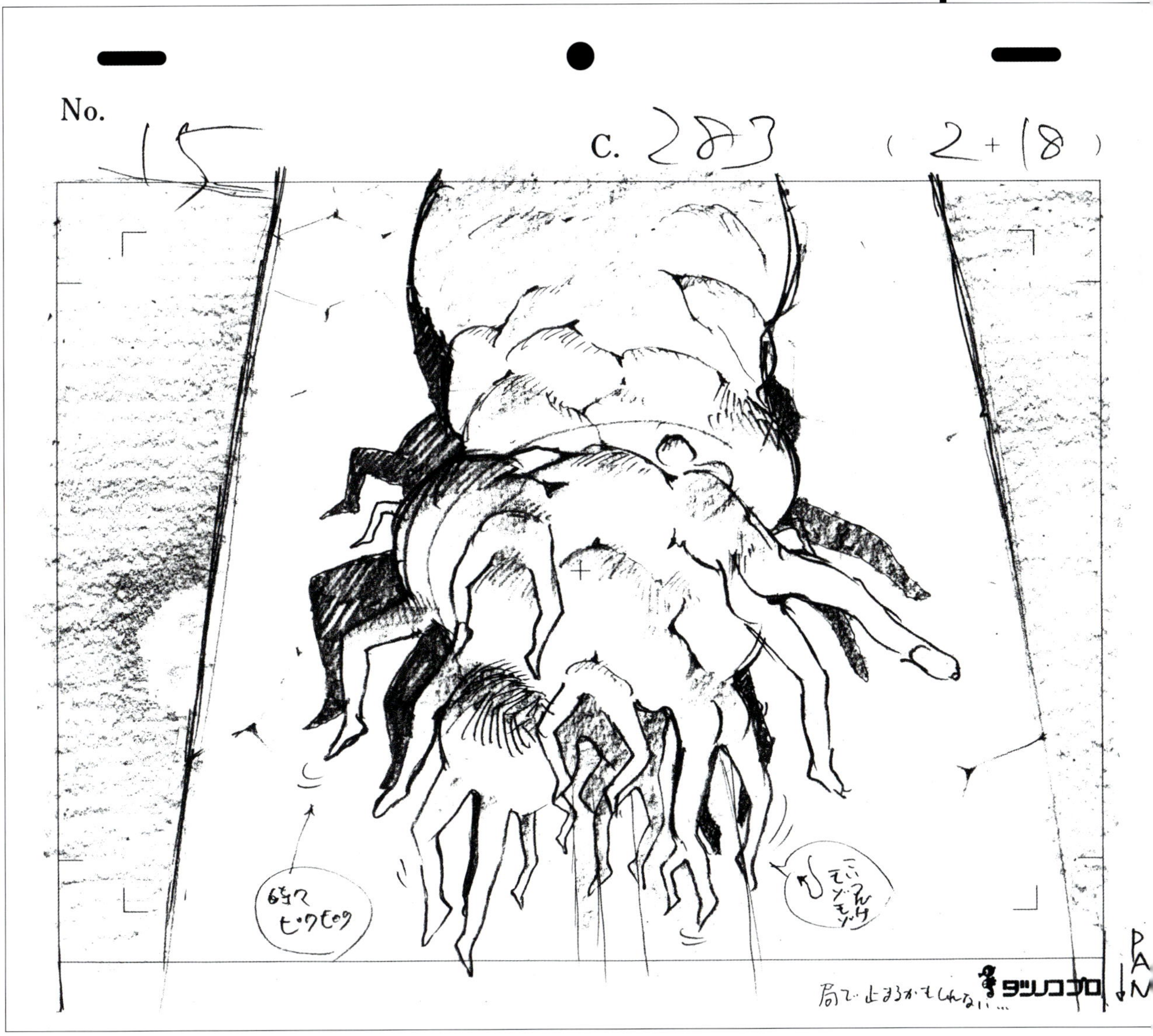
No. 15
C. 283 (2+18)
時々
ピクピク
局で止まるかもしれない…
タツノコプロ
PAN ↓

第拾九話 CUT 342

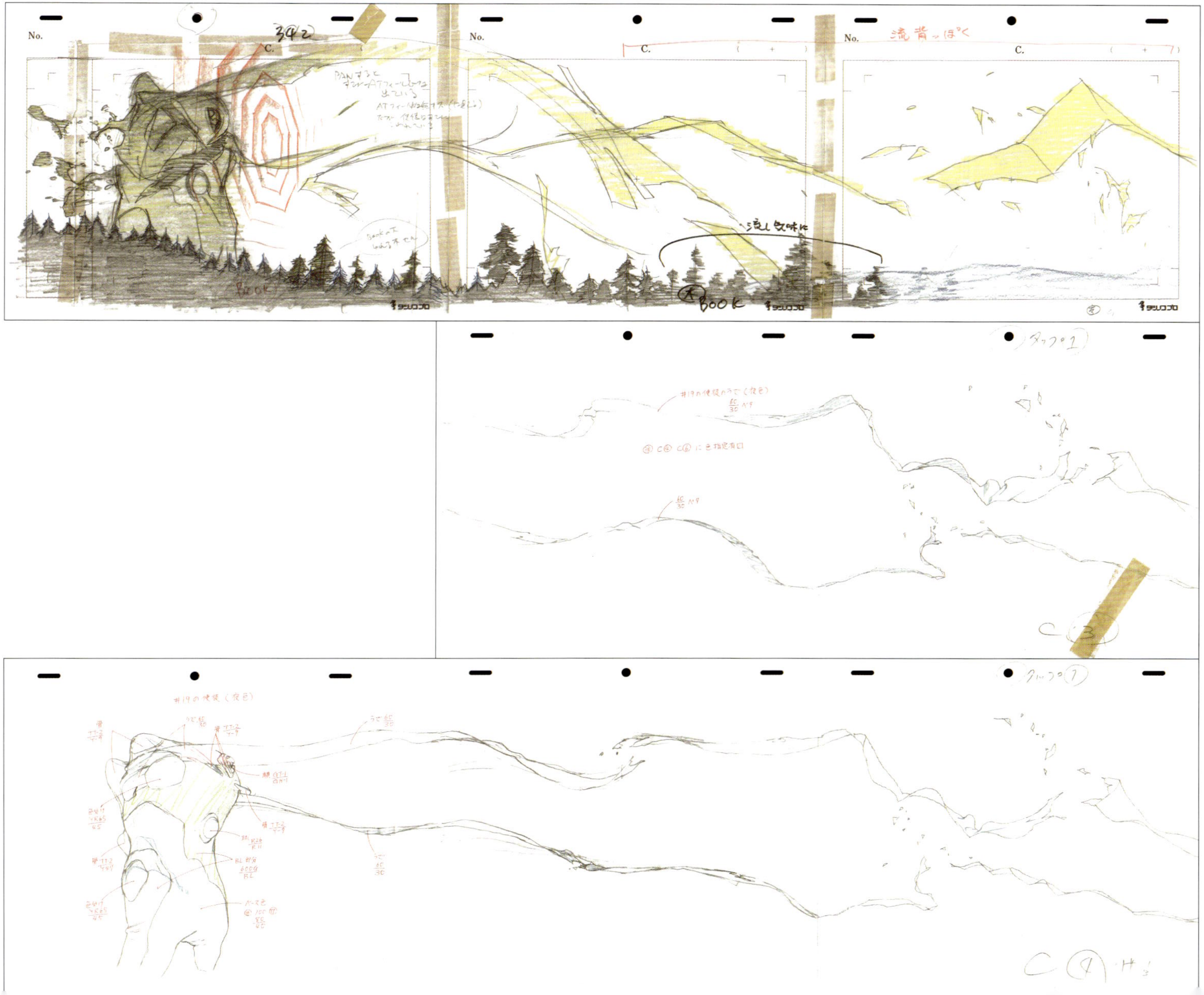

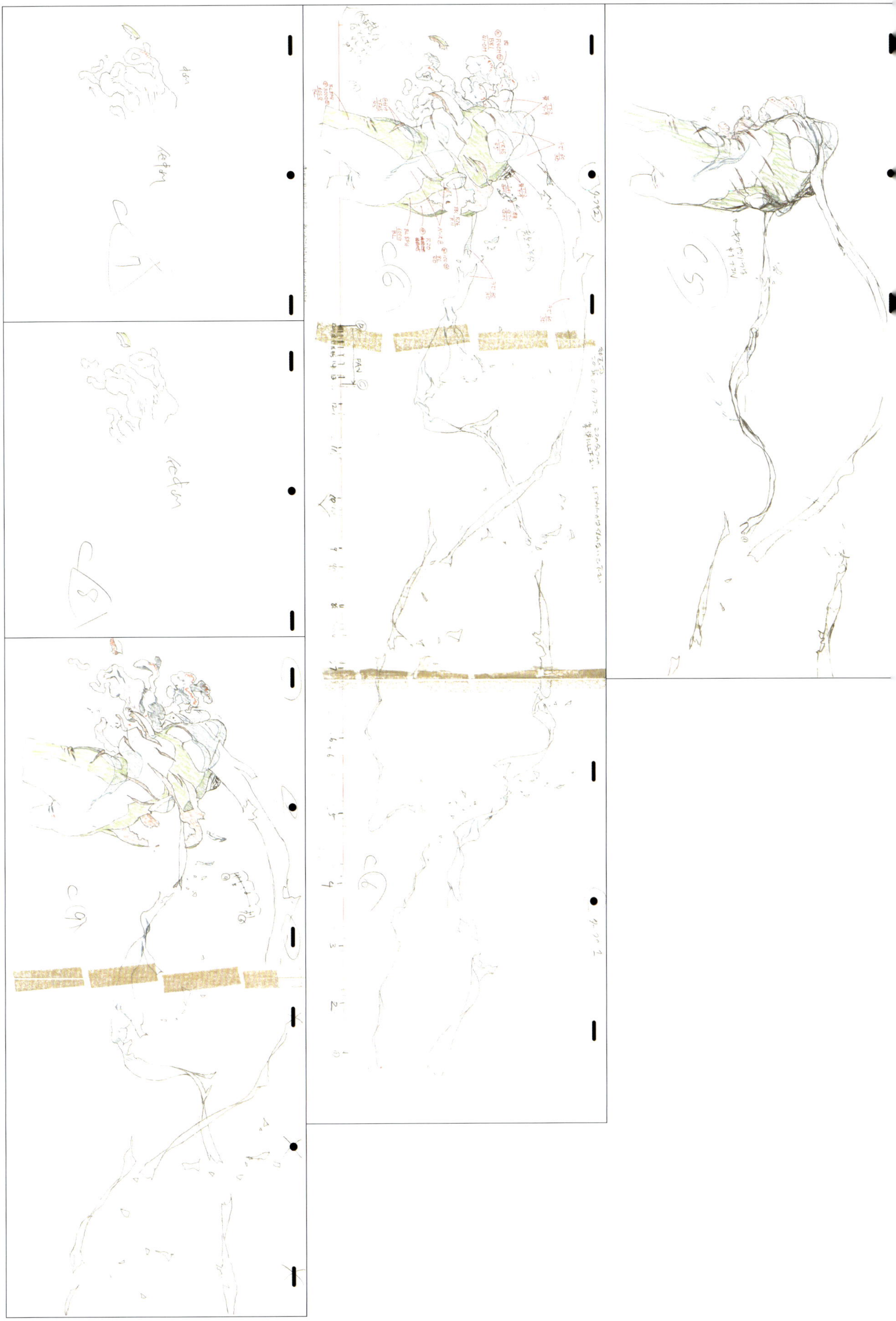

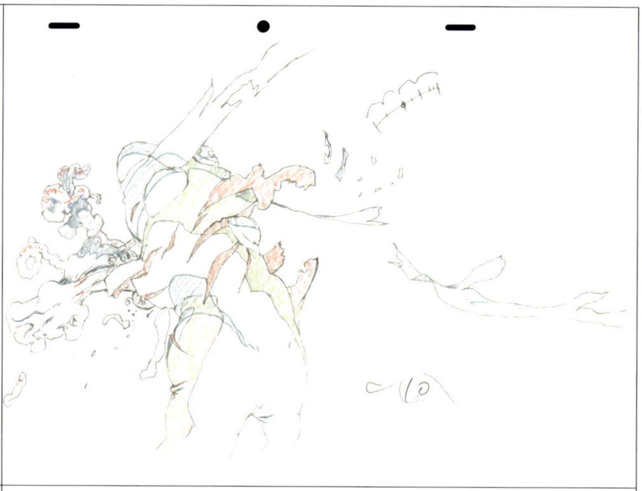
C(10)

色了P
C(11)

C(12)

色了P
C(13)

色了P
C(14EM)
血はイロトレ

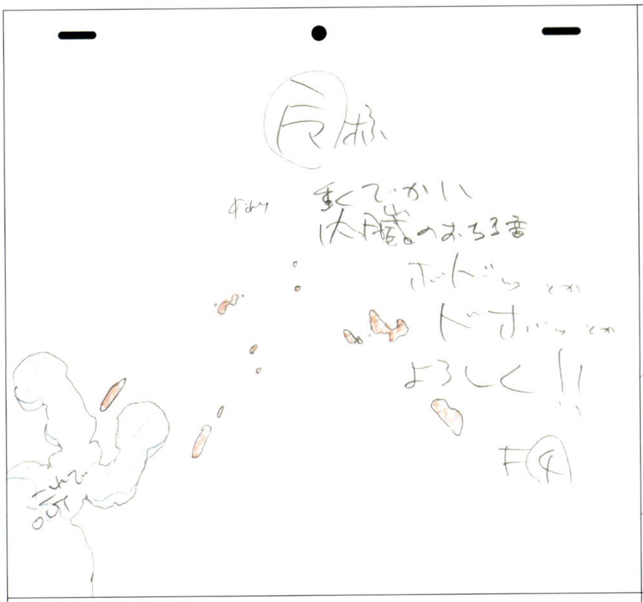
よろしく!!
F④

R55M TP
AR20 (赤)
R26 (青)
R40M TP
B81 (ムラサキ)
41-0M (青)
F⑨に色指定有
B81
AR20
F①
イロトレ
色TP

F⑤

F②

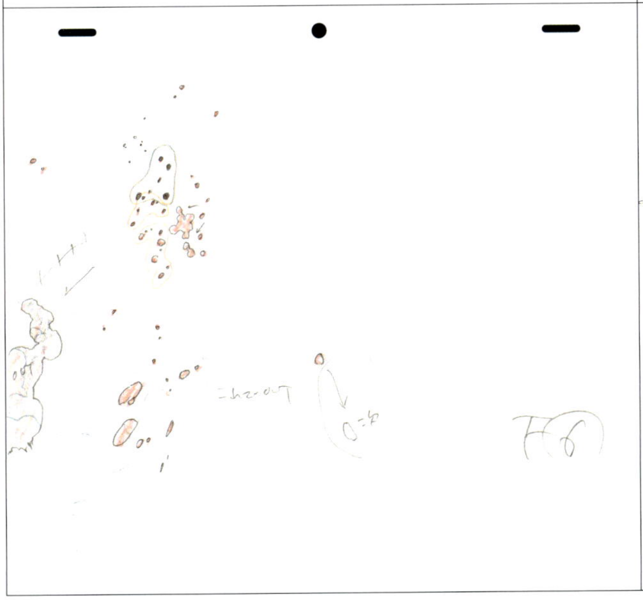
F⑥

F③

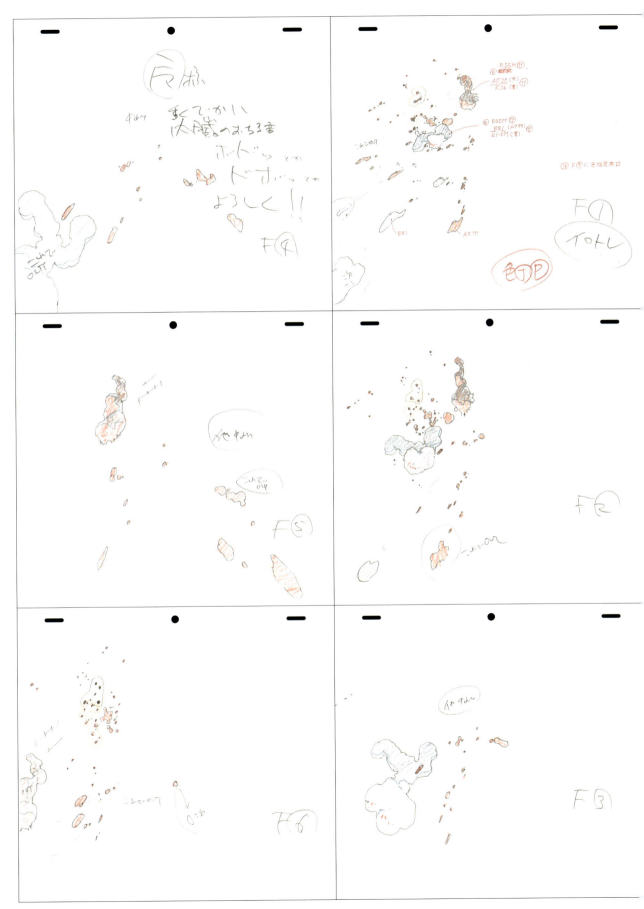

G①
BLベタ
BLぬりつぶし

G②

G③

G④

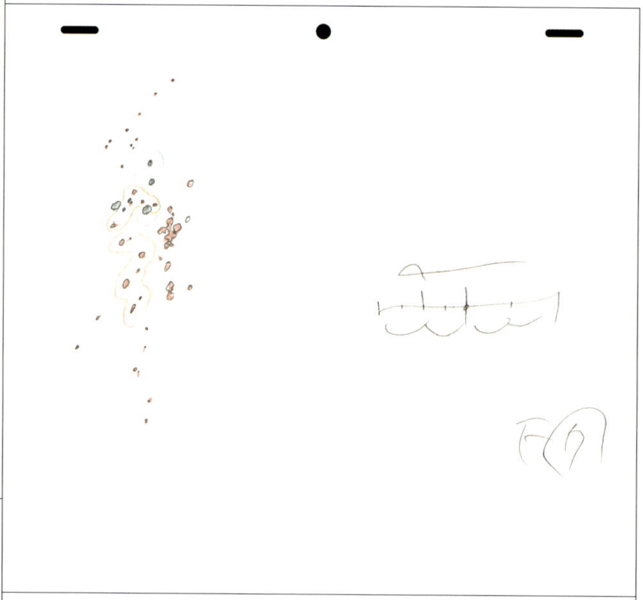
F⑦

F⑧

F⑨

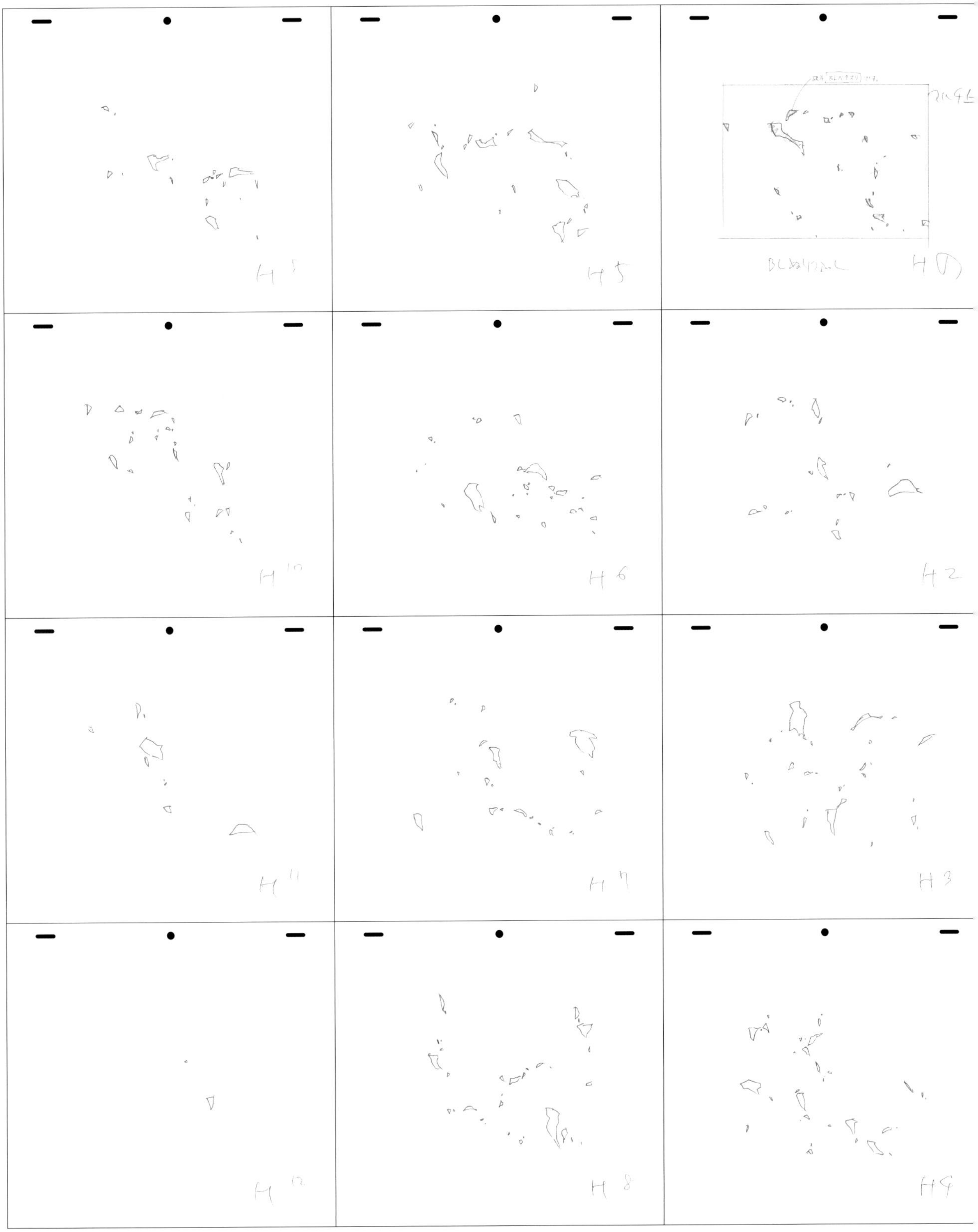
H 5
BLぬりつぶし
H 10
H 6
H 2
H 11
H 3
H 12
H 8
H 9

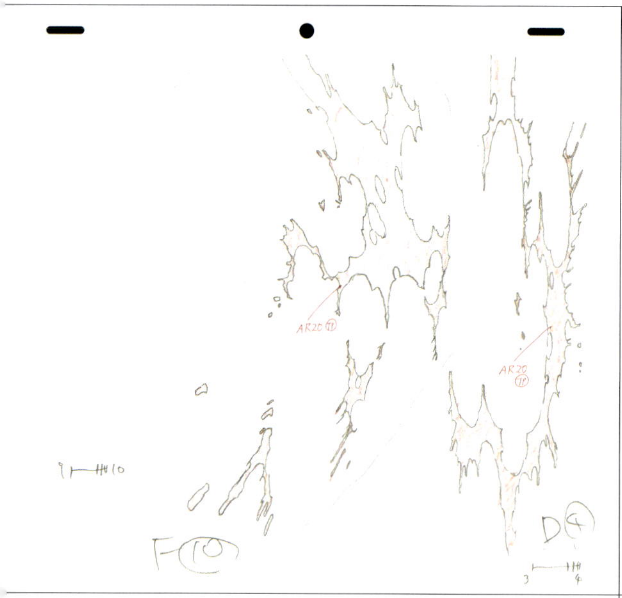
AR20⑪
AR20⑪
F⑩
D④

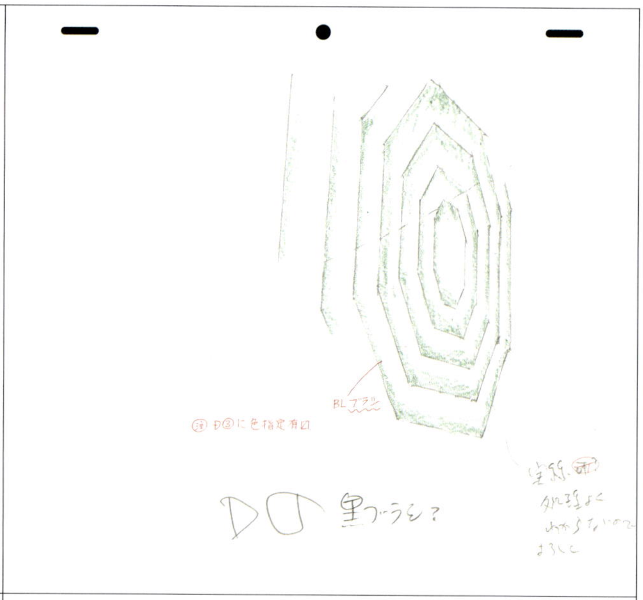
BLブラシ
D① 黒ブラシ?

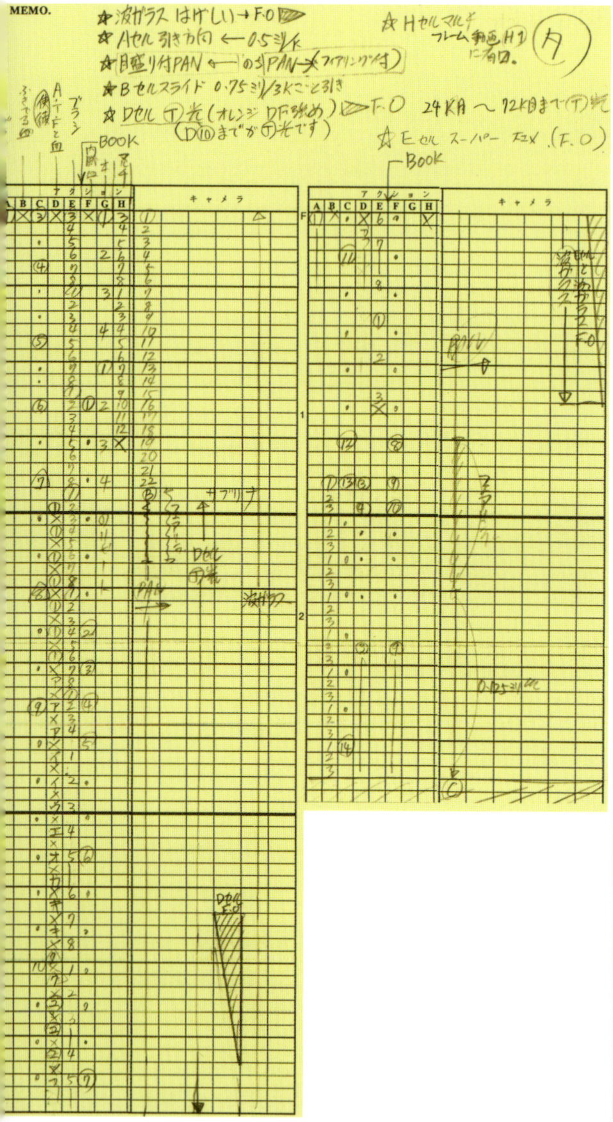
MEMO.
☆波ガラス はげしい→F.O
☆Aセル引き方向 ←0.5ミリ/K
☆Bセルスライド 0.75ミリ/3Kごと引き
☆Hセル マルチ
BOOK
キャメラ

BLブラシ
D②

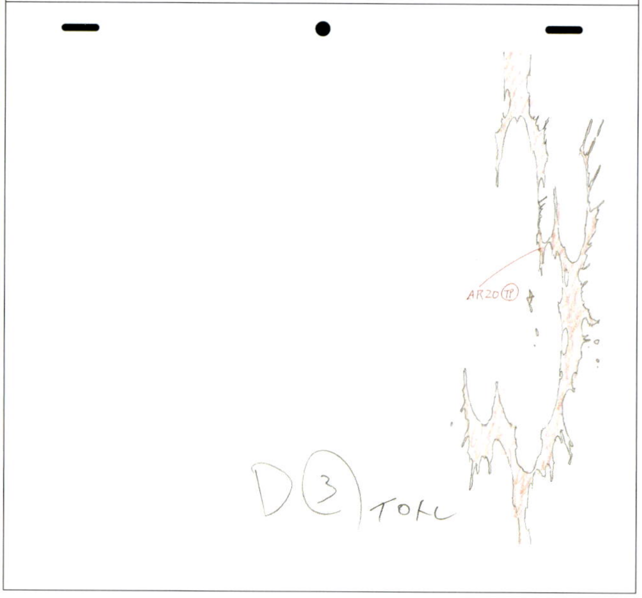
AR20⑪
D③

No. 十半Fr
ジオ ③
下 燃
燃えている
BG描きで
C. 343
(C359 同様
下 燃えてる)
すこしゆとって下さい
(PANの可能性あり)
ほとんど BL
グラデ
このあたりは
燃えている(グラデのBG描き)
0.125
0.25
霧セル 2枚 スライド
壊
BOOK ②
BOOK ①
霧②
霧①
Book①
Book②
BG
タツノコプロ

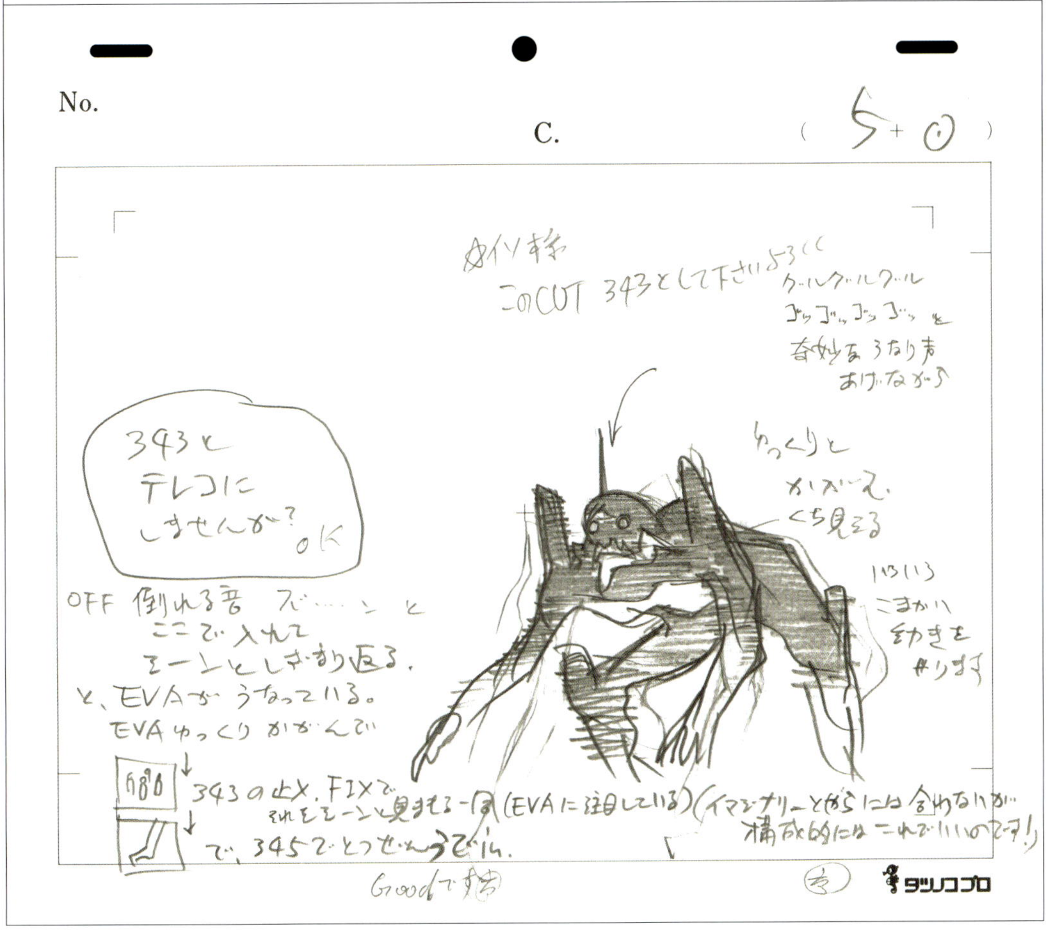
No.
C.
(5+0)
このCUT 343として下さいよろしく
グールグールグール
ゴッゴッゴッゴッと
奇妙なうなり声
あげながら
ゆっくりと
かがんで
くち見せる
こまかい
動きを
入ります
343と
テレコにしませんか? OK
OFF 倒れる音 ズシーンと
ここで入れて
シーンとしずまり返る。
と、EVAがうなっている。
EVAゆっくりかがんで
343の止メ。FIXで
それをジーンと見守る一同(EVAに注目している)(イマジナリーとかには合わないが
構成的にはこれでいいのです!)
で、345でとつぜん
Goodです
タツノコプロ

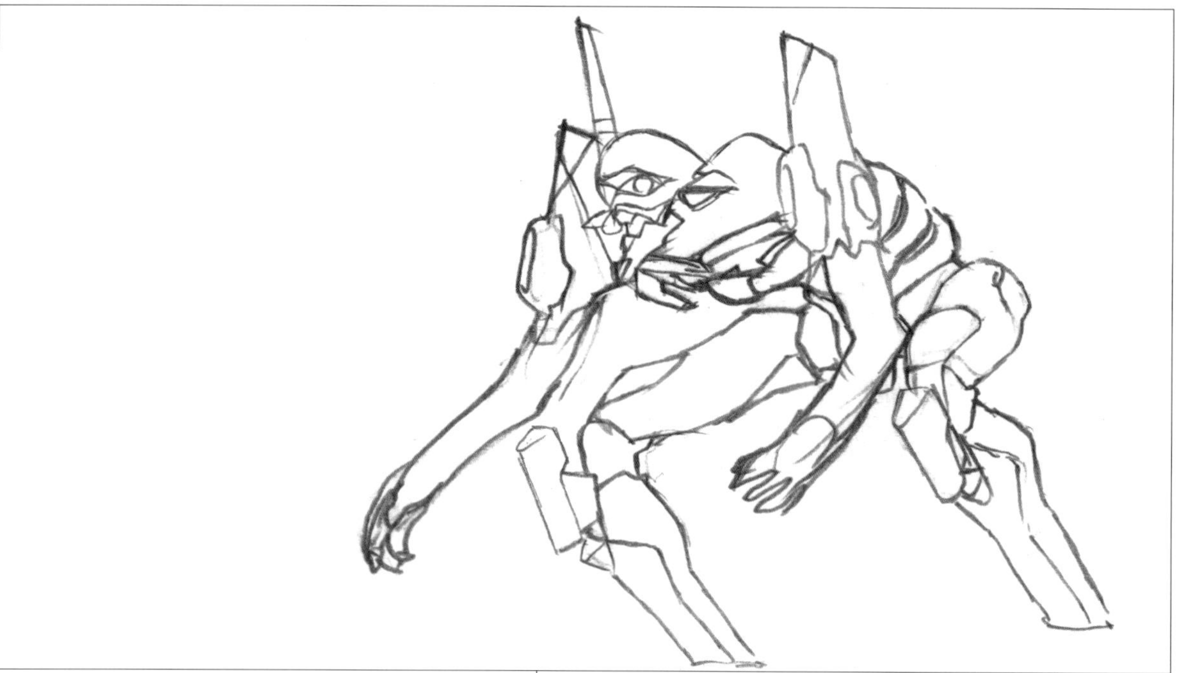

D③

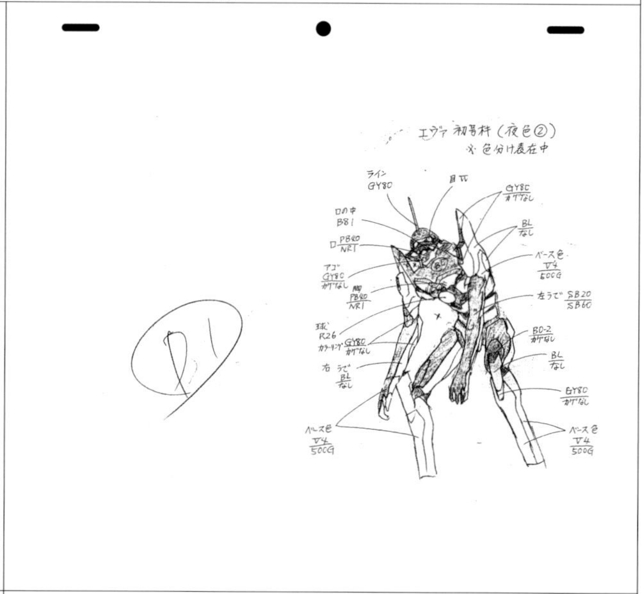
エヴァ初号機（夜色②）
※色分け表在中
ライン GY80
目 TT
GY8C カゲなし
口の中 B81
BL なし
口 PB40 NR1
ベース色 V4 500G
アゴ GY8C カゲなし
胸 PB40 NR1
左うで SB20 SB60
球 R26
カラーリング GY80 カゲなし
BD-2 カゲなし
右うで BL なし
BL なし
GY80 カゲなし
ベース色 V4 500G
ベース色 V4 500G
D1

D⑦

D②

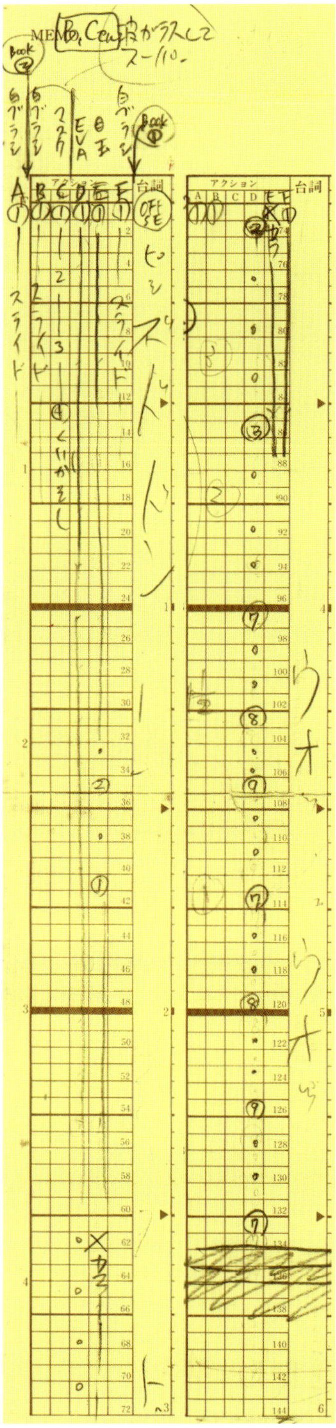
MEMO
アクション
台詞
A B C D E F

D 8

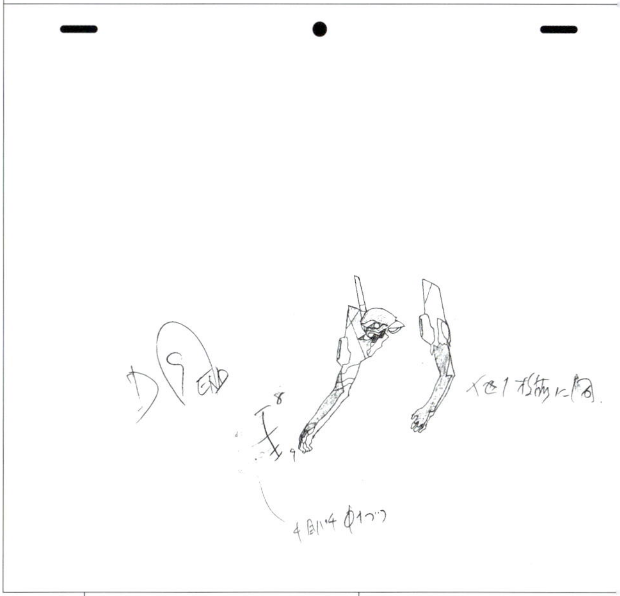
D 9 END

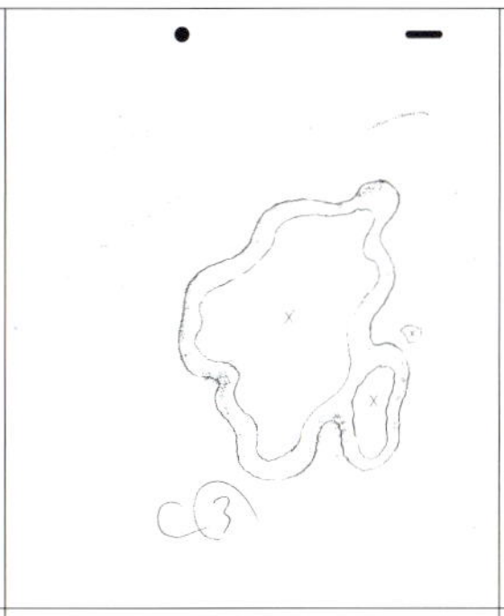
C 3

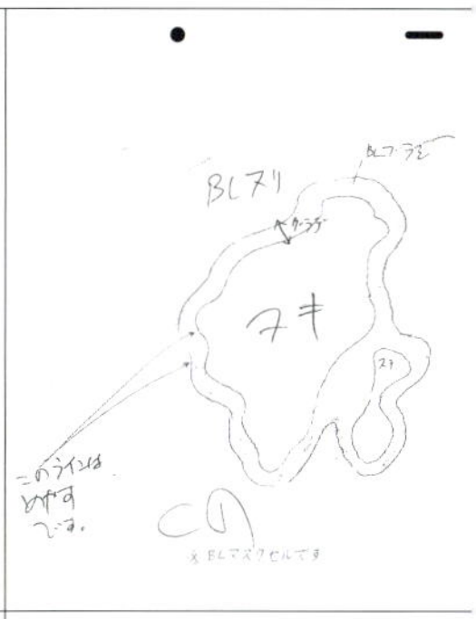
BLスリ
C 1

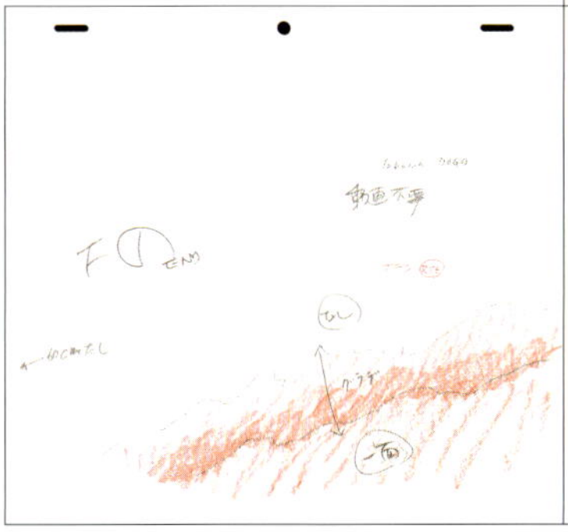
F 1 END
動画不要

C 9 END

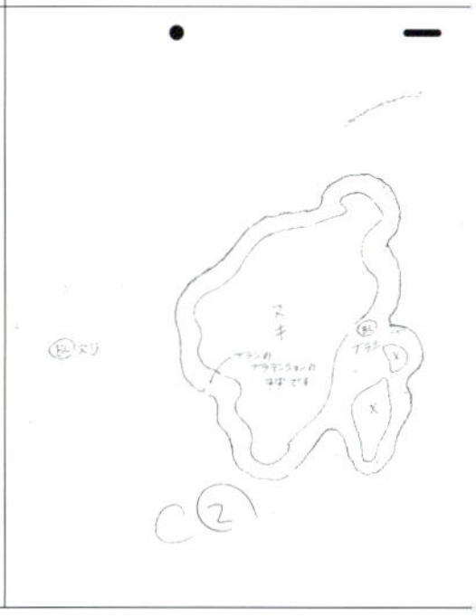
C 2

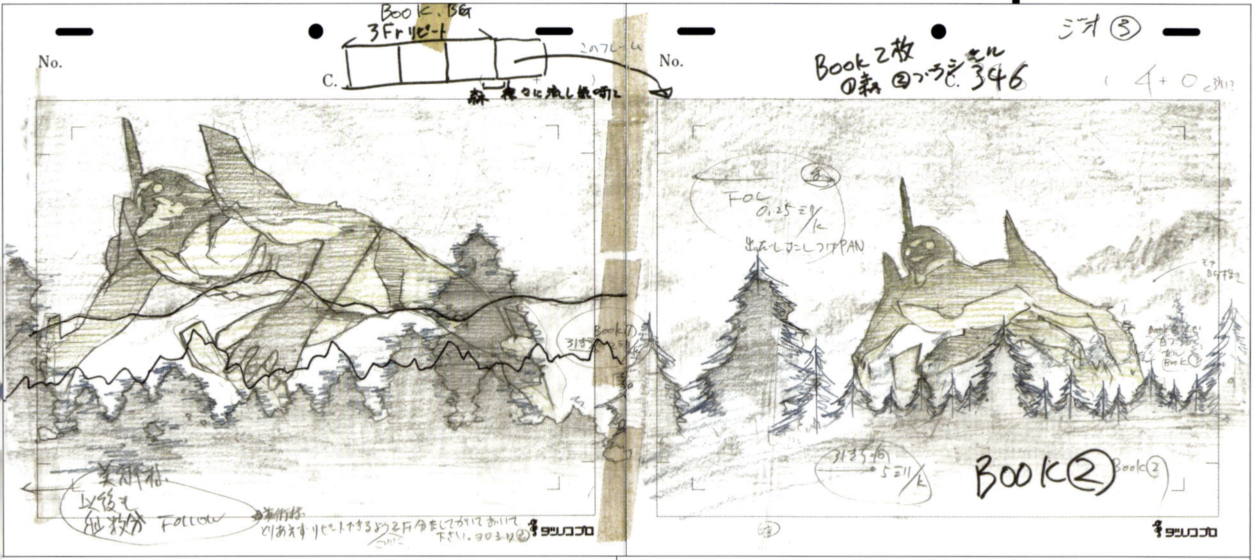
No.
C.
No.
BOOK②

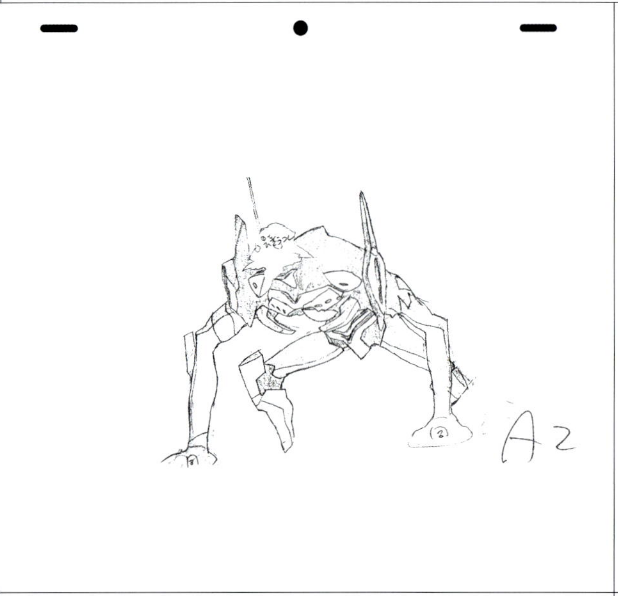
A2

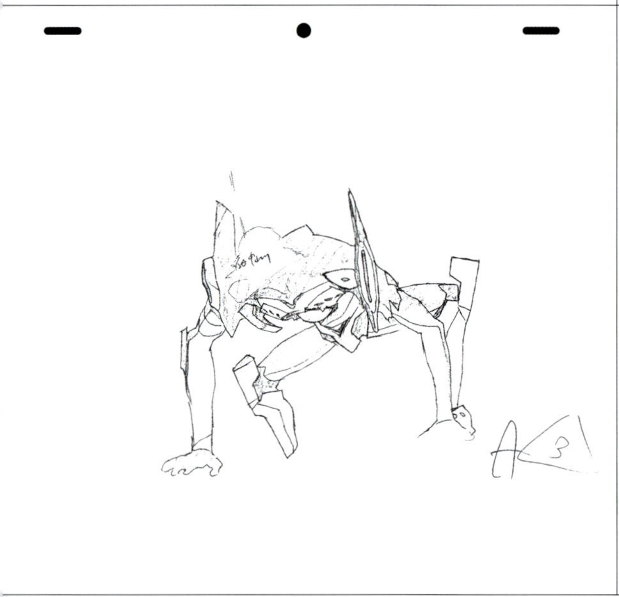
A③

A①

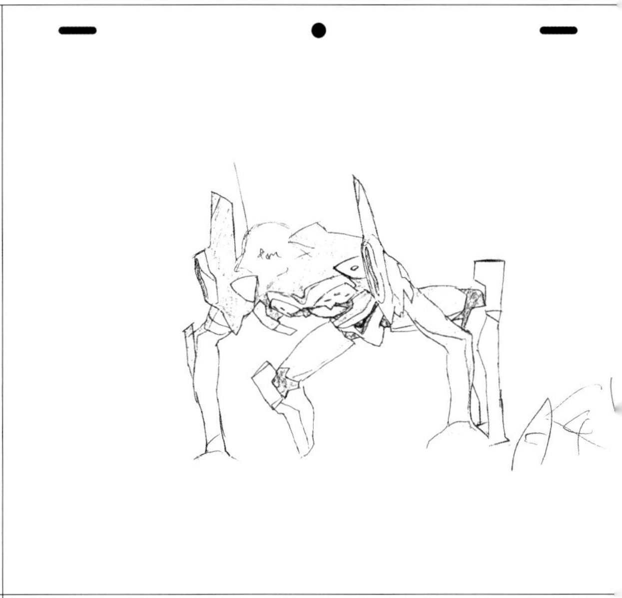
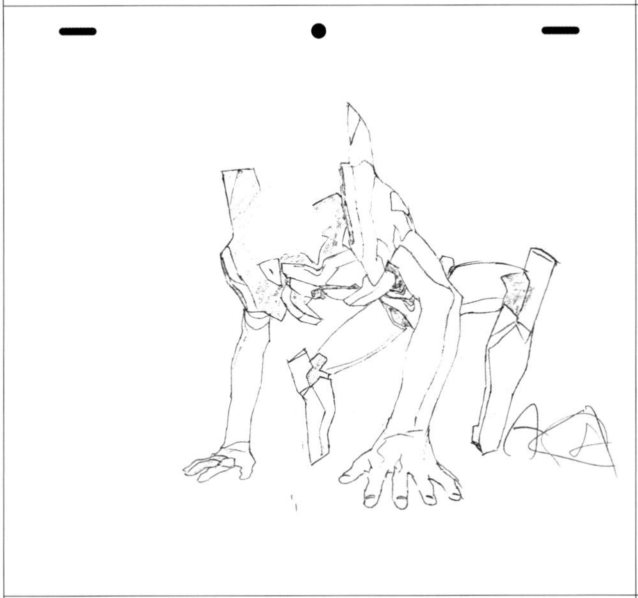
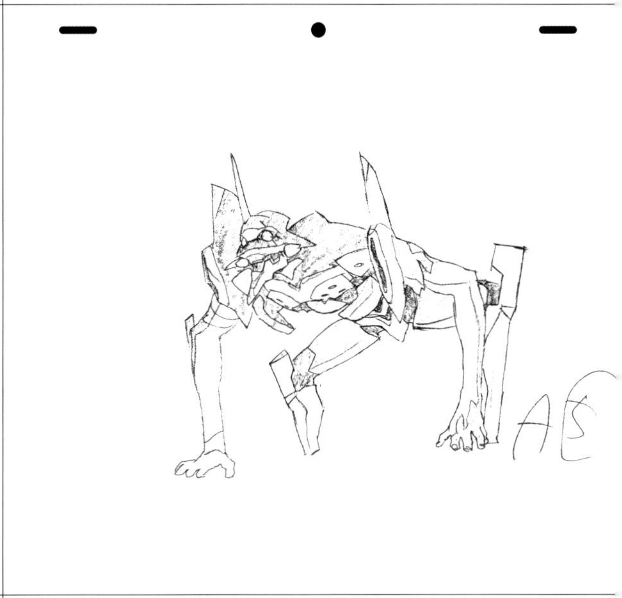

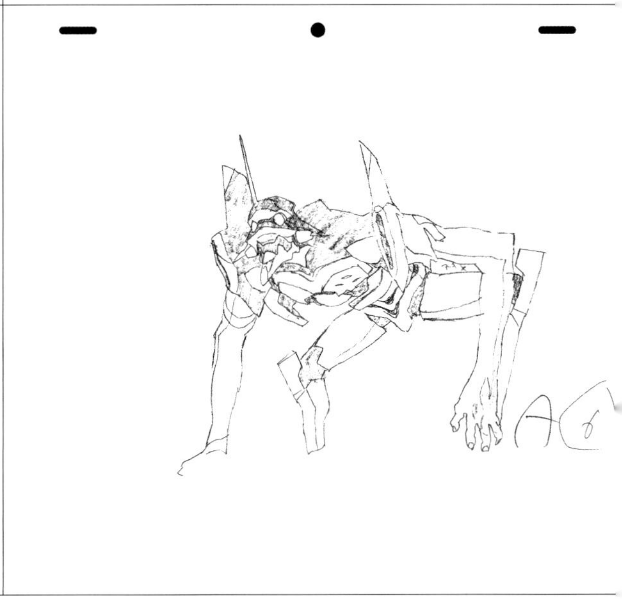

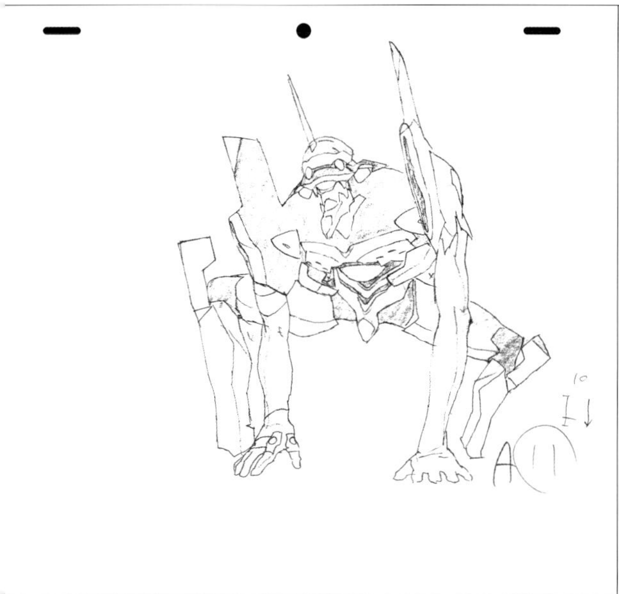
A11

A12

A12
頭部
中わりは基本的に
フツーに中わりして下さい。
はじっこのこういう所、変にあわせてカクカク
しないようによろしく。単に位置がこのへん、という指示と
考えて下さい。絵の印象が重なるように

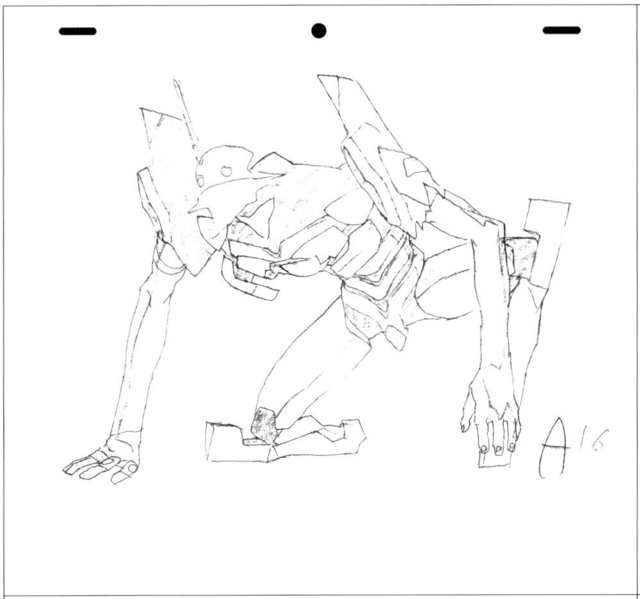
A16

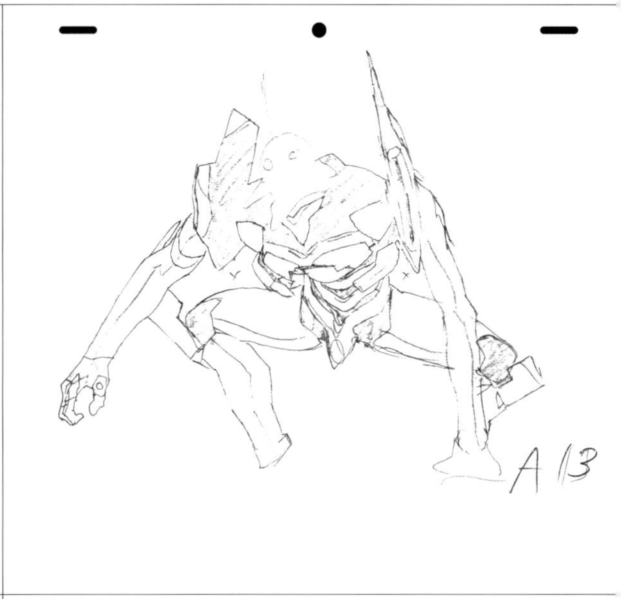
A13

A17

A14

A18

A15

A19

A20

A21

A22

A23

A24

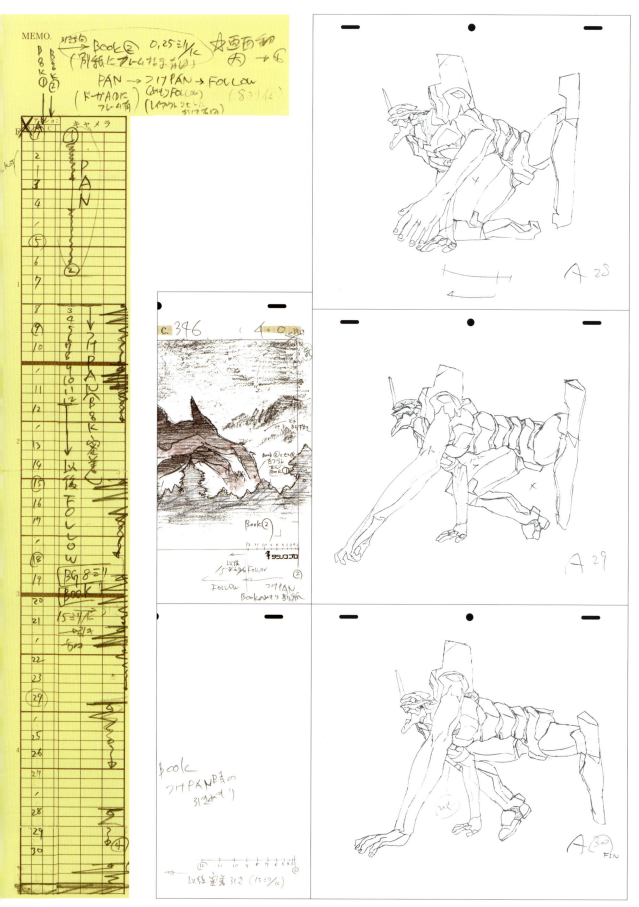

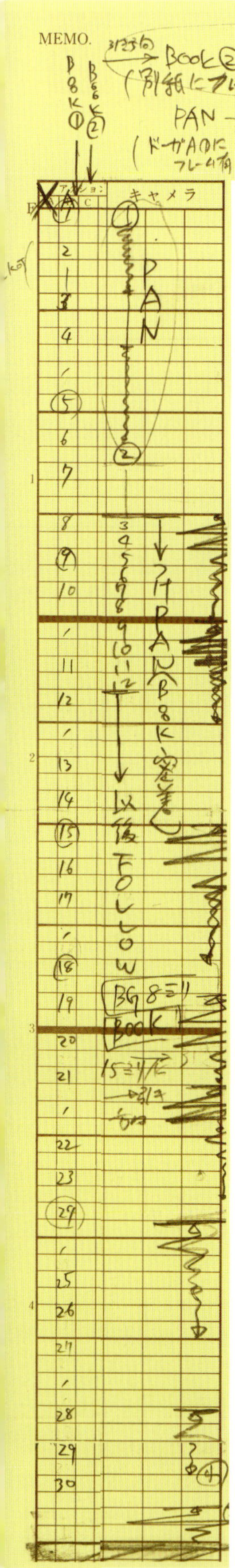
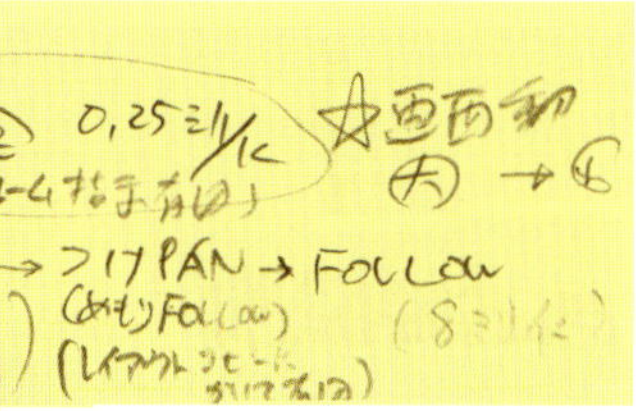
MEMO.
キャメラ
PAN
FOLLOW

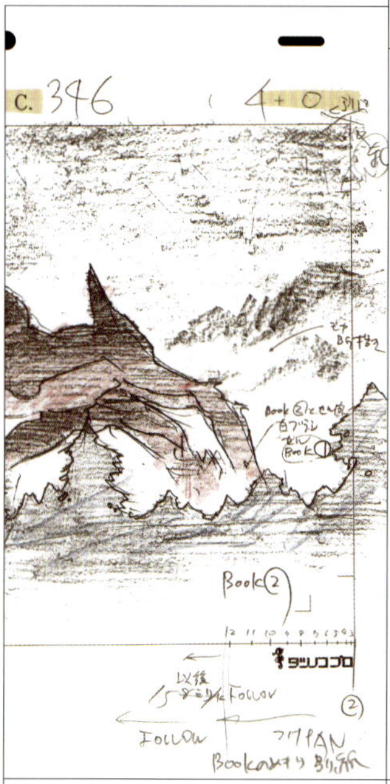
C. 346
Book②
FOLLOW

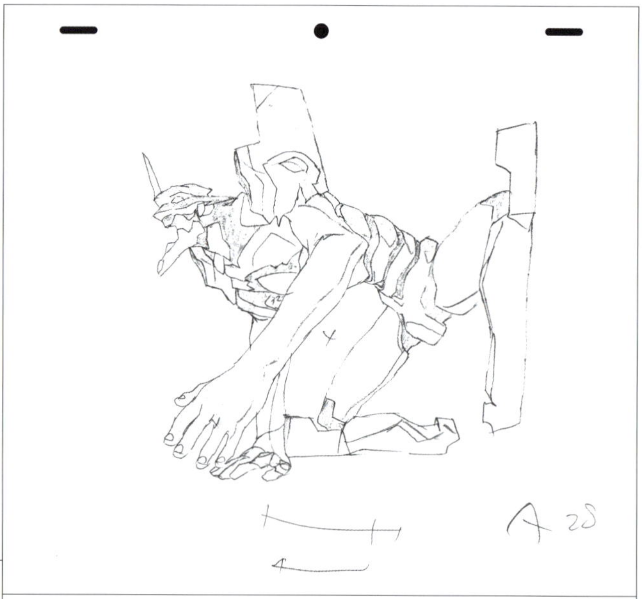
A 28

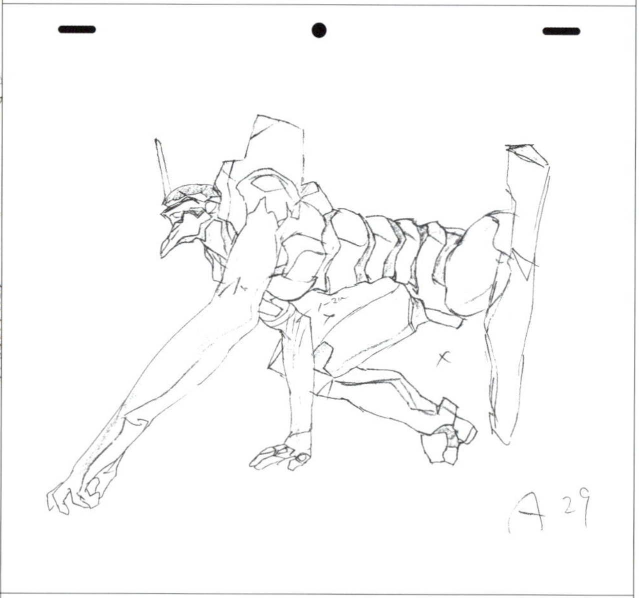
A 29

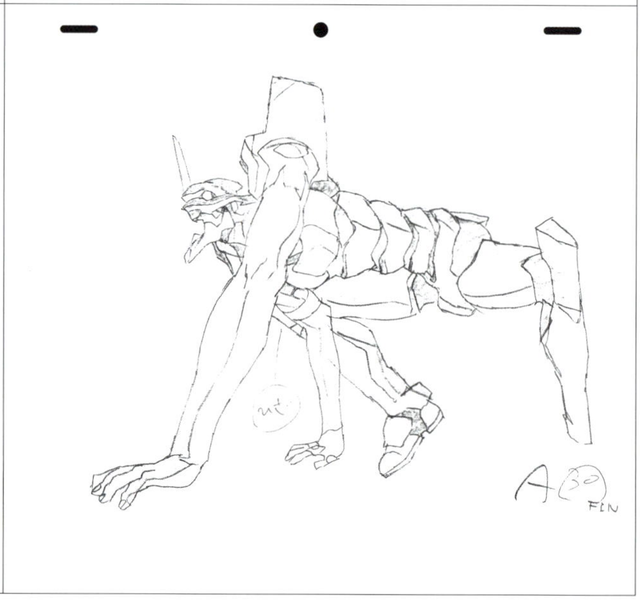
A 30

No.
C. 356
BG 351と同じ
タツノコプロ

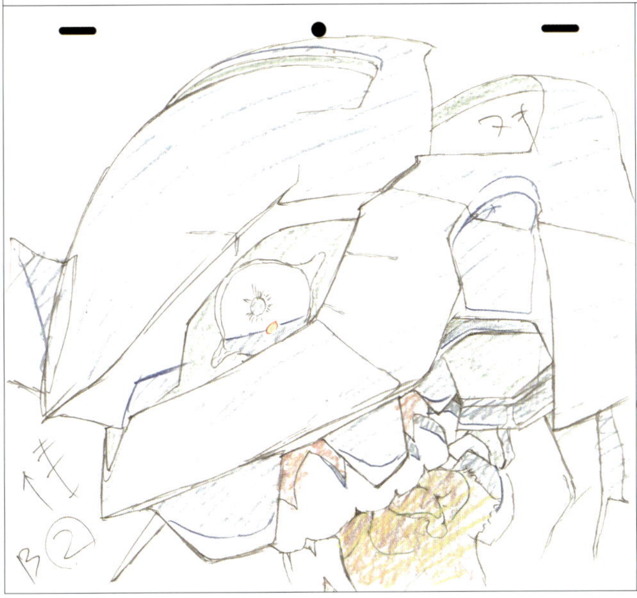

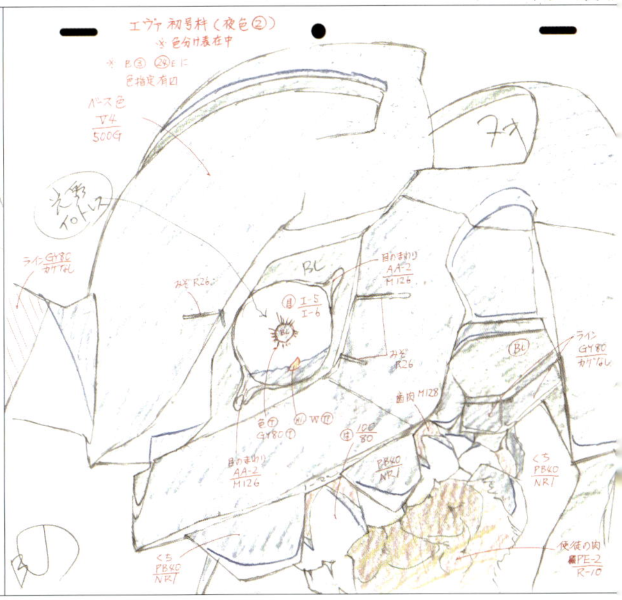
エヴァ初号機（夜色②）
※色分け表在中
ベース色
V4
500G

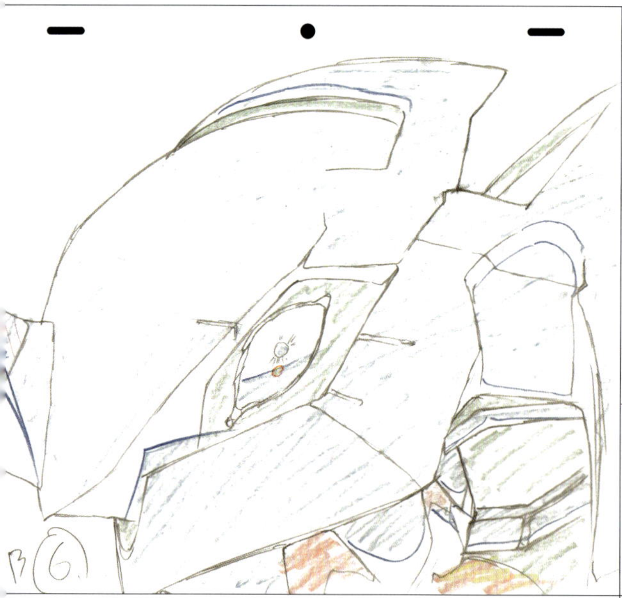
B 6

フキ
GY80
BL
表面の
Hi
B 3

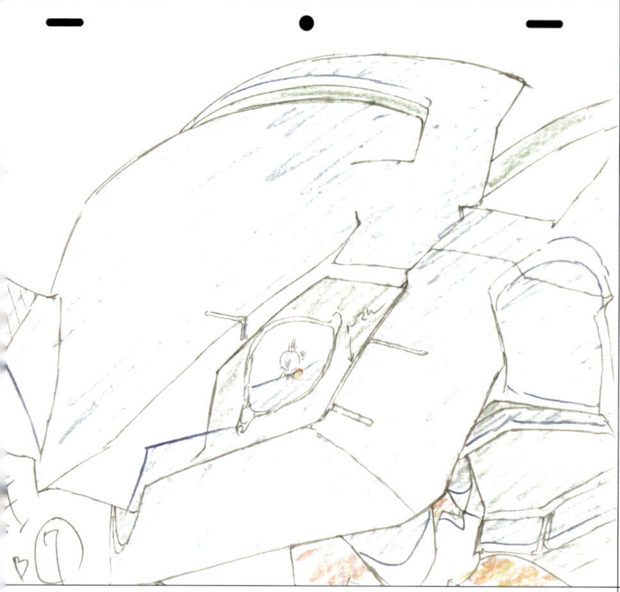
B 7

フキ
B 4

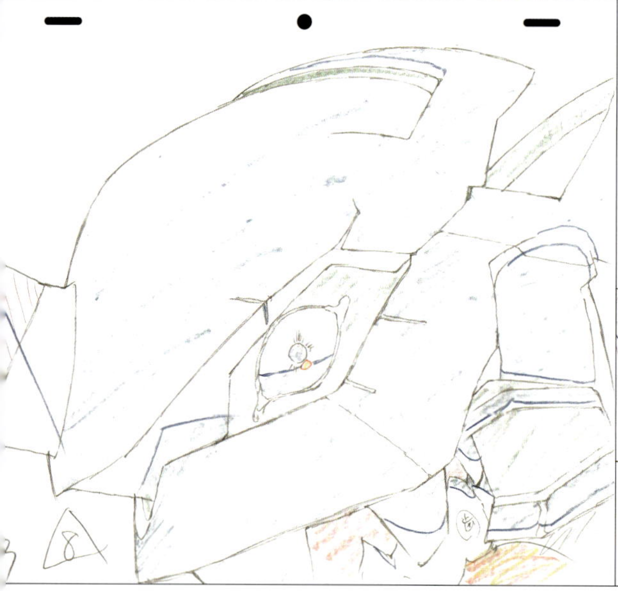
8

フキ
5

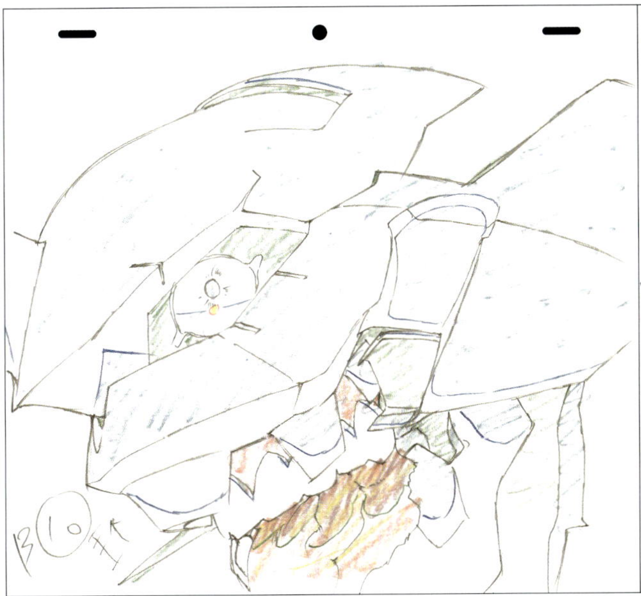
B10

B9

B11

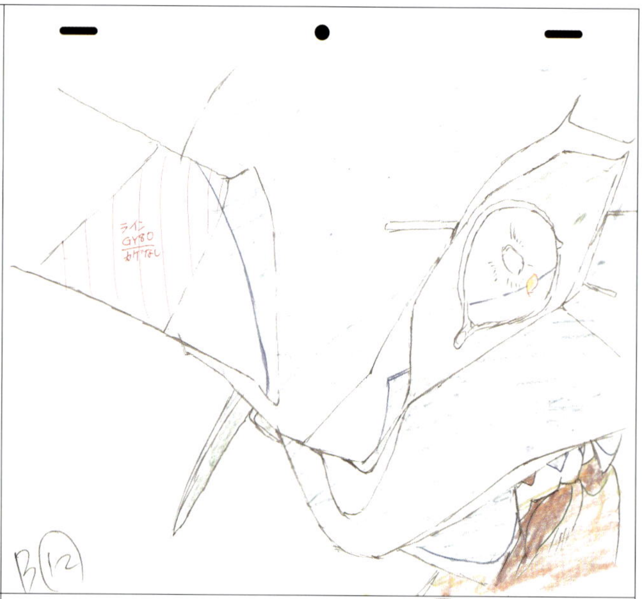
ライン
GY80
かげなし
B 12

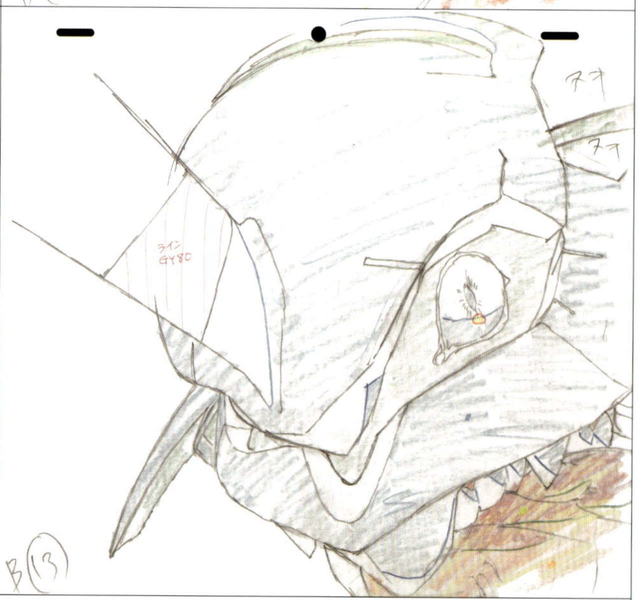
ヌキ
ヌキ
ライン
GY80
B 13

ライン
GY80
かげなし
B 14

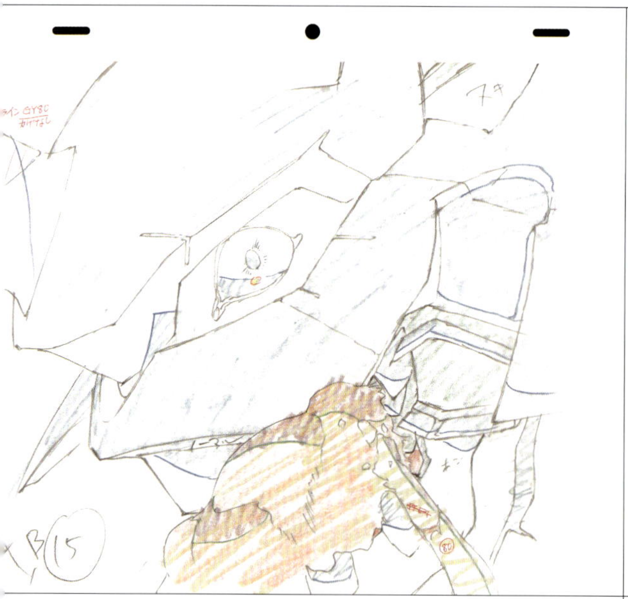
ライン GY80
かげなし
ヌキ
B 15

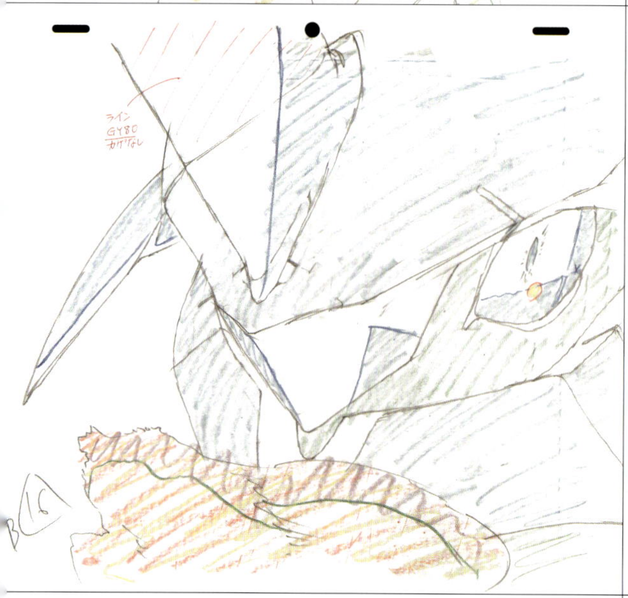
ライン
GY80
かげなし
B 16

B 17

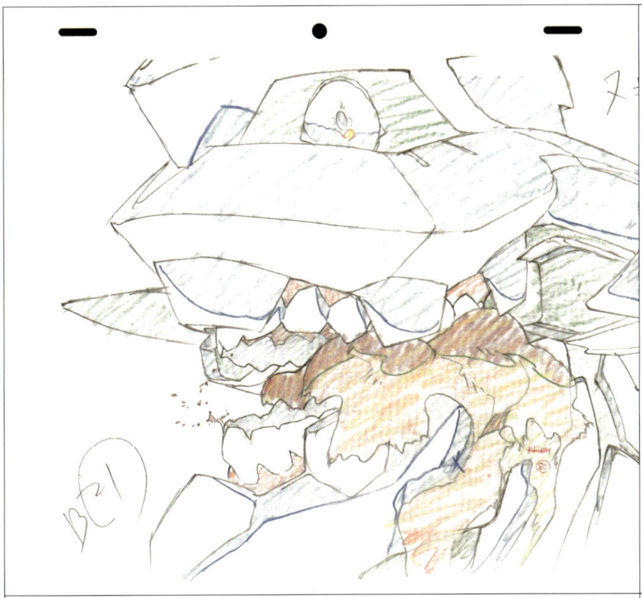
B21

B18

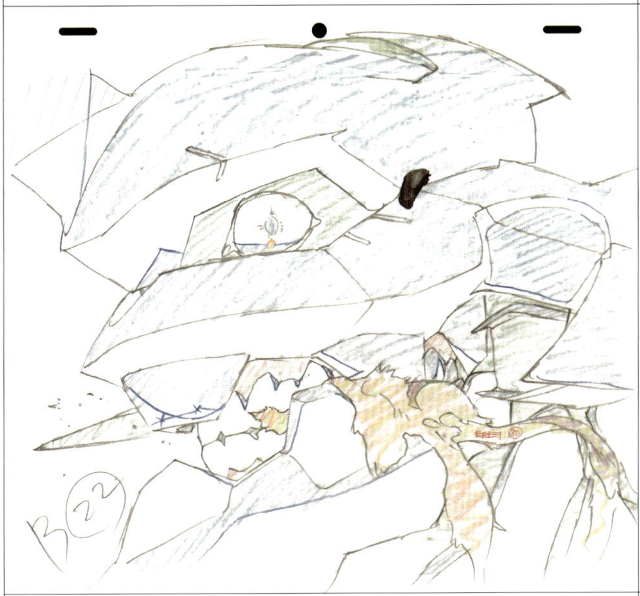
B22

B19

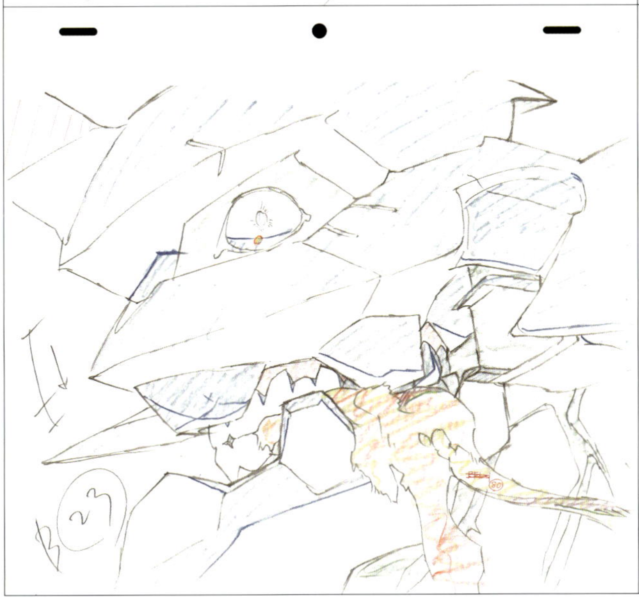
B23

B20

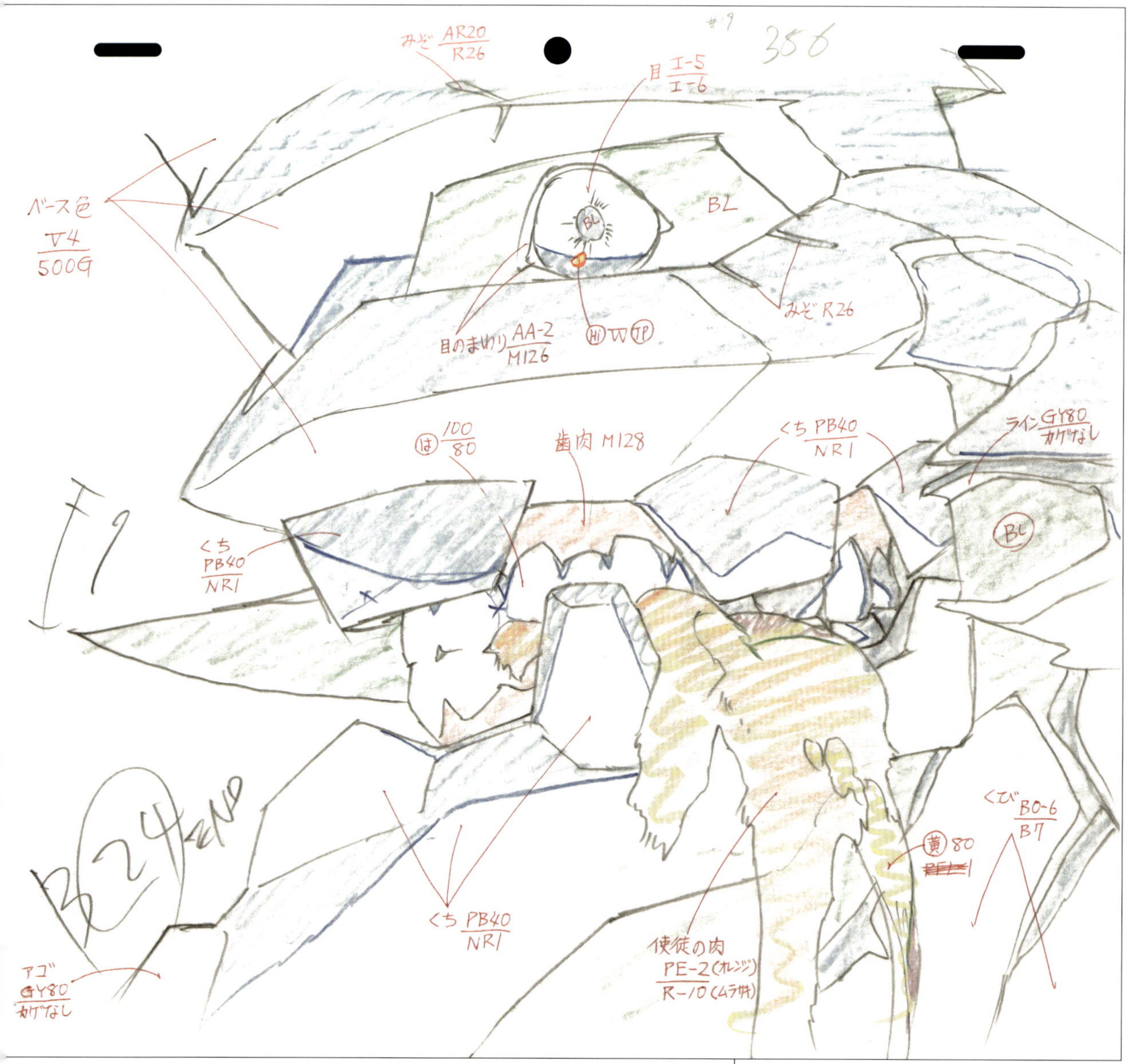
#19
356
みぞ AR20/R26
目 エ-5/エ-6
ベース色 V4/500G
BL
目のまわり AA-2/M126
Hi W TP
みぞ R26
は 100/80
歯肉 M128
くち PB40/NR1
ライン GY80/カゲなし
BL
くち PB40/NR1
くち PB40/NR1
使徒の肉 PE-2(オレンジ) R-10(ムラ付)
黄 80
くび BO-6/B7
アゴ GY80/カゲなし

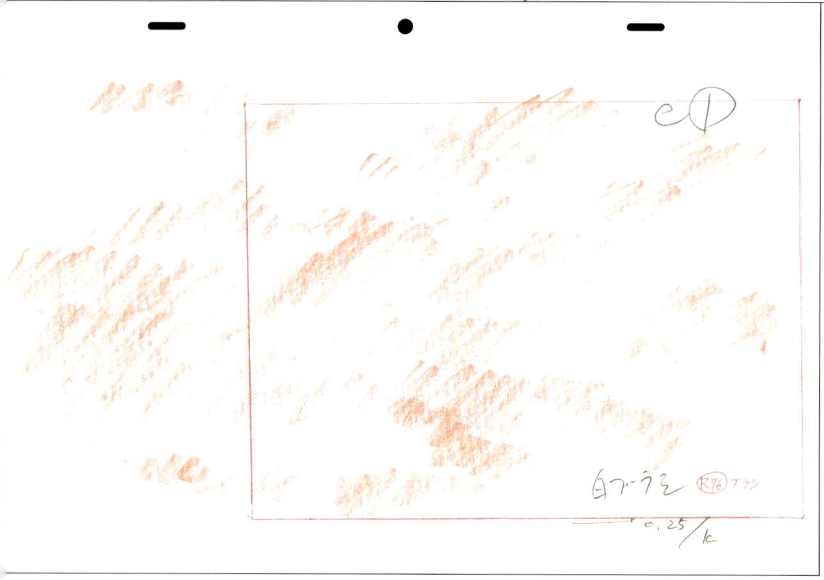
R76

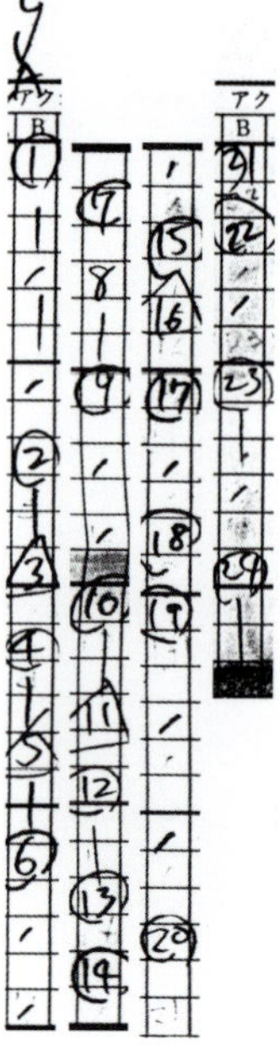

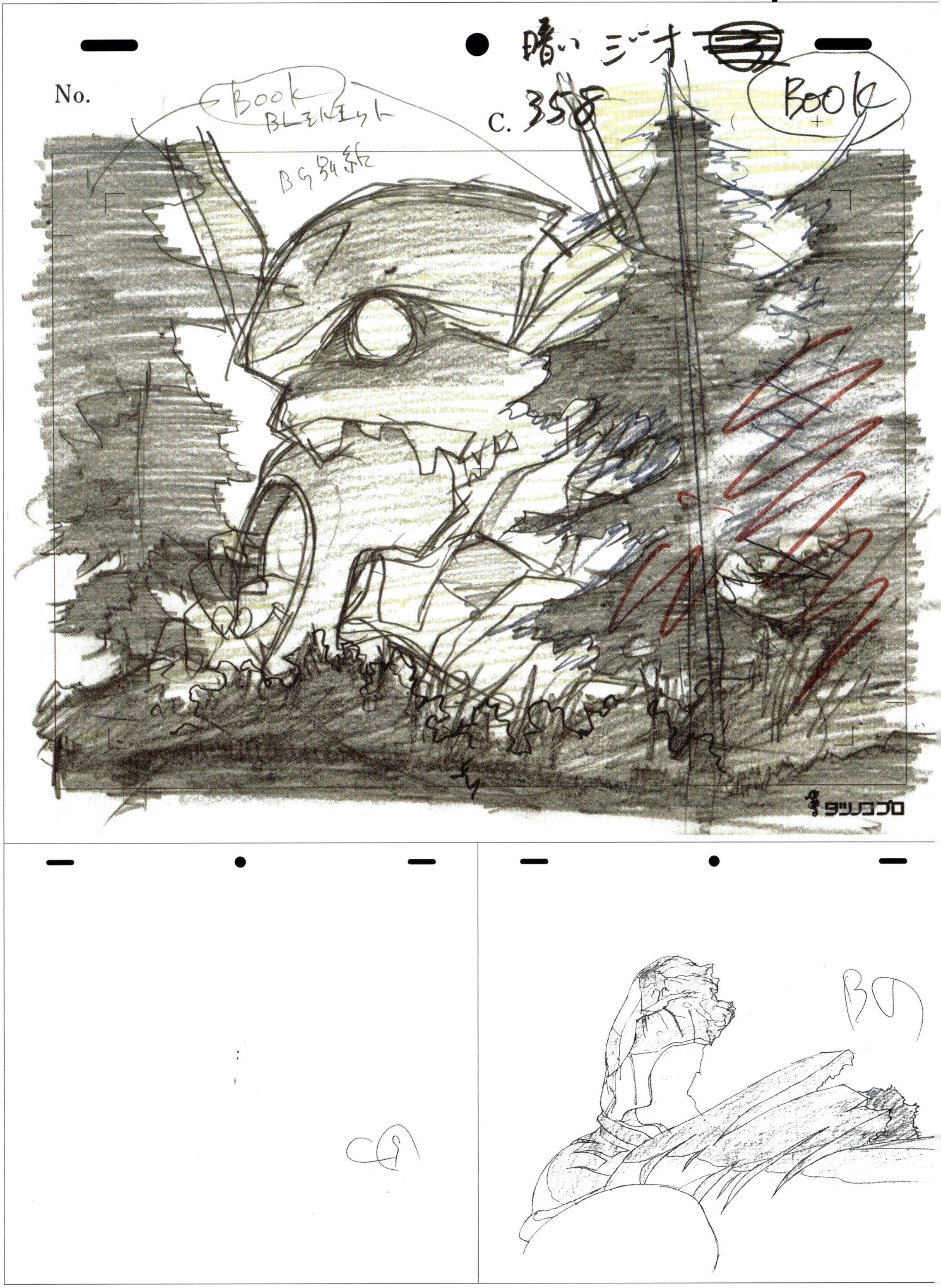
暗い ジオ
No.
Book
BG別紙
C. 358
BOOK
タツノコプロ
BO

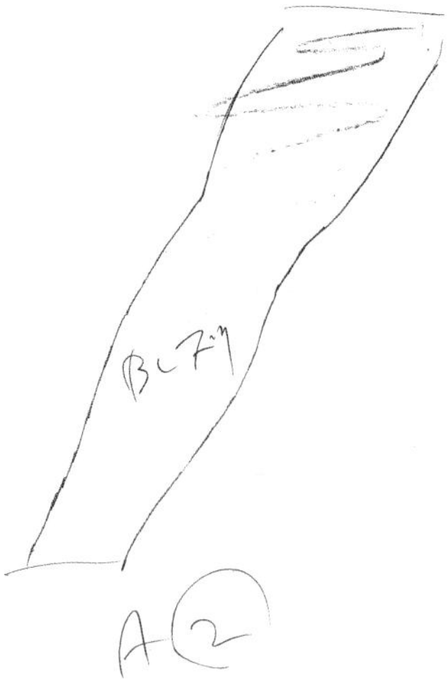

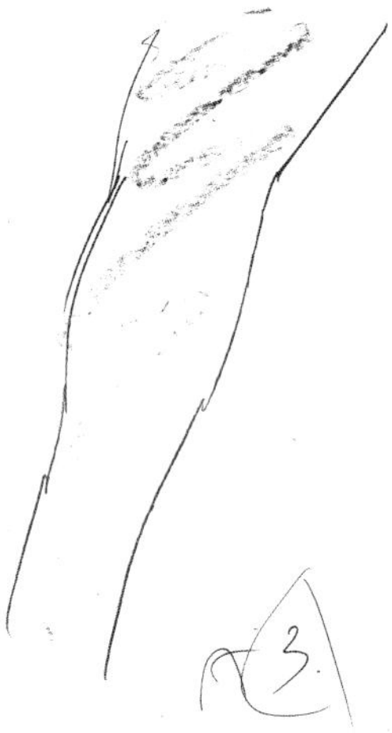

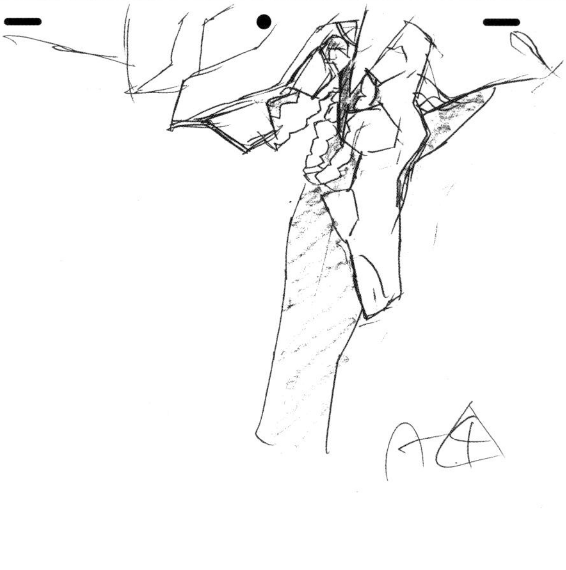

C10

C11

C12

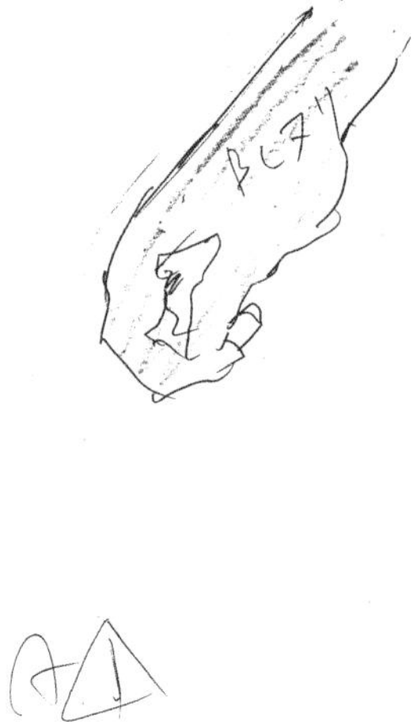

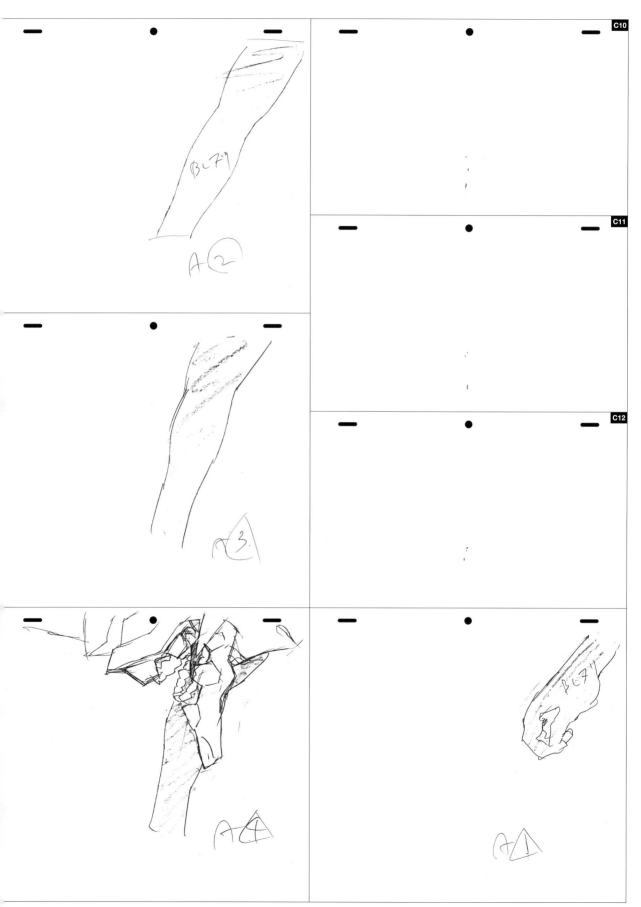

C4

C1

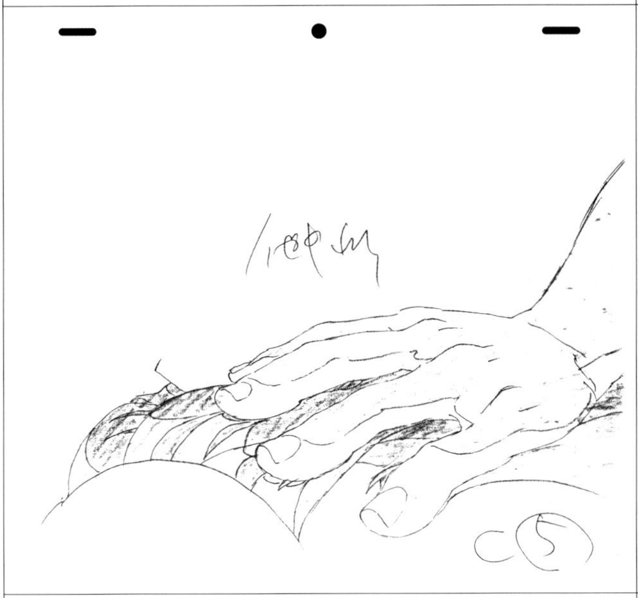
C5

C2

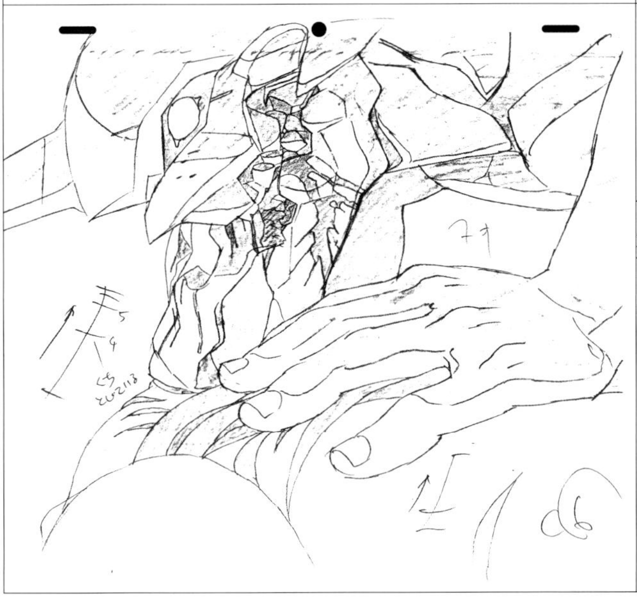
C6

くち
次からとじている
C3

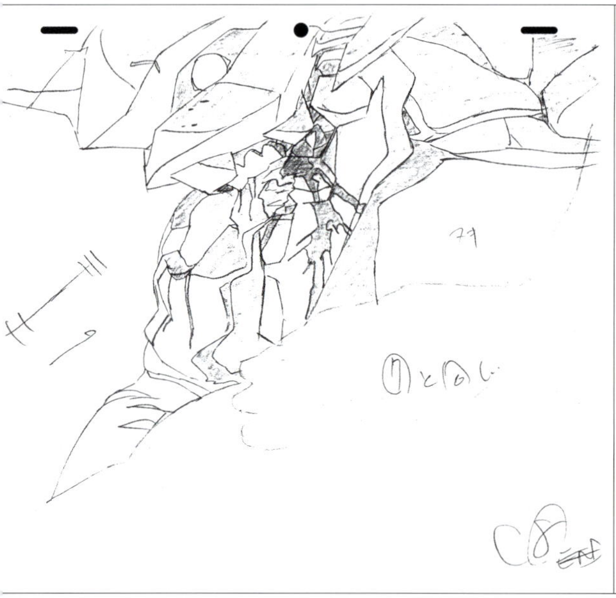

⑦と同じ
C⑧

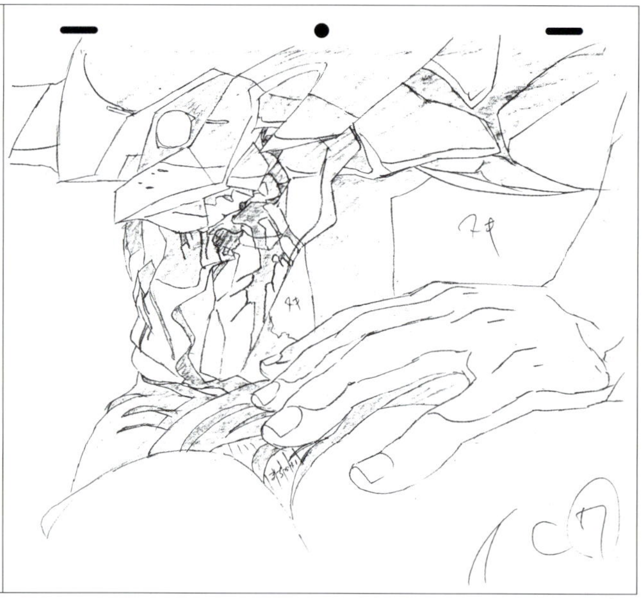

C⑦

第拾九話▸▸▸▸ *CUT 359*

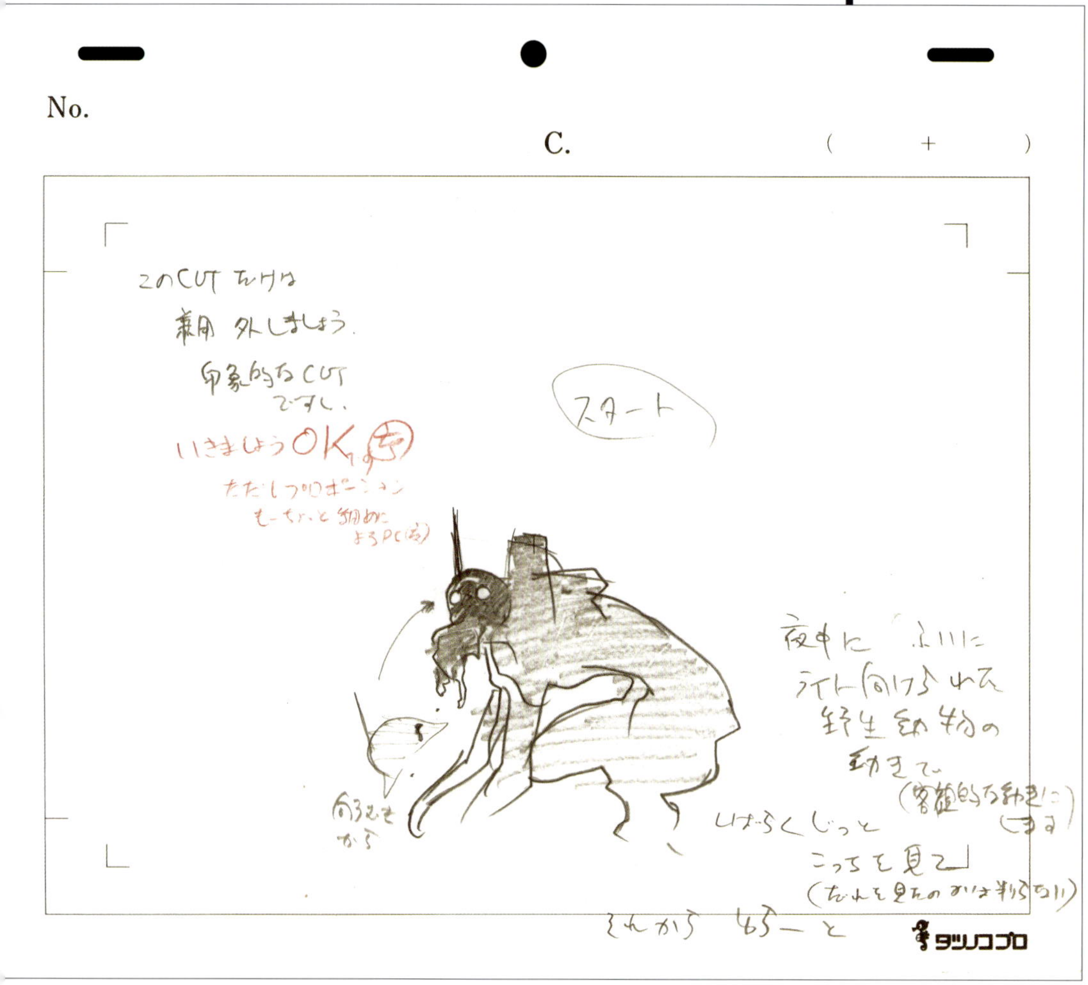

No.
C. (+)
このCUTだけは
兼用 外しましょう.
印象的なCUT
ですし.
いきましょうOK
ただしプロポーション
もーちょっと細めに
スタート
夜中に 「ふいに
ライト向けられた
野生動物の
動きで
(客観的な動きにする)
しばらくじっと
こっちを見て」
(だれを見たのかは判らない)
タツノコプロ

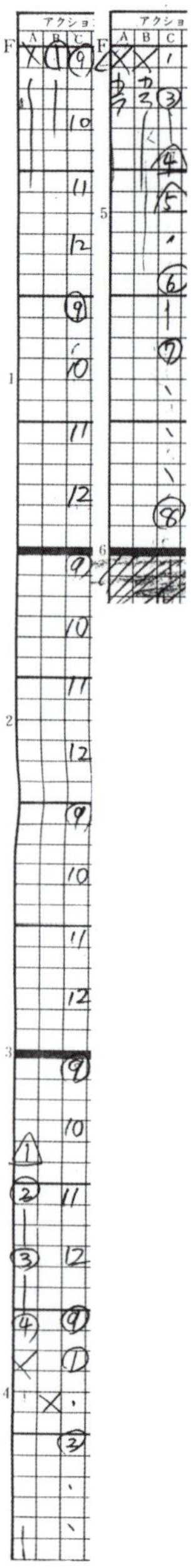

No.
C.307
BG T光のみ
漏出発見時の画面と同様の装置あり
タツノコプロ

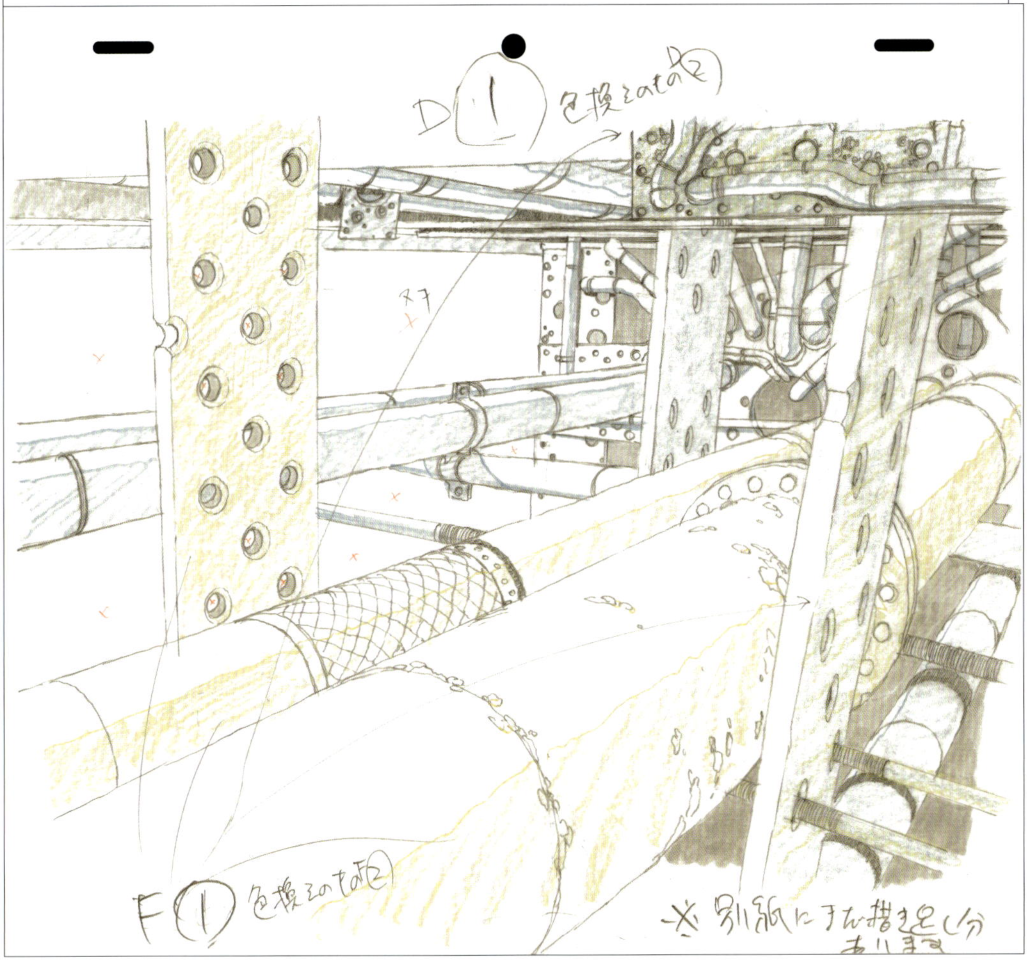
D① 色換えのものD②
F① 色換えのものF②

308
このハンイ内を
カメラブレします。
あるいはめもりPAN
100F
セル
1枚
BG組

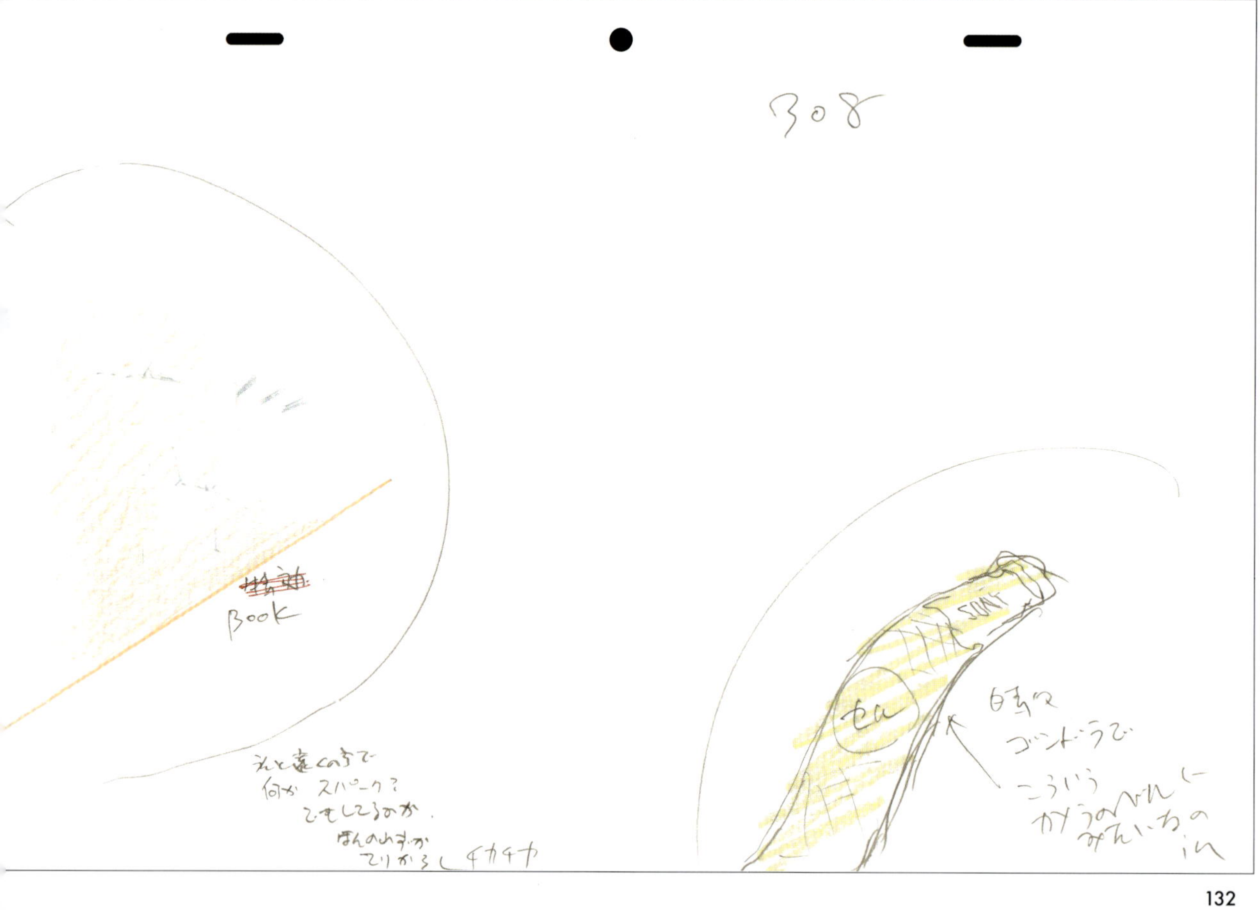
308
BOOK
それと遠くの方で
何か スパーク？
でもしてるのか．
セル
ゴンドラで
こういう
in

A4

A5

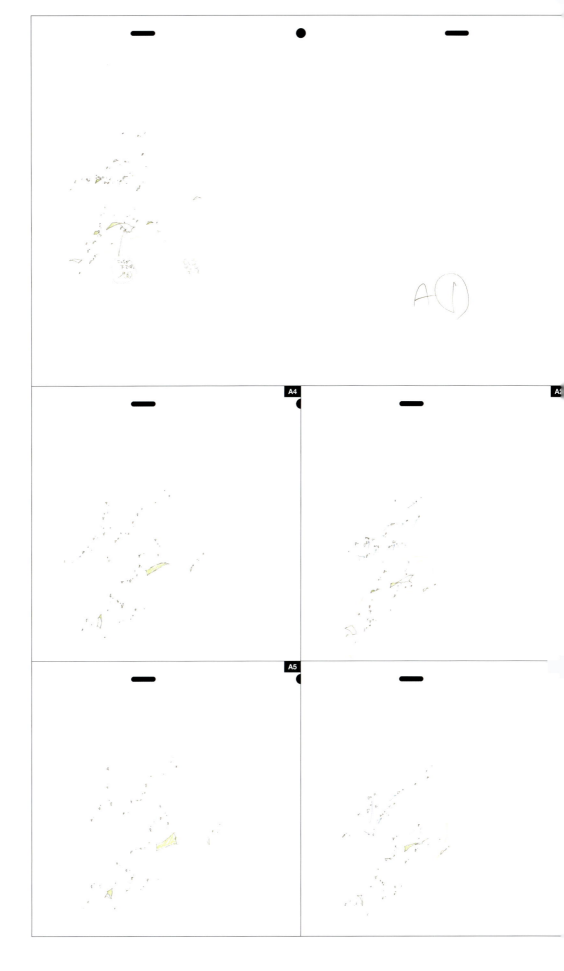

『PERFECT BLUE』

『PERFECT BLUE』は1998年に公開された長編アニメーション。竹内義和の小説を、これが初監督となる今 敏がアレンジして映像化。OVAとして企画されたものだが、制作途中に劇場での公開が決定した。磯は原画で参加していたが、数点のレイアウトを描いた時点で本作から降板。本書籍では現存するレイアウトを収録した。

CUT 26

CUT 270,272,274

S.
C. 271 273 275
TIME (
スピーカ
マッドハウス

S.
C.
TIME (+)
コンさん〜
275の
そうだけど 未麻は
歌を歌いたくて
東京に出て来たのに
……
のセリフの
ここ 削除
しませんか。
言い訳になるし
あとから考えると
ルミ自身の独白にも
聞こえるし。
マッドハウス

CUT 276

CUT 277

CUT 278

CUT 279

『BLOOD THE LAST VAMPIRE』

『BLOOD THE LAST VAMPIRE』は2000年に公開された劇場アニメーション。Production I.G原作・企画のオリジナル作品で、監督は北久保弘之。フルデジタルで作られた初期のタイトルであり、新たな表現に果敢に挑んだ作品である。磯はパイロットフィルムから参加し、本編では作画だけではなく、撮影や特殊効果も手がけた。本編で担当したのは倉庫における戦闘シーンだ。本書籍ではパイロットフィルムと本編の原画を収録した。

S.
C.
TIME (+)
PRODUCTION I.G
立入禁止
KEEP
OUT
(DANGER)
NO OPEN FLAME OR
IGNITION
WITHIN 50
約15メートル以内
明暗は
後処理
PAN
UP
B
PRODUCTION I.G
TIME (+)
S.

Cセルのみ
☆ 影は 同じで
C①

カゲのみ
変化.
C②
寄せは
A下と
同じです

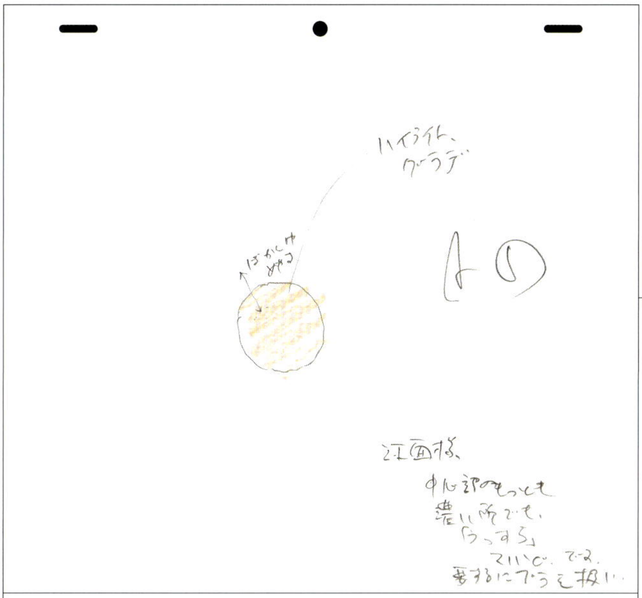
ハイライト、
グラデ
ぼかし巾
めやす
A①
江面様、
中心部のもっとも
濃い所でも、
「うっすら」
ていどです。
要するにブラシ扱い

①
②
A②
ここで F.O 終わり

B下①
動かない部分
B①
動くところ

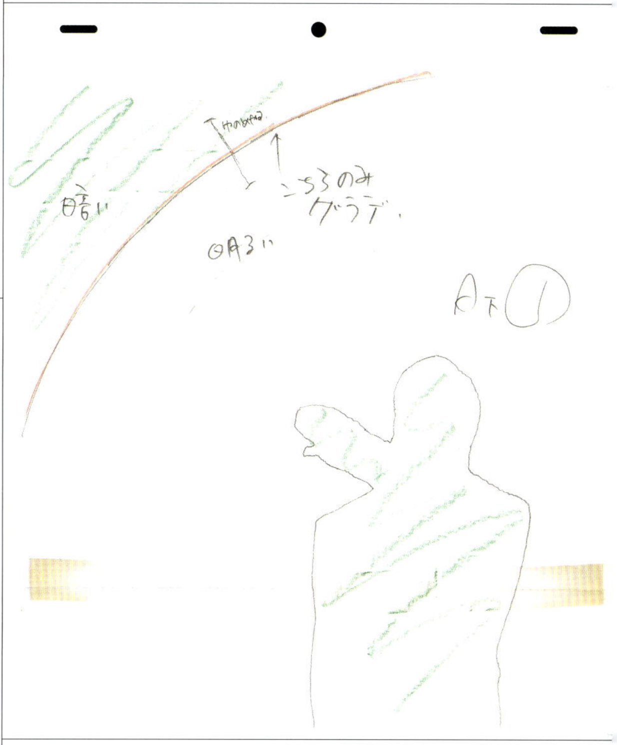
巾のめやす
暗い
こちらのみ
グラデ、
明るい
A下①

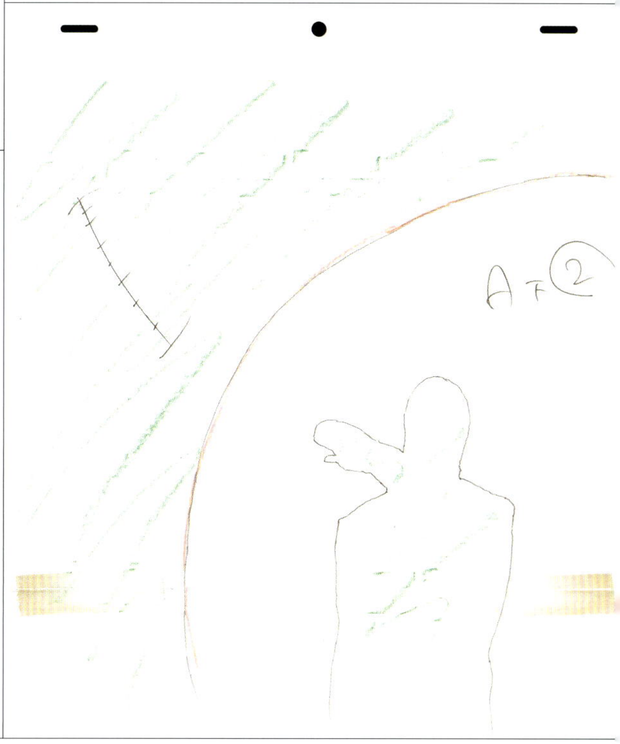
A下②

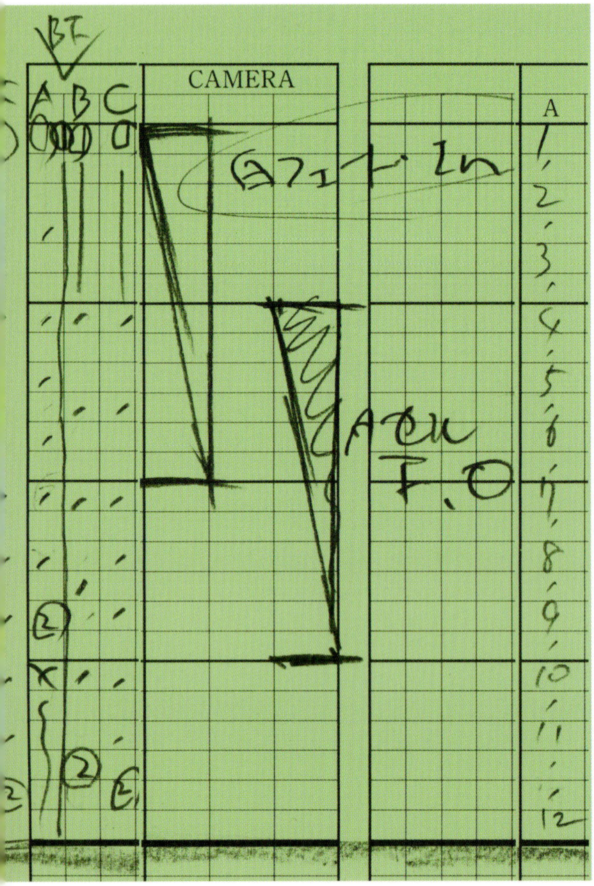
CAMERA
A B C
A
F.O

B②

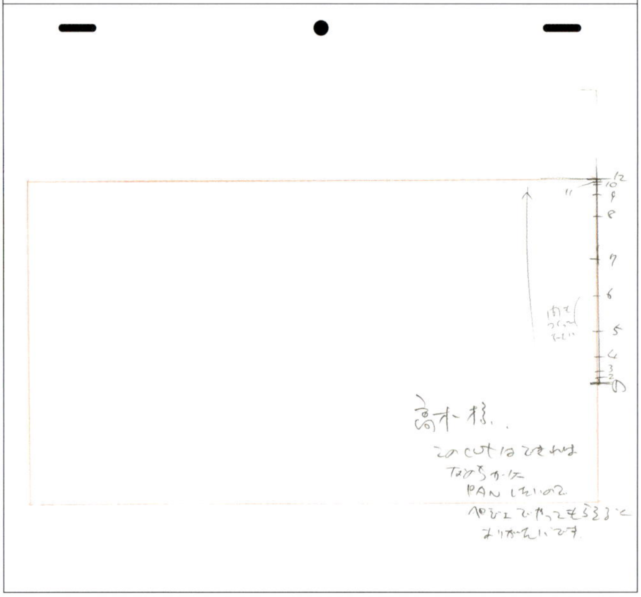
高木様.
このCUTはできれば
なめらかに
PAN したいので

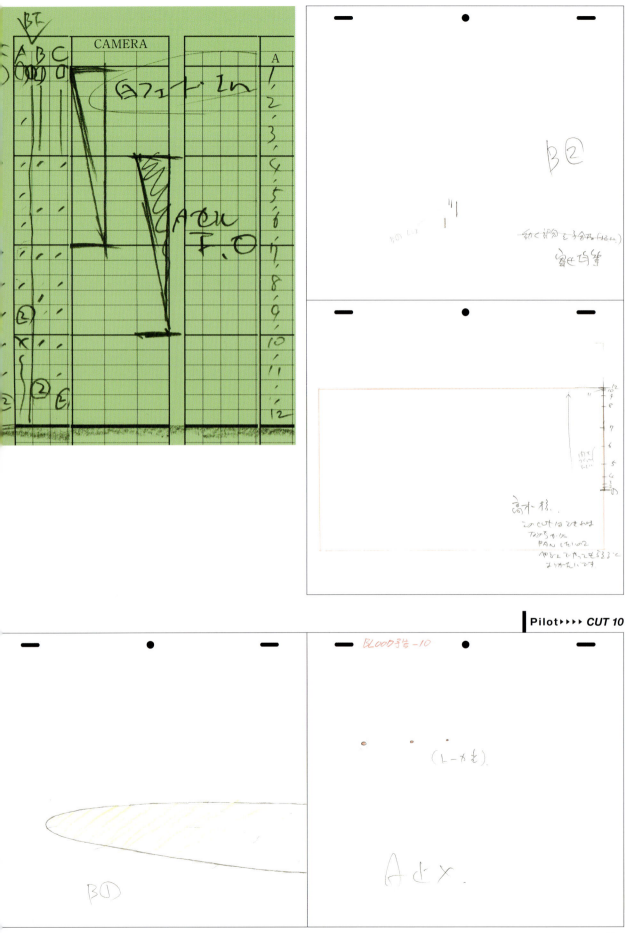

Pilot▸▸▸▸ *CUT 10*

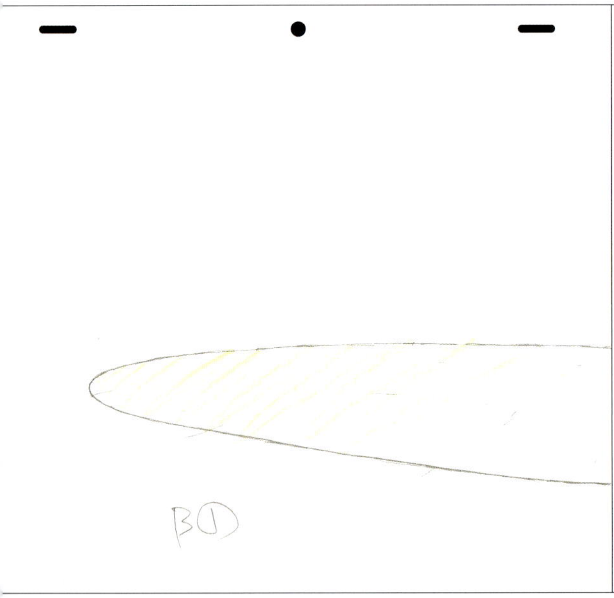
B①

BLOOD予告-10
A と X.

S.
C. 10
TIME (2+0)
PRODUCTION I.G
送る.
ライトの部分もセル扱い
この部分、あとで相談
B③
B②

明色（ノーマル）
3k
ここまで作画.

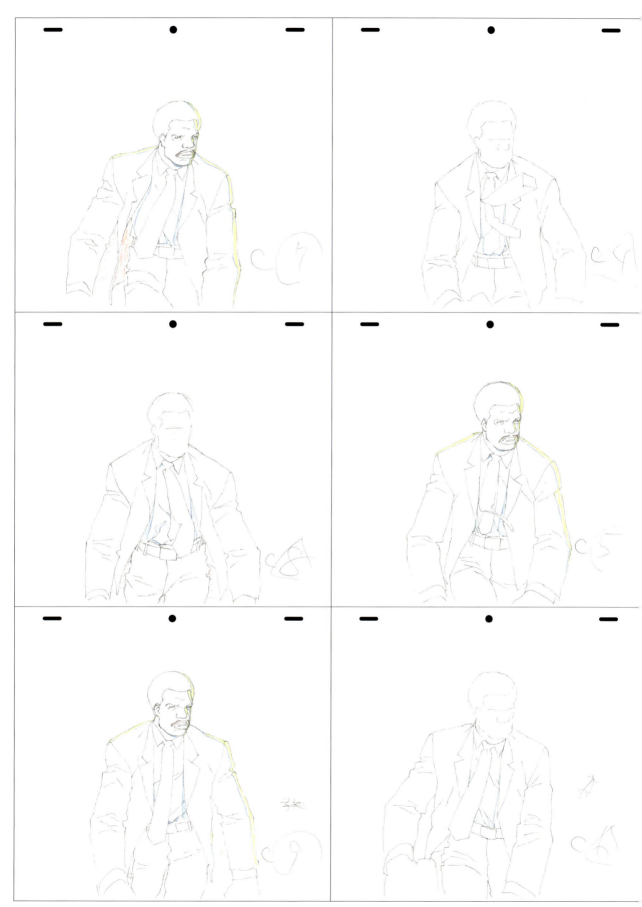

C-10

C-11

C-12

C-13

一瞬おどろきの
表情ではないです
何かよく見えない
物を追っている
というような
つもりです
C-14

C-15

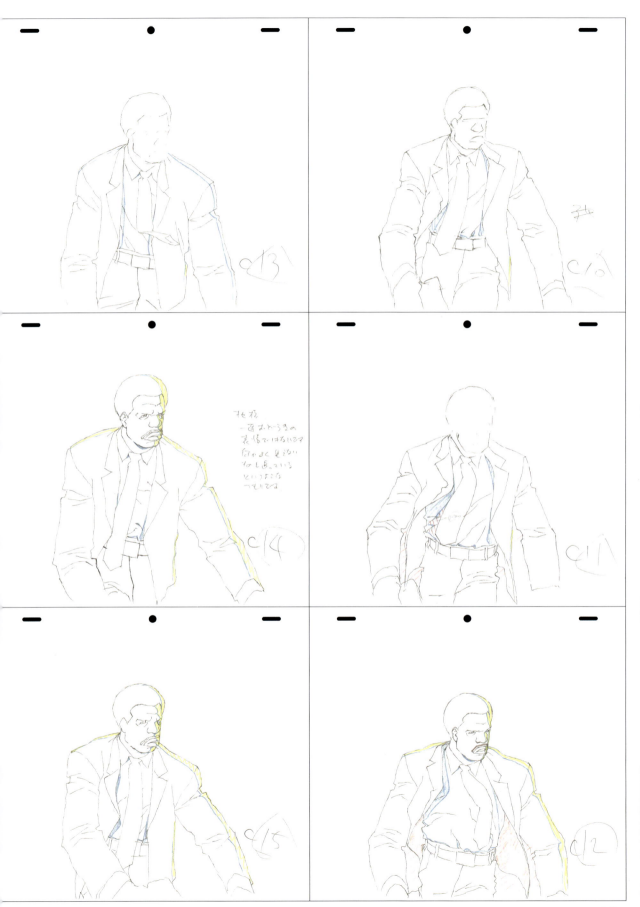

C-19
C-16
C-20
C-17
C-21
C-18

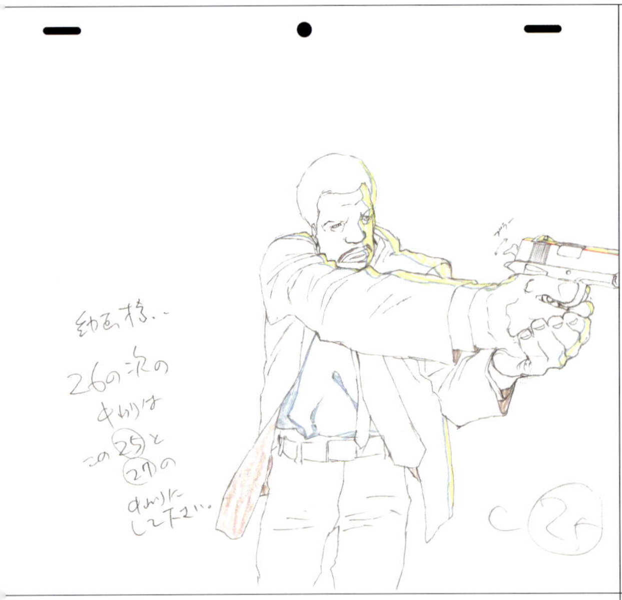
動画様…
26の次の中割りは
この25と
27の
中割りに
して下さい。
C25

C22

C26

C23

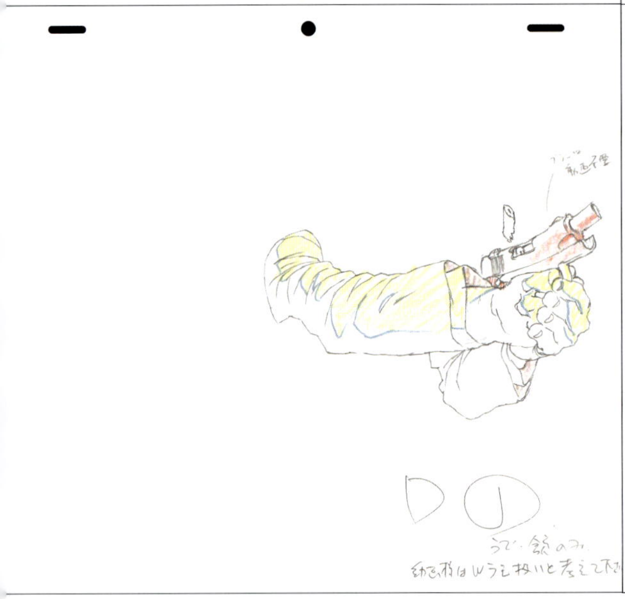
うで・銃のみ

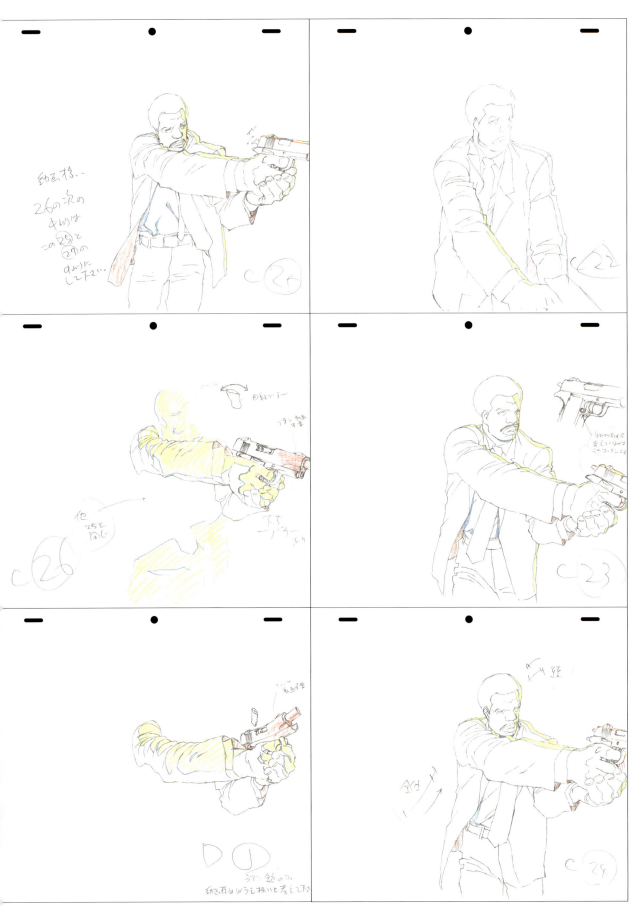

他 C㉗と
同じ。
C 28

C 27

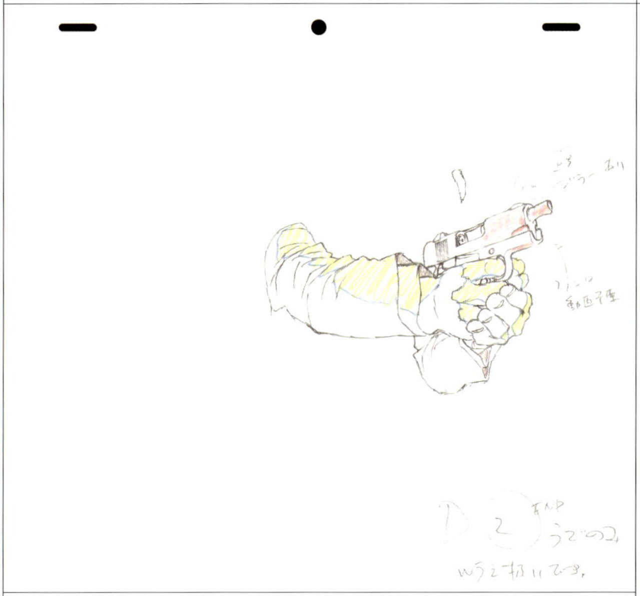
D 2

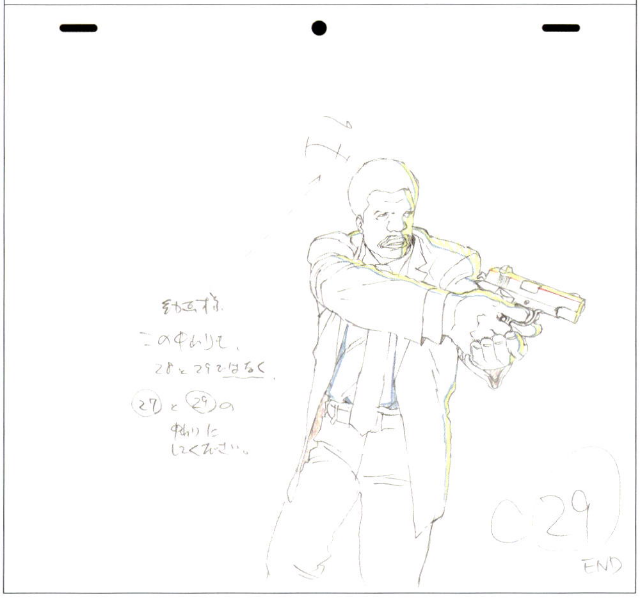
動画様
この中わりも、
28と29ではなく、
㉗と㉙の
中わりに
してください。
C 29
END

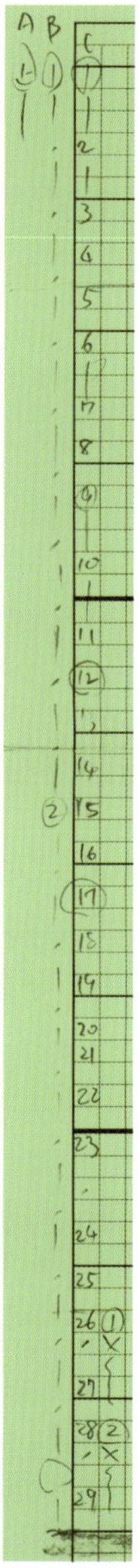

S. C. 11
TIME (0+18)
PRODUCTION I.G
セル
この部分、
のようなもの
(ハレーション状態)

A②
B②

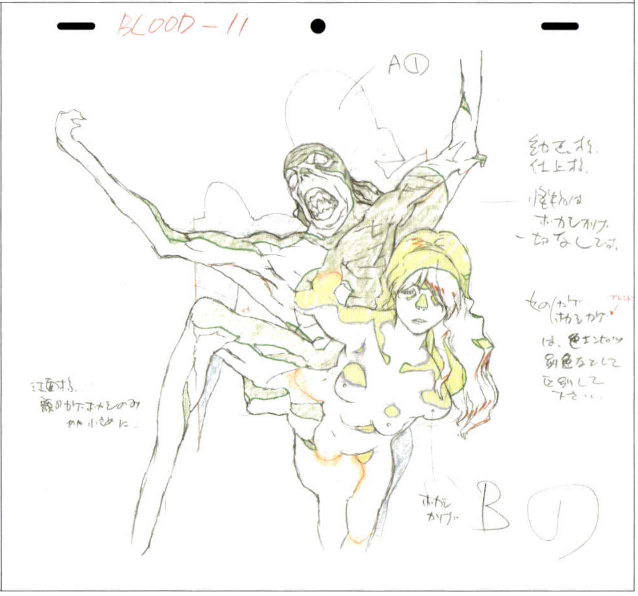
BLOOD-11
A①
B①

怪物
女

動きのする
この線自体は
動画としては
存在しません。
中割りの為だけ
使って下さい。
(結局原トレは
しなくてはならない?
と思いますが)
につく
同トレ
怪物

怪物
女

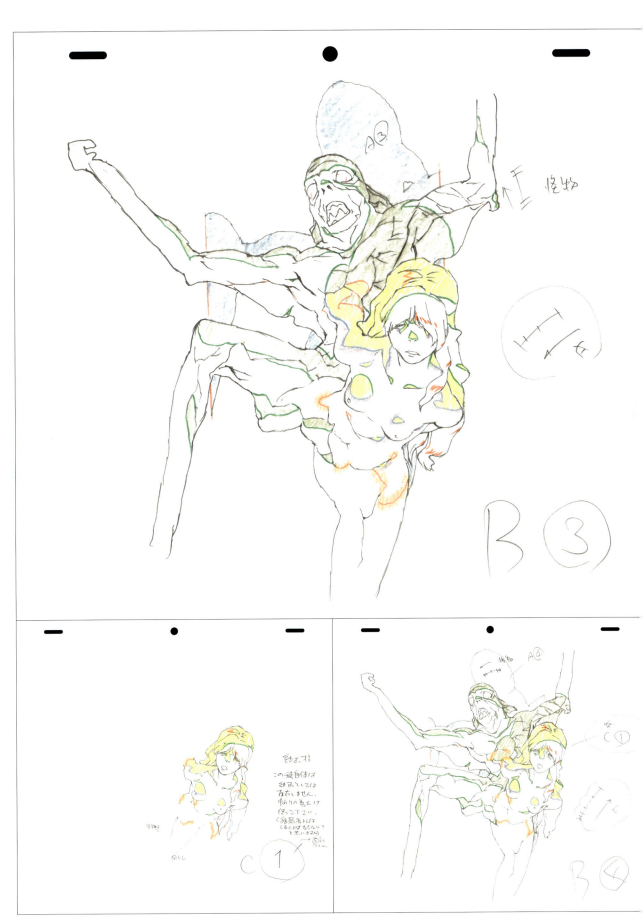

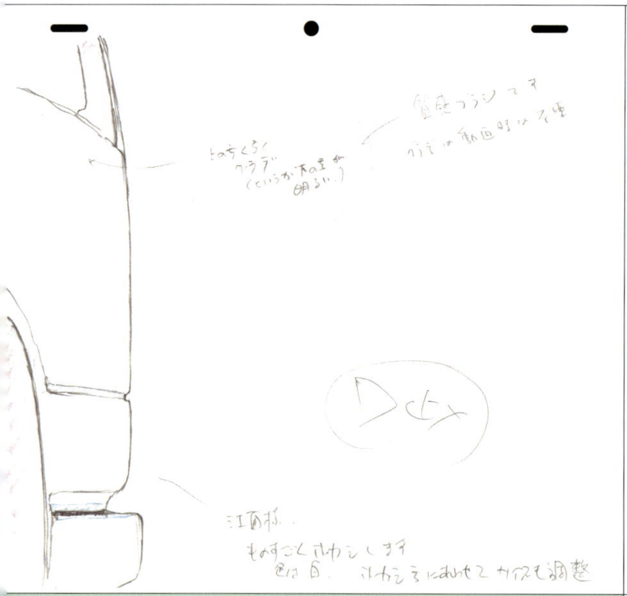
ものすごくボカシします
ボカシ方にあわせてサイズも調整

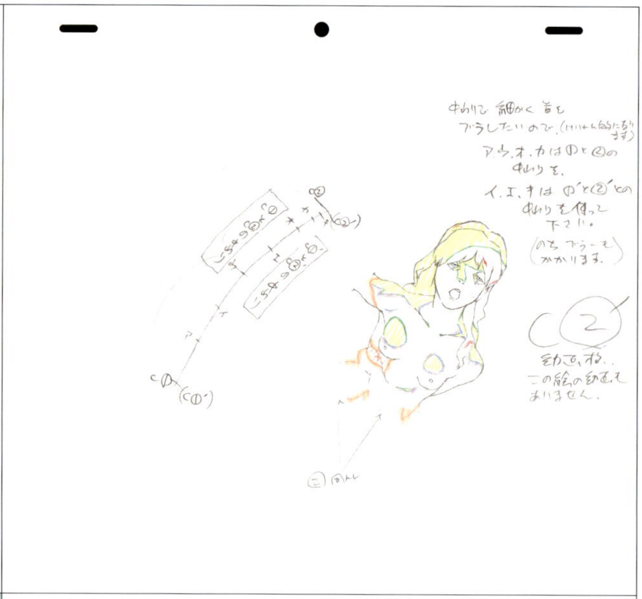
中わりで細かく首を
ブラしたいので。
ア、ウ、オ、カは①と②の
中わりを。
イ、エ、キは①'と②'との
中わりを使って
下さい。
（のちブラーも
かかります。）
C②
この絵の動画は
ありません。

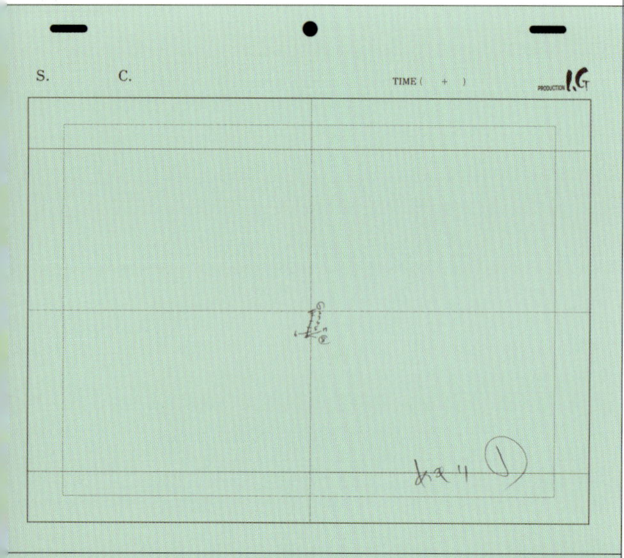
S.
C.
TIME (+)
PRODUCTION I.G
めもり①

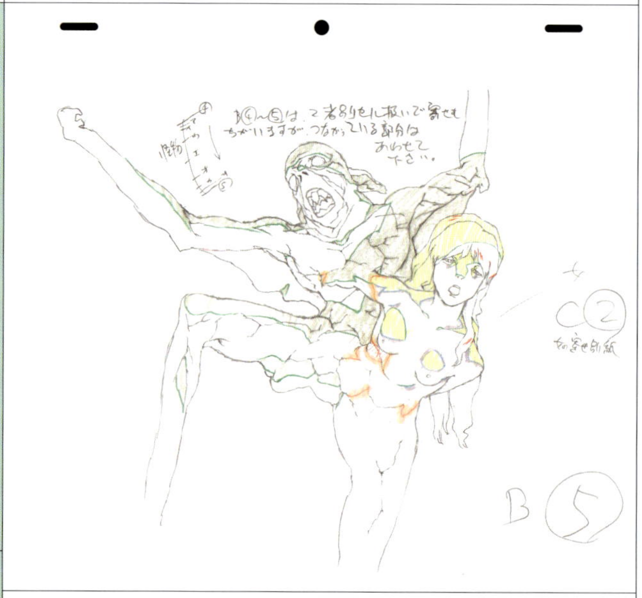
つながっている部分は
あわせて
下さい。
C②
B⑤

S.
C.
TIME (+)
PRODUCTION I.G
めもり②

A⑤

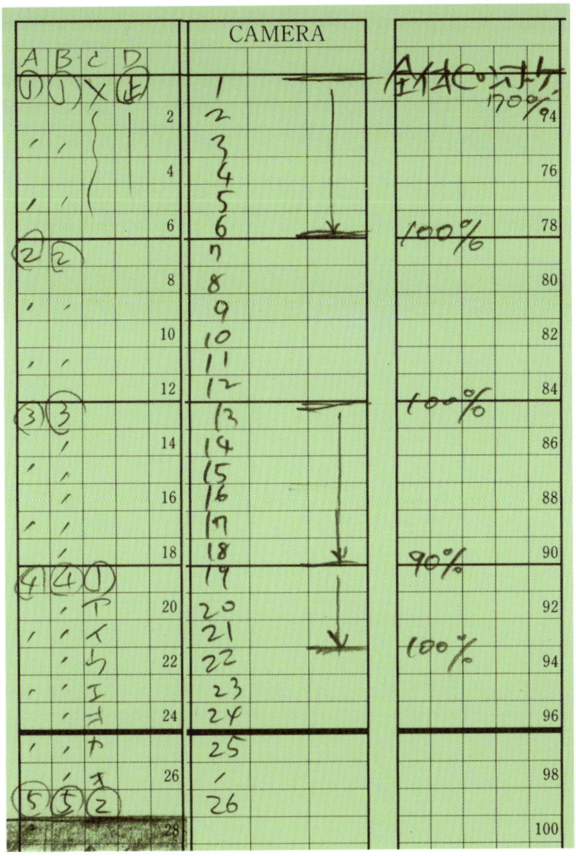
CAMERA
A B C D
全体ピンボケ
70%
100%
100%
90%
100%

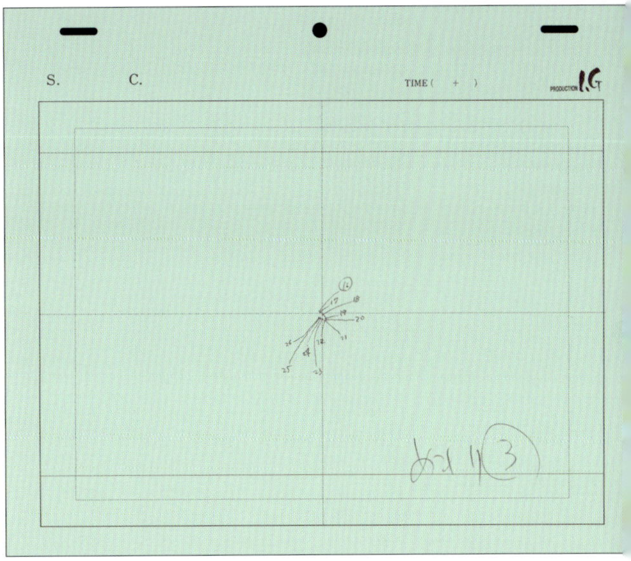
S.
C.
TIME (+)
PRODUCTION I.G

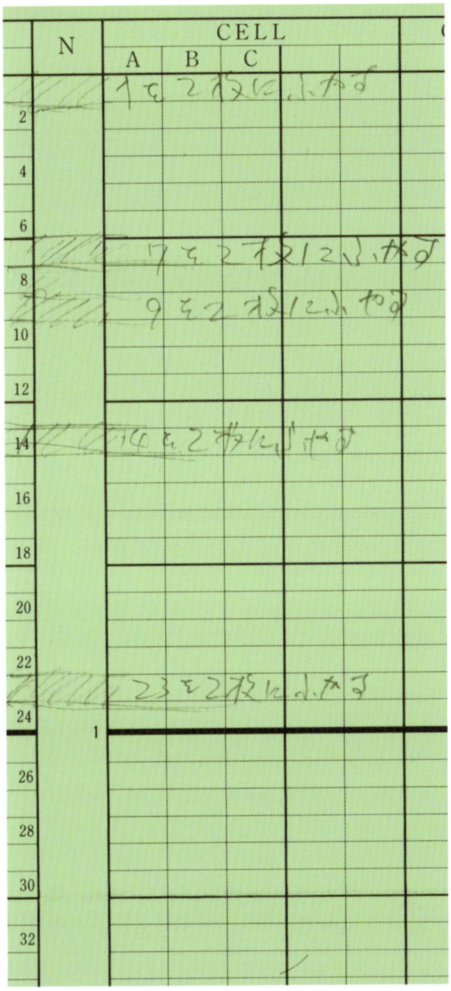
N
CELL
A B C
1を2枚にふやす
7を2枚にふやす
9を2枚にふやす
14を2枚にふやす
23を2枚にふやす

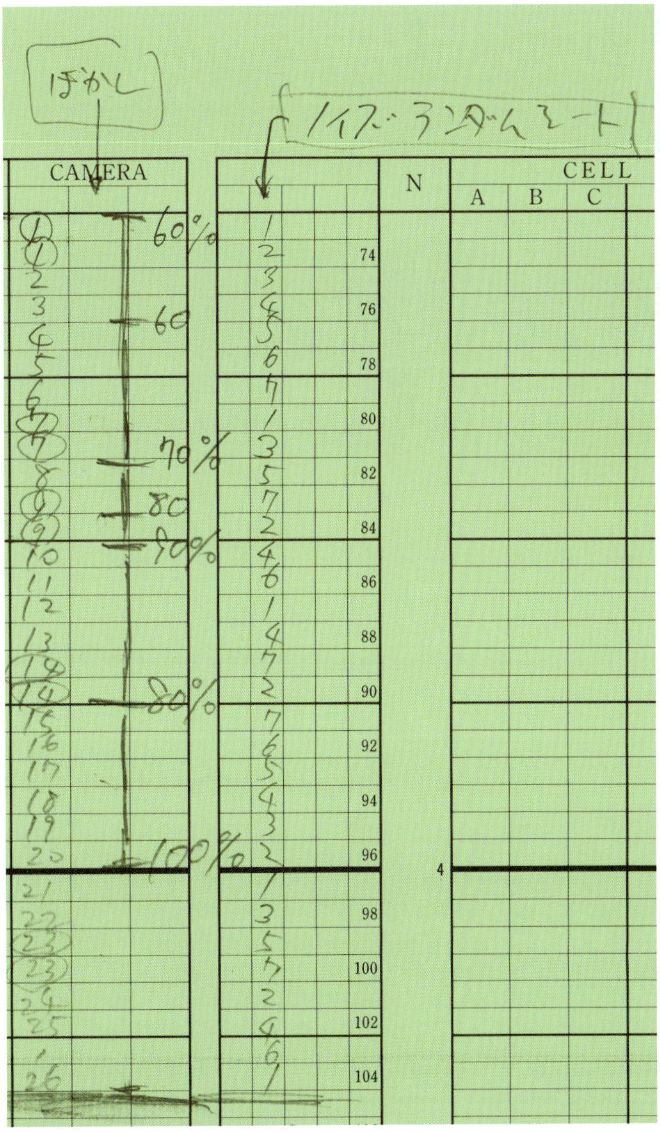
ぼかし
ノイズ ランダムミート
CAMERA
N
CELL
A B C
60%
60
70%
80
90%
80%
100%

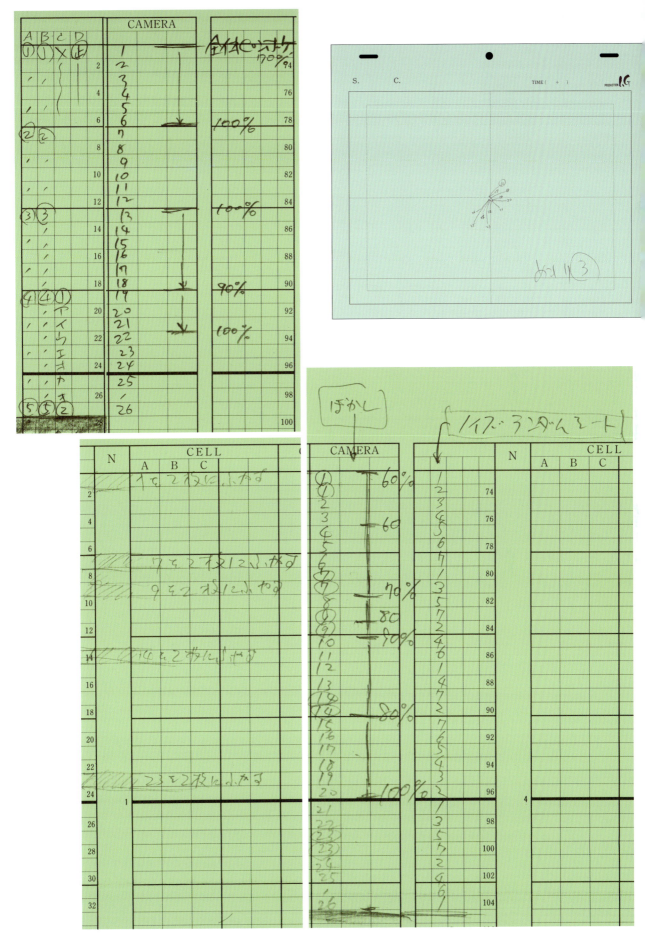

S.
C.
12B
TIME (+)
PRODUCTION I.G
SL
FOLLOW方向すこし傾いてますんでよろしく
（地表に平行

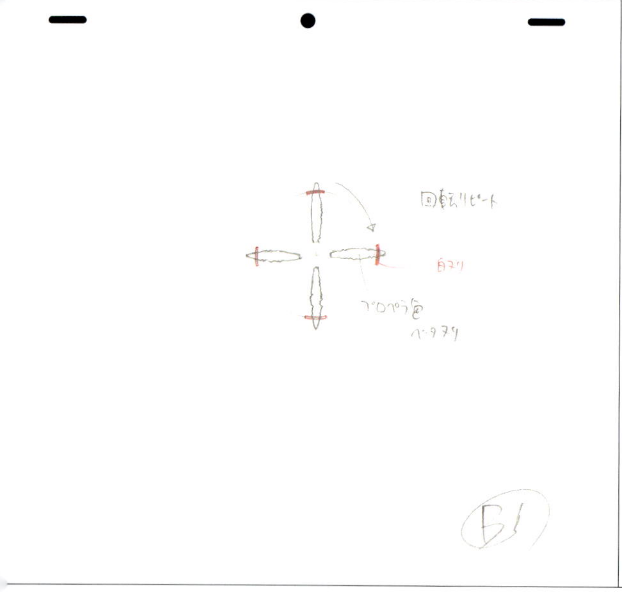
回転リピート
白ヌリ
プロペラ色
B1

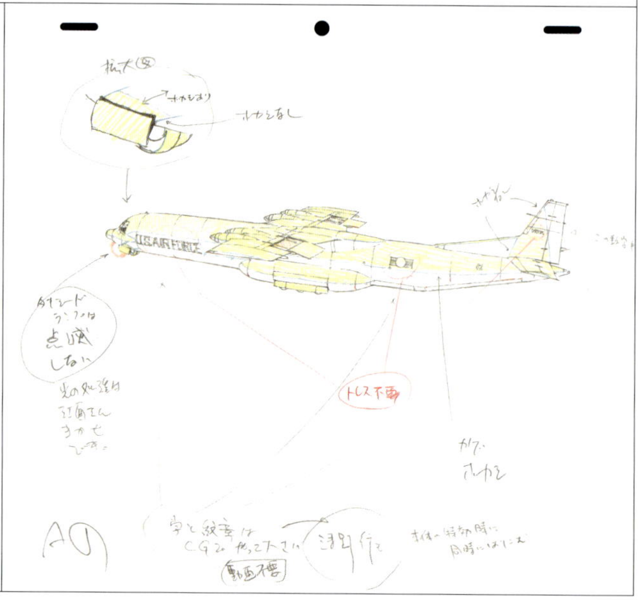
拡大
ホカゲなし
U.S.AIR FORCE
点滅しない
トレス不要
カゲ
ホカゲ
A1
字と紋章はCGで作って下さい
動画不要

点滅する光
C①

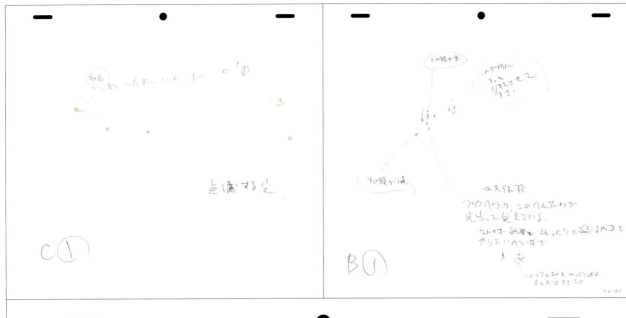

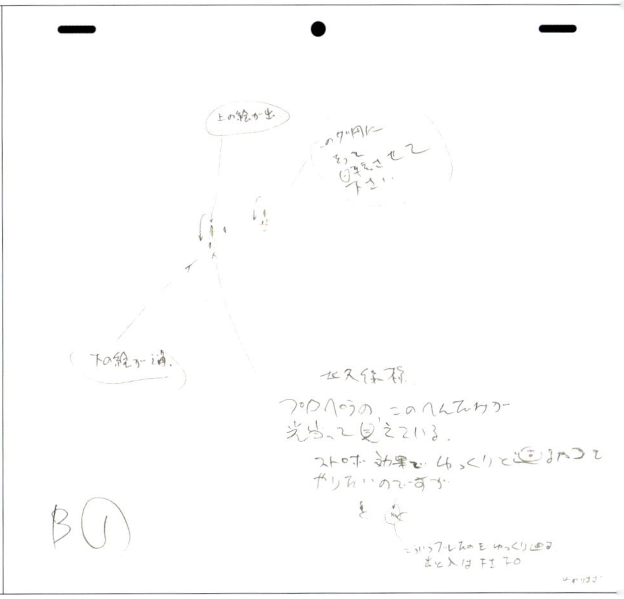
上の絵が出
下の絵が消
プロペラの このへんなかが
光って見えている。
ストロボ効果でゆっくりと回るかんじで
やりたいのですが
B①

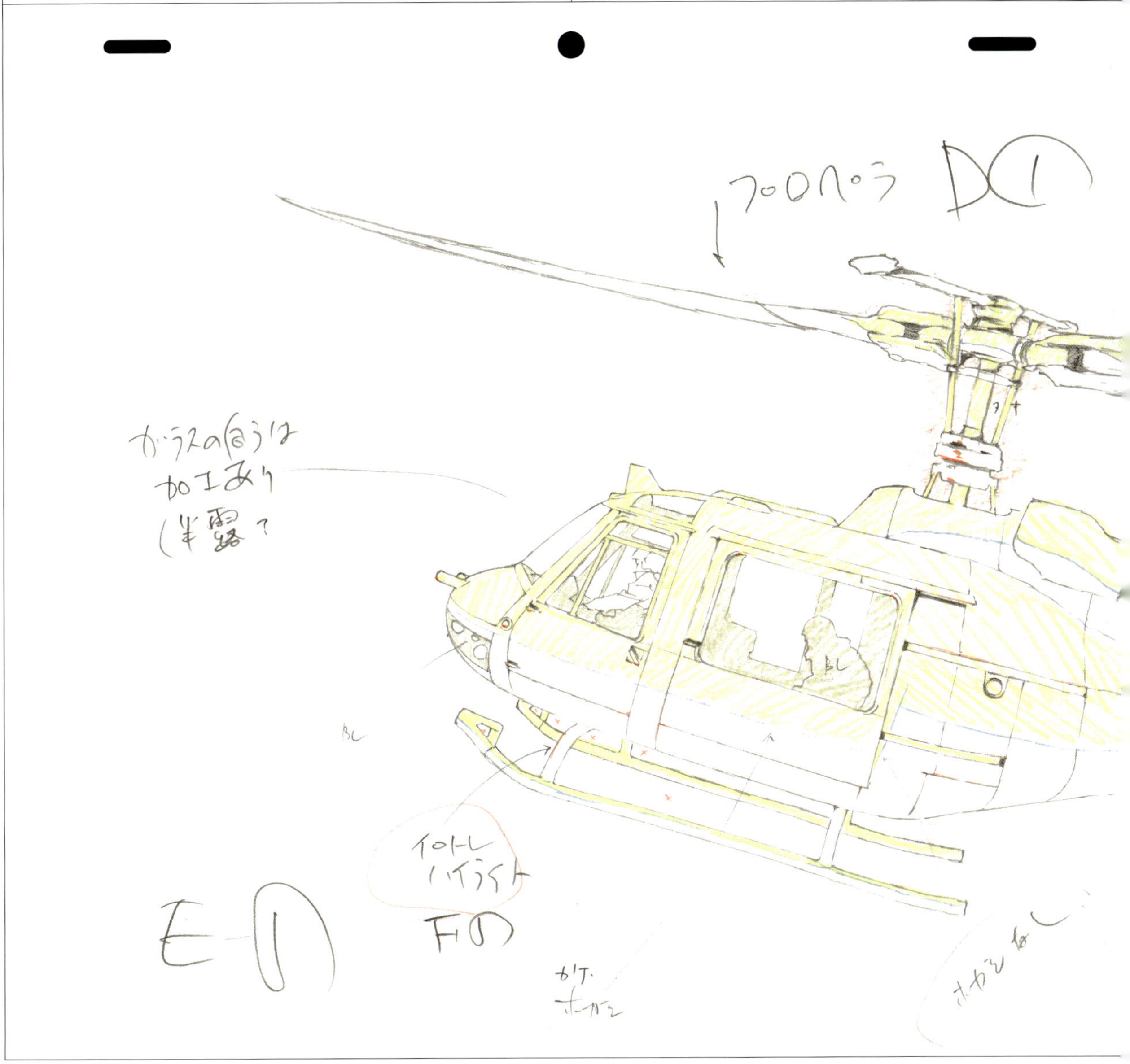
プロペラ
D①
ガラスの向うは
加工あり
イロトレ
ハイライト
E①
F①
カゲ
ボカシ
ボカシなし

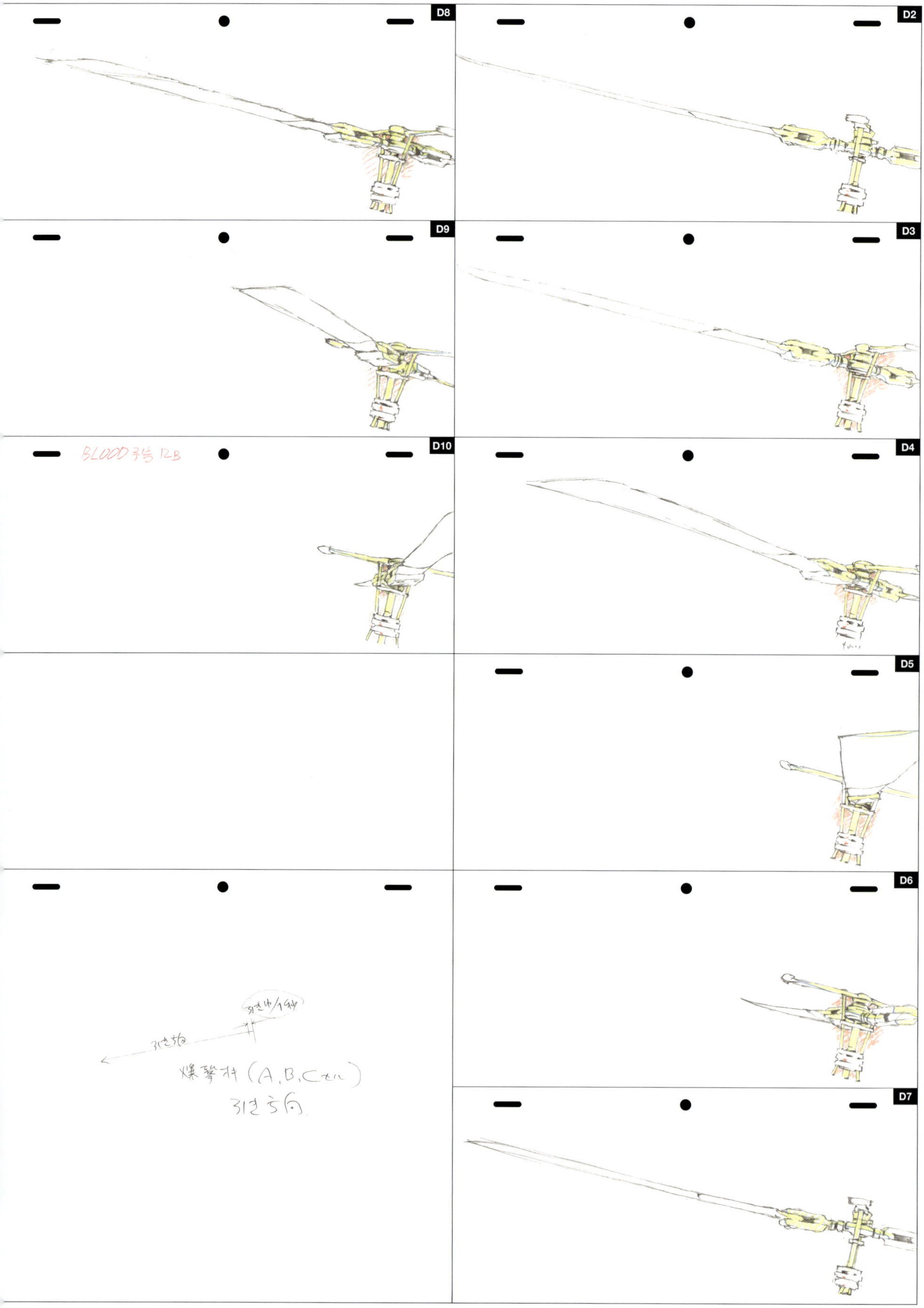
D8
D2
D9
D3
D10
BLOOD
12B
D4
D5
D6
引き巾/1秒
引き方向
(A,B,Cセル)
引き方向
D7

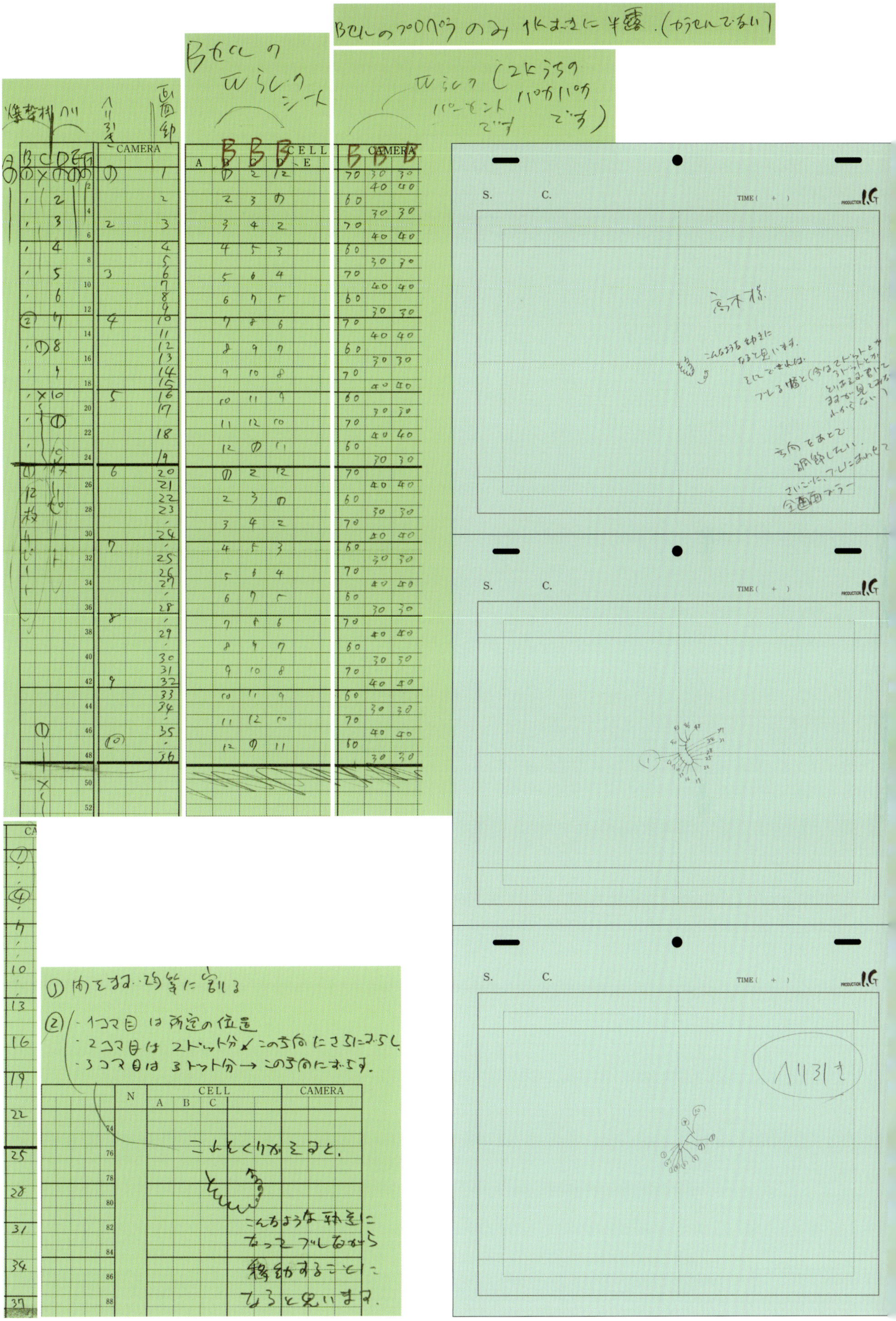
Bセルのプロペラのみ 水まきに半透。（カラセルでない）
Bセルの Wらシクシート
Wらシク パーセントです （2kうちの パカパカです）
ヘリ引き
画面動
CAMERA
CELL
A B C D E
B B B
高木様
こんなような動きになると思います。
それでさらには ブレる幅と（今は2ドットとか3ドットとか とりあえず書いてますが見てみないと分からない）
方向をあとで調節したい。
さいごに、ブレにあわせて全画面ブラー
ヘリ引き
S. C. TIME（ + ）
PRODUCTION I.G
① 円をすね‥均等に割る
② ・1コマ目は所定の位置
・2コマ目は 2ドット分↙この方向にさらにずらし
・3コマ目は 3ドット分→この方向にずらす。
N
CELL
A B C
CAMERA
これをくりかえすと、
こんなような軌道になってブレながら移動することになると思います。

CUT 512

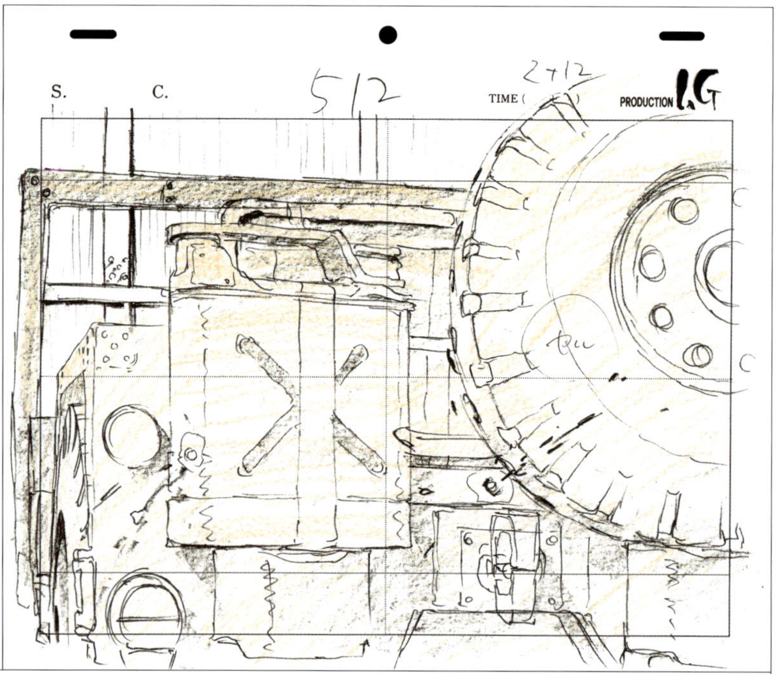

C5
C2
B1
C6
C3
B2
END
B1合成。
ここのバレは
C7
C4
マスク扱いです。
1色ベタヌリ、色トレ
白のベタヌリ
+アルファで。
C1

E5

E4

C-8 END

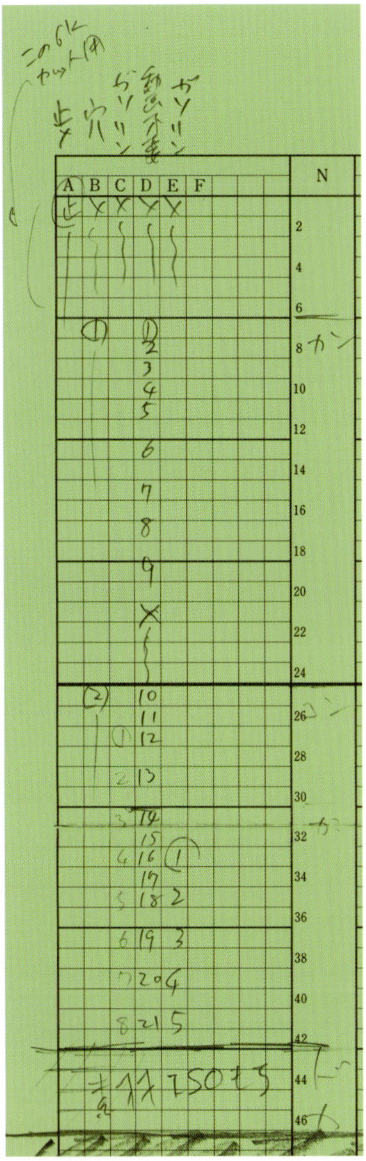
A B C D E F
N

E-①
Eセルはcセルと同様の扱い。

E3

E2

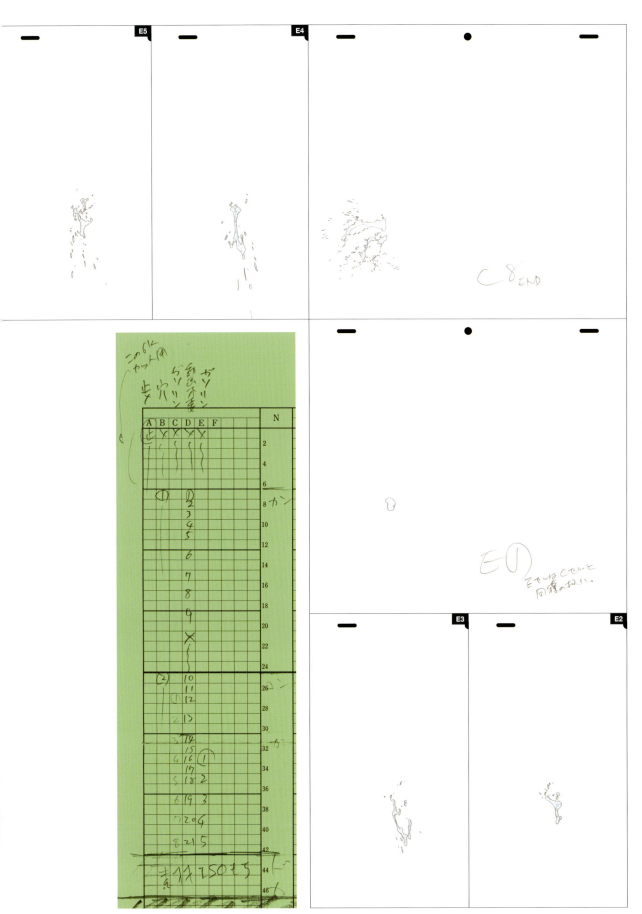

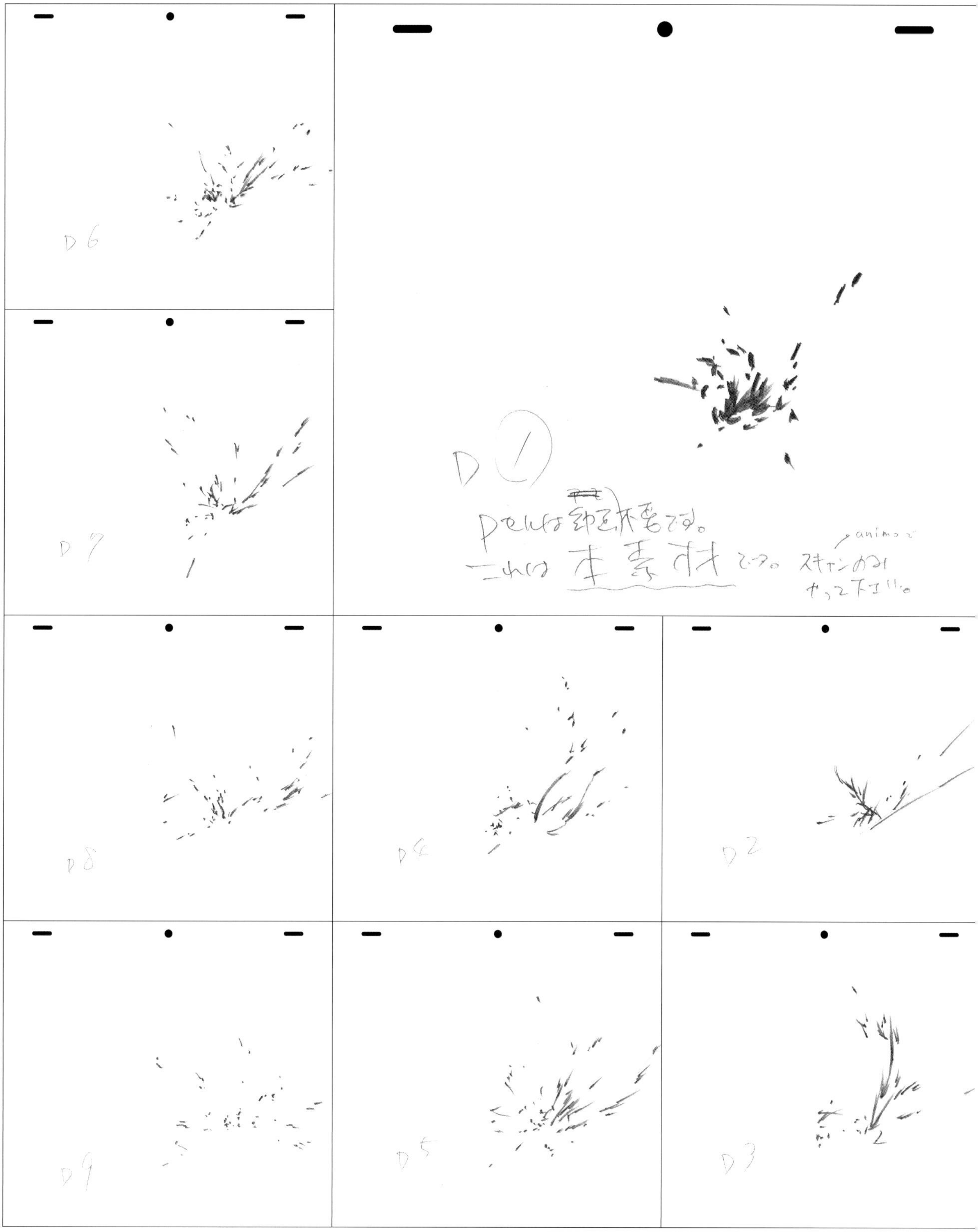
D6
D1
Dセルは鉛筆素材です。
これは本素材です。スキャンのみ（animoで）やって下さい。
D7
D8
D4
D2
D9
D5
D3

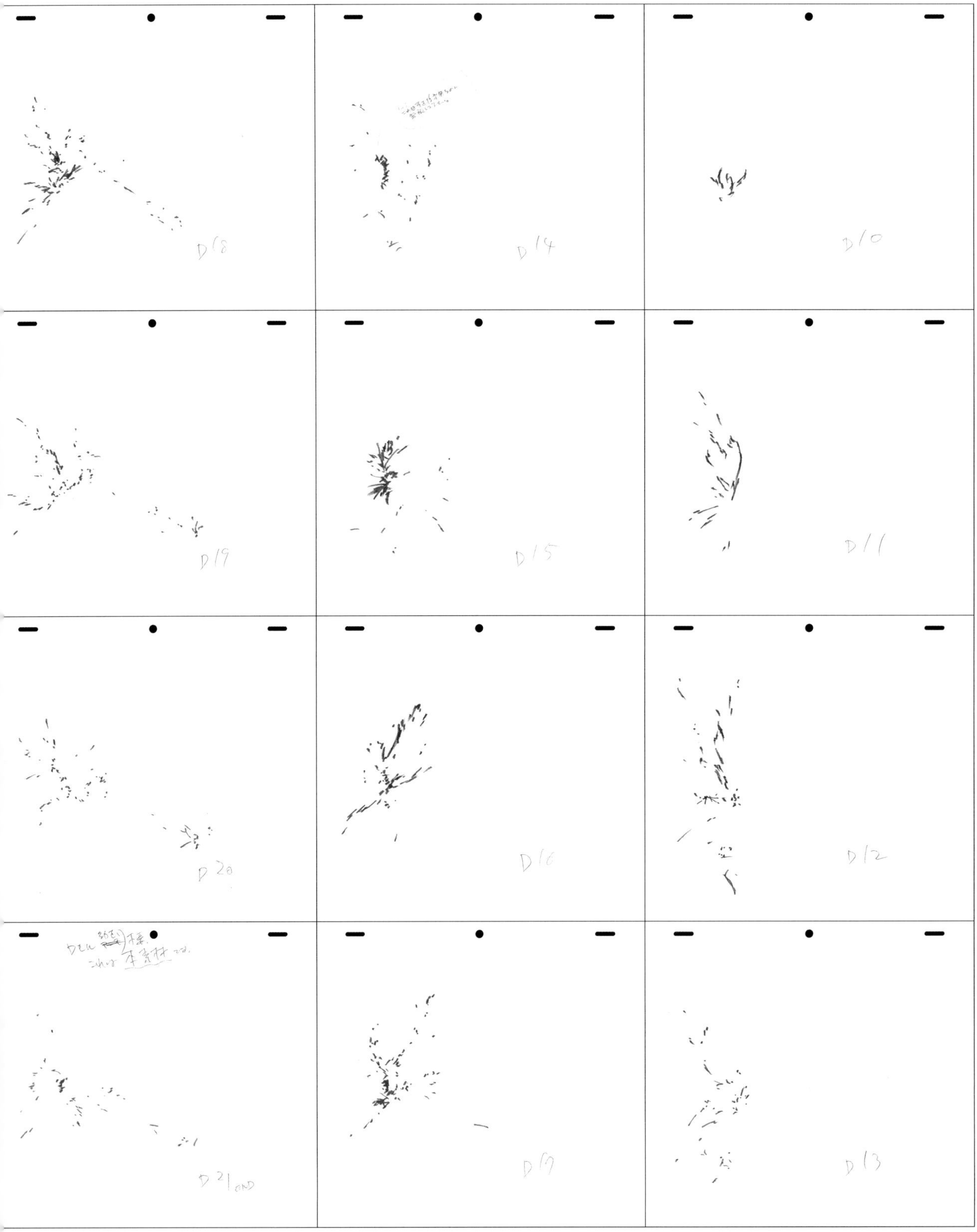
D18
D14
D10
D19
D15
D11
D20
D16
D12
D21 END
D17
D13

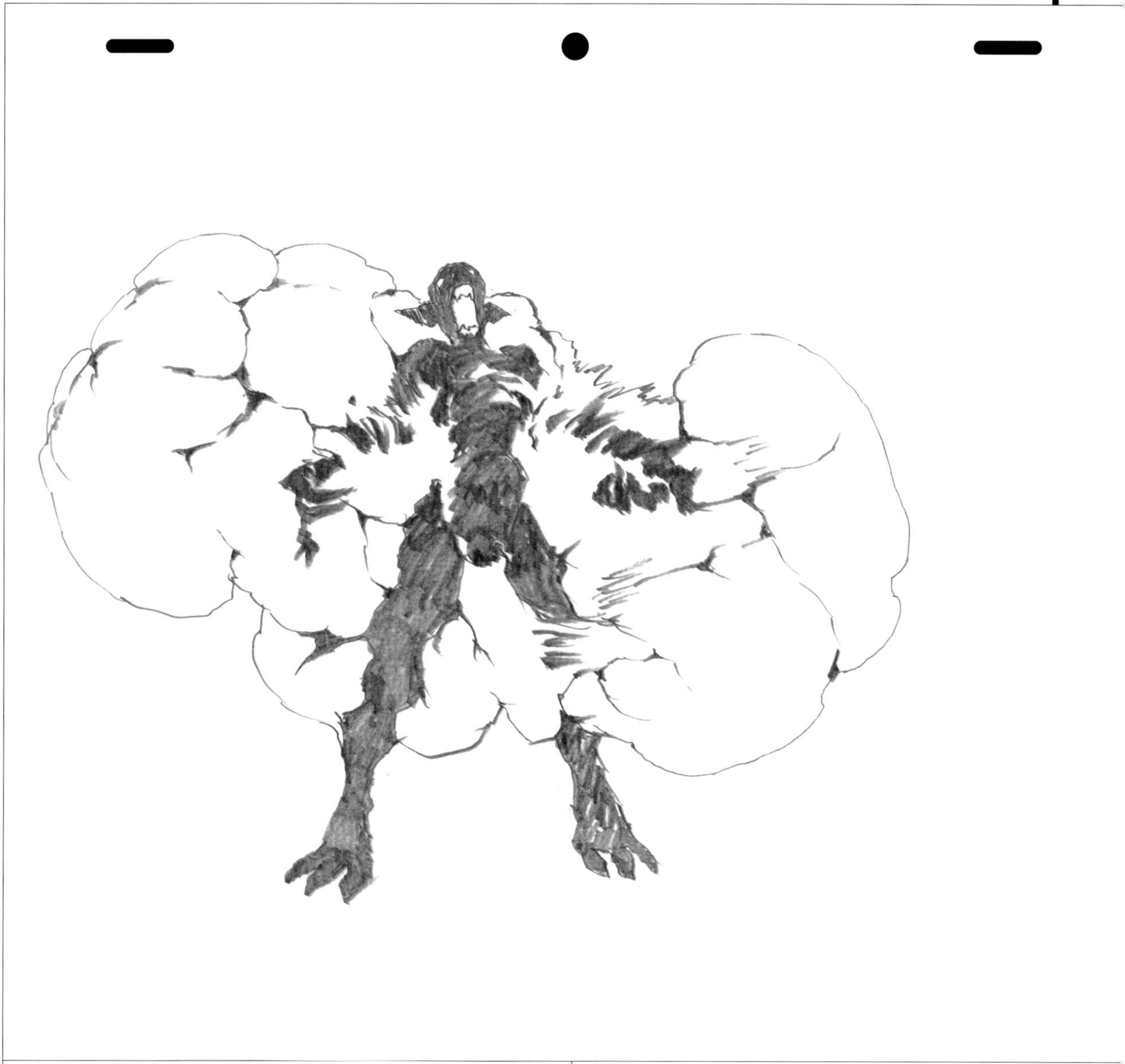

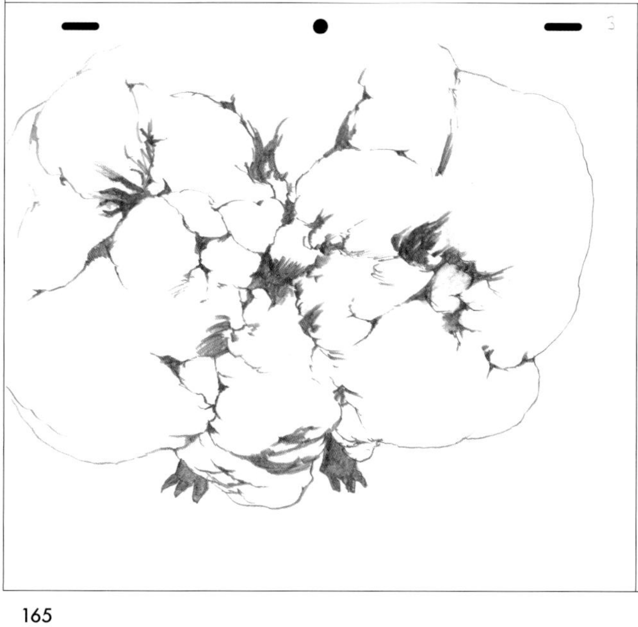
3

2

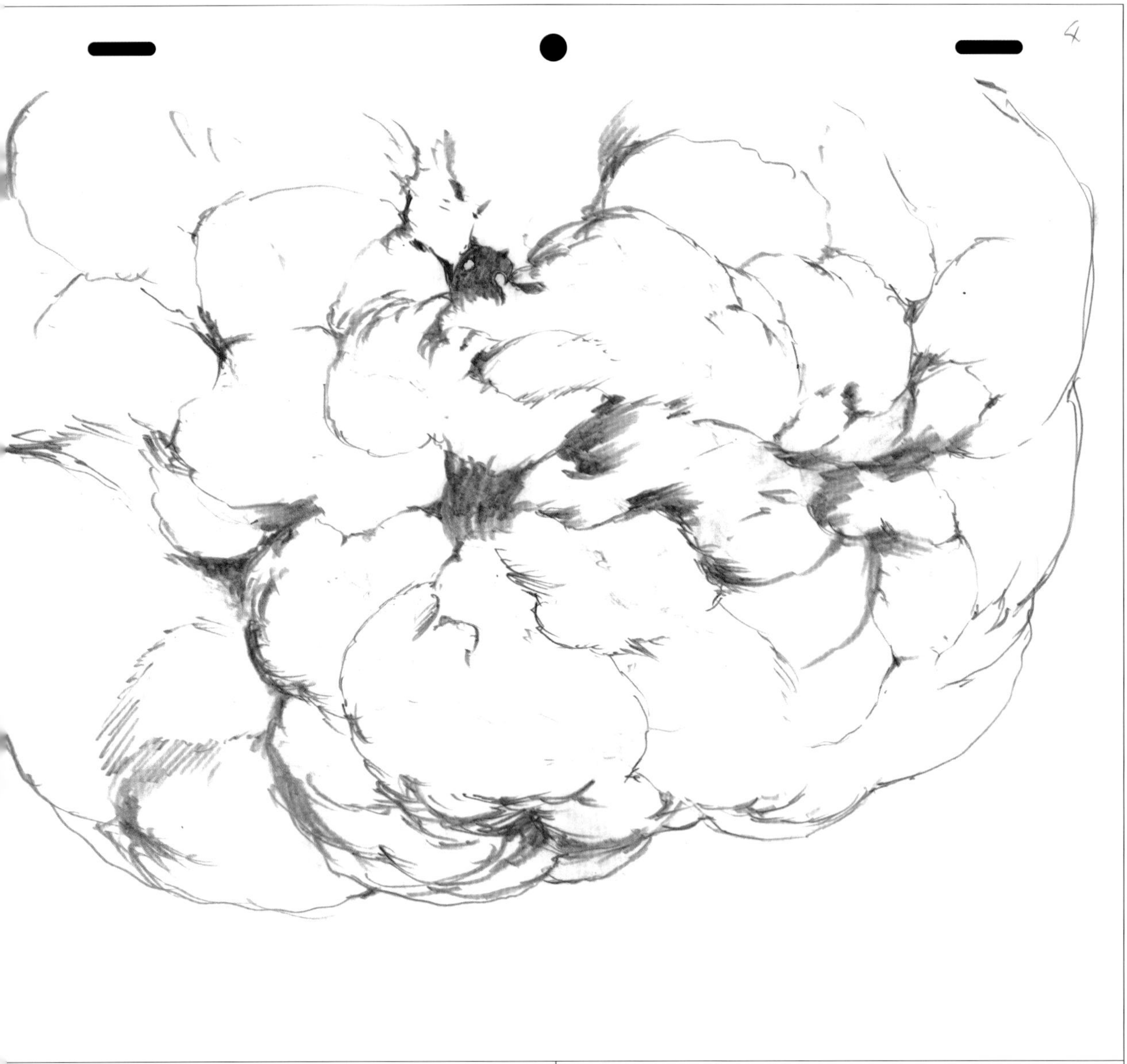
4

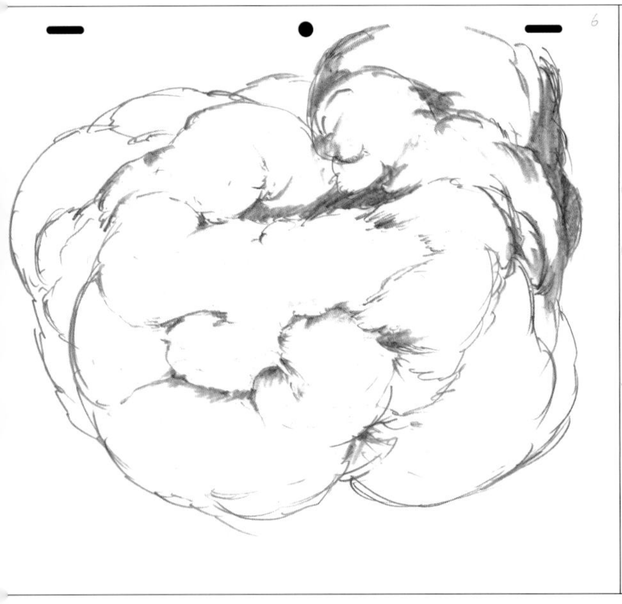
6

5

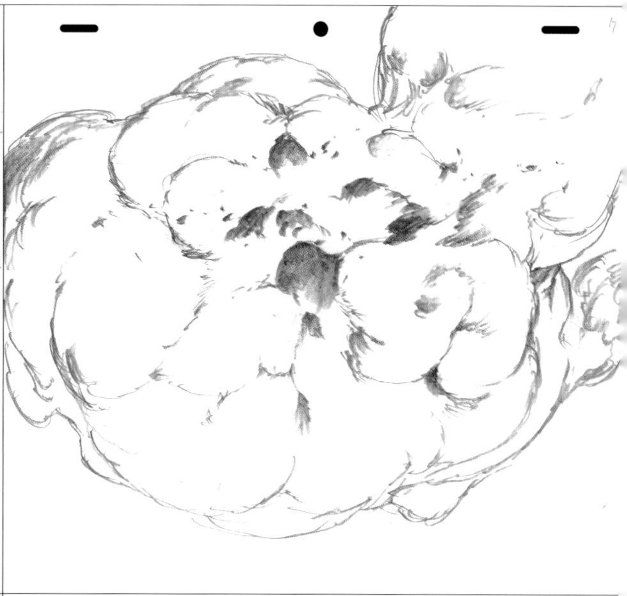

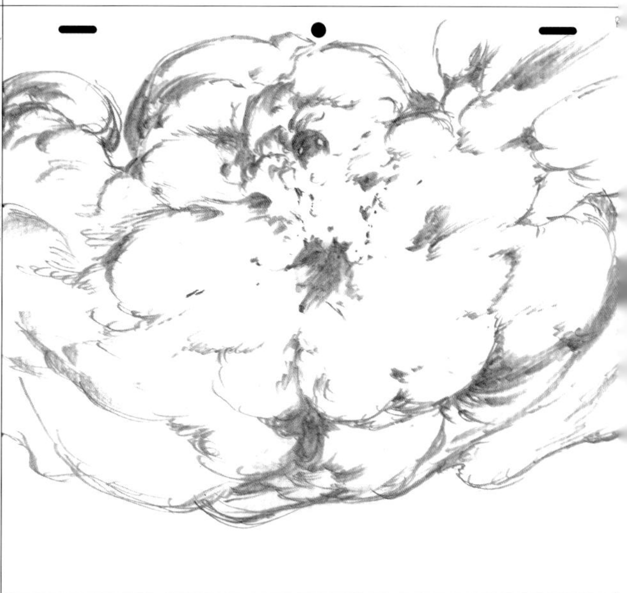
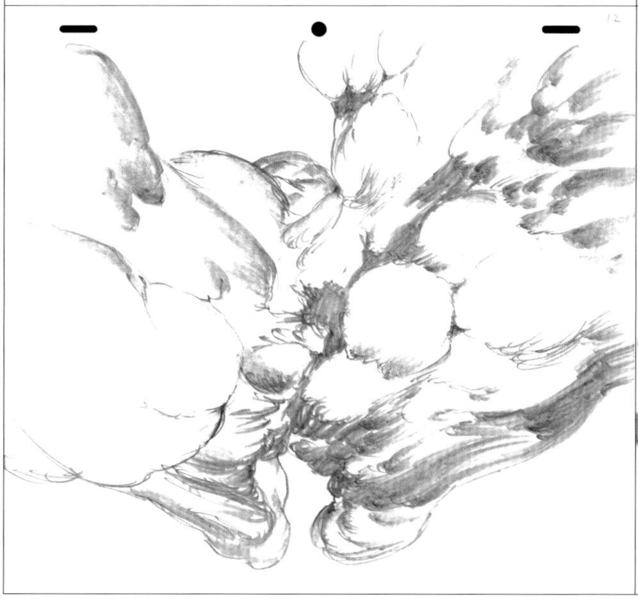

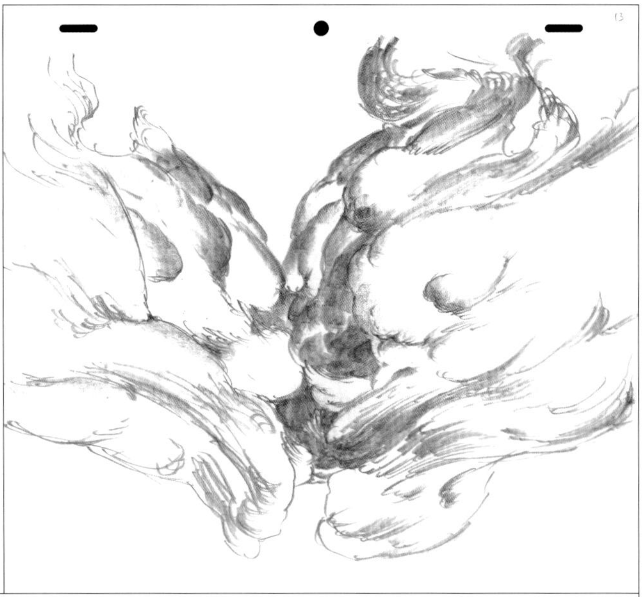

14

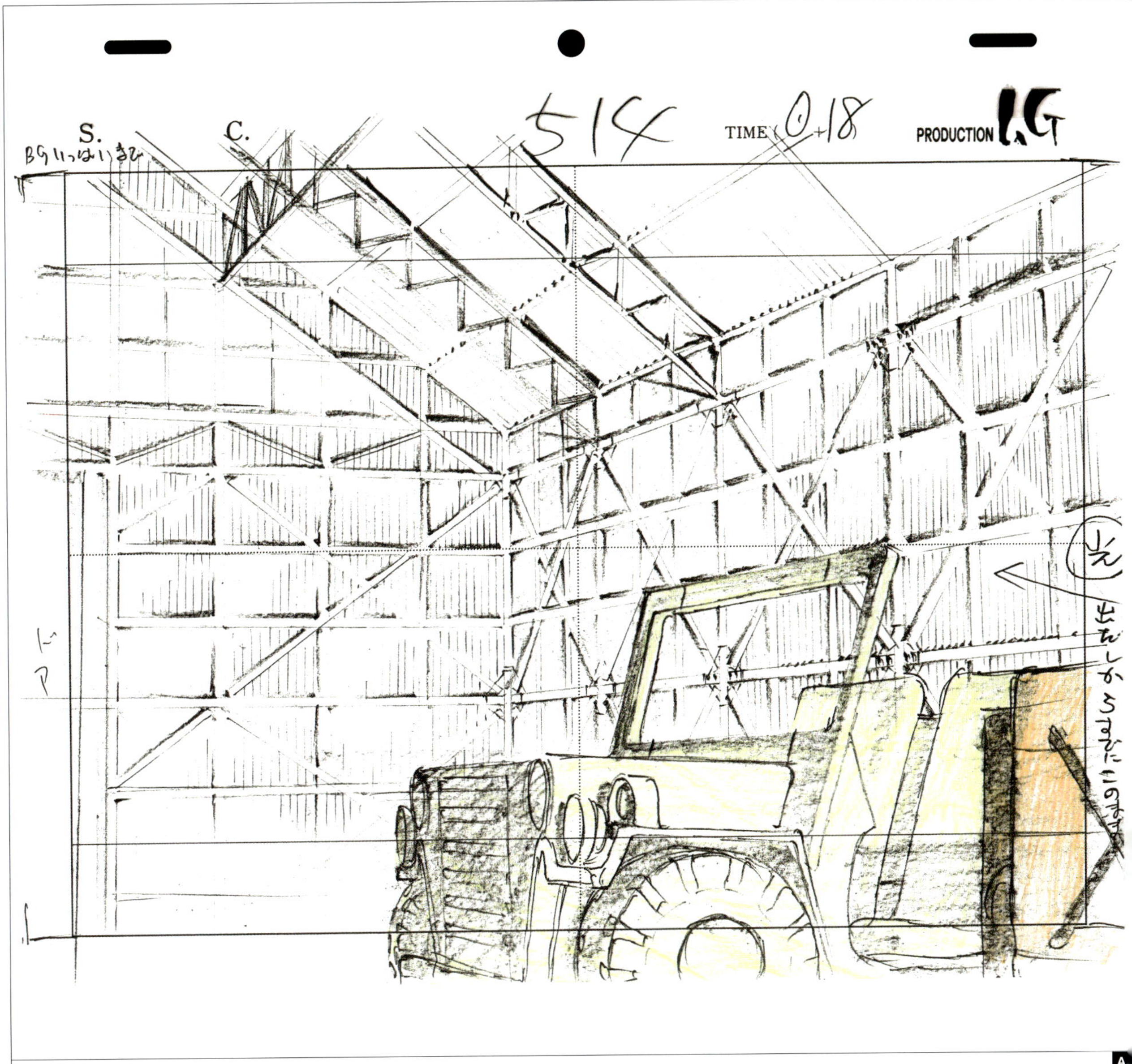

S.
C.
514
TIME (0+18)
PRODUCTION I.G
BGいっぱいまで
ドア
光
出だしからすでにこの

B3

B2

B 6
B 7
B 5
B 8

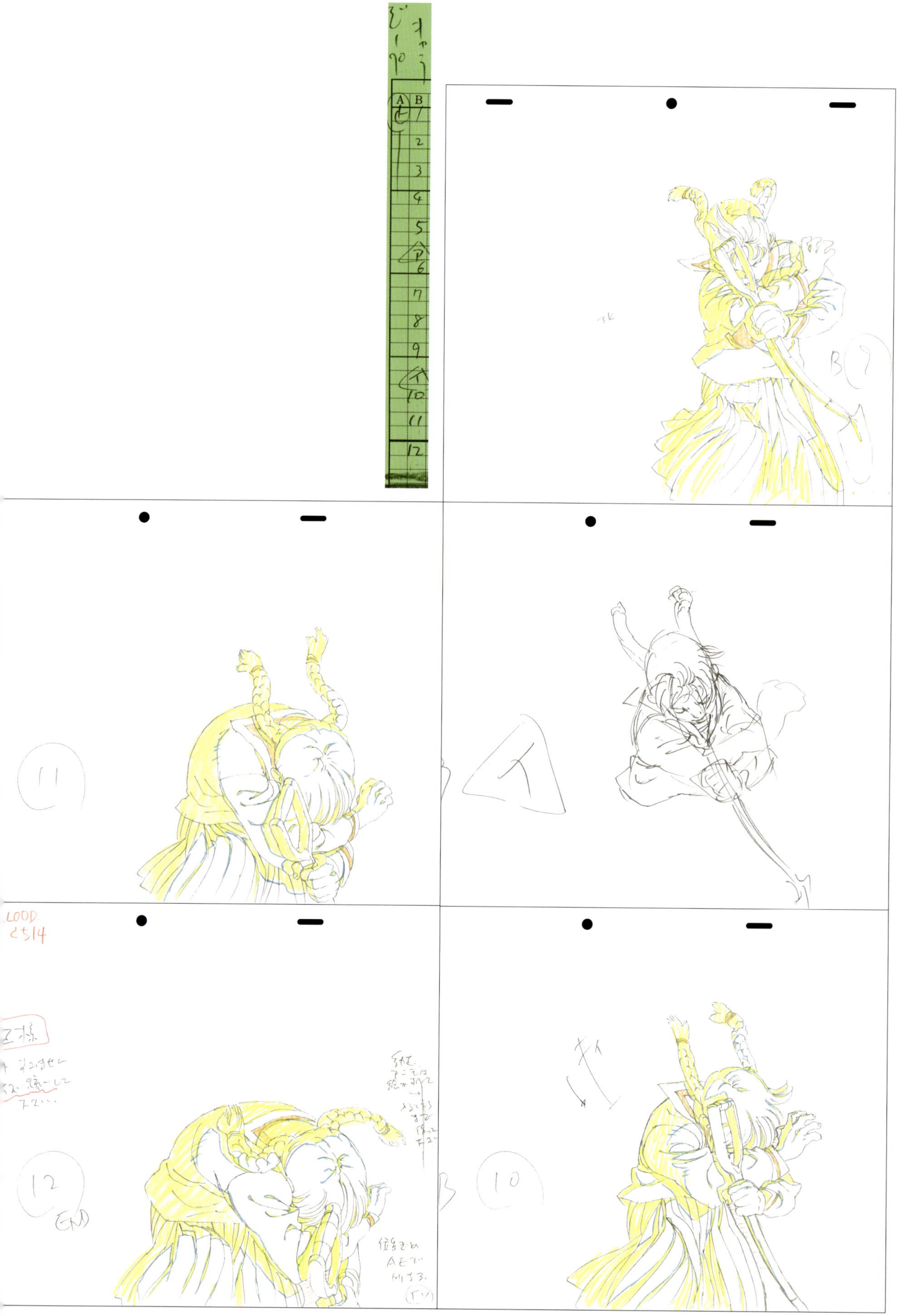

11
12
10

516 (3+6)
S. C.
TIME (+)
PRODUCTION I.G

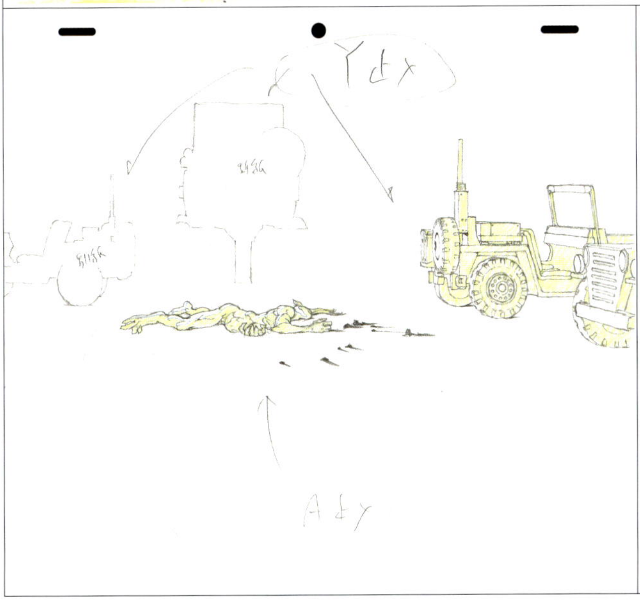

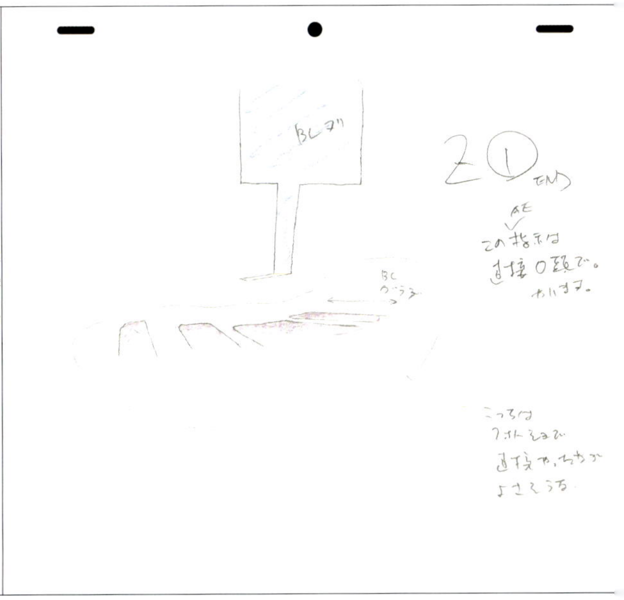
2①
END
この指示は
直接口頭で。

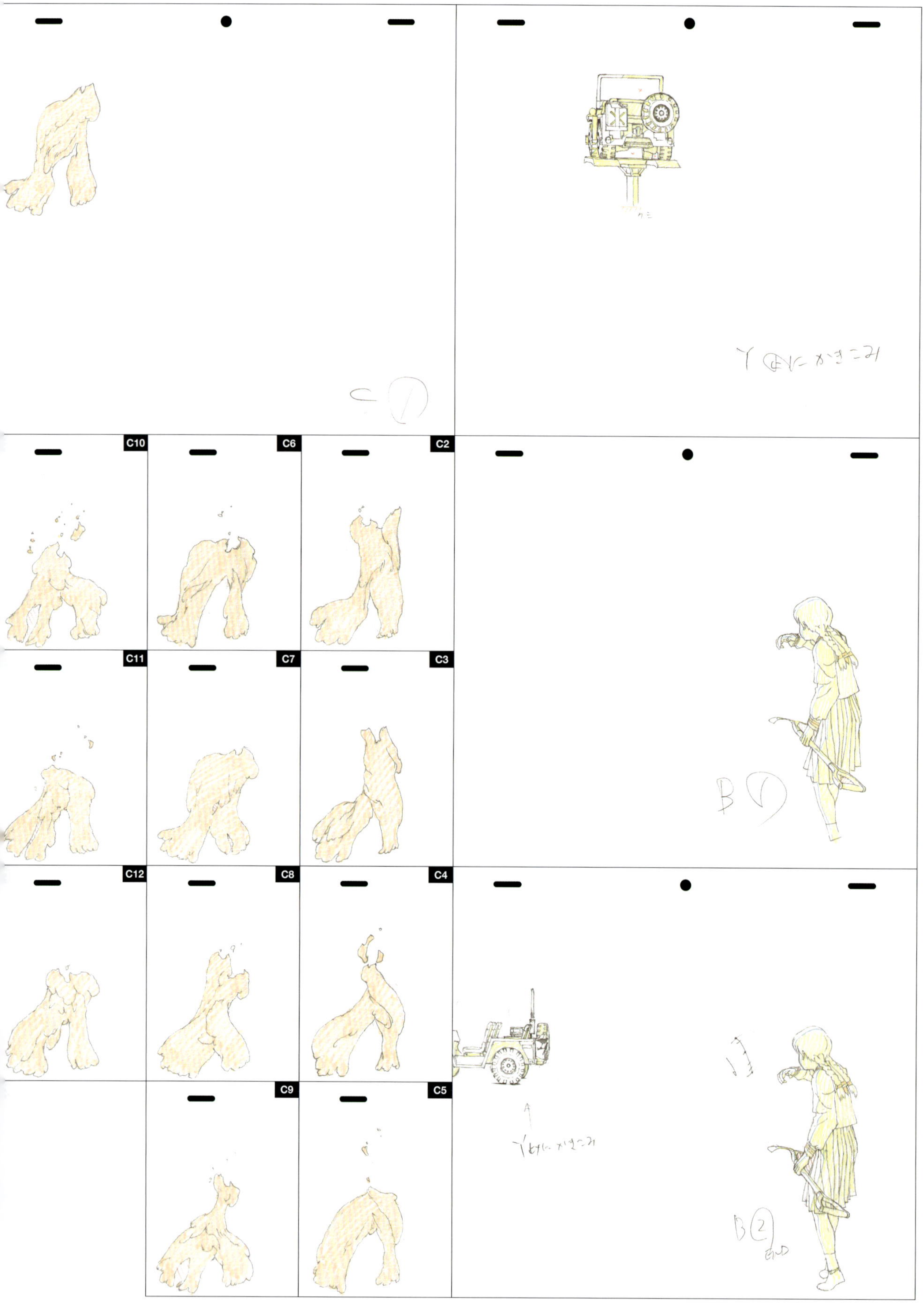
C10
C6
C2
C11
C7
C3
C12
C8
C4
C9
C5

E2
E3
E4
E5
D6
D7
D8

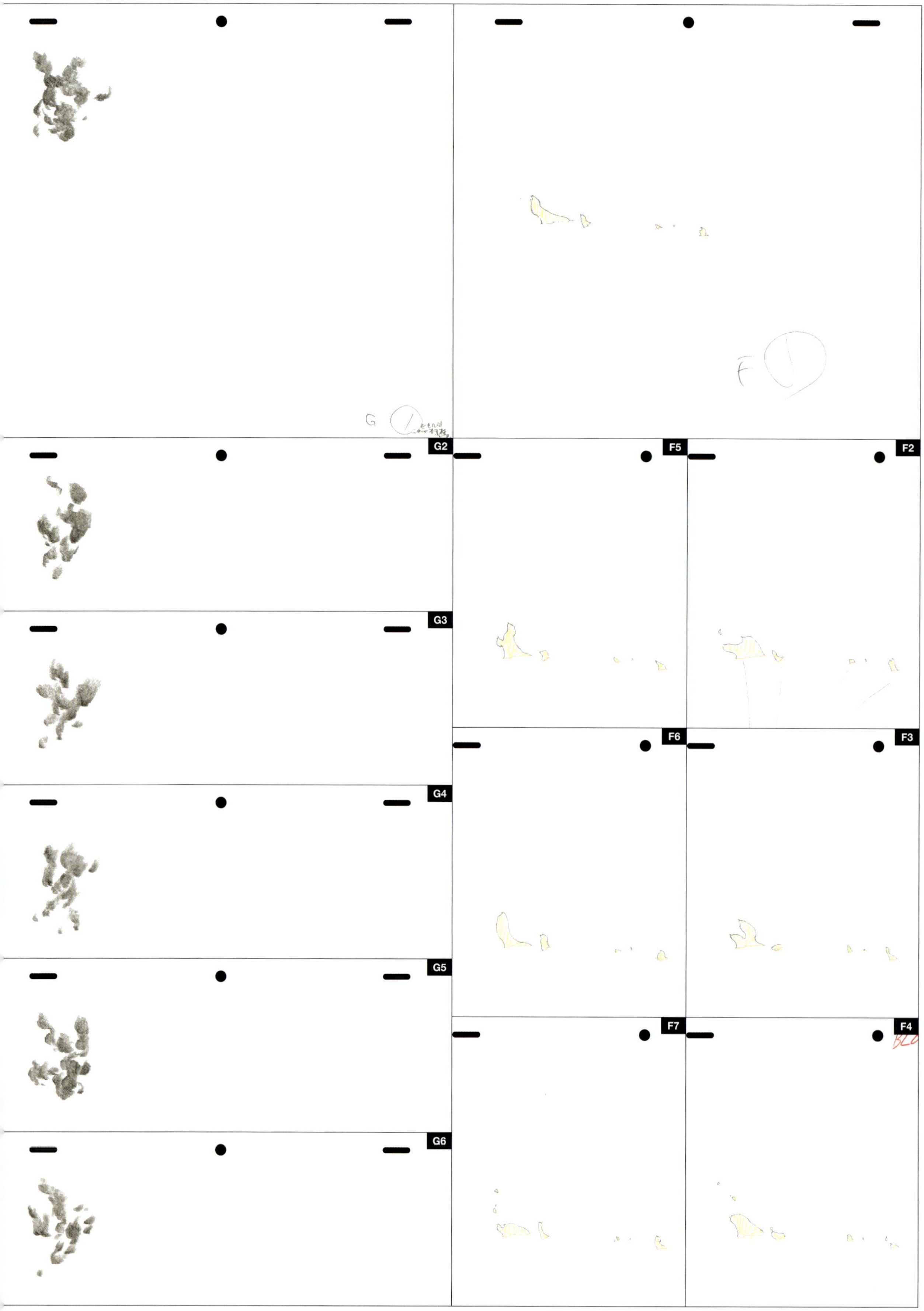
G2
G3
G4
G5
G6
F5
F2
F6
F3
F7
F4

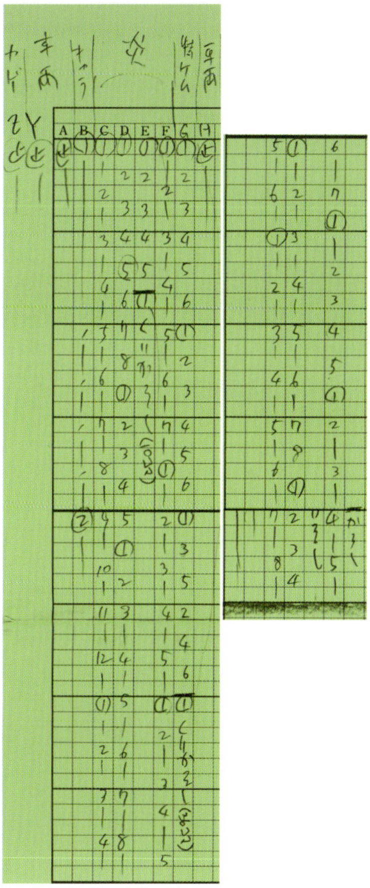

CUT 517

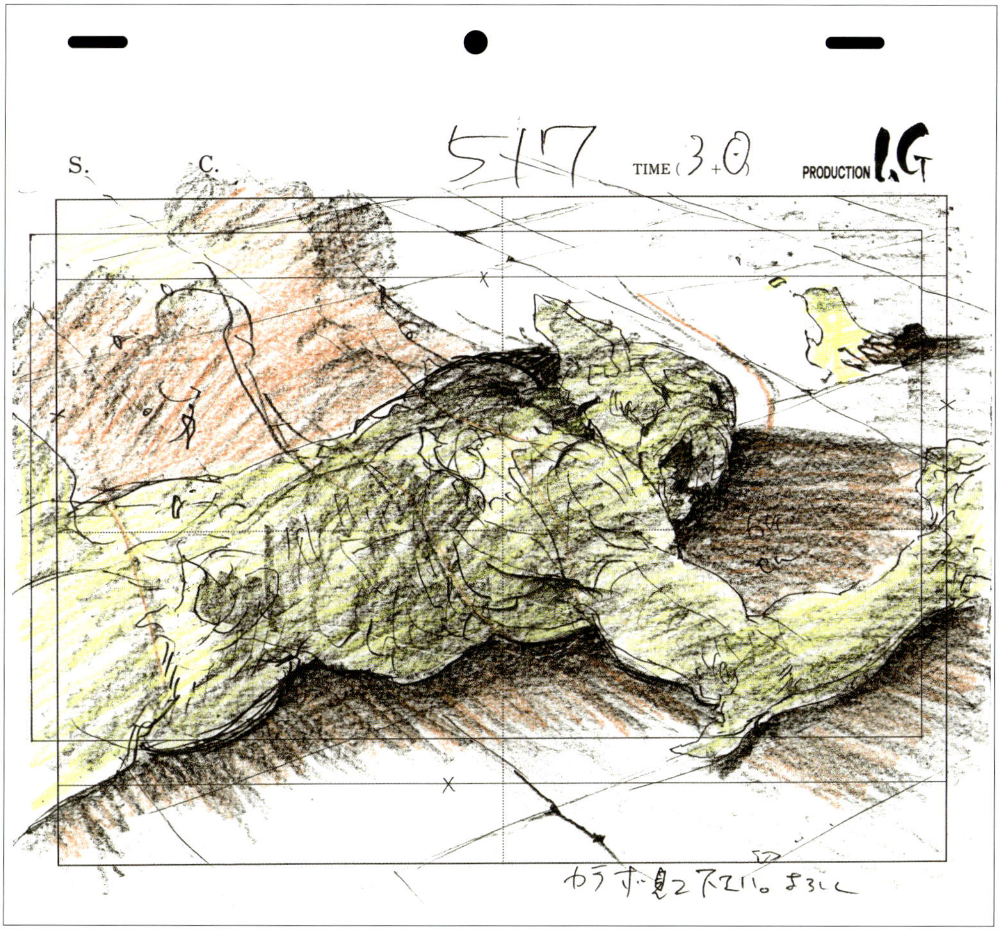

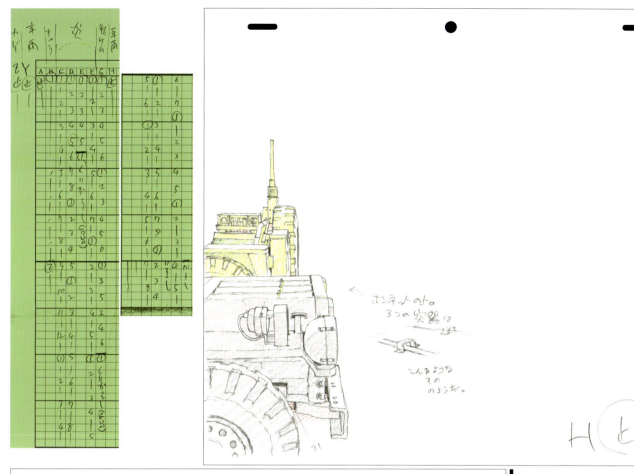

BLOOD-517
動画様
赤くぬったまわりの
線は描いておいて下さい。
赤くぬる必要はありません
アニメ担様、
A上Xは、
A① 完成画
A② トレス線のみ
A③ カゲなしベタヌリのみ（トレス線なし）
A④ カゲ部分のみのヌリ（トレス線なし）
でください。
わからない時は聞いて下さい
赤いヒビわれの
ところは、のち特効（原画が入れます）
を入れる時につかうものなので、動、アニメは
無視して
下さい。
色も
同色に
ベタぬり。
A上X
HT線別紙

A上Xの
カゲ

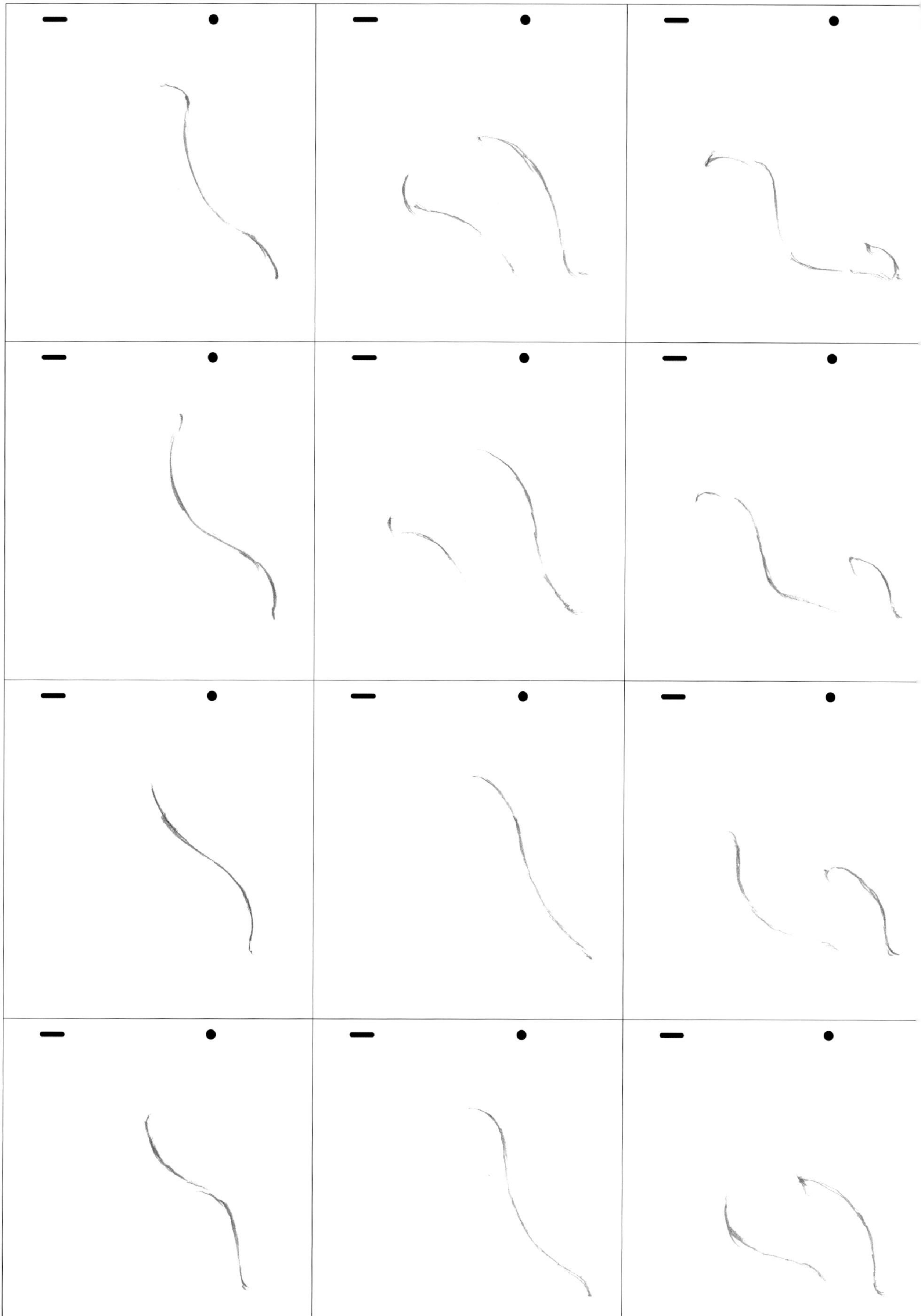

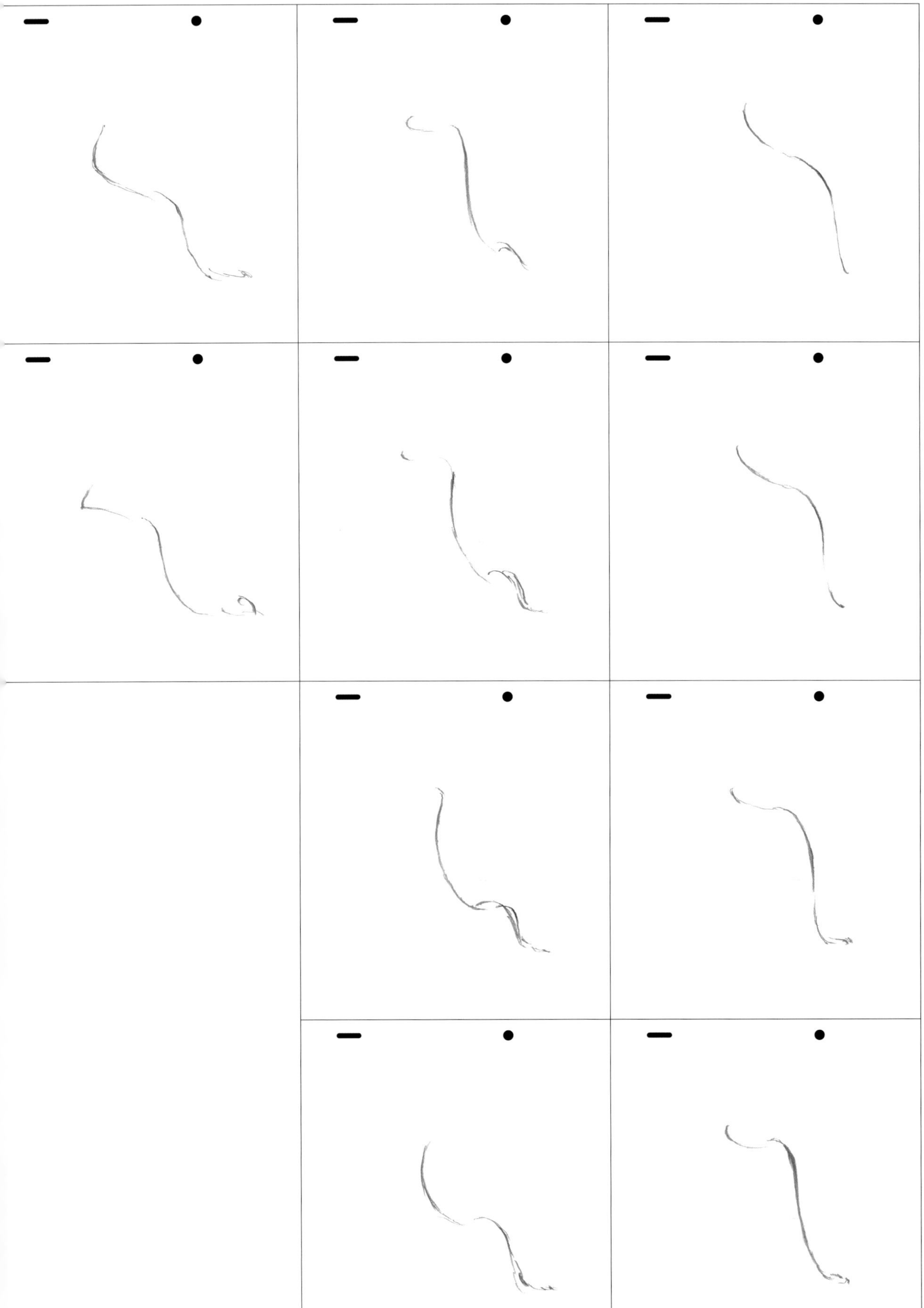

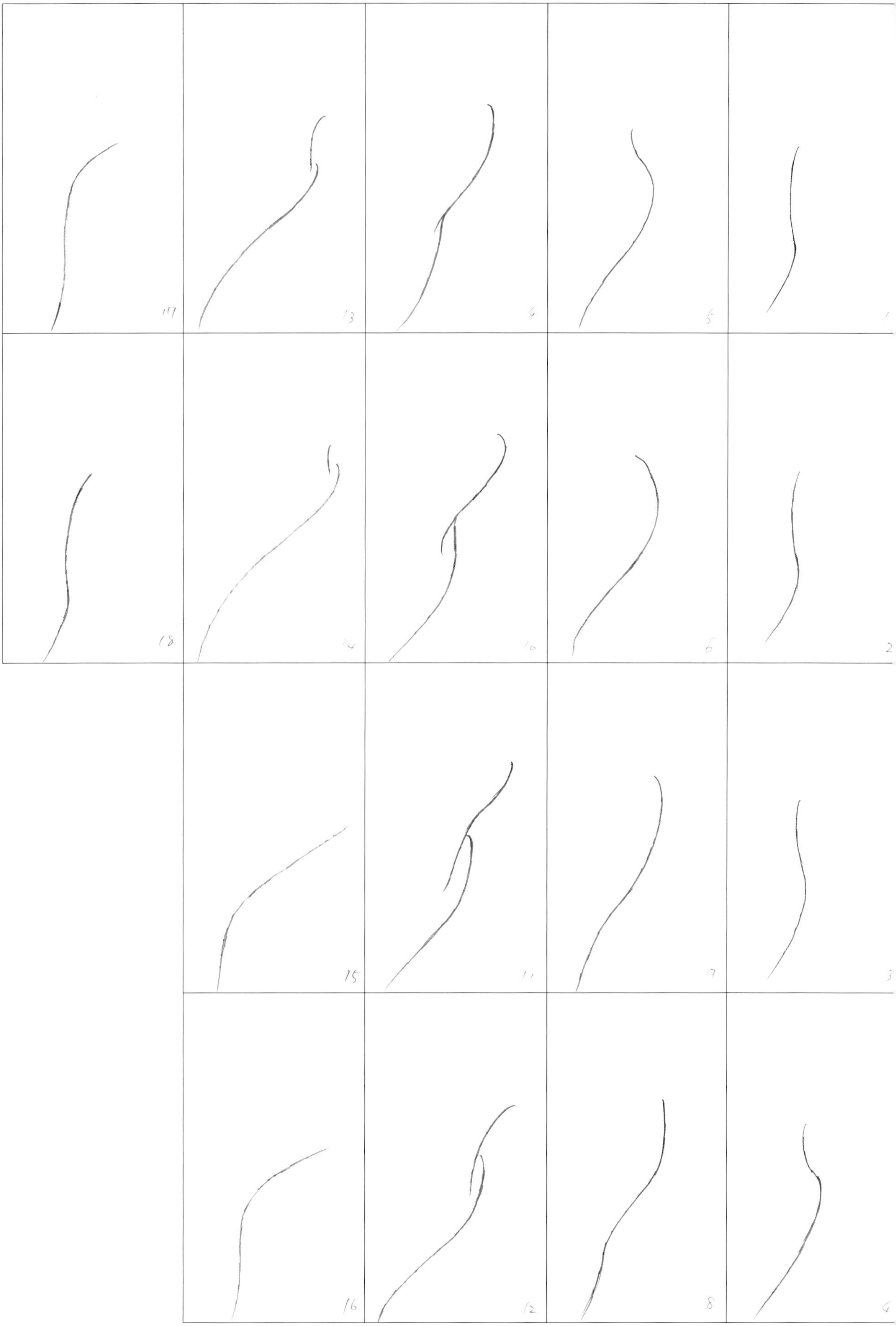
17
13
9
5
1
18
14
10
6
2
15
11
7
3
16
12
8
4

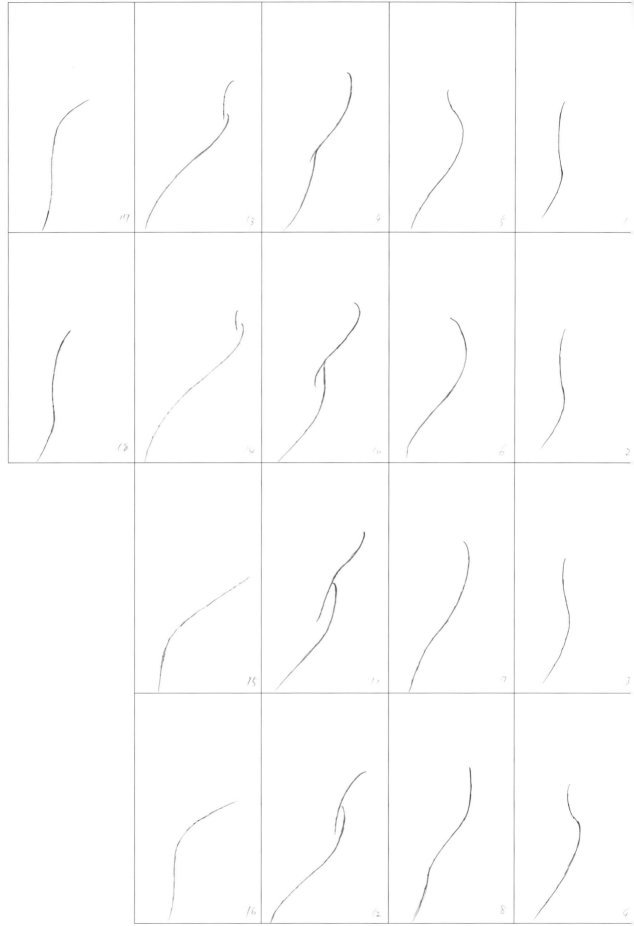

518 (3+18)

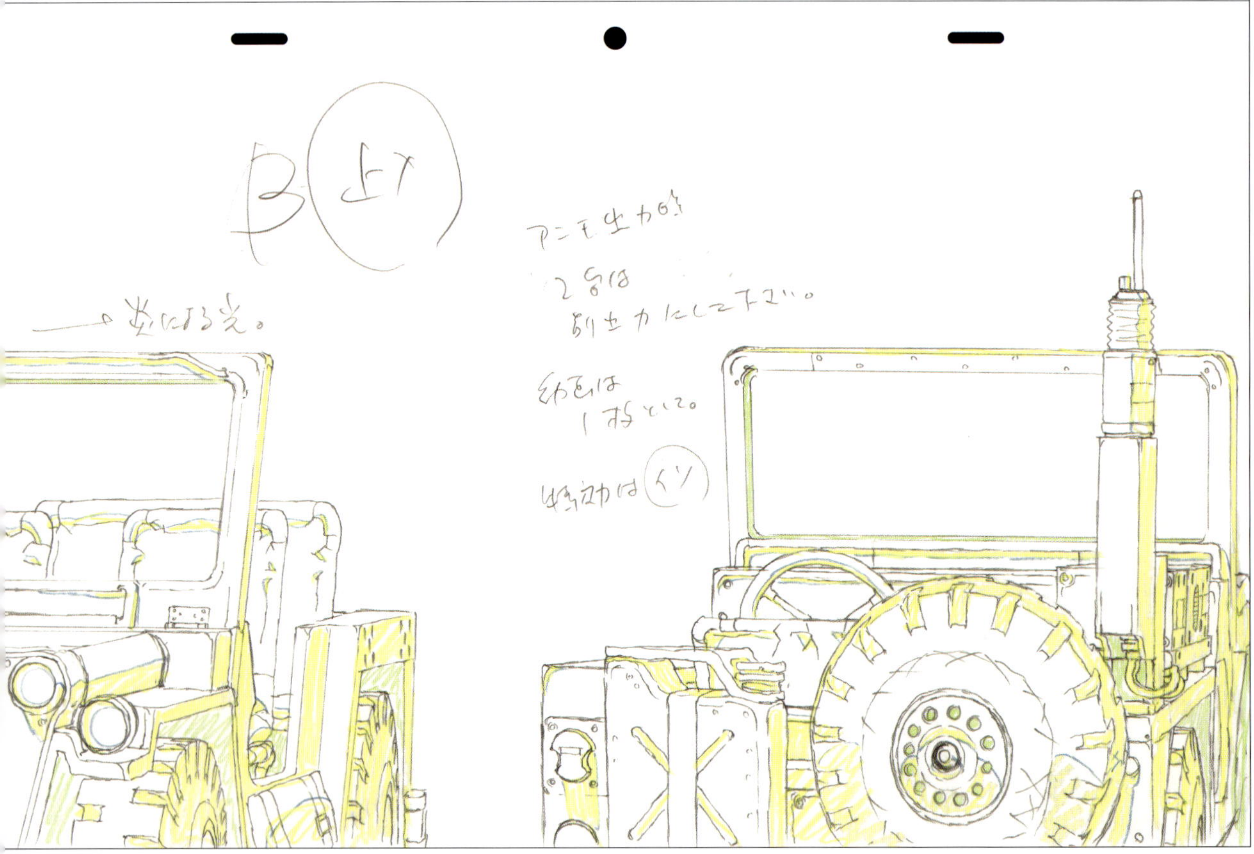
B
アニメ出力時
2台は
別出力にして下さい。

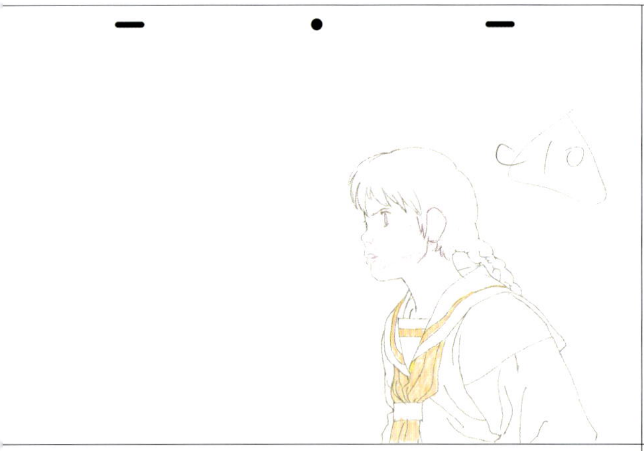
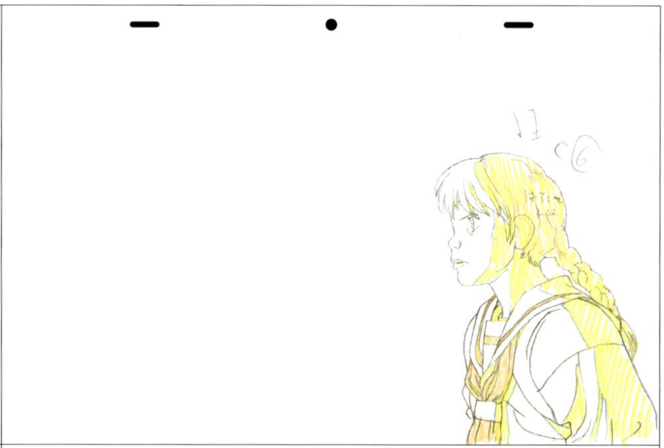
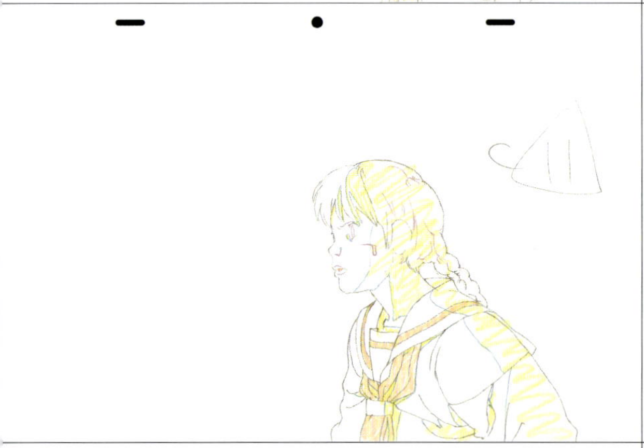
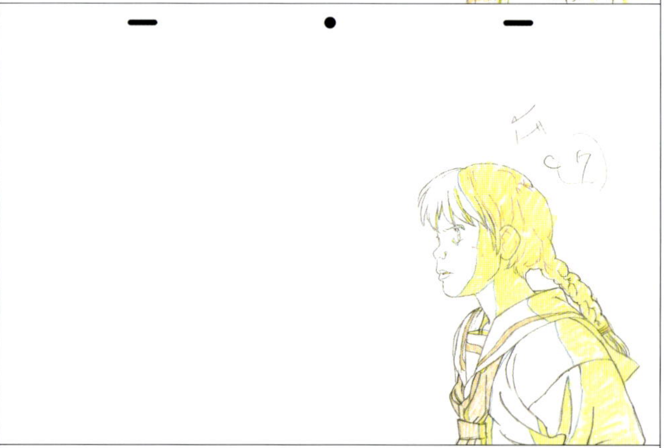
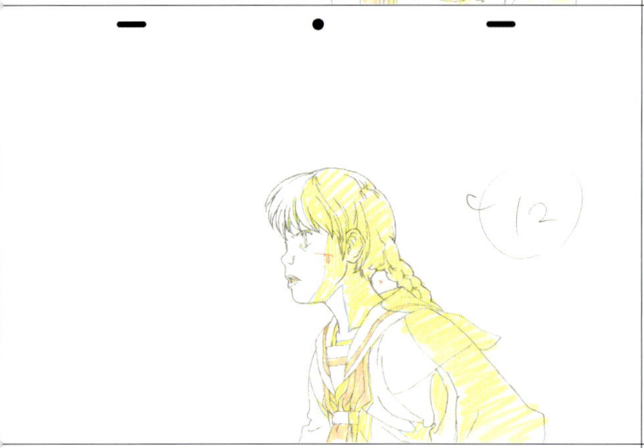
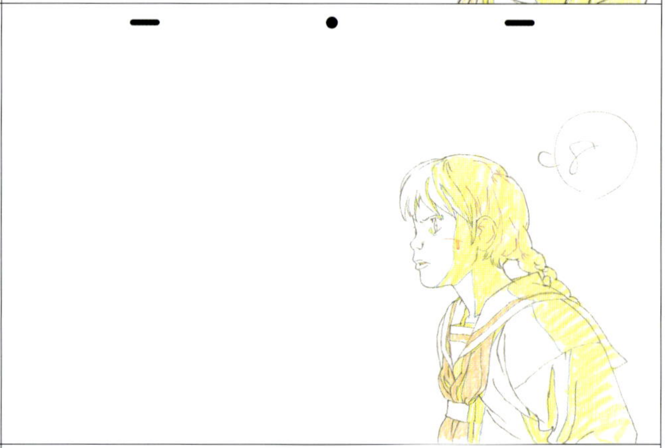
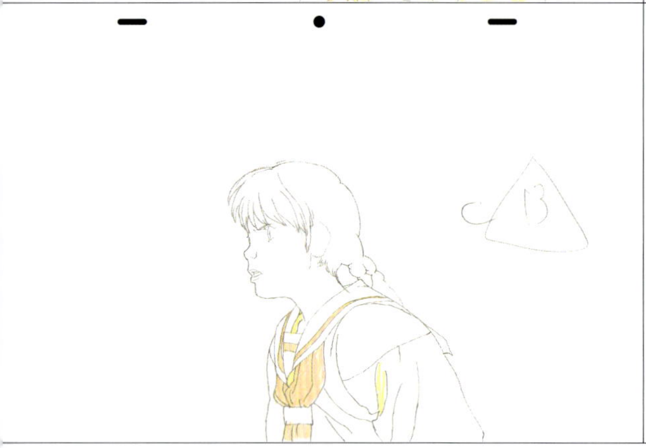
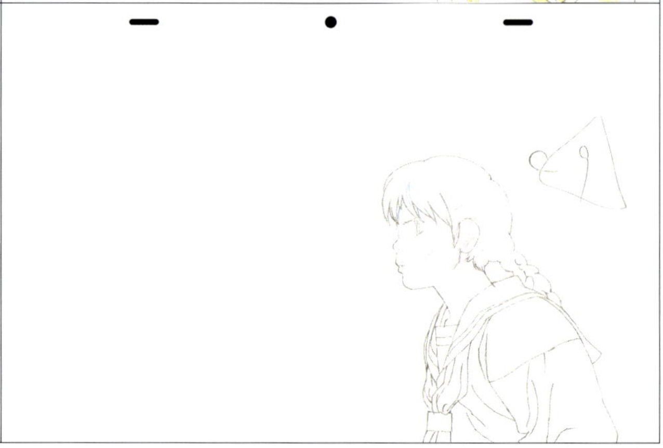

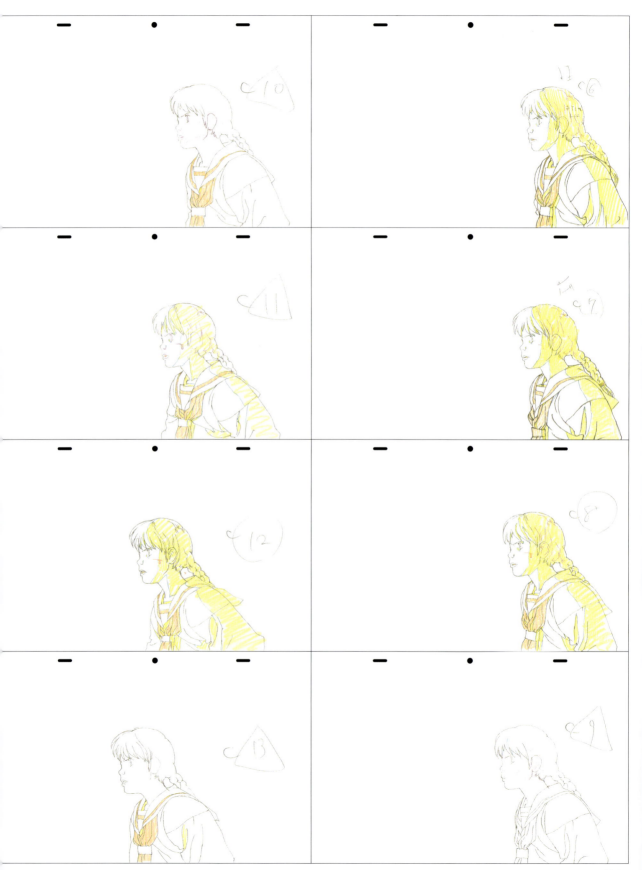

c14

c15

c16

c17

c18

c19

c20

c21

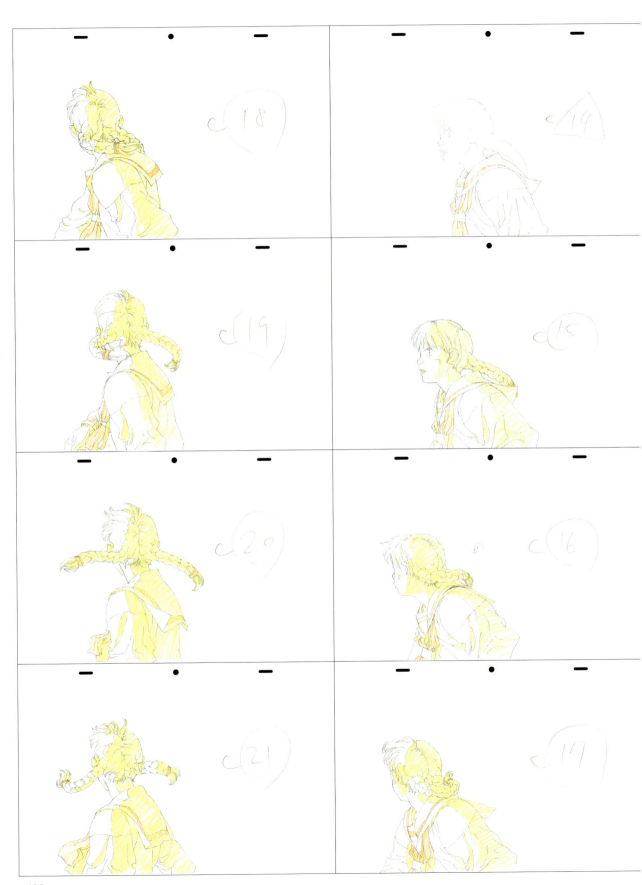

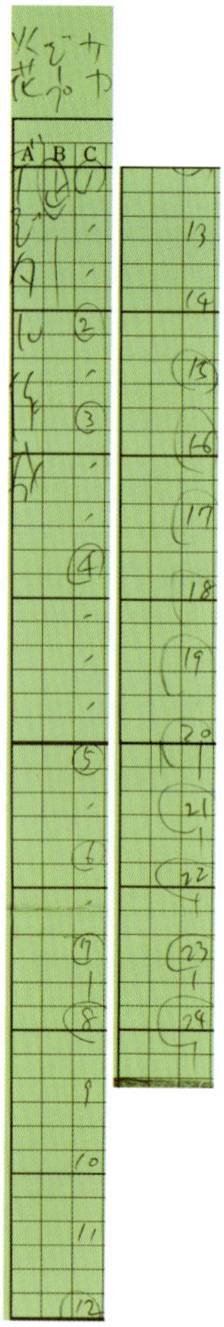
A
B
C

c 22

c 23

BLOOD-518
c 24
END

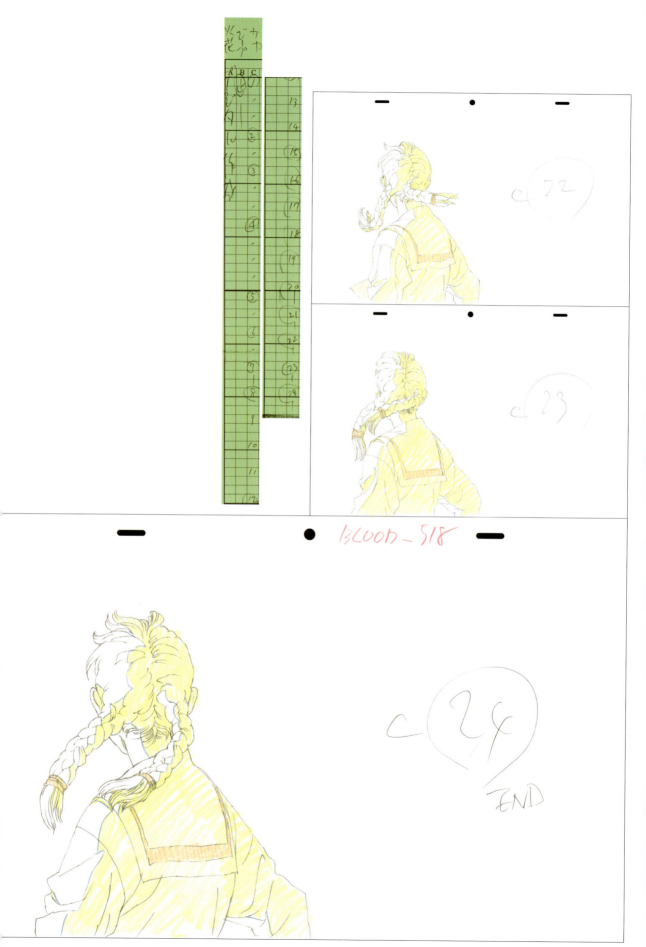

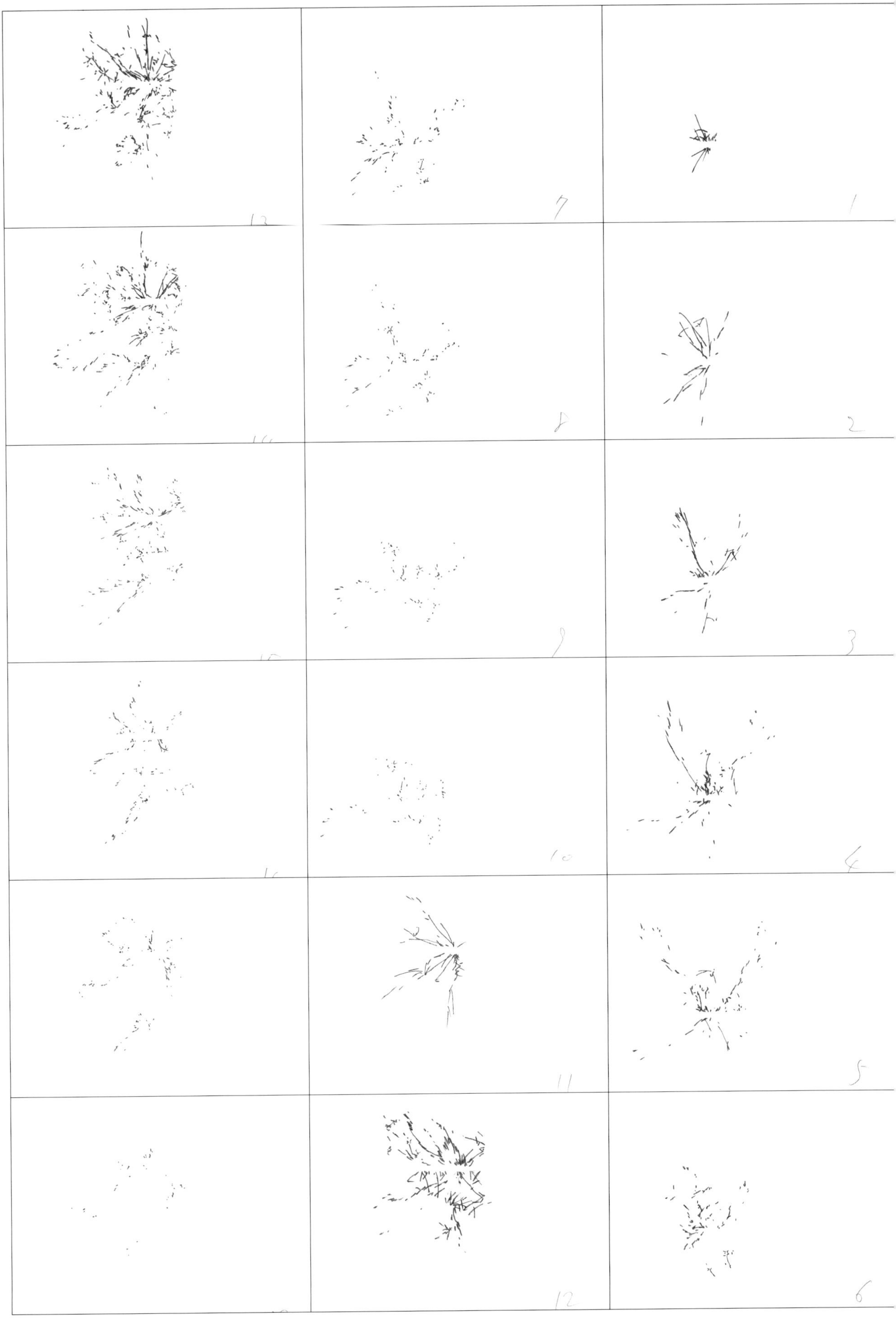
7
1
8
2
9
3
10
4
11
5
12
6

519 (4+①)
窓の奥別紙にわけて下さい。

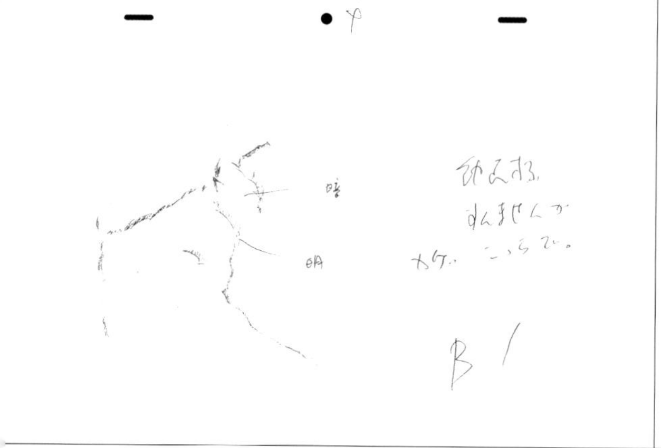
B 1

B ①

B 2

B ②

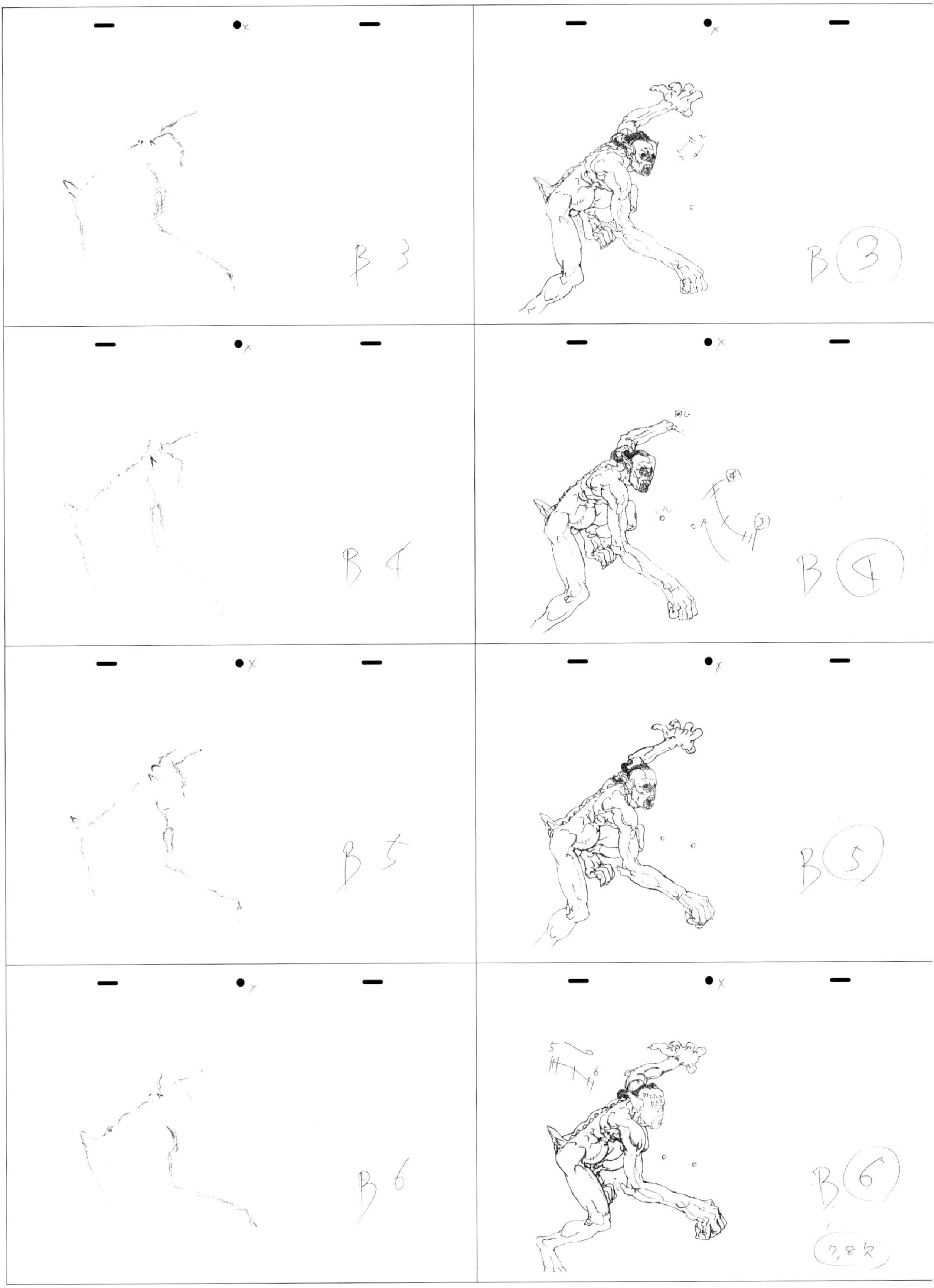
B 3
B 3
B 4
B 4
B 5
B 5
B 6
B 6

B 9

B 9

B 10

B 10

ここまで
こっちの
カゲを
使って下さい
B 11

ここまで
別紙の
カゲを
使って下さい
B 11

B 13

B 12

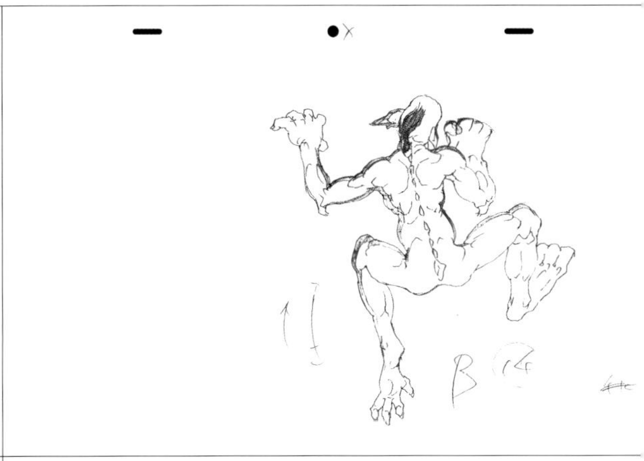
B 14

B 15

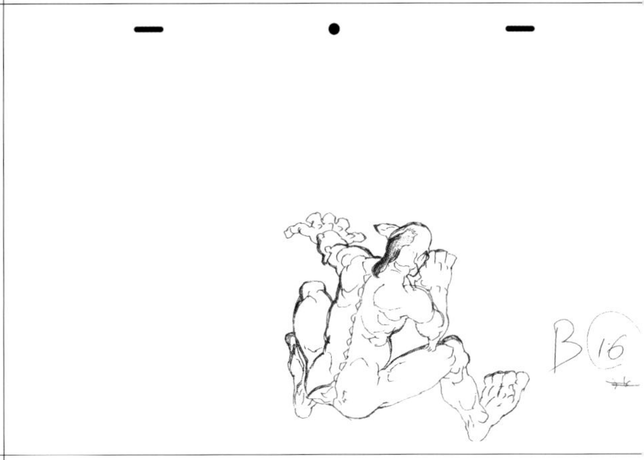
B 16

B 17

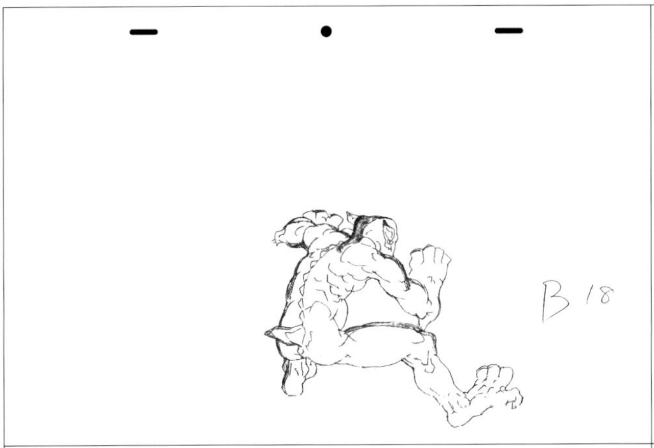
B 18

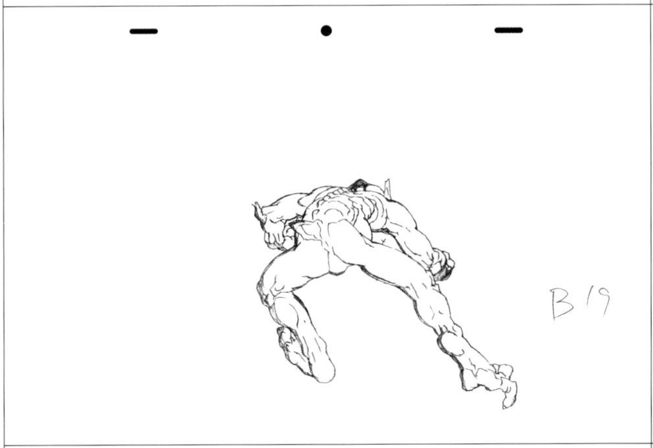
B 19

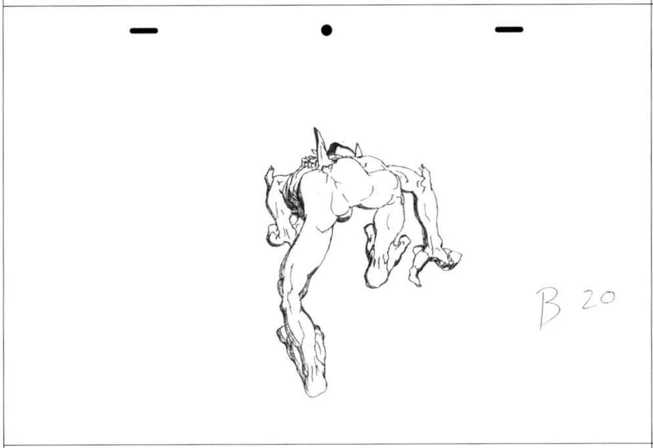
B 20

B 21

B 22

B 23

B 24

B 25

B 26

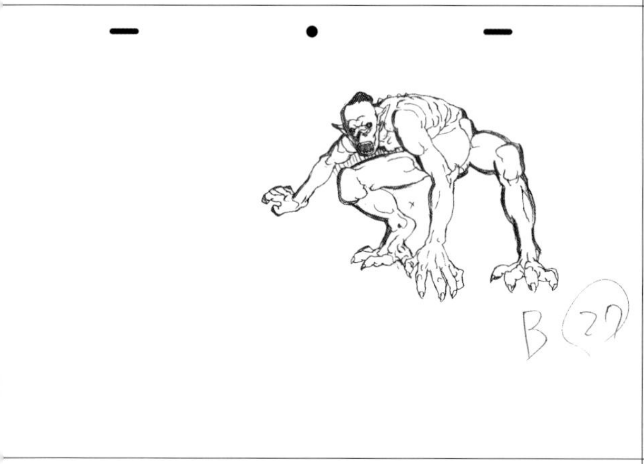
B 27

B 28

B 29

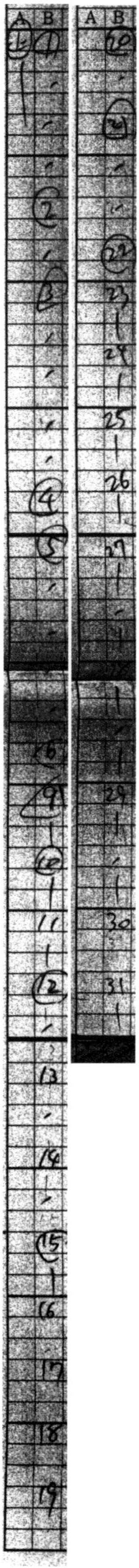

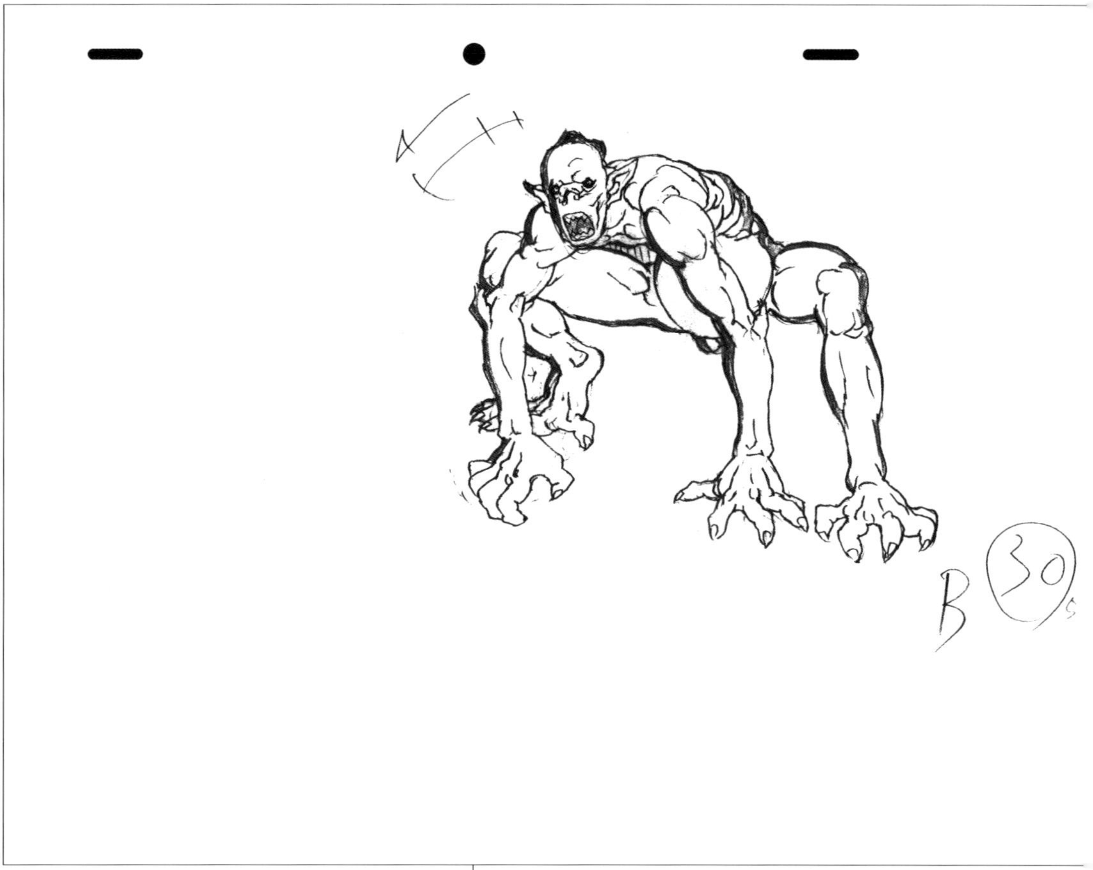
B 30

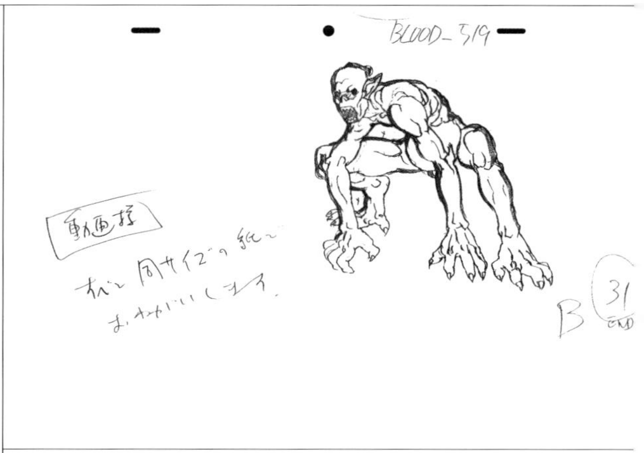
BLOOD_519
動画様
これと同サイズの紙で
おねがいします。
B 31 END

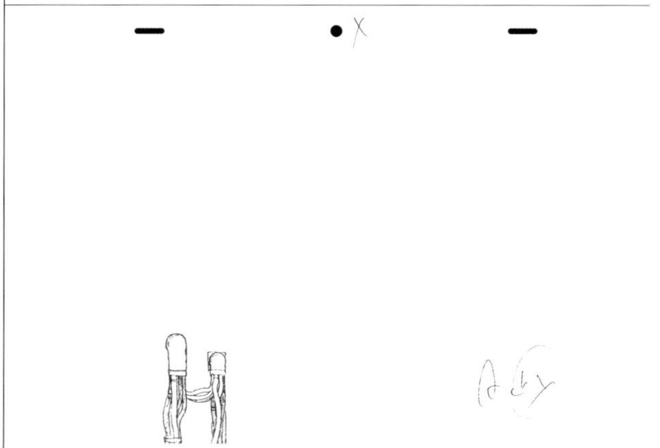

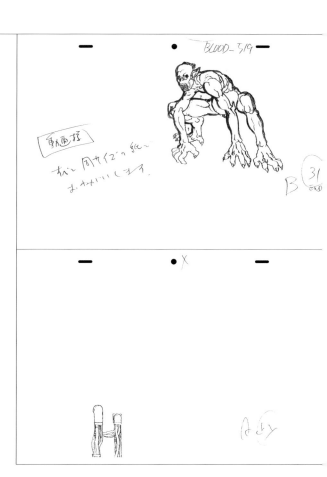

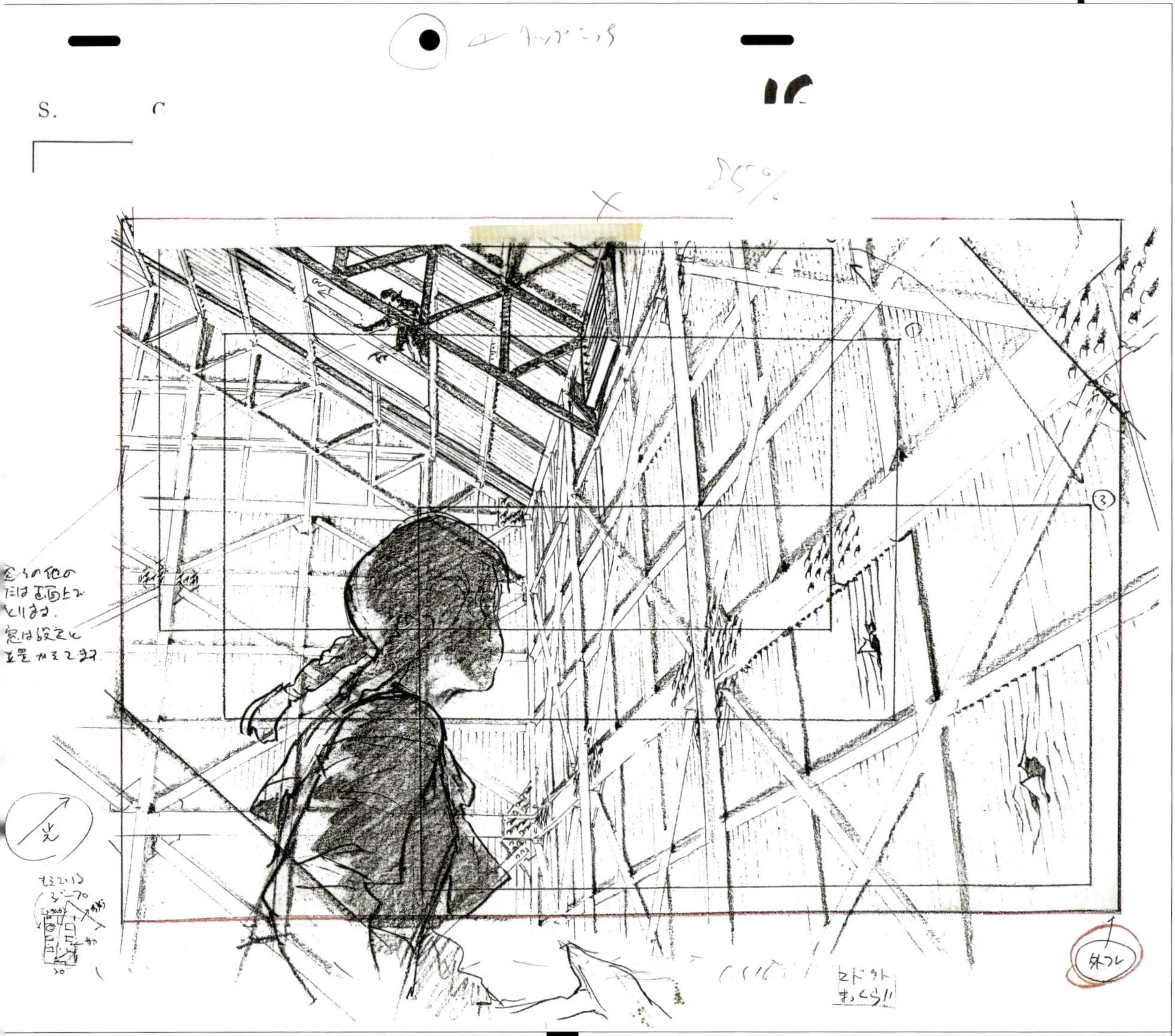
S. C.
外フレ

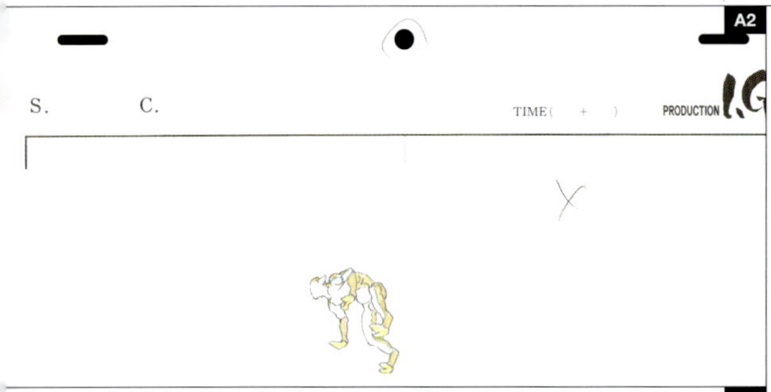
A2
S. C.
TIME(+)
PRODUCTION I.G

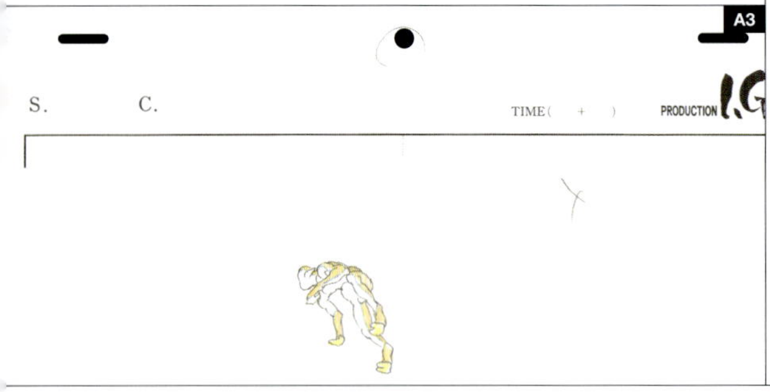
A3
S. C.
TIME(+)
PRODUCTION I.G

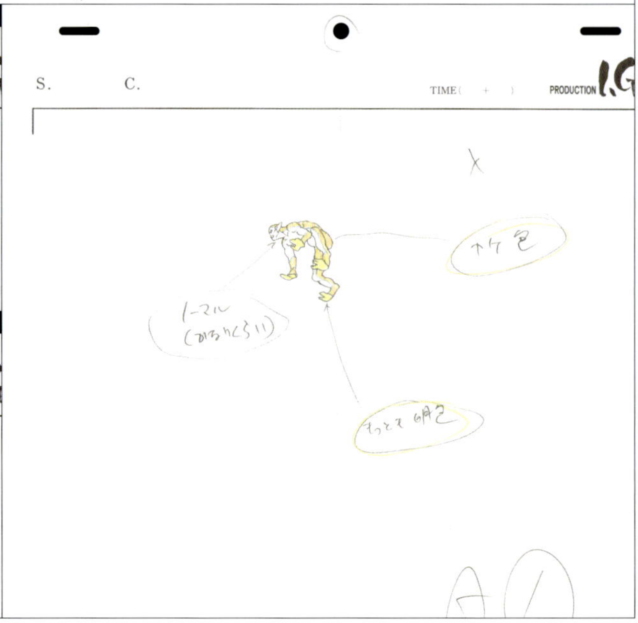
S. C.
TIME(+)
PRODUCTION I.G

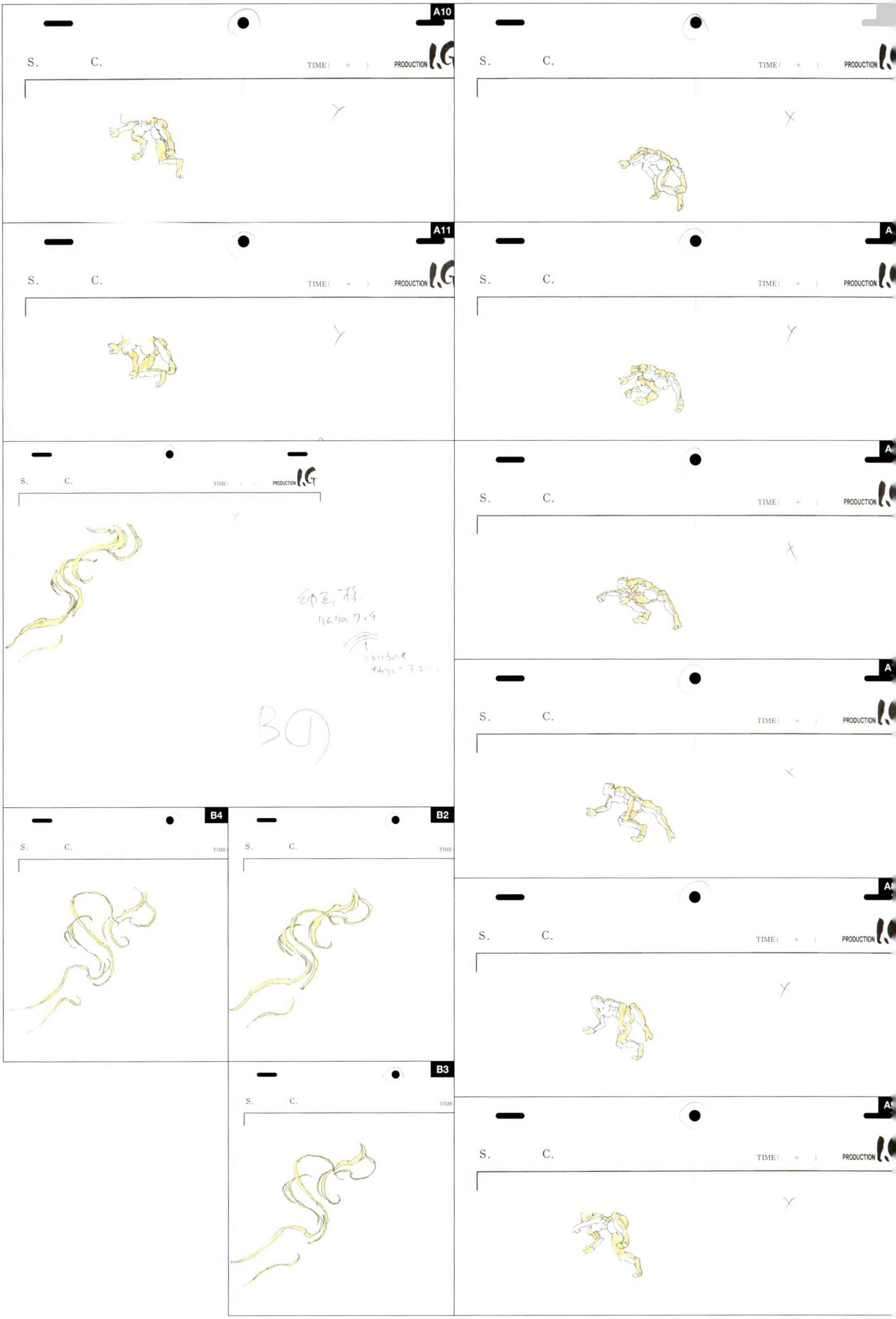
A10
A11
B1
B4
B2
B3
S. C. TIME (+) PRODUCTION I.G

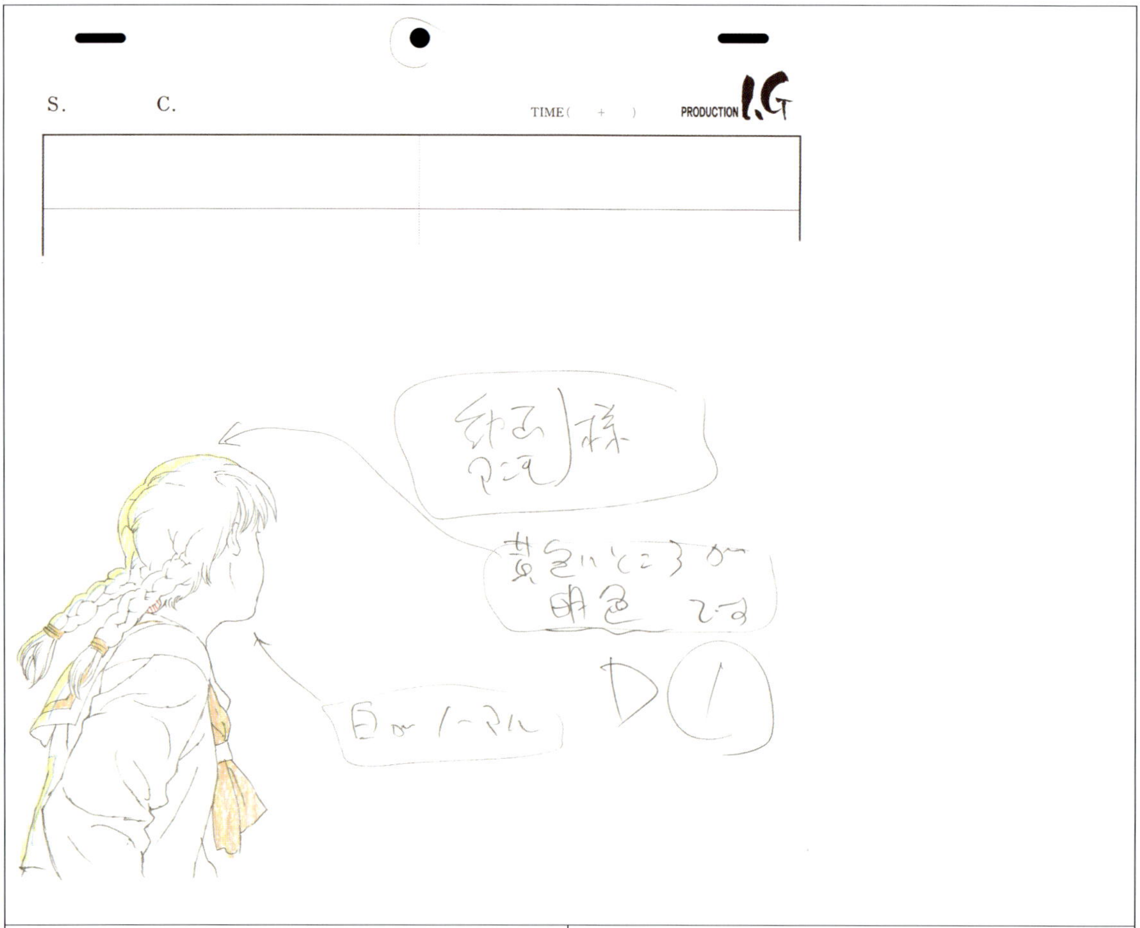
S.
C.
TIME(+)
PRODUCTION I.G
黄色いところが明色です
目がノーマル
D①

PRODUCTION I.G
D④

PRODUCTION I.G
D②
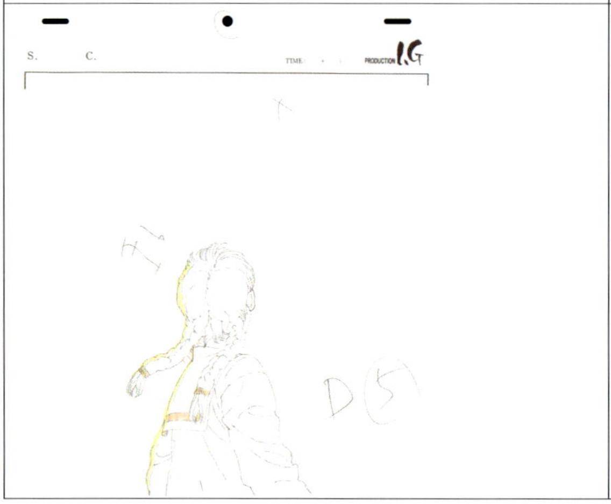
PRODUCTION I.G
D⑤

PRODUCTION I.G
D③

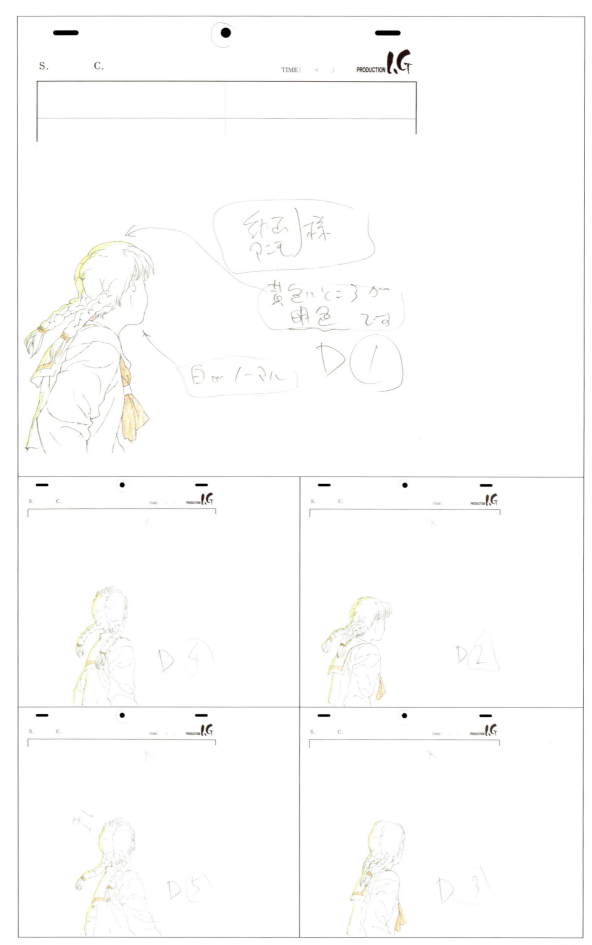

S. C. TIME PRODUCTION I.G
D 10

S. C. TIME PRODUCTION I.G
D 6

S. C. TIME PRODUCTION I.G
D 11

S. C. TIME PRODUCTION I.G
D 7

S. C. TIME PRODUCTION I.G
D 12

S. C. TIME PRODUCTION I.G
D 8

S. C. TIME PRODUCTION I.G
D 13

S. C. TIME PRODUCTION I.G
D 9

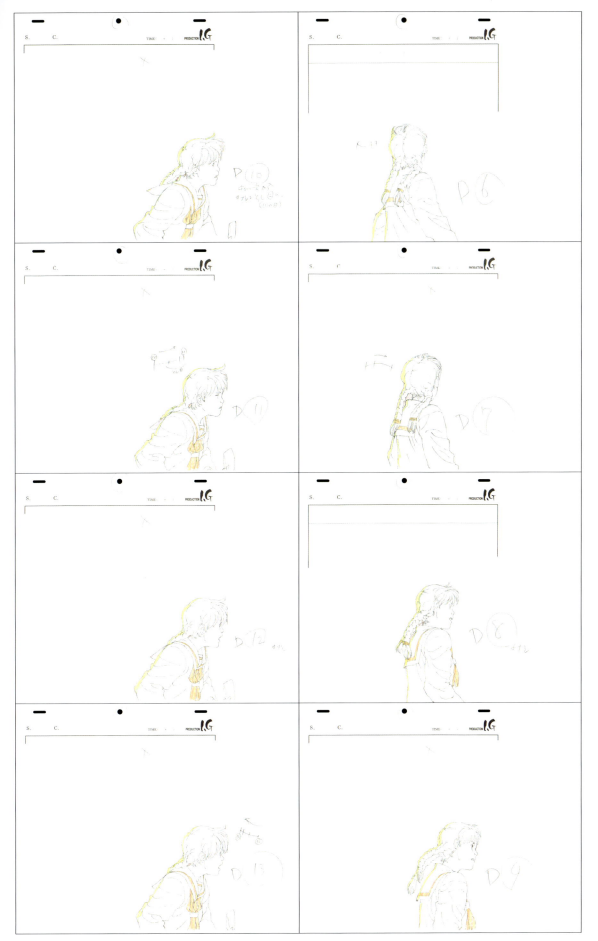

S. C.
TIME
PRODUCTION I.G
D 18

S. C.
TIME
PRODUCTION I.G
D 14

S. C.
TIME
PRODUCTION I.G
D 19

S. C.
TIME
PRODUCTION I.G
D 15

S. C.
TIME
PRODUCTION I.G
D 20

S. C.
TIME
PRODUCTION I.G
D 16

S. C.
TIME
PRODUCTION I.G
21
P 20
D P

S. C.
TIME
PRODUCTION I.G
D 17

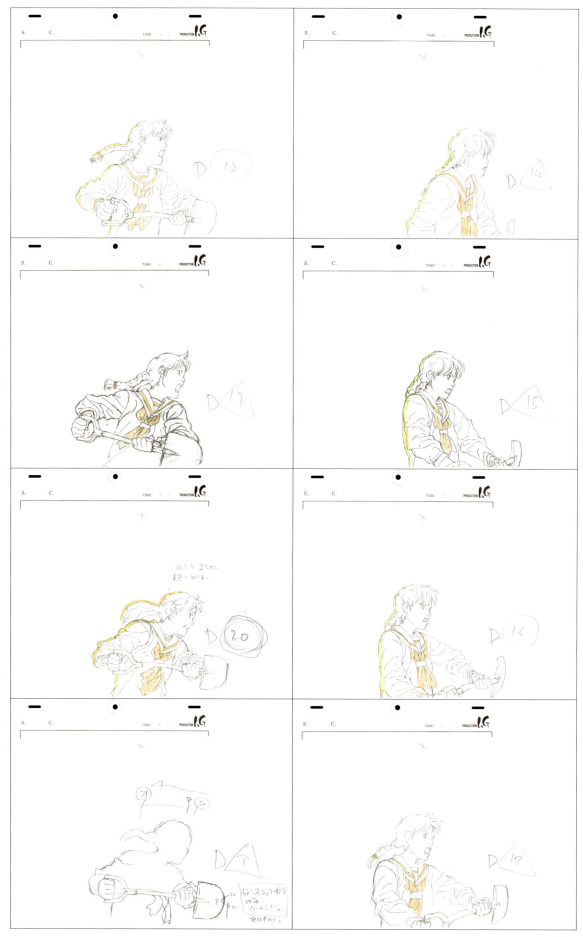

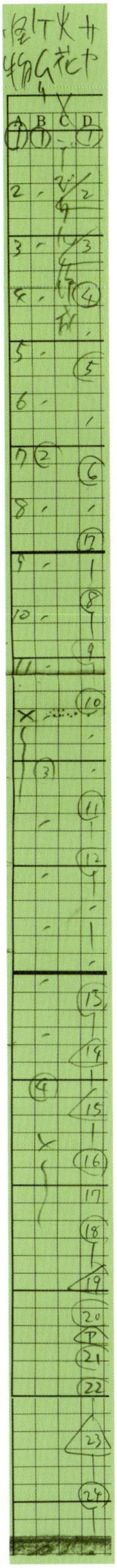
A B C D

S. C.
TIME(+)
PRODUCTION I.G
D 22

S. C.
TIME(+)
PRODUCTION I.G
D 21

S. C.
TIME(+)
PRODUCTION I.G
D 23

S. C.
TIME(+)
PRODUCTION I.G
☆ Dセルのみ
大判です
D 24
END

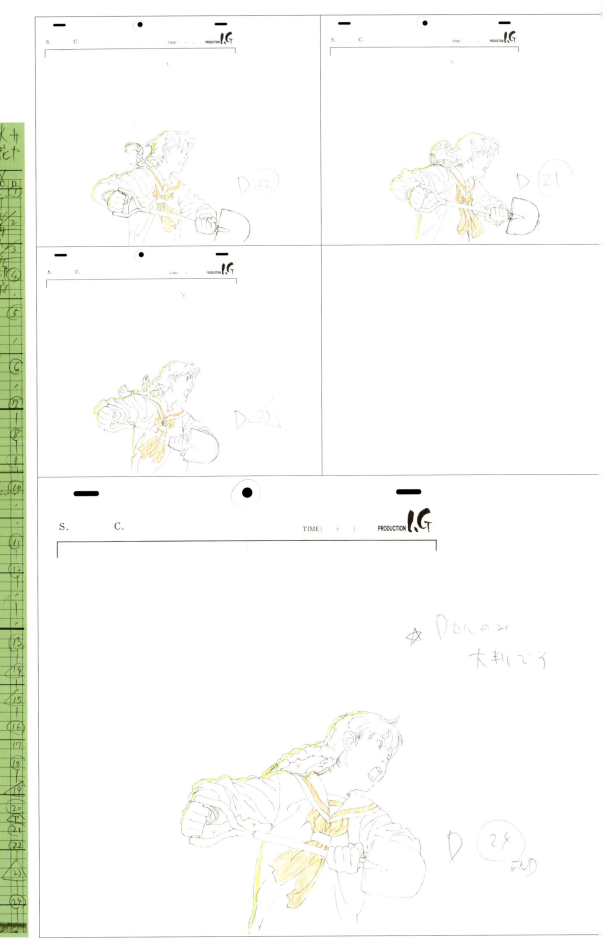

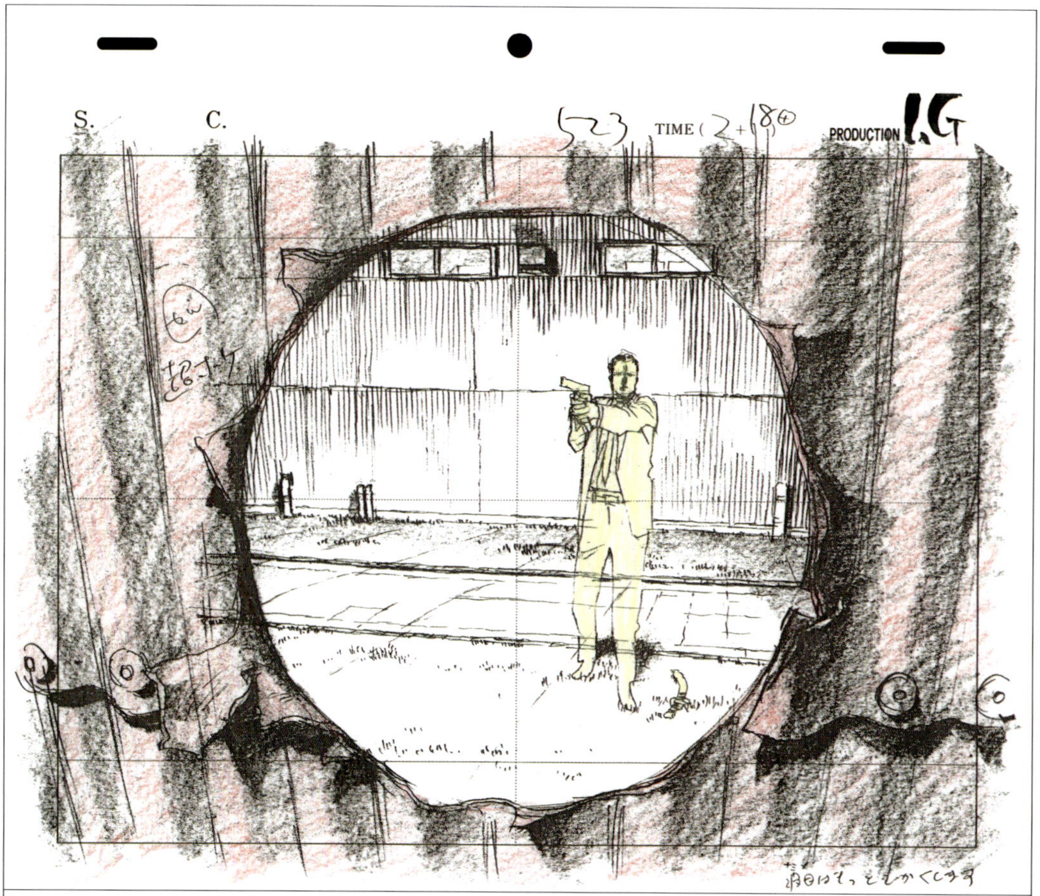
S.
C.
523
TIME (3+18)
PRODUCTION I.G

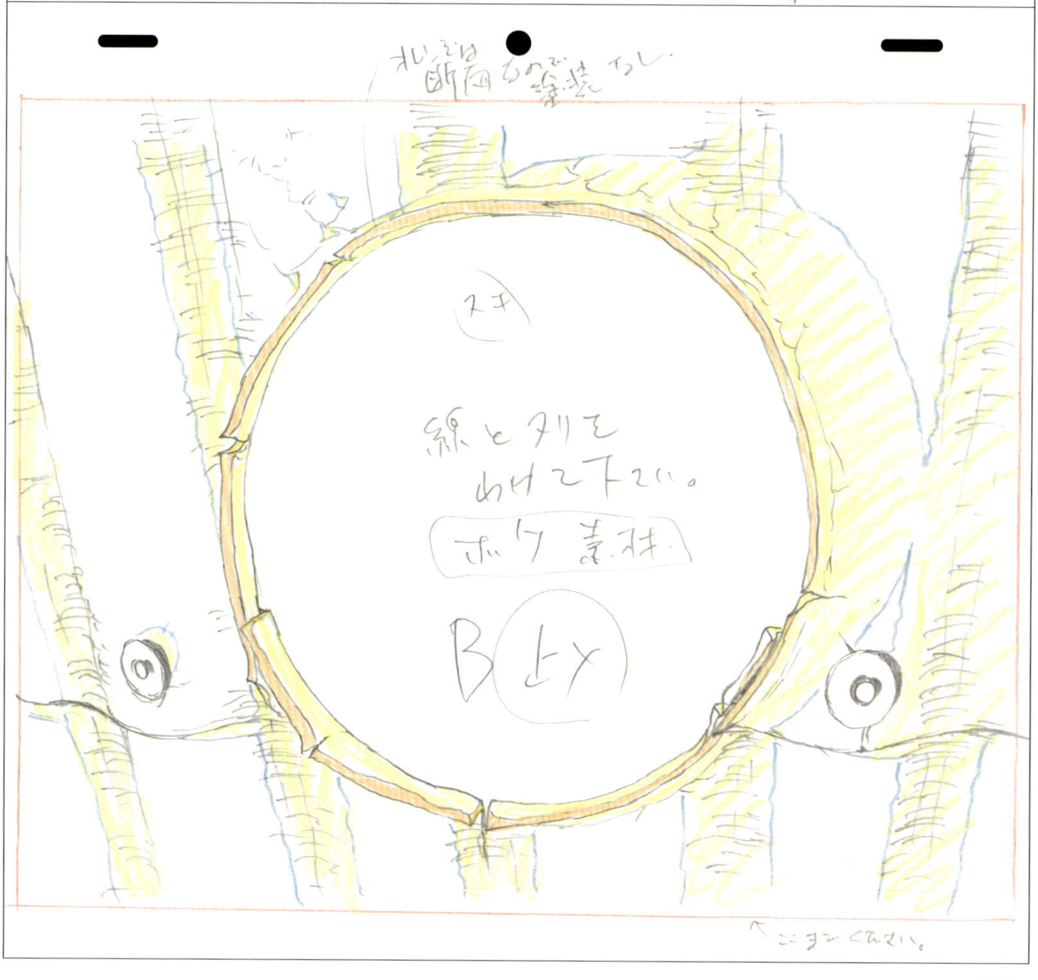
線とヌリを
ぬけて下さい。
ボケ素材

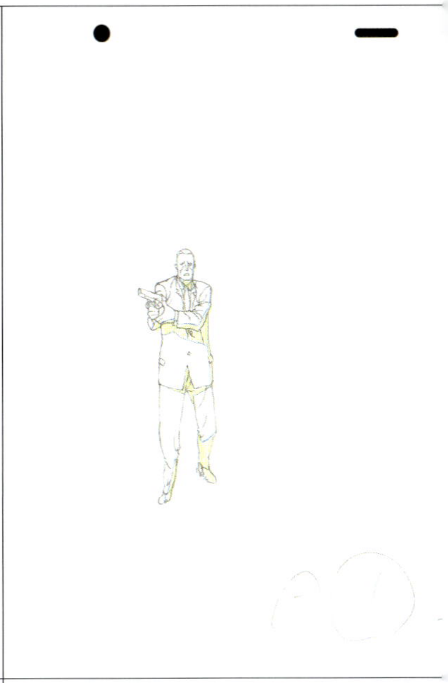
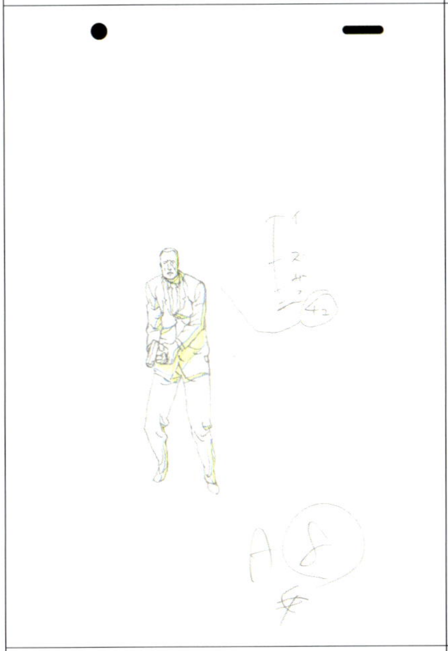

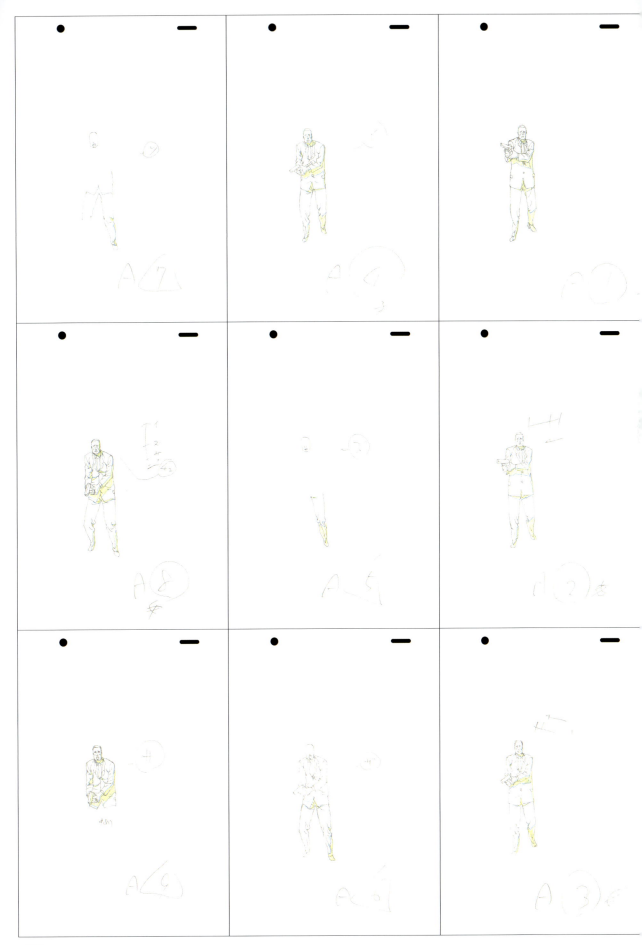

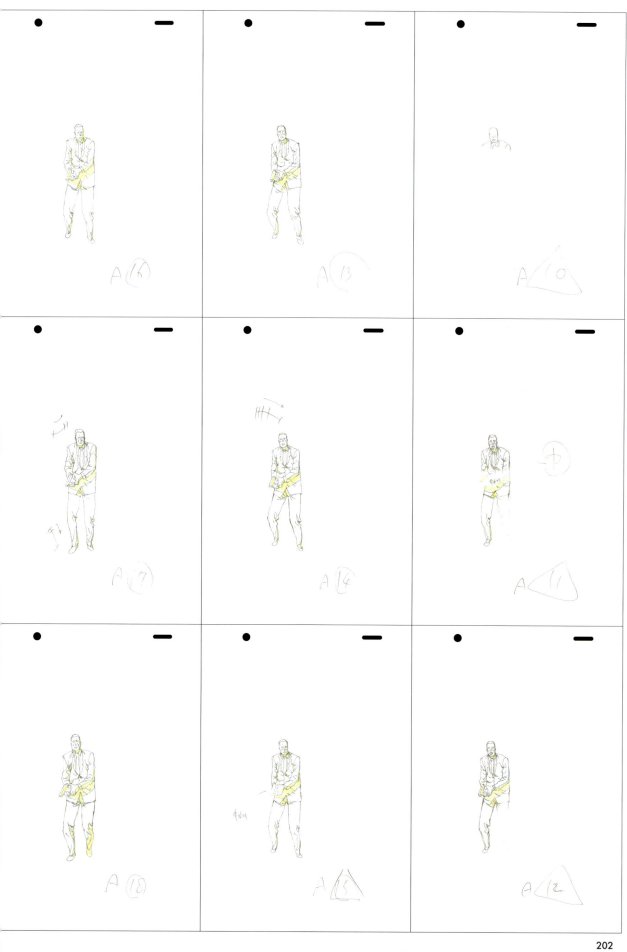

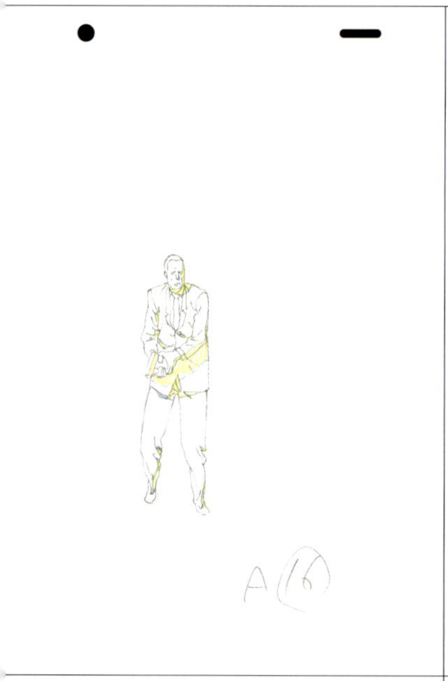
A 16
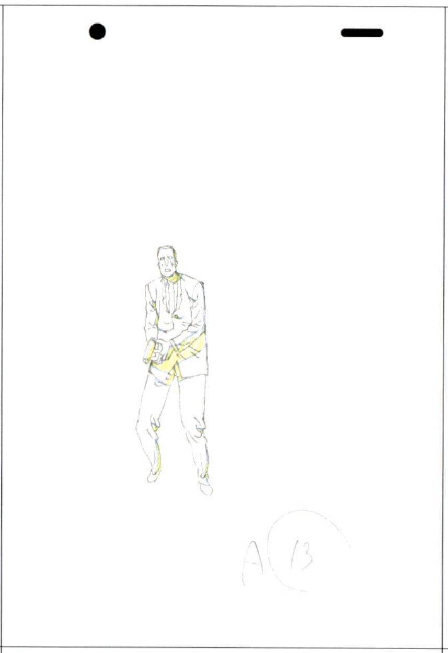
A 13

A 10
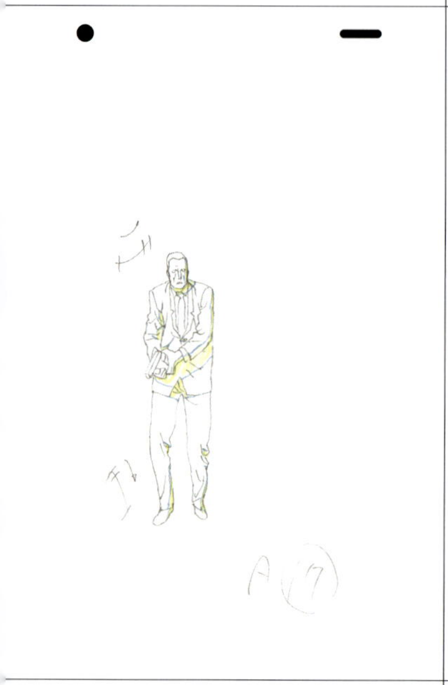
A 17
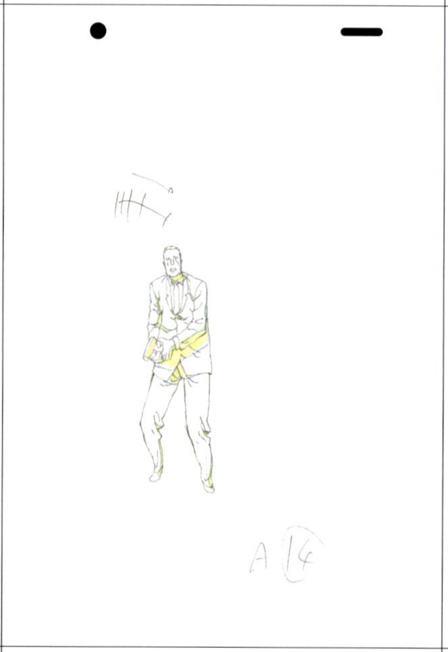
A 14
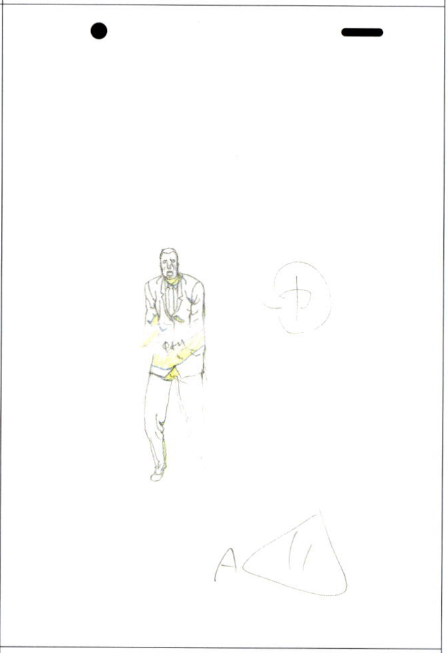
A 11
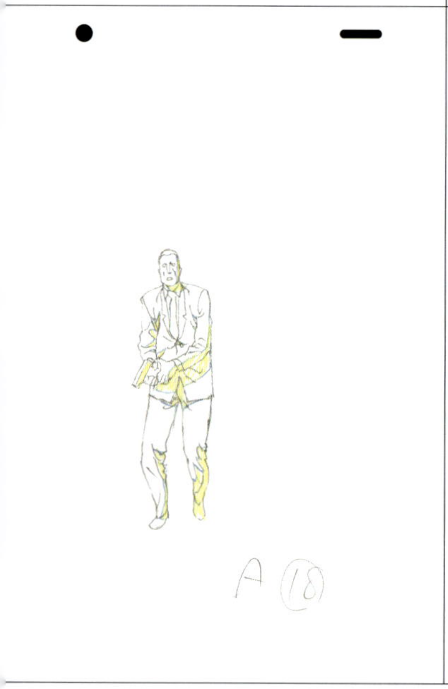
A 18
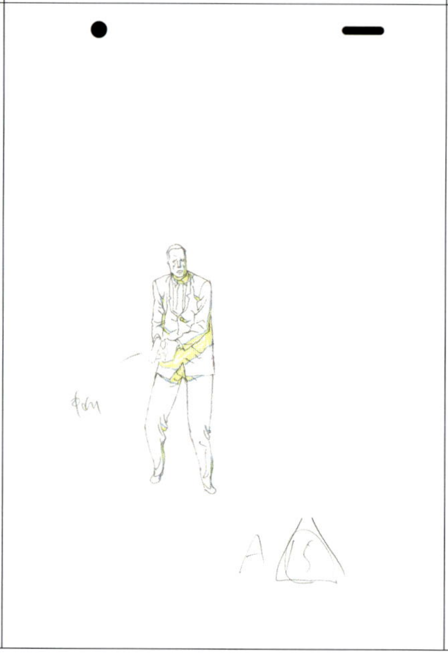
A 15
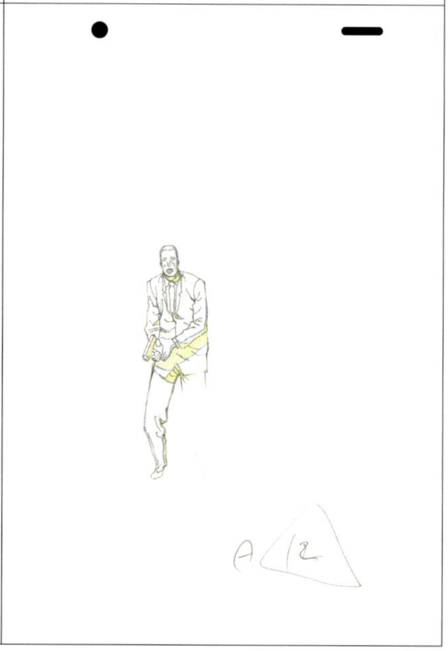
A 12

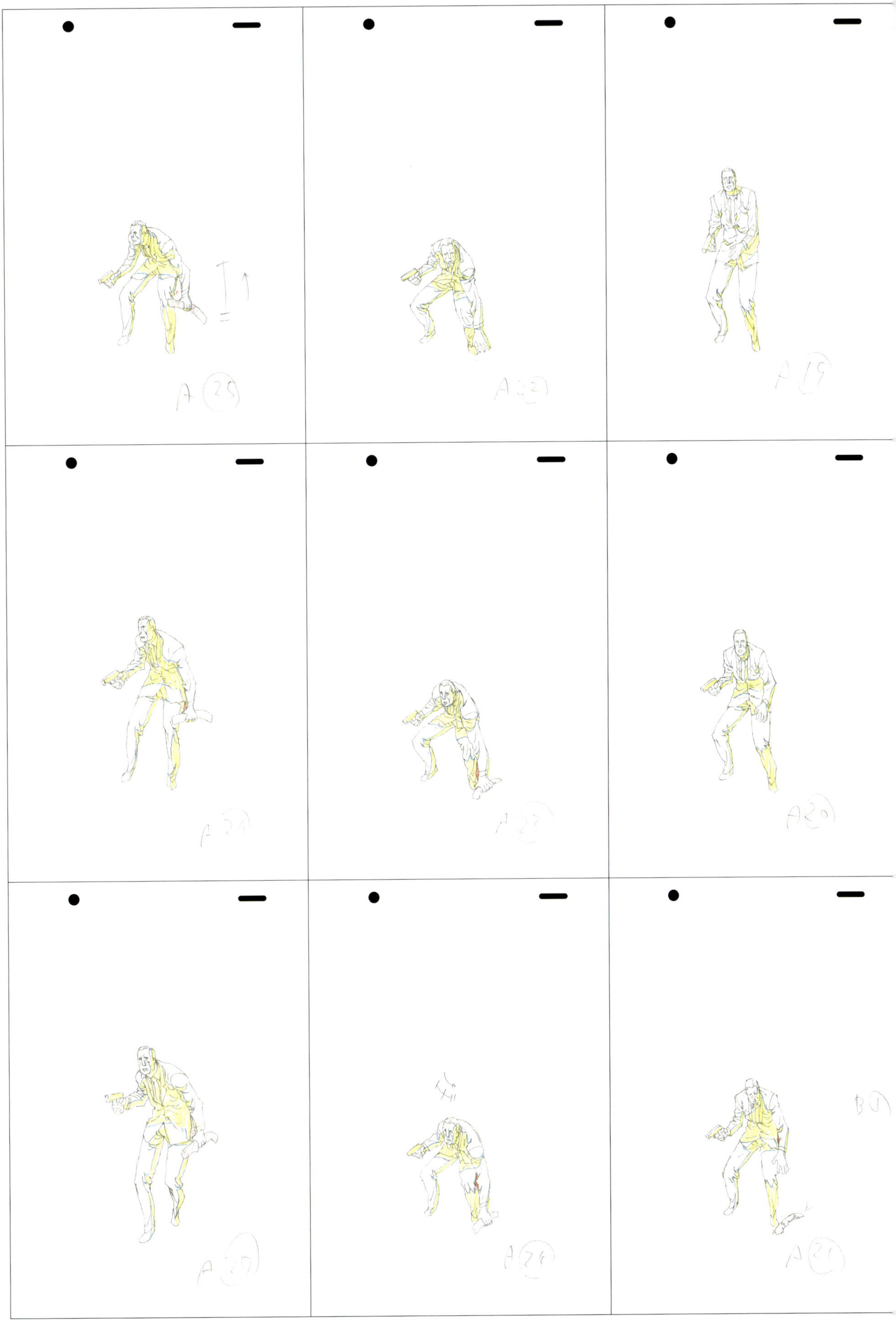

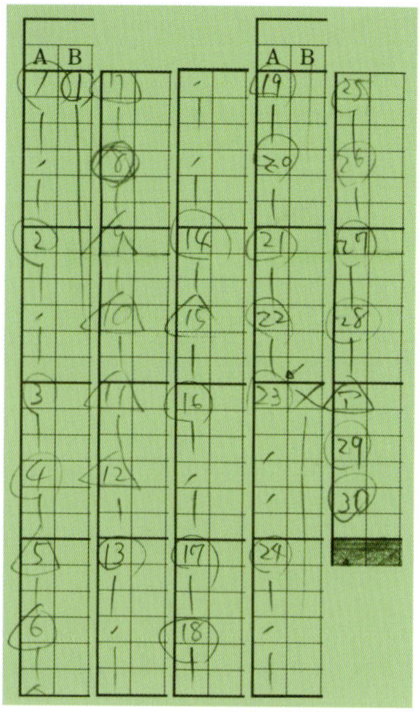

A 30 END

BLOOD- 523

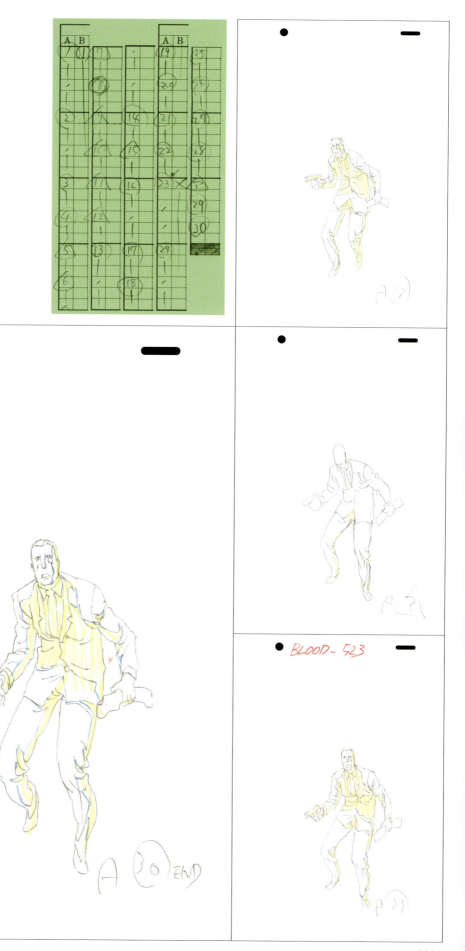

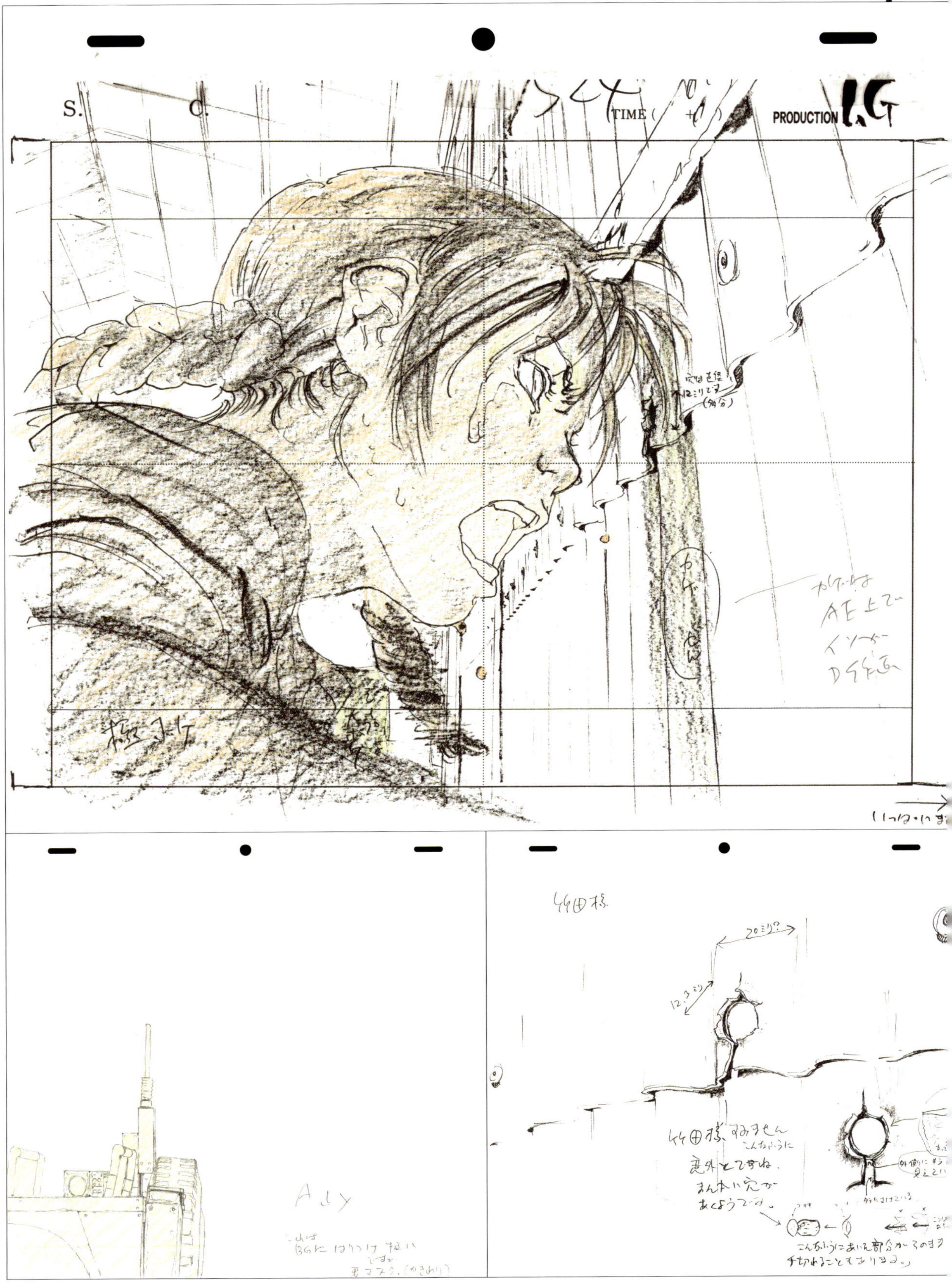
S.
C.
TIME (
PRODUCTION I.G
かげ
竹田様
20ミリ?
竹田様、すみません
こんなふうに
意外とですね、
まん本い穴が
あくようです。
タテにさけている
こんなふうにあいた部分がそのまま
千切れることもあります。
A
これは
BGにはりつけ揺れ
ですが
要マスク。(かきわり)

手B②
C②

C①

B3
C③

B7
C7

B④
Cにかくれる所も
かいておいて
下さい。
C4

B8
C8

B5
C5

B9
C9

オー
B5

B11
C11

B10
C10

B12
C12

D③
B 13 END
C 13 END
D⑤ END
D①
Dの1は極端にボケる素材です。
(AEでブラー)
BLOOD-524
D②

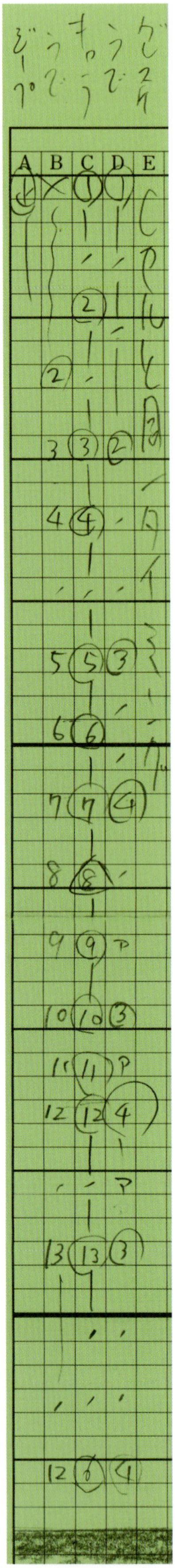
Cセルと同タイミング

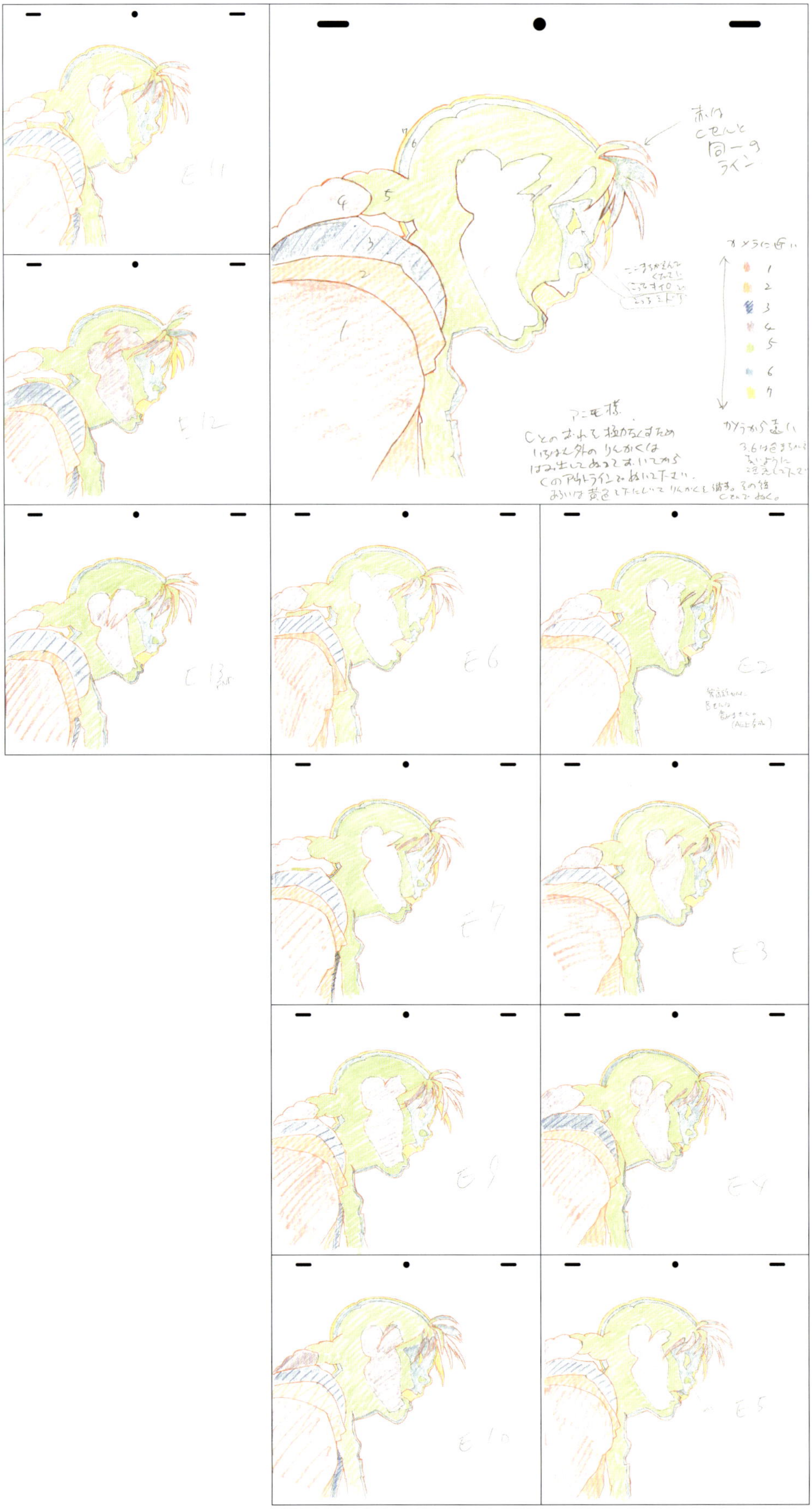
赤はCセンと同一のライン
カメラに近い
カメラから遠い
アニモ様
Cとのずれを目立たなくするため
いちばん外のりんかくは
はみ出してぬっておいてから
Cのアウトラインでぬいて下さい。

526 (3+6)
外-7

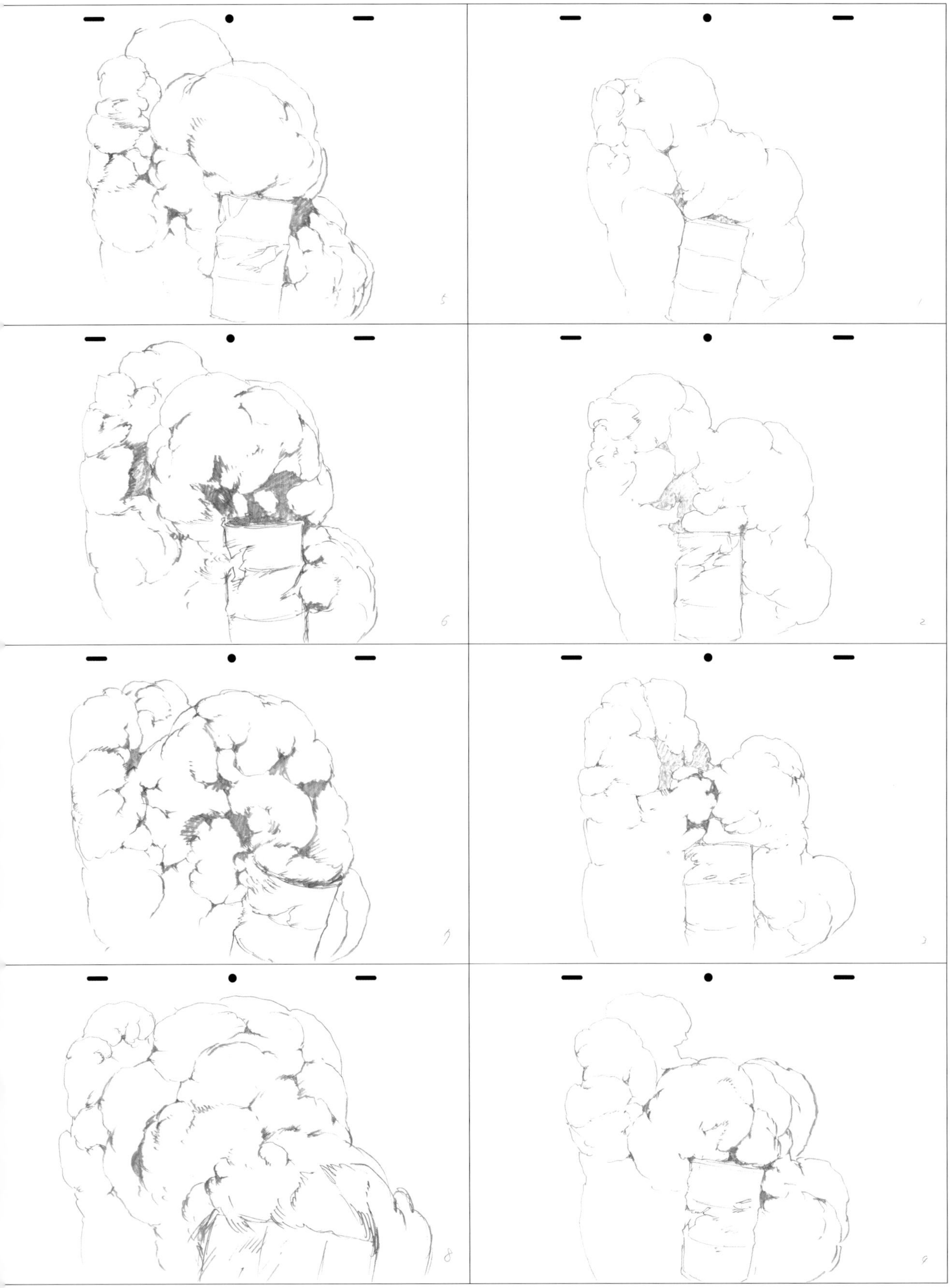

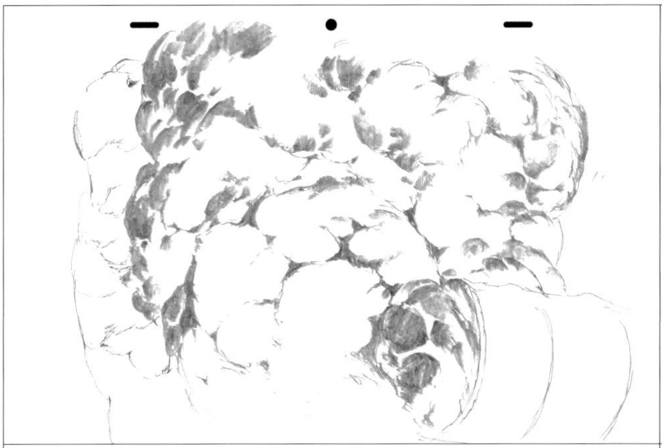
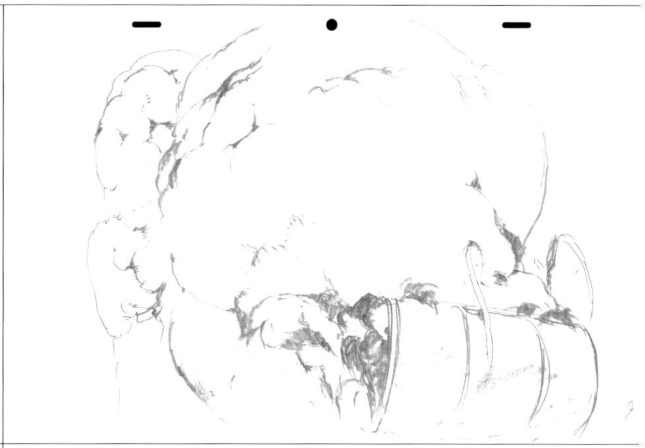
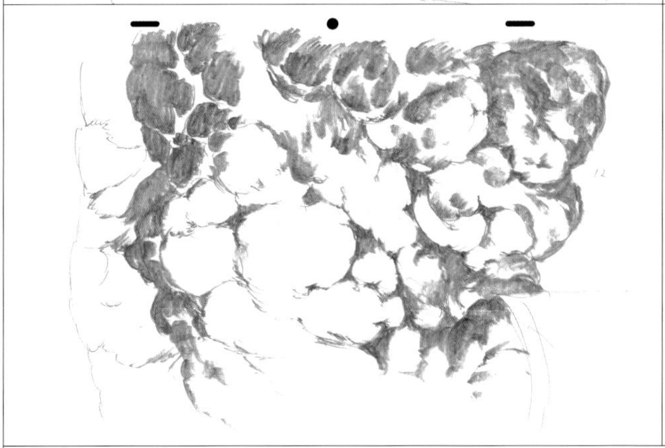
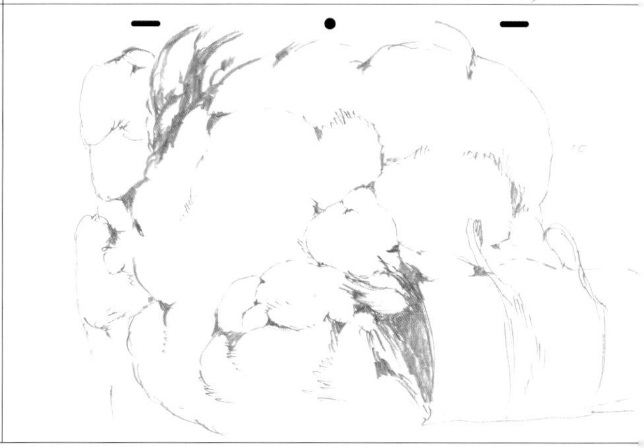
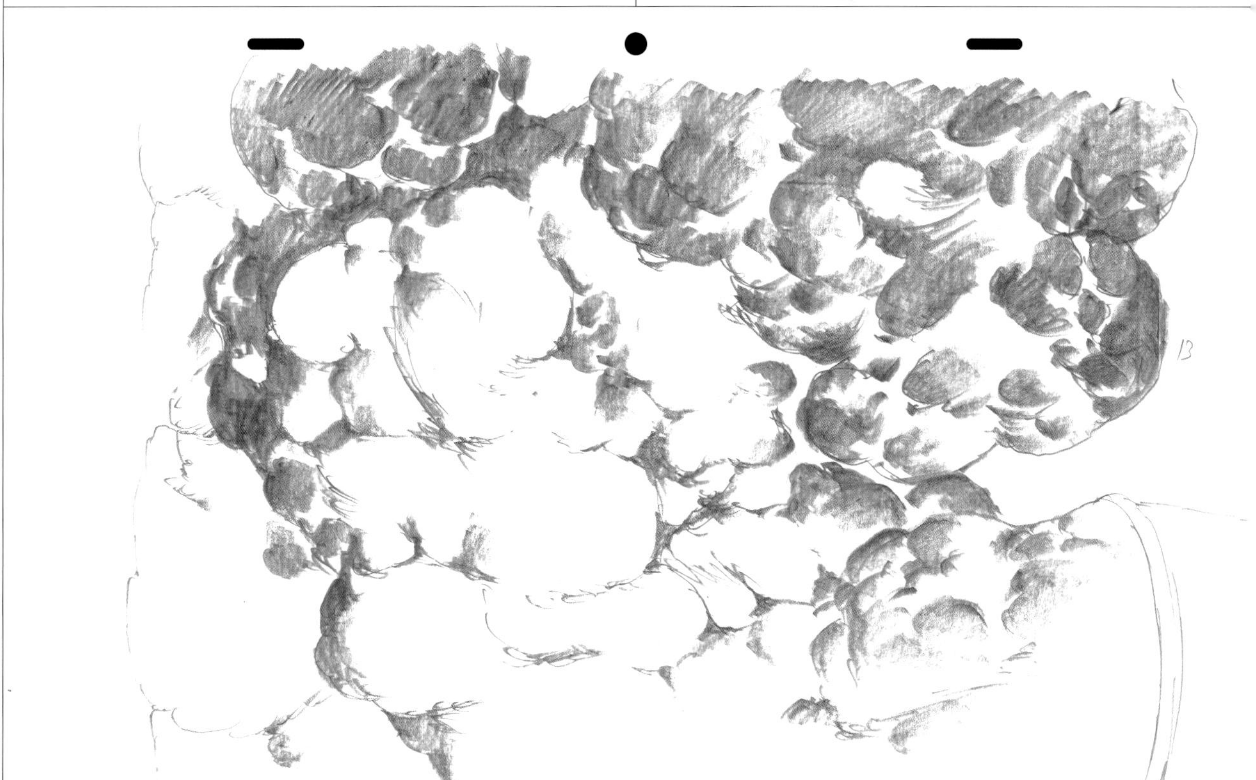

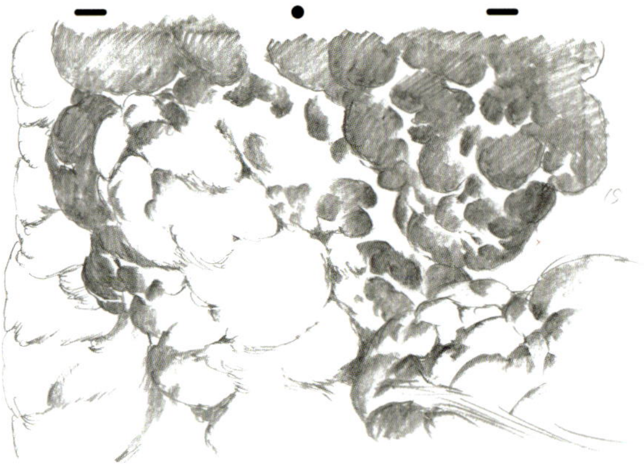

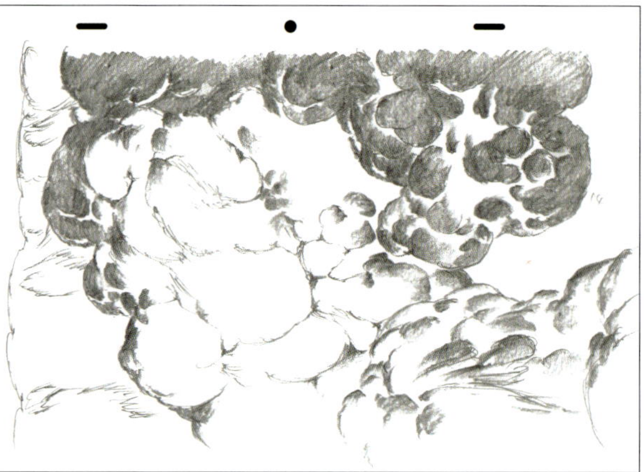

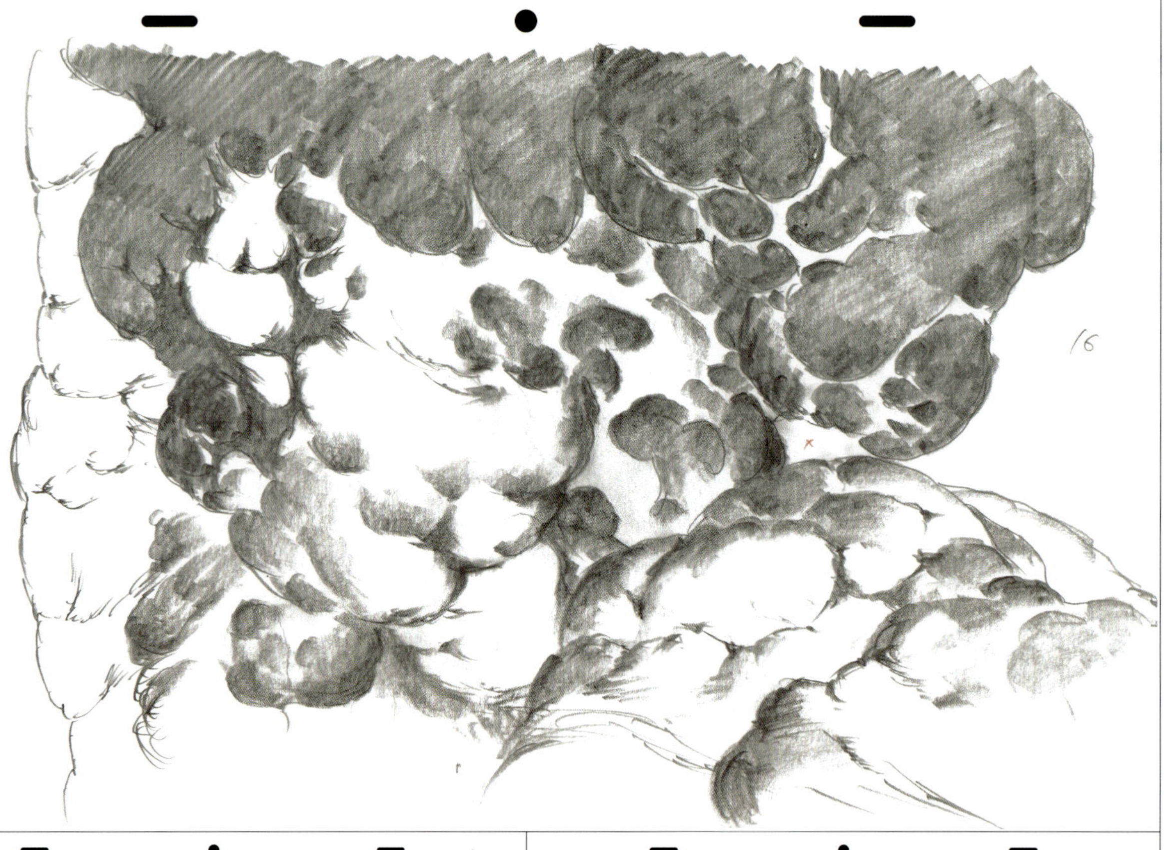
16

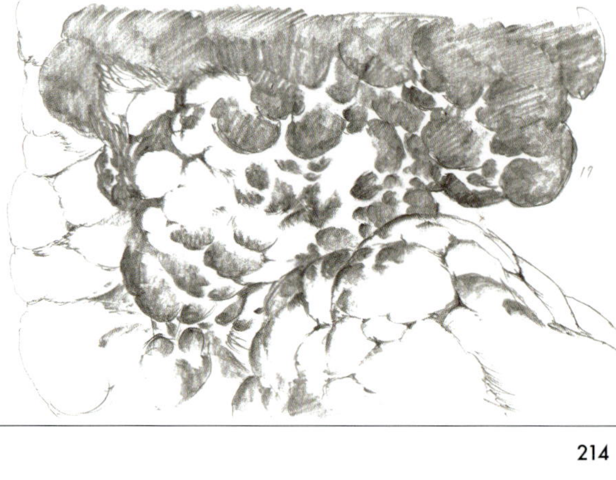

19

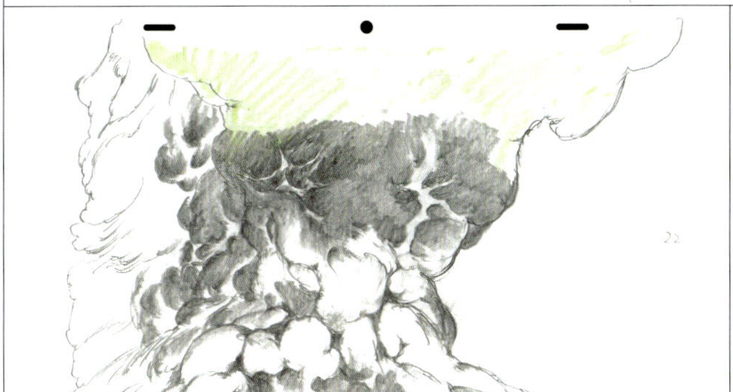
22

20

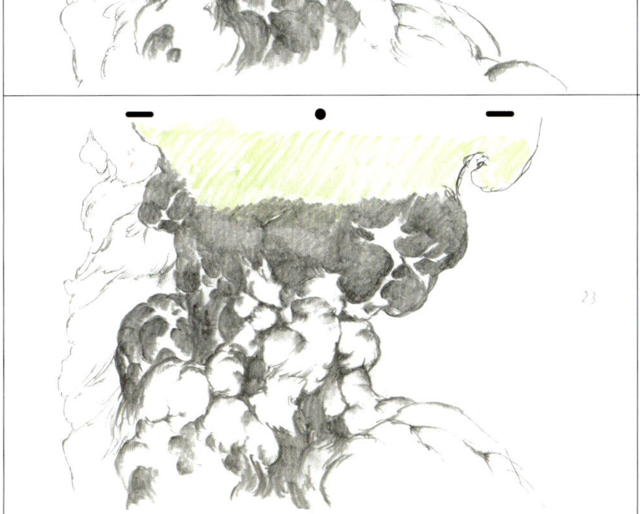
23

21

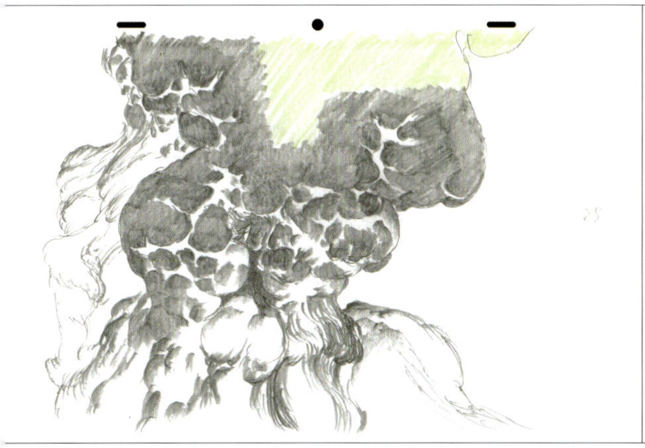

26

29

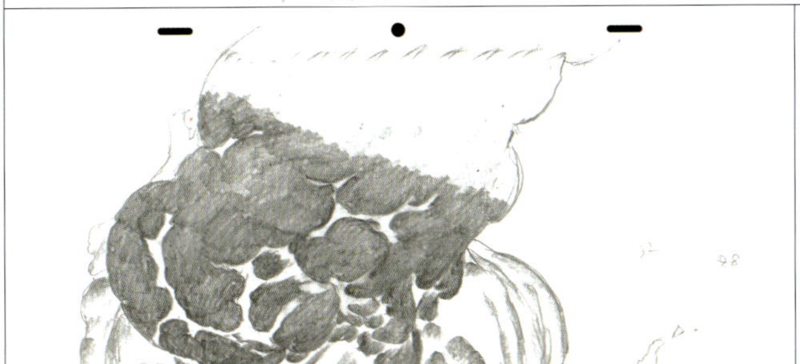

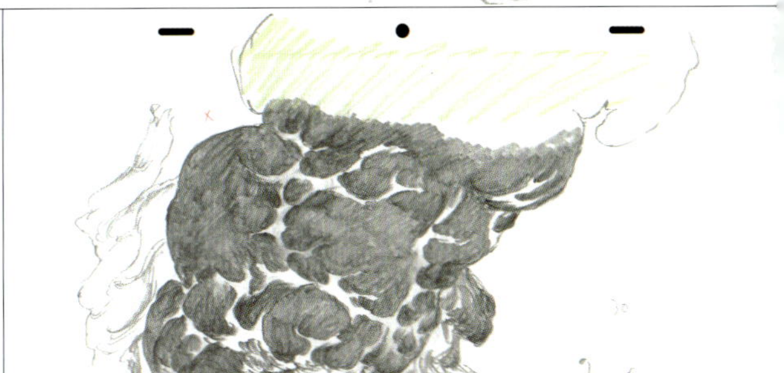

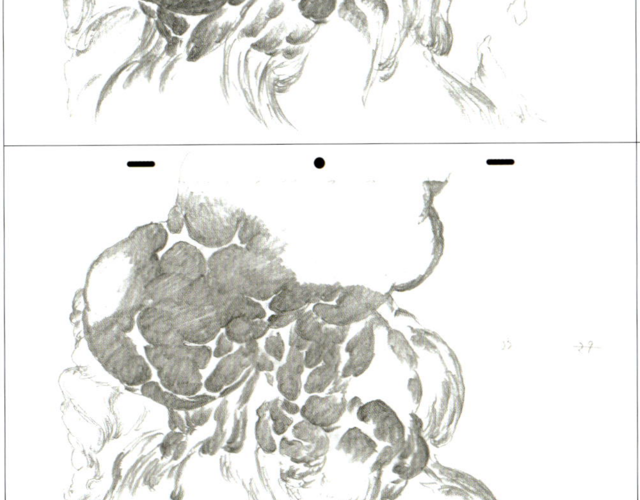

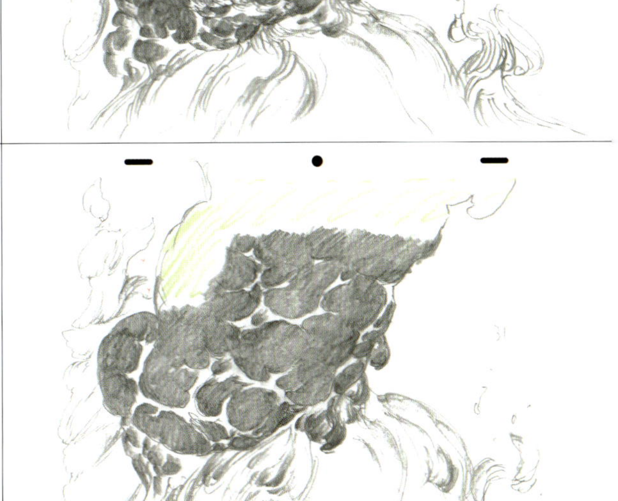

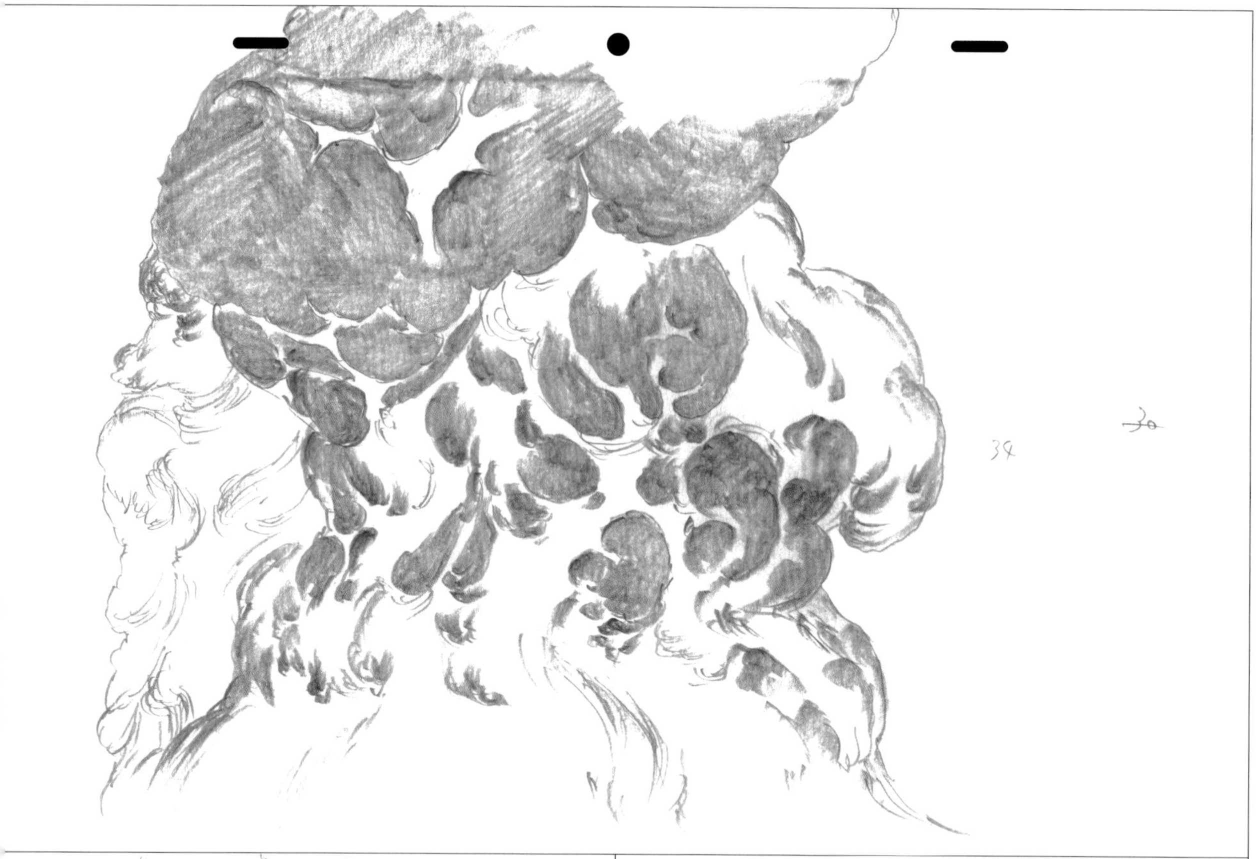

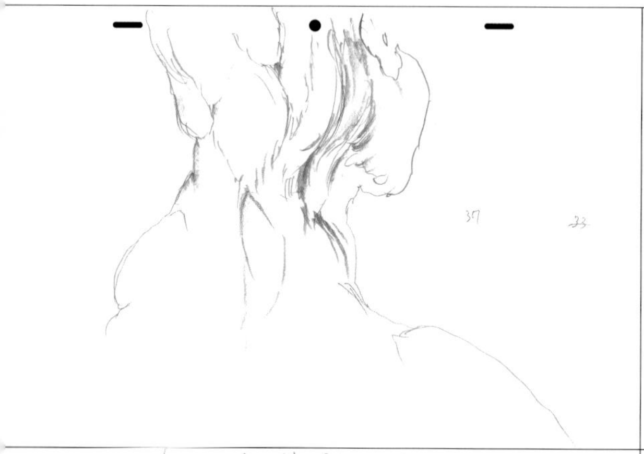

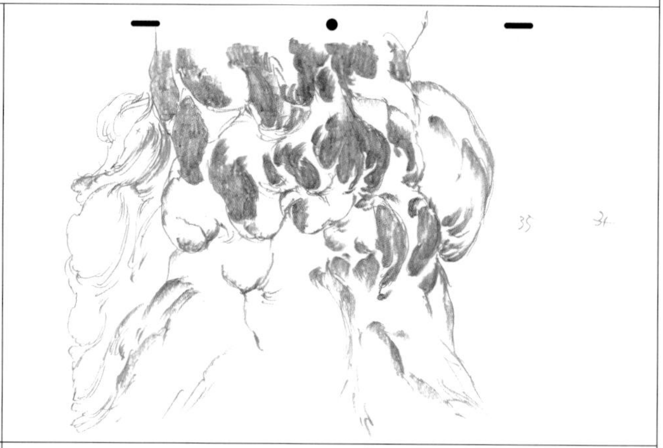

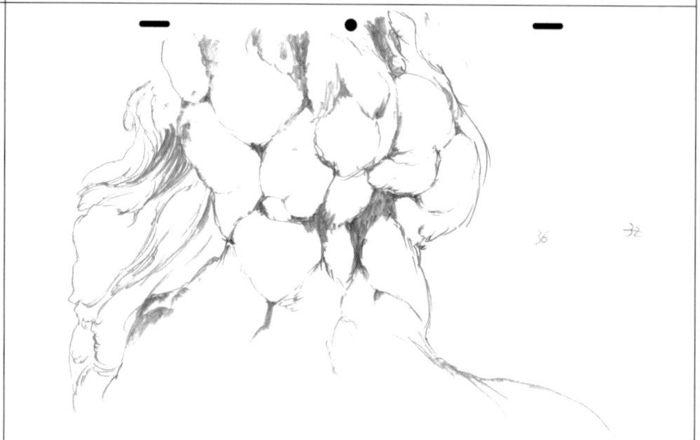

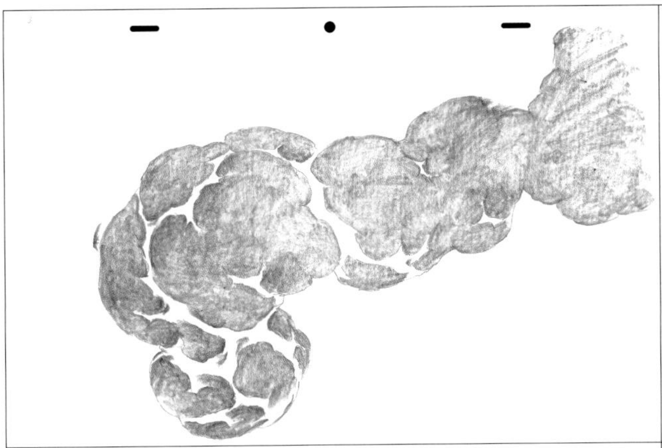
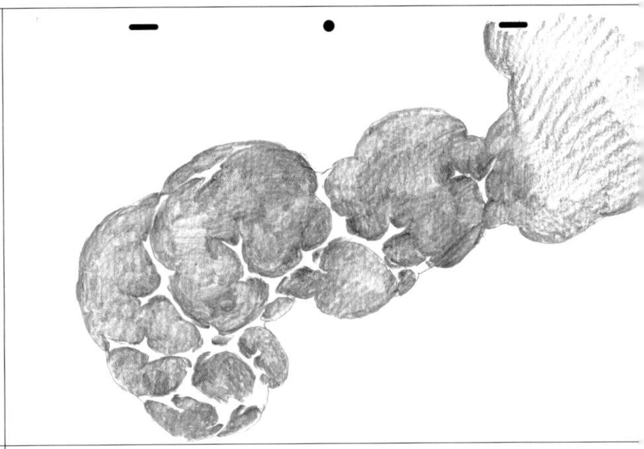
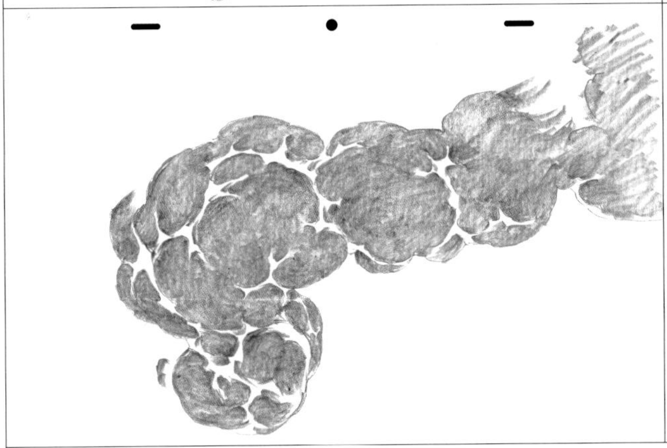
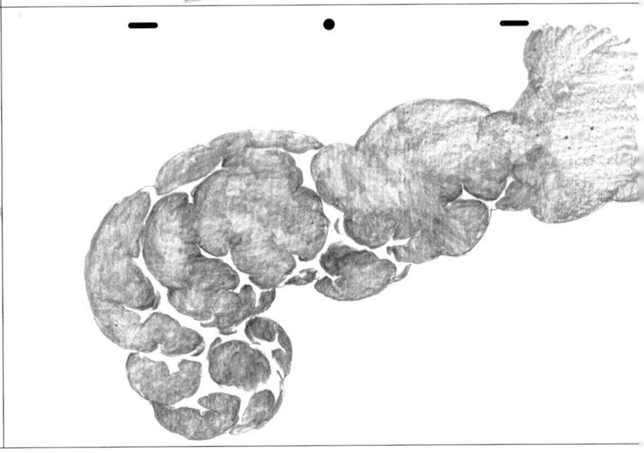
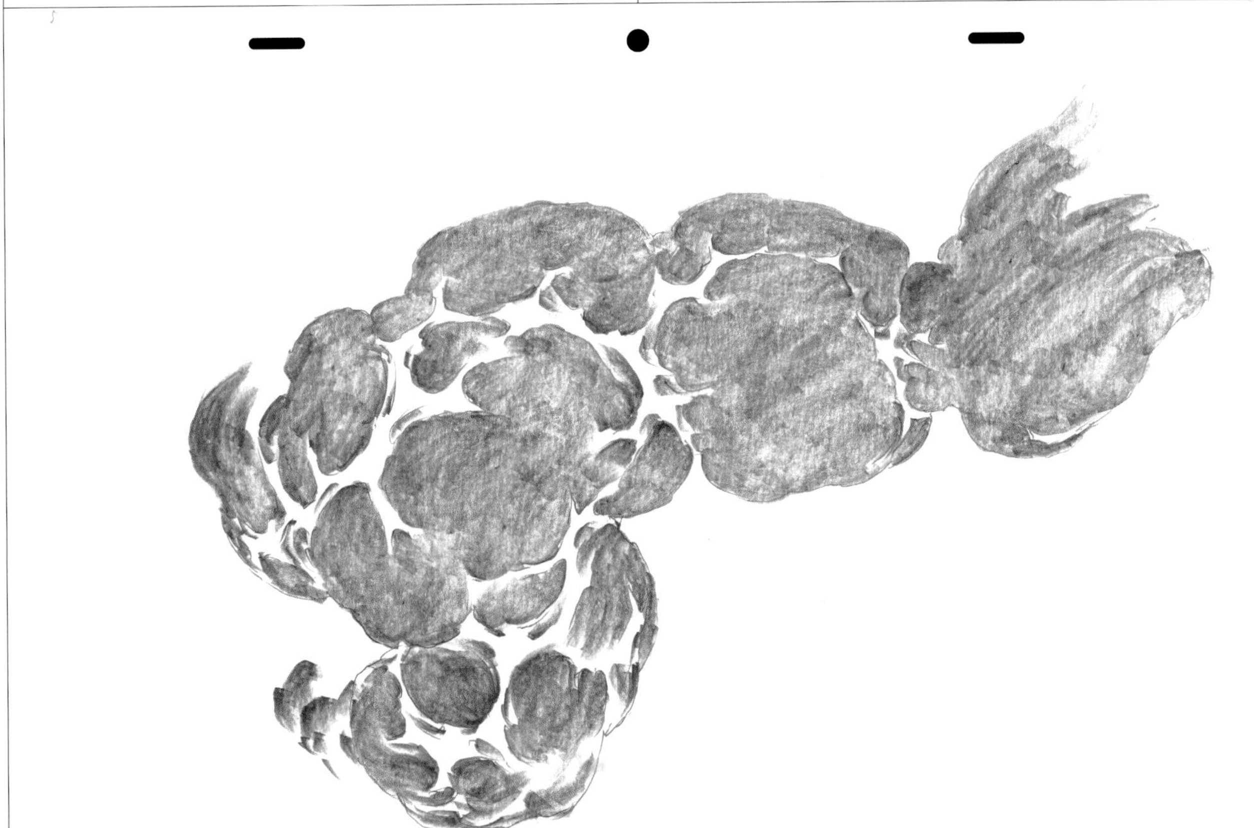

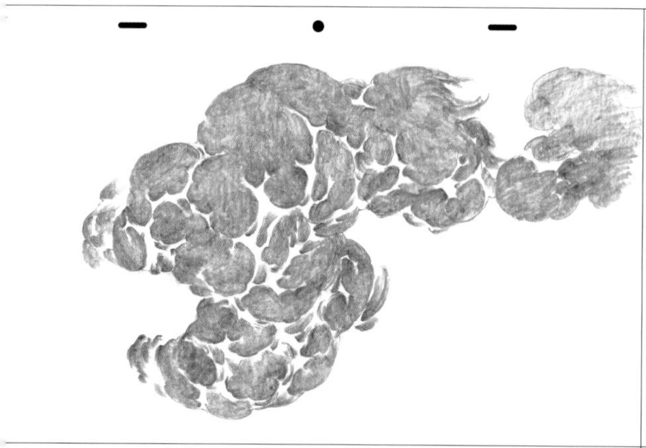
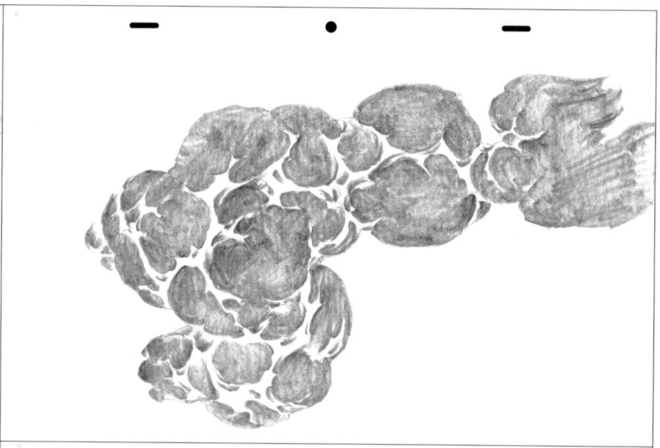
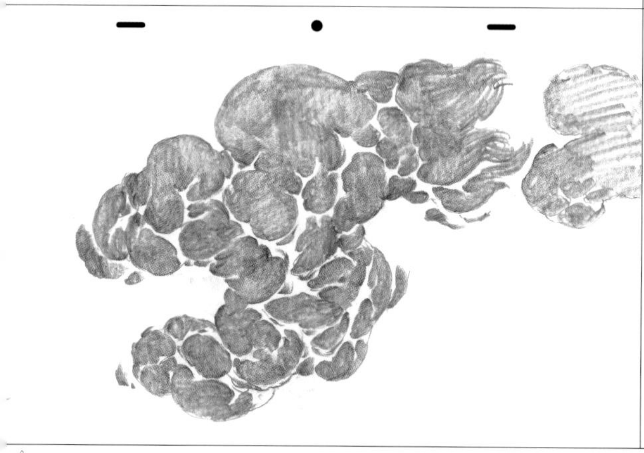
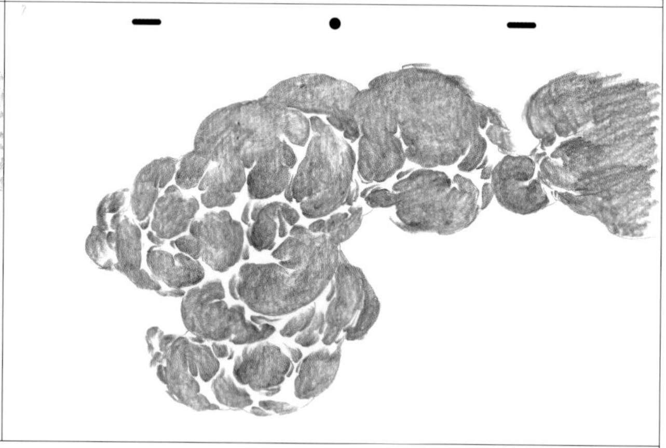
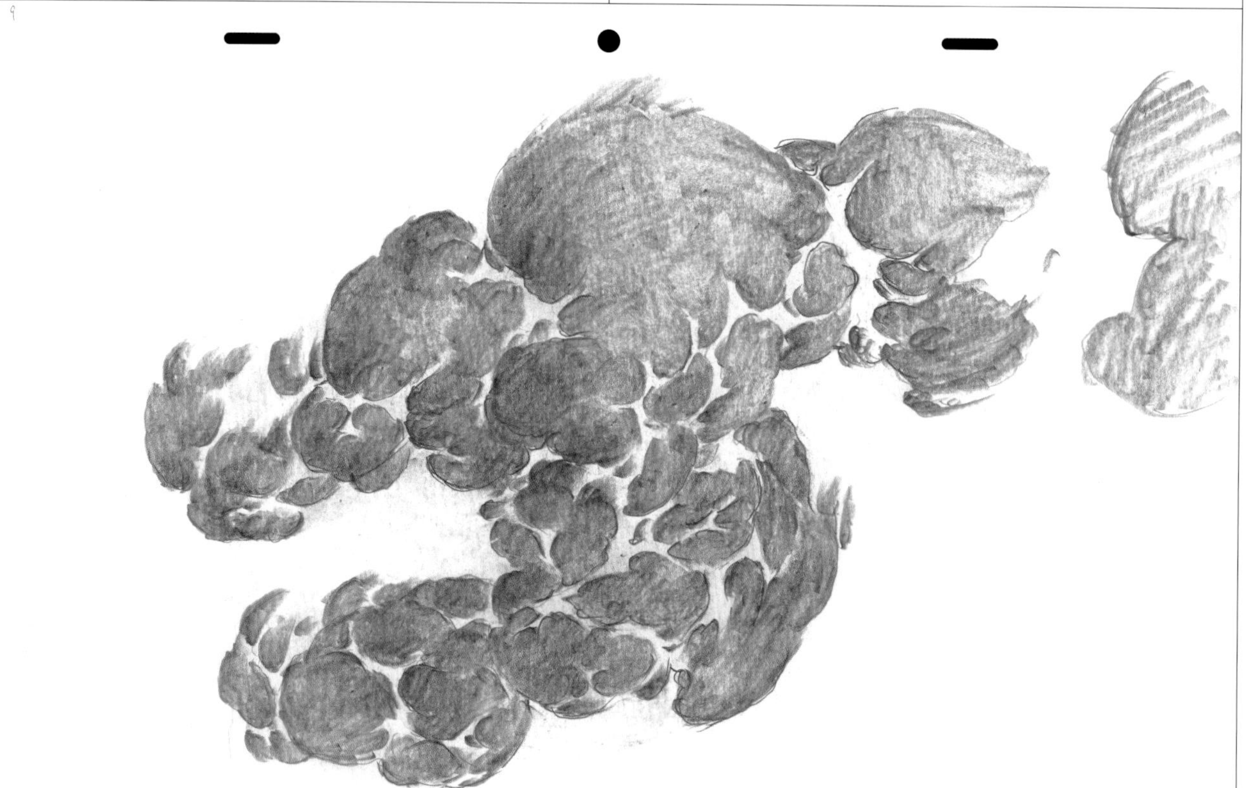

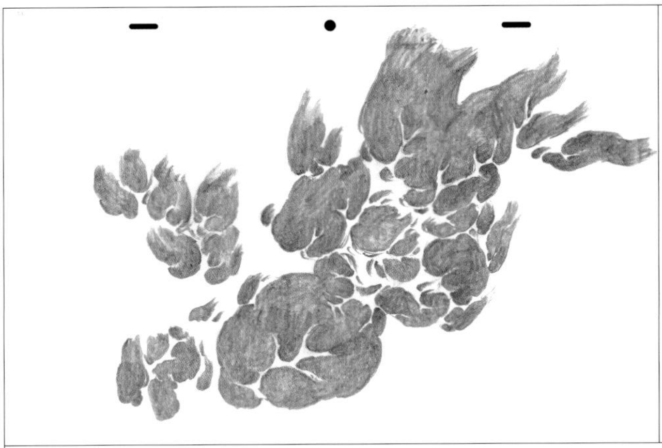

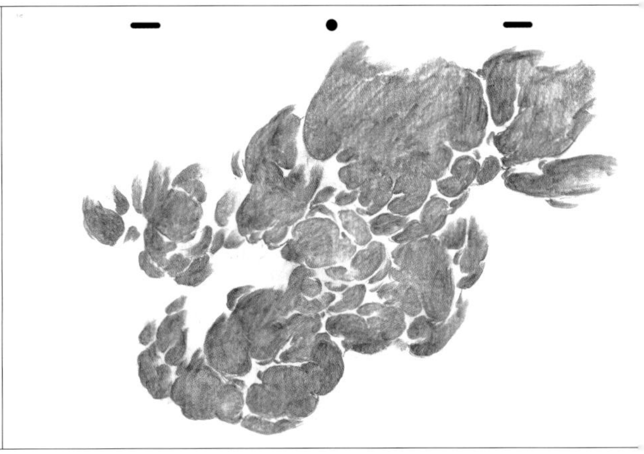

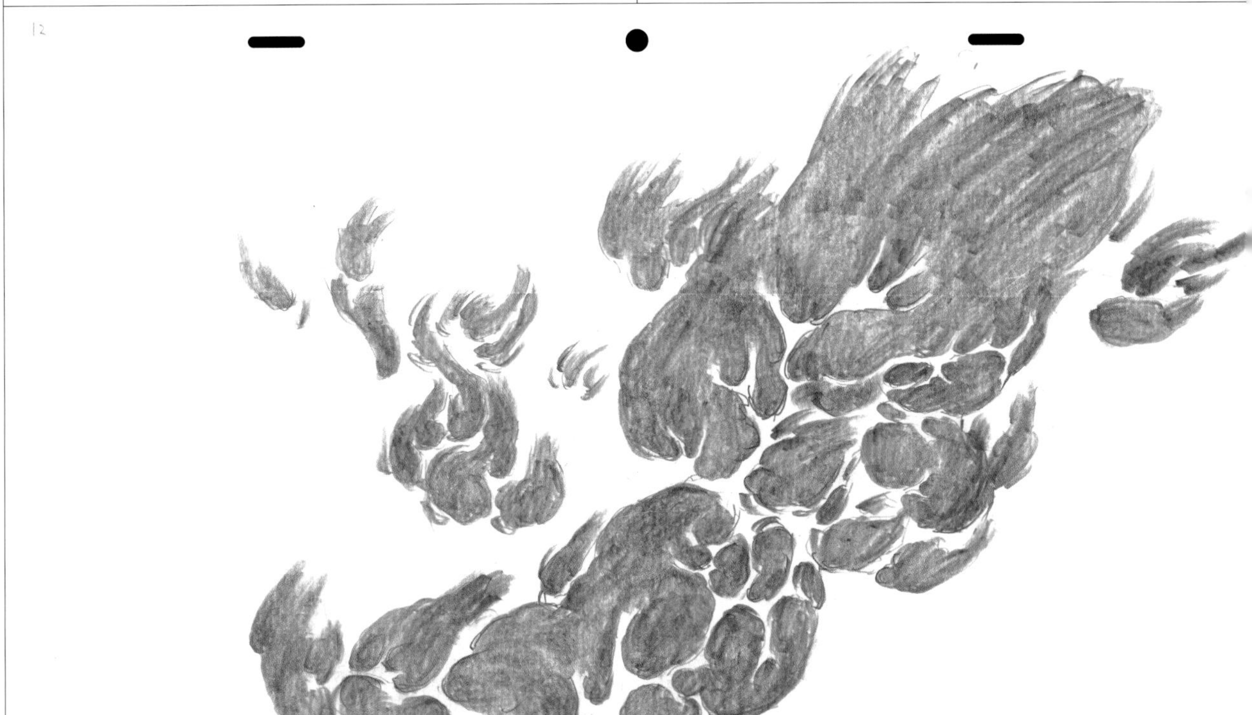
12

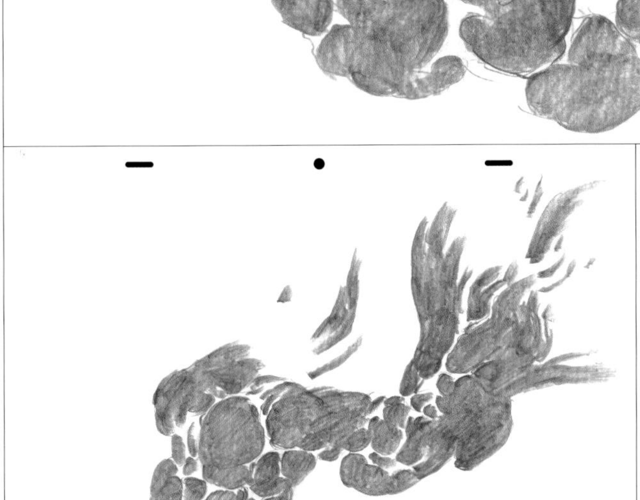

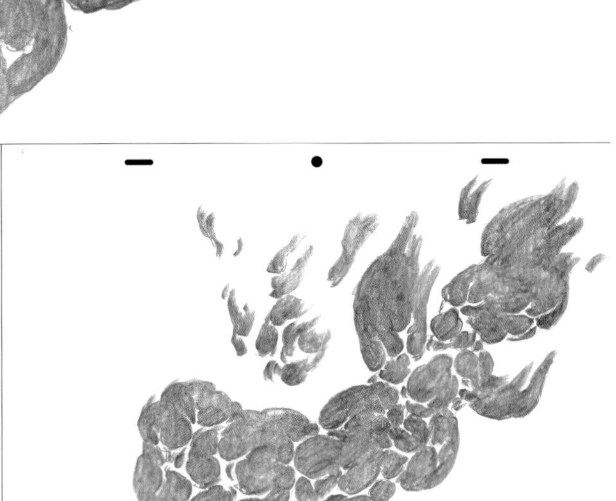

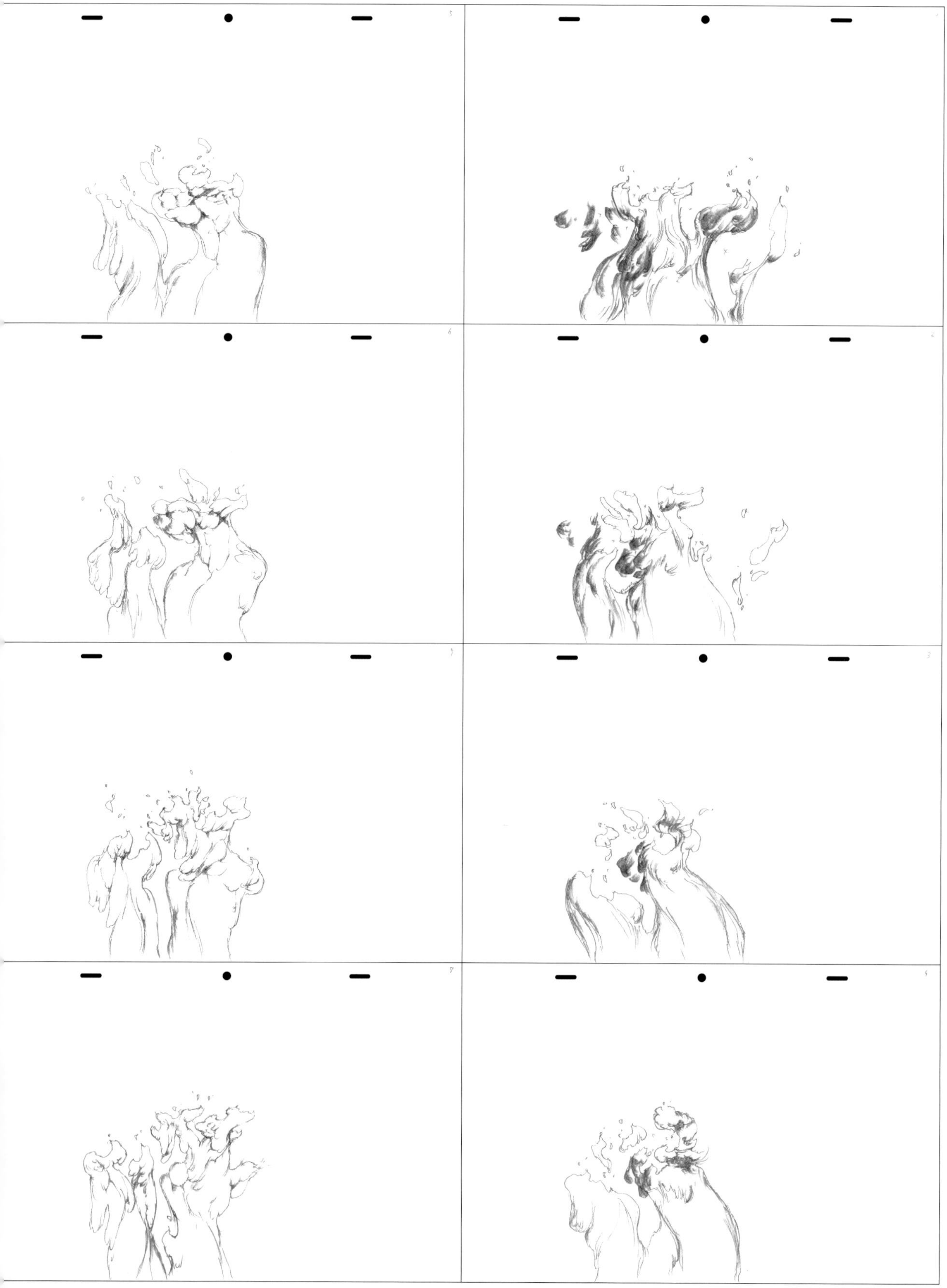

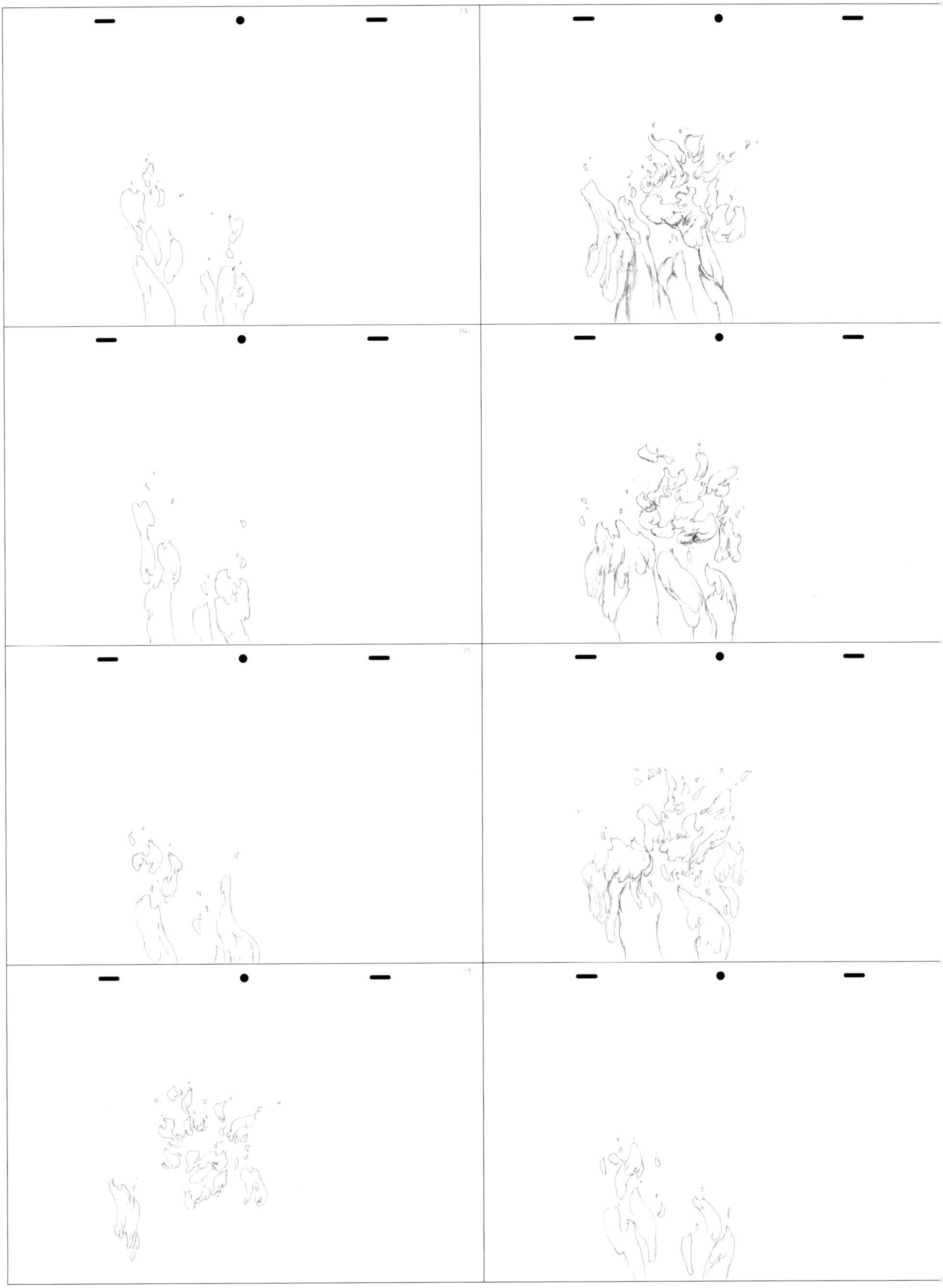

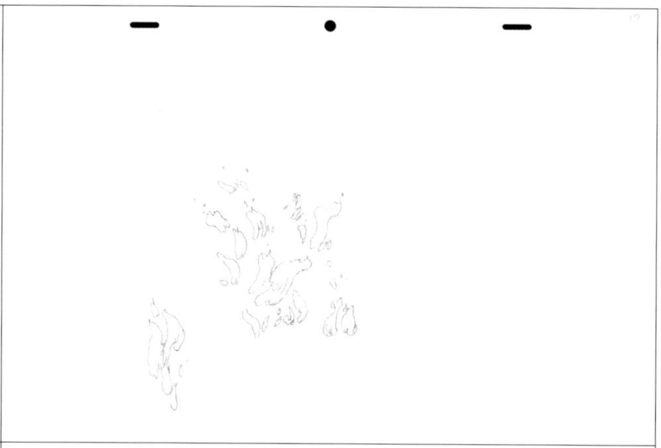

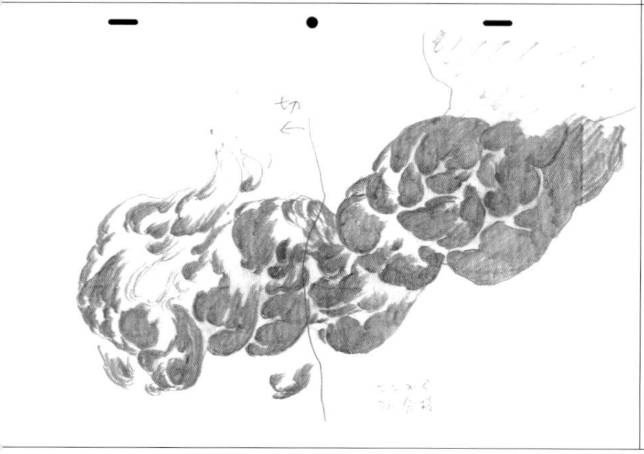
切

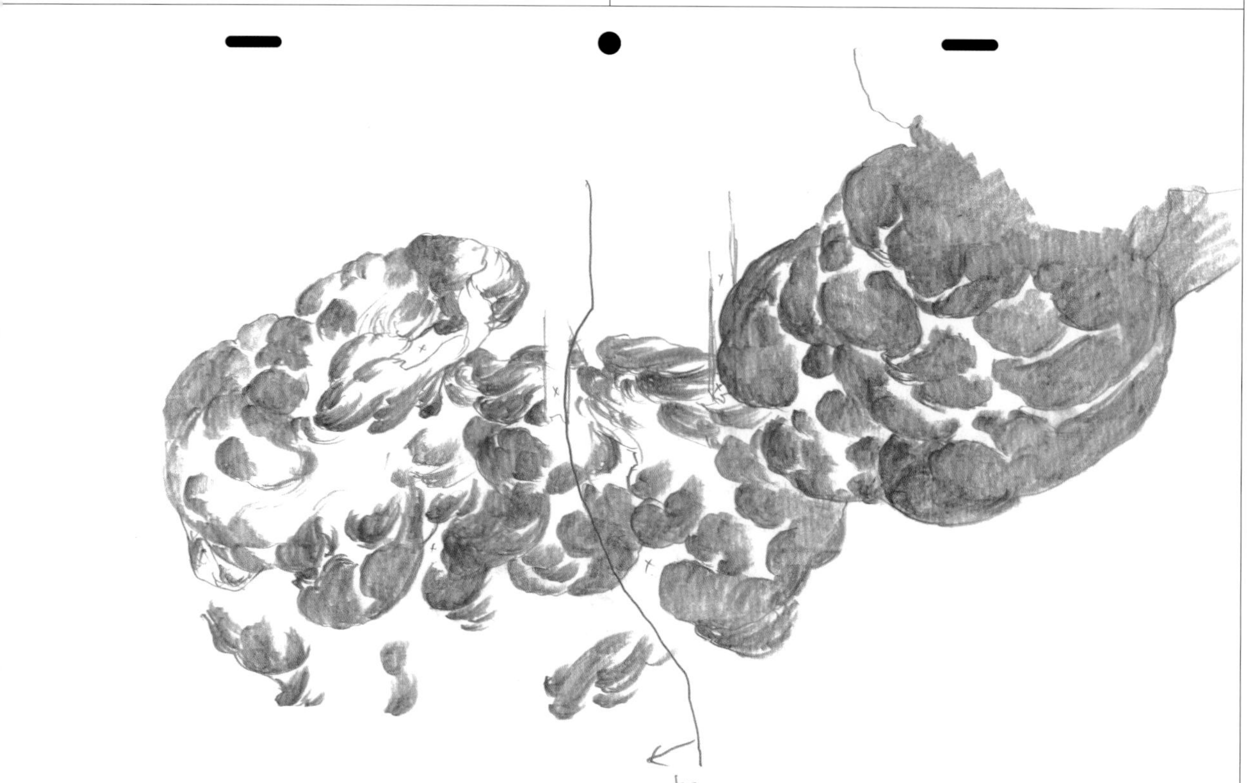
切

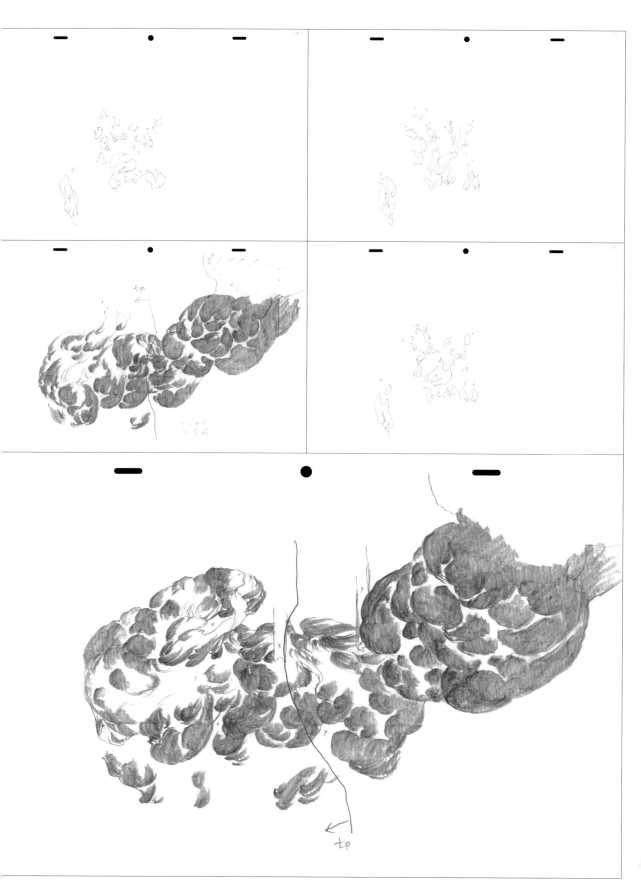

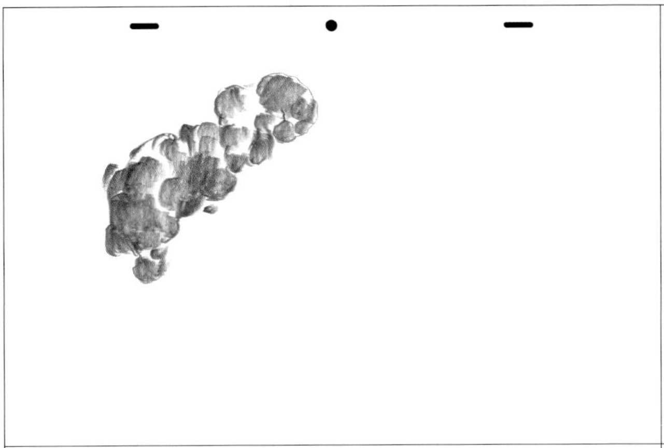
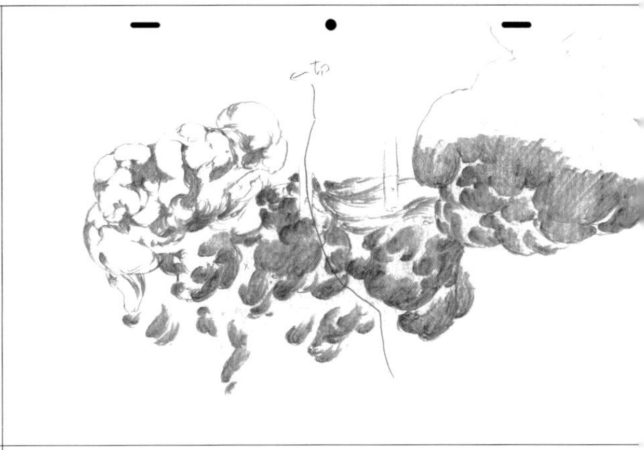
←切
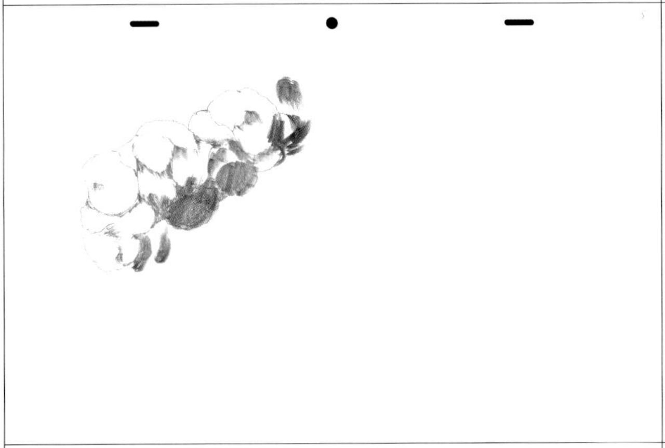
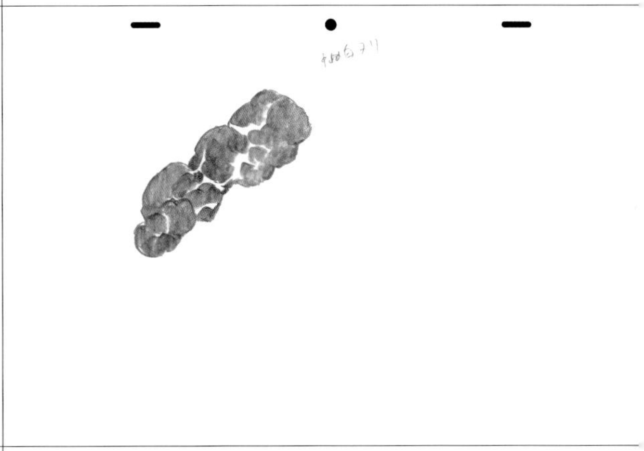
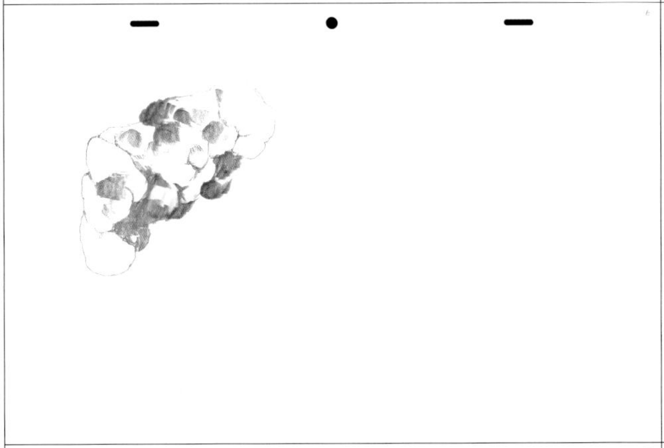
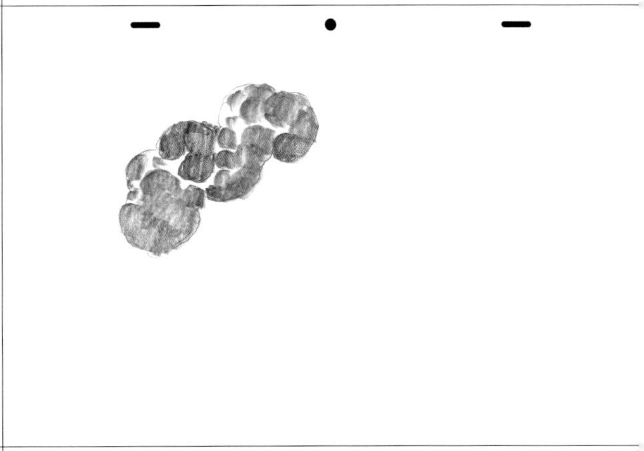
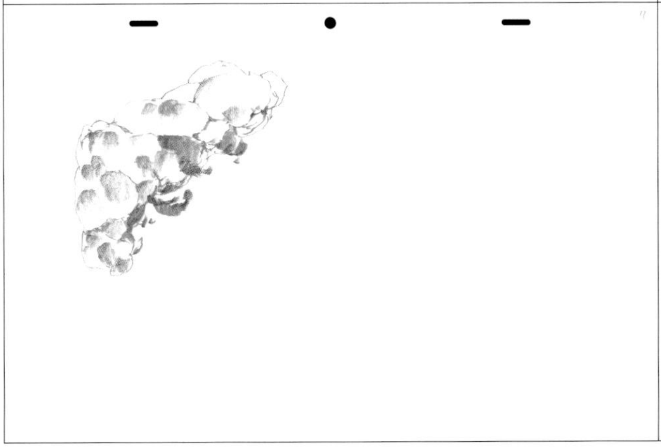
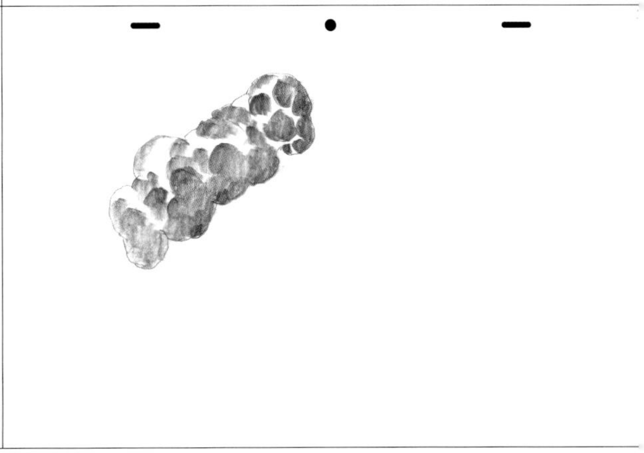

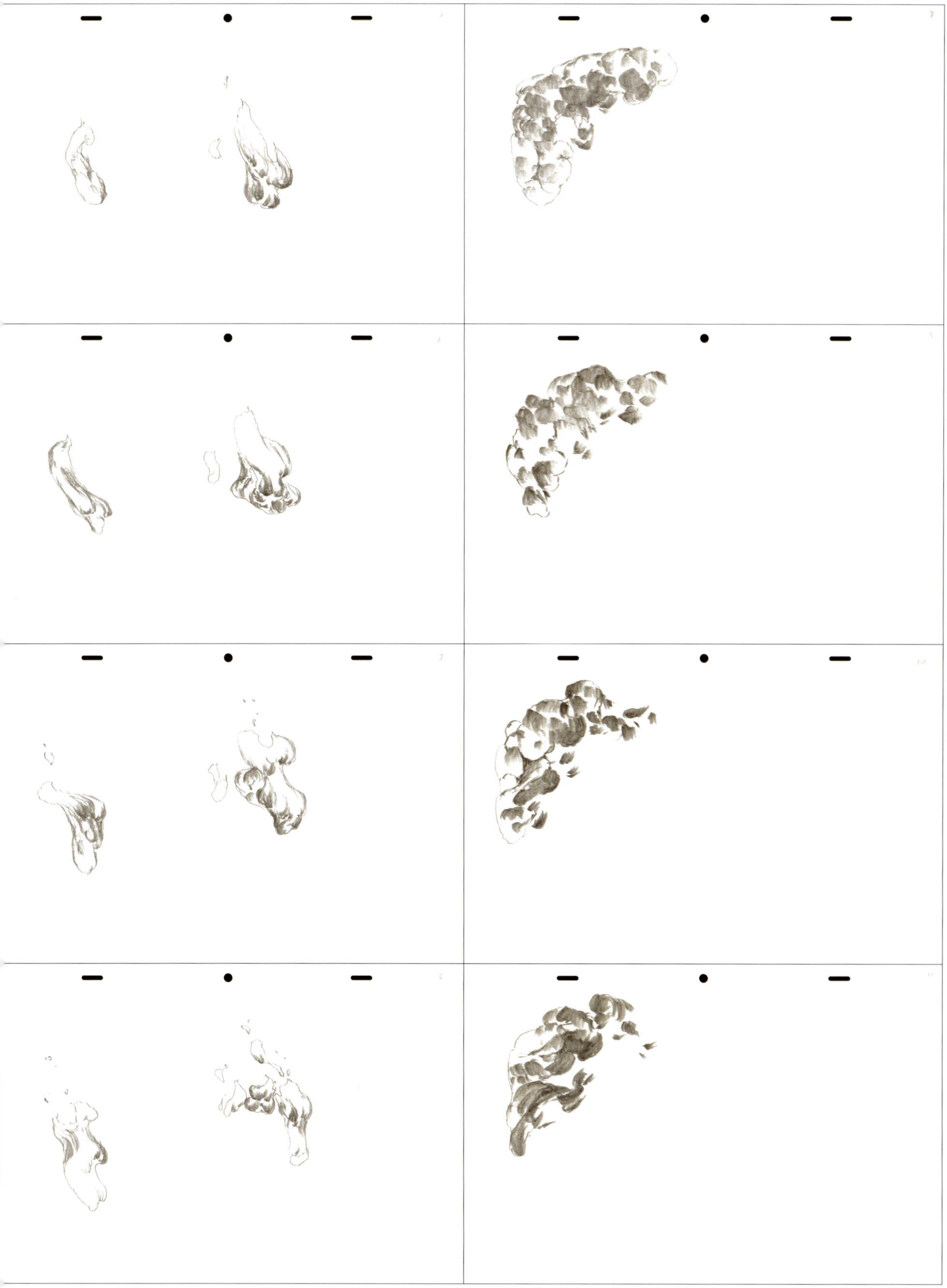

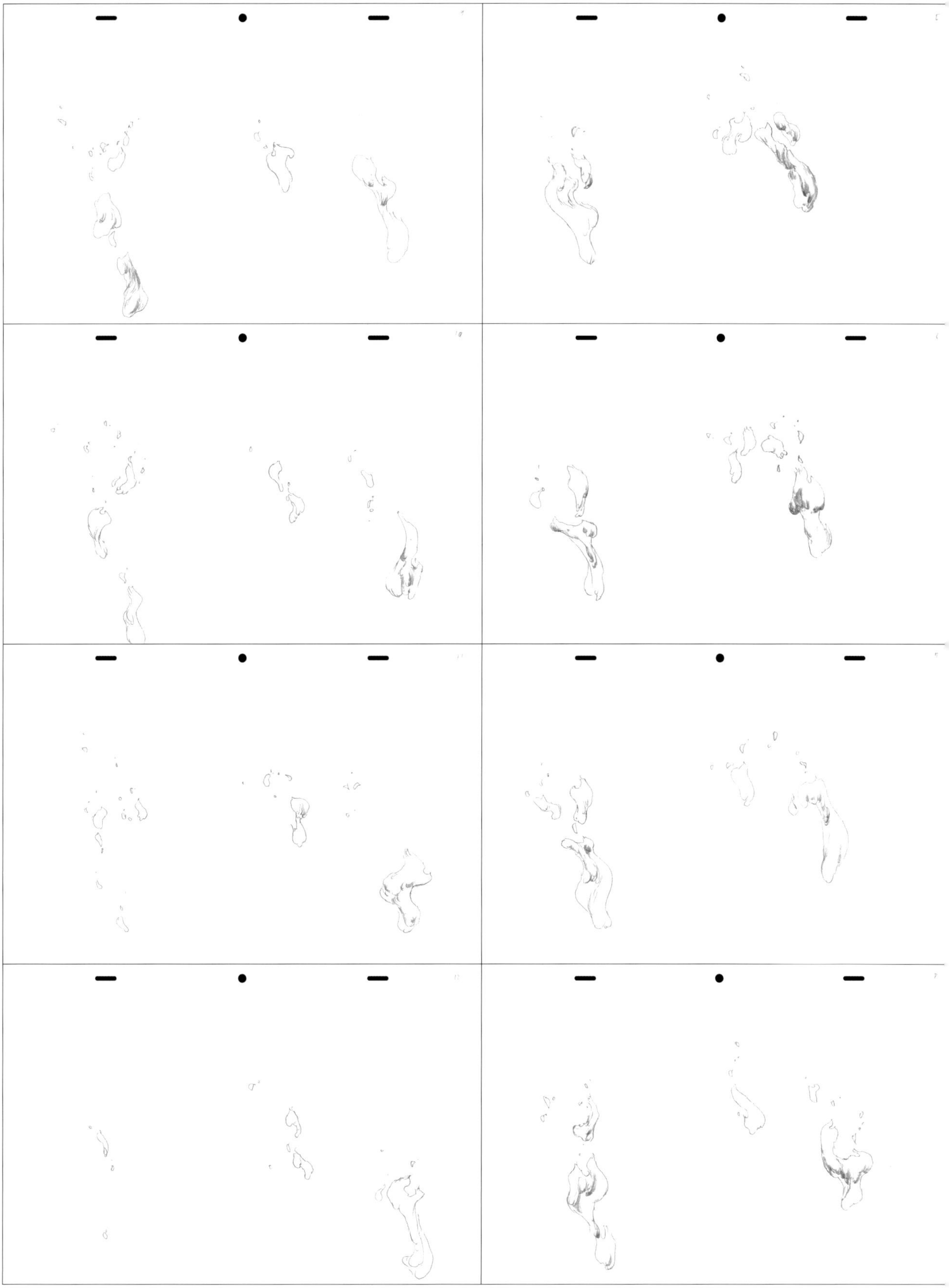

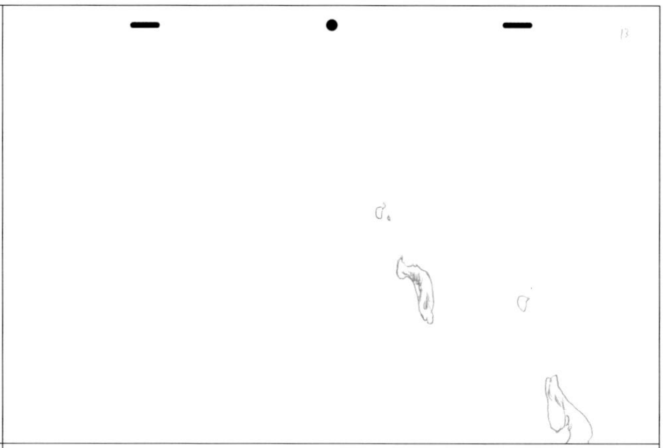

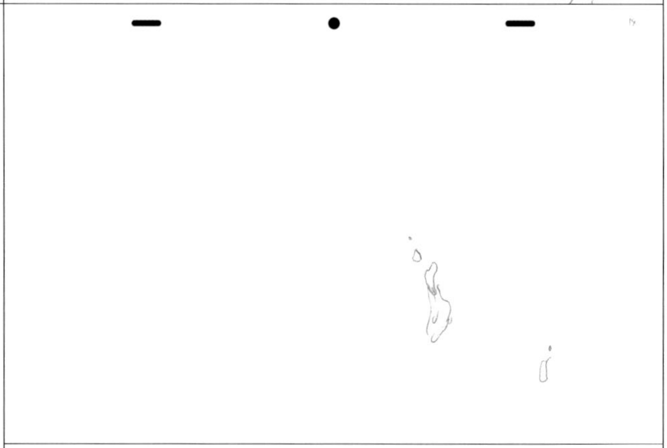

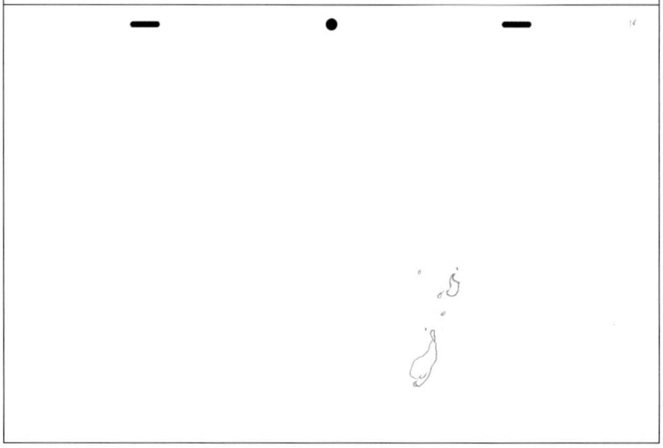

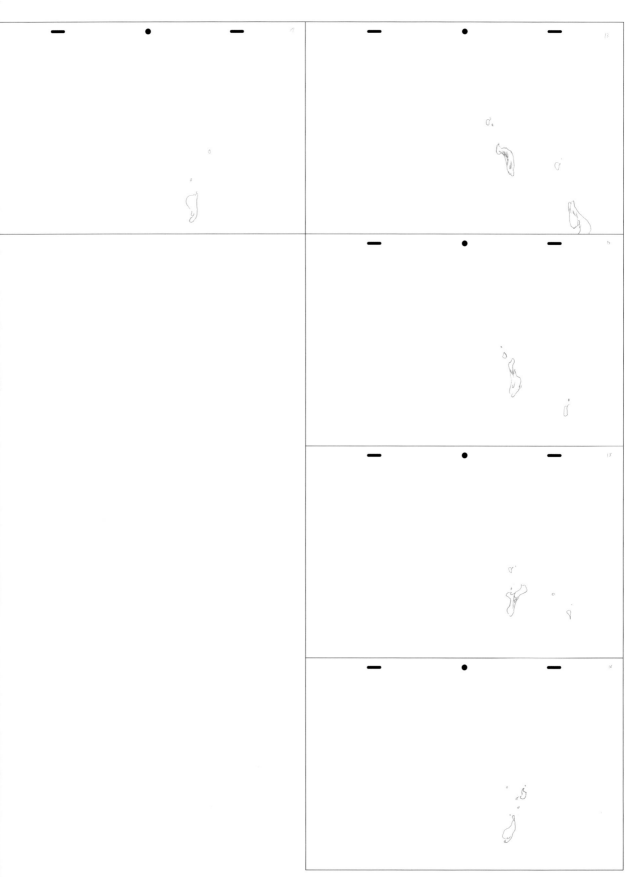

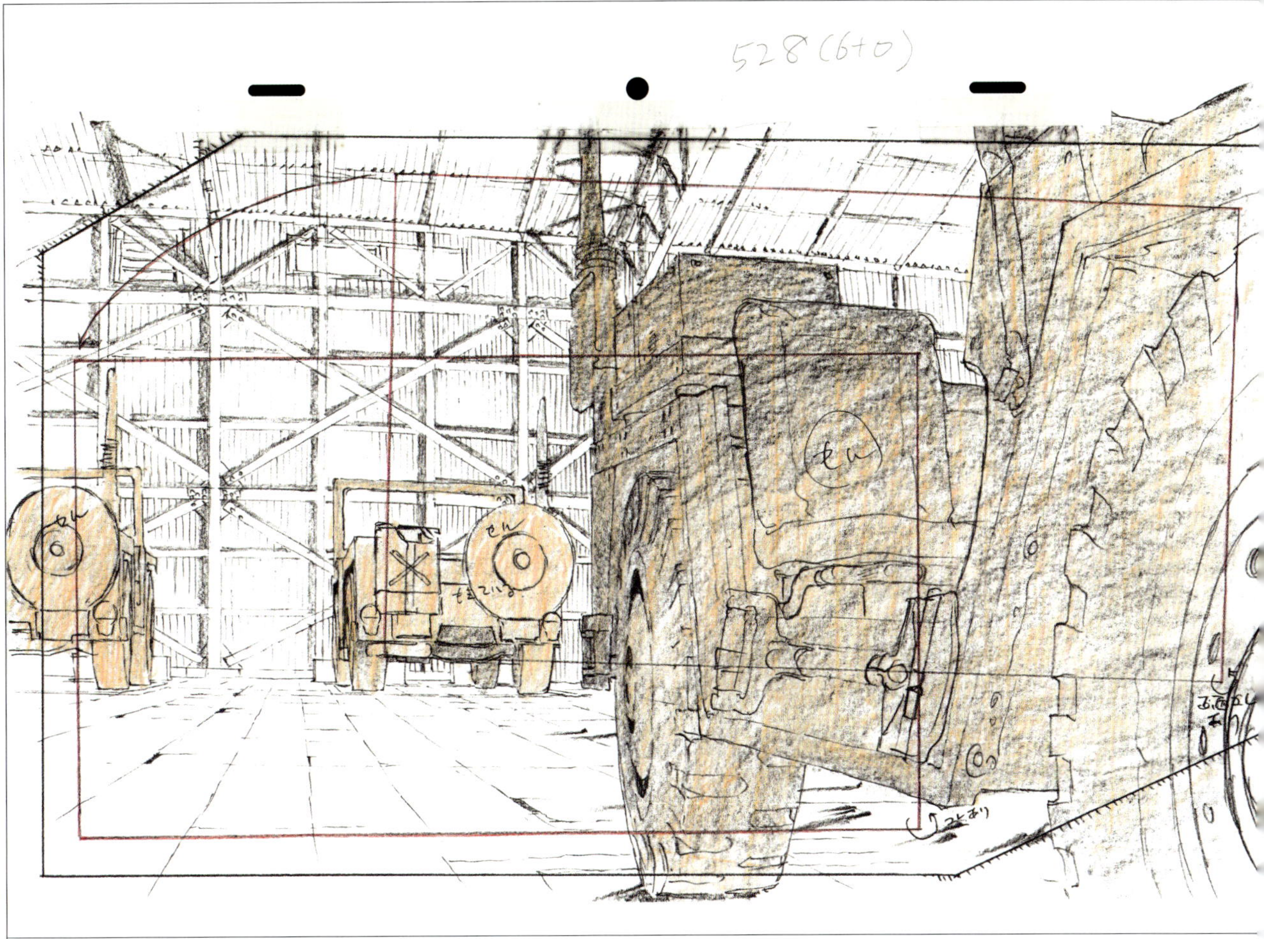
528(6+0)
せん
せん
せん

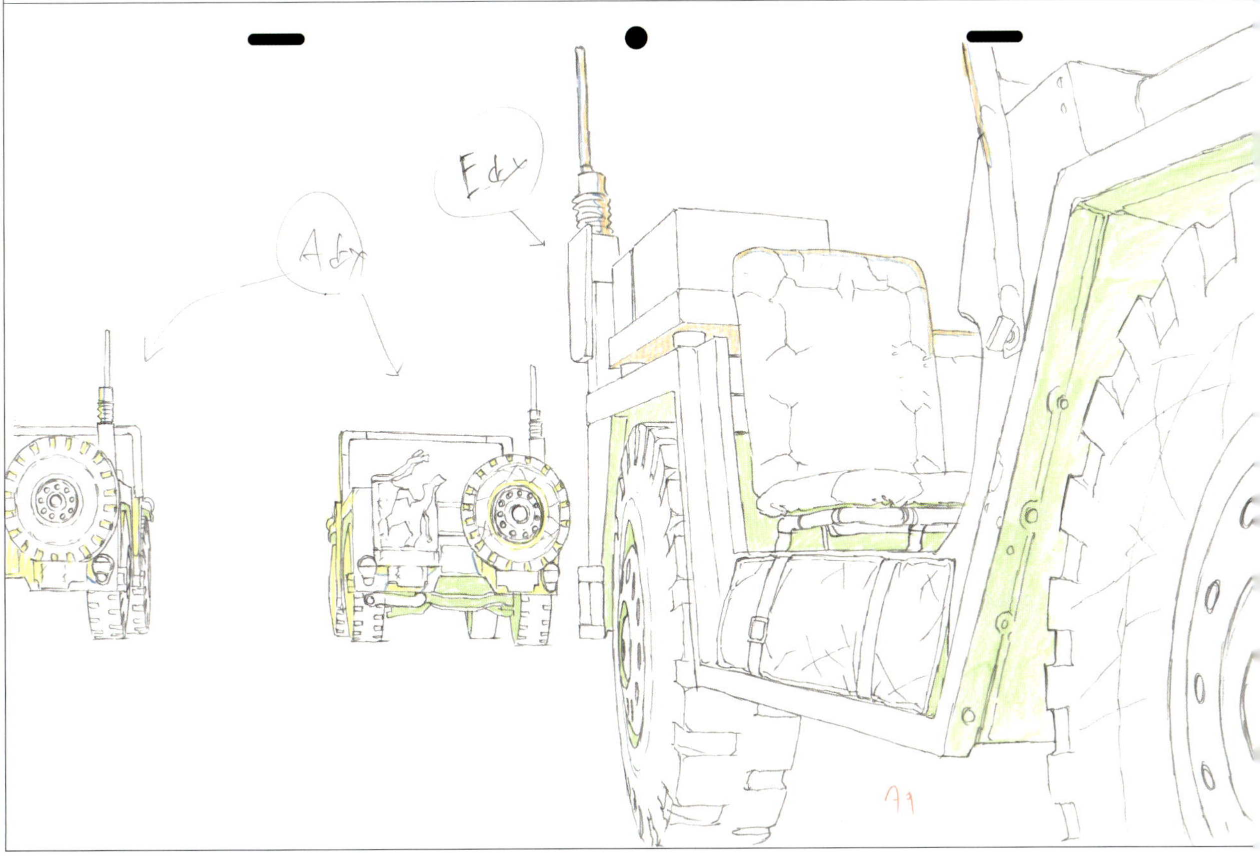

D1

D2

D3

D4

D5

D6

D7

D8

BLOOD-528
END

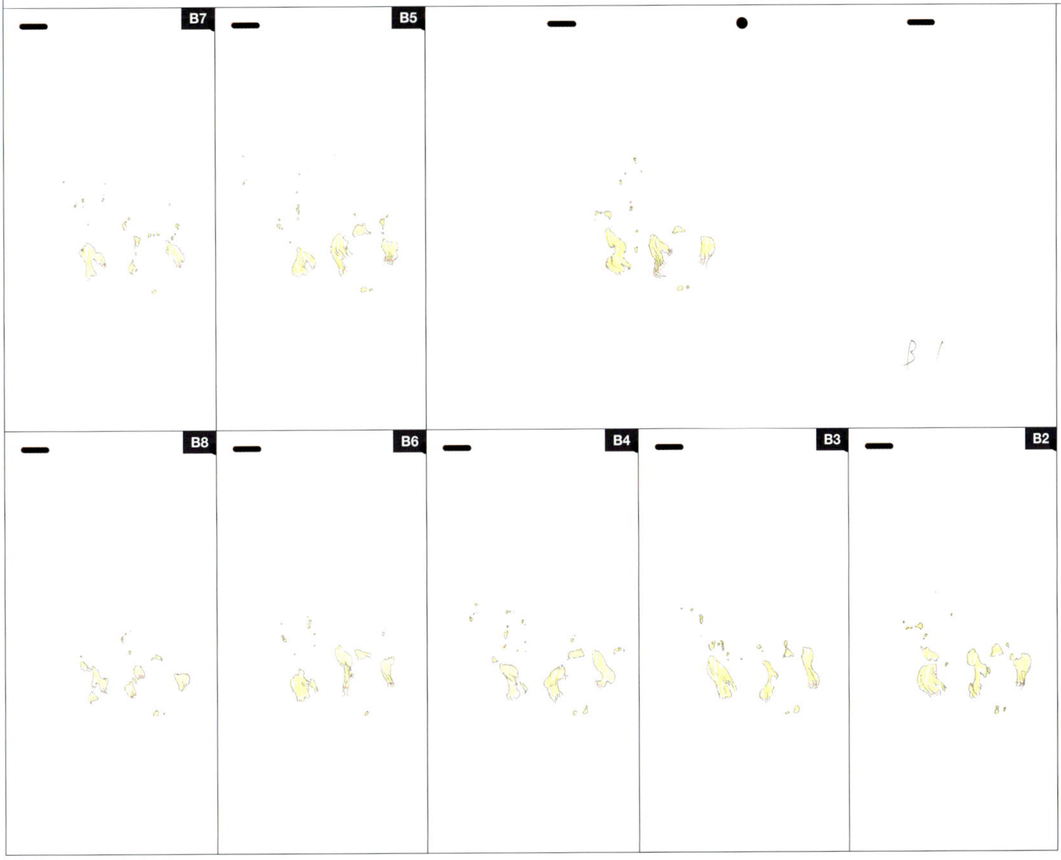
B7
B5
B1
B8
B6
B4
B3
B2

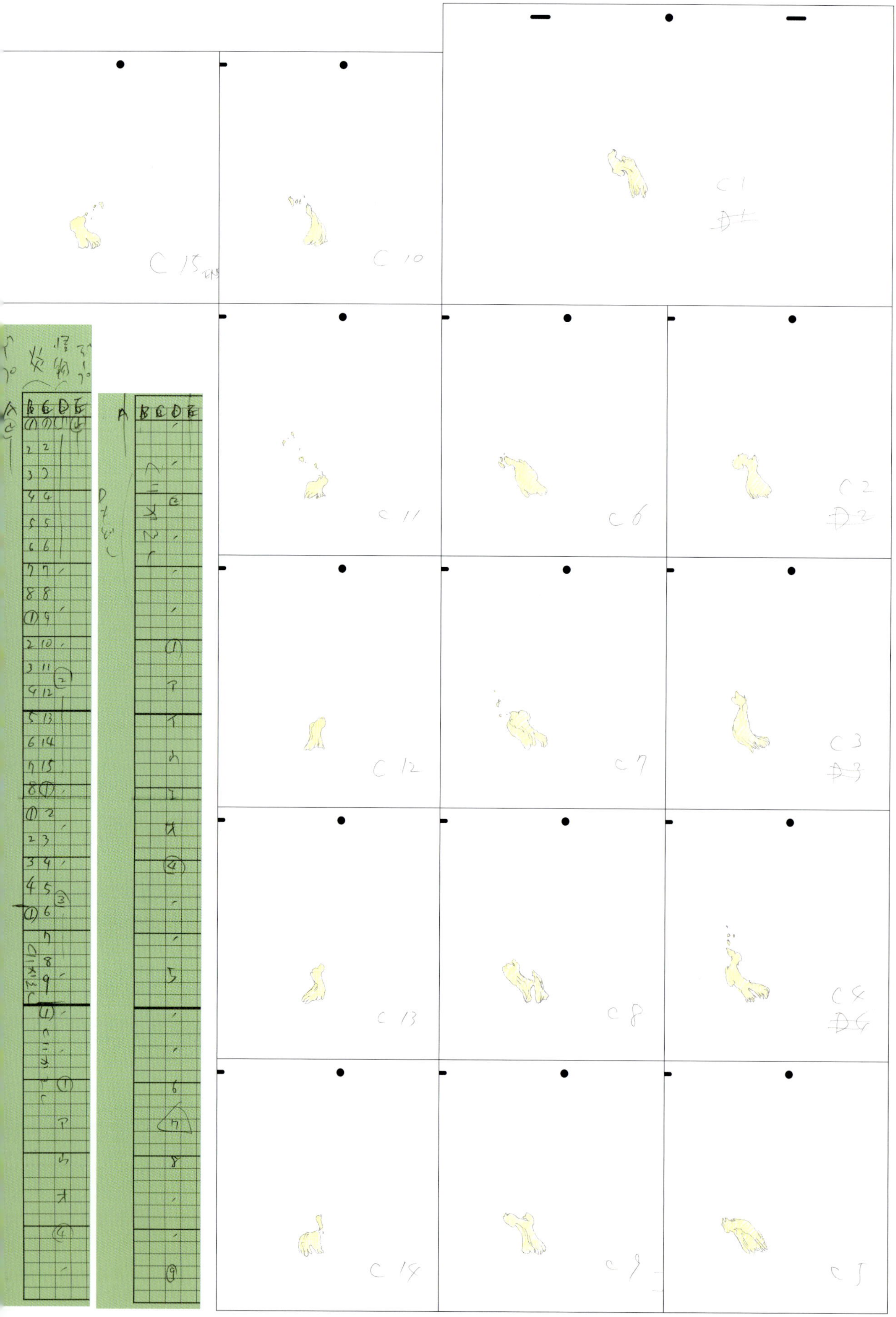
C 15
C 10
C 1
C 11
C 6
C 2
C 12
C 7
C 3
C 13
C 8
C 4
C 14
C 9
C 5

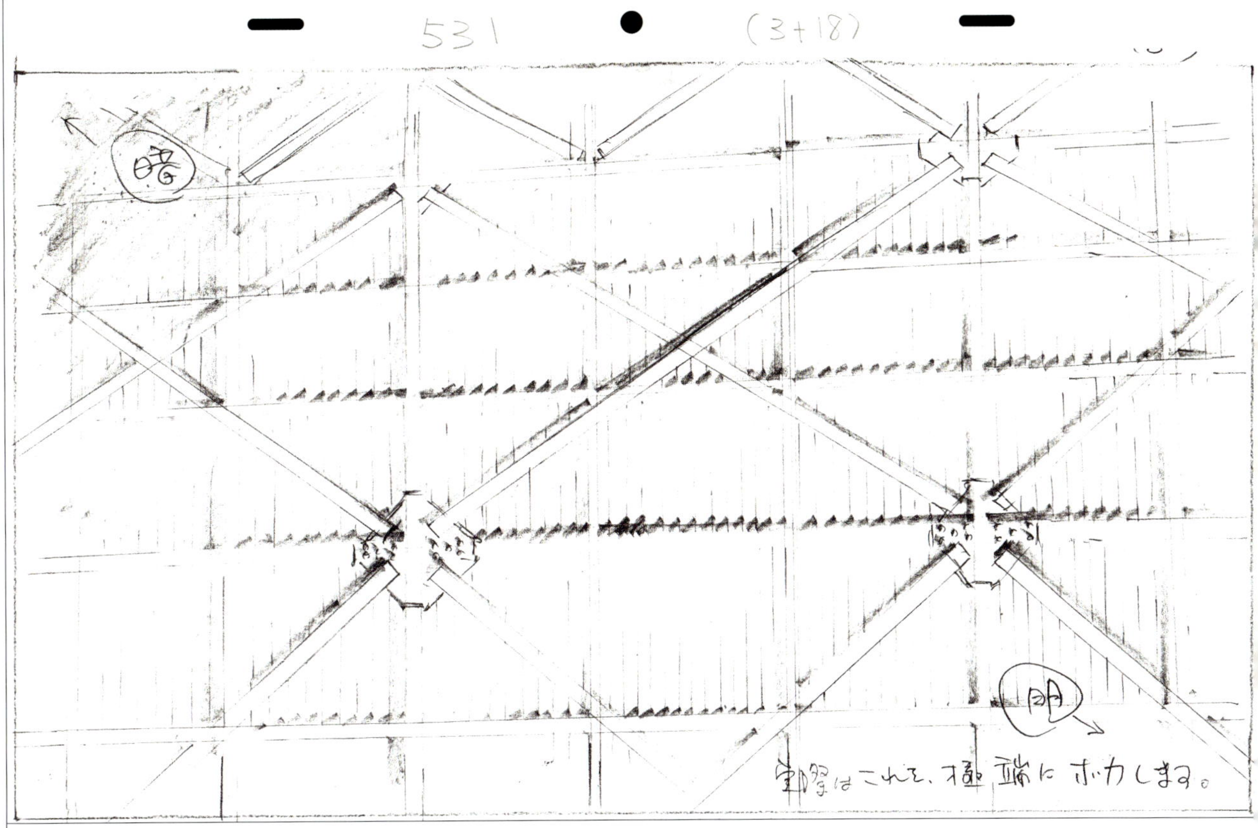
531
(3+18)
暗
明
実際はこれを、極端にボカします。

A1
くち、歯
くいしばっている
〜17まで
よって
この状態

A2

A3

A4

A5

A6

A7

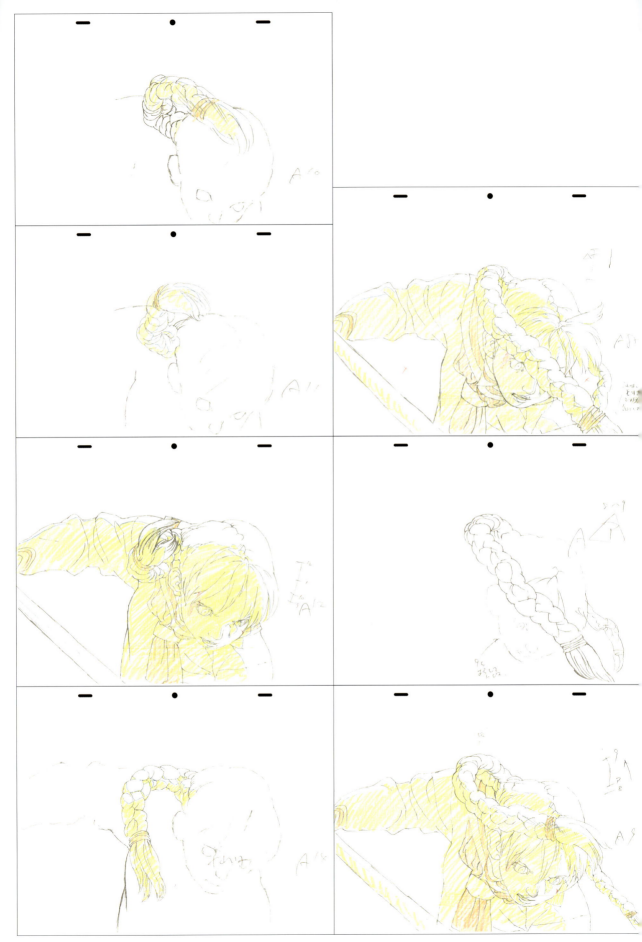

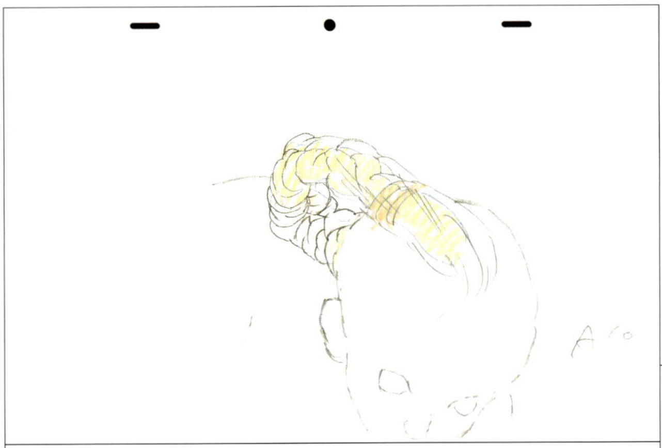
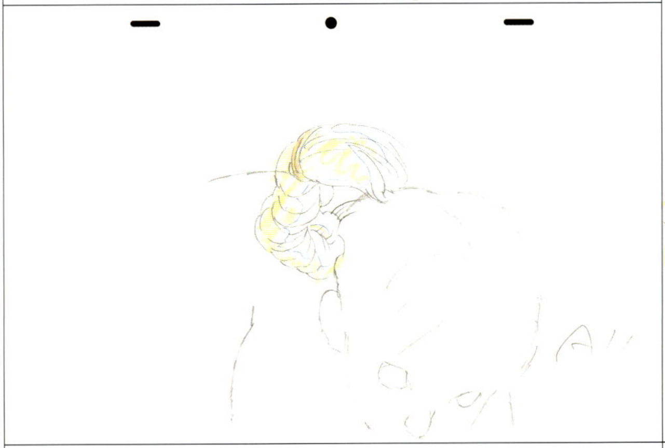
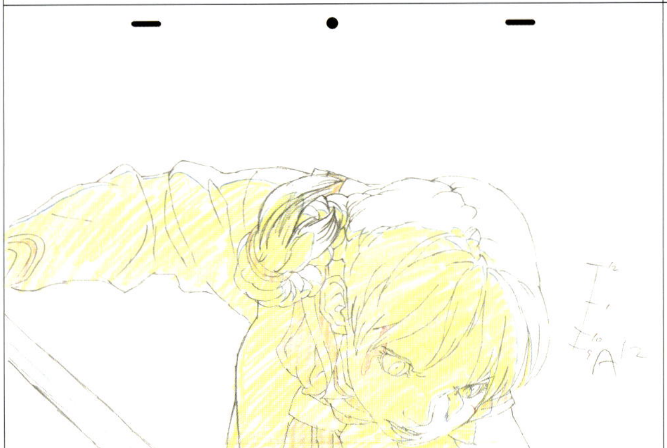
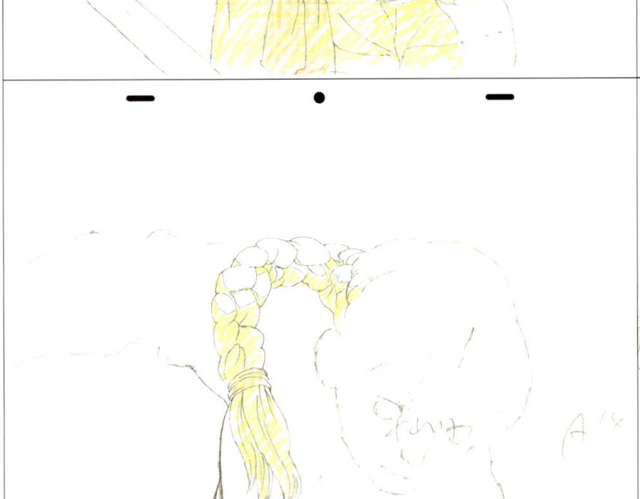
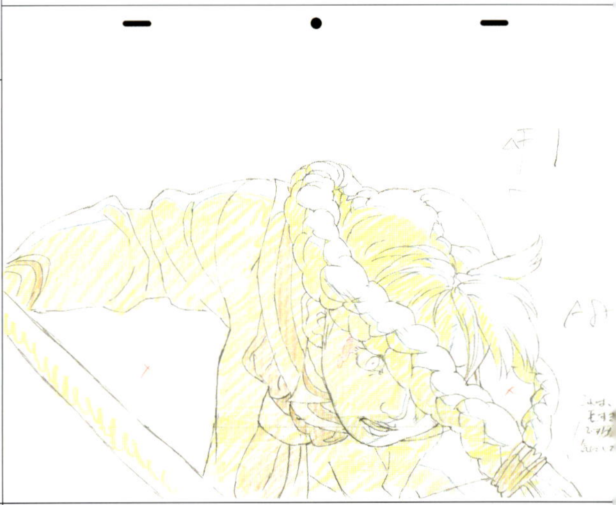

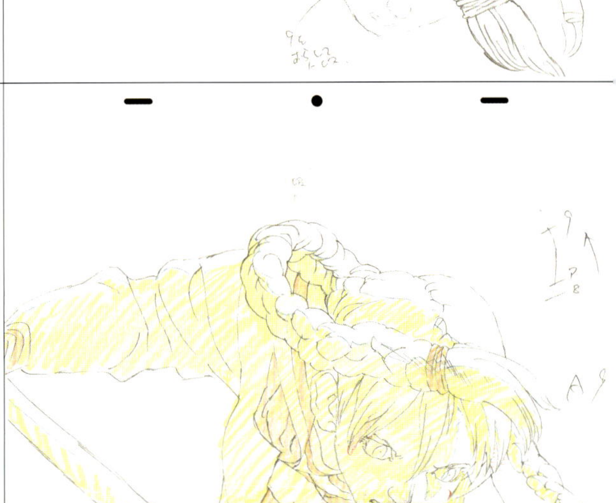

A 18
(3~18)

A 19

A 20

A 21

A 15

A 16

A 17

A 24

A 22

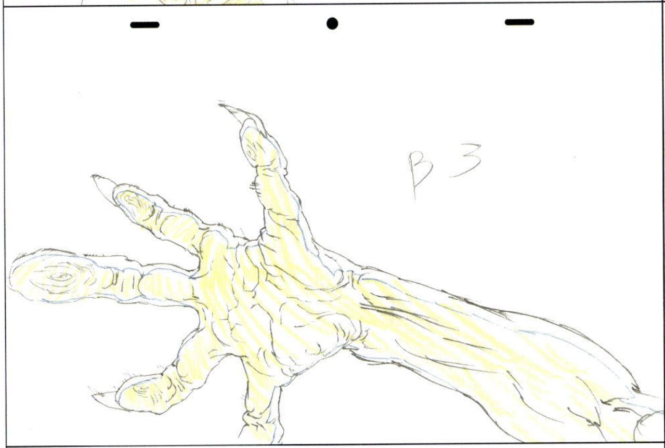
B 3

目の色は
まちがいです
A23

A 25

B1

B 4

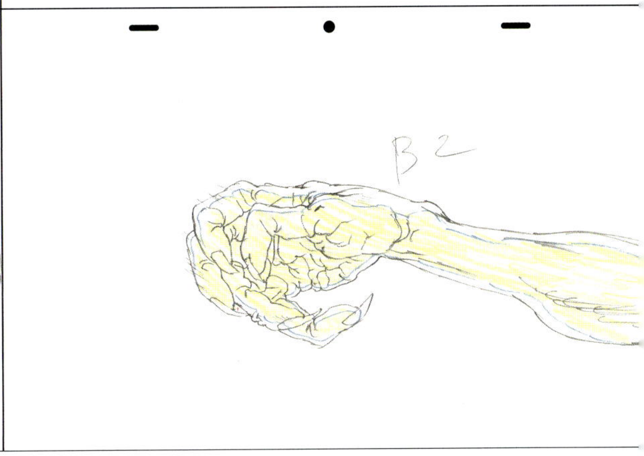
B 2

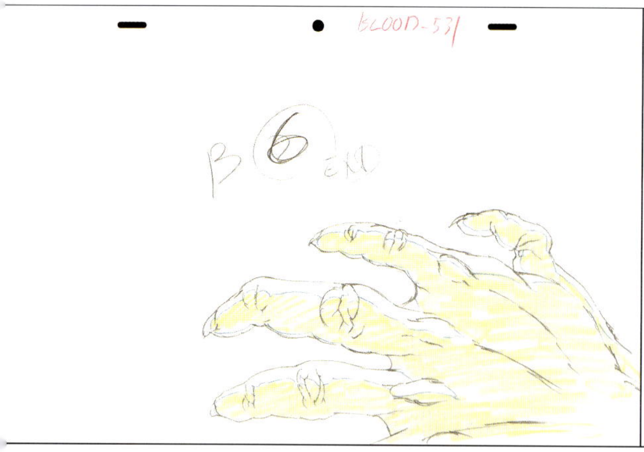
B 6

B 5

A 26
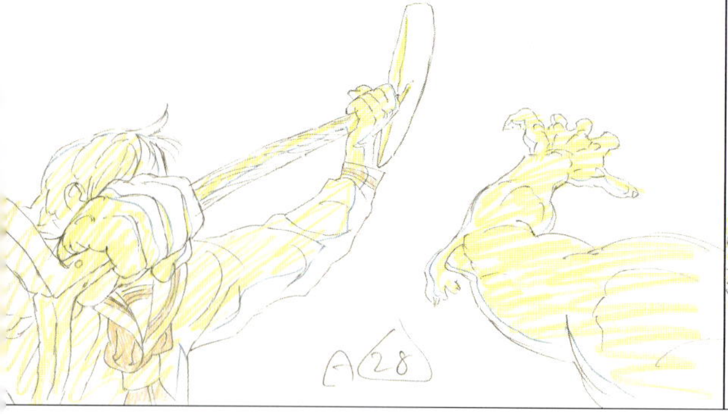
A 28

A 27

A29

A30

A31

A32

A33

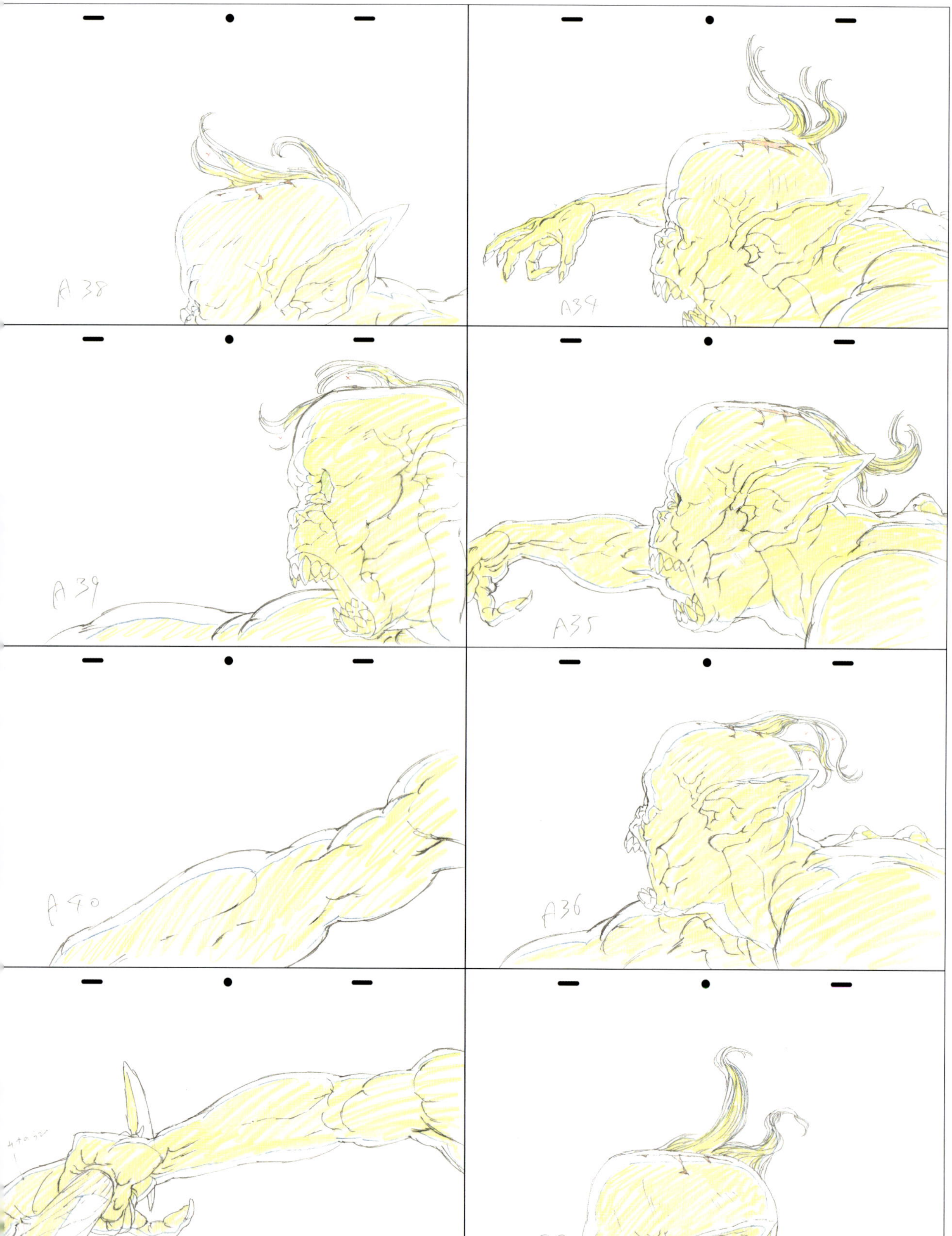
A38
A34
A39
A35
A40
A36
A41
A37

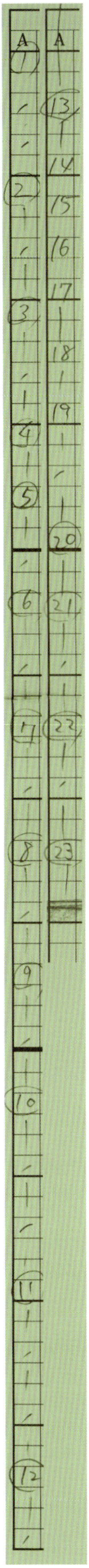
A
A
1
2
3
4
5
6
7
8
9
10
11
12
13
14
15
16
17
18
19
20
21
22
23

A42

A43

A44

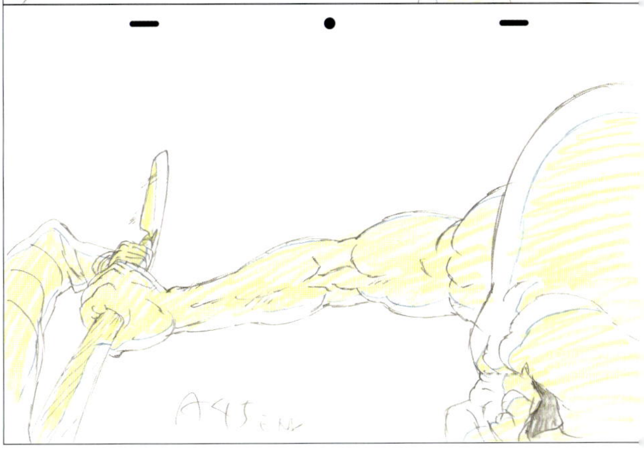
A45 end

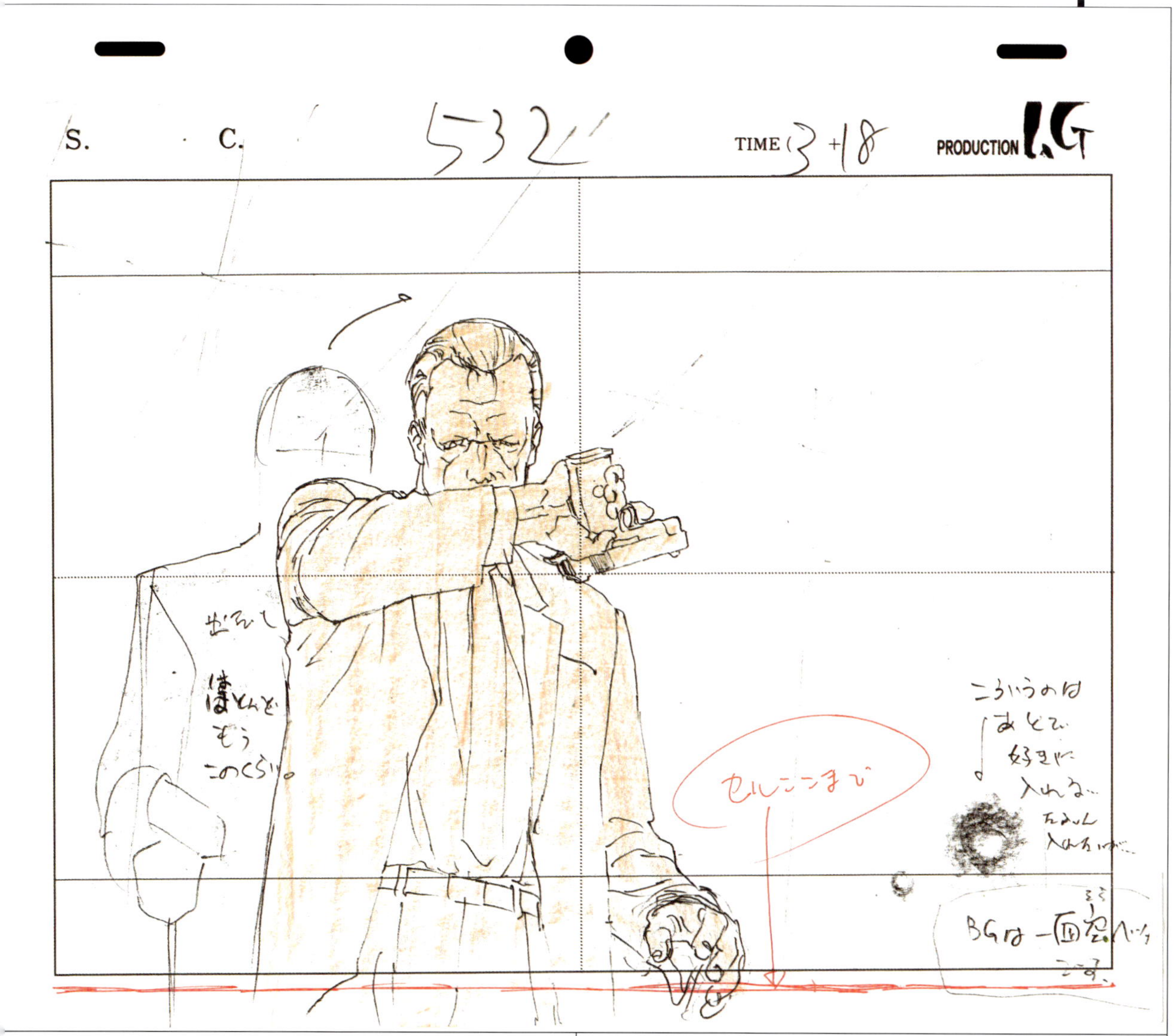
S.
C.
532
TIME (3+18
PRODUCTION I.G
ほとんど
もう
このくらい。
セルここまで
こういうのは
あとで
好きに
入れる…
たぶん
入れないが…

A2

A1

A3

A4

A5

A6

A7

A8

A9

A10

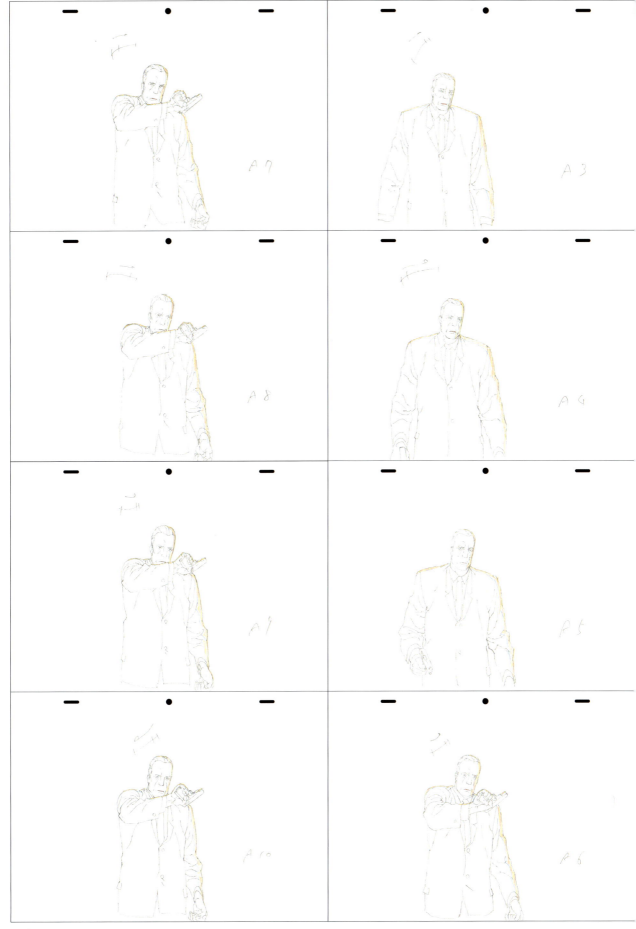

A11

目はここまで 11と同じ
12で半目
A12

A13

A14

A15

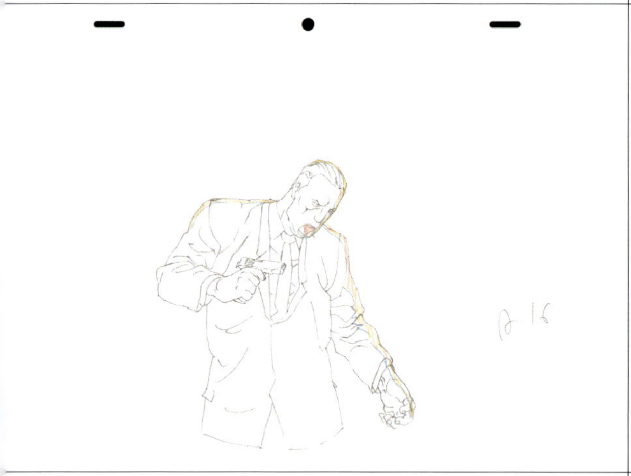
A16

A17

A18

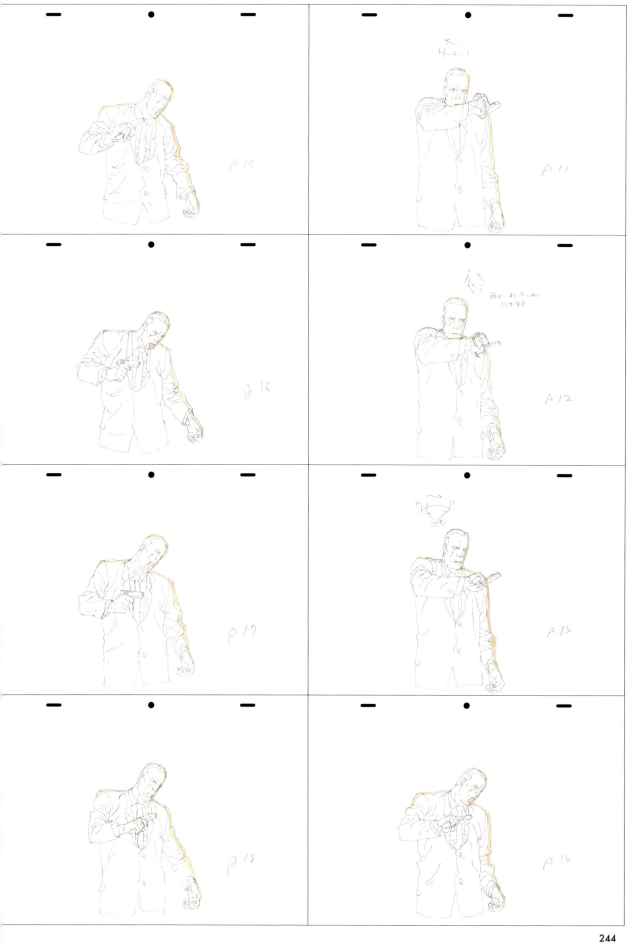

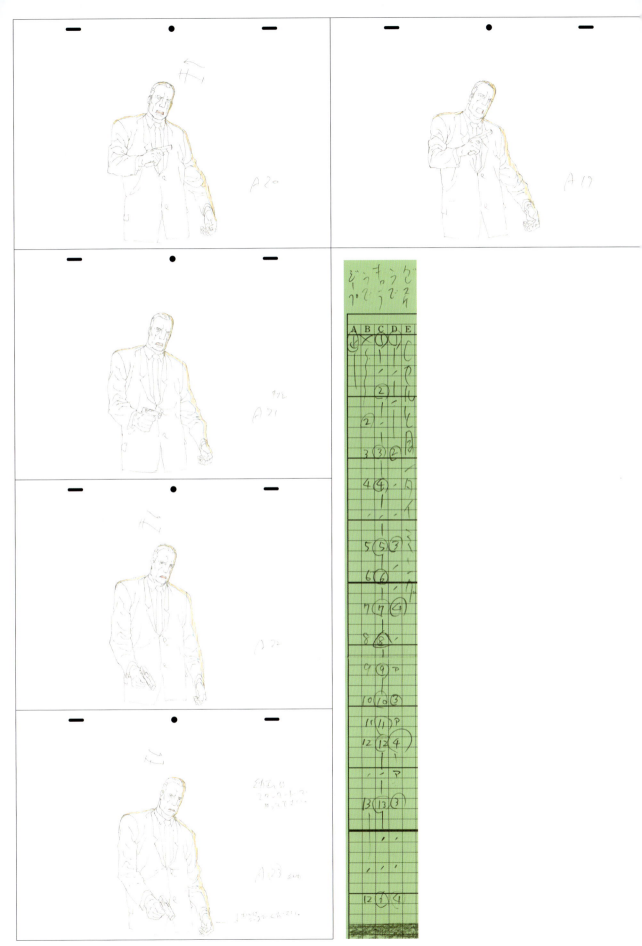

A19

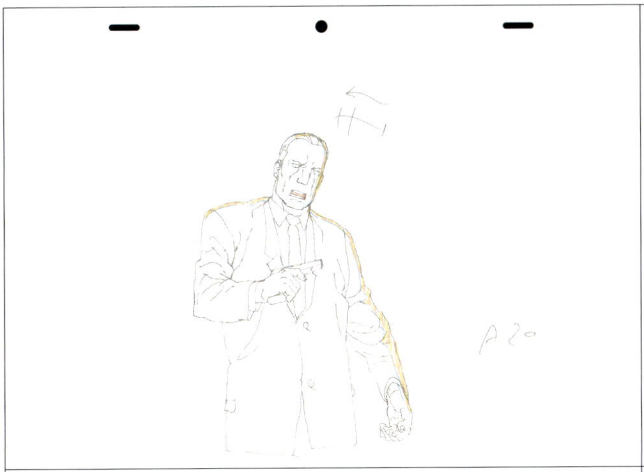
A20

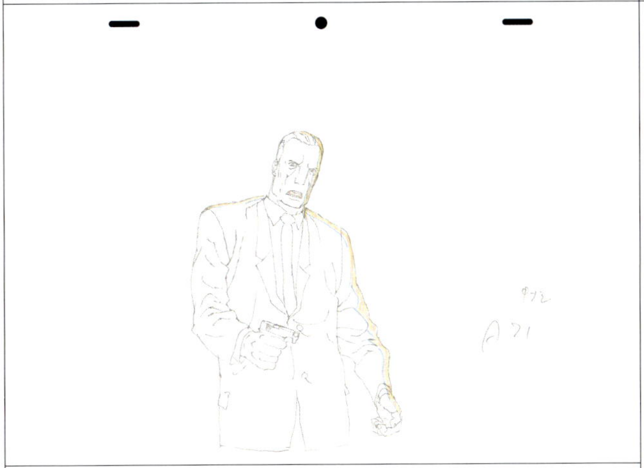
A21

A22

A23

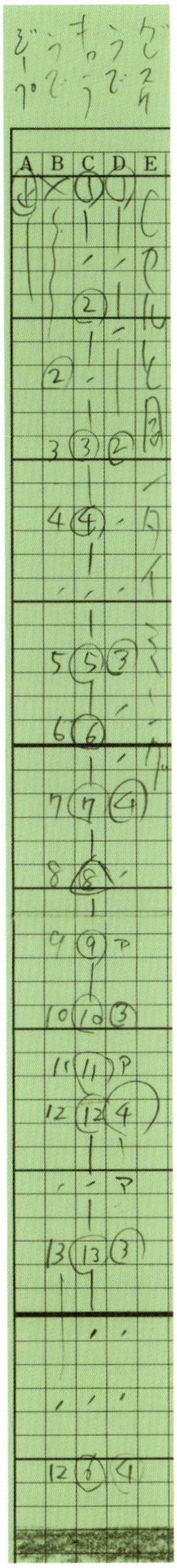
A
B
C
D
E

Rahxephon

『ラーゼフォン』

『ラーゼフォン』は2002年に放映されたTVアニメーション。監督は出渕裕で、アニメーション制作はボンズである。磯はデジタルワークス、CGI、AE／特効などの役職で全話に参加。第15楽章「子供たちの夜」では脚本、絵コンテ、演出を担当し、原画も描いている。これが彼にとって初めての絵コンテと演出であった。本書籍では原画と、彼が演出として描いたレイアウト修正を収録する。

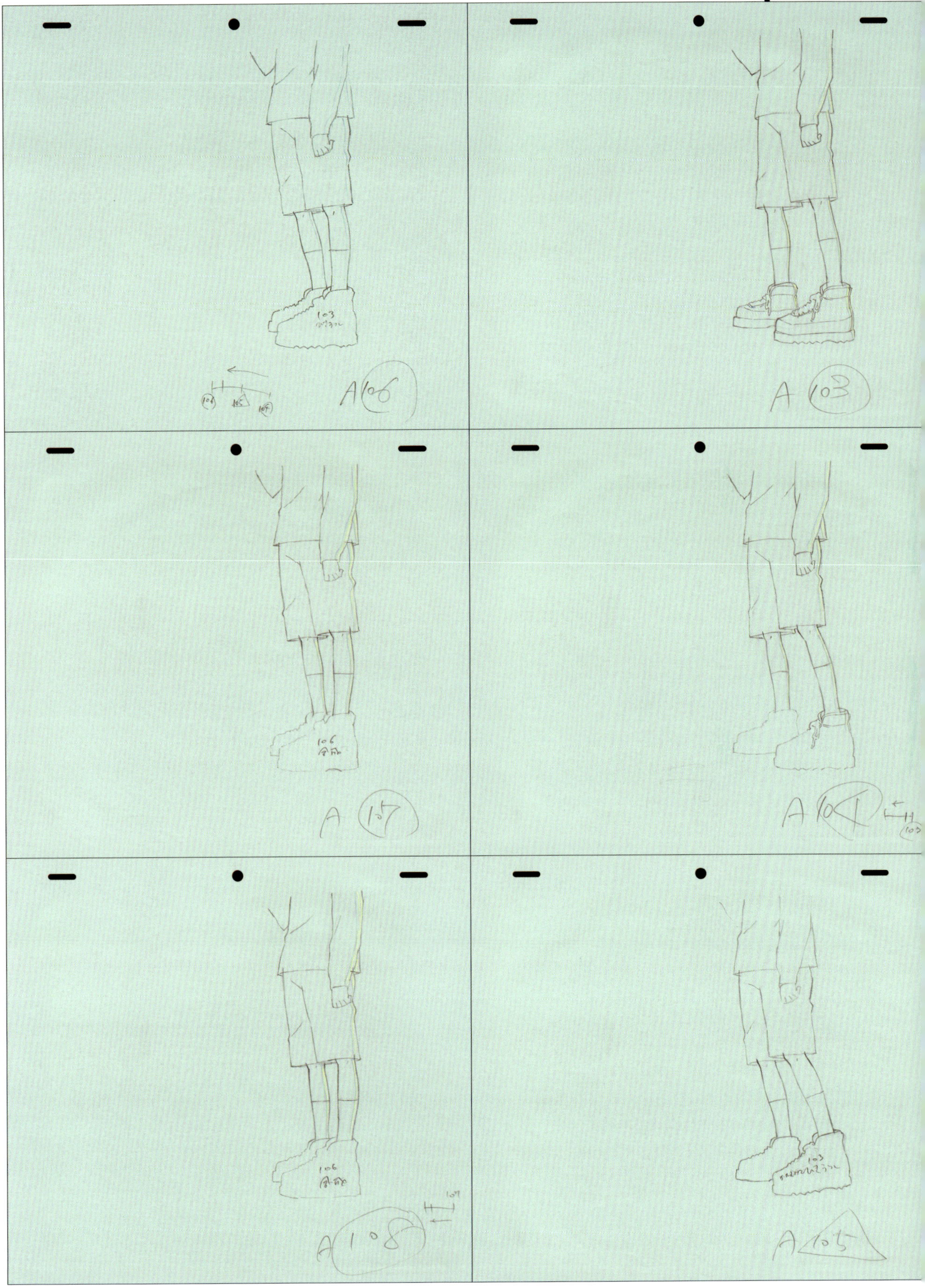
A106
A103
A107
A104
A108
A105

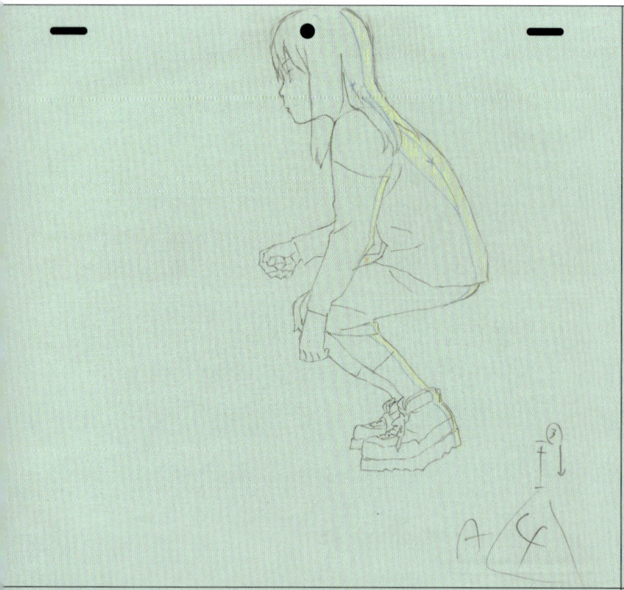
A4

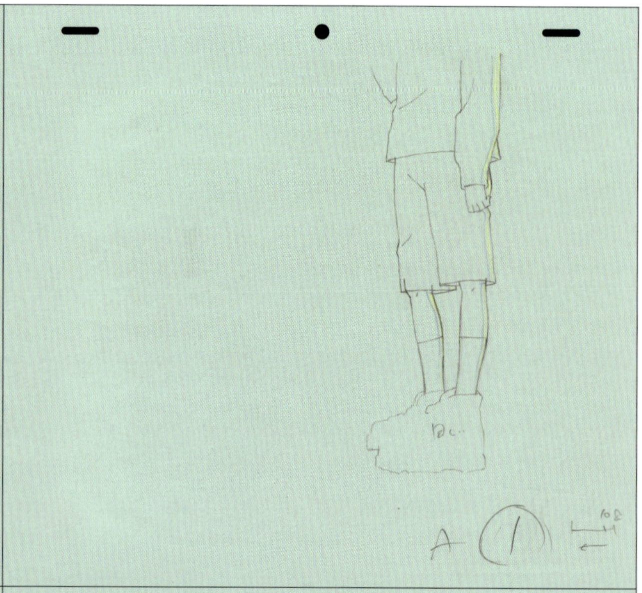
A1

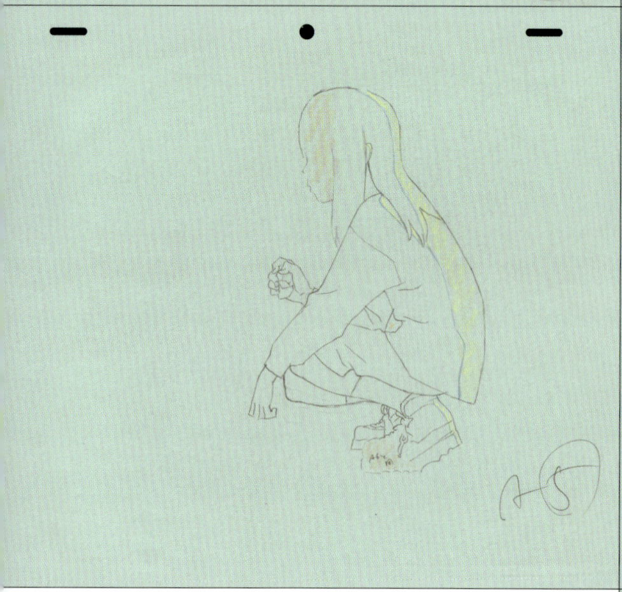
A5

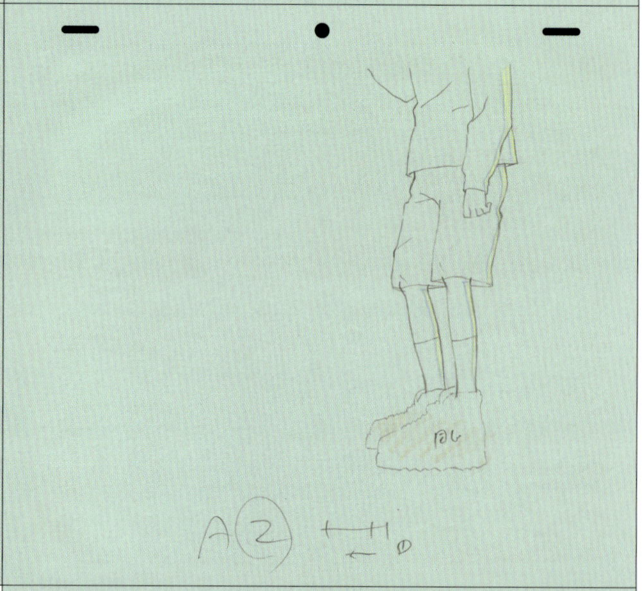
A2

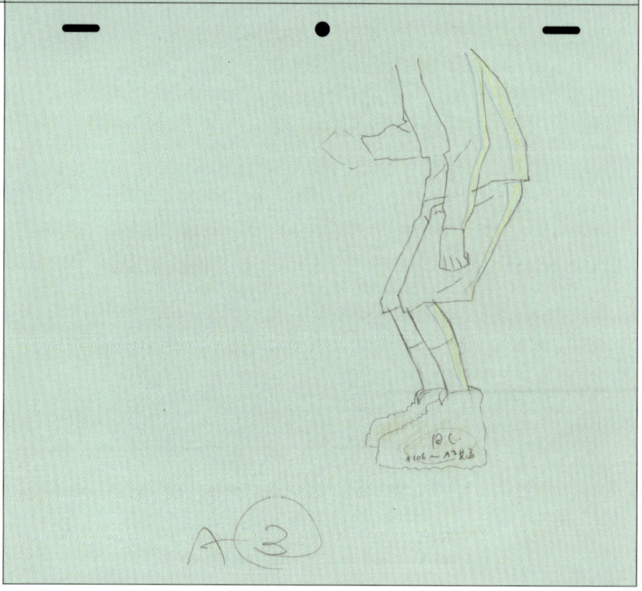
A3

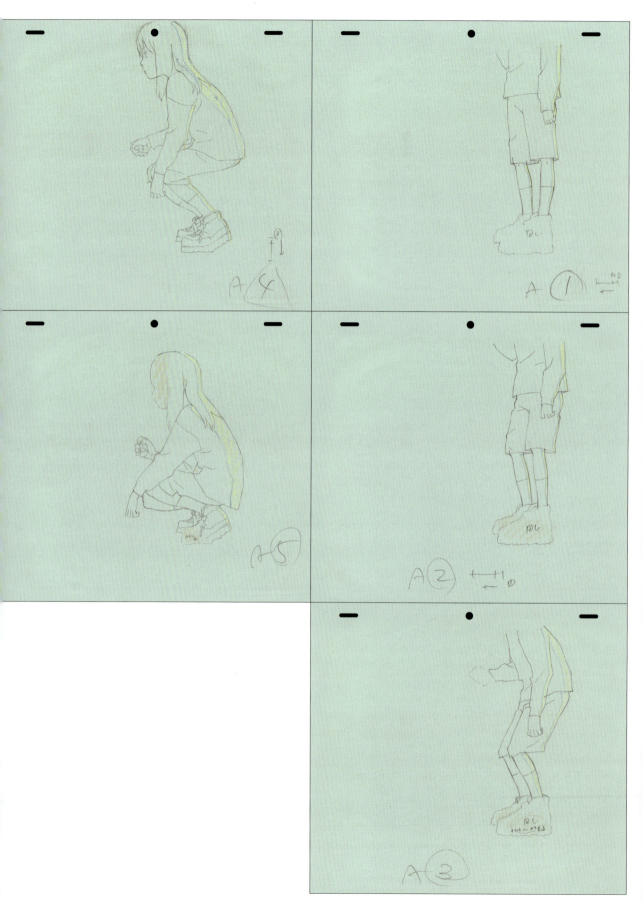

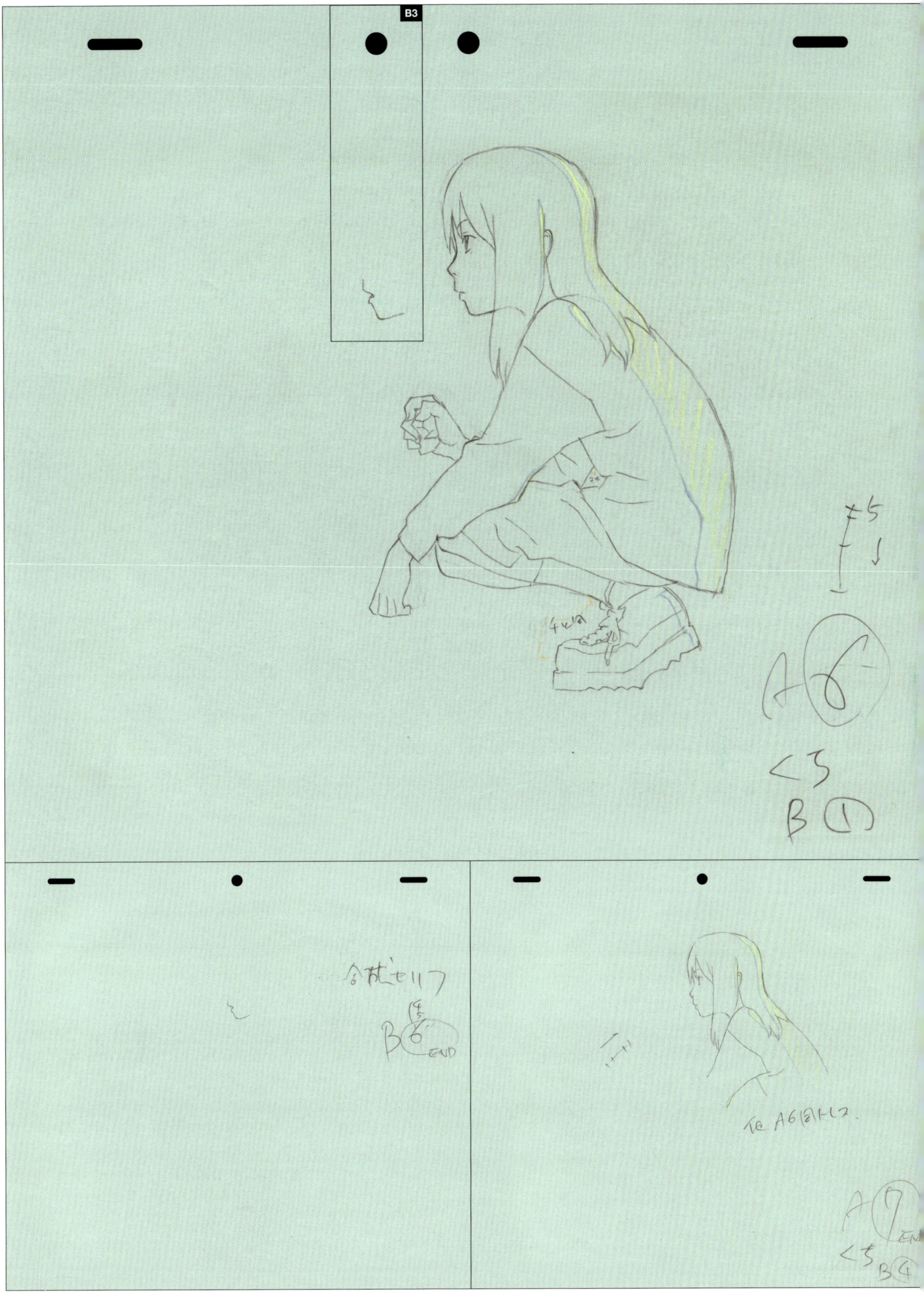

B3
A 6
くち
B 1
B 6 END
A6同トレス.
A 7 END
くち
B 4

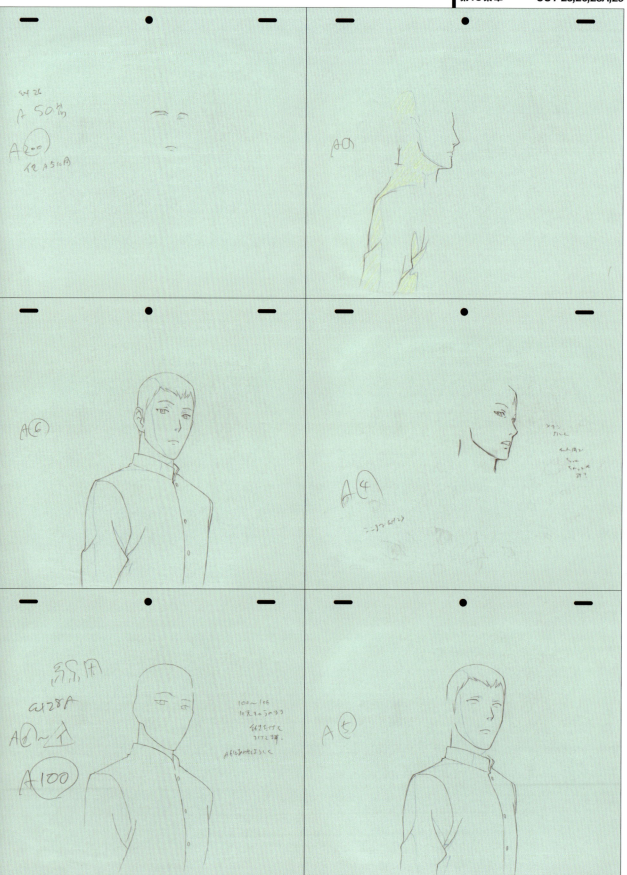

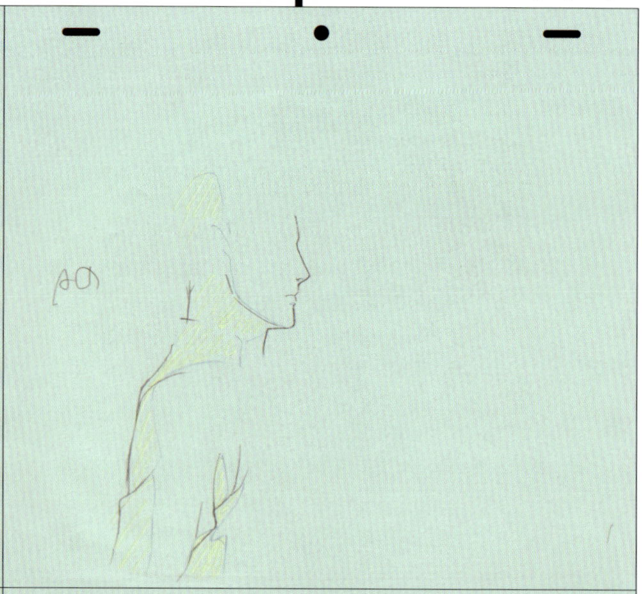

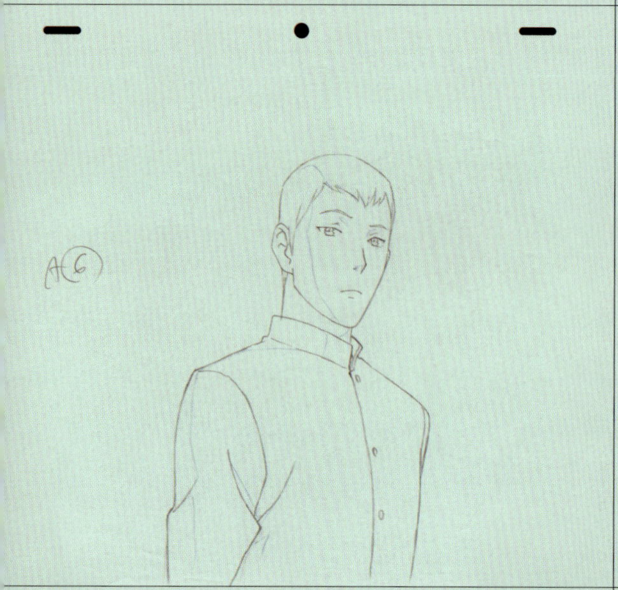
A6

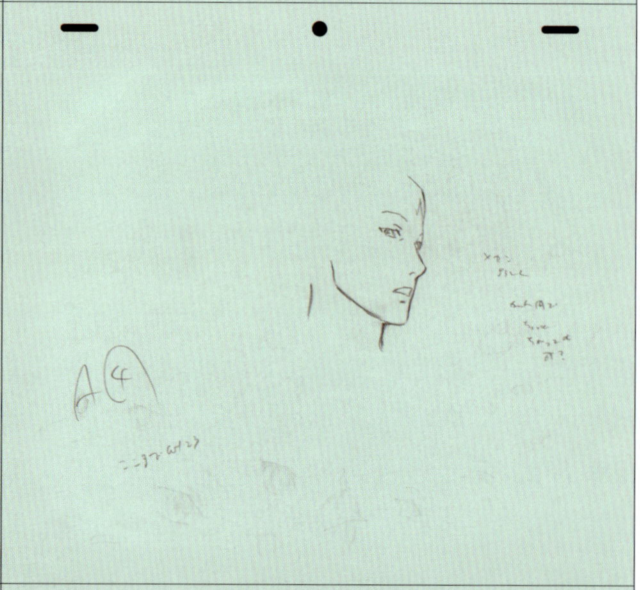
A4

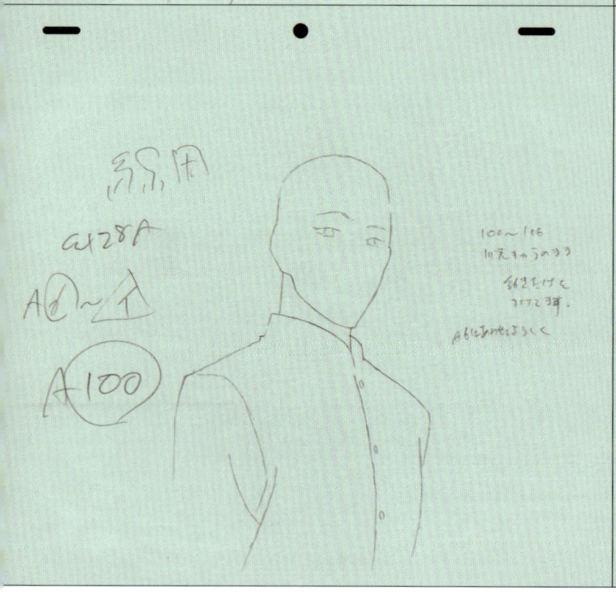
cut28A
A100

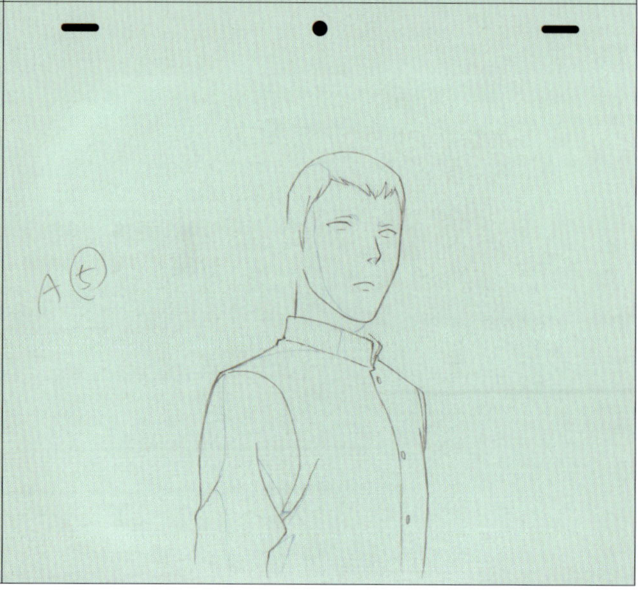
A5

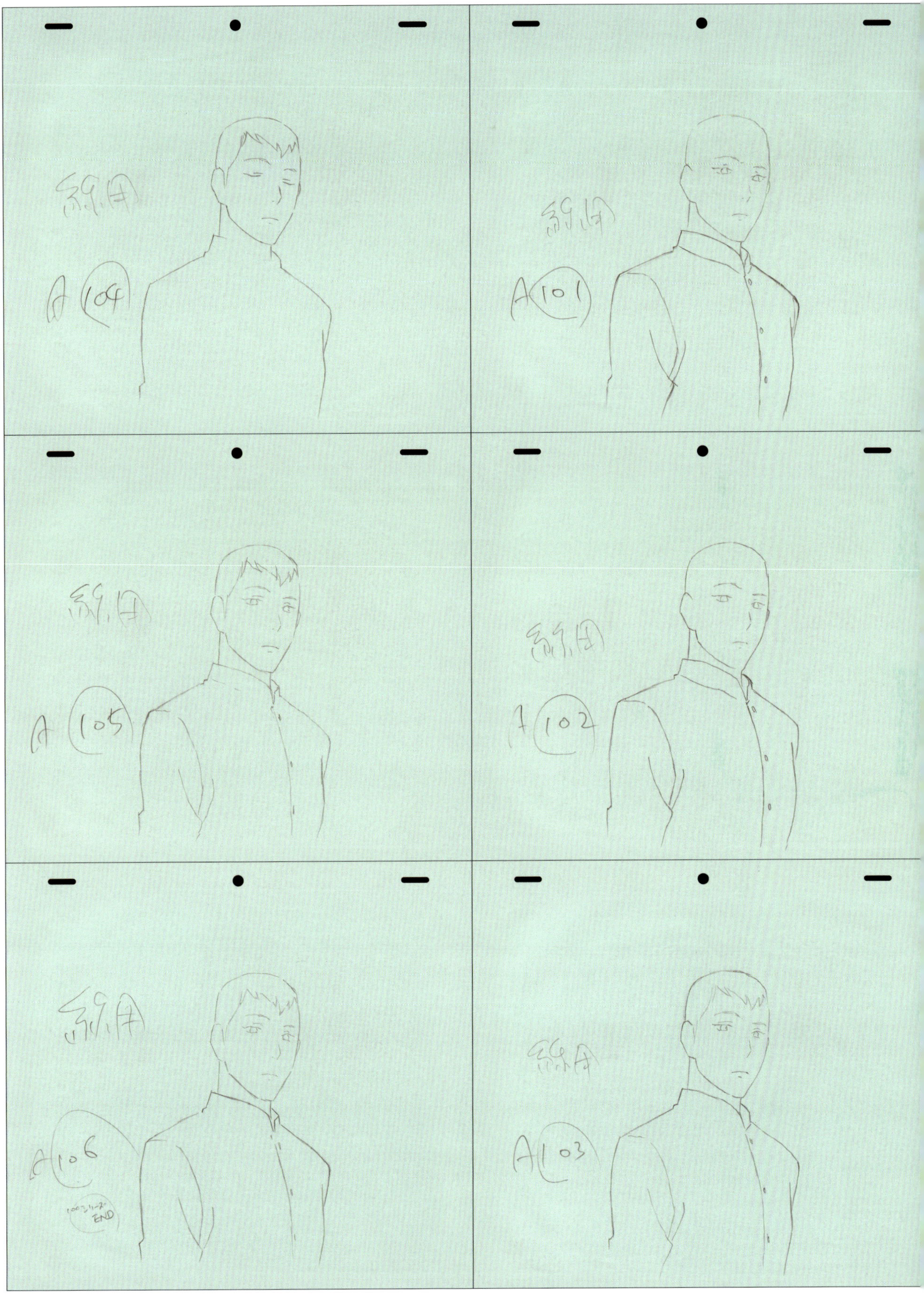
A 104
A 101
A 105
A 102
A 106
END
A 103

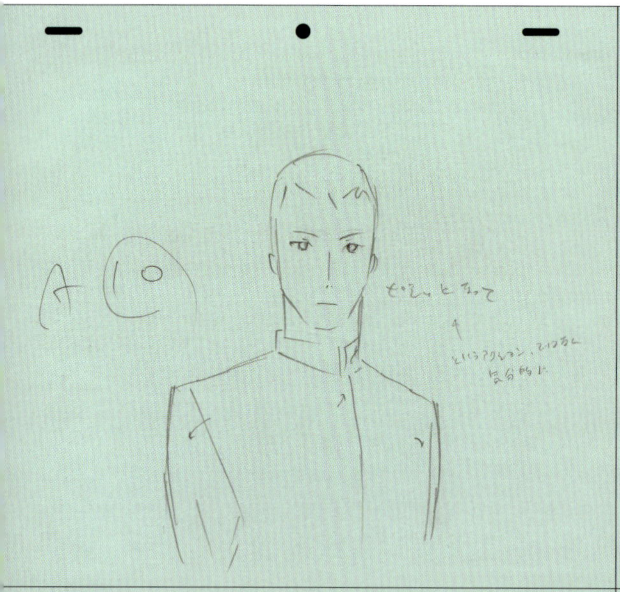
A10
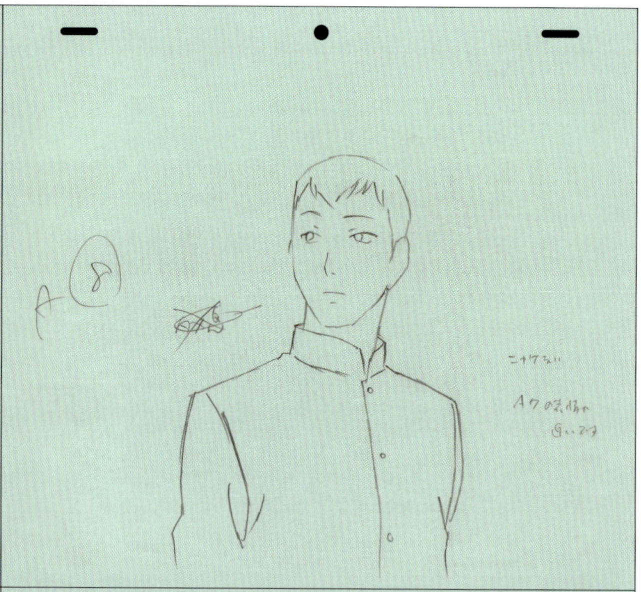
A8

11
A5と
同じ
方向の
つもり

A9

A301
そうだね

A300

#15 cut 30
3人の
子供は
OUT
します。
← OUT
← OUT

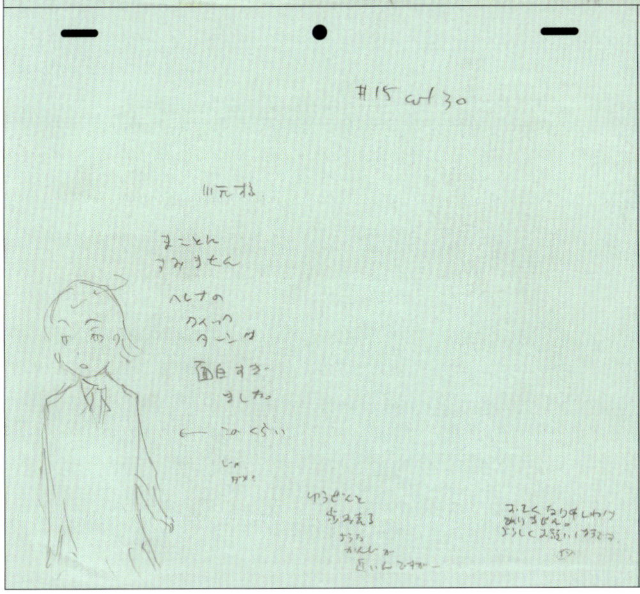
#15 cut 30
まことに
すみません
ヘレナの
クイック
ターンは
面白すぎ
ました。
← このくらい

#15 cut 30

#15 cut 31

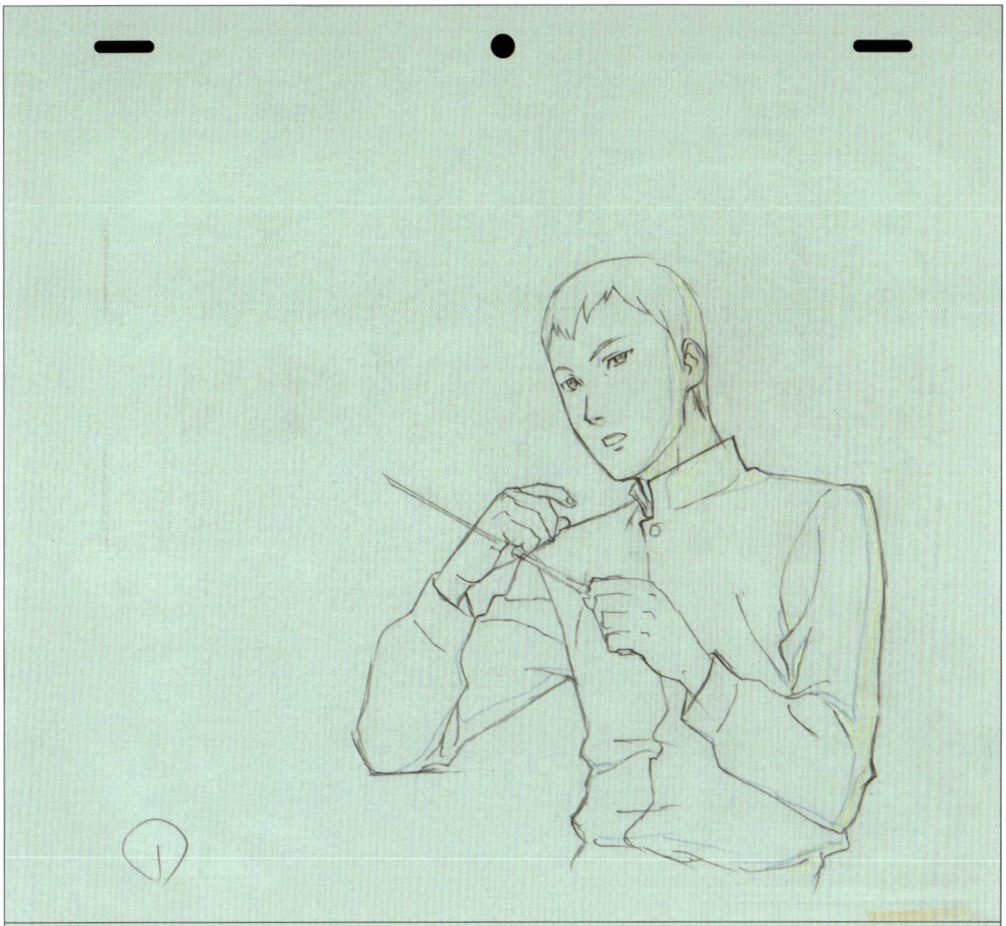
1

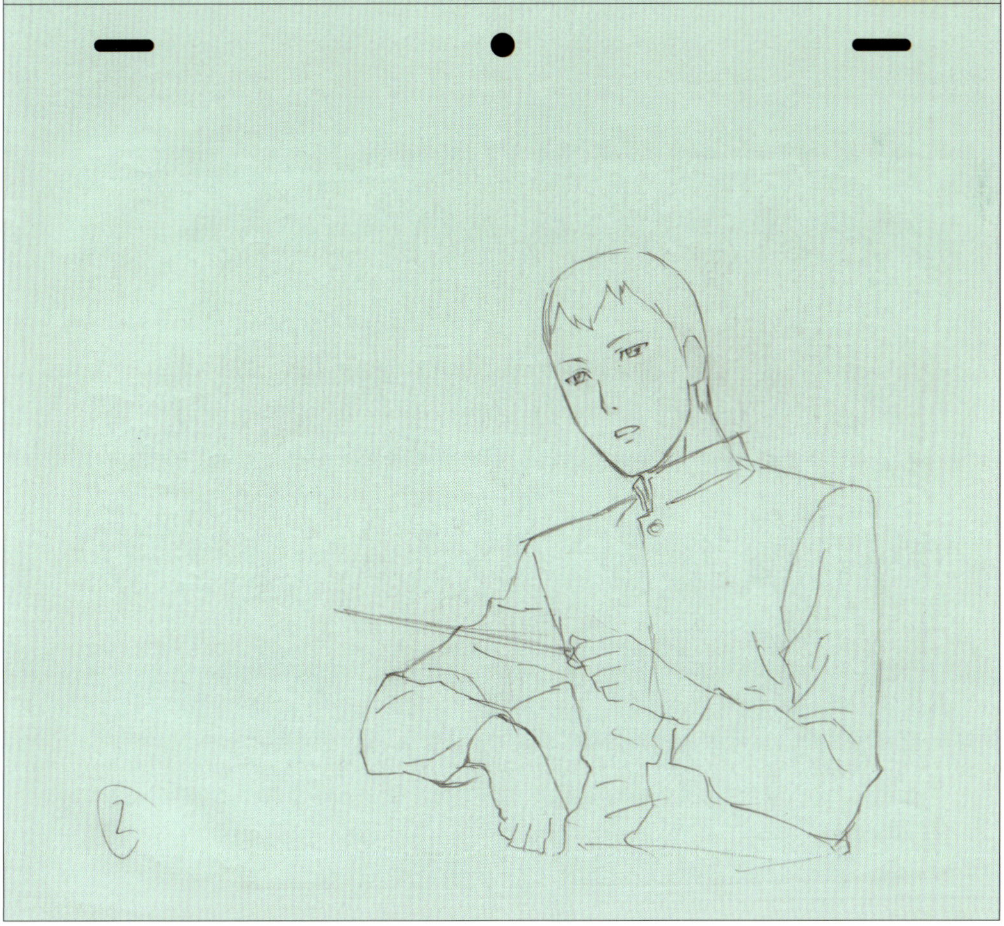
2

cut 41
無表情です。
よろしくお願いします

#15cut47 (5+12)
基本的に
ずっと
カベ
です。
多少
スリット
のような
ものは
あっても

第15楽章▸▸▸▸ CUT 48,51

第15楽章▸▸▸▸ CUT 49

第15楽章 ▸▸▸▸ ***CUT 52***

第15楽章 ▸▸▸▸ ***CUT 59***

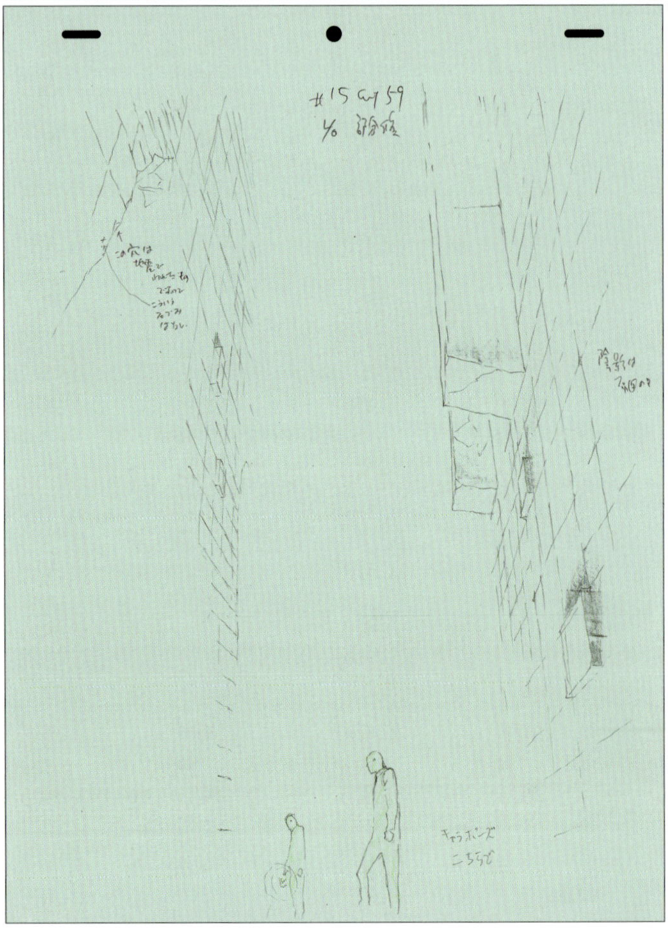

#15 cut60

#15 cut62(6+0)

第15楽章▸▸▸▸ **CUT 64**

第15楽章▸▸▸▸ **CUT 72**

#15 cut 68 (5+0)
Y/o こちらで
うっすら
シルエットが
見える
といい
B
PAN
UP
A
すみませんが こちらで
おねがい致します。

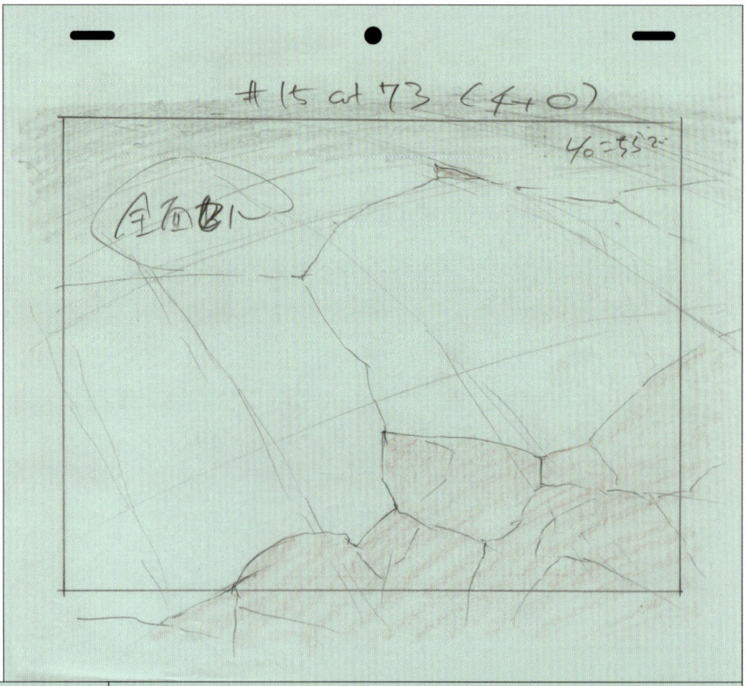
#15 cut 73 (4+0)

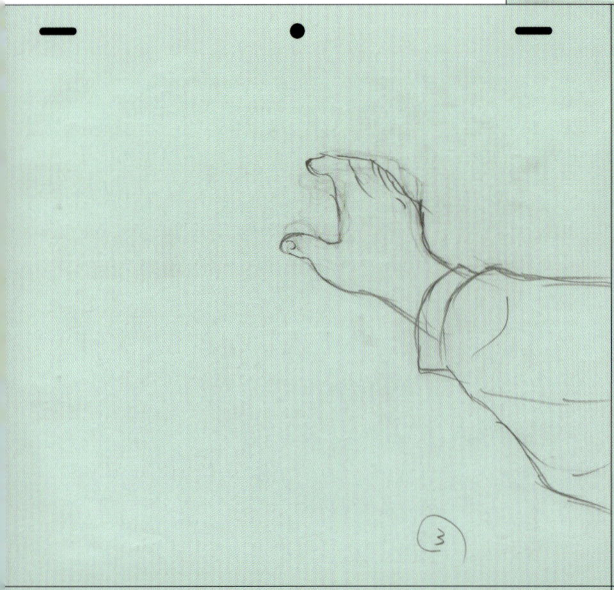
③

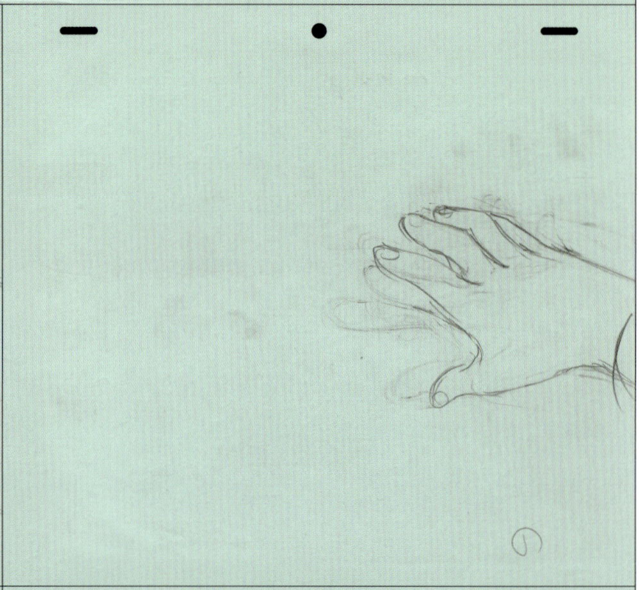
①

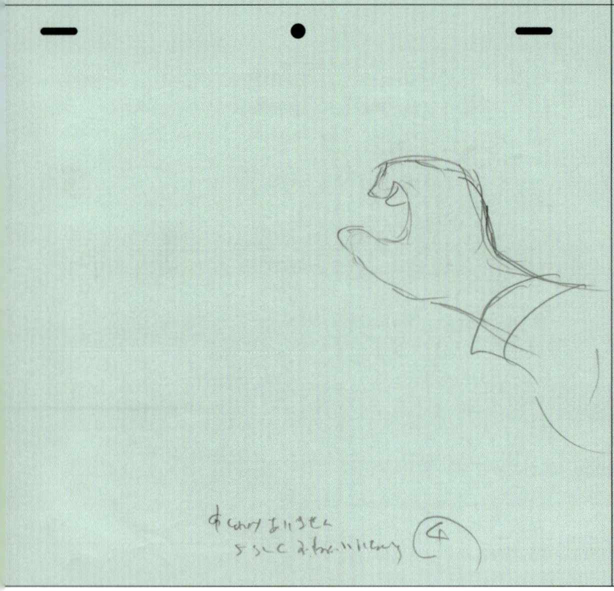
④

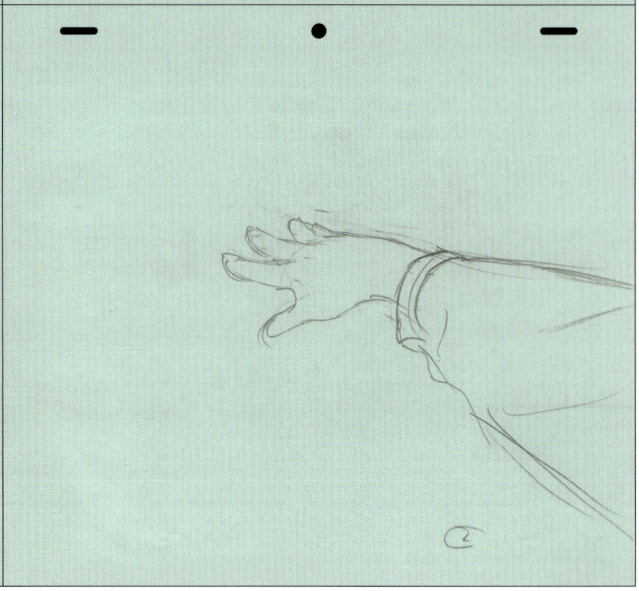
②

cut 74.(4+①)
76 (4+①)

#15 cut 85 (2+①)
BG このへんは ボケ
うっすら 見えるくらい?
このcut 目の上の コレ なし

#15 cut 88, 114
ベッド
セル
カーペット
88
114

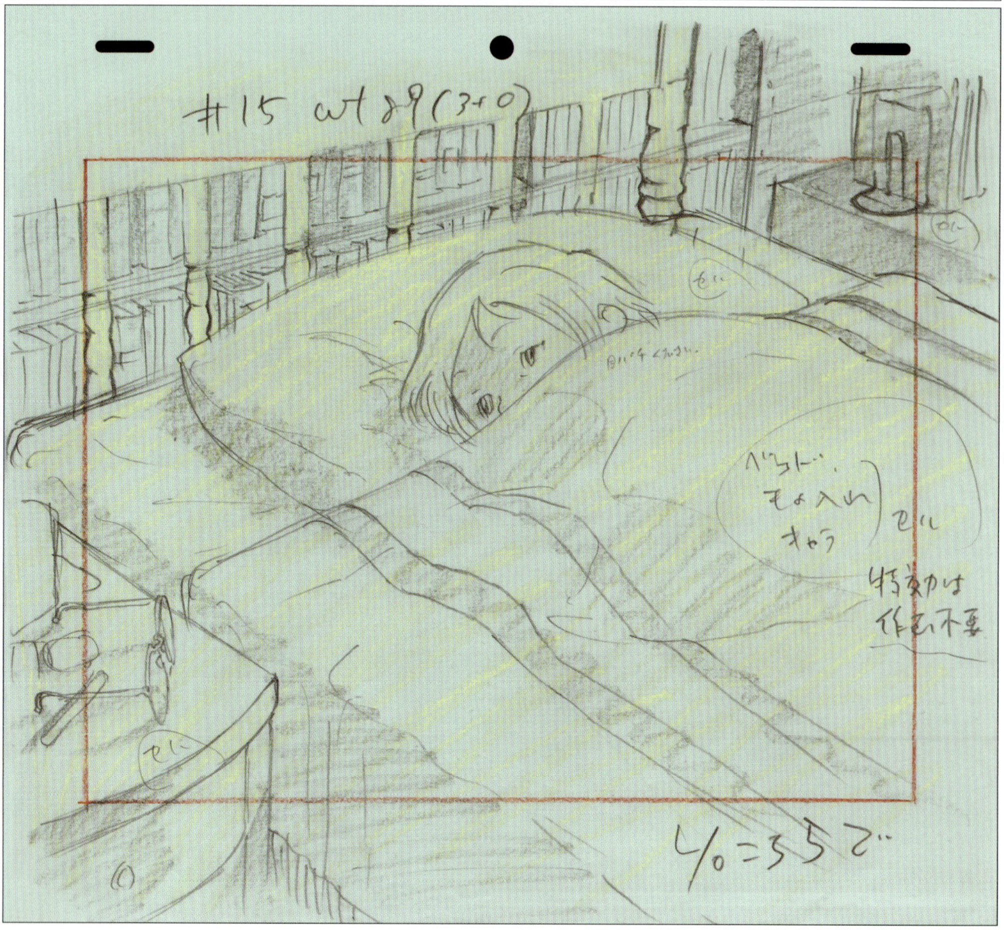
#15 cut 89 (3+0)
セル
ベッド・もの入れ キャラ
セル
特効は 作画不要
4/0こちらで

#15 cut 90
1

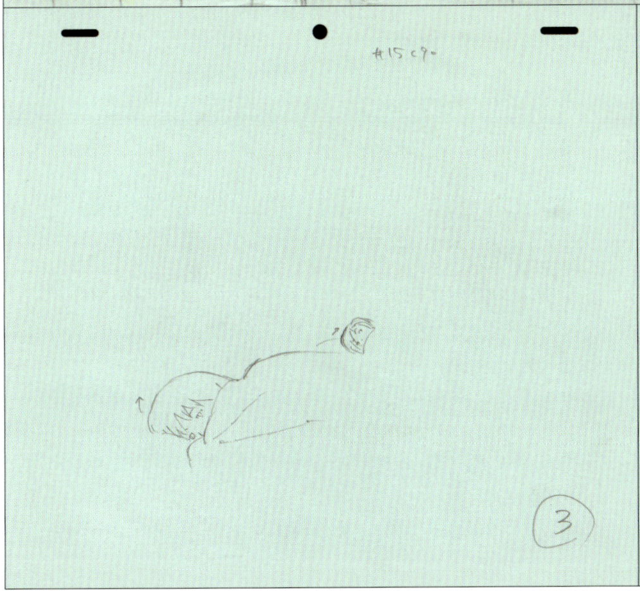
#15 c90
3

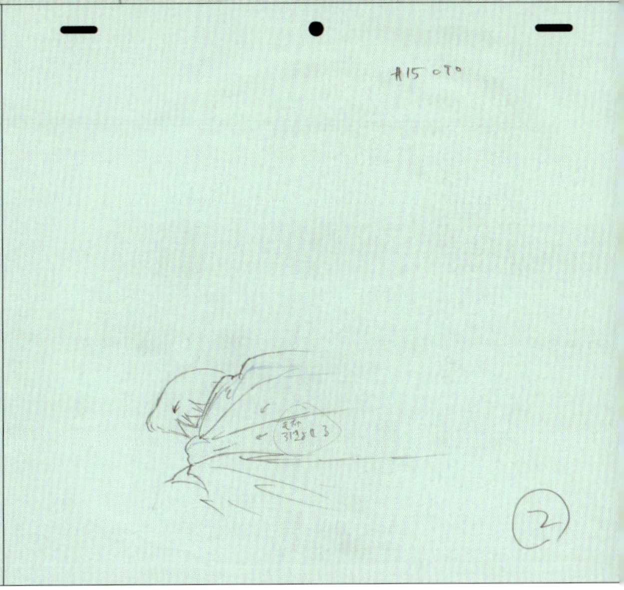
#15 c90
2

#15 cut 91
ヘレンの顔
平行に!
セル
ランプの光てりかえし
BOOK F.I
セル
セル
セル
セル

#15 cut 92

cut 92
すごいー

#15 cut 93
½こちらまで
BGは ランプの 影響は ほんのわずか
ランプはほとんど トーカ光 フレアのみ.

5
4

#15 cut 94
(5+12)
100

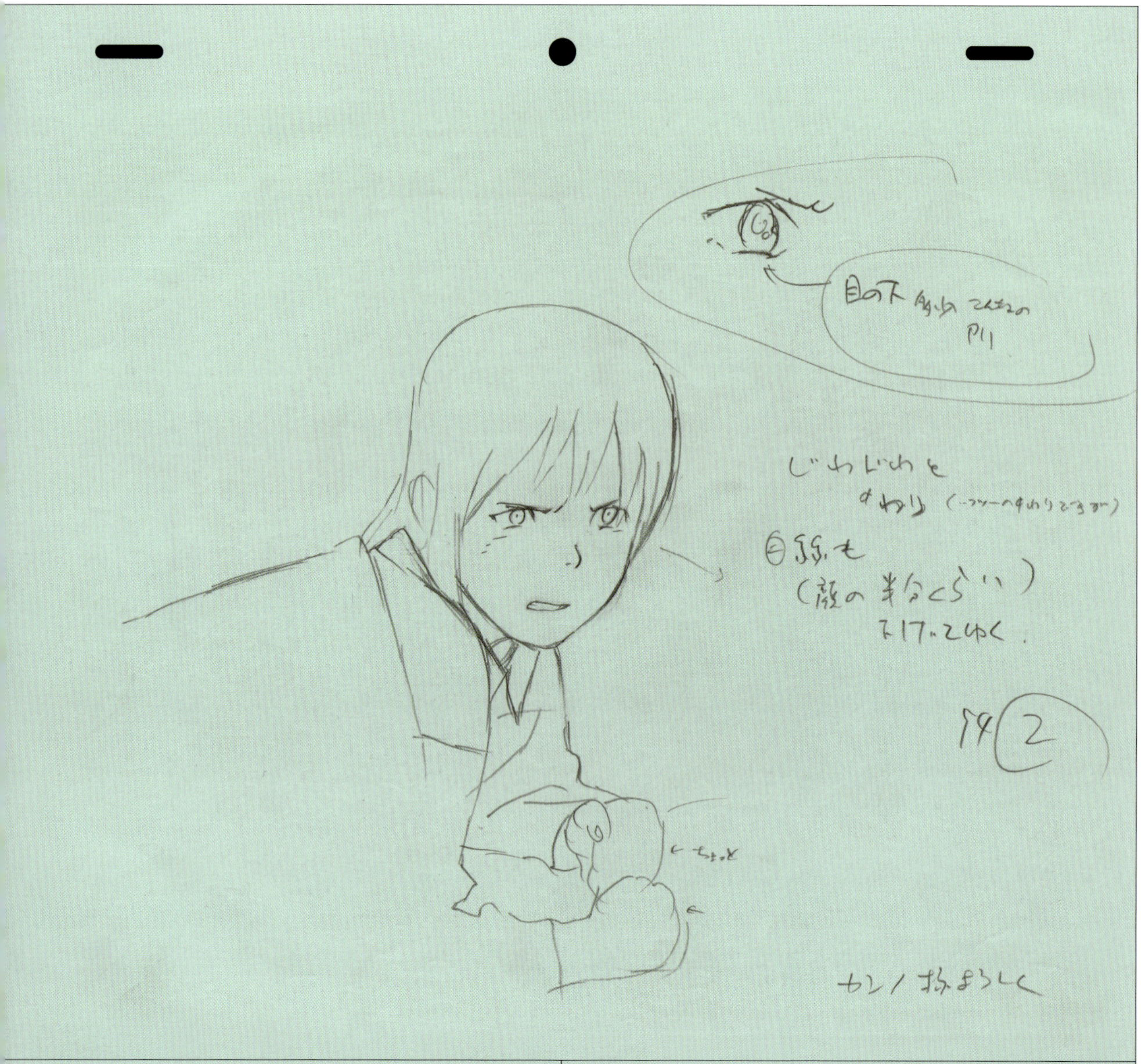
じわじわと
目線も
(顔の半分くらい)
下げてゆく。
94 ②
←ちょっと
カンノ様よろしく

cut/○○
ふとんですが
この
うしろに
隠して
下さい。
カンノ様よろしくです

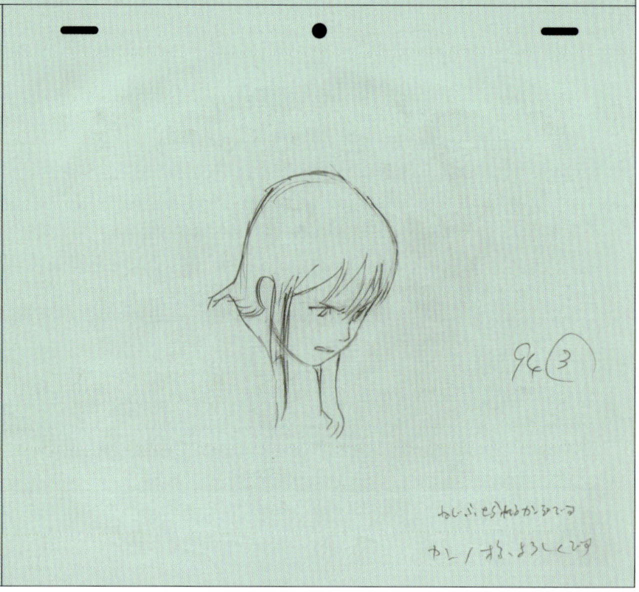
94 ③
ねじふせられるかんじです
カンノ様よろしくです

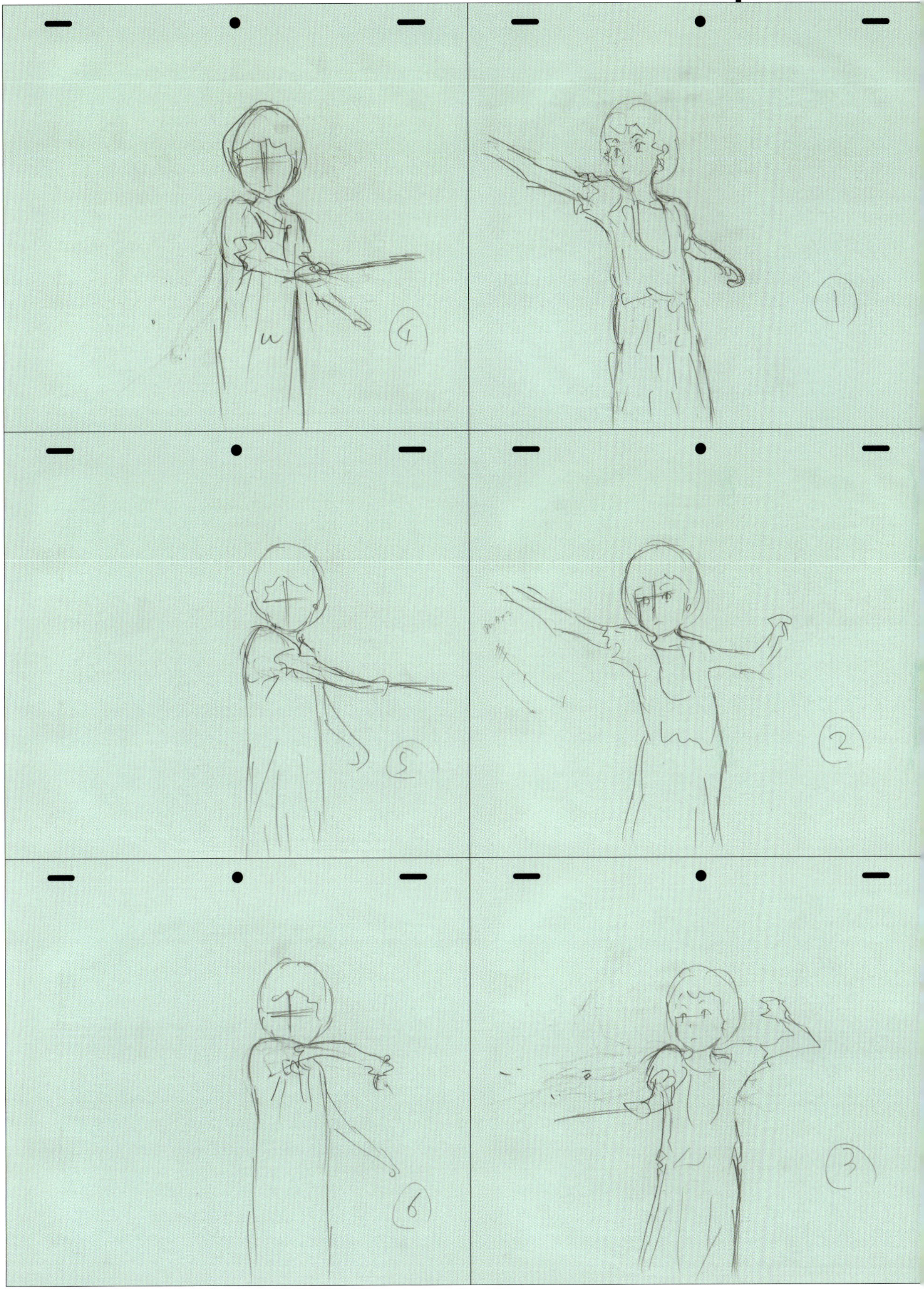
4
1
5
2
6
3

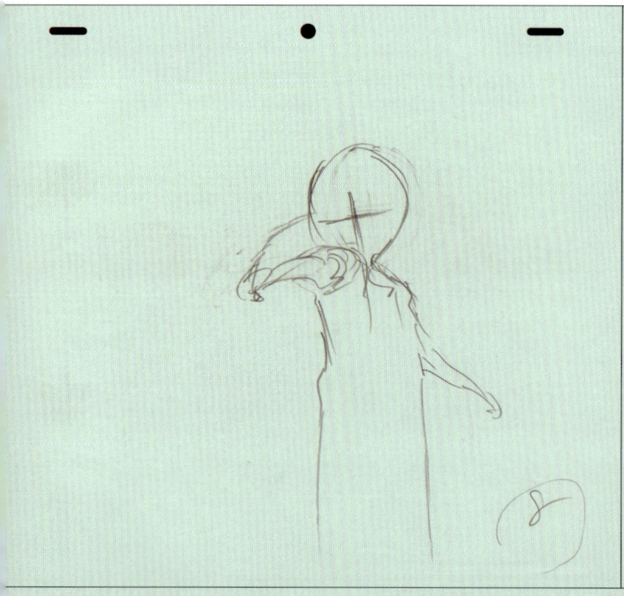
8

7

#15 cut (95 (5+0)
99 (3+0))
9

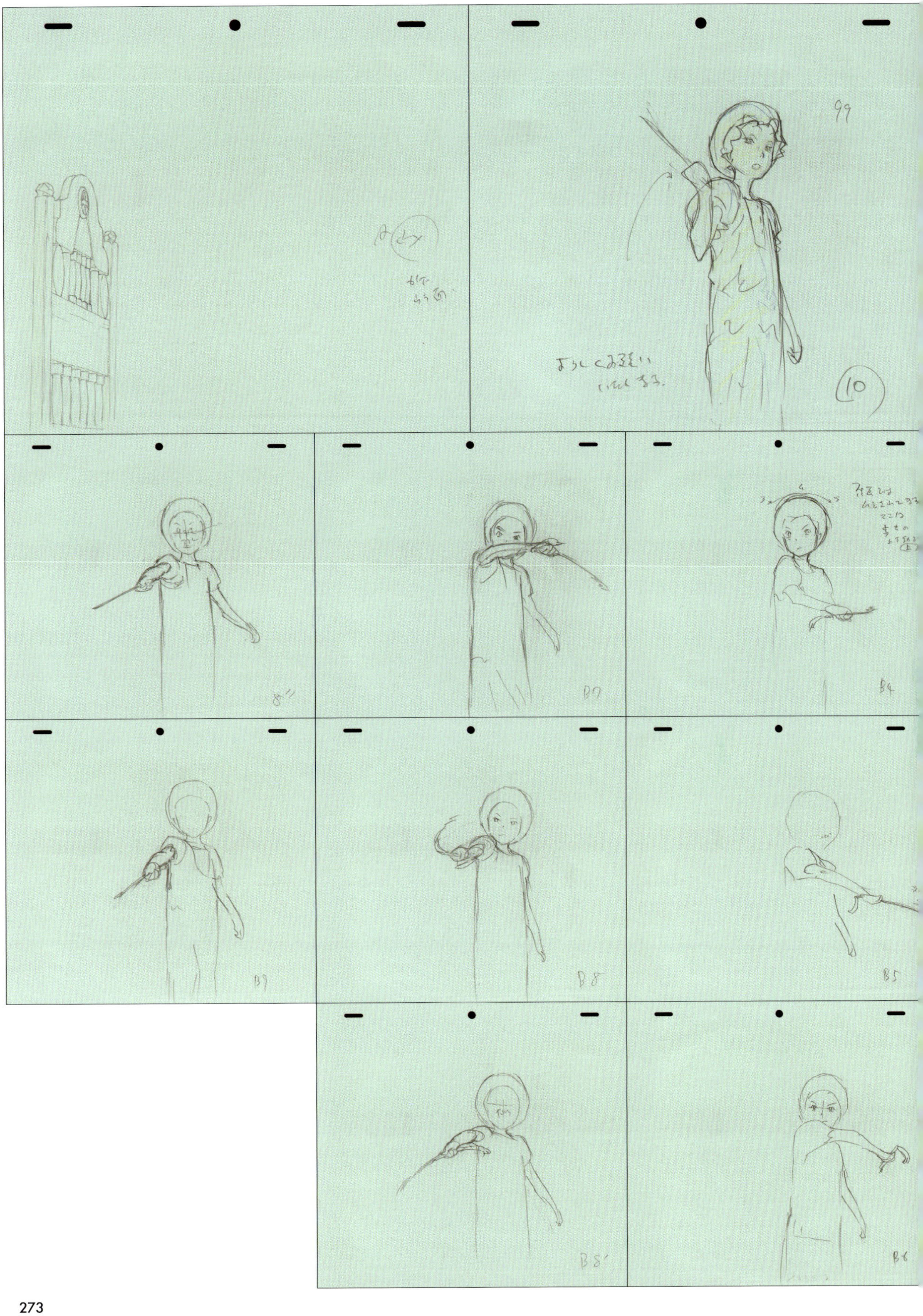
99
よろしくお願い
いたします。
10
B7
B4
B9
B8
B5
B5'
B6

第15楽章▸▸▸▸ *CUT 96*

第15楽章▸▸▸▸ *CUT 97*

#15 cut 97 (6+0)
4/0 こちらで

#15 cut 98 (3+0)
菅野様
川口様
ここ、前髪 このくらいに
したいです
動き的には
わずかに
顔ふせつつ
中セリフ
でしょうか…
手小さい？
川口さんの表情基本的には良かったのですが「遠い目」になってほしいところです。

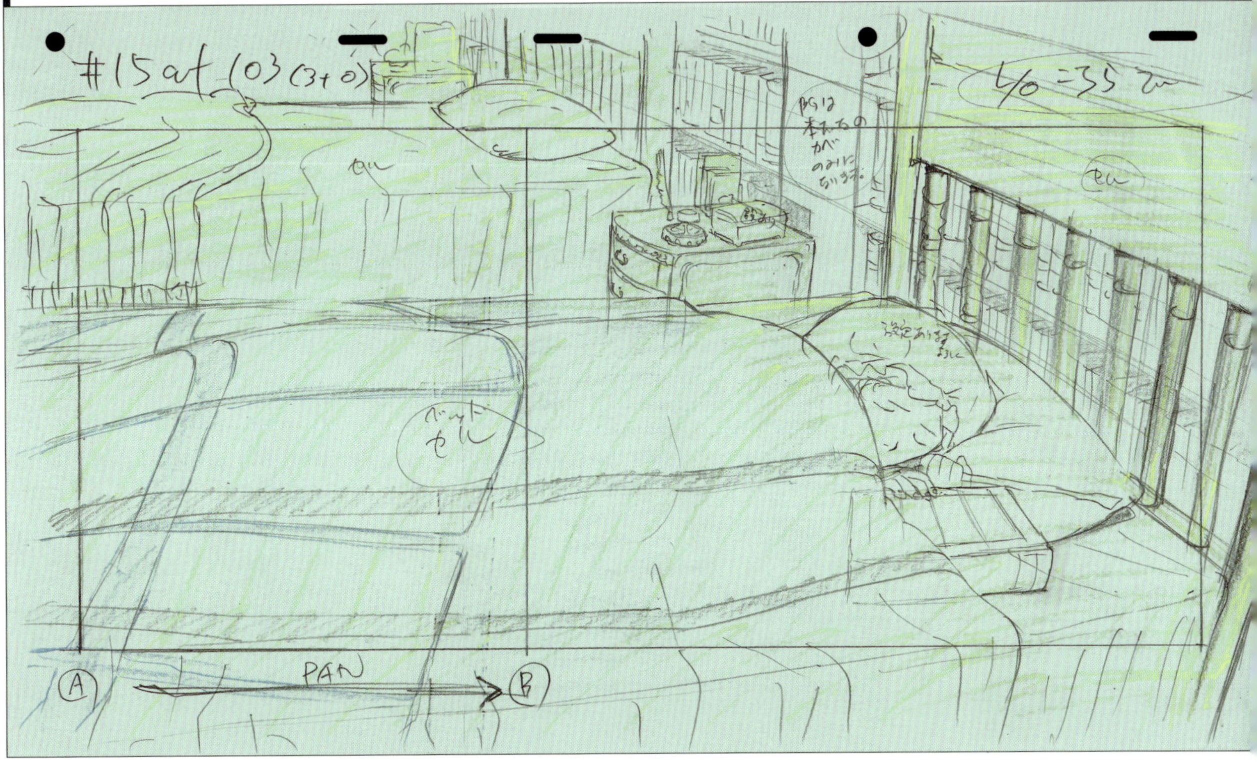
#15 cut 103 (3+0)
BGは本棚のかべのみになります。
PAN
A
B

#15 cut 104
マドの中スケてません。
うっすら反射
人物＋手すりはBLに近い色でヌリつぶし

#15 cut 105

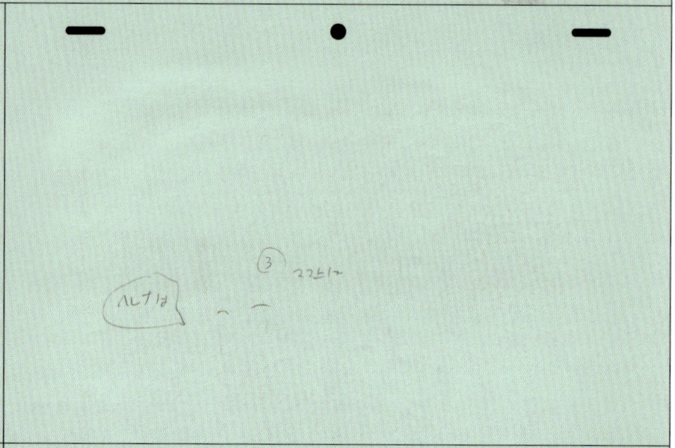
ヘレナは

…ああ

第15楽章▸▸▸▸ ***CUT 108,110,112***

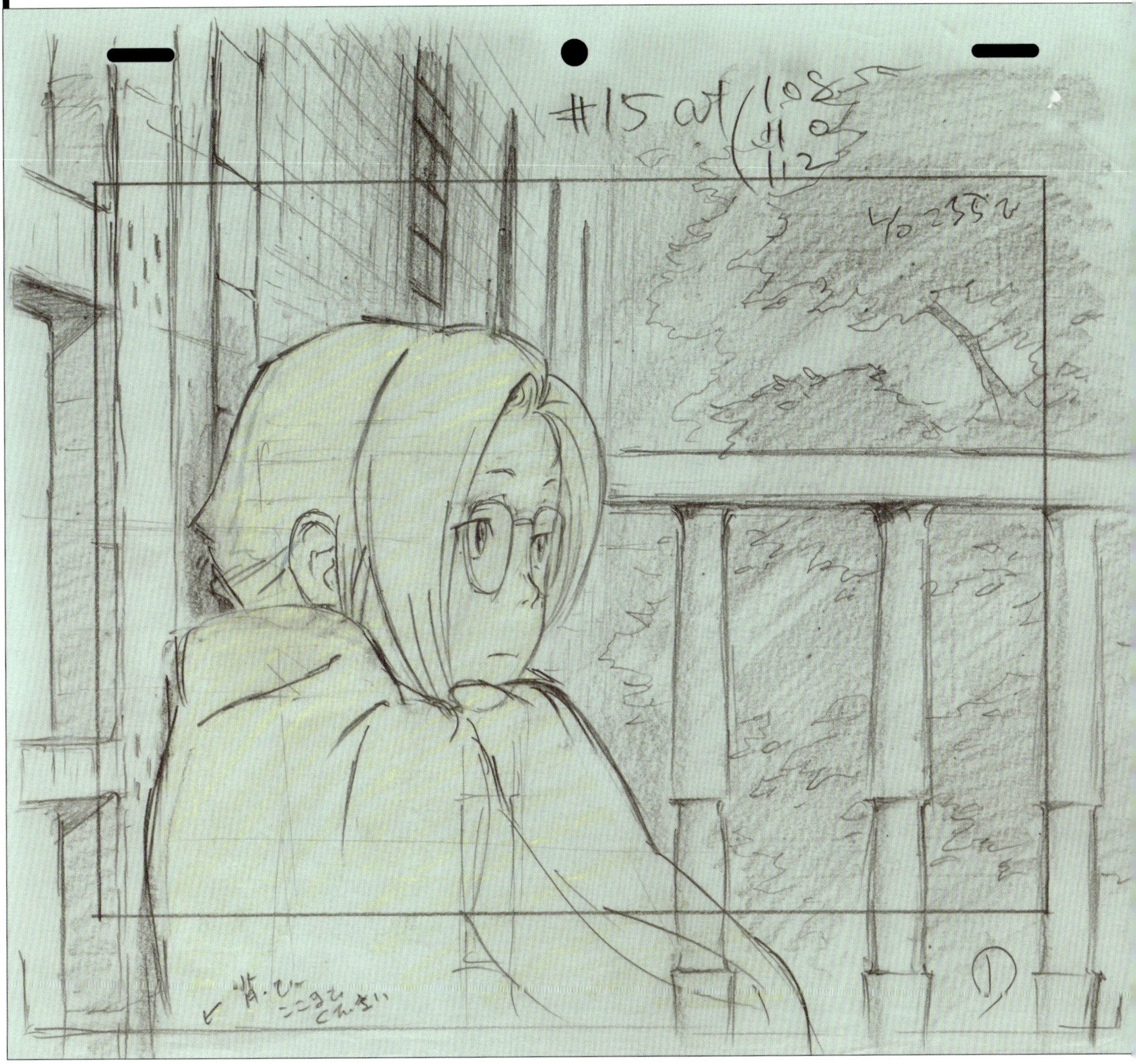

第15楽章▸▸▸▸ CUT 113

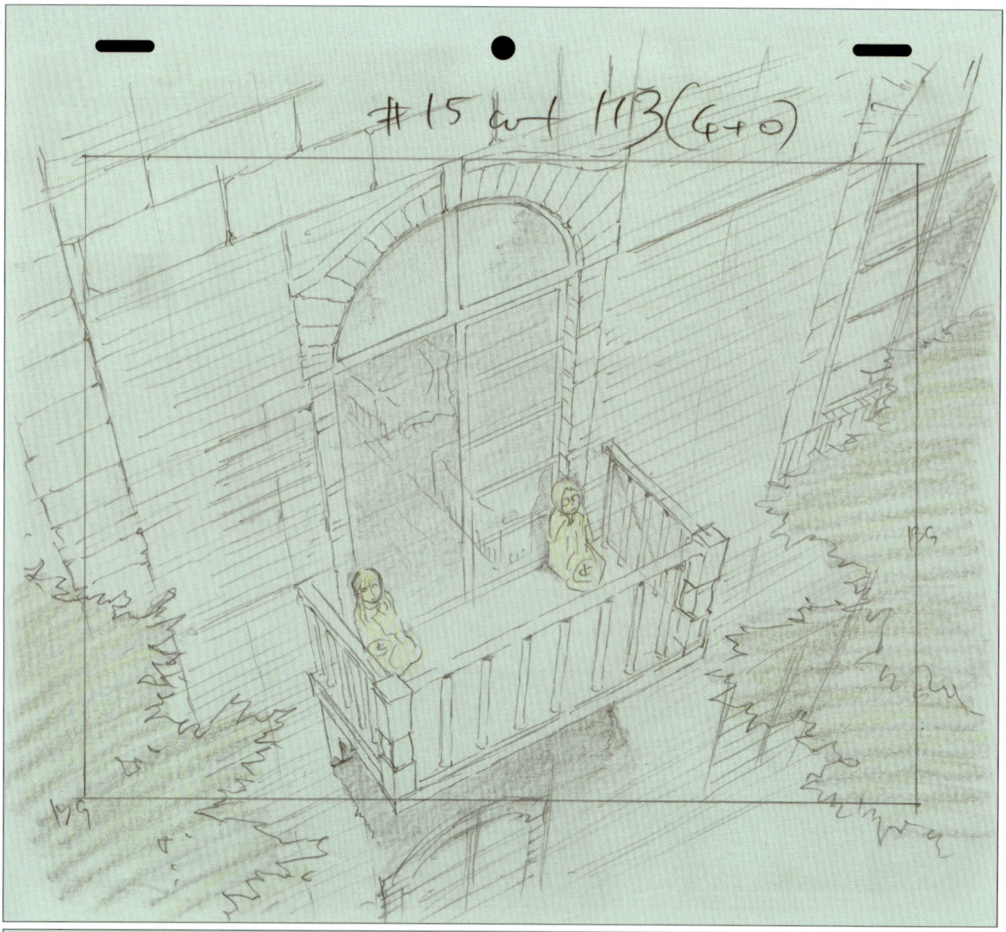

第15楽章▸▸▸▸
CUT 116,119

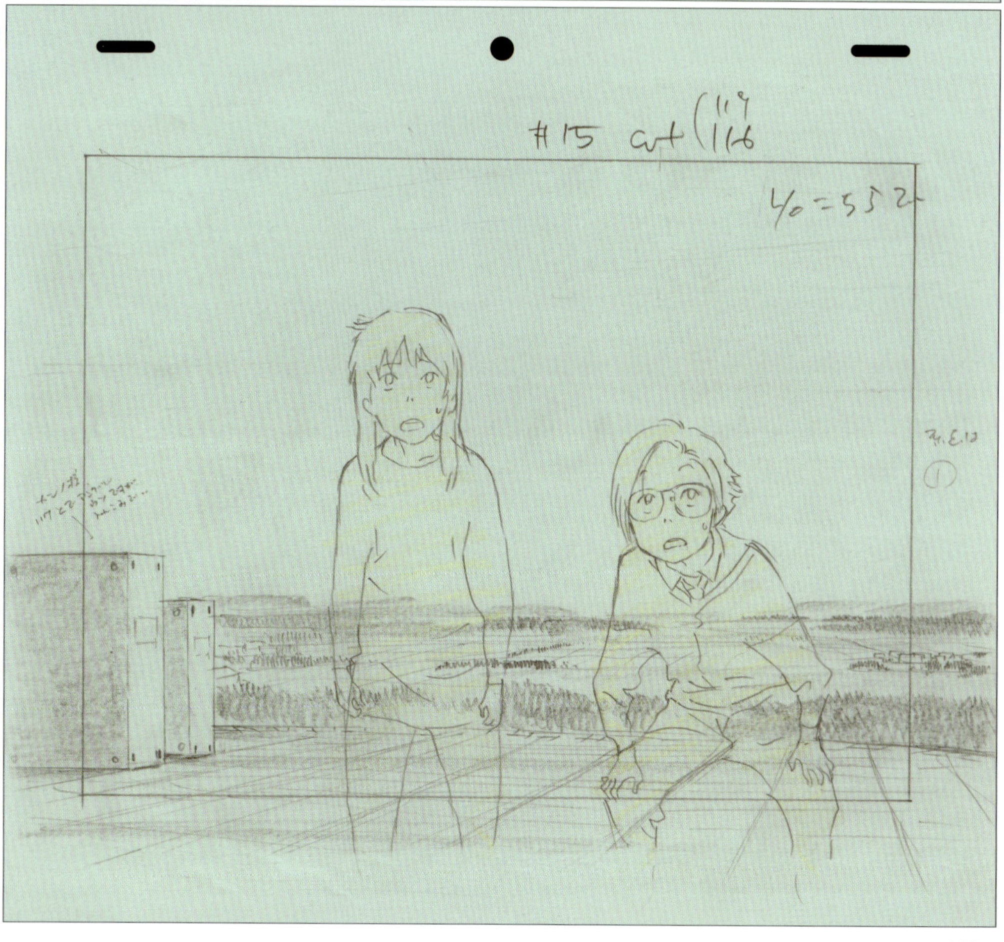

#15
124
122
BG
BG
BG
124

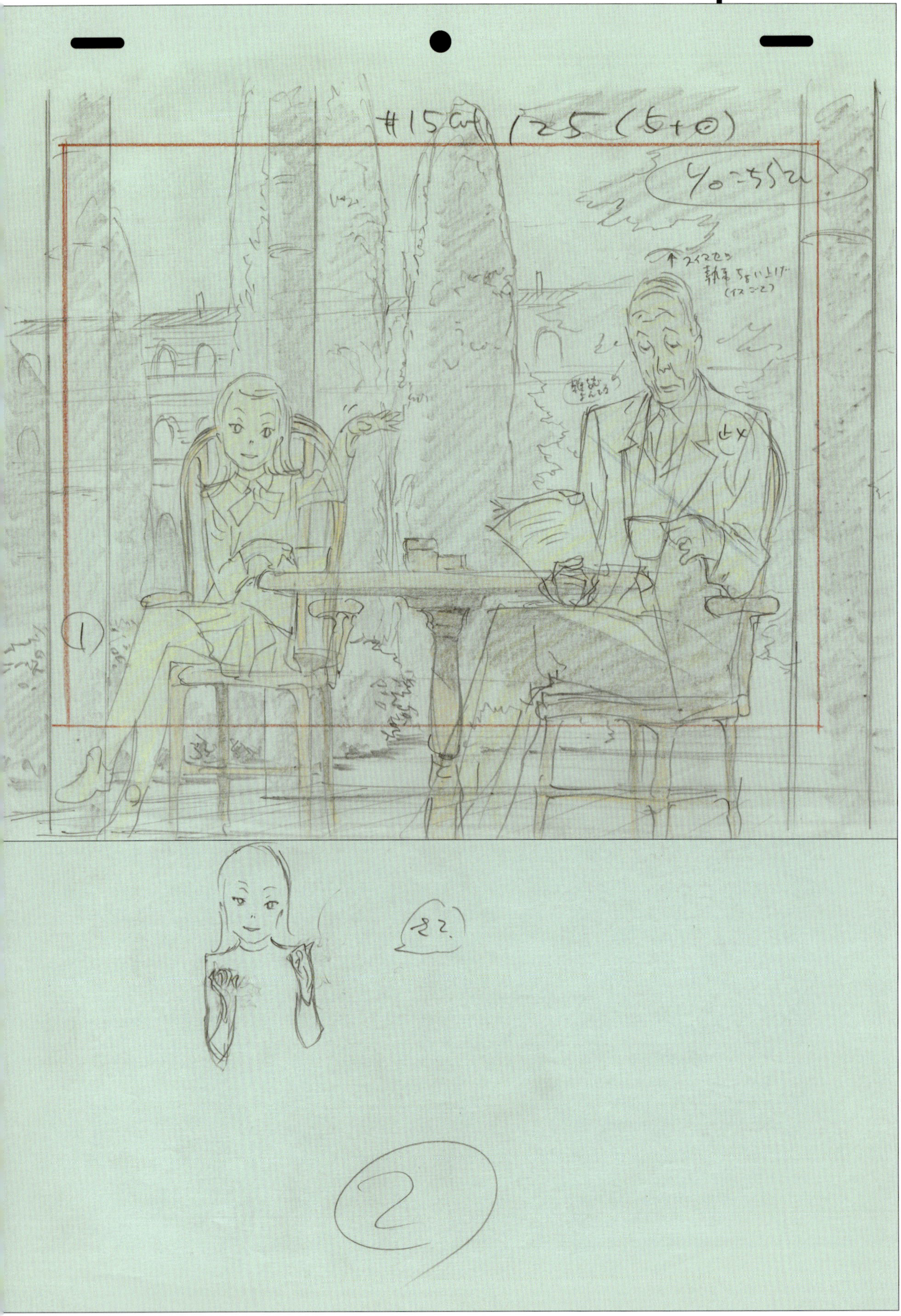
#15 cut 125 (5+0)
↑スイマセン
新聞ちょい上げ
(イスごと)
①
②

第15楽章▸▸▸▸ CUT 12

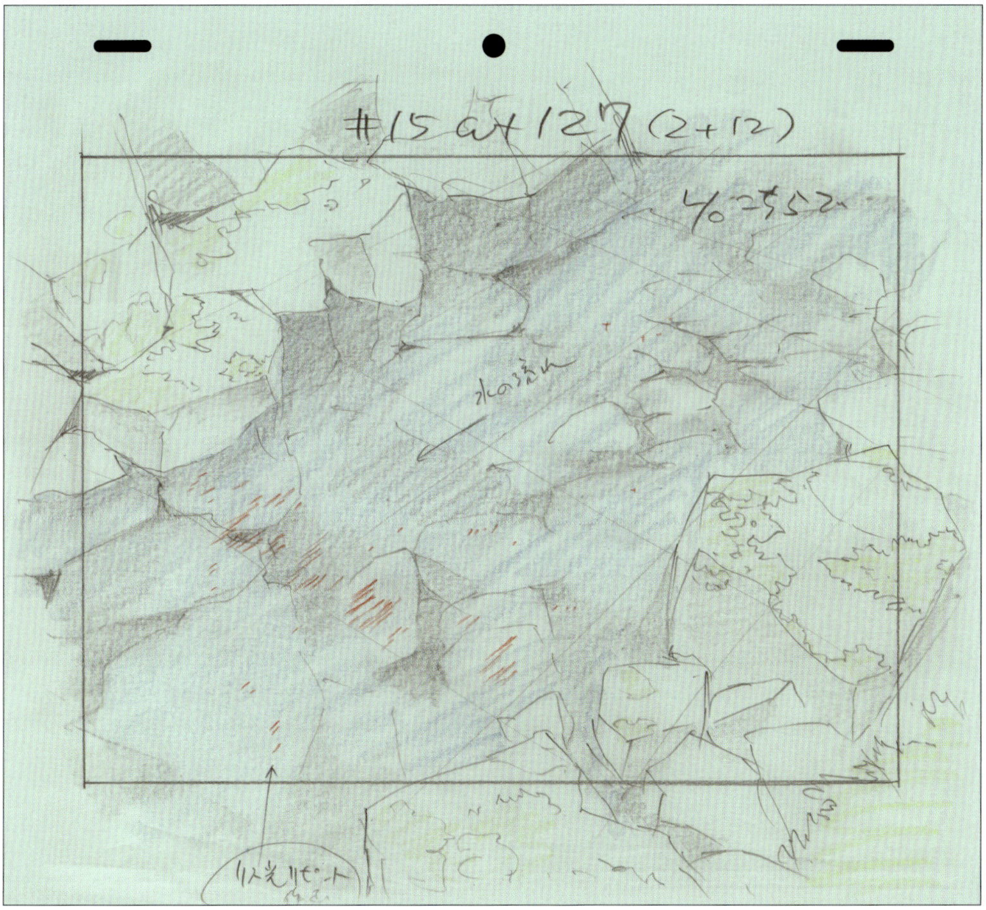

第15楽章▸▸▸▸ CUT 127

第15楽章▸▸▸▸ *CUT 128*

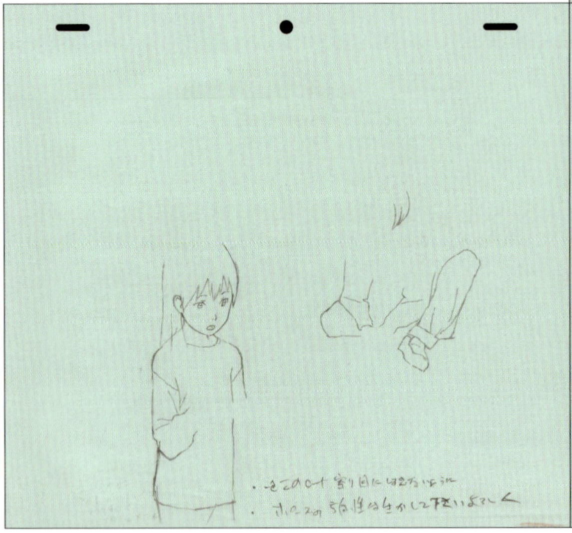

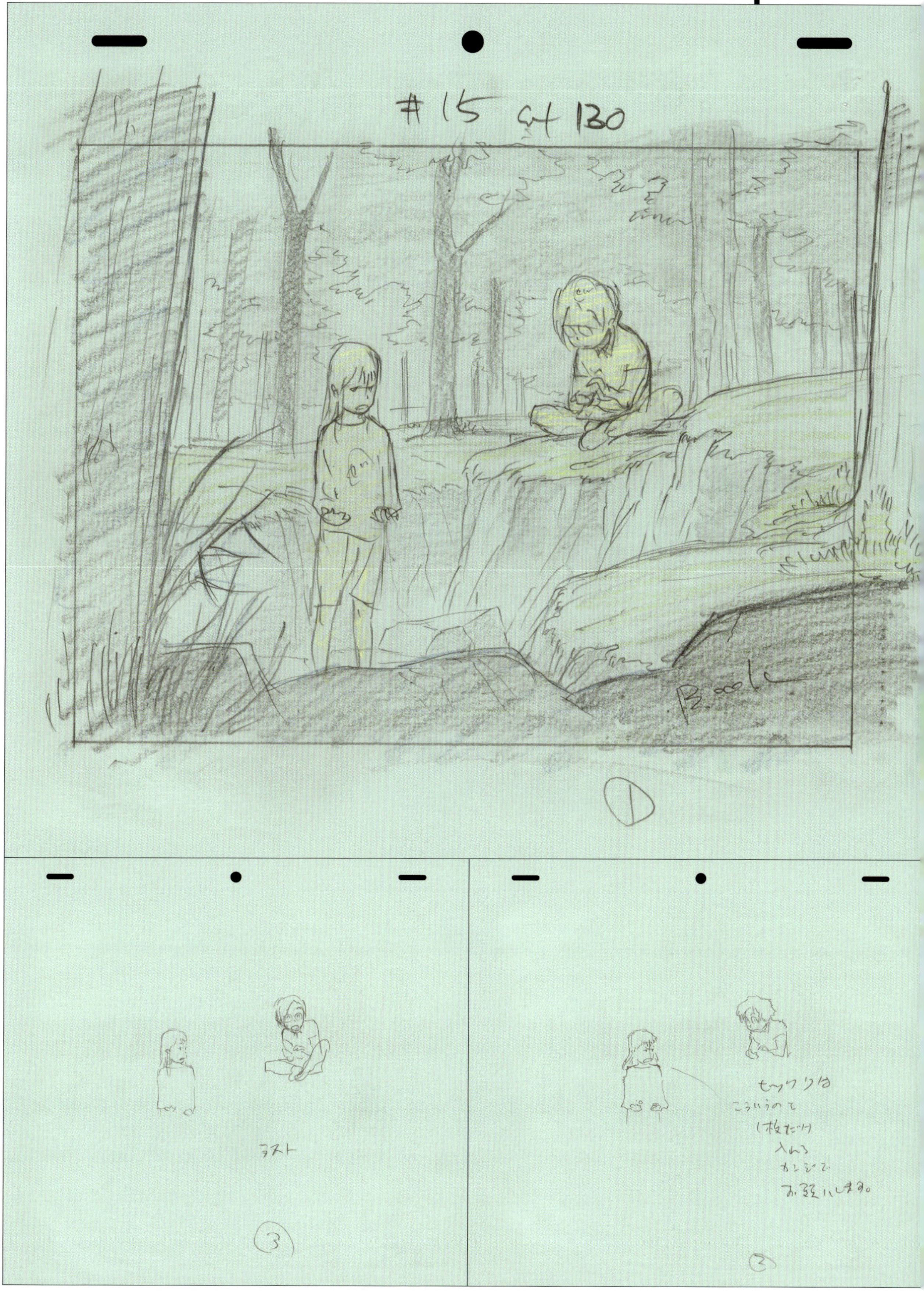
#15 cut 130
①
ラスト
③
モックリは
こういうのを
1枚だけ
入れる
カンジで
お願いします。
②

第15楽章▸▸▸▸ *CUT 131*

第15楽章▸▸▸▸
CUT 165,167

第15楽章▸▸▸▸ CUT 16

第15楽章▸▸▸▸ CUT 16

第15楽章▸▸▸▸
CUT 183,202

第15楽章▸▸▸▸ CUT 221

1

3

2

フレアうすく
BG
FOL

トレス.
B4 修修
B4~5
B1 修の修
B5 修修
B2 修修
B6 修修 END
B3 修修

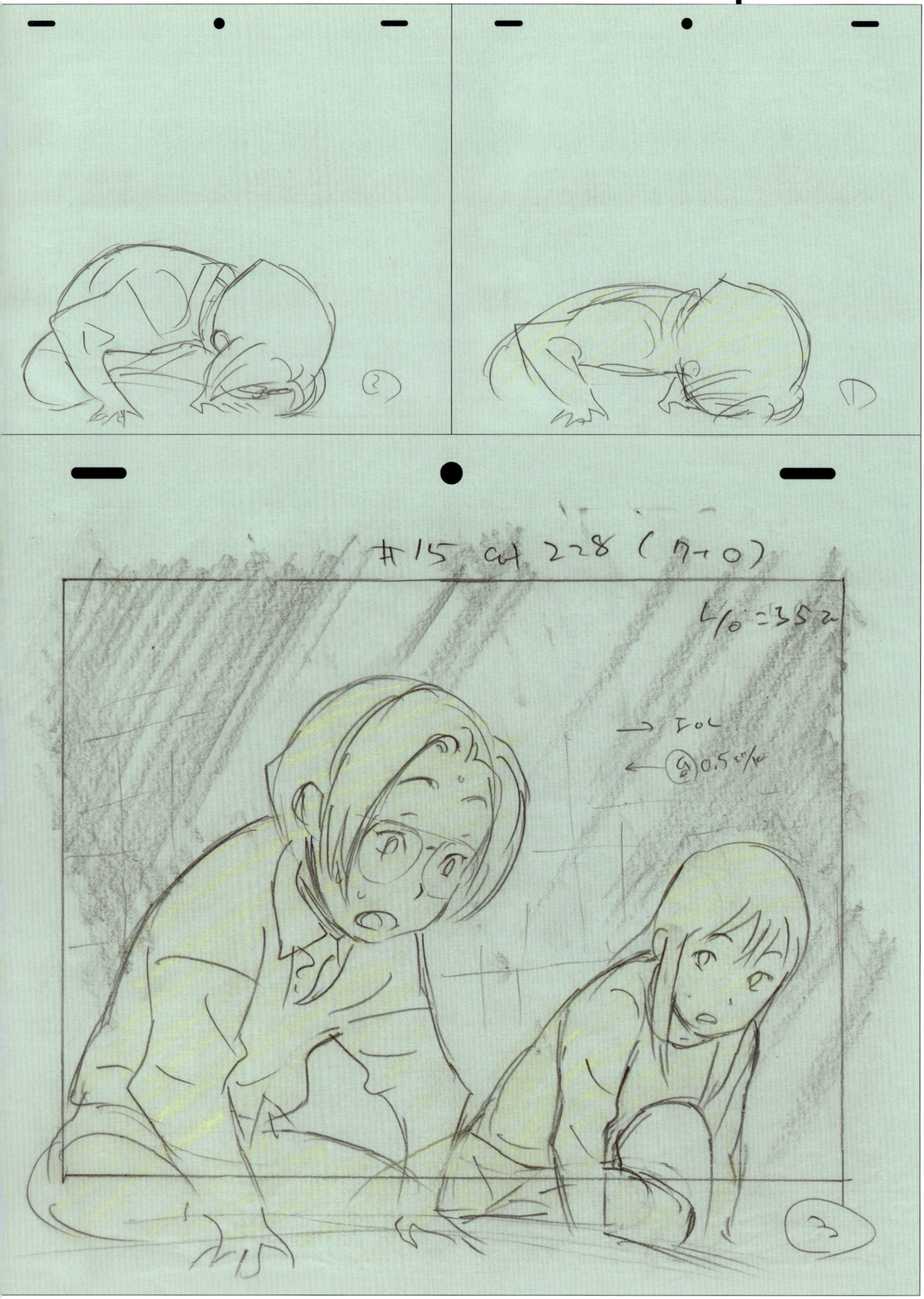
#15 cut 228 (7+0)

……
そう…

あー
これかって.

やっぱり
治りが…

#15 cut 230 (10+0)
239 (5+0)
FOC

センセイ

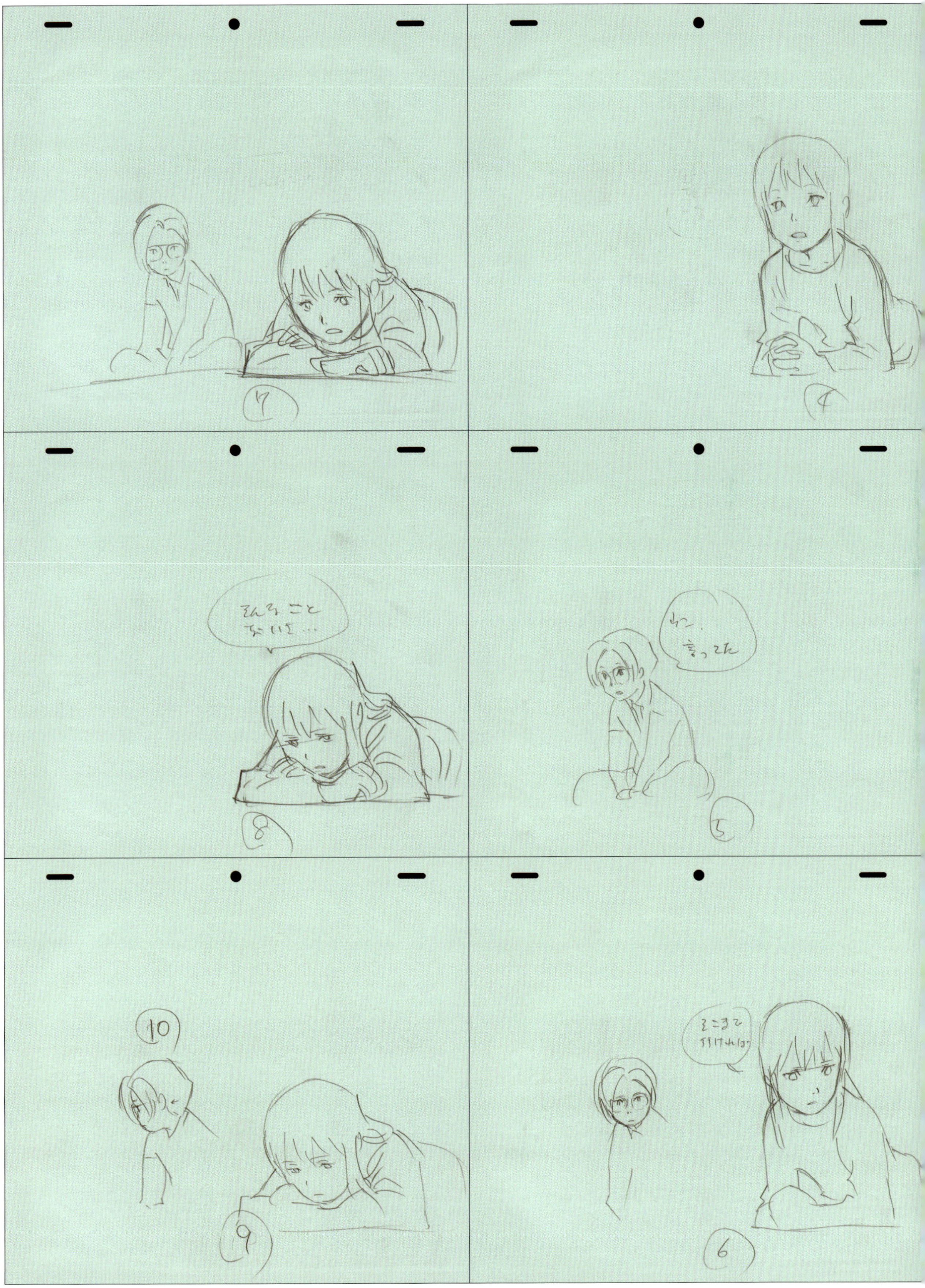
ん―。言ってた
そこまで行ければ…
そんなことないよ…

第15楽章▸▸▸▸ *CUT 233*

第15楽章▸▸▸▸ *CUT 245*

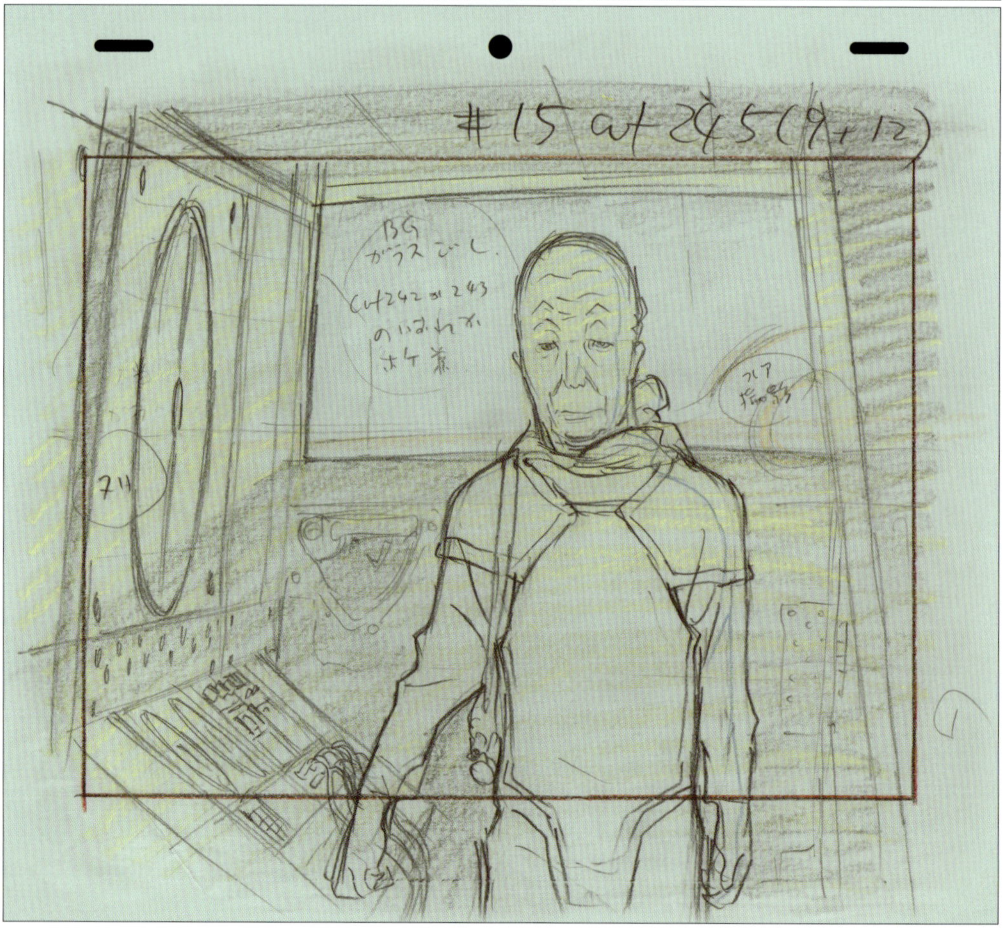

第15楽章▸▸▸▸ ***CUT 24***

第15楽章▸▸▸▸ ***CUT 25***

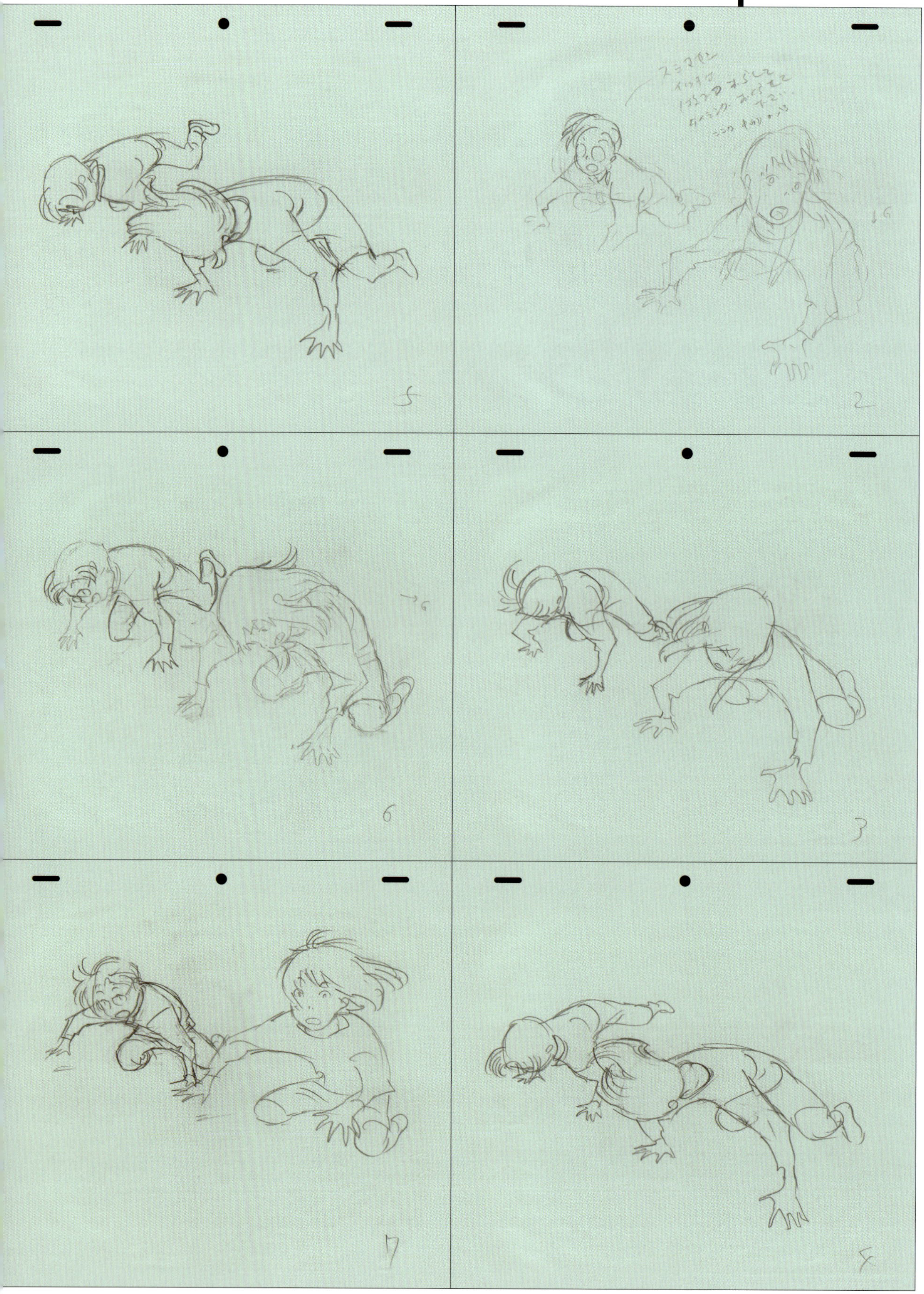
スミマセン

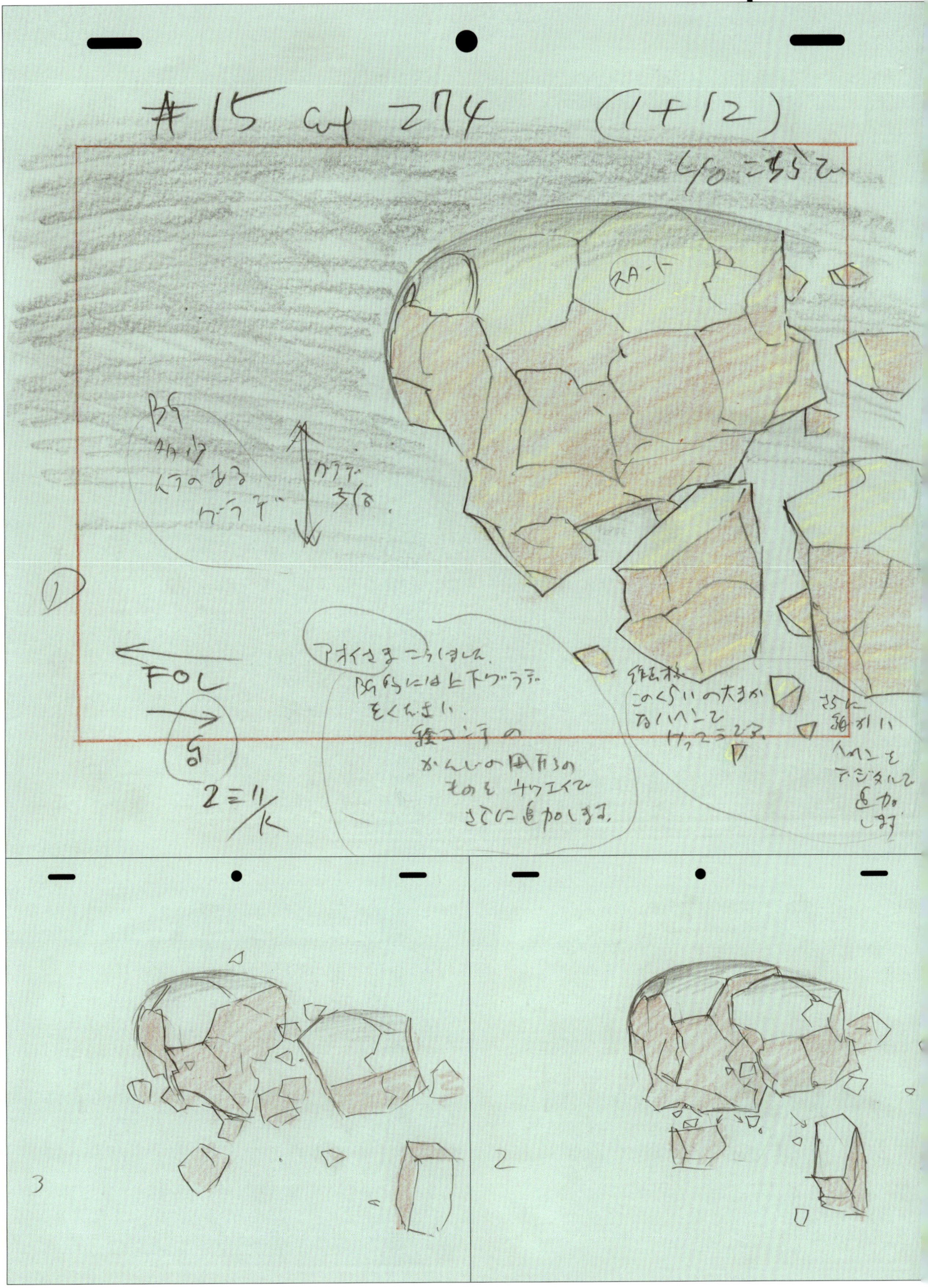
#15 cut 274 (1+12)
スタート
BG
グラデ
FOL
2ミリ/K
アオイさま こうしました。
BG的には上下グラデをください。
さらに追加します。
このくらいの大きさなハヘンでけっこうです。
さらに細かいハヘンをデジタルで追加します
3
2

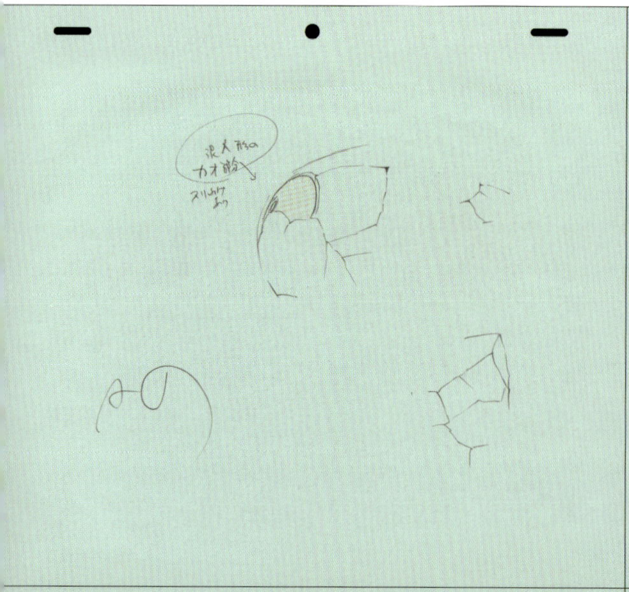
泥人形の
カオ輪
A①

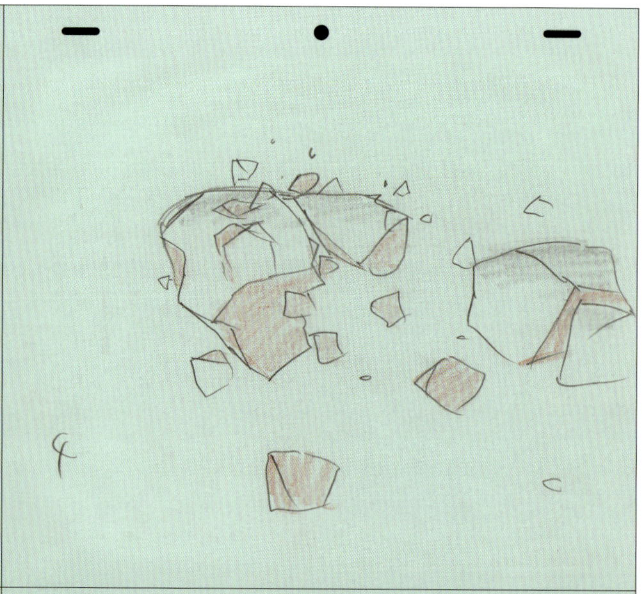
4

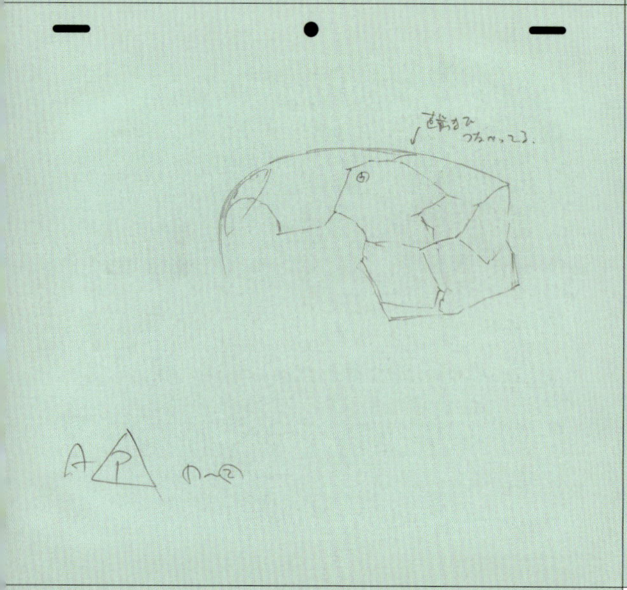
直前まで
つながってる.
①～②

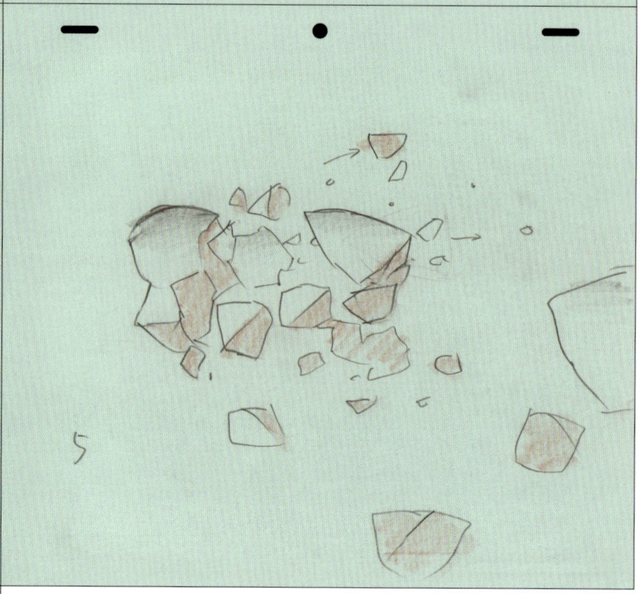
5

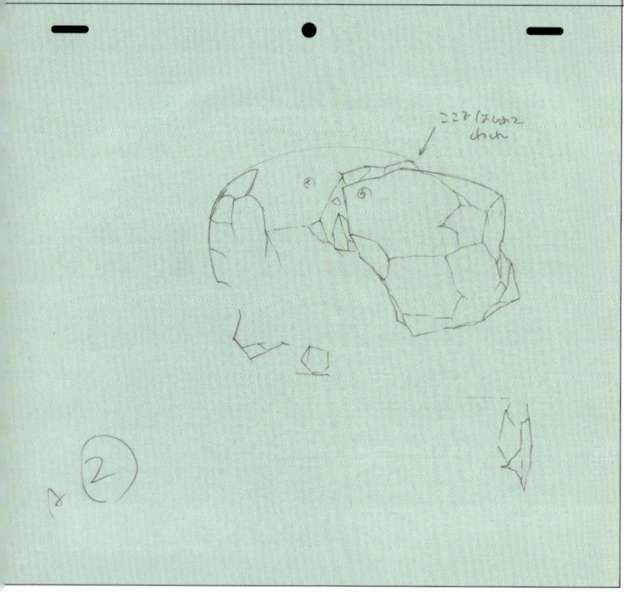
ここではじめて
われ
②

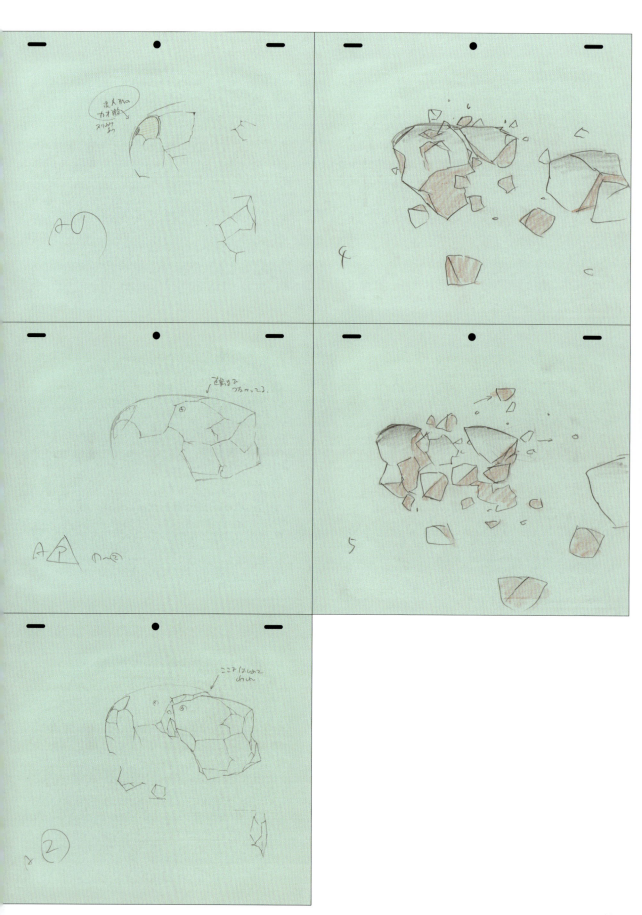

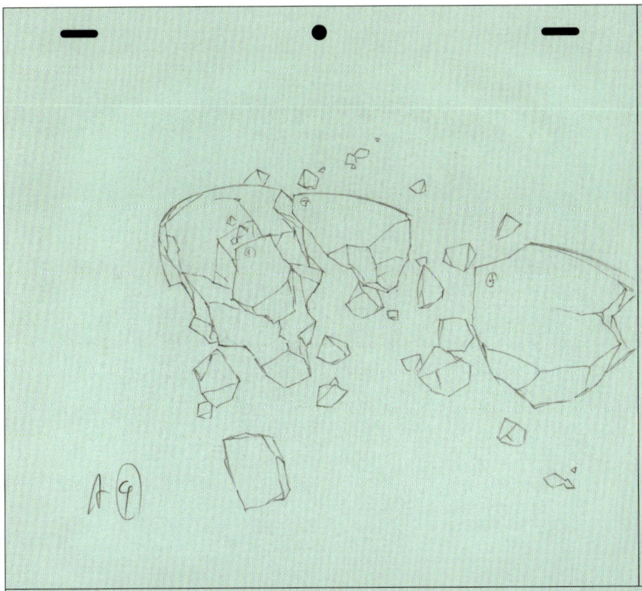

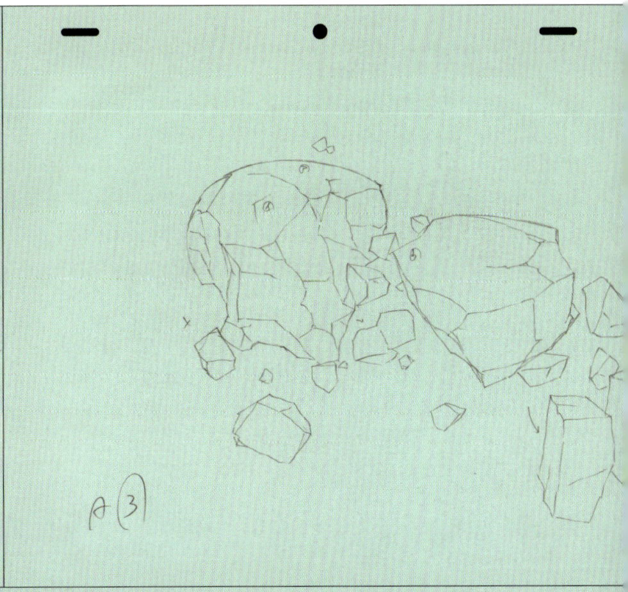
A③

A⑤

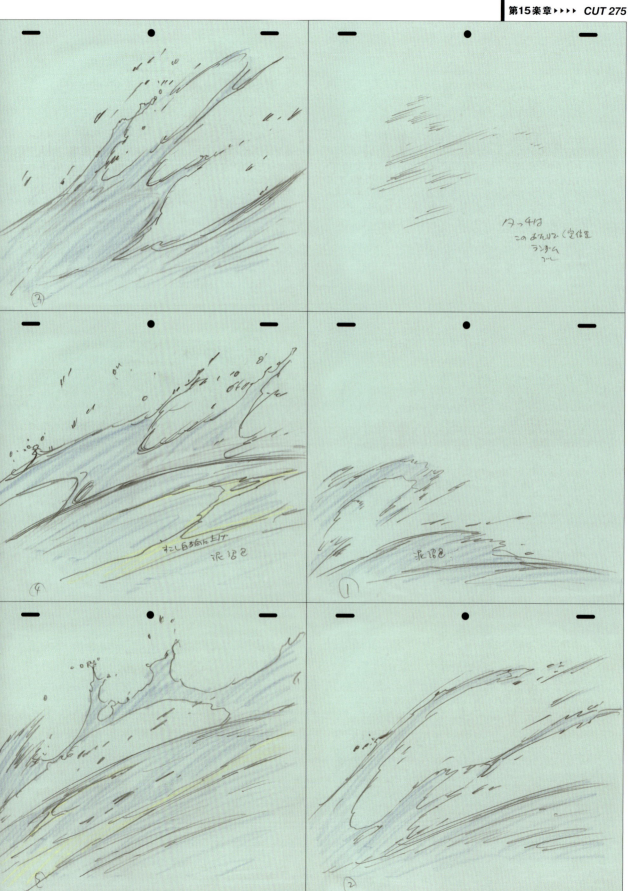

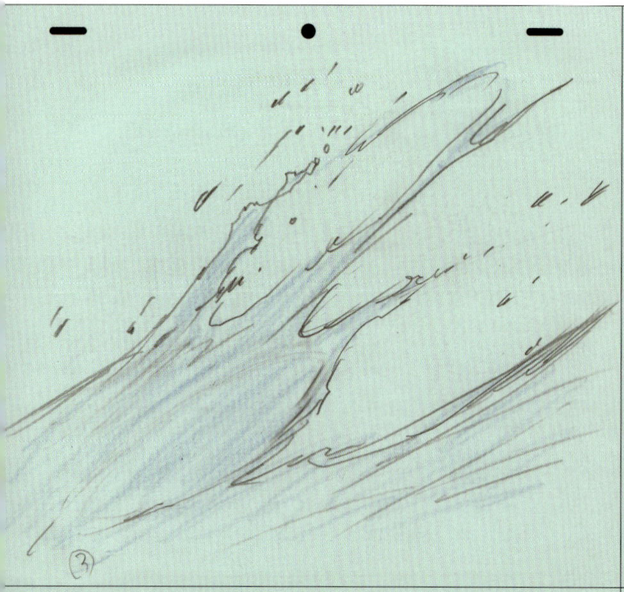
③

ランダム

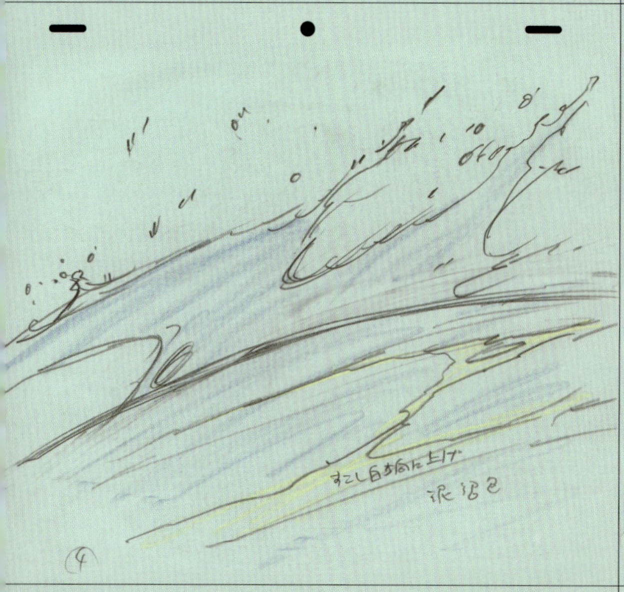
すこし白方向に上げ
④

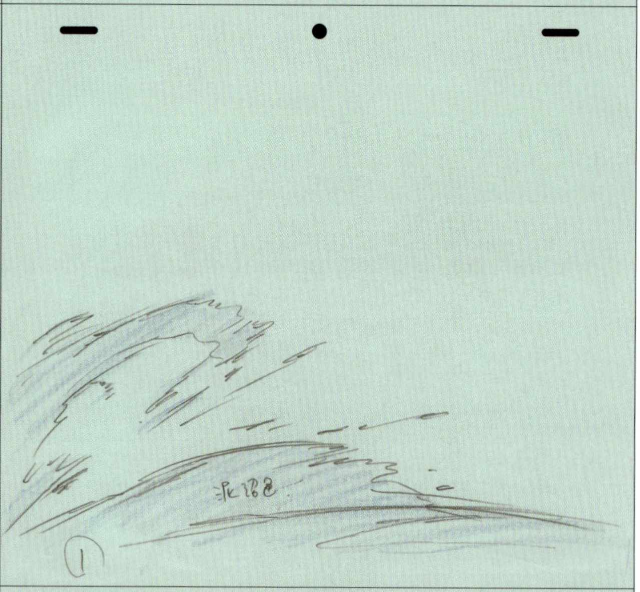
①

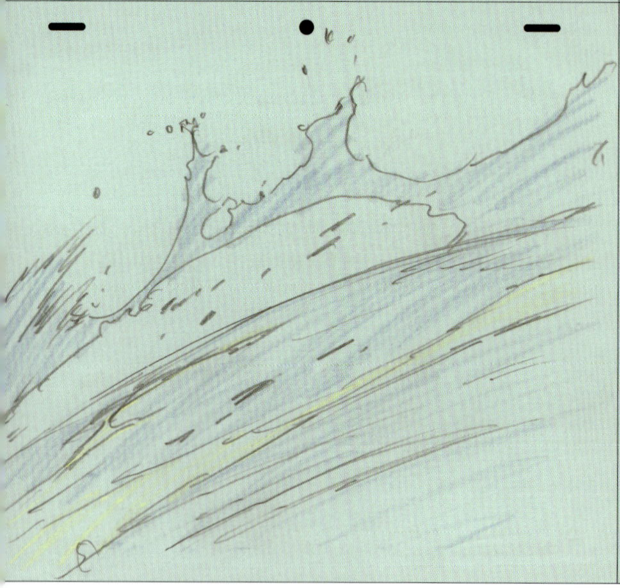

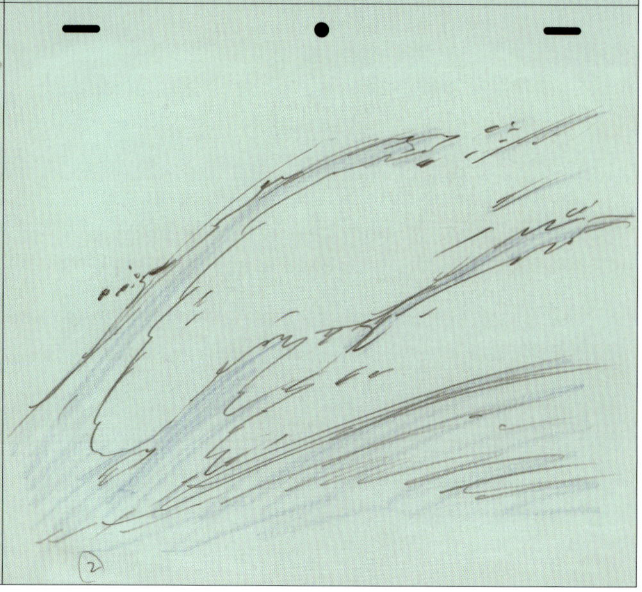
②

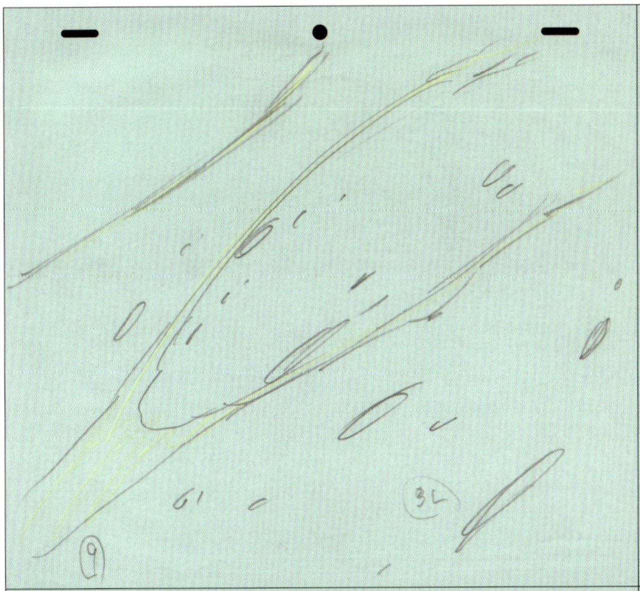
BL

BL

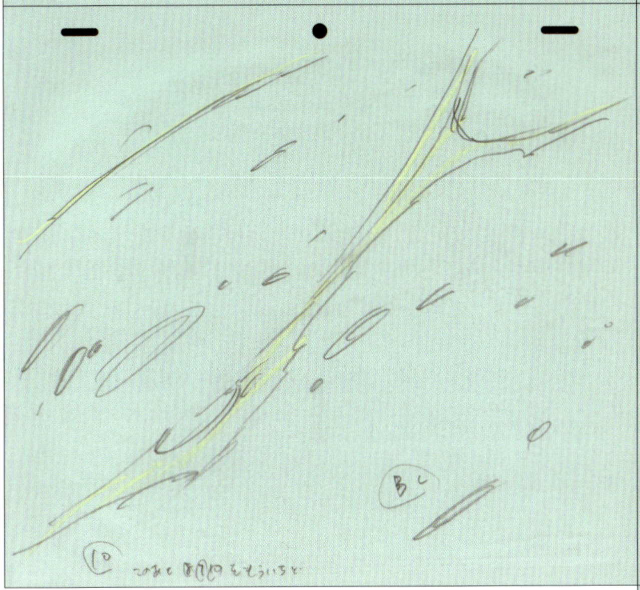
BL

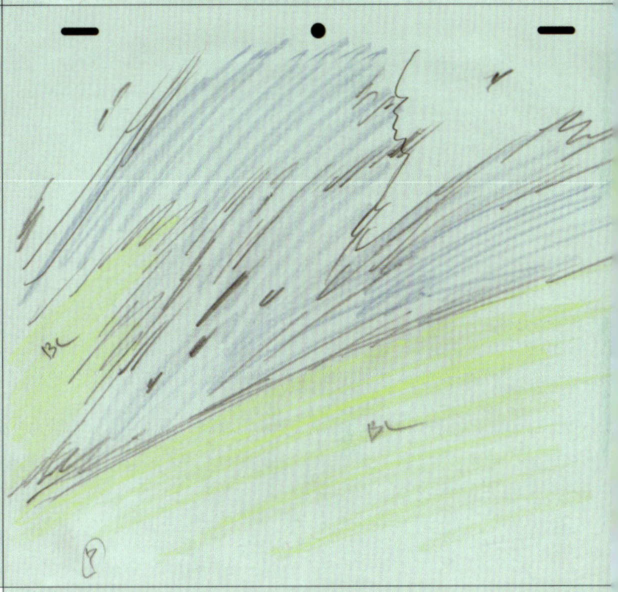
BL
BL

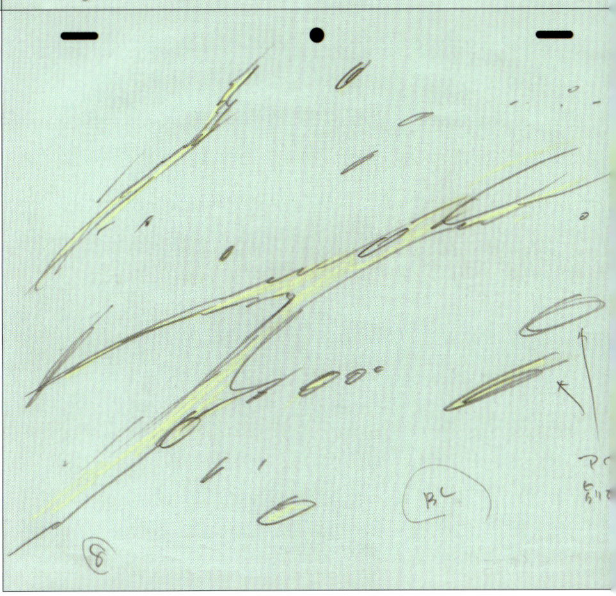
BL

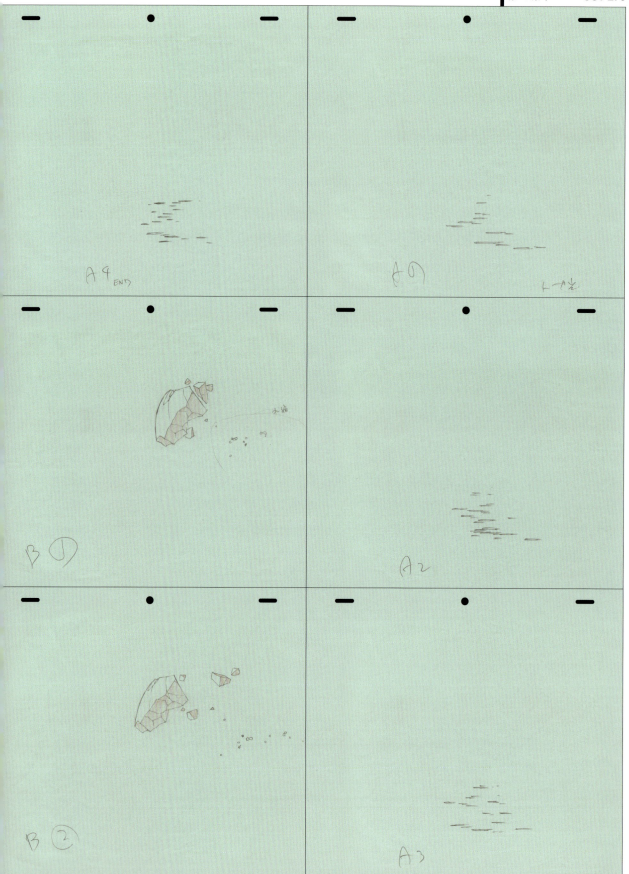

A①

A2

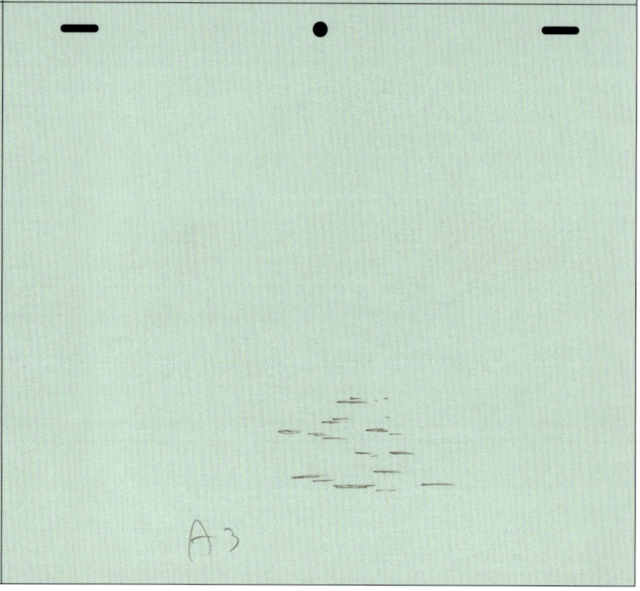
A3

A4
END

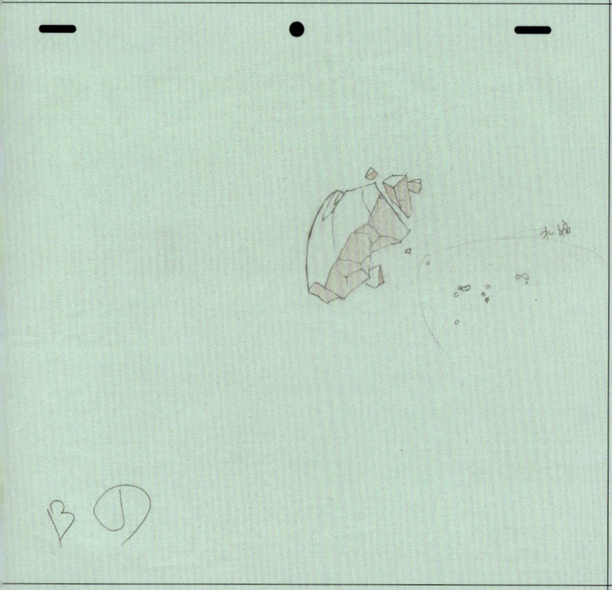
B①

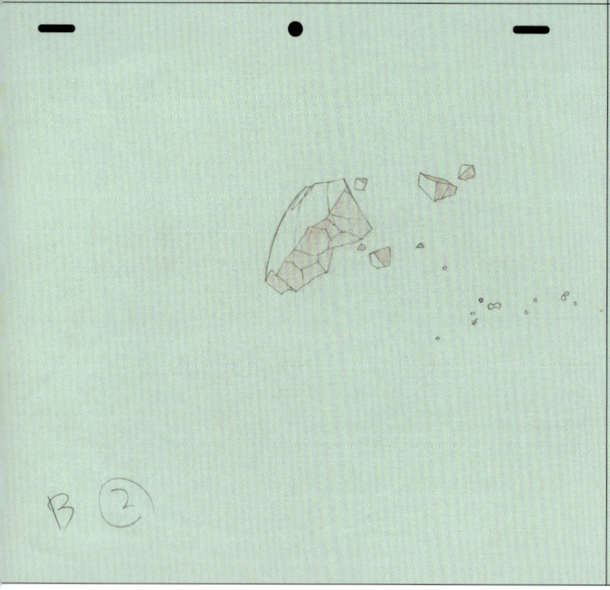
B②

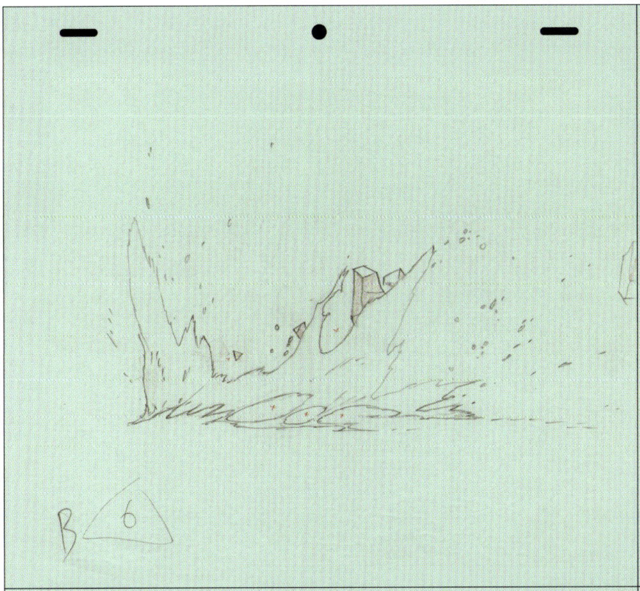
B 6
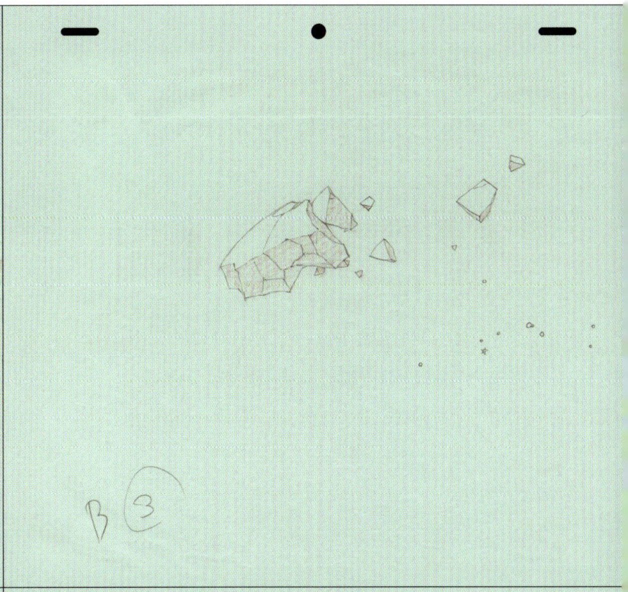
B 3
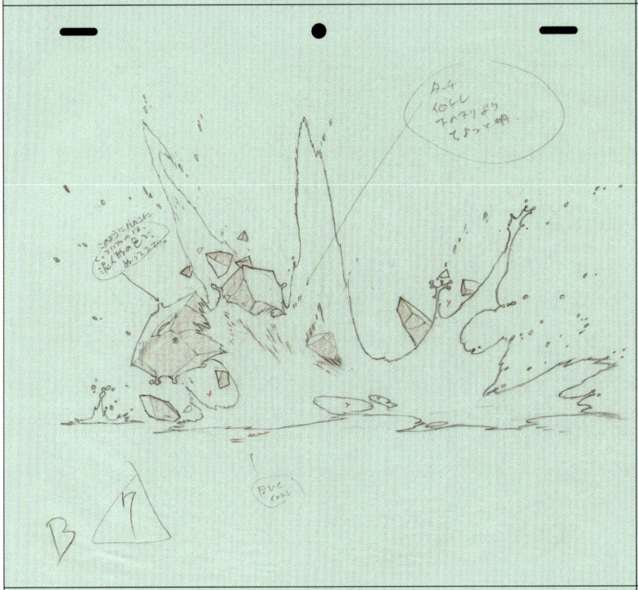
B 7
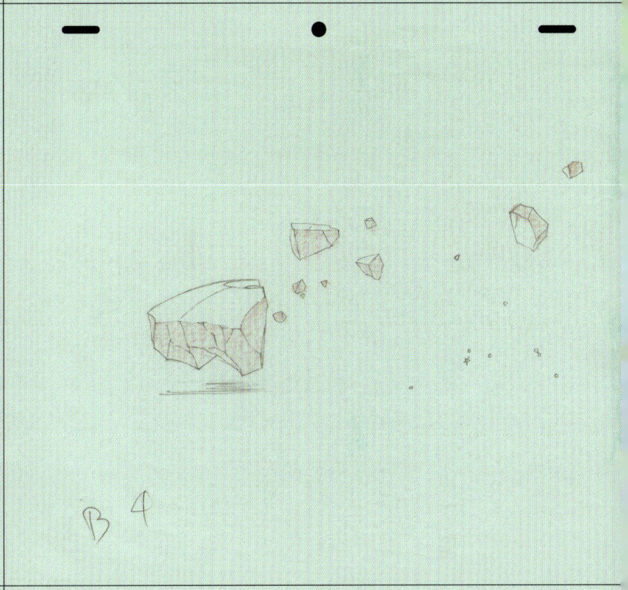
B 4
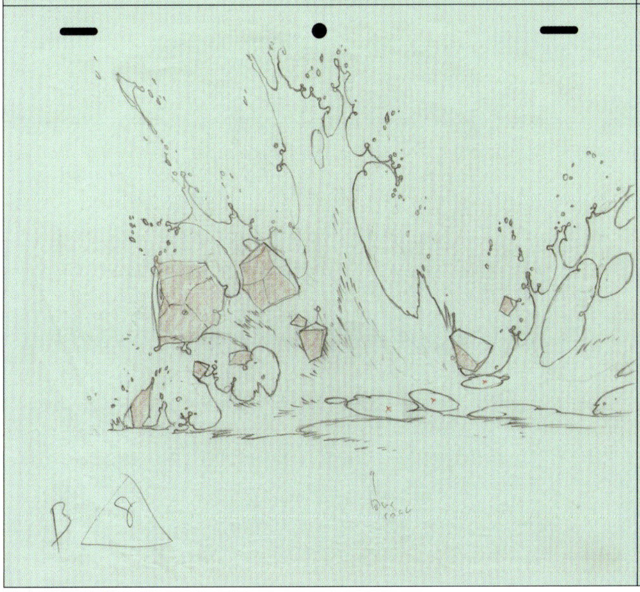
B 8
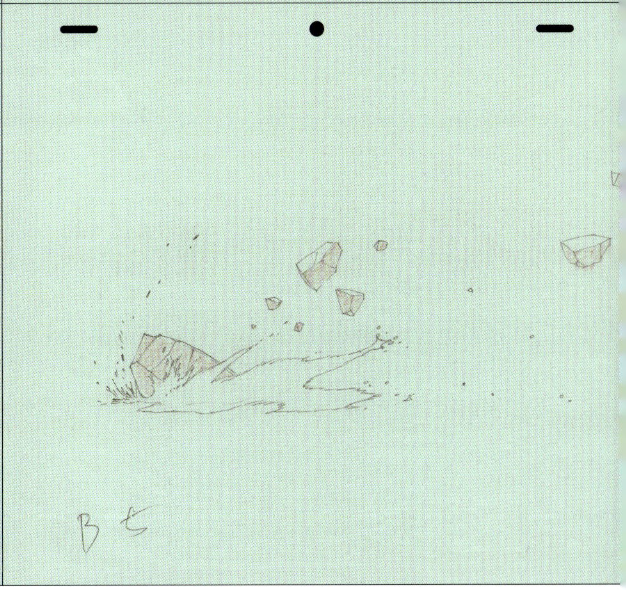
B 5

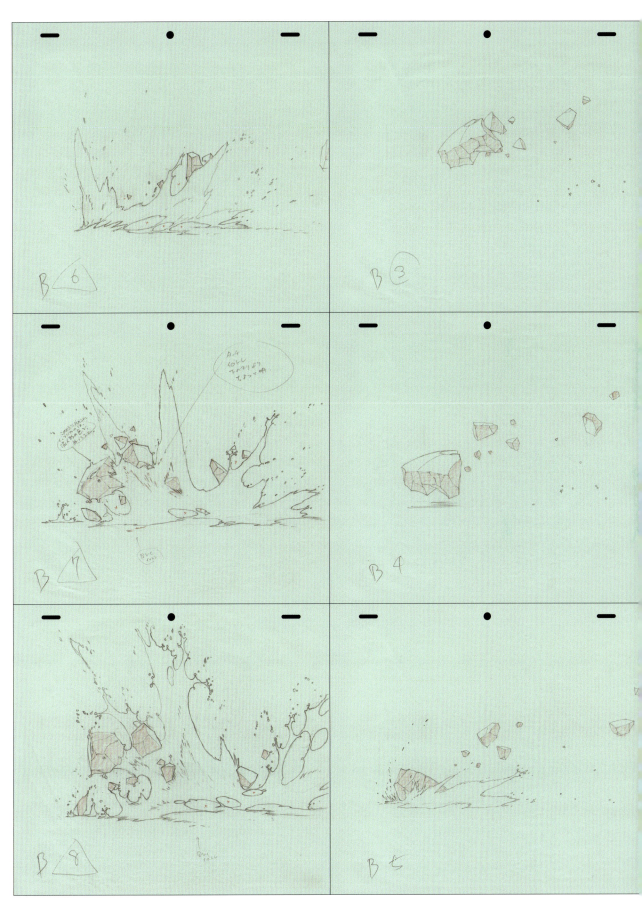

B 9

B 11

B 10

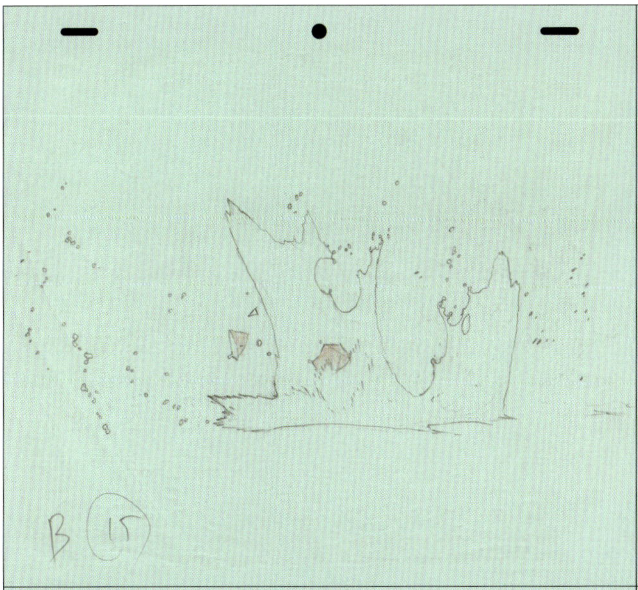
B 15

B 12
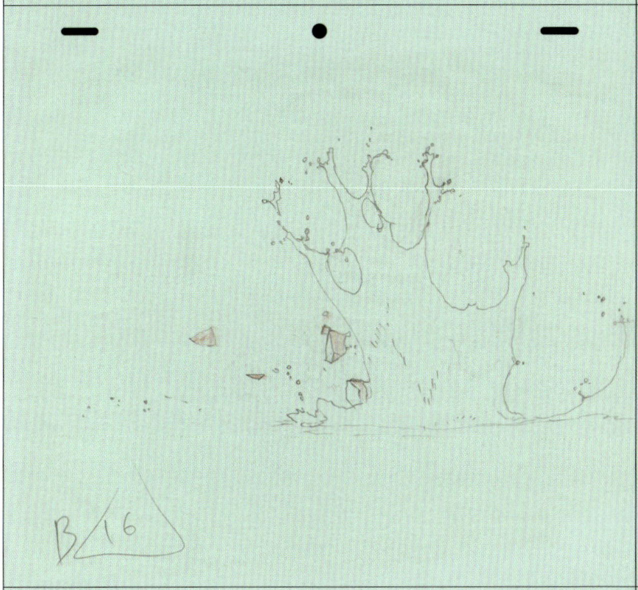
B 16

B 13

B 14
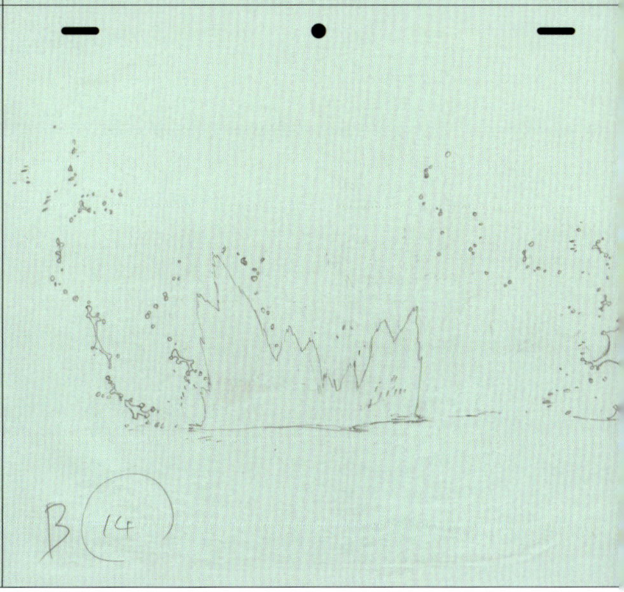
B 14

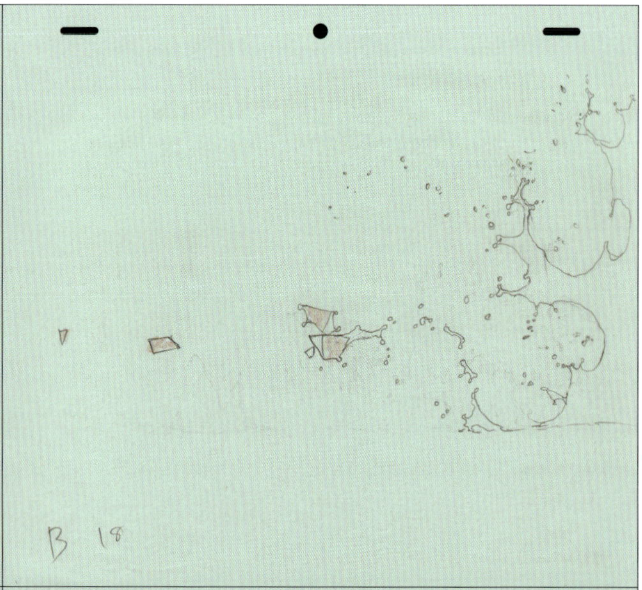
B 18

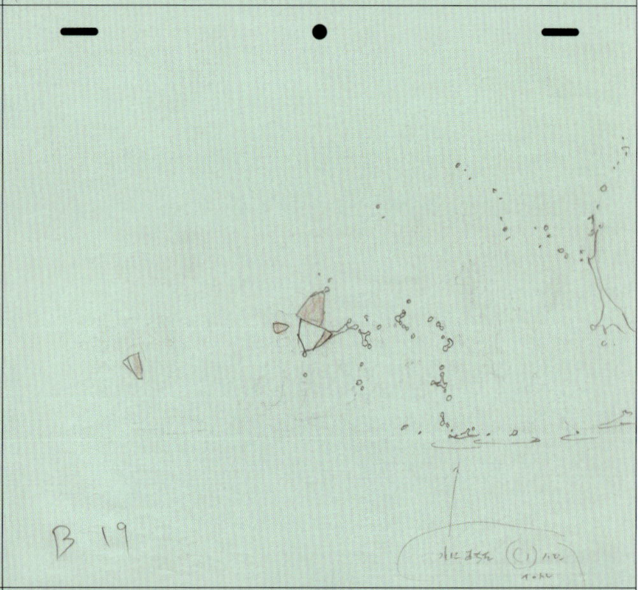
B 19

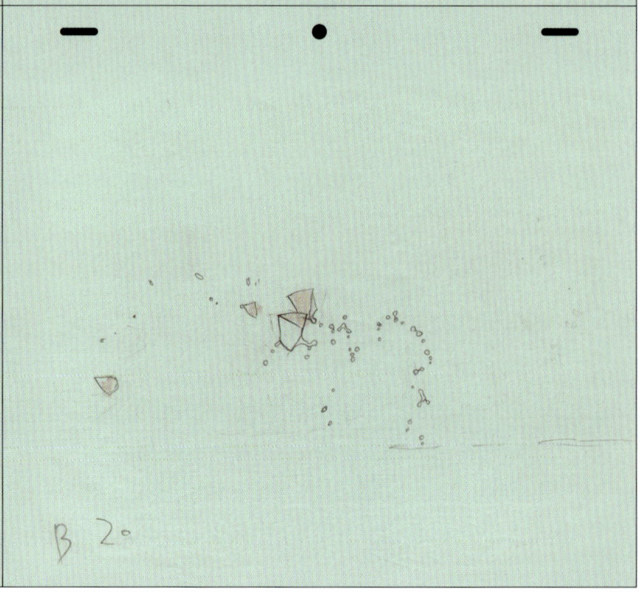
B 20

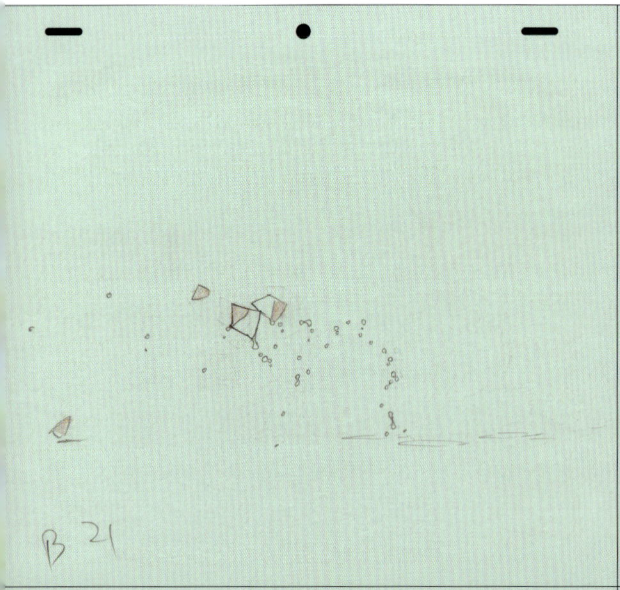
B 21

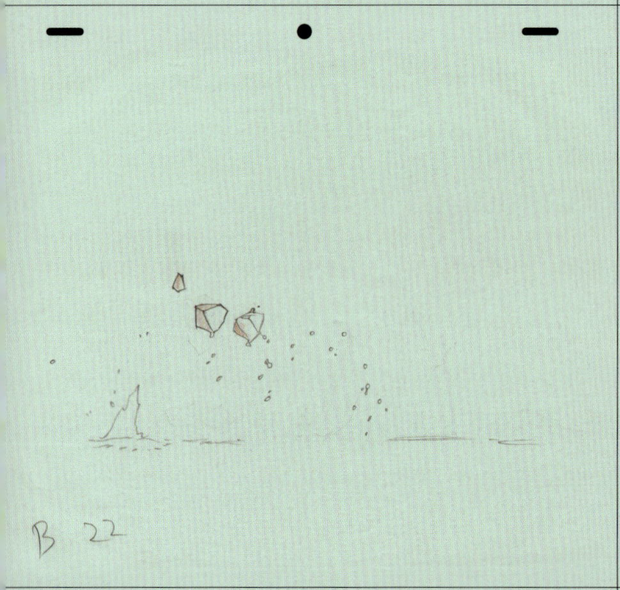
B 22

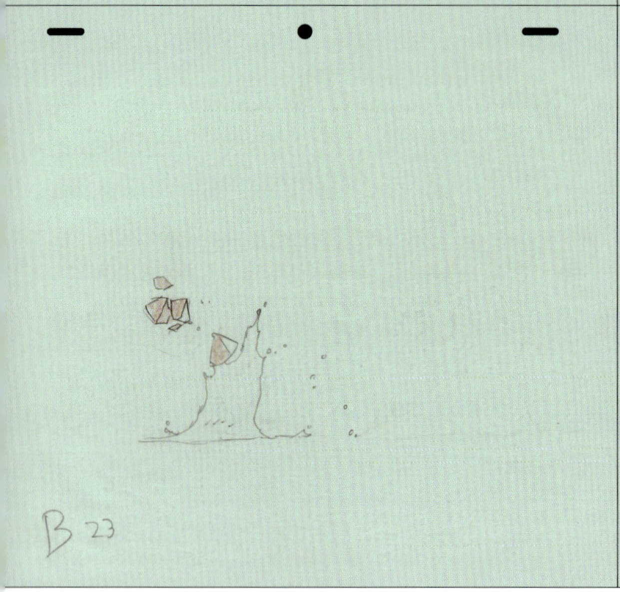
B 23

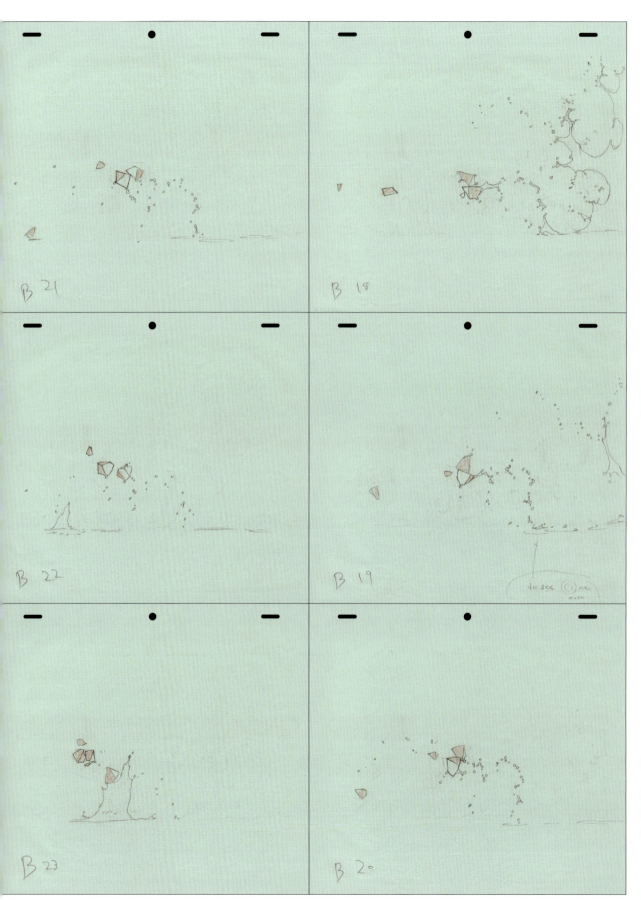

B 25

B

B 26

B 30

B 27

B 31

B 28

B 32

B 29

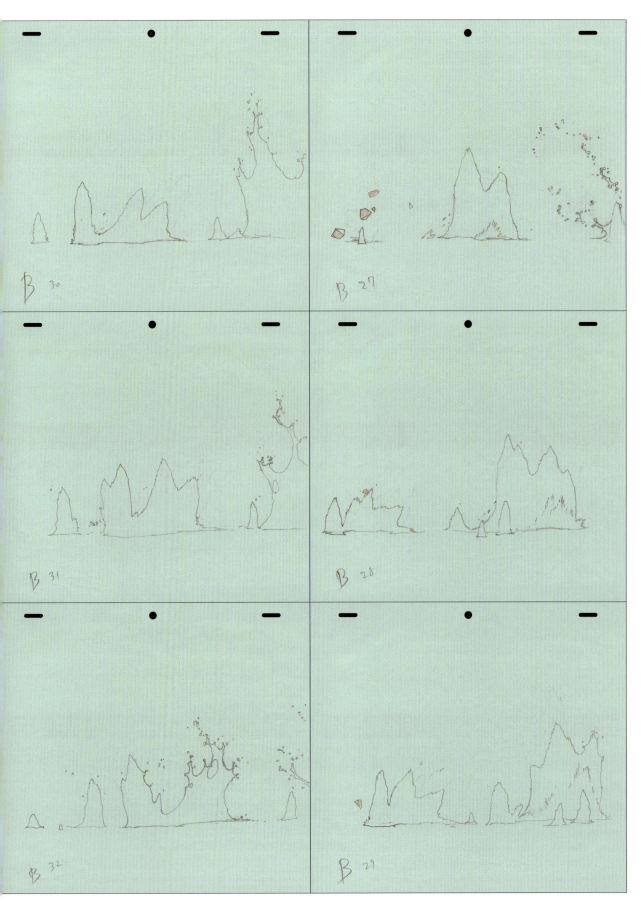

B 33

B 34

B 35

B 36

B 37

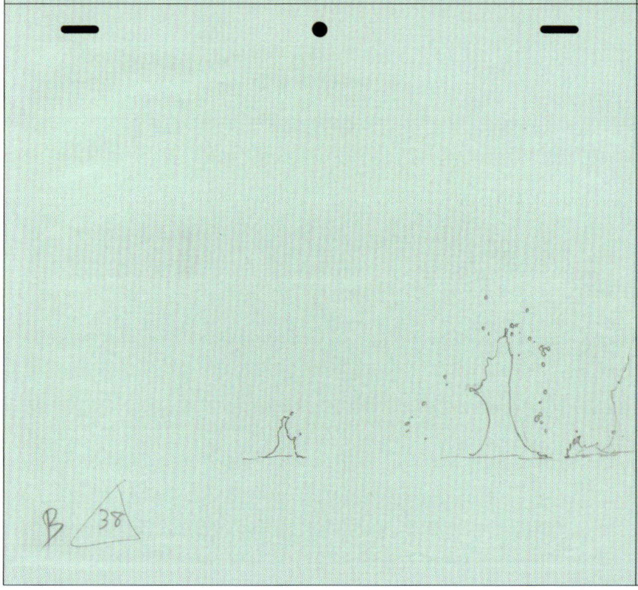
B 38

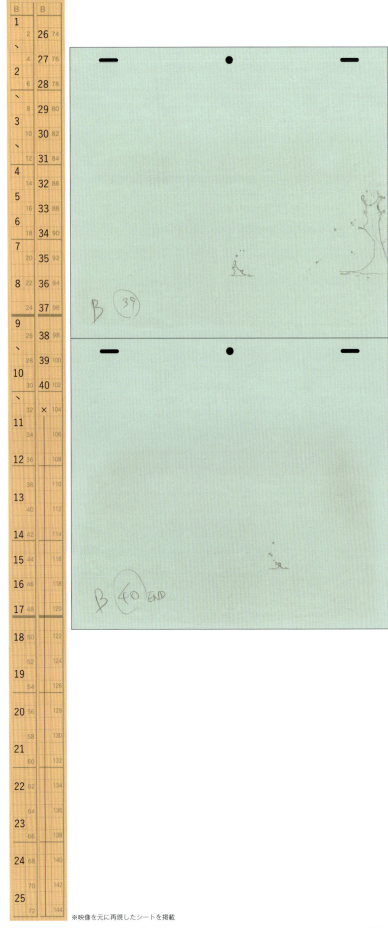

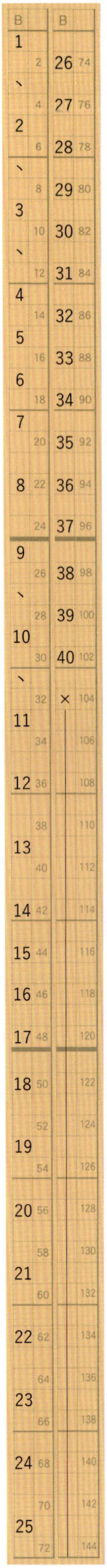

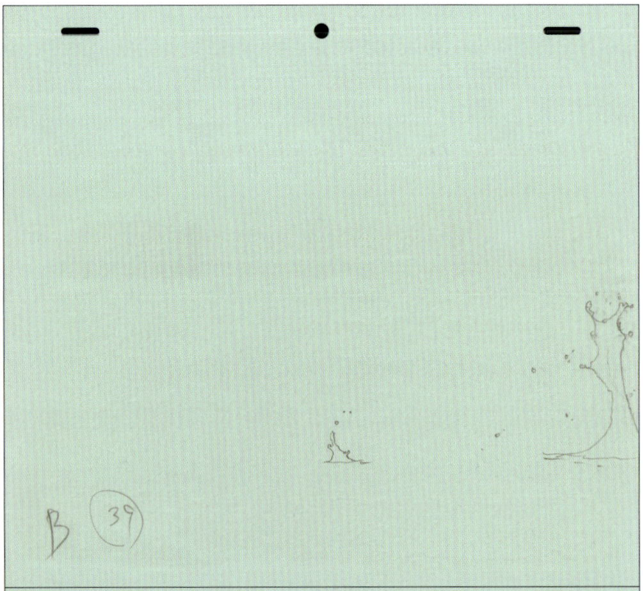

※映像を元に再現したシートを掲載

第15楽章▸▸▸▸ CUT 27

第15楽章▸▸▸▸ CUT 282,284

ANCIEN AND THE MAGIC TABLET

『ひるね姫 ～知らないワタシの物語～』

『ひるね姫 ～知らないワタシの物語～』は2017年に公開された劇場アニメーション。監督は神山健治で、彼が原作と脚本も兼任。アニメーション制作はシグナル・エムディで、タブレットを使用したデジタル作画に積極的に取り組んだ作品である。本作は現実と夢のふたつの世界が混沌となりつつ物語が進むが、磯が原画を担当したのはいずれも夢の世界のシーンだ。具体的には冒頭における自分の部屋に戻ろうとするエンシェンのアクション、バイクで転倒したピーチが鬼に銃を撃つまで、エンシェンがエンジンヘッド甲板のレバーを次々に下げたところからピーチに助けられるまで。

CUT 93

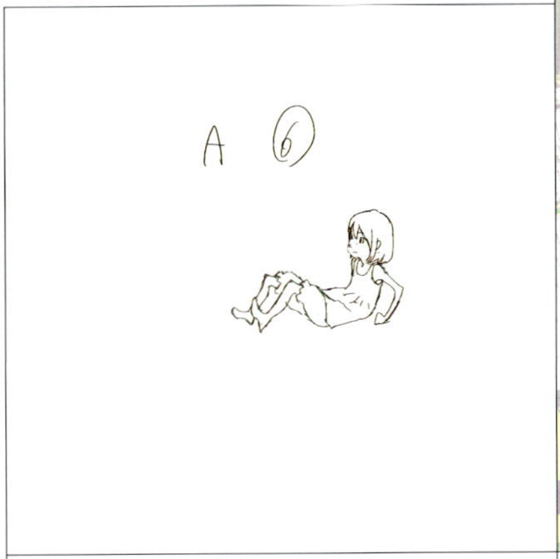

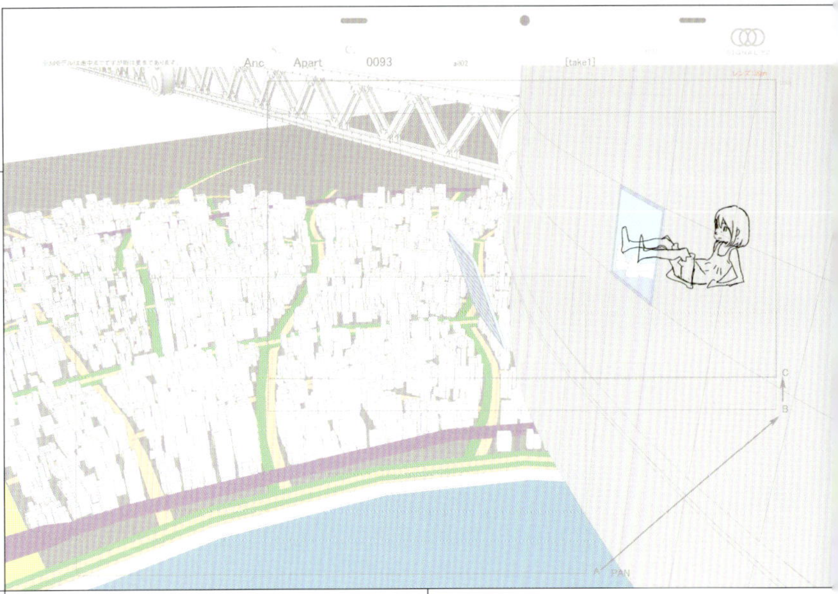

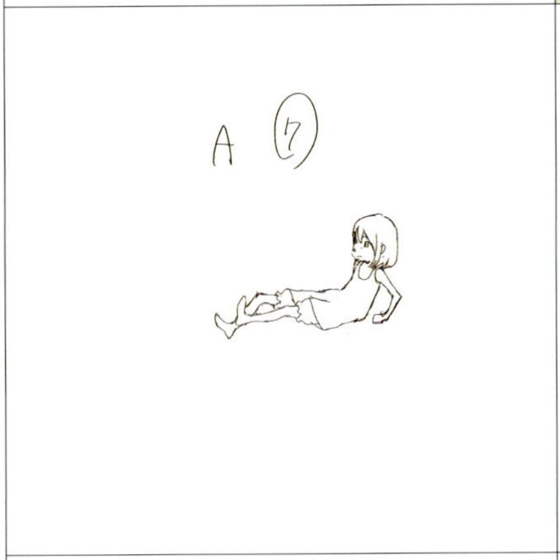

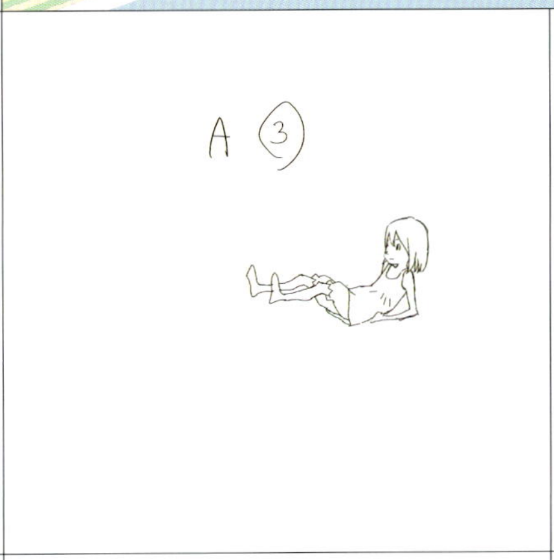

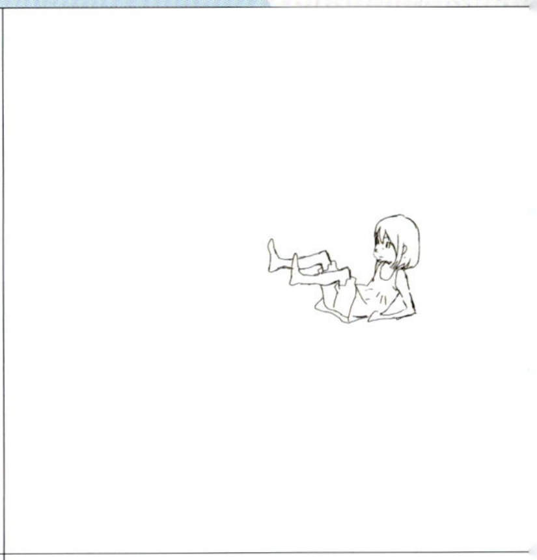

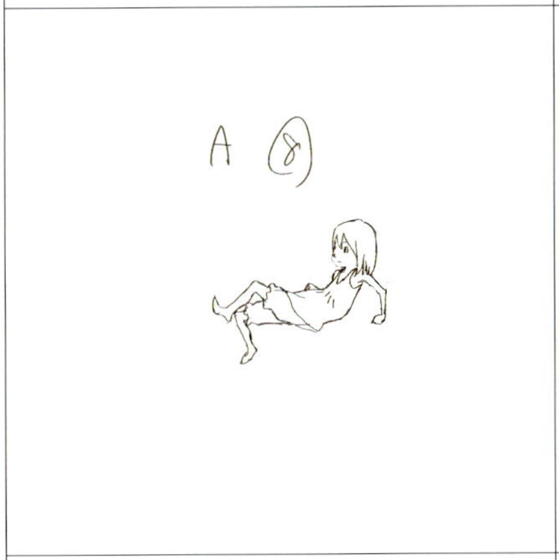

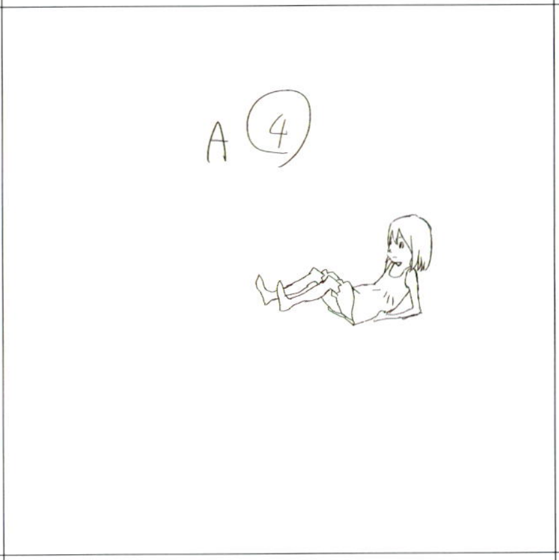

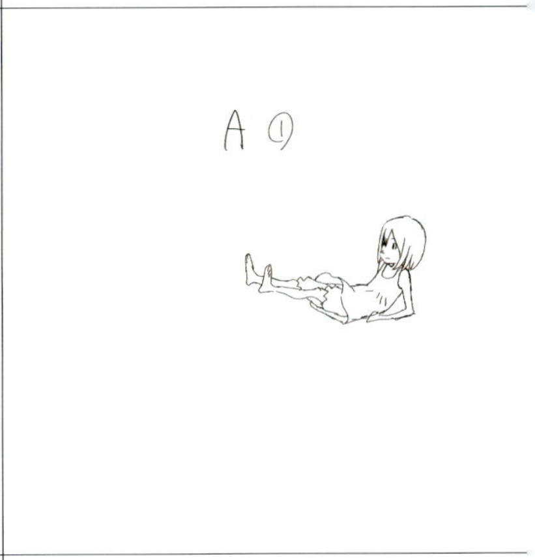

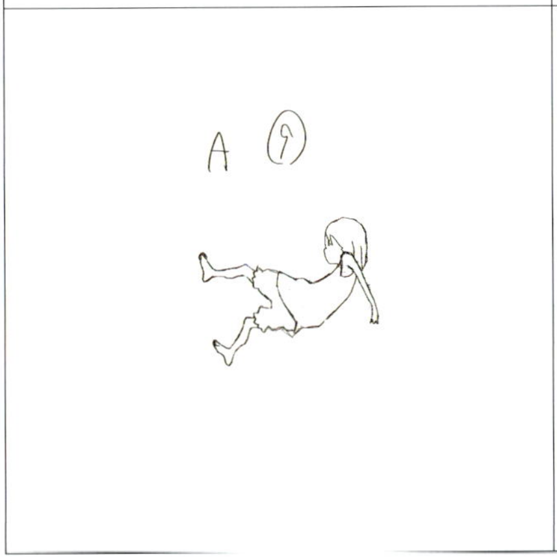

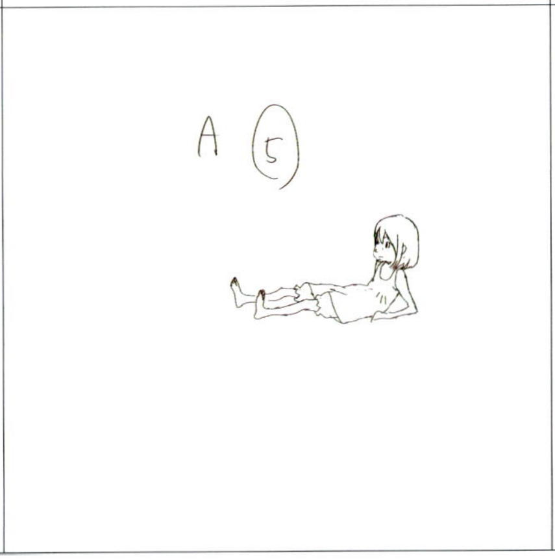

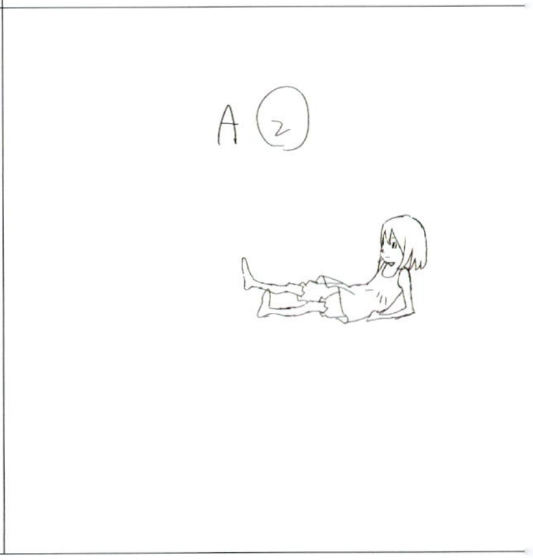

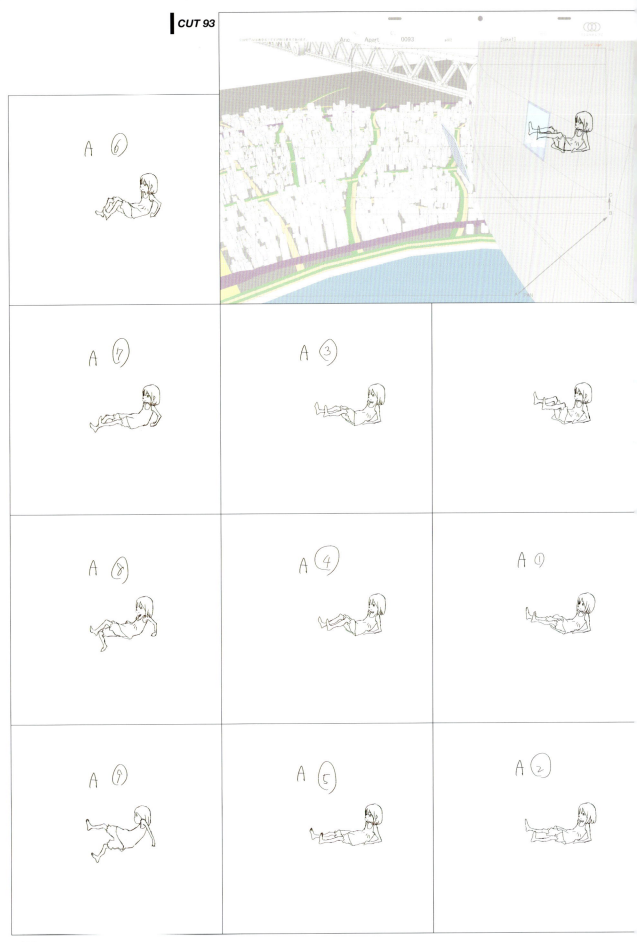

A 17
A 14
A 10
A 18
A 14.5
A 11
A 19
A 15
A 12
A 20
A 16
A 13

A 21
A 22
A 23
A 24
24～25
A 25
25～26
A 26
26～27
A 27
27～28
A 28

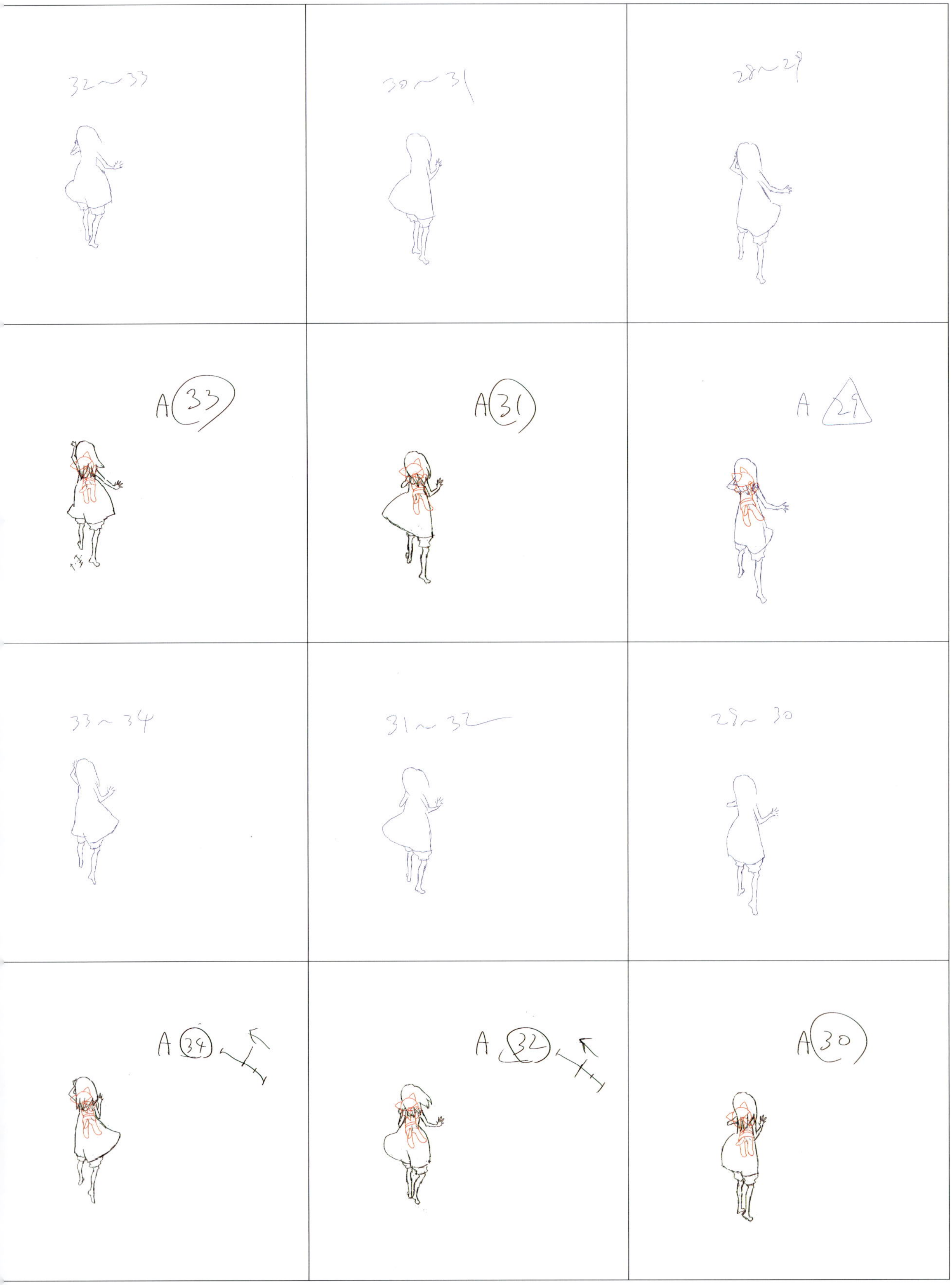
32～33
30～31
28～29
A 33
A 31
A 29
33～34
31～32
29～30
A 34
A 32
A 30

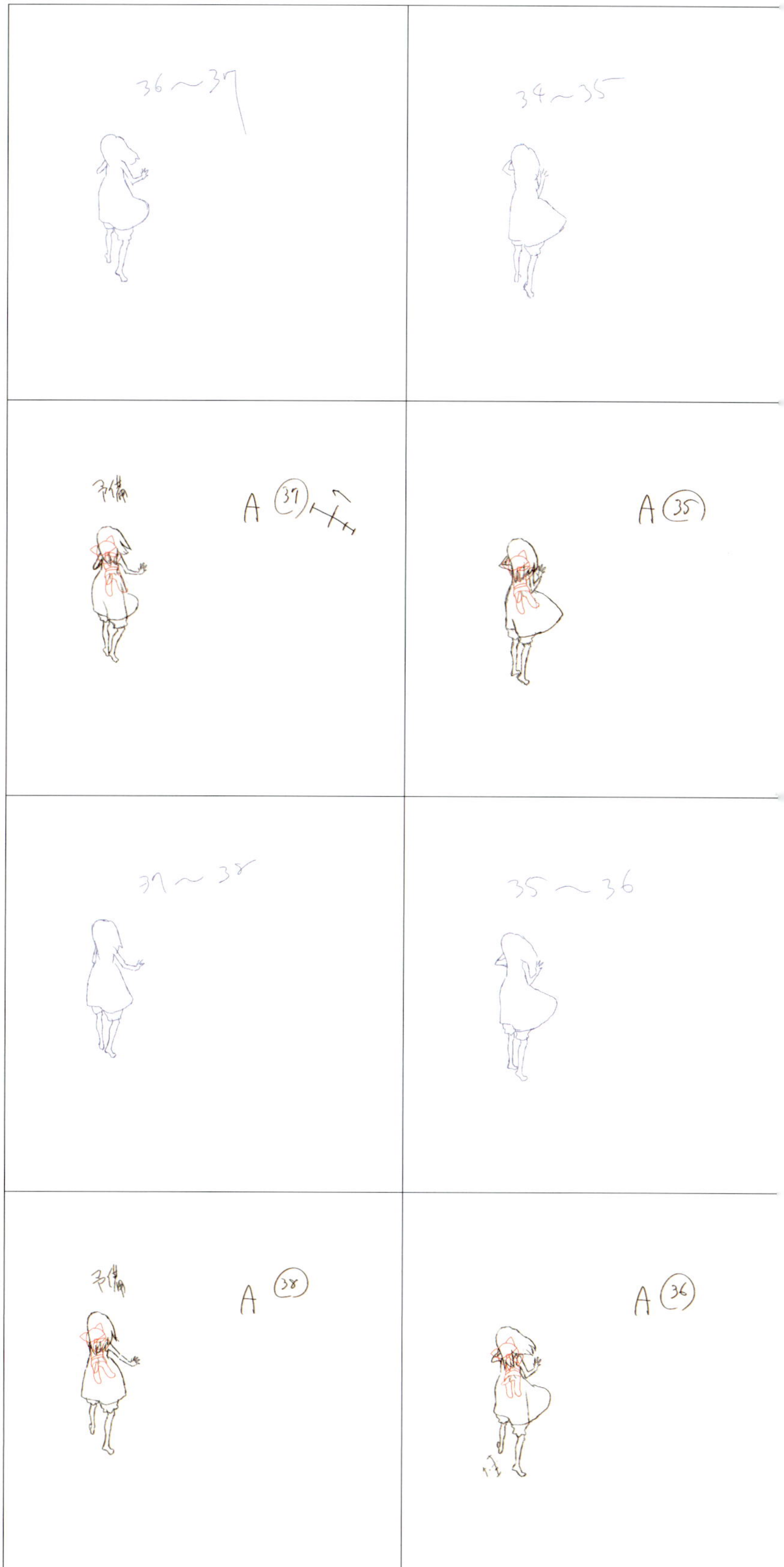
34～35
A 35
35～36
A 36
36～37
予備
A 37
37～38
予備
A 38

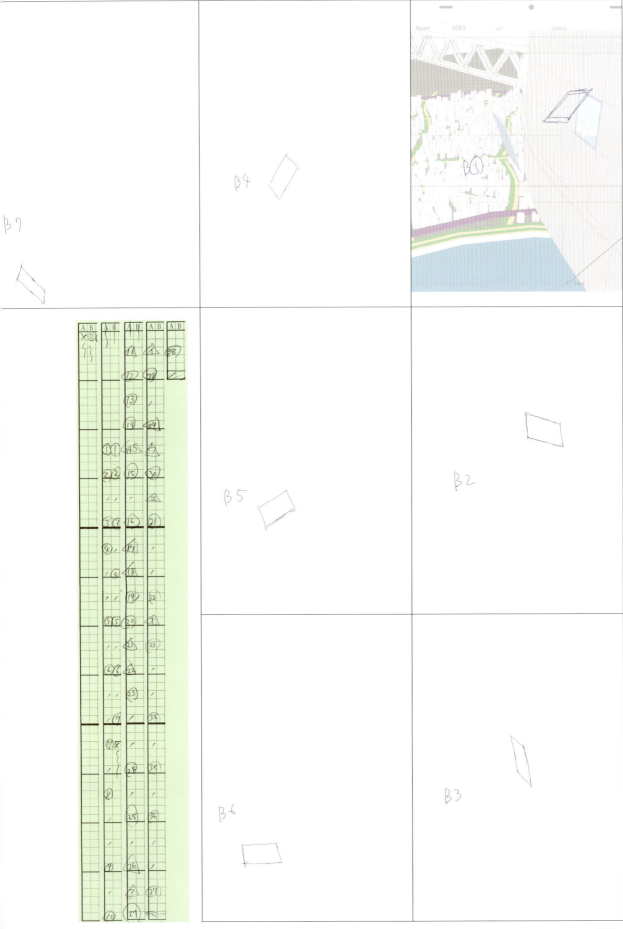

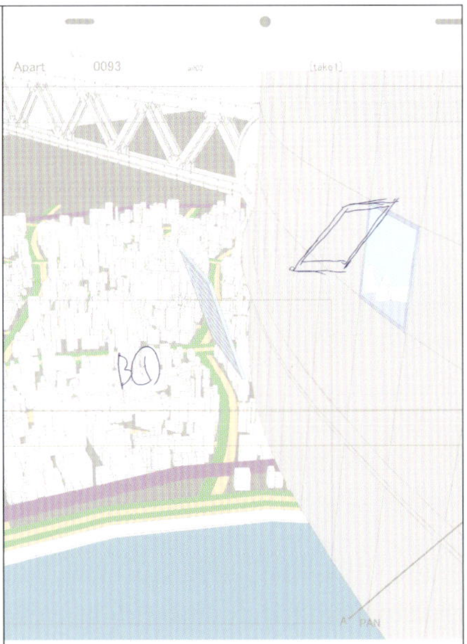
Apart
0093
take1
B1
PAN

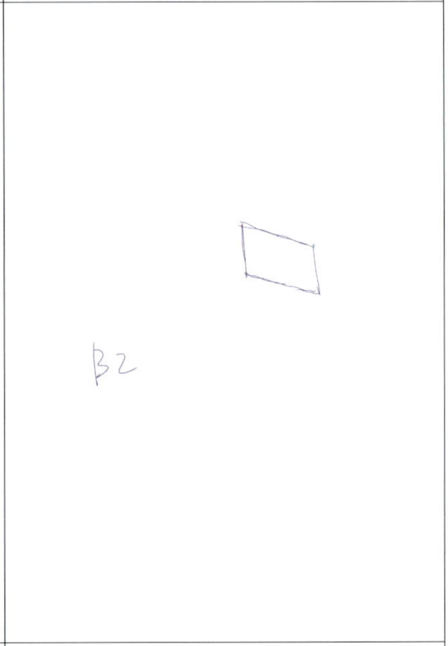
B2

B3

B4

B5

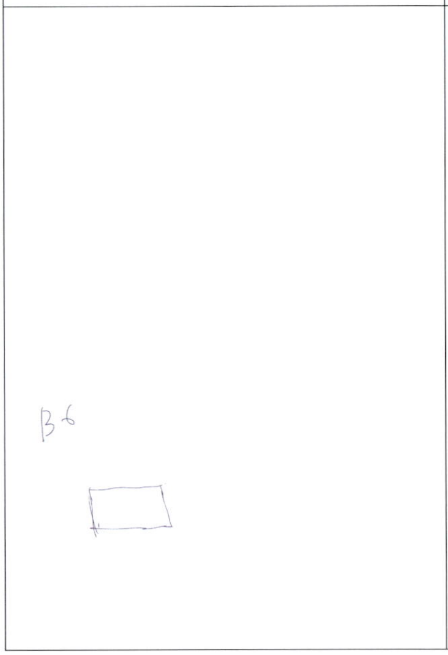
B6

B7

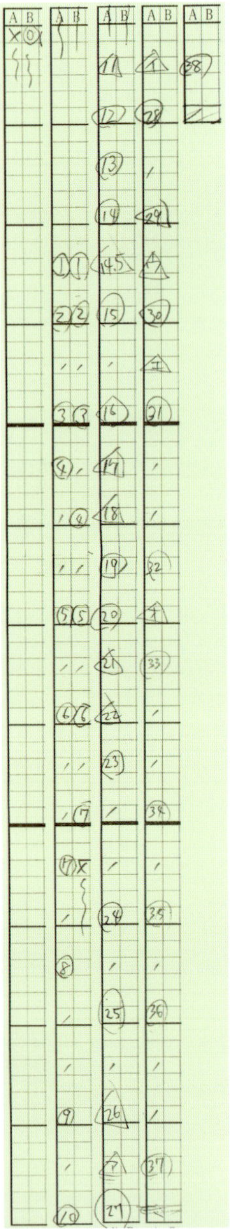

A 8

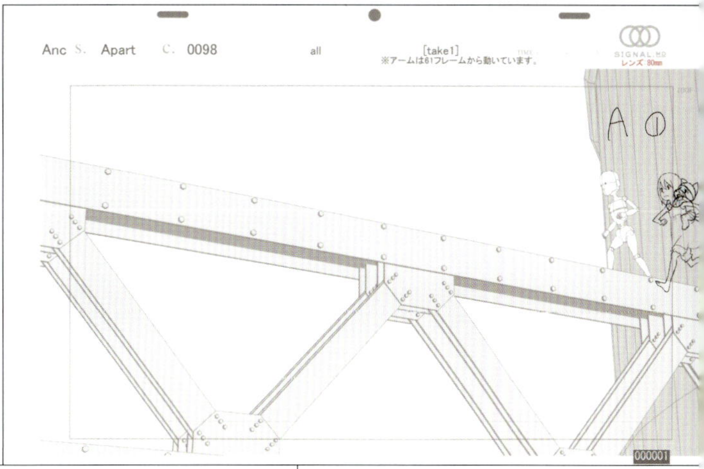
Anc S. Apart C. 0098
all
[take1]
※アームは61フレームから動いています。
SIGNAL.MD
レンズ 80mm
A 1
000001

A 9

A 5

中わりです。
A 2

A 10

A 6

A 3

A 11

A 7

A 4

A 12
A 13
A 14
A 15
A 16
A 17
A 18
A 19
A 20
A 21
A 22
A 23

A 31
A 28
A 24
A 32
A 28 5
A 25
A 33
A 29
A 26
A 34
A 30
A 27

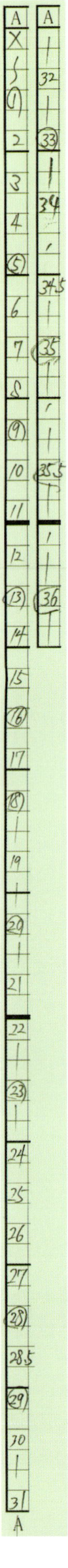

A 34.5
A 35
A 35.5
A 36
演出様
セルの位置は合成時に
調整します。

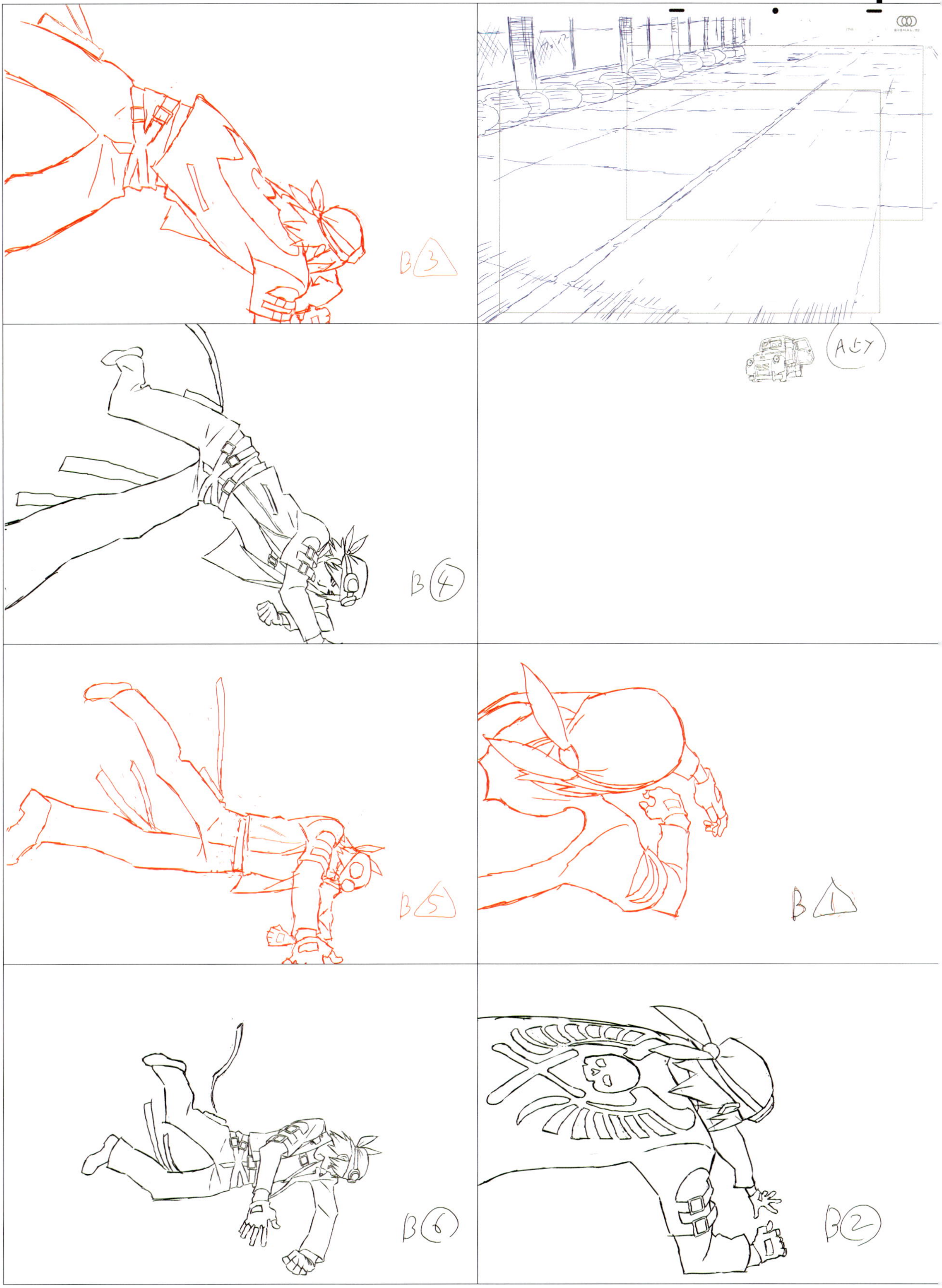
B3
B4
B5
B1
B6
B2

β7

β8

β9

β10

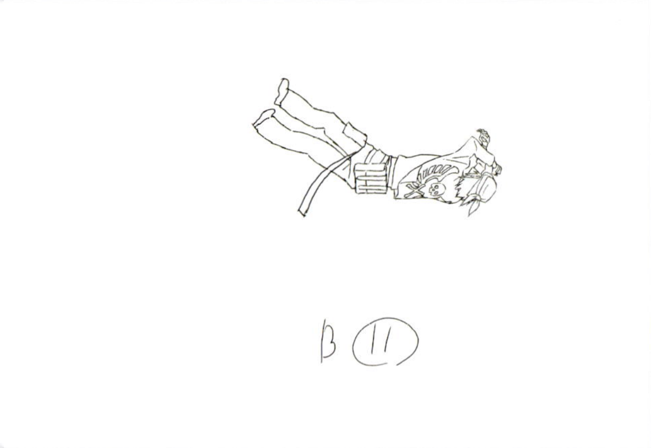
β11

β12

β13

β14

B 15
B 16
B 17
B 18
B 19
B 20
B 21
B 22

C1
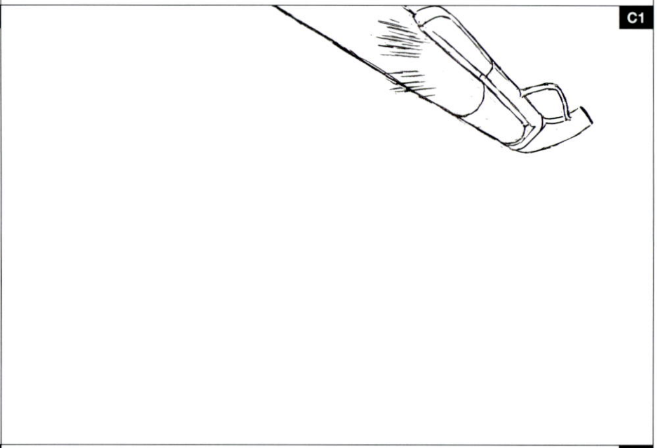

C2
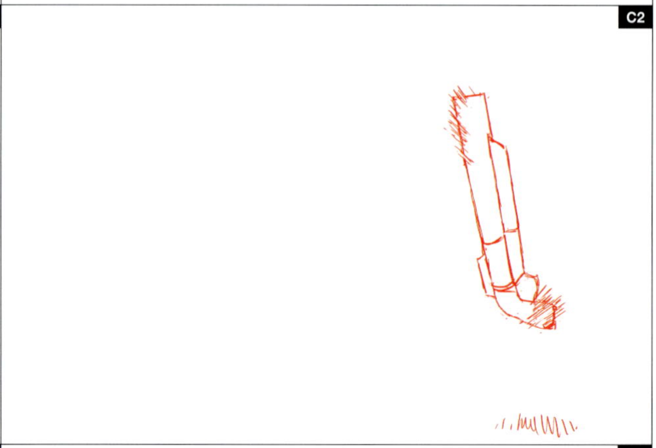

C3
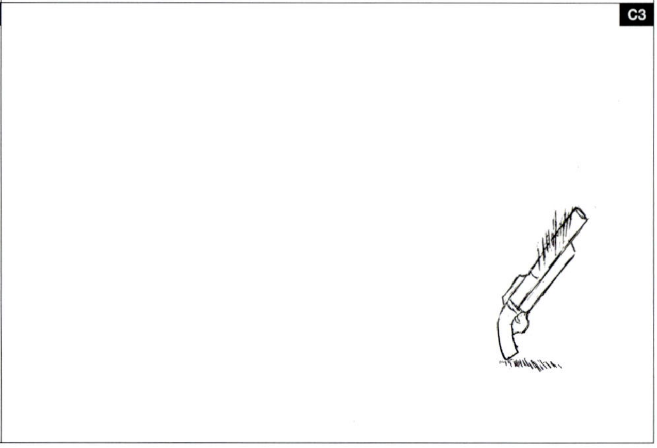

C4
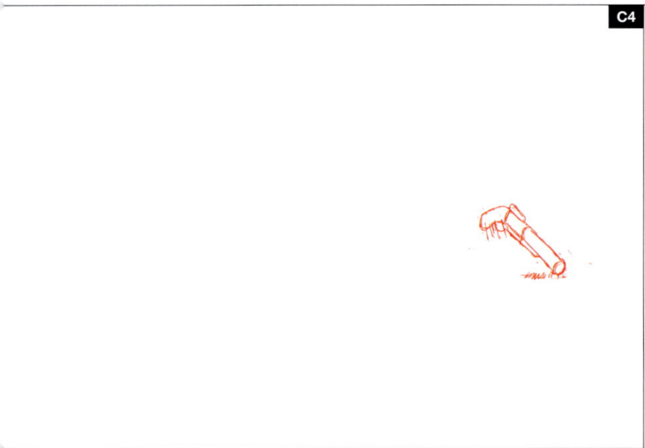

C5
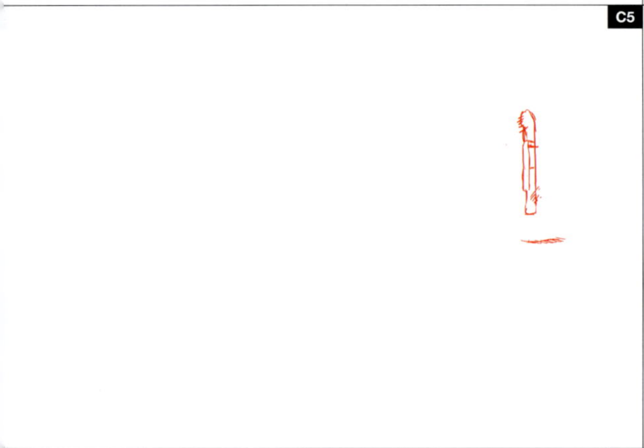

C6
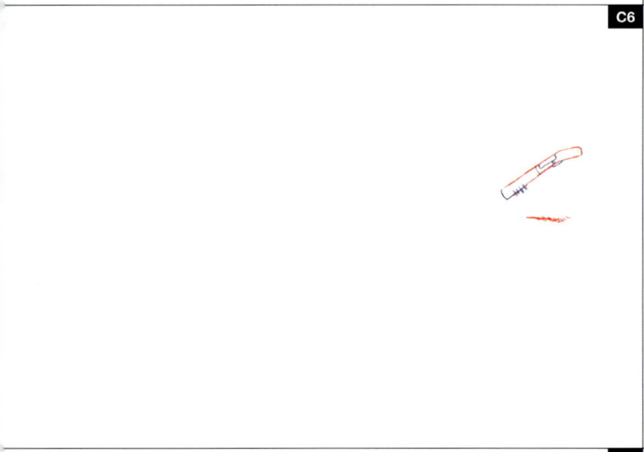

C7

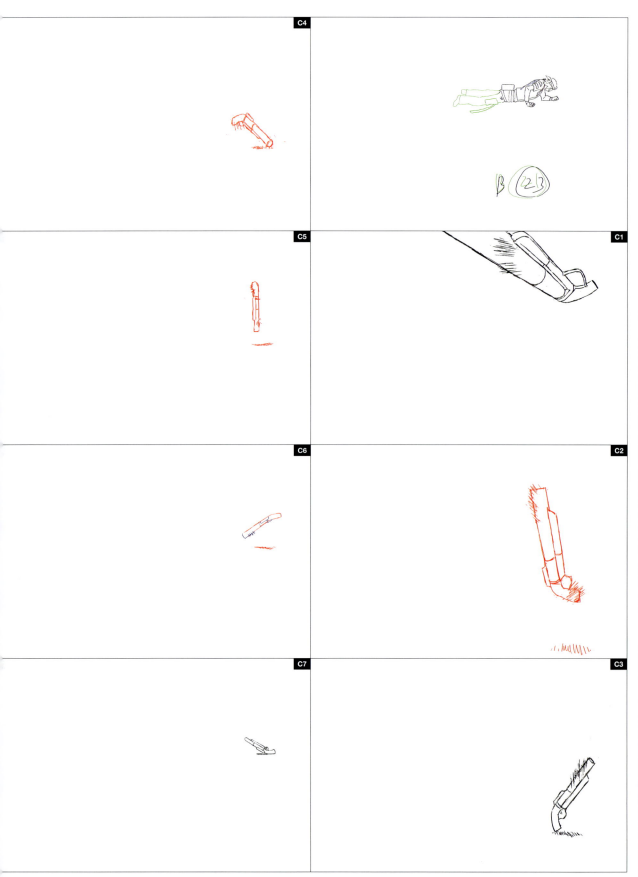

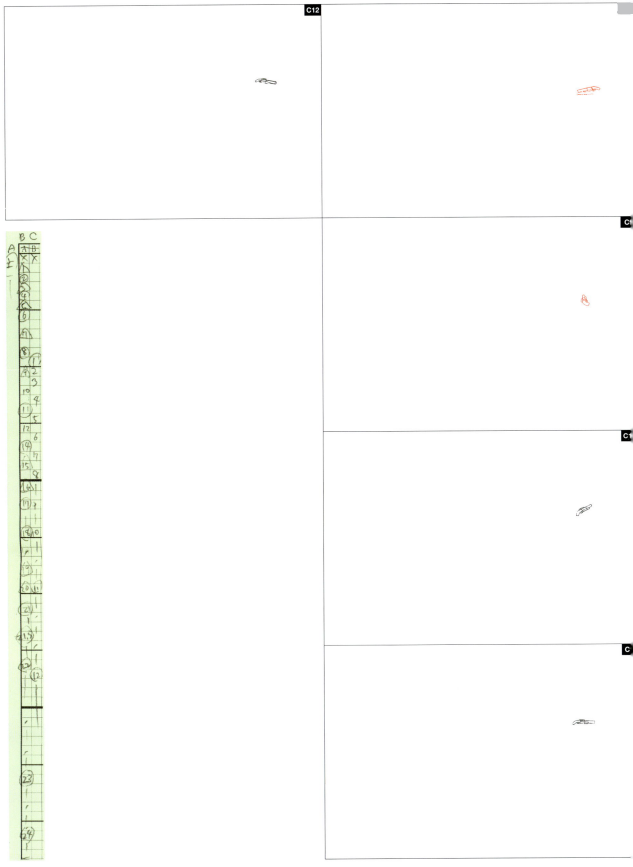

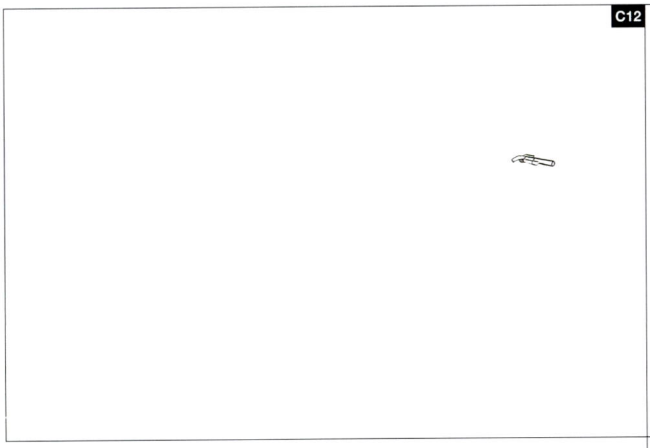
C12

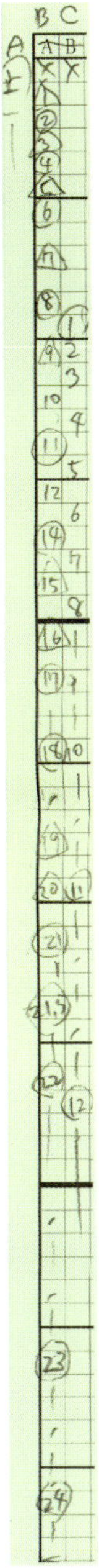

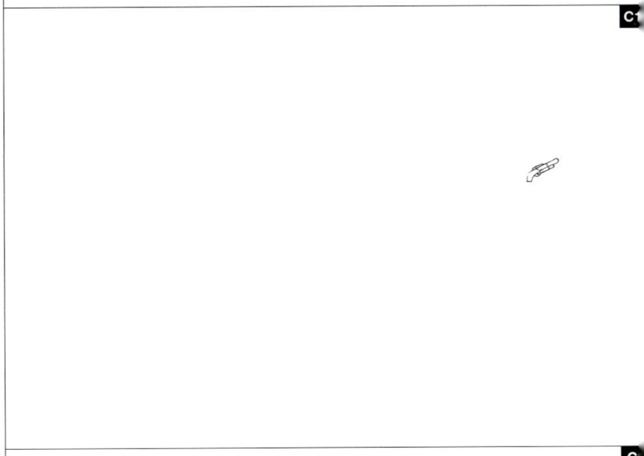

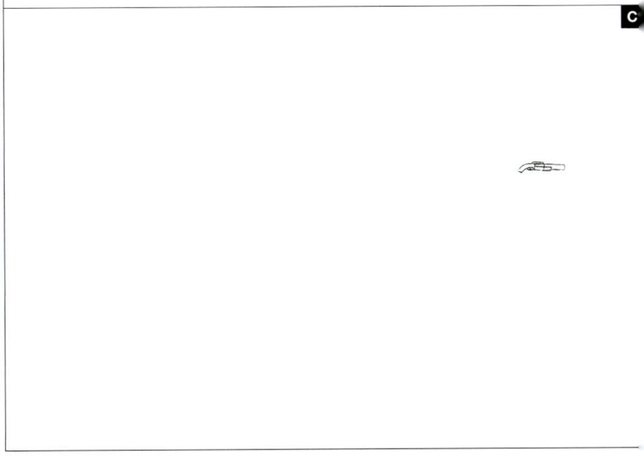

S.
C. 347
TIME (2 + 9)
SIGNAL.MD
C①
A止メ
C2
クレーン
B(止メ)

C3
C4
C5
C6
C 7
C8
C9
C10

C 11

C 12

C 13

C 14

C 15

C 16

C 17

C 18

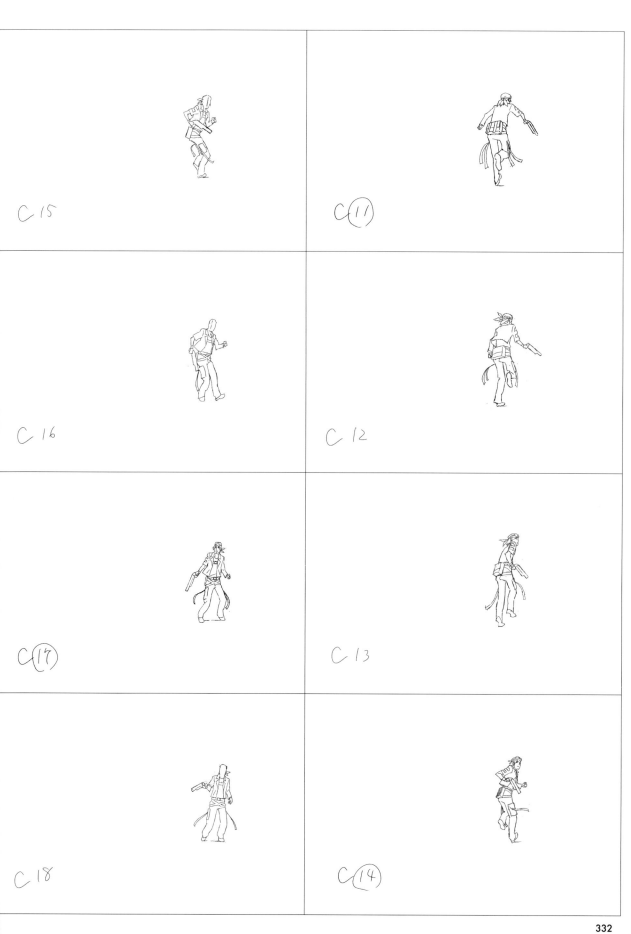

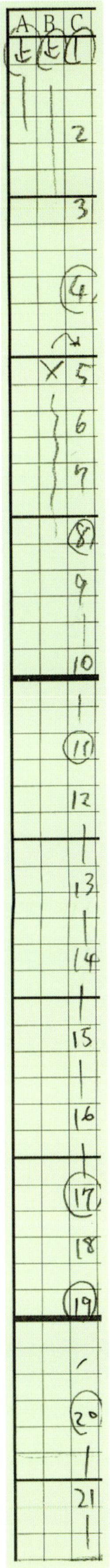
A B C
止 止 1
2
3
4
X 5
6
7
8
9
10
11
12
13
14
15
16
17
18
19
20
21

C 19

C 20

C 21
END

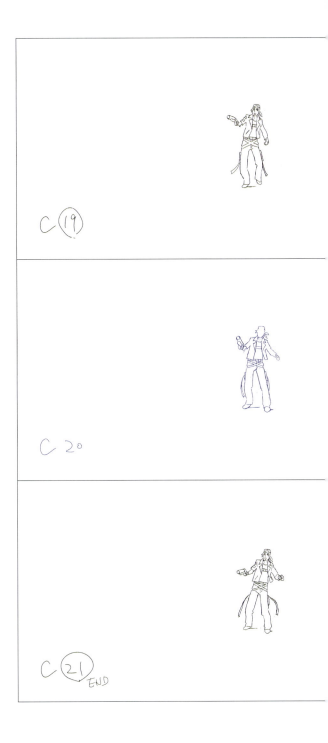

S.
C. 349
TIME 2 6
SIGNAL.MD
A④
A⑤
A①
B①
A②
B②
A③

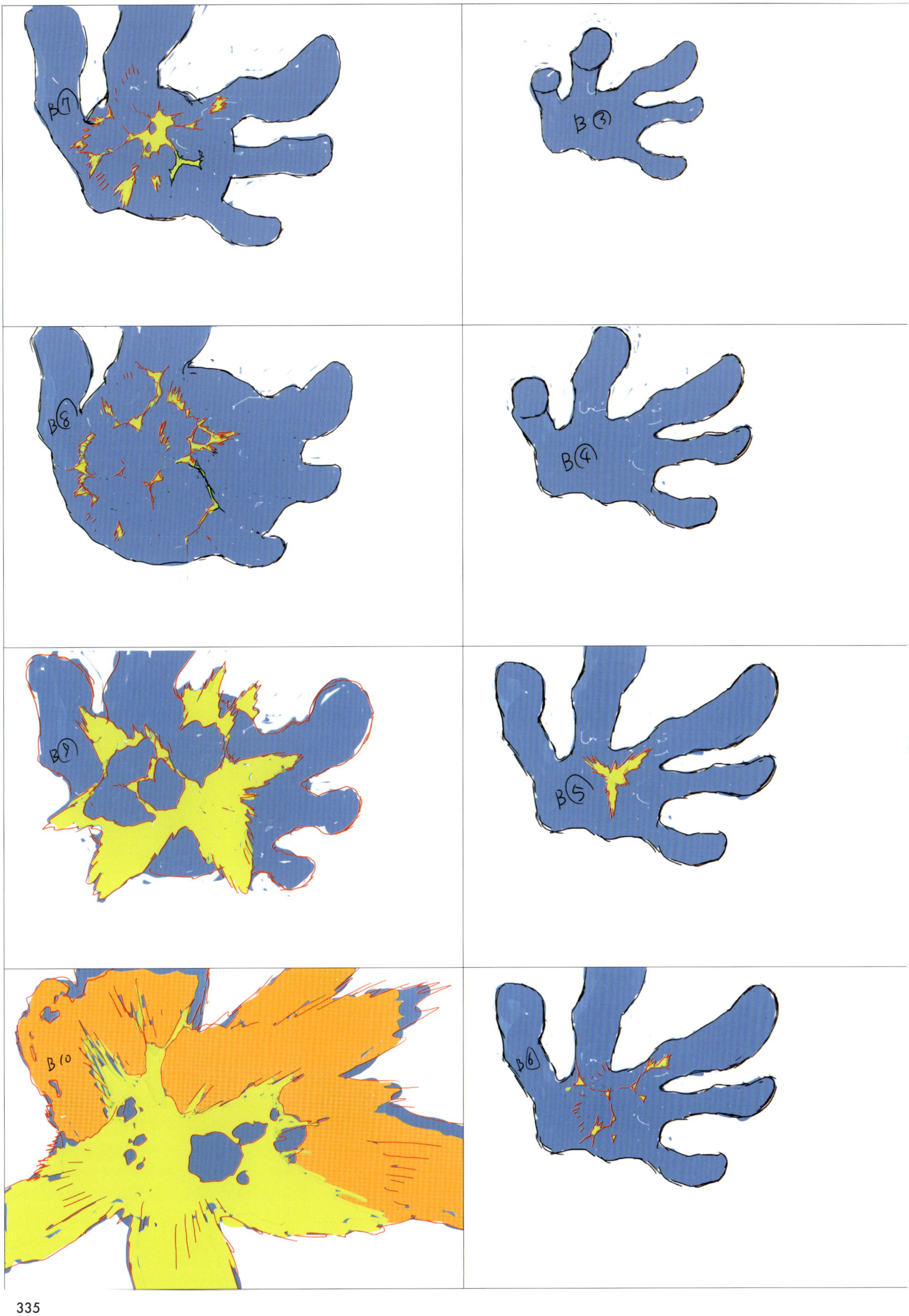
B③
B④
B⑤
B⑥
B⑦
B⑧
B⑨
B10

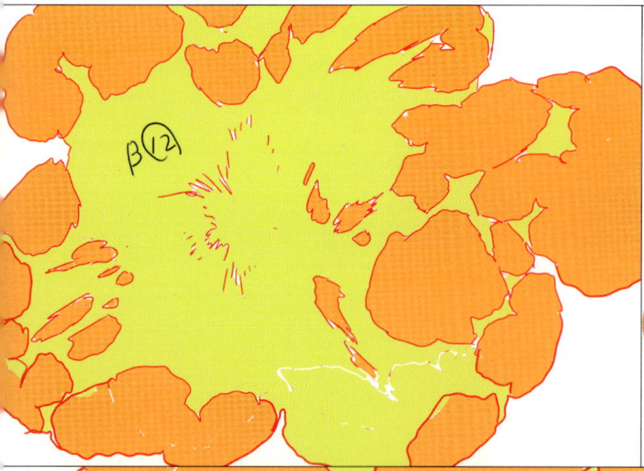
B⑫

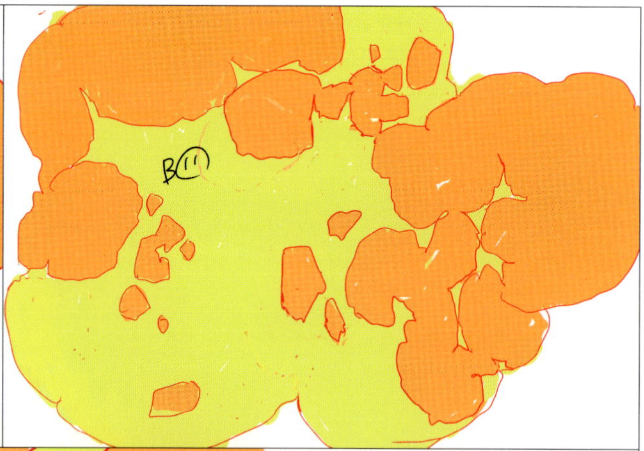
B⑪

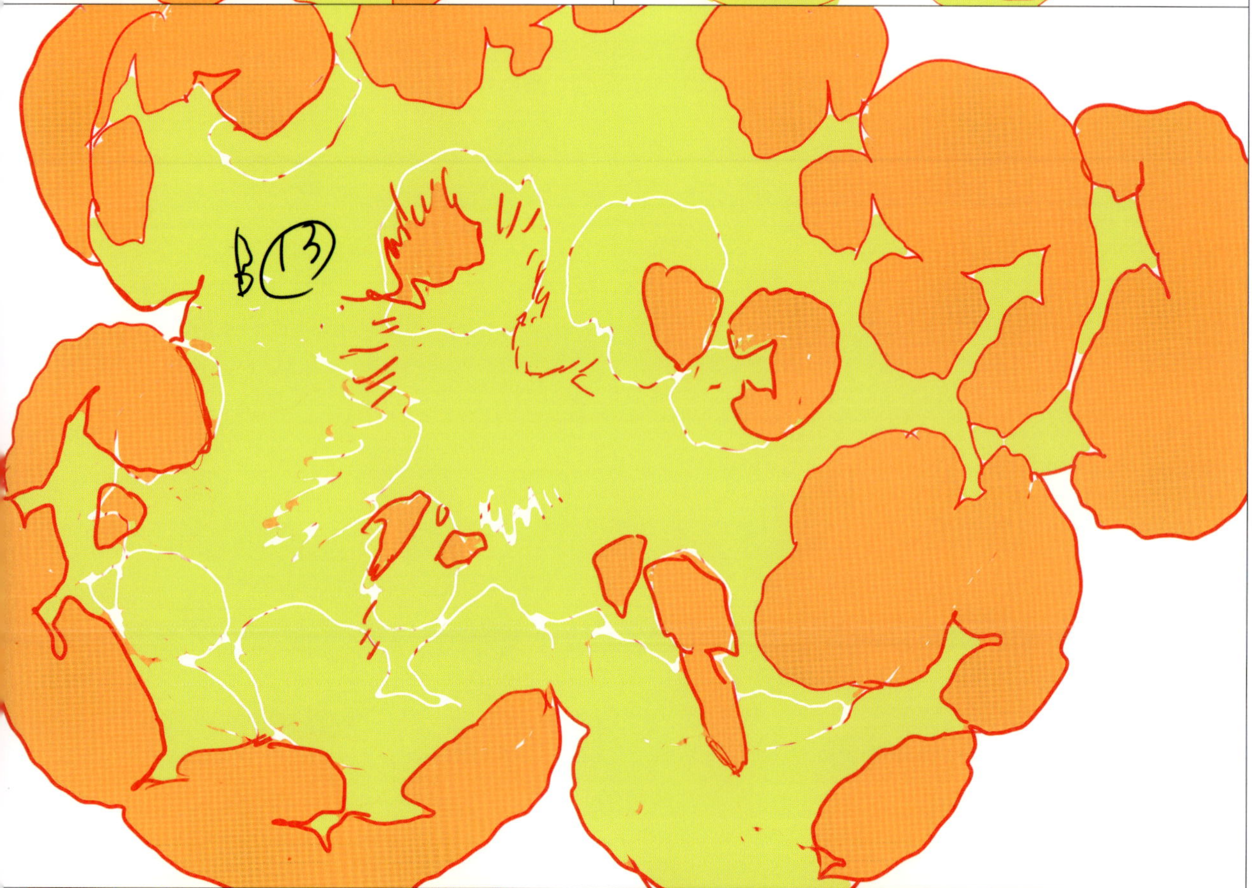
B⑬

B⑮

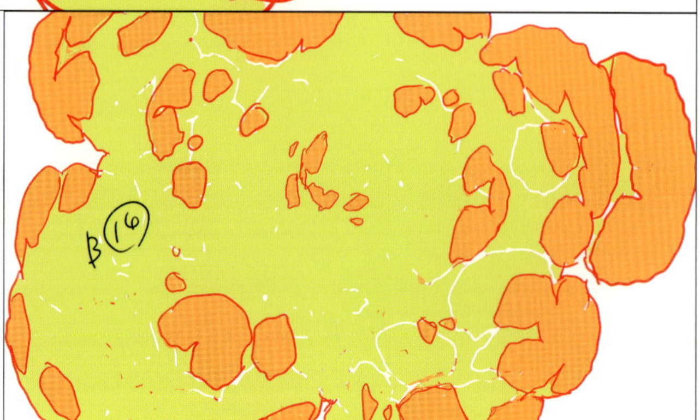
B⑯

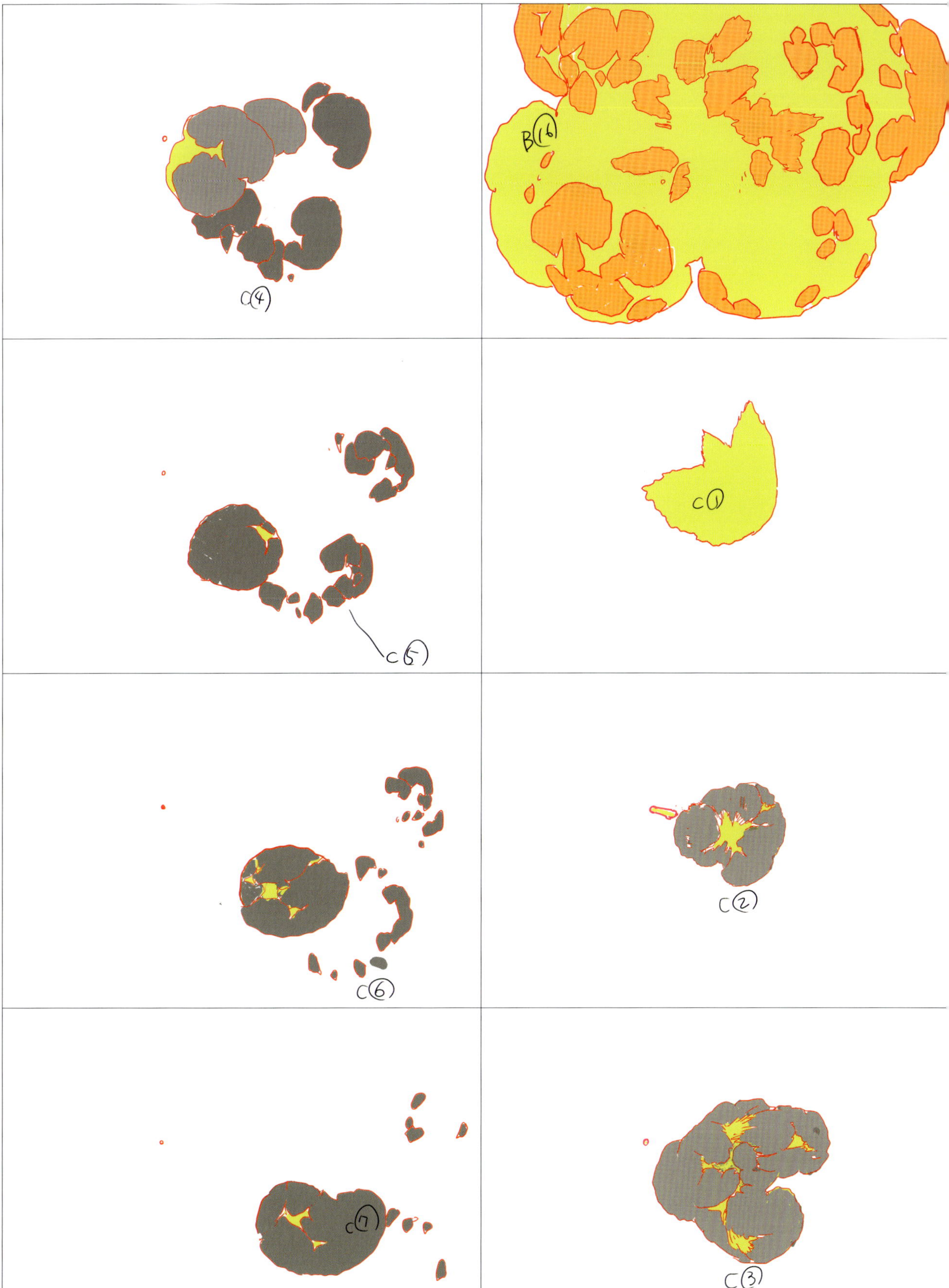
B⑯
C①
C②
C③
C④
C⑤
C⑥
C⑦

D①
C⑧
D⑤
D②
C⑨
D⑥
D③
C⑩
END
D⑦
D④

D 20
END
D 16
D 12
D 8
D 17
D 13
D 9
D 18
D 14
D 10
D 19
D 15
D 11

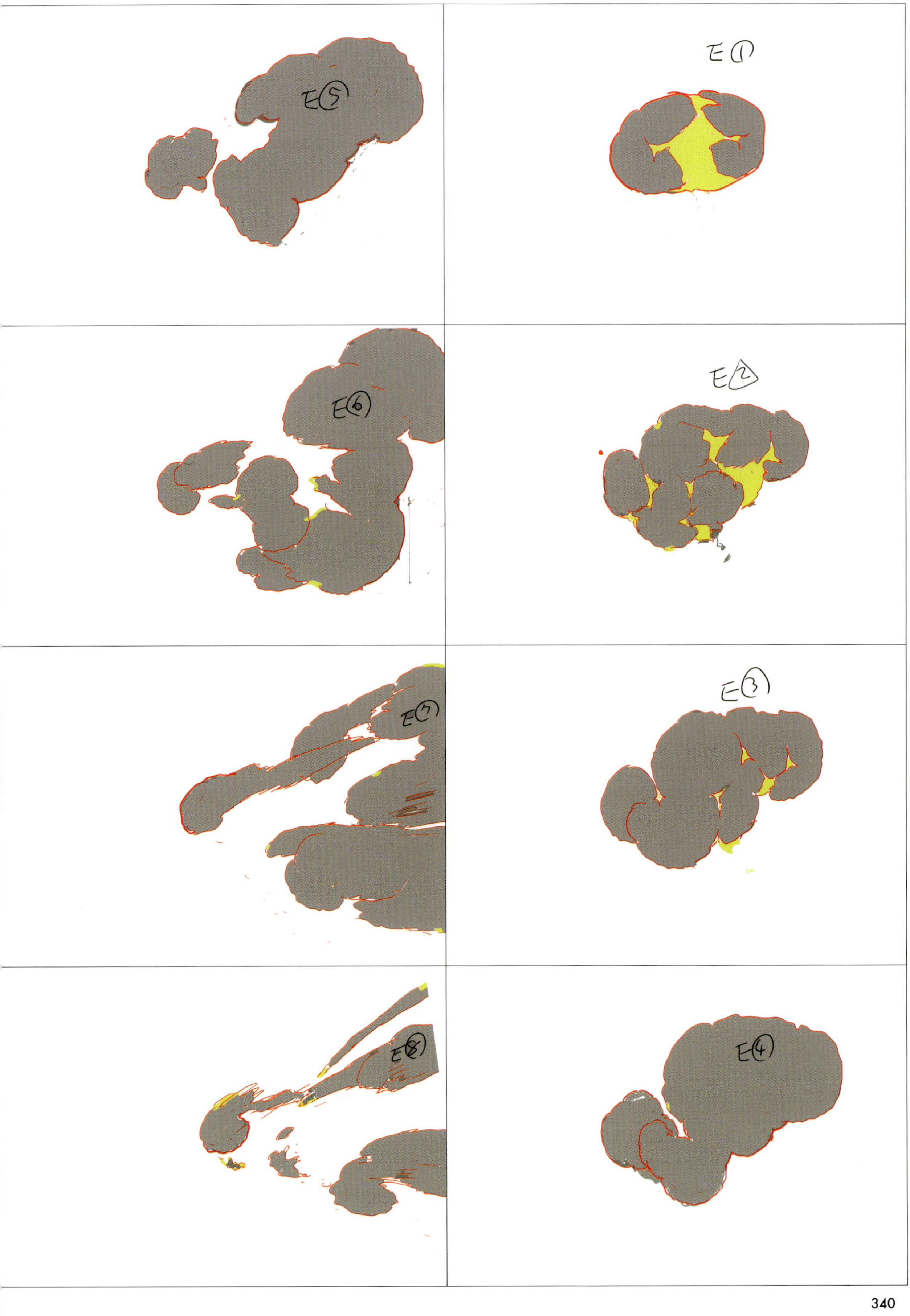
E①
E②
E③
E④
E⑤
E⑥
E⑦
E⑧

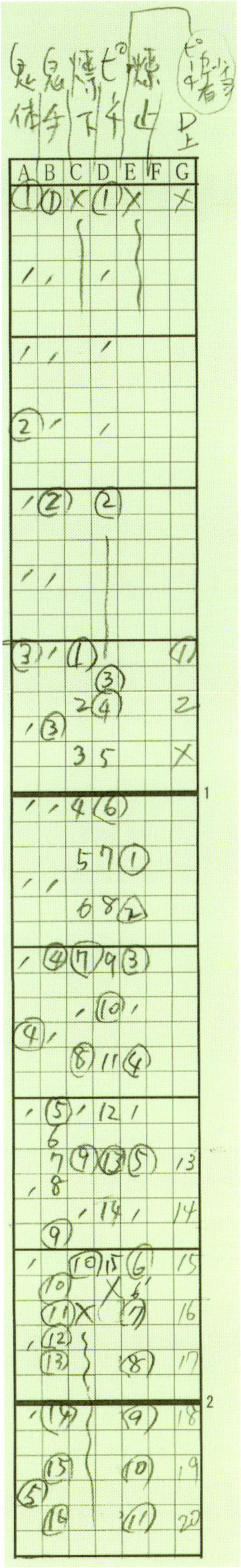
A B C D E F G

E⑧
E⑩

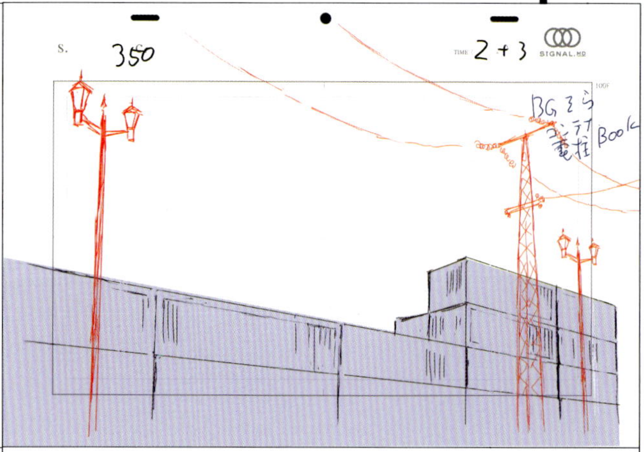
S. 350
TIME 2+3
SIGNAL.MD
コンテ
電柱
Book

A①

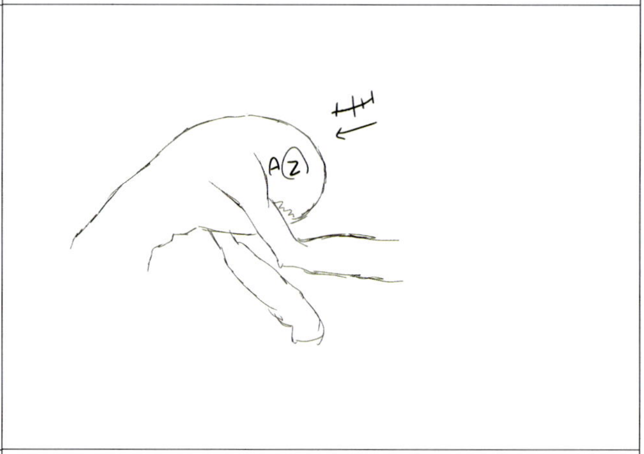
A②

A③
グレー影
ライト

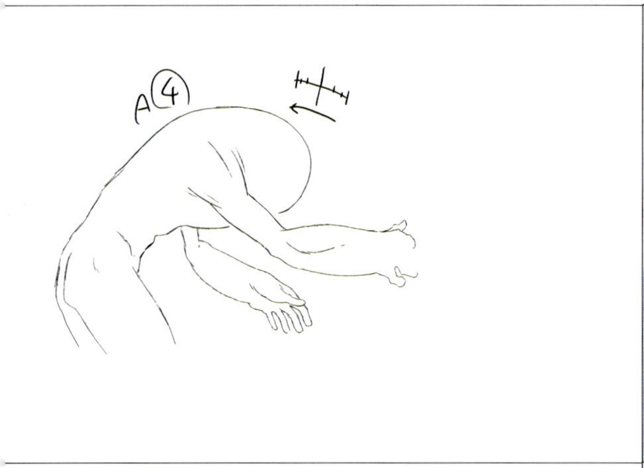
A④

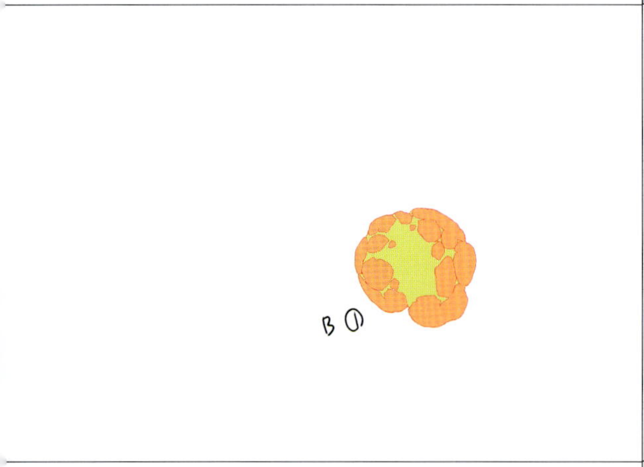
B①

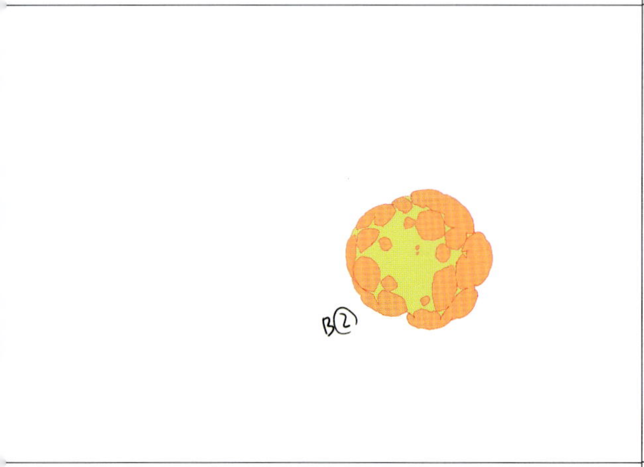
B②

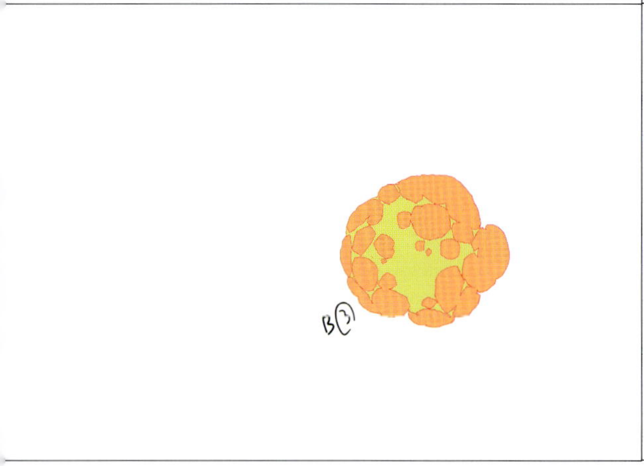
B③

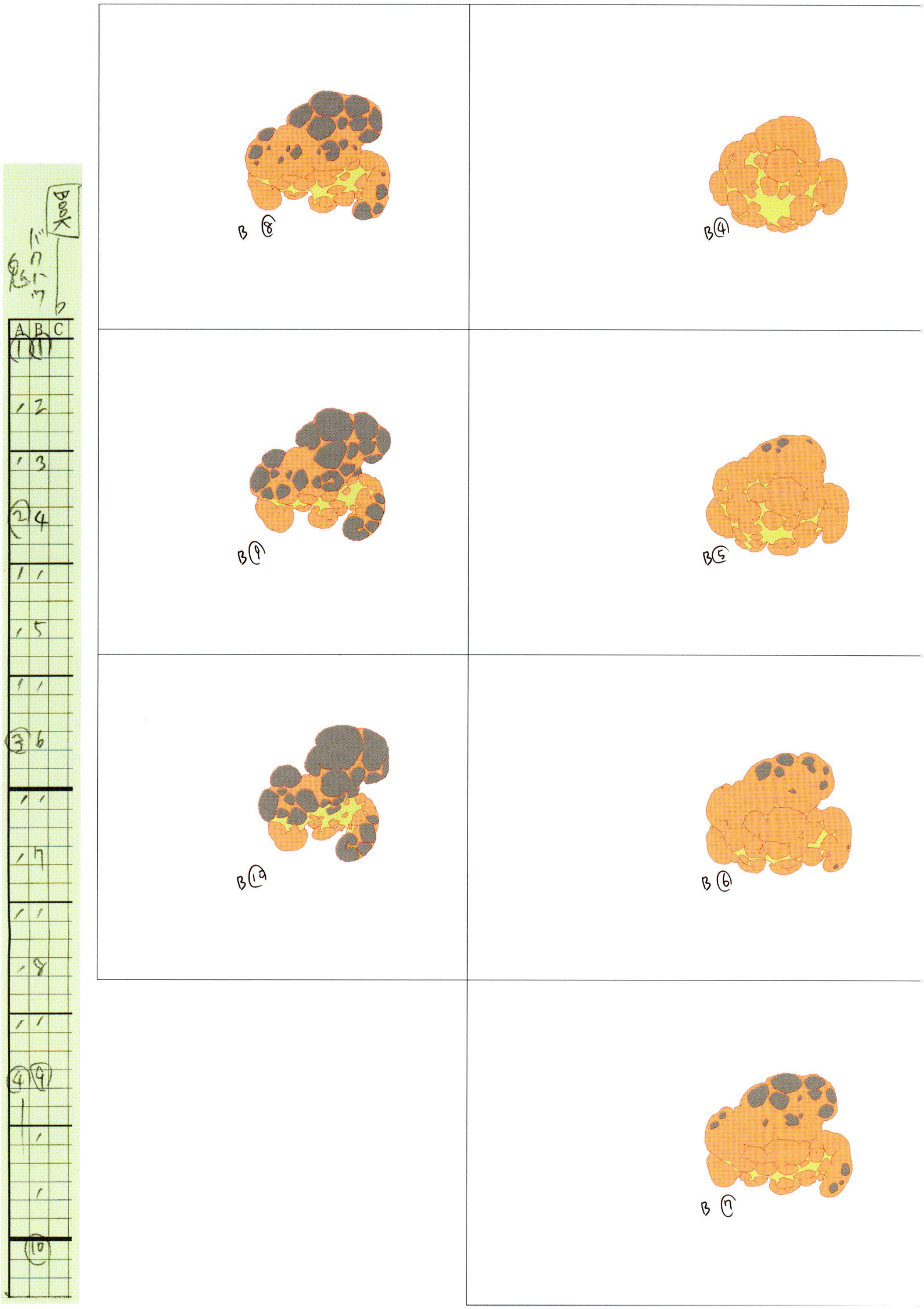
BOOK
A B C
B ⑧
B ④
B ⑨
B ⑤
B ⑩
B ⑥
B ⑦

BG そら のみ

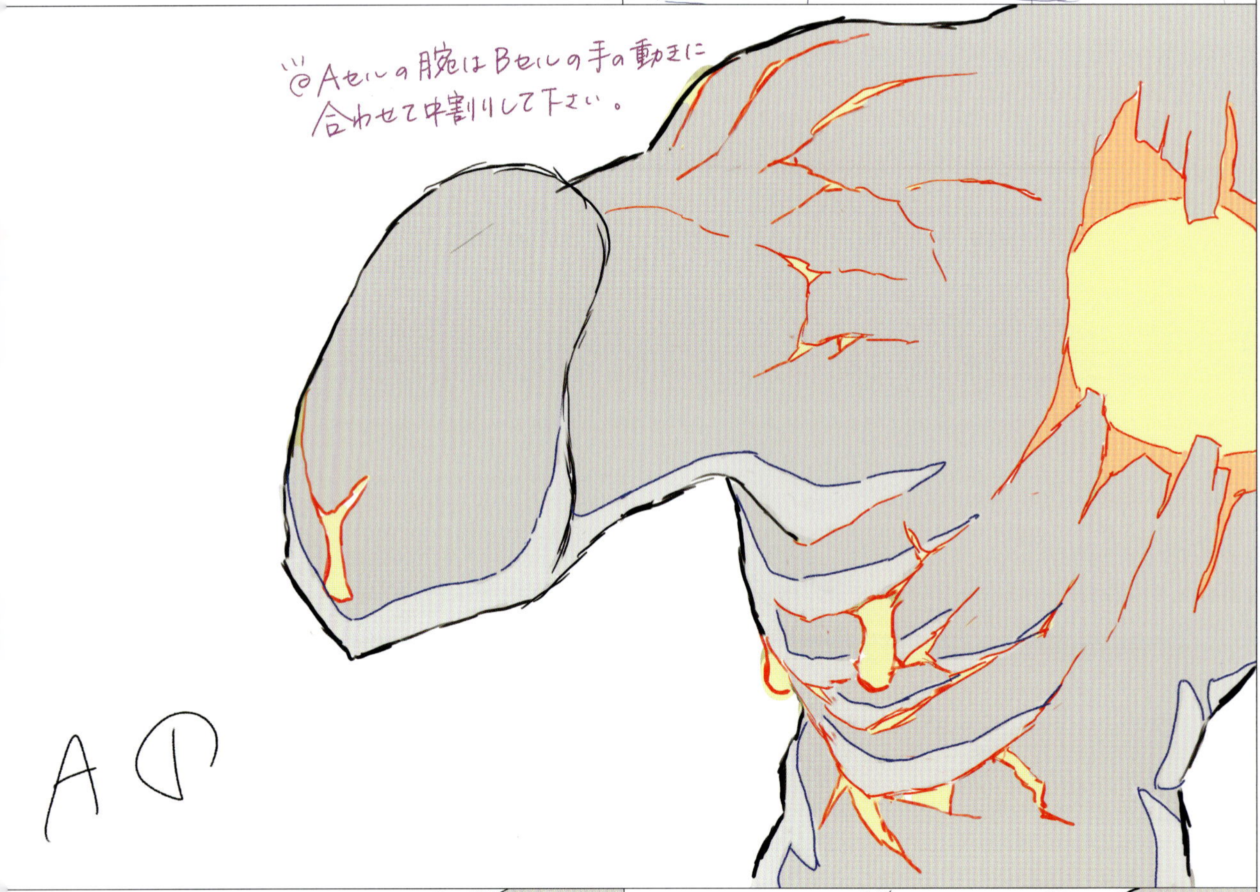
◎Aセルの腕はBセルの手の動きに
合わせて中割りして下さい。
A①

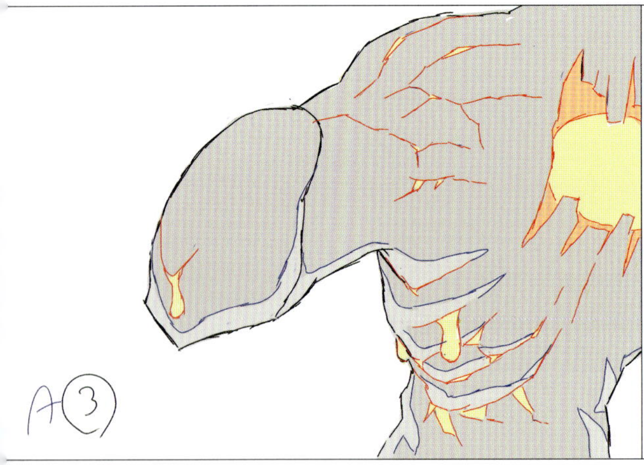
A③

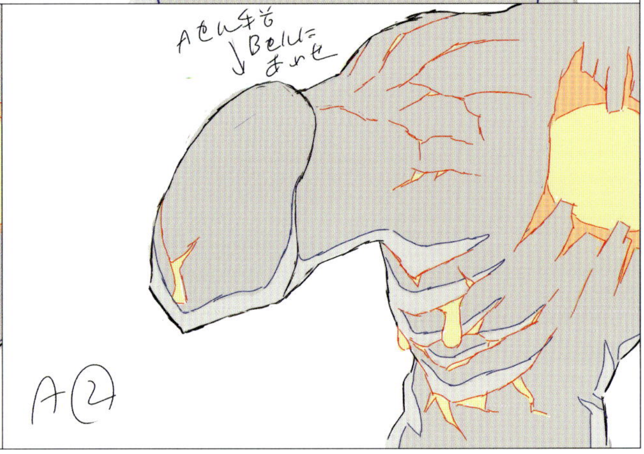
Aセル手首
↓Bセルに
あわせ
A②

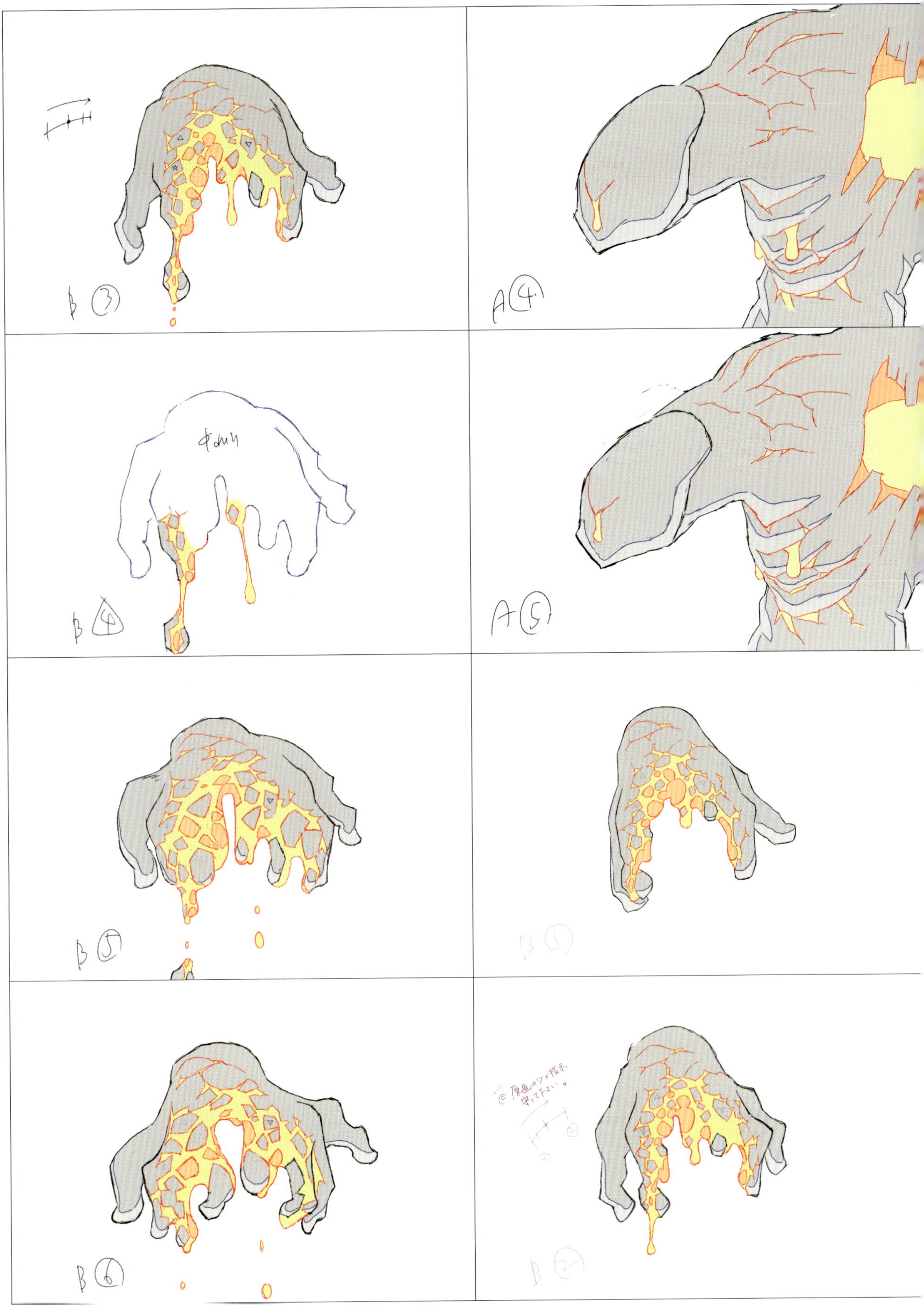
B③
A④
中ぬり
B④
A⑤
B⑤
B①
B⑥
◎原画のツメ指示守って下さい。
B②

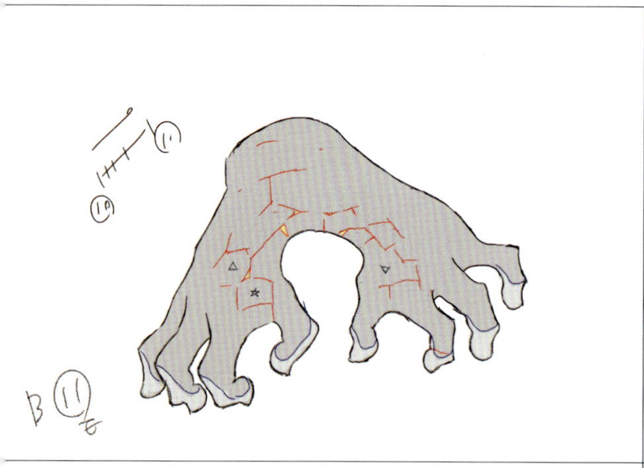
B ⑪

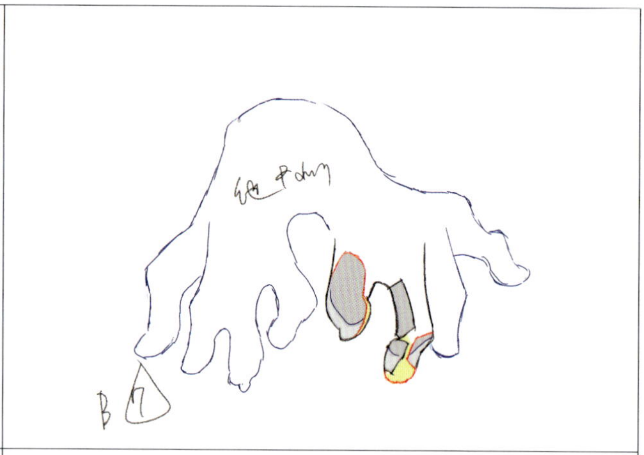
B ⑦

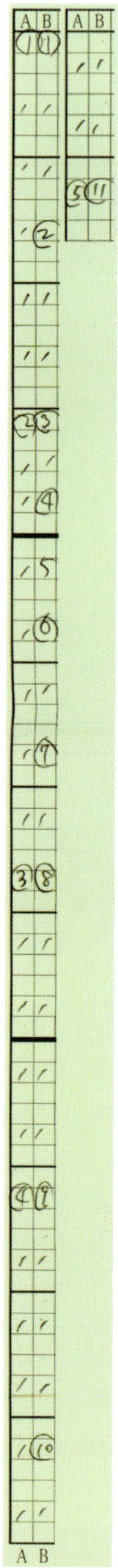

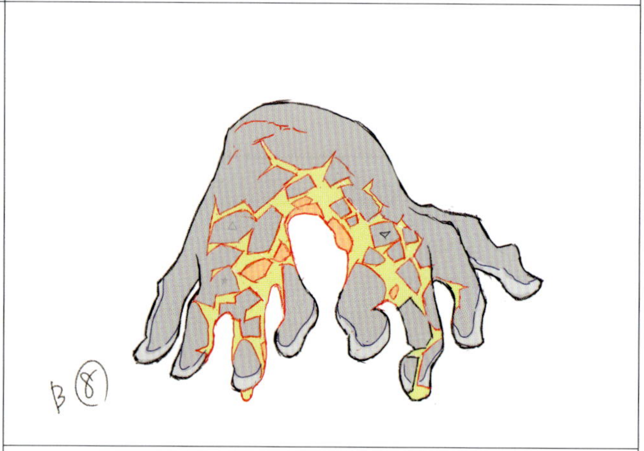
B ⑧

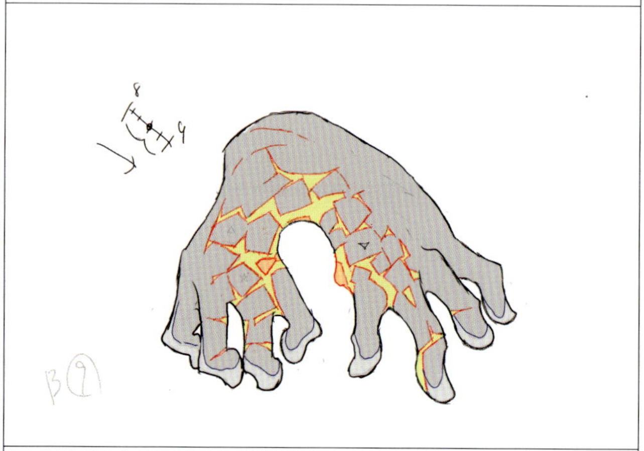
B ⑨

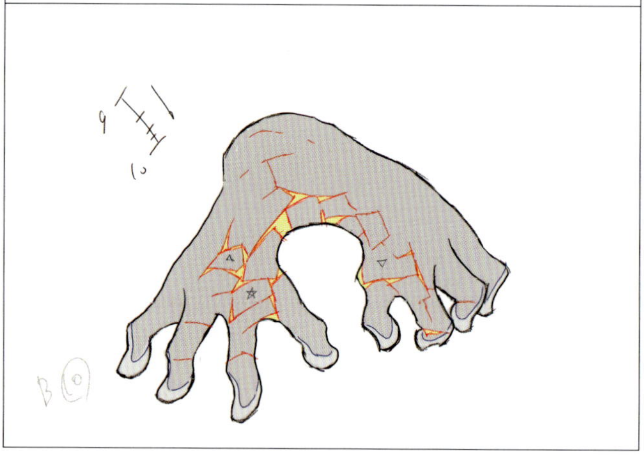
B ⑩

CUT 97

Anc S. Cpart C. 0970
3D
[take1]
Eye
A10
A11
A1
A12
A6
A2
A13
A7
A3
A14
A8
A4
A15
A9
A5

A 16
A 17
A 18
A 19
A 20
A 21
A 22
A 23
A 24
A 25
A 26
A 27
A 28
A 29
A 30
A 31
A 32
A 33

A 34

A 35

A 36

35
36
A 37

A 38

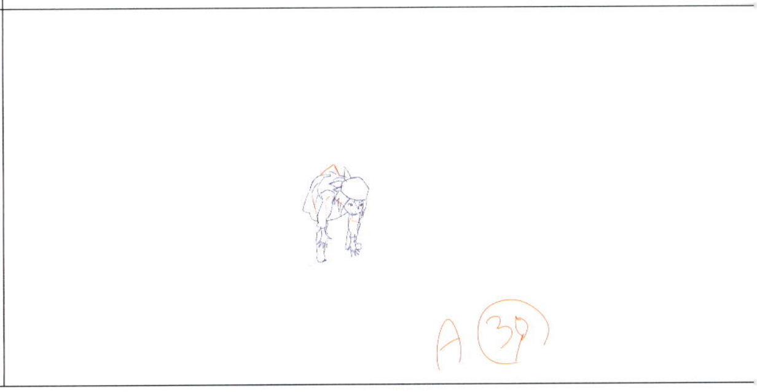
A 39

A 40

A 41

A 42

A 43

A 44

A 45

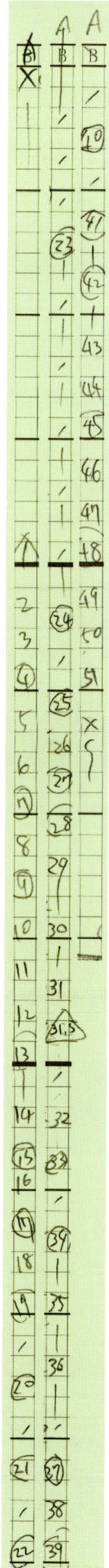

A46
A47
A(48)
A49
A50
A51

A3
Anc S. Cpart C. 0971
パース参考
[take2]
SIGNAL
レンズ 35mm
A①
A4
A2
A5

A6
A7
A8
A9
A10
A11
A12
A13

A 18

A 14

A
1
2
3
4
5
6
7
8
9
10
11
12
13
14
15
16
17
18

A 15

A 16

A 14

CUT 972

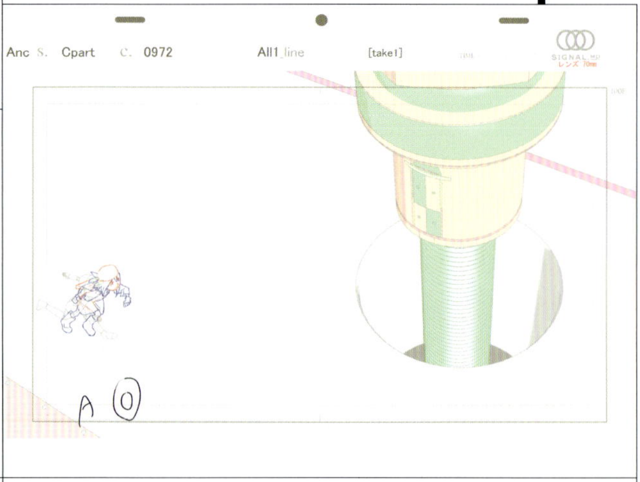
Anc S. Cpart C. 0972
All1_line
[take1]
SIGNAL.MD
レンズ 70mm
A⓪

A①

A2

A3

A④

A5

A6

A⑦

A8

A (9)

A 10

A (11)

A 12

A (13)

A 14

A (15)

A 16

A (17)

A (18)

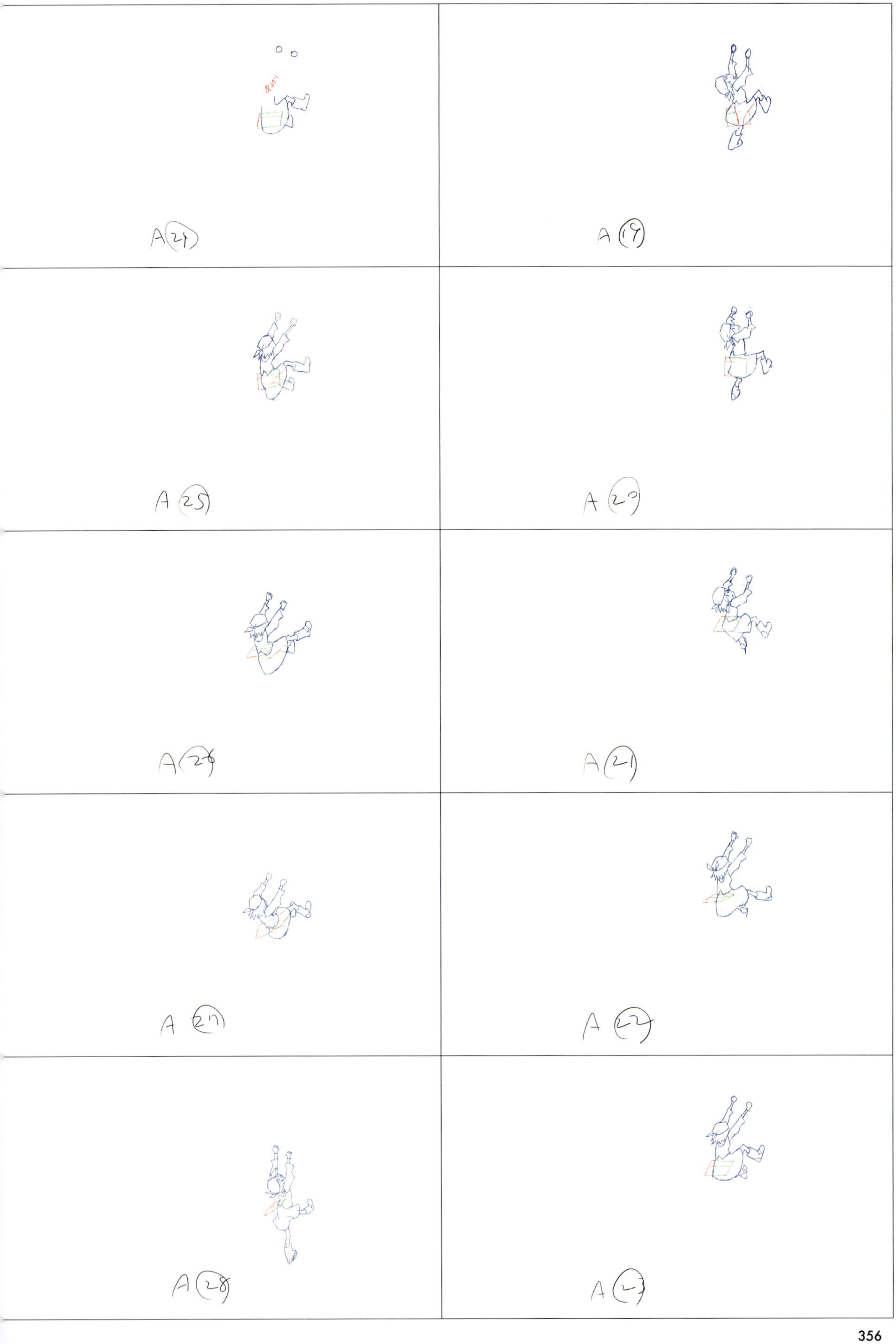
A 24
A 19
A 25
A 20
A 26
A 21
A 27
A 22
A 28
A 23

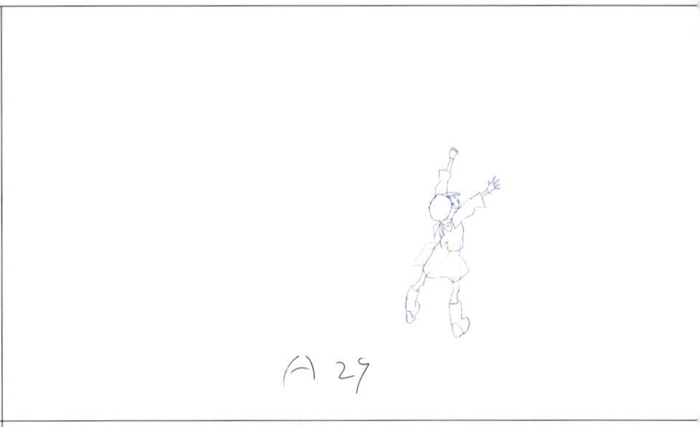
A 29

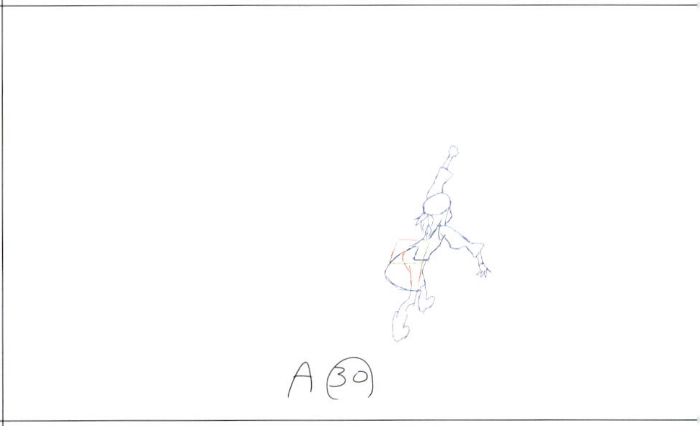
A ㉚

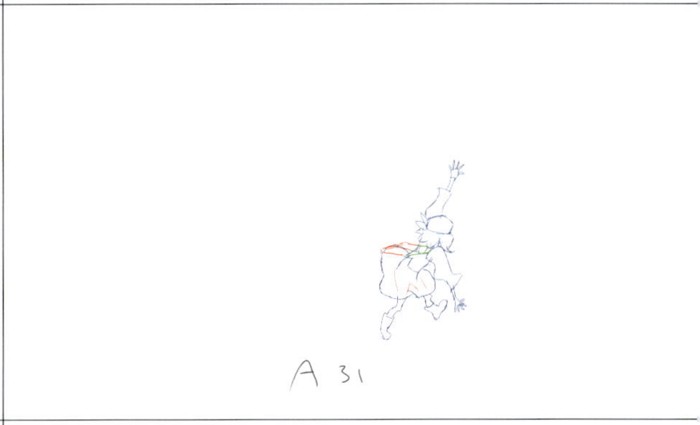
A 31

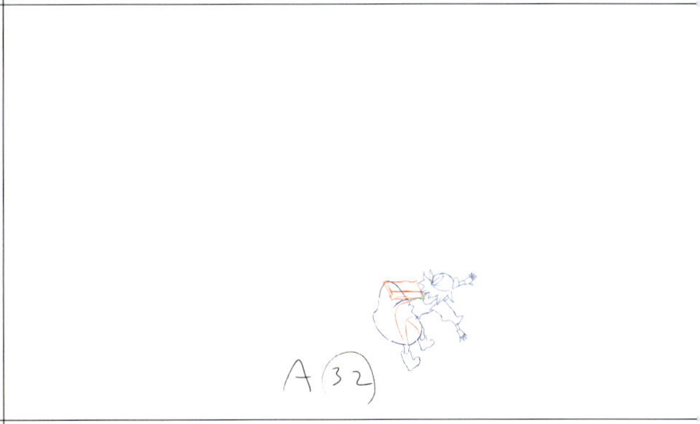
A ㉜

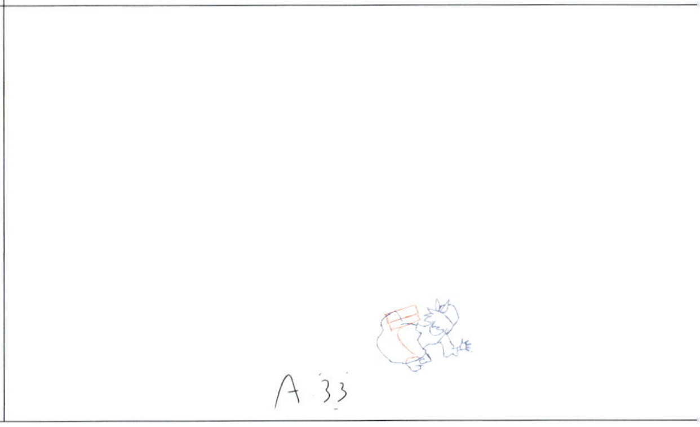
A 33

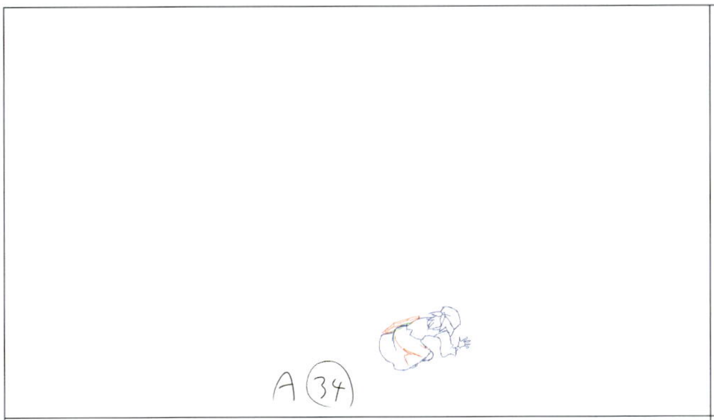
A ㉞

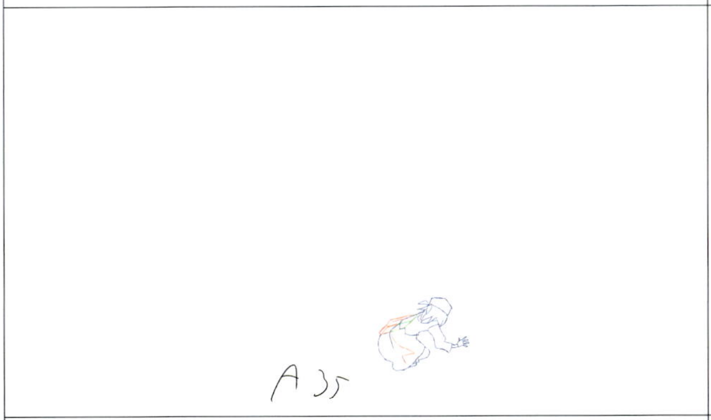
A 35

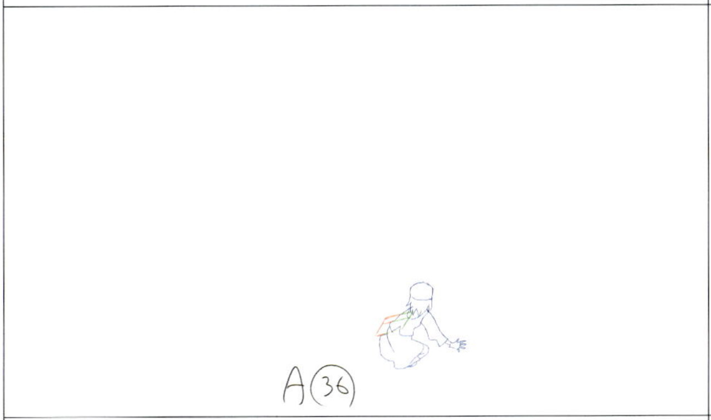
A ㊱

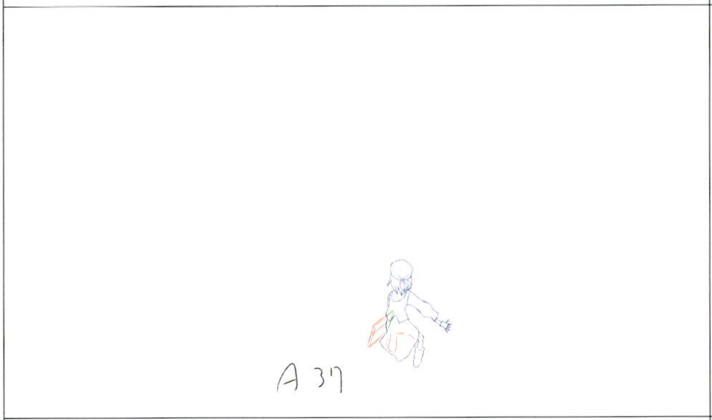
A 37

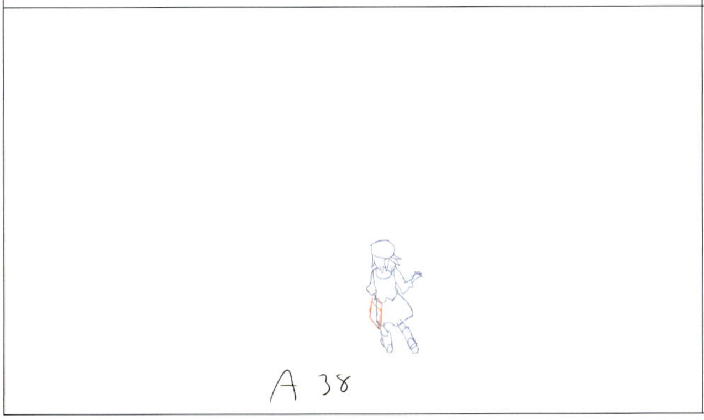
A 38

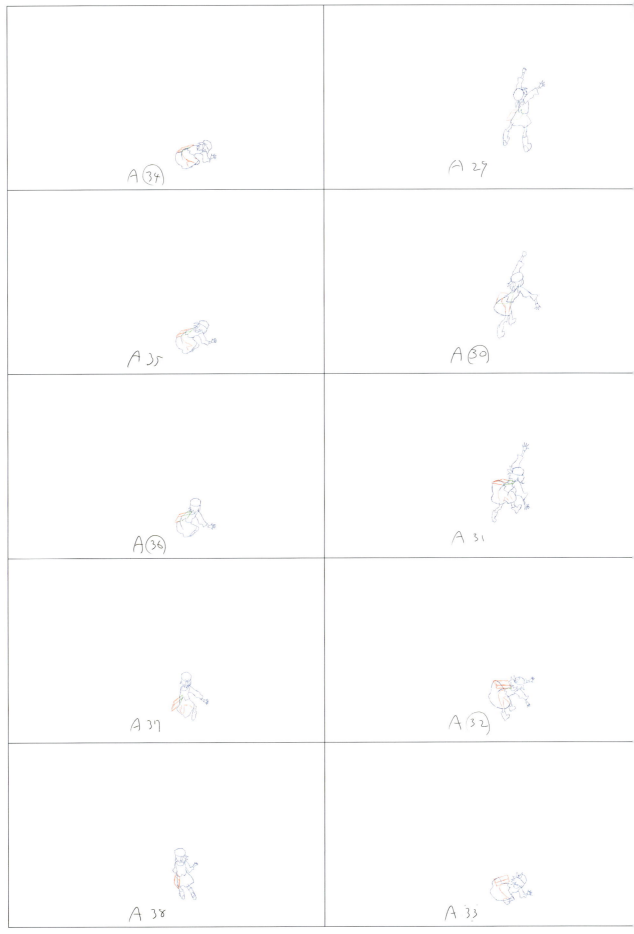

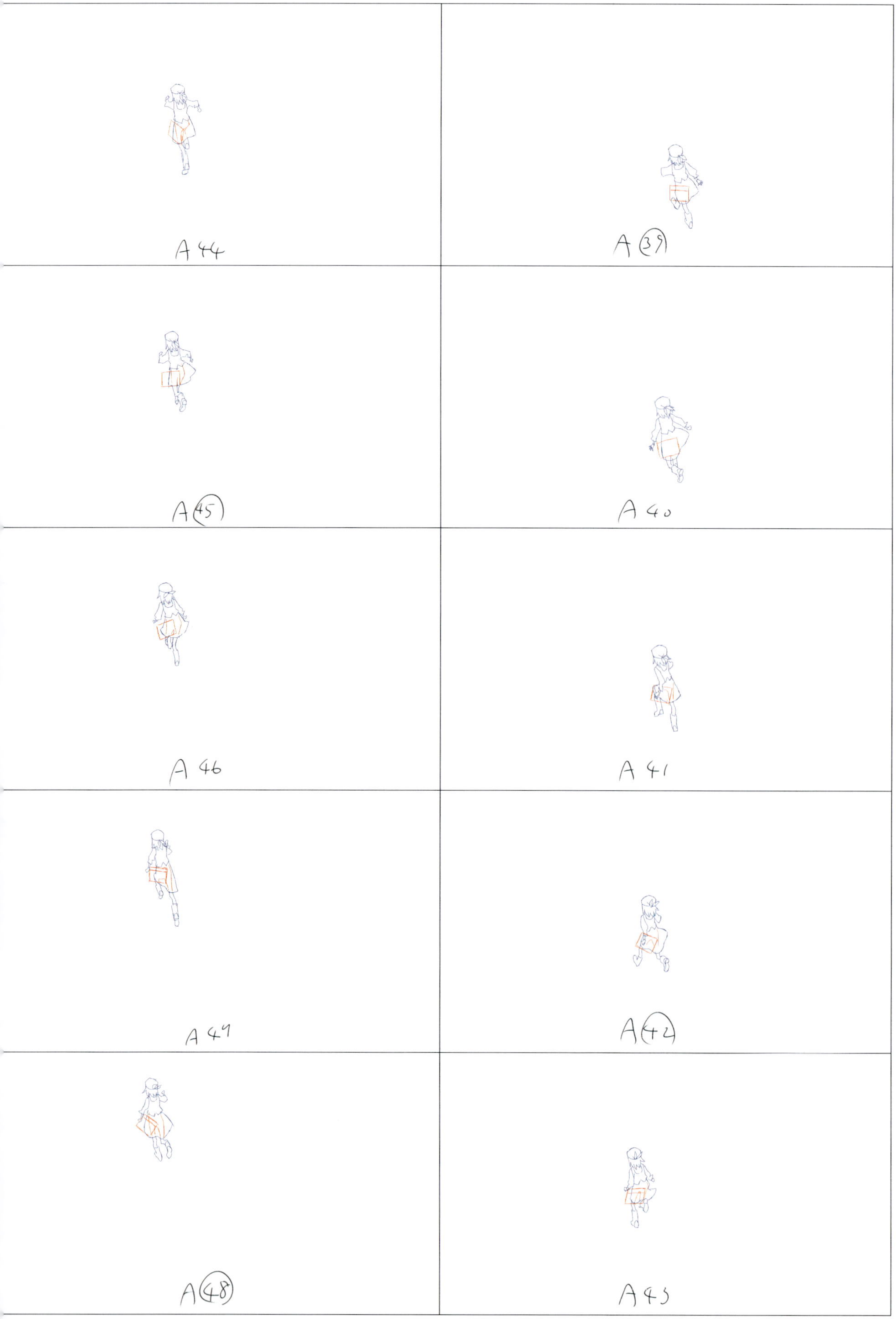
A 39
A 40
A 41
A 42
A 43
A 44
A 45
A 46
A 47
A 48

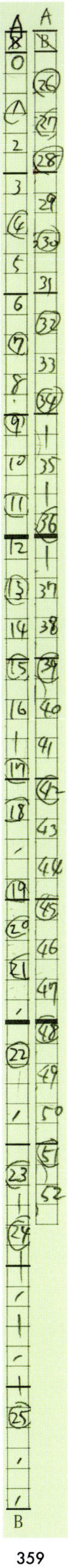

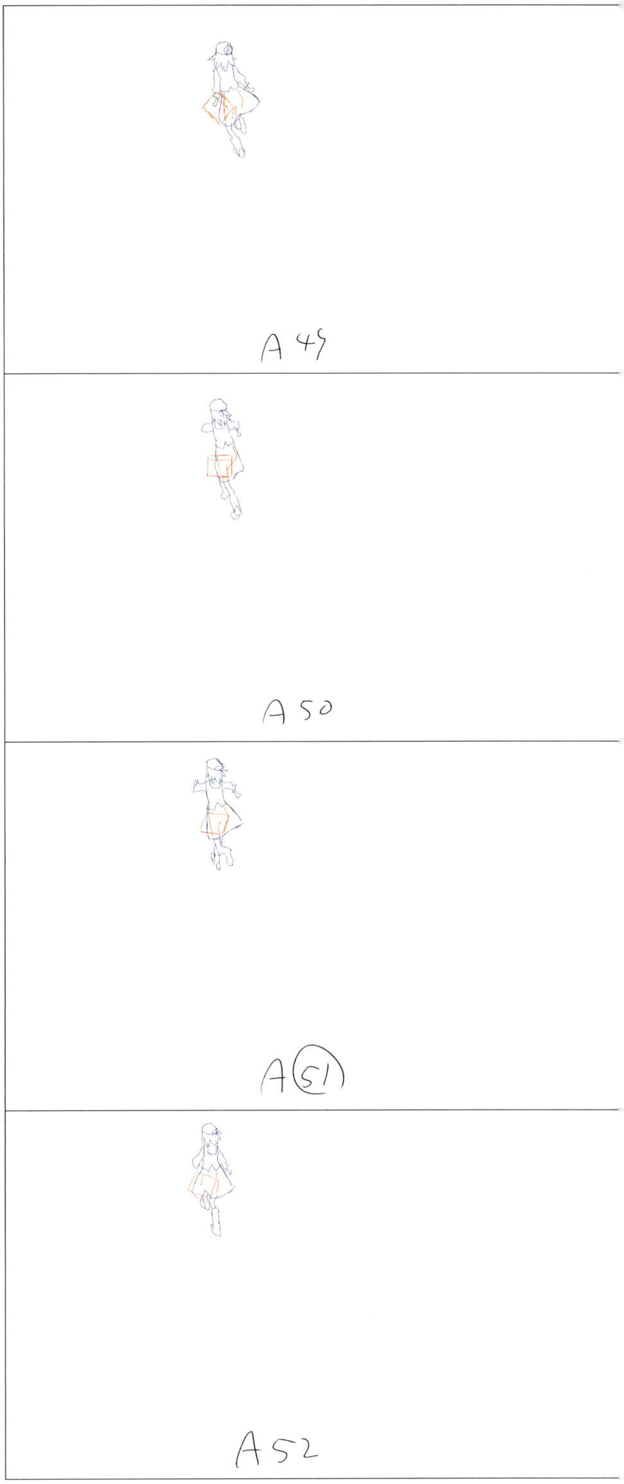
A 49
A 50
A 51
A 52

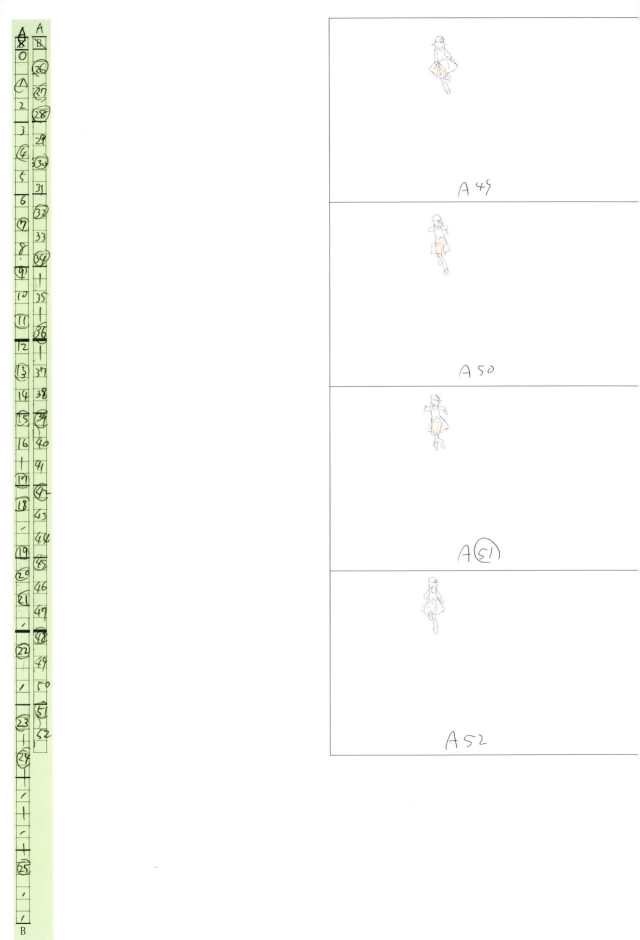

CUT 977

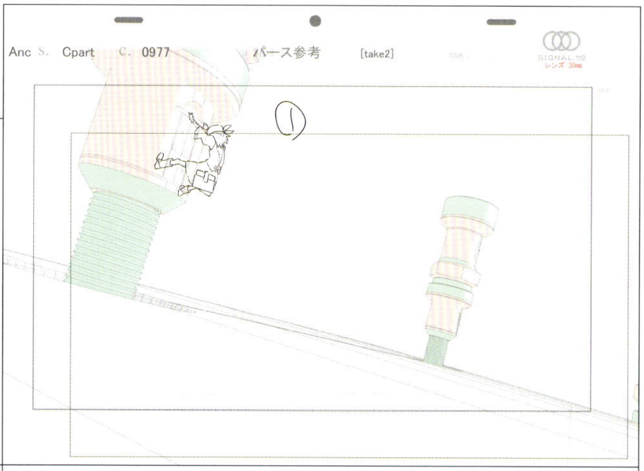

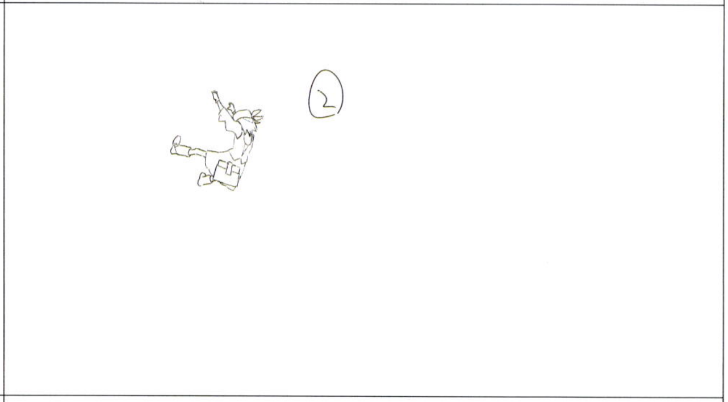

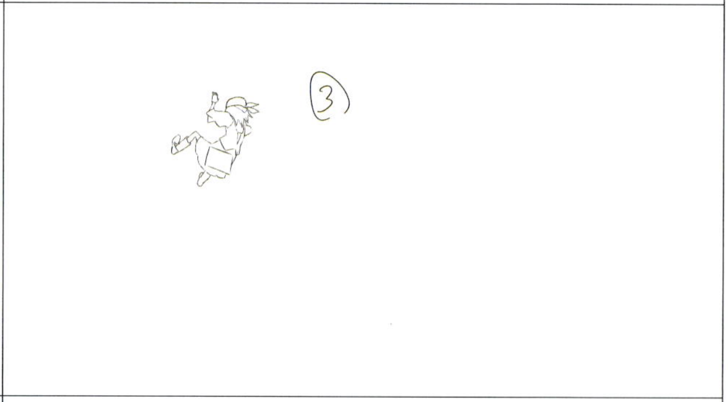

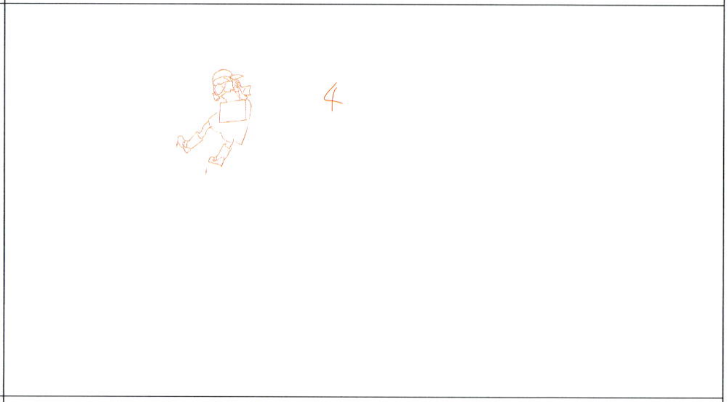

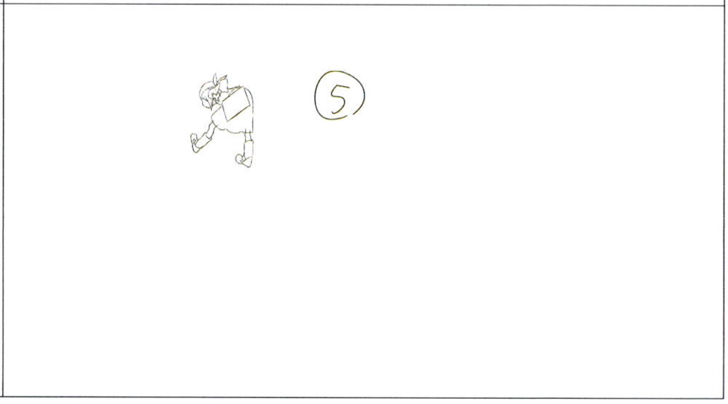

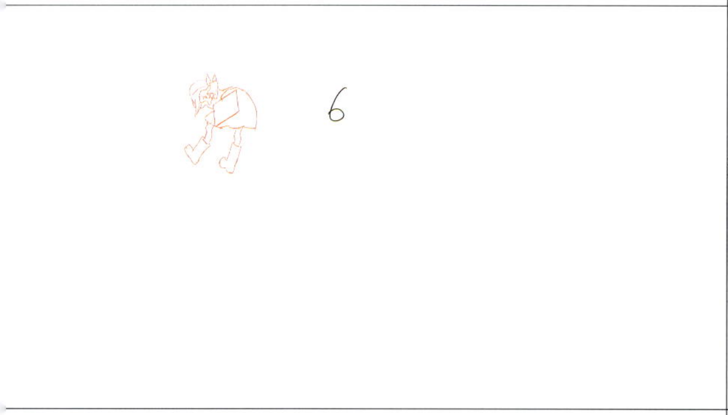

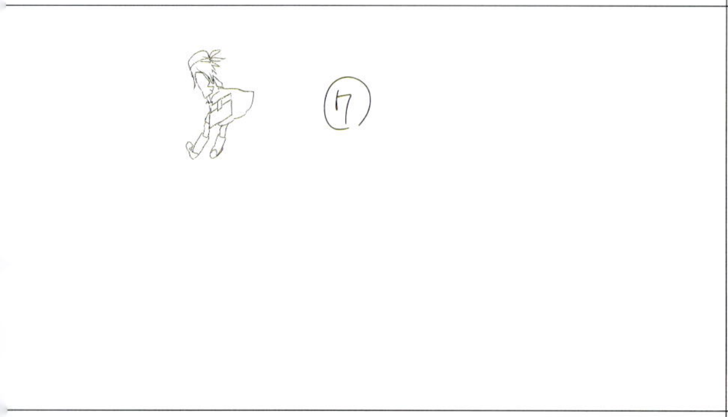

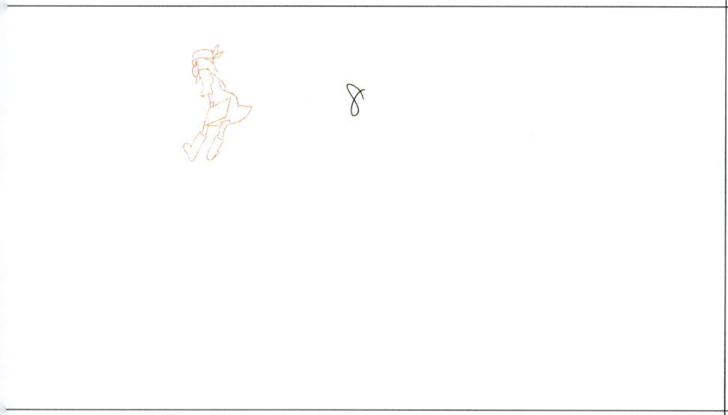

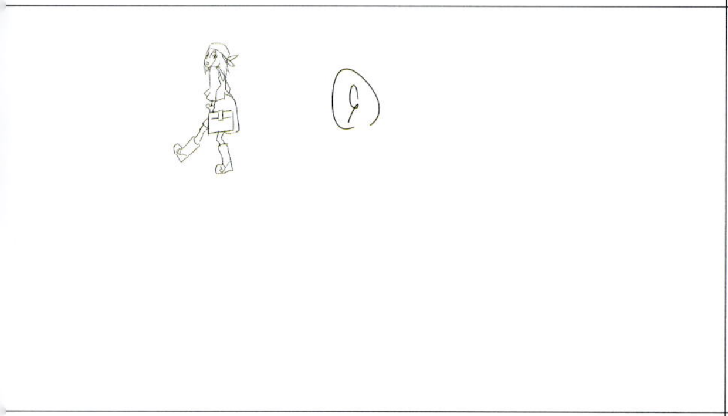

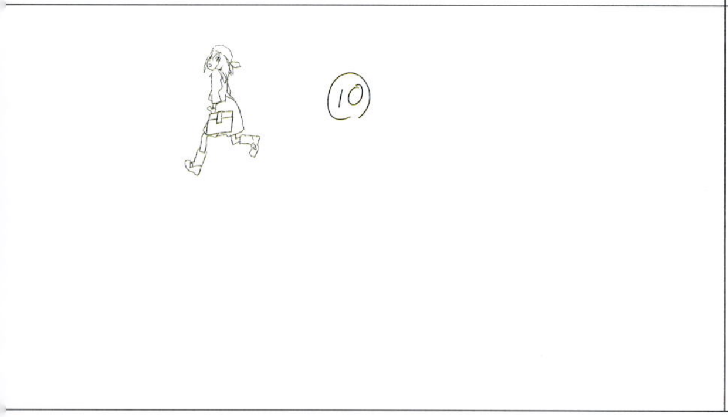

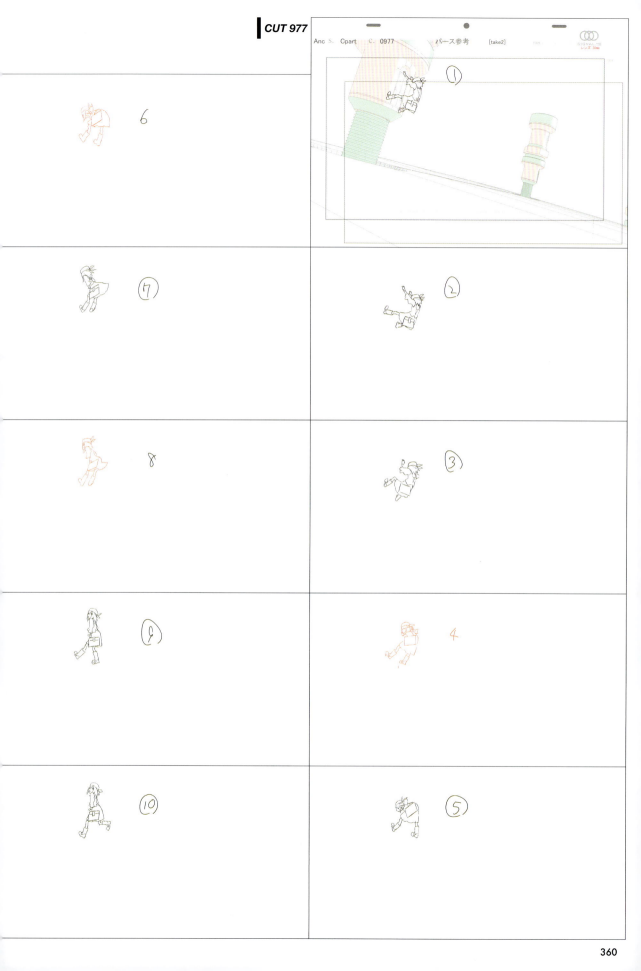

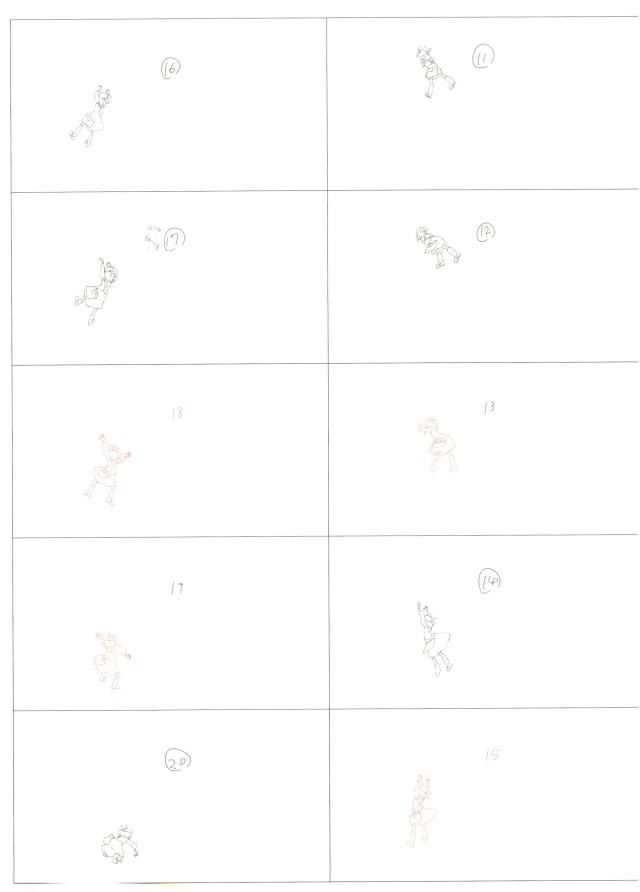

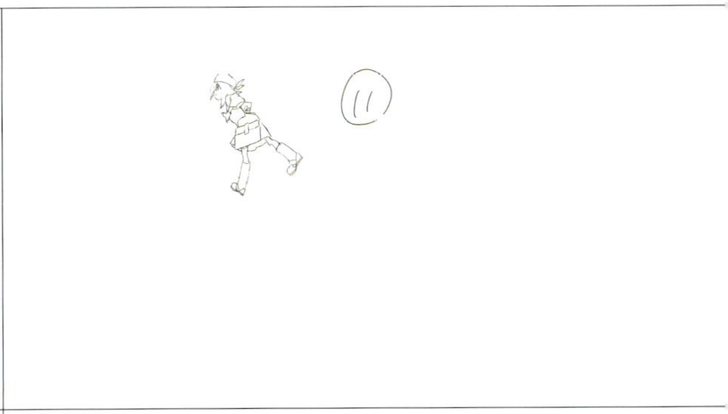
11

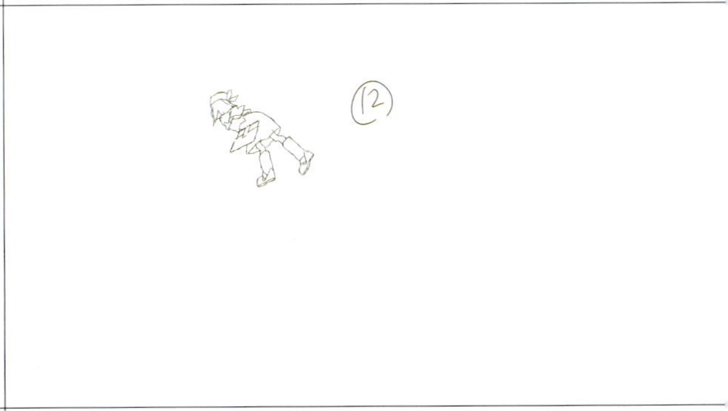
12

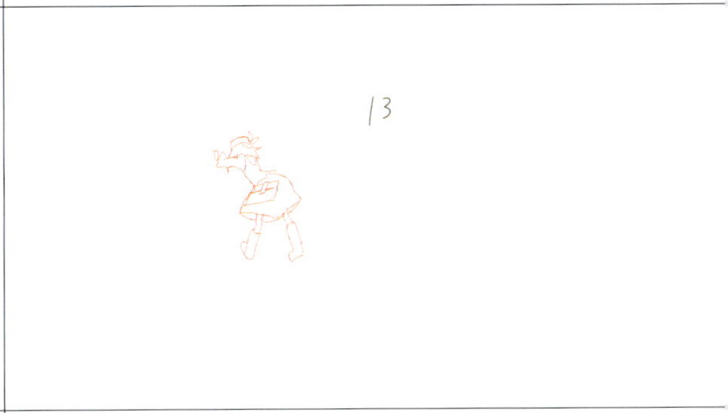
13

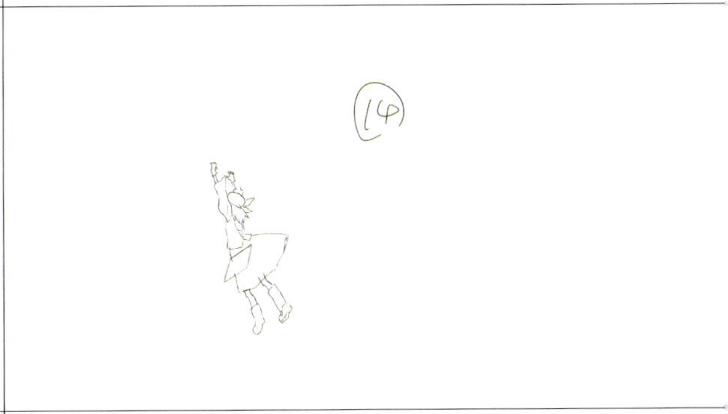
14

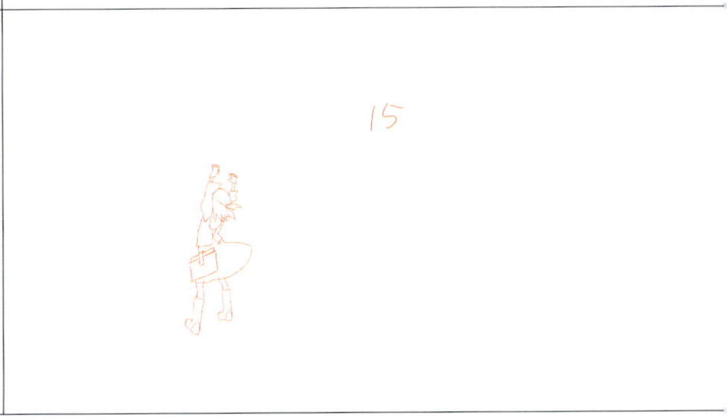
15

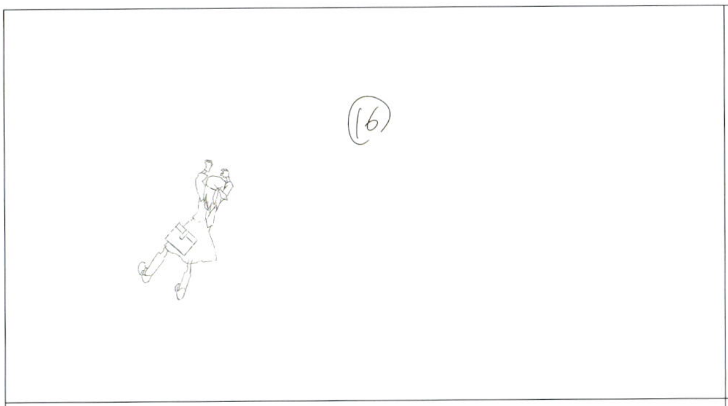
16

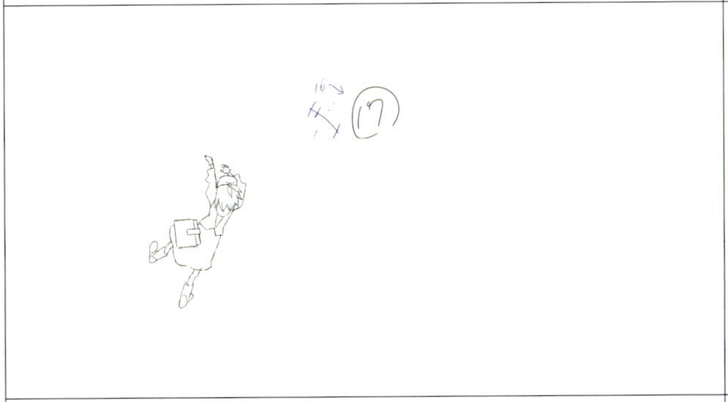
17

18

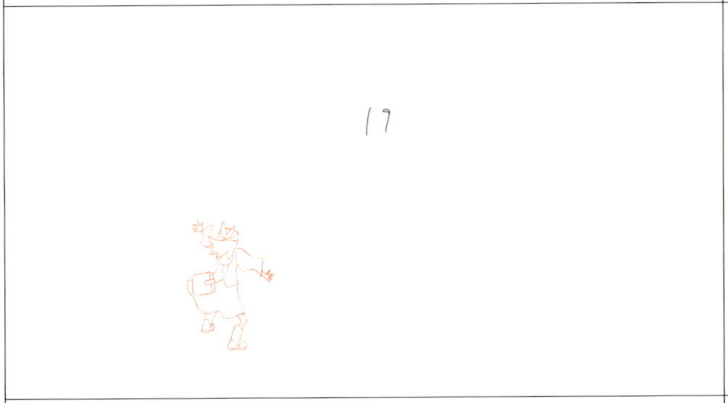
19

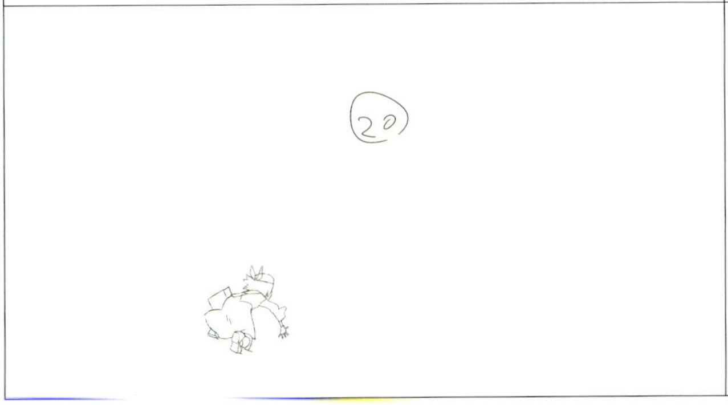
20

21
22
23
24
25
26
27
28
29
30

36
31
32
33
34
35

CUT 981

B
1
2
3
4
5
6
7
8
9
10
11
12
13
14
15
16
13
9
14
10
15
11
16
E
12

Anc S. Cpart C. 0986
All1_line
[take2]
SIGNAL
レンズ 30mm
Eye
1
2
3
4
5
6
7
8

9
10
11
12
13
14
15
16

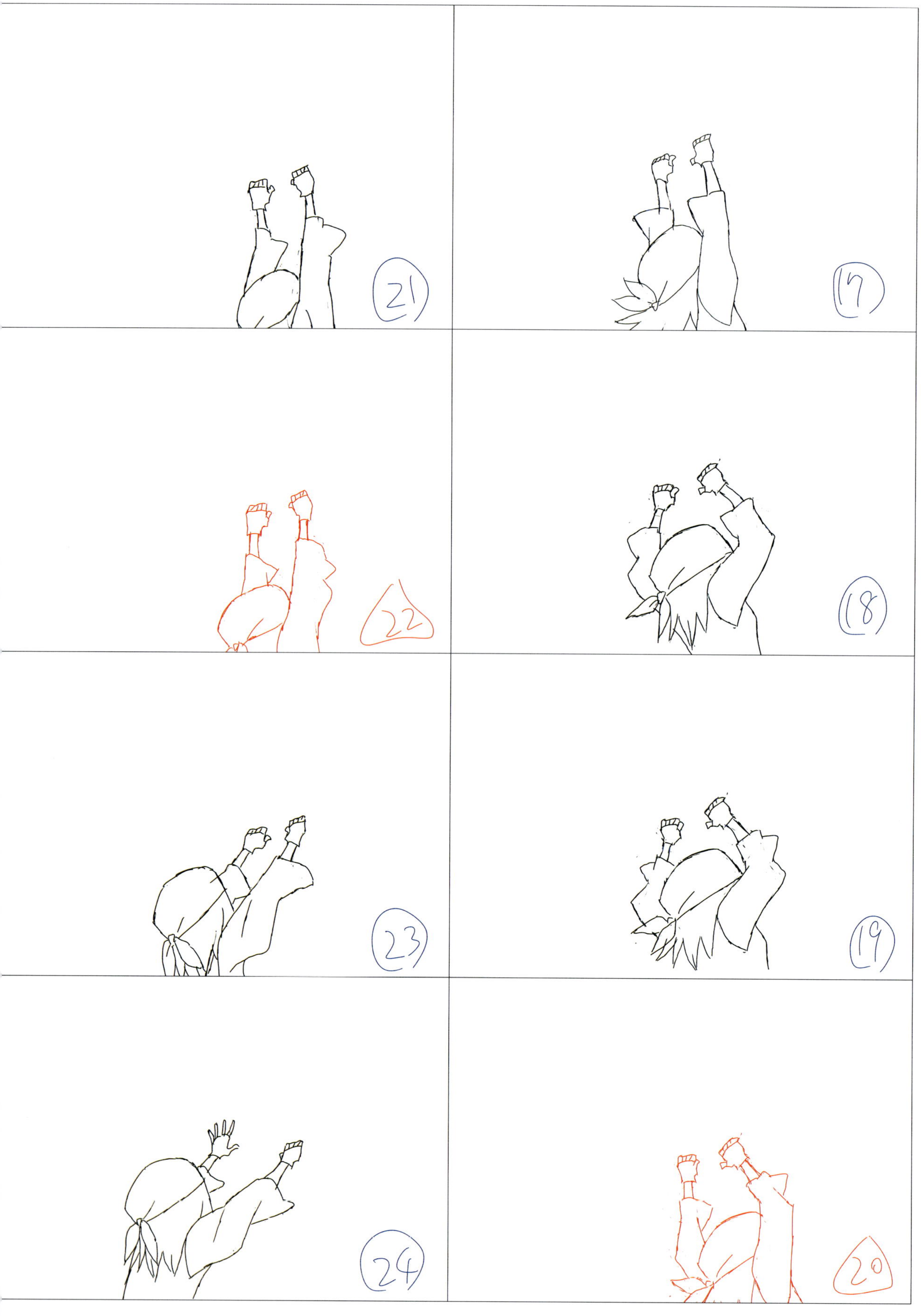
21
17
22
18
23
19
24
20

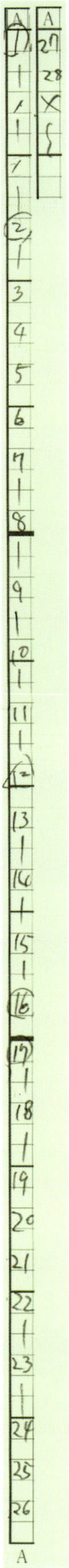
A
A
27
28
3
4
5
6
7
8
9
10
11
13
14
15
16
17
18
19
20
21
22
23
24
25
26
A

25
26
24
28

Anc S. Cpart C. 0988
All1_line
[take1]
SIGNAL.MD
レンズ 35mm
①
②
③
④
5
6
7
8

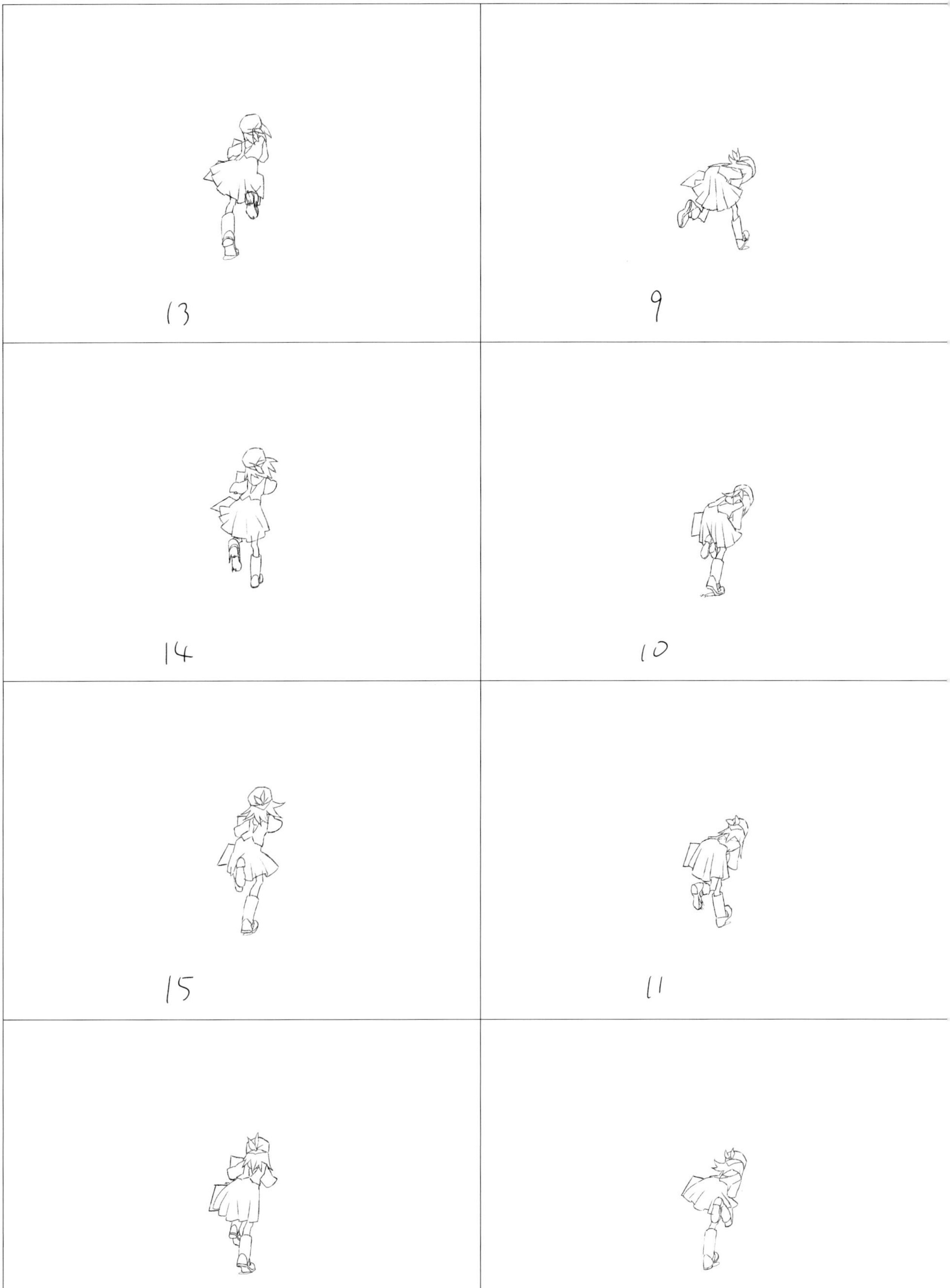
13
9
14
10
15
11
16
12

17

18

19

20

21

22-E

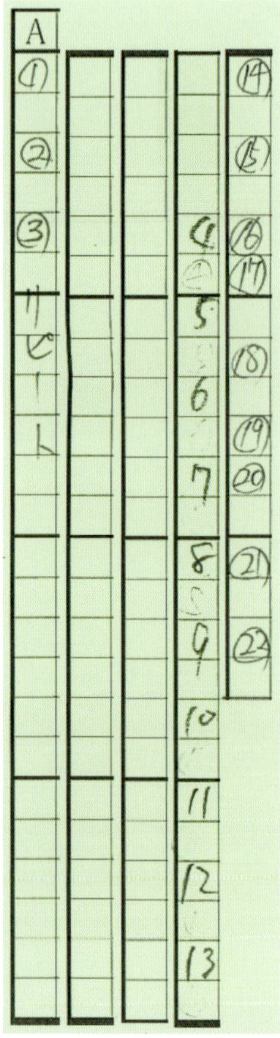
A
①
②
③
リピート
4
5
6
7
8
9
10
11
12
13
⑭
⑮
⑯
⑰
⑱
⑲
⑳
㉑
㉒

CUT 991

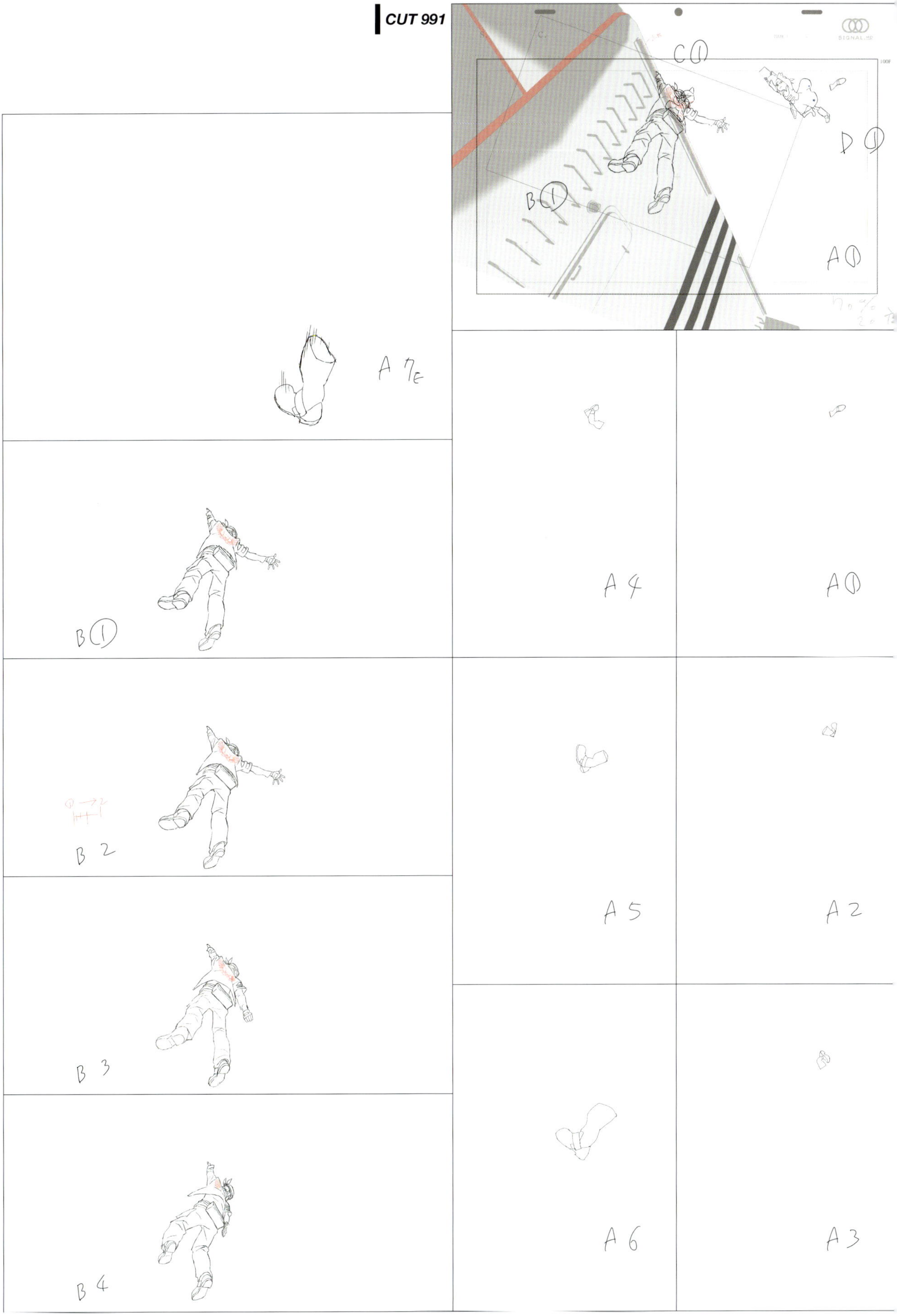

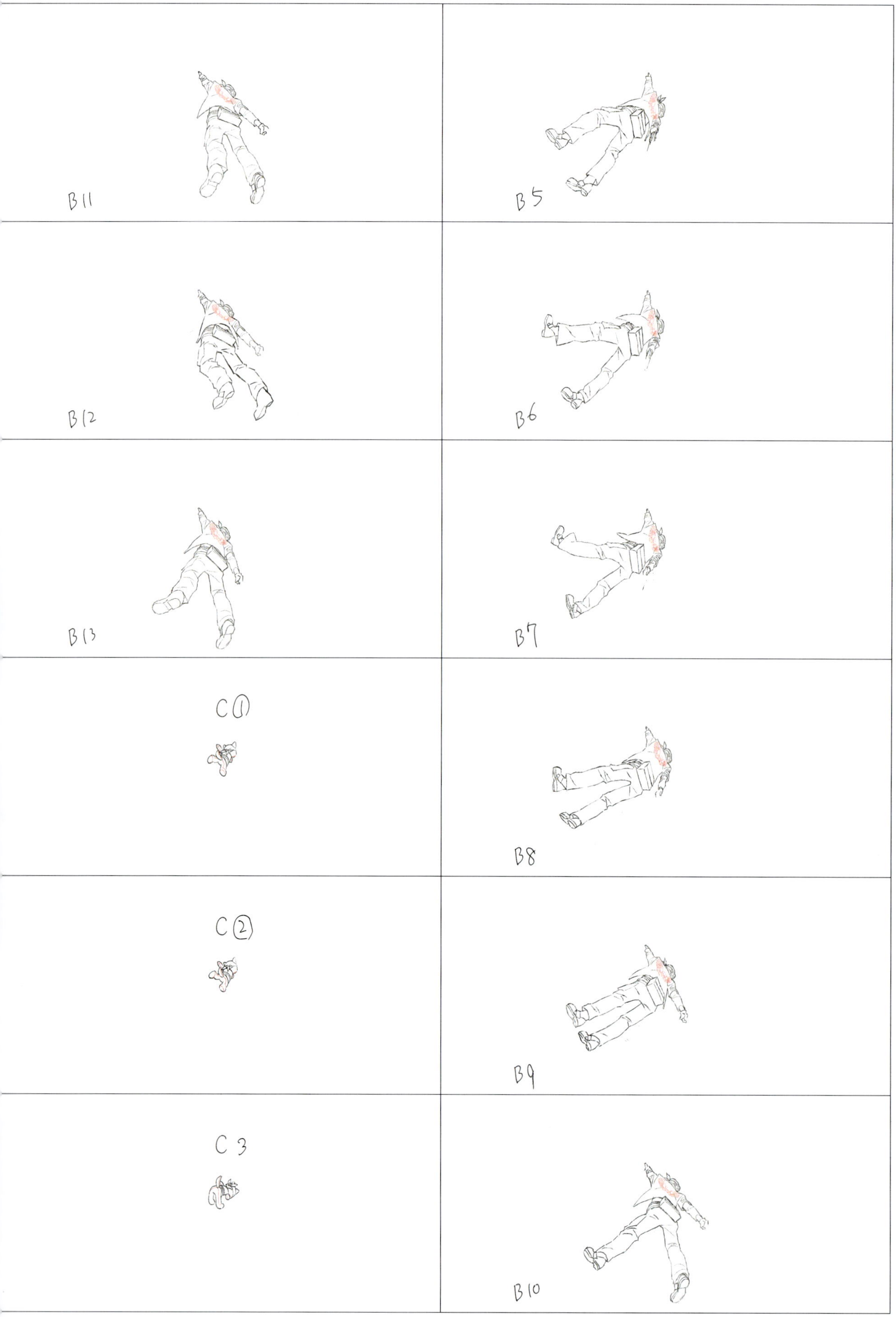
B5
B6
B7
B8
B9
B10
B11
B12
B13
C①
C②
C 3

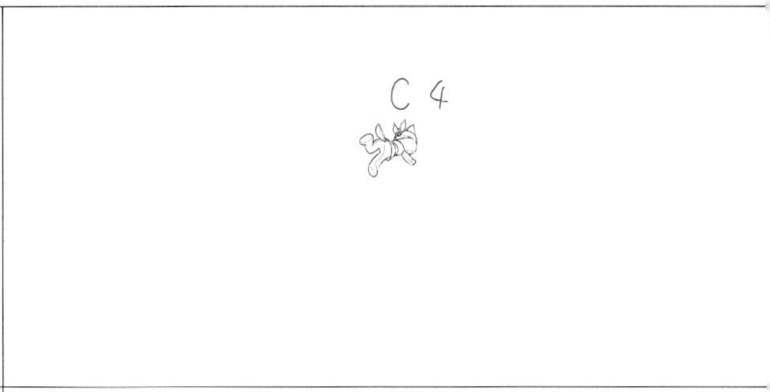
C 4

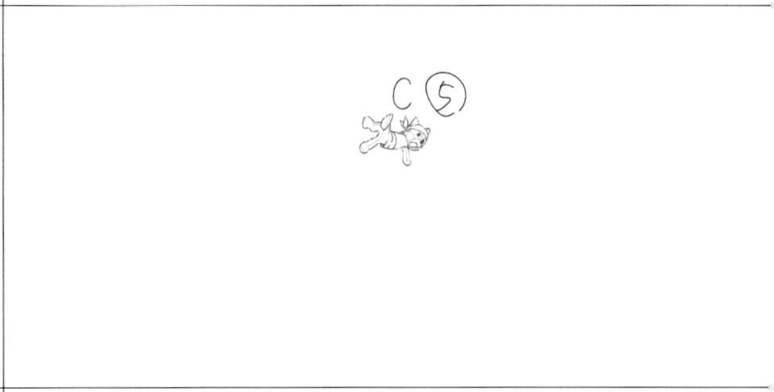
C ⑤

C ⑥

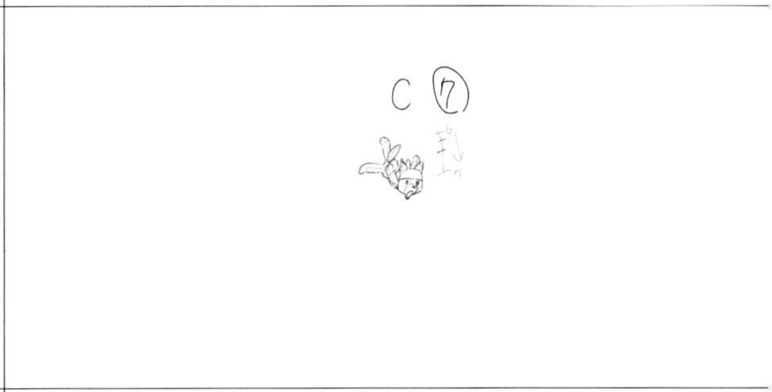
C ⑦

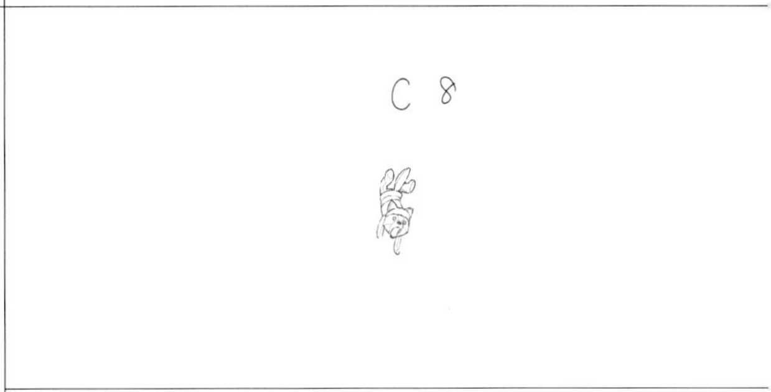
C 8

C ⑨

C ⑩

C ⑪

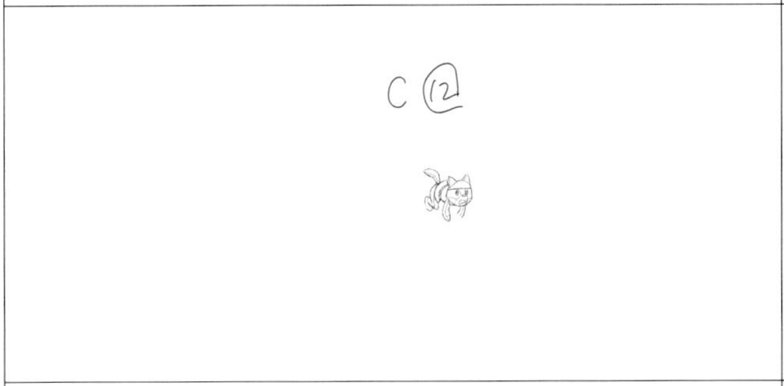
C ⑫

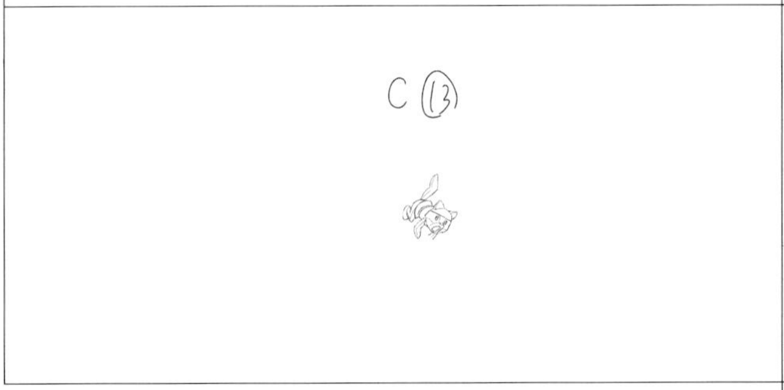
C ⑬

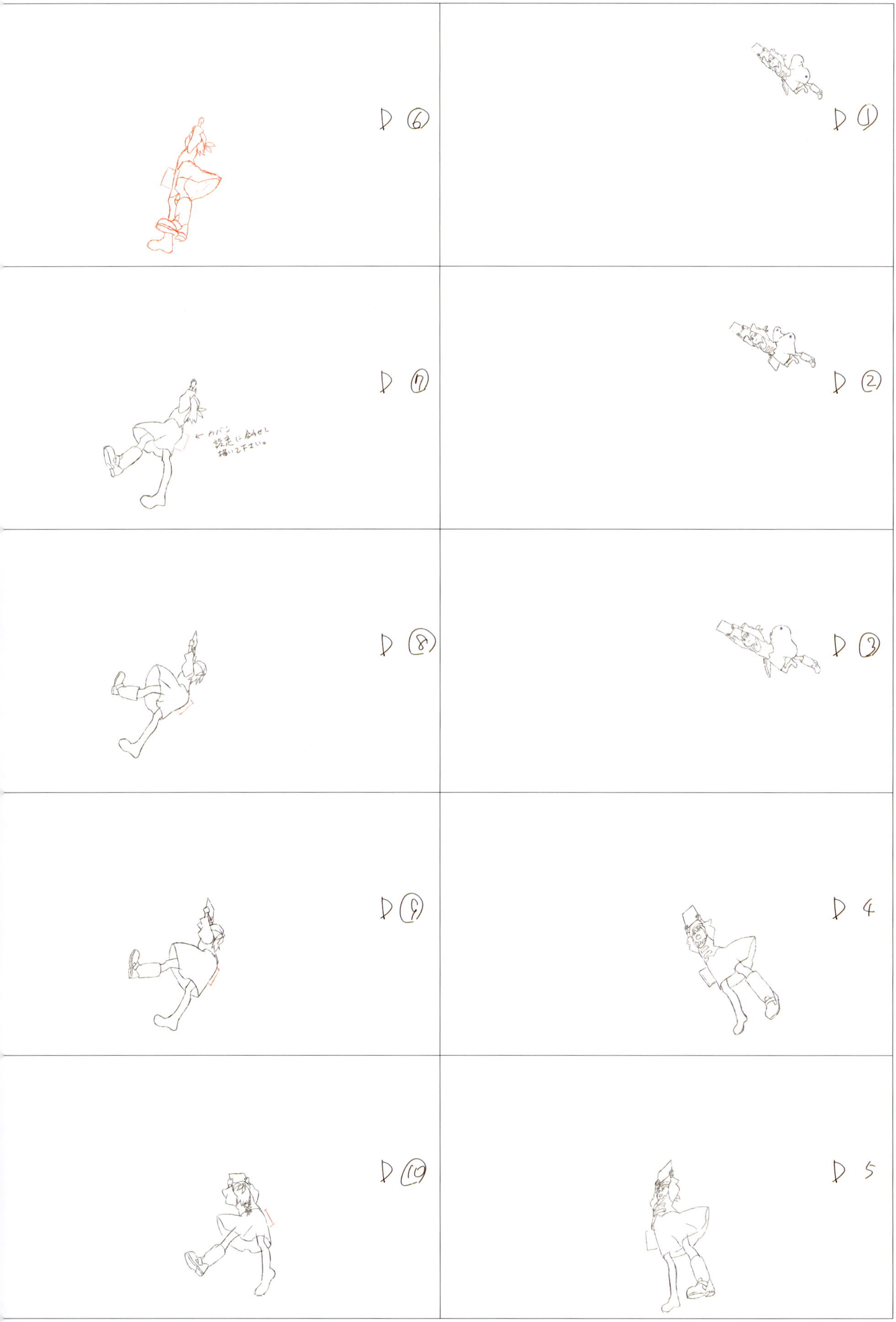
D ①
D ②
D ③
D 4
D 5
D ⑥
D ⑦
← カバン
設定に合わせて
描いて下さい。
D ⑧
D ⑨
D ⑩

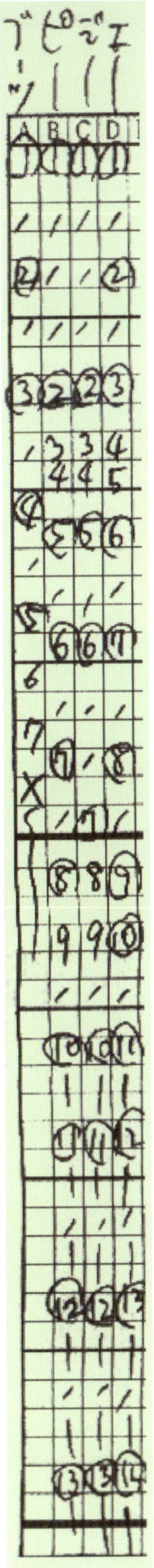

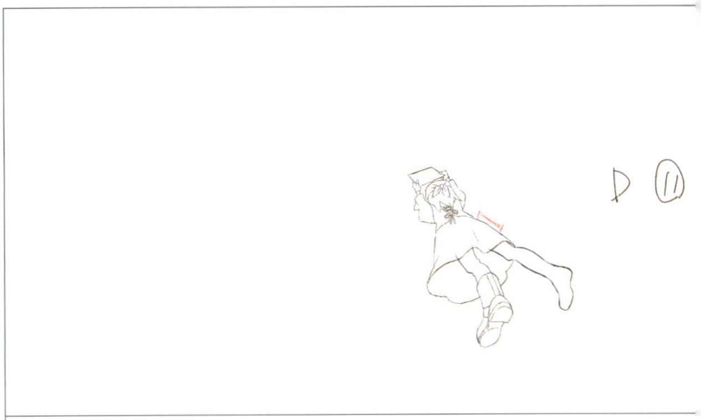

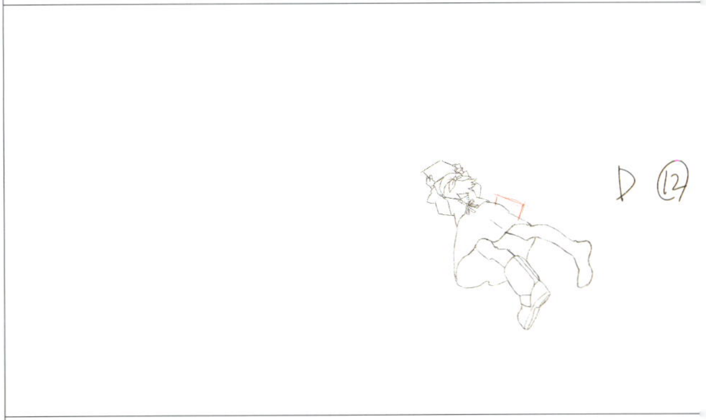

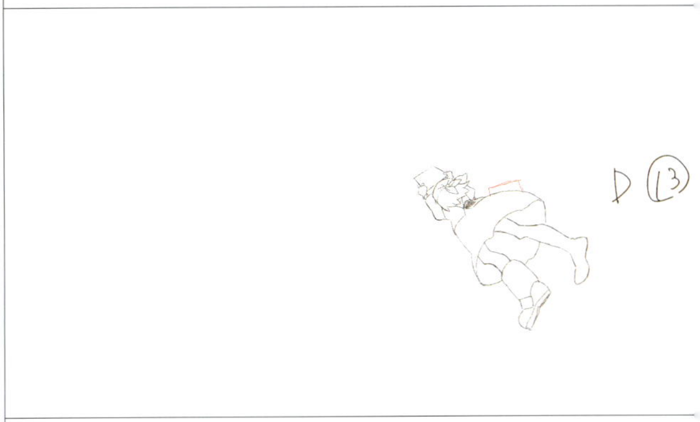

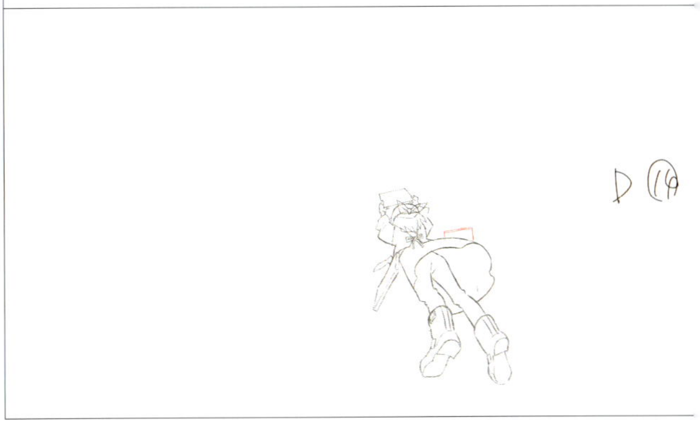

●映像ソフト

『ひるね姫 ~知らないワタシの物語~』の映像ソフトはBlu-ray スペシャル・エディション、Blu-ray スタンダード・エディション、DVD スタンダード・エディションが発売中。Blu-ray スペシャル・エディションには映像特典として、キャストのインタビュー、hulu オリジナル『エンシェンと魔法のタブレット ~もうひとつのひるね姫~』等を収録。特製ブックレット2冊が封入特典となっている。販売元：バップ

PROFILE

磯 光雄 *Mitsuo Iso*

アニメーター、アニメーション監督。1966年。愛知県出身。1980年代半ばからアニメーターとして活動をはじめ、スタジオ座円洞を経てフリーとなる。『機動戦士ガンダム0080 ポケットの中の戦争』（1989年／作画監督、原画）、『御先祖様万々歳！』（1989～1990年／原画）、『おもひでぽろぽろ』（1991年／原画）、『ユンカース・カム・ヒア』（1995年／原画）、『GHOST IN THE SHELL 攻殻機動隊』（1995年／銃器デザイン、原画）、『キル・ビル vol.1』（2003年／原画）等に参加。尖鋭的かつ独創的なその仕事は多くのクリエイターとファンに支持され、彼が生み出した新たな表現は後の作品に多大な影響を与えている。TVシリーズ及び劇場版『新世紀エヴァンゲリオン』（1995～1996年、1997年）もアニメーターとしての代表的な仕事のひとつで、TV シリーズでは設定、脚本も手がけた。『BLOOD THE LAST VAMPIRE』（2000年／原画、ビジュアルエフェクト）では自身の原画パートにおいて撮影と特殊効果も兼任。『ラーゼフォン』（2002年）ではシリーズを通じてデジタルワークスの役職で腕を振るい、第15話では脚本、絵コンテ、演出を担当。『電脳コイル』（2007年）では原作と監督を務めており、さらに全話の脚本を執筆した。

収録作品について
Author's Notes

▼▼▼『走れメロス』

──『走れメロス』のお仕事はかなり密度が高いですね。

磯　これはジブリを辞めた直後くらいの仕事だったと思います。それ以前から手足の重量感とか、体重移動とか、リアリティのある描写を頭の中で描いて、それを手で描き起こすみたいな描き方をしてたんですけど、コンテや作品自体がそういった作画を必要としてなかったり、なかなかやる機会がなかった。たまたま『走れメロス』では剣戟のシーンが来たので、ある程度はそういったことが実践できました。剣を鞘から抜いた瞬間に重量でガクッと下がるとか、細かいことをやっています。剣が落ちた時も草地だから、地面に当たって大きく跳ねないとか。この辺は直後のパートをやったうつのみや理さんにも褒めてもらいました（笑）。

──動きそのものに関してはいかがですか。

磯　全原画って繊細な部分があって、始めた当初から、滑らかな動きが上手くいかない部分もあったんです。この作品では意識して中割りを入れるようにしてました。軌道や方向性をかなり意識して、私の作画史上で最も滑らかな動きになってるかもしれません（笑）。

──特に上手くいったカットはありますか。

磯　メロスが胸元を斬られるカットとか上手くいってるかな。斬られた後に屈む動きの軌道とか。ボリュームを維持しながら、物体の縦横比や傾きを微妙にいじることによって滑らかに動いて見えるテクニックがありまして。これは3Dのアニメーターでも分かってる人と分かってない人がいて、すぐ見分けがつきますね。

演技も、他のパートと比べてもらえば分かるんですけど、この作品では当時流行していた『AKIRA』っぽい力んだ演技で、手足をバタバタと大きく動かすものが多かった。自分は『AKIRA』はやってないし、もっと自然な、体重移動とか、人体の構造を意識した演技にしたかった。この作品でこういう演技をやってたのは私のパートだけで、浮いてたんじゃないかな。

──磯さんは人の動きを動画撮影して、なぞって描いたりはしないんですか。

磯　最近はやってる人もいますけど、自分はやらない。自分の動きは身体と頭の中にあって、それを絵の形でダウンロードするというか。だからなぞるとその脳内回路が使えなくなって、多分分からなくなっちゃう。ただ、ロトスコープのアニメ作品をひたすらエンドレスで再生して観ていた時期がありました。同時にカートゥーンっぽい動きの作品もエンドレスで流して。カートゥーン的な誇張した動きと、リアルな重量感が脳内で混ざり合ってましたね。そういったものが自分の動きの起源の1つになってます。

──繰り返し観ることでどのような効果があるんですか。

磯　素振りと同じようなことだと思うんですけどね。素振りって一心不乱に反復することでいつの間にか身につくでしょ。自分は昭和世代なんでスポ根的な身体性をちょっと信じてるんですけど、面白いのは、Aを何度も反復してるとBもCもできるようになるという。映像についても同じような体験をして、ああ、絵を描くのもスポーツと同じ身体的な作業なのかなって。同じ動きを繰り返し観てると、実写とか現実に目撃した動きからも別な動きが見え始めるみたいな。

──観察眼が磨かれるということですか。

磯　まあそういうことかもしれないけど、若い頃に斜め上の分野で似た話を読んで。空海がやってた修行で「虚空蔵求聞持法」ってあるんですけどね、同じ経文を100万回読むと、それ以外の何を見ても暗記できるようになるという（笑）。これを最初に読んだ時、ああこれ素振りだなと。何度も同じものを反復してると、その反復した以外のものもいつの間にか身についてくるみたいな。

まあソースは「月刊ムー」なんですけど（笑）、人間の脳にはそういう分かってない機能があって、アスリートや絵描きといった身体性の前線にいる人しか体験してないんじゃないかと思うわけですよ。脳科学方面の学者さんにこの話したら、超ウケてましたけど（笑）。

▼▼▼『新世紀エヴァンゲリオン』

──『新世紀エヴァンゲリオン』に参加した経緯は。

磯　何かのきっかけで庵野秀明監督から声をかけられて、当時吉祥寺にあったガイナックスでお会いしたのが初対面でした。そこで初めて企画書を見て、貞本義行さんの絵もすごいインパクトで。隣で本田雄が『おたくのビデオ』最終話の作画をやってたので、制作の数年前ですね。

──監督の印象はいかがでしたか。

磯　もちろんアニメーターとしては『マクロス』から知ってましたが、当時「逆襲のシャア友の会」って同人誌を出してて、これが面白かった。いつもネタに悩んでて、打ち合わせで質問した時もね、しばらく虚空を見つめて、ぱっと「こうしてください」と断言するんですね。ああ、これは脳内の世界観を現実と同じように捉えてる人だなと思って。自分もそうなので、こういうタイプの人の脳内をアニメ化する仕事って、アニメーターとしては一番楽しいんですよ。これは手伝わなくてはと思いました。当時は大ヒットするなんて誰も思ってなかったし、監督もちょっと弱気で。その時監督が「弱いからこそ戦えるんだ」みたいなことを言ってて。最近よくその言葉を思い出しますね。

──作画としては1話の原画からの参加ですね。

磯　最初は2話を、という話だった気がしますが、絵コンテを見て「1話のここをやりたい」と言ってやることになったんですが、そこは吉成曜君がやる予定だったと後で聞きました。1話はレイアウトは全部やったんですけど、原画を数カットやりきれなくて、実は当時まだジブリにいた吉田健一と笹木晋作に手伝ってもらいました。

──作画に関しては「こういった方向で描いてほしい」という指示があったんですか。

磯　比較的自由にやらせてもらってましたけど、爆発だけ、丸いのにしてくれと言われて。多分『伝説巨神イデオン』みたいにしたかったんですね。「磯爆発というものがありまして……」とは言わずに「分かりました！」と（笑）。私はできるだけ監督の脳内映像に近づけたいと思ってたんで。

ミサトの自動車が使徒に踏まれそうになるカットで、使徒の足が道路を踏み抜くのは、絵コンテになかったのを付け足してますね。このずっと前に、宮崎駿監督が講演で「ガンダムの足が地面に食い込まないのはおかしい！」と言っていたのが印象に残ってて。その後の劇場版でも、ジオフロントでなぜエヴァの足が沈まないのか設定まで考えました（笑）。

──『エヴァ』は3コマ作画が印象的です。19話で初号機が使徒を食べるアップも、3コマですね。

磯　この頃は3コマが究極の作画だと思ってて、「フル3コマ」という造語を作ったほどです。技術論で言えば、中割りを増やして1コマにするなんて誰でもできるけど、3コマでも全原画で精神を研ぎ澄ませて描けば、フルアニメーションはできるはずだと。それは枚数が多ければいいんだという当時の常識に対する反抗で、パンクの精神でやっていたわけです。ただ、今観るともうちょっと中割りを入れたほうがよかったかな（笑）。

――19話、21話はどうですか。

磯 19話はコンテからアングルやカット割りをちょっと変えてますね。この場所にいてこの出来事に遭遇したら、こういうスケール感じゃないとおかしいだろと思って。T光で見えませんが、21話は、設定では男性だった巨人の手を、女性の手で描いたのを覚えてます。

『エヴァ』の後半はずっと『GHOST IN THE SHELL／攻殻機動隊』との掛け持ちで、確か『エヴァ』脚本時は『攻殻』の銃器設定、『エヴァ』原画時は『攻殻』の原画と丸かぶりで、どっちも命を削る仕事なんで10キロ以上痩せましたよ（笑）。脚本回までは『攻殻』はほったらかしで『エヴァ』をやってたので、後半は『攻殻』の作業を優先しないとならず、ほとんど関われず心残りでした。

▼▼▼『PERFECT BLUE』

――『PERFECT BLUE』ではレイアウト段階で降板されたんですね。

磯 今 敏監督からやってほしいと言われて参加したんですが、監督に全修正され、その後作画監督の濱州英喜さんにも全修正され。お二人の絵はどちらも素晴らしいんですが、微妙に違っていてどちらに合わせるかの判断も難しいし、動きを作るまでの作業が遠くて、これはお役には立てそうにないな……と思って降板しました。作品は素晴らしかったんですが、自分には向いてなかったですね。

▼▼▼『BLOOD THE LAST VAMPIRE』

――『BLOOD THE LAST VAMPIRE』では撮影もおやりですよね。これは最初から作画以外の部分もやるという仕事として受けたんですか。

磯 そうです。最初からAfter Effects（ＡＥ）を使う絵作りを前提にしてました。ただ、当時のスタッフはＡＥどころか、パソコンを触ったことがない人もいて。それに社内のパソコンが全部Ｍａｃでちょっと困りました。

――『BLOOD』までは磯さん自身もそんなにパソコンを触っていなかったんですか。

磯 いやいや、Windowsは使っていました。というかPC-8001から使ってました。中学生ぐらいの時にマシン語を覚えて、その後アクションレコーダーを自作したりしましたけど、ただこの時はPhotoshop（PS）は触ったことがあるだけで、パソコンで絵を描いたことはなかった。ＡＥは一度も使ったことはなかったですね。

――本編の前にパイロットフィルムに参加されているんですよね。

磯 主に作画で参加しました。北久保監督の了解を取ってコンテにないカットも盛り込んだりしてましたね。一番力作だったのは怪物が鎖を登るカットなんですが、残念ながら、今回は原画が見つかりませんでした。

――磯さんはパイロットフィルムでも撮影をしているんですか。

磯 いや、パイロットの時はＡＥを触ってみたくらいの感じです。ただ本編では撮影もする予定だったので、パイロットもＡＥを使う前提で作画してました。例えば、後でＡＥでパースを付ける予定で航空機のプロペラを平面で描いたり、カメラの手ブレを直接つけたり……ただ、まだＡＥは使えなかったので、手ブレをわざわざＰＳで一枚ずつ付けていたような記憶があります。

――作品全体として、目指す方向性はどのように決まっていったのですか。

磯 監督もスタッフも、そもそも何をすべきなのか自体を手探りしながらやっていた。ただ、事前に北久保弘之監督と画面設計の江面久さんが色や光を中心に色々試してて、そこを投錨点にしていた。例えば、金網の手前を歩くキャラクターをフォローで撮ってるカットがあったんですが、ＢＯＫの金網をマスクにして日光のフレアをチカチカさせるだけで、それまでのアニメにない新しい映像になっていた。今は一般的な手法なんですが、当時はこういう処理は見たことなかった。

――レイアウトに色を付けてテストした行程が残ってますよね。

磯 レイアウトが揃った段階で、中核のスタッフに監督が「各シーンに必ずひとつ撮影のアイデアを入れてプランを出してくれ」と言って、江面さんが先行して進めていたテストを出発点に、各自研究してシーン設計を構築していきました。絵コンテもそういう想定で描かれてましたしね。この時のメンバーには私、ねこまたや、亀井幹太といった作画と撮影両方できる人と、彩色からも数名が参加してました。

ＣＧ自体は、業界的にもすでに一部で使ってましたが、テクスチャを貼る程度でね。３Ｄを取り入れた作品にも参加してましたが全然うまくいってなくて、こちらのほうがずっとイケている感じがしましたね。テスト映像の段階で凄くいい感じで、監督の目論見が上手くいってると思いました。

――撮影で磯さんは、例えばどんなことをおやりになったんですか。

磯 最初は画面動ですね。『００８０（機動戦士ガンダム００８０ ポケットの中の戦争）』の頃から手持ちカメラ風に画面を揺らしてまして、本当は眼球の動きなんだけど、イメージ自体は前から頭の中にあった。でも当時手ブレをやるには、鉛筆でＰＡＮ目盛りを書くしかなくて、上手くいってるかどうか確認もできないし、撮影スケジュールがなくなると「無理です」と断られたり。でも自分で撮るなら指示の手間も減って気を使わなくていい。画面動に限らず、それまで手が届かなかった痒いところに手が届いて、ＡＥも慣れたら使いやすくて「これだ！」という手応えでした。

――カメラワーク以外だとどんなことをされたんでしょうか。

磯 他の人があまりやらなかった、手描き素材を多用する方向を主に掘り下げました。まずは特効。モンスターの体の表面に特効を入れて、パーツに分けて動きに合わせて動かしたりしてます。ただこれは画面が暗すぎて殆ど見えないんですよ（笑）。

他にも例えば、煙を鉛筆を寝かせて描いて自分で撮影したり、メラメラと燃えている火も特効で、全部デジタルで手描きしました。その上から方向ブラーという効果を入れるんですけど、方向ブラーって全体に同じ方向にしかかけられないんですよ。それで、ブラーをかけたい方向ごとに塗り分けた素材を作画して、それをマスクにして曲がったブラーをかけたりしていました。そうした素材を組み合わせて作ったのがドラム缶が爆発するカットです。あのカットはドラム缶も自分で描いて、スキャンして塗って、特効して撮影してたような気がします。

――自主制作のように1人で作業が進められるわけですね。

磯 それこそが最大のメリットだなと思いましたね。江面さんのフォーマットは従来のアニメに一行程増やす技術なんですが、私は「減らせるぞ」って思ったんです。そ

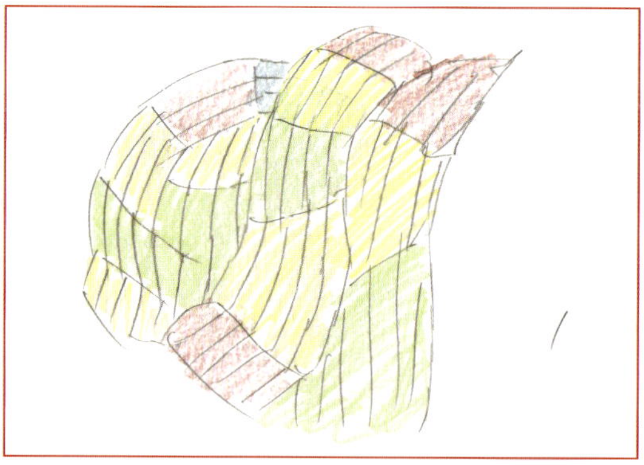

ブラーをかけるための手描き素材

れは今のデジタル作画でも同じことが言えて、デジタル化で最もメリットがあるのは少人数による制作なんですよね。この考えは『BLOOD』の時から変わってないです。

ただ現行の制作行程と相容れない部分があって、これは後に問題になるんですが、原画マンが撮影までやると、演出作監がチェックできないんですよ。従来ならタイムシートの撮影指示でチェックできますが、この場合は撮影しないと結果が分からない。

――撮影が終わってからチェックをするのではだめなんですか。

磯　自分で権限を持ってやるならいいんですが、『電脳コイル』でも、私が個人制作してたカットが、総作監の井上俊之さんから「俺がチェックしていないカットが撮影終わってんだけど、どういうこと」って怒られて（笑）。事前に合意を取れる体制でやらないと問題が起こるし、予算的な面でもそういう前提がないとできない。

――『BLOOD』では撮影のチェックはどうしていたんですか。

磯　そのためにレイアウトのテストで一度チェックしたわけですね。色味とか処理の合わせもそこでやったわけですが、最終的なチェックはやはり撮影しないと難しい。今は技術が出揃っているので、もっと最初から決め込んでやれますが、当時はこういうのも手探りでした。そういう意味でも黎明期の、未知の世界に踏み込んでいる感じがあって、本当にワクワクする作品でした。「こういうものをやりたくて俺はアニメをやってるんだ」と思いましたよ。

――『BLOOD』の経験は磯さんにとっての革命だった？

磯　新大陸だと思いましたよ。「もう未発見の大陸は残ってないな」と酒場でくすぶってた大航海時代の船乗りが、「大陸まだあったのか！」みたいな感じです（笑）。最初は相談しながらやっていたけど、やり方を覚えた本編からは1人で独自技術を開発して、その後『ラーゼフォン』でデジタルワークスに発展させた頃には、また違った体系になっていたと思います。

――作画についてはいかがでしたか。

磯　作画的にもやりたいことが沢山ありました。振り向いた時に小夜のおさげがちょっと遅れてバタっとなる。それで髪の重さを出したいとか。あと日本人とアメリカ人で動作に違いを作ったり、怪物の動きを野生動物っぽくしたり。走りについてはパイロットで中3枚の走りをやってますね。中3走りは、自分で実写とかを研究して『御先祖様万々歳！』の頃に発明したつもりなんだけど、全然気づかれてなくて。あとこれは『エヴァ』の劇場でもやりましたが、誰かの主観が被写体を見ているという想定で、被写体との距離がゆらぐ感じを作画で表現したり。色々やりたかったことを一挙放出しているようなところがありますね。

▼▼▼『ラーゼフォン』

――『ラーゼフォン』ではシリーズを通じてデジタルワークスなどをやられて、さらに15話「子供たちの夜」で脚本、絵コンテ、演出をやられていますよね。

磯　15話では脚本、絵コンテ、演出、原画もやって作監も一部やっていて、動仕もやっています。動仕は、作画から撮影まで1人でやる場合、自分でやったほうが早いので。最初に撮影が上がったカットは、絵コンテを描き終わった翌日でした。

――翌日ですか!?

磯　泥人形が銃撃を受けるカットで、背景も自分で描いています。このカットは制作に原画を渡さずに撮影まで終わったので、この原画集には載っていないですね。最初からそういう前提で合意してたんで、絵コンテを描いている時点で「このカットは3時間でできるな」と考えてました。銃弾が当たって割れた破片も事前に作ってあった素材を配置して。撃たれて穴が空くんだけど、7～8枚の絵をその場で描いて撮影しました。

――まるで自主制作のような手法ですね。

磯　そういう前提を作っておいたからできたことも多いので、普通の現場では安易に真似しないでほしいんですが、最近は近いやり方をする人が増えましたね。

――シナリオはどういったかたちで進んだんですか。

磯　3パターンぐらいプロットを出しました。1つは女性キャラだけで全編戦闘をやる話。2つ目は、初登場キャラが2人出てくる。兄妹なんだけど、兄が苦しんで「うう一っ」と屈んでお腹を見せると、そこに木星（TOKYO JUPITER）ができている。実はあの木星は人間から生えてきたものだという設定を勝手に作りまして。これはこれで面白かったんだけど、シリーズ全体のストーリーに関わるので、途中でやめました。結果的に3つ目の子供時代の話をやることになった。自分では特に狙ったつもりはないんですが「ハリー・ポッター」っぽいと言われてますね。出渕裕監督は、最初からこの話がいいと言っていました。

――シナリオ以降はいかがでしたか。

磯　シナリオを書くのは2回目だったけど、絵コンテを描いたのは初めてで、「自分に描けるのか」というのが分からなかった。全く自信はなかったんだけど、すでにこの後で監督をやる予定だったので「絵コンテを描けるようになっておかなくては」と思ってて。脚本の時点ですでにカット割りとか映像を考えながら、字コンテ的な脚本を書いてました。私の脚本は必ず「長い」と言われるんですが、それは映像の表現まで書き込んであるからなんです。作画や撮影まで全部イメージして書くのが、自分の脚本の書き方だな、とやっているうちにだんだん分かってきて。幸い『ラーゼフォン』の脚本は誰にも直されなかったし、誰にも文句を言われなかった。絵コンテも何も言われなかった。

――絵コンテの総尺はどうだったんですか。

磯　15分ぐらいオーバーしてて。錠剤を銀のナイフとフォークで食事するシーンとか、お気に入りのシーンもいくつかあったんですが泣く泣く切っていって、最終的に尺に収まった。私の脚本は台詞が多いので、なかなか切れないんです。

――磯さんは絵を描く方じゃないですか。絵で説明する部分が多いのは分かるんですけど、台詞が多くなるのはどうしてなんですか。

磯　それは自分にとっても意外な発見でした。でも思い起こせば小さい頃から本の虫で、家にある百科事典の中の昔話とか、物語っぽい部分を漁って全部読み尽くしてました。文章飢餓みたいな状態で、国語の新しい教科書が配られると、その日の夕方までには全部読んじゃうんです。星新一とか繰り返し熟読してて、日本のSF小説を集中して読んでいた時期がありました。読んでいたのは、マンガよりも小説のほうが多かった。国語の成績が一番よかったのに理系に進んだし、自分でも文系か理系かよく分からない。生まれは文系で、好きなのは理系みたいな感じなのかもしれません。逆かな。いや分かんない。

――もともと脚本を書く素養はお持ちだったんですね。

磯　ただ、自分の中にあるのは脚本ではないんですよ。

――『走れメロス』の話題の時におっしゃっていたように、脳内にあるイメージを脚本にしている？

磯　そうです。絵と同じなんですよ。頭の中に浮かんだイメージが本体で、字や絵に写し取ってるだけです。仕上がりをチェックするのは、イメージを上手く再現できたかどうかの確認であって、脚本として上手く書けているかどうかではない。

――だったら、同じイメージでシナリオを書いて、次に絵コンテで描いているわけですよね。最初から絵コンテを描いてもよいのではないですか。

磯　いや、私はやっぱり先に文章で書きたい。絵を描いてしまうと、描いたものが可愛くなってなかなか変えられないんです。描いたシーンを捨てて、別のシーンに変えるのに時間がかかってしまう。最近は文章も可愛くなって、1回書いたシーンをなかなか捨てられないんです。だから、私は職業脚本家にはなれないと思います。自分の書いているものにそんなに愛情をもっていたら、職業脚本家は続けられないですね。

――脚本から絵コンテにする段階で内容を変えたりはしなかったんですか。

磯　だいたい脚本の段階で固定してますね。絵コンテにする時に変えることがあるとしたら、絵的な辻褄が合わなかった場合や、絵にする過程で不具合が出てきた場合です。絵コンテで内容を増やすという感覚もあんまりない。だから多分、職業演出家にもなれないと思います。他人の脚本で絵コンテを描くのは自分にはかえって難しいですね。

――面白さが脚本の段階で決まっていて、絵コンテがそれを絵に定着させるためのものだとすると、作画段階で予定していなかった面白さを盛り込みにくいですね。

磯　作打ちの時点でプランが完成してると、作画で膨らませにくいですね。本当は自分も、もっと隙を作ってアニメーターを活かせる絵コンテも描けるようになりたいんですけど、やはり自分も絵描きなので、ちゃんと描かなくてはと思っちゃうんですよ。

例えば、押井守さんの絵コンテは、そのまま画面にできない絵なんですけど、実はアニメーターには描き甲斐があって楽しいんですよ。「俺が描き直してやるぜ！」とモチベーションが上がるの。隙だらけなのにやりたいことはちゃんと伝わって、ちゃんと成立してる。自分は絵描きなのでああいう絵コンテは描けないなあとか思いましたね。

――作画上がりもかなり修正されてますね。

磯　やっぱり頭の中にイメージが出来上がってるので、そこに合わせていく作業になりましたね。初絵コンテ演出だから、逆に余裕がなくて必要以上に直してます。ただ、本田雄パートは全く直すところがなくて、中澤一登パート、川元利浩パートも殆ど直さなかった。他にも実は匿名で参加してくれた伊東伸高パートもあります。

――設定や音響といった行程はどうでしたか。

磯　キャラは山田章博さんに脚本に合わせて描き下ろしていただきました。絵が上手いだけでなく頭の回転も速い方で、違いがあっても少し話すだけですぐイメージ通りのキャラを描いて下さって。美術設定は殆ど自分で描きました。寝室の枕元に3人それぞれの運命を象徴するアイテムをこっそり配置したり、楽しかったですね。音響は政治的な部分もあるので色々大変でしたが、自分で撮影して口パクを合わせたり、演出が撮影できるメリットをフル活用して、ダビングにはオールカラーで間に合わせました。

――『ラーゼフォン』でシナリオから絵コンテ、演出までやられたのは、すでに準備を始めていた『電脳コイル』へのステップアップだったんでしょうか。

磯　もちろんそういう意図はありました。でも、初号を観た後で「ああ、これはダメだ。全然面白くない。大失敗だ」と思ったんですよ。みんなは褒めてくれたんだけど、感覚が麻痺していたのか、自分では全然実感がなくて。「とりあえず自分の作品になってるかな」と思ったのは、随分と経ってからですね。

▼▼▼『ひるね姫 ～知らないワタシの物語～』

――『ひるね姫』に参加した経緯からお願いできますか。

磯　制作をやったシグナル・エムディの森下社長に「今度デジタル作画に特化したスタジオを作るので何かやりませんか」と言われてたんです。それは面白いと思って「動いたら声をかけてください」という話になってました。実際には『ひるね姫』は紙の作画も混じっていたんだけど、フルデジタル前提の作画体制を体験してみたかったというのが参加した動機でしたね。

――デジタル作画は実際どのような感触でしたか。

磯　シグナルがTVPaintを大量導入したので、ちょうどいい機会だなと使ってみたら思いのほか使いやすくて。タイムラインが特に素晴らしいんですが、ペンはちょっと苦手ですね（笑）。

――デジタルになったことで作画の効率は上がったのでしょうか。

磯　自分はそんなに仕事が早いほうではないんですが、他の人よりは早かったみたいです。液タブも初めての人が多かったので、私は慣れているほうだったんでしょうね。あと、今回は半分くらいは1原までの担当だったこともあります。他にも、森川聡子さんのキャラクターが描きやすかったり、チェックもあまり厳しくなくて。

――『ひるね姫』ではチェックはどうだったんですか。

磯　実は神山健治監督とは今回が初対面でおっかなびっくりだったんですが、監督チェックも黄瀬和哉さんの作監チェックも、ほとんどスルーで。最近のアニメはキャラ統一が厳しく、がっつり修正を載せられるので動きが作りにくいんですが、今回は比較的楽に仕事させてもらいました。

――作画以外にも、チェックなどでもデジタル化の意味はありそうですか。

磯　その可能性はあると思います。デジタル化のメリットはコピペや縮小拡大といった、今までは「男らしくない」（笑）と否定されてたような部分だったりするんです。演出も含めてそういう価値観の入れ替えをしないと本当の意味で作画の省力化にならないと思います。

磯光雄 ANIMATION WORKS vol.2

2018年2月28日 発行

本書について

「磯光雄 ANIMATION WORKS」は、磯光雄の手がけた仕事を集めた書籍シリーズである。本書「vol.2」では、アニメーションの制作過程で、磯が描いた原画（レイアウト、修正原画を含む）を収録。編集作業においては資料のオリジナリティを尊重し、色調整などの加工は最小限に留めた。原画そのものが発見されなかったものについては、コピーを使用している。

構成に関しては各カットで描かれた原画は省略することなく、全てを収録することを基本的な方針とした。タイムシートが現存するカットについては、タイムシートで原画番号が記された「アクション」の欄を切り出して掲載した。

本書には磯によって描かれた制作資料のみを収録している。ただし、掲載したタイムシートのうちの数点は、彼以外のアニメーション制作スタッフによる撮影指示が書き加えられたものである。また、『新世紀エヴァンゲリオン』1話では、磯がレイアウト、原画修正、原画描き足しのみを担当したカットがあり、それらカット（C61、C63、C64）については、彼が描いたもののみを掲載した。

P120 中央のレイアウトは、P114 に掲載したレイアウトのコピーで、撮影指示が書き込まれたものだ。撮影指示が書き込まれた部分をトリミングして掲載した。

協力

株式会社アニプレックス
株式会社カラー
株式会社グラウンドワークス
株式会社シグナル・エムディ
株式会社電通
東映株式会社
株式会社プロダクション・アイジー
株式会社ボンズ
株式会社マッドハウス
株式会社まんだらけ
今石洋之
沖浦啓之
中村豊
橋本敬史
森田宏幸
吉岡克己
吉成鋼

本書の刊行にあたり、御協力いただきました各プロダクション、ビデオメーカー、関係者の皆様には、心より厚く御礼申し上げます。

[著　者] **磯 光雄**

[企　画] **小黒祐一郎**
[編集・デザイン] **村上修一郎、松本昌彦**
[編集スタッフ] **小林 治、黒田香織、益田兼二、小黒祐一郎**
[編集協力] **芦田忠明、高橋裕美子、高山和伸、三浦大輔、伊藤大晃、河合秋奈、山井淳生**
[カバーデザイン・デザイン協力] **坂根 舞**（井上則人デザイン事務所）
[発行人] **小黒祐一郎**
[発行所] **株式会社スタイル**
〒170-0013
東京都豊島区東池袋 1-34-1 広告塔センタービル 3 階
電話：03-5953-3986

[発売所] **株式会社メディアパル**
〒162-0813
東京都新宿区東五軒町 6-21
電話：03-5261-1171

[印刷・製本] **株式会社シナノパブリッシングプレス**

Printed in Japan